Ein gewaltiger Silvesterkracher leitet in Carolinensiel/Ostfriesland das Jahr 1900 und die Sturzgeburt des späteren jüdischen Viehhändlers Fritz Levy ein. Ende 1922 gelingt es dem späteren Postobersekretär und Heimatschriftsteller Egbert Poggenpohl, die eigene ungewollte Geburt um elf Wochen zu verzögern, bis seine Widerstandskraft erlahmt und er zum Leben Ja sagen muß.

ANKUNFT EINES SCHÜCHTERNEN IM HIMMEL besteht aus einer Doppelbiographie: Poggenpohl versucht das Leben des Juden Levy zu beschreiben, dem mit einem letzten Frachtdampfer die Flucht nach Schanghai gelingt und der 1951 als einziger Emigrant in seine Heimatstadt Jever zurückkehrt, unvorbereitet, unerwartet und unerwünscht – und sein Biograph muß feststellen, daß eine verläßliche Beschreibung dieses Lebens voraussetzt, sich zunächst Klarheit über das eigene Leben zu verschaffen. Levy hat sich, um in der Kleinstadt überleben zu können, zu einer Mischung aus Eulenspiegel und Störtebeker, Robin Hood und aufmüpfigem Greis stilisiert. Er stellt allen, auch seinem eigenen Biographen die Frage, wer wieviel Wahrheit aushält.

PETER FAECKE, geb. 1940, lebt in Köln. Nach dem Studium der Romanistik und Germanistik war er Rundfunkredakteur, Dozent in den USA, Leiter eines Medienprojektes in Peru, veröffentlichte Hörspiele, literarische Reportagen aus Lateinamerika und Afrika sowie die Romane DIE BRANDSTIFTER und DER ROTE MILAN, die in acht Sprachen übersetzt wurden. Seit 1985 hat er die Romanfolgen des KOWALSKI-PROJEKTES veröffentlicht: DAS UNAUFHALTSAME GLÜCK DER KOWALSKIS, VORGESCHICHTE. – FLUG INS LEBEN. – ALS ELIZABETH ARDEN NEUNZEHN WAR. Informationen zum Projekt, Textproben und Reportagen sind abrufbar unter:

www.peterfaecke.de

AF191671

© 2000 Peter Faecke. Edition Köln

Herstellung: Libri Books on Demand

Umschlagfoto: P. Janßen

ISBN 3 - 8311 - 0926 - 5

Peter Faecke

ANKUNFT EINES SCHÜCHTERNEN IM HIMMEL

Roman. Das Kowalski-Projekt III

I. Teil

- Ich liebe dich, mit meinem ganzen Herzen, sagte an diesem Abend nach einer Ehe von einundvierzig Jahren, sieben Monaten und vier Tagen, die sie mit Ausnahme eines bitteren, fast endgültigen Zerwürfnisses schon bald nach der Hochzeit ausnahmslos miteinander verbracht hatten, der frühinvalidisierte Posthauptsekretär, Hypochonder, Egomane, Autodidakt, als Jugendlicher beinahe schon frühvollendete, dann mehr und mehr von der gewöhnlichen Unbill des Lebens gebremste und endlich doch noch spät und jetzt fast glücklich berufene Heimatschriftsteller Egbert Poggenpohl zu seiner Frau Emma -

während das einsame PLOP PLOP einer Partie Rasentennis den postgelben Kanarienvogel in seinem kleinen Käfig auf dem TV-Apparat von einer Stange zur anderen schickte, immer wieder, von Aufschlag zu Gegenschlag, immer wieder von einer Stange zur knapp gegenüberliegenden, wobei er beim Abflug jeweils einen schrillen Piepser ertönen ließ, der das kleine Backsteinhaus bis in die Besenkammer füllte.

- Ach Ecki, sagte Emma Poggenpohl, und tupfte mit ihrem Finger nach einer kleinen Träne, *darauf hast du mich jetzt ein halbes Leben lang warten lassen.*

- Vierzig Jahre und ein bißchen was Zerquetschtes, sagte Egbert.

- Vierzig und was?

- Rechne mal nach. 48 haben wir geheiratet. 50 im September mit dem neuen Geld von der Währungsreform und etwas Geborgtem haben wir unsere Hochzeitsreise nach Italien gemacht, die leider schon wegen Geldmangels an diesem Titi-See endete. Da habe ich es dir zum ersten Mal gesagt. In diesem Ruderboot mitten auf dem See. Und davor hatte ich es dir schon zigmal geschrieben.

- Geschrieben ja. Aber ich hätte nicht gedacht, daß du so etwas schon einmal gesagt hast.

- Es ist grauenhaft mit dir. Du hast ein Gedächtnis wie ein Kalb.

- Jahr um Jahr habe ich darauf gewartet, daß du es einmal sagst. - Es war schön damals. Am Titi-See. Überall blühten die Kirschen.

- Es war September, Emma! Und es war 1950, erinnere dich: unser Land steckte voller Flüchtlinge. Die verlorenen Ostgebiete. Diese Flüchtlinge stahlen sich gegenseitig die Läuse vom Kopf. Und sobald sie an einem Baum auch nur eine grüne Kirsche entdeckten, klauten sie selbst die, ungeachtet des Durchfalls, den sie zu erwarten hatten.

- Du hast ein fürchterliches Gedächtnis.

- Ja. Eine meiner Krankheiten. Manchmal quält es mich sogar mit der Zeit vor meiner Geburt. Auch diese Zeit hatte es schon in sich.

- Ich jedenfalls möchte so ein Ding nicht haben.

- Was?

- So ein Gedächtnis. Es würde mich immer daran erinnern, was du mir alles nicht gesagt hast.

- Vergiß es. Jetzt habe ich es doch gesagt.

- Sag es mir noch einmal.

- Was?

- Das mit der Liebe.

- Auf Befehl kann ich nicht. Das kommt von innen, plötzlich, ohne mich.

- Eine Wallung? Ist es das? Ist es etwa bloß eine deiner Wallungen und sonst nichts?

- Nein. Es ist eher wie eine Frucht. Ich fühle mich heute wie eine Frucht, die gerade und endlich nach so langer Zeit aufgeht. Oder wie...

... und während das einsame PLOP PLOP des Rasentennis weiter den Kanarienvogel von Stange zu Stange schickte, jetzt freilich schon langsamer, ermüdet und zunehmend gelähmter von seiner eigenen

4

Einsamkeit; und während hier und da der Sportreporter einen gedämpften, völlig belanglosen Satz fallenließ, dem er unendliche Bedeutungsschwere verlieh, als seien die Tennisspieler gerade dabei, ein grundlegendes Problem der Menschen zu lösen, das der Endlichkeit etwa; und während Emma sich mit der Spitze des kleinen Fingers eine weitere Träne tupfte, da dachte Egbert über ein weiteres mögliches WIE nach. Er entfernte sich dabei noch mehr von Emma, dem Rasentennis, dem Kanarienvogel, dem gesamten Wohnzimmer gar. Irgendwo versank er in einer von ihm selbst nie genau benennbaren Nebelzone zwischen Bedauern und Versagen und der vielleicht doch kurz bevorstehenden Erfüllung eines Schatzsuchers, eines Mannes auch, der seine oft schon aufgegebene Kreativität wiederfindet, seine Lebensfreude, seinen bescheidenen Stolz, sein nur ihm mögliches, stilles, aber gewaltiges Glück. Dabei schaute er reichlich abwesend, weil sehr verinnerlicht vor sich hin. Aus dem linken Mundwinkel lugte eine Winzigkeit Speichel hervor als Bote einer Senilität, die erst noch käme.

Das war genau der Augenblick für Emma, eine Tretmine zu legen von der Art jener, mit der sie seit einundvierzig Jahren ihrer beider Leben mit der Zündung kleiner Sprengsätze vor dem Verlöschen bewahrte.

- *In diesen ganzen Jahren sind wir gerade einmal zur Kirschblüte an den Titi-See gefahren. Aber jetzt sollen nicht einmal die Kirschen geblüht haben. Und plötzlich fliegen wir um die ganze Welt in dieses Chile da unten? Nein. Jeder, der sich ein wenig Mühe gibt, kann heute wissen: Flugzeuge rasen gegen die Berge. Explodieren mitten in der Nacht. Stürzen mit betrunkenen Piloten ins Meer. Und sofort sind die Haie da.*

- *Erst fliegen wir bis Buenos Aires. Die Stadt muß ein einziger Traum sein. Voller Tangos und Zärtlichkeit und Sehnsucht.*

- *Was soll ich mit so einer Riesenstadt? Kannst du etwa zehn Millionen Fremde verstehen? Zehn Millionen, die aufeinander leben, sind doch zehn Millionen Verrückte.*

- *Es ist bloß eine Zwischenlandung. Zum Ausruhen. Carlos Fernando Lipman hat uns aus alter Dankbarkeit eingeladen. Und um mein fast fertiges Buch zu feiern. So eine Einladung zur Fernreise ist wie ein Lottogewinn. Und sie ist eine Hand der Freundschaft, die ich nicht ausschlagen kann.*

- *Ach, Carlos.*

- Als Flüchtling hier war er auch dein Freund.

- Ja. Aber mehr deiner.

- Ja.

- Dieses ganze Chile da unten sieht schon auf der Karte wie ein Messer aus. Kein Wunder, daß die da unten damals geputscht haben. Und Länder, die wie ein Messer sind, vertrage ich bestimmt nicht gut.

- Das ist längst vorbei. Der wiedergewonnene Frieden hat Carlos zum reichen Mann gemacht.

- Auf der Karte ist sein Land ein einziges Messer. Und wir kommen in ein reiches Haus. Willst du denn nach all diesen Jahren, daß wir uns verlieren?

- Was für eine Frage!

- Also?

- Wenn du nicht mitkommst, gehe ich schon auf dem Bremer Flughafen verloren. Spätestens aber beim Umsteigen auf dem in Frankfurt, der groß ist wie der Mond.

- Wir könnten noch einmal an den Titi-See fahren.

- Inzwischen fährt jeder an den Titi-See. - Begreif doch, ich muß zu Carlos. Wann reicht mir schon jemand die Hand über so viele Meere hinweg, über den Pazifik, den Atlantik, die Nordsee bis in unsere Hütte hier? Und es ist doch auch, um dieses Buch zu feiern, das ich nach Jahren des inneren Herumirrens endlich fast fertig habe. Und außerdem: ich hasse den Titi-See.

- Dann sag es mir wenigstens noch einmal.

- Das mit der Liebe?

- Am besten beides. Das mit der Liebe, und daß du ohne mich schon in Bremen verloren gehst. - Ecki?

2

Weil kein anderer Paranoiker und Hypochonder der Schriftstellerei, ja nicht einmal ein Wanderschausteller dieser Ausdruckskunst, ein über Land ziehender Märchenerzähler etwa jemals auf Egbert Poggenpohl in seiner friesischen Abgeschiedenheit gestoßen war, hatte dieser auch mit keinem von ihnen eine der üblichen Fehden gehabt. Er war bar jeder unmittelbaren Kriegserfahrung mit dem Heer der Konkurrenten um die Leser, die jetzt, 500 Jahre nach Erfindung des Buchdrucks, noch verblieben waren und etwas altmodisch, ein wenig vereinsamt, aber hartnäckig weiter in den Büchern nach dem Abbild ihrer Träume suchten.

Die Hartnäckigkeit und die Mühsal des Entzifferns hatten die Jungen rasch altern lassen; aber durch die gleiche hartnäckige Suche nach ihren Träumen waren die Alten jung geblieben: ein wunderliches und wunderbares Phänomen, das die gewohnte Zeitlichkeit ihrer Leben außer Kraft gesetzt hatte.

Und doch schrieb Egbert Poggenpohl mit dieser Hellsichtigkeit seiner lange unter Selbstzweifeln, Schwächen und allerlei Feigheiten verschütteten Begabung, die er erst kürzlich wiederentdeckt hatte, im Vorwort zu seinem Buch ANKUNFT EINES SCHÜCHTERNEN IM HIMMEL, seiner Art der Danksagung:

> *Zwei Schreibhandwerker sollten sich ausschließlich im Beisein Dritter begegnen. Nur dann gehen sie freundschaftlich miteinander um wie zwei Menschen, die in der Eingangshalle eines Krankenhauses aufeinander treffen und unter ein und derselben, mangelhaft erforschten Krankheit leiden. Hier tauschen sie Anekdoten über ihr Leiden aus und necken sich damit, als seien sie in Wirklichkeit gesund. Und klopfen einem wirklich gesunden Dritten ermunternd auf die Schulter als dem Kranken. Kaum aber hat dieser sich mit einiger Betroffenheit und erster aufsteigender Angst in Richtung Notaufnahme entfernt, will der eine von ihnen wesentlich kränker sein als der andere, und tritt diesen fürchterlich und körperverletzlich in die Eier.*

Mit Piet ten Hoff geht mir das anders. Dieser Schreibwarenhändler und Antiquar, dieser geschundene, milde Vater zweier erwachsener Kinder, dieser sorgsame Mann einer Frau, dieser Heimatforscher, der die Opfer der Sturmfluten, Deichbauten, der Mechanisierung der Landwirtschaft und der Dauerkrise der OLYMPIA-Schreibmaschine in Wilhelmshaven kennt, dieser Gelegenheitslyriker, der selten genug ein Gedicht absondert und dann so, als habe er bloß vergessen, etwas in sich zurückzuhalten - dieser Piet ten Hoff ist mir Ansporn und Ruhekissen in einem: ein wirklicher Freund. Der einzige, der mir geblieben ist. Fast der einzige, den ich je hatte.

Es war auch Piet ten Hoff, der die beiden Fernreisenden (die schon seit dem Vorabend unter trockenen Mündern und Harndrang litten) mit seinem vom Salz der See zerfressenen Wagen zum Flughafen Bremen fuhr.

Das tat er umständlich und unsicher, mehrmals vom Sichverfahren bedroht. Seit Jahren bewegte er sich mit diesem Wagen nur noch zwischen Jever und dem Wohnwagenstellplatz Schillig, der gewissermaßen unter der linken, westlichen Brustwarze des Jadebusens liegt und den die Schiffe heiser grüßen, wenn sie nach Wilhelmshaven einfahren. Hier hatte er einen eierförmigen Wohnwagen der 50er Jahre stehen, plattfüßig und verkehrsuntauglich, mit einer sich lösenden Plastikbeschichtung, die im Wind sang und ihm Richtung und Stärke verriet.

In diesen Wohnwagen zog er sich zurück, wann immer ihm die kleine Stadt zu groß wurde. Das geschah oft. Denn er war ein Mann, den die Herzensgüte oft daran hinderte, sich gegen die üblichen Schurkereien angemessen hart zu wehren, was ihm einen Anschein von Dummheit verlieh. Er spürte das und litt darunter. Es machte ihn immer wieder traurig und gelegentlich auch zornig, daß dies sein stets neu zu entrichtender Preis für jene Güte sein sollte, für deren Ersterwerb er doch, Stück um Stück und Jahr für Jahr, immer schon im voraus großzügig bezahlt hatte. Dann erschien ihm selbst seine einige Familie als eine Massenansammlung bissiger Nager. Er schloß den Laden ab und fuhr an die See unter Hinterlassung einer sauber gedruckten Notiz an der Tür:

WEGEN TODESFALLES VORÜBERGEHEND GESCHLOSSEN.

Seine wenigen Kunden und die Inhaber der umliegenden Geschäfte erinnerten dann jeweils, daß er ursprünglich WEGEN VORÜBERGEHENDEN TODESFALLES GESCHLOSSEN hatte ausdrucken wollen, es dann aber aus gewissen Rücksichten heraus doch vermied. Und sie wußten, daß es wahrscheinlich auch dieses Mal nur ein kurzzeitiger Tod in seinem Wohnwagen an der See war, wie ihn jede kleine Depression mit sich bringt. Tatsächlich folgte dem Tod in der Regel eine Wiedergeburt: hier an der See rumorte es in ihm und er sonderte ein kleines Gedicht ab. Das Neugeborene schlug er, an Stelle von Windeln, in niederdeutsche Mundart ein.

Dieses ganz frische Gedicht pflegte Egbert Poggenpohl, wenn er ihn wie stets in solchen Krisenfällen an der See besuchen kam, ausführlich und ziemlich gnadenlos zu verreißen. Das beschädigte nicht ihrer beider Verhältnis. Es war fast zu einer Art Mörtel ihrer Freundschaft geworden. Der eben noch depressive Dichter hielt dann stets seinem Freund zugute, daß dem Schriftsteller in ihm Gedichte fremd blieben, und er überging es mit einem Lächeln.

Außerdem wußte er doch, wo sein Freund kindheitsgeschädigt war. Seit der Stunde seiner Geburt (wenn nicht wirklich schon vorher, wie er stets behauptete) litt Egbert Poggenpohl an einem ihm quälenden Gedächtnis für Zahlen und Sätze und einzelne, vor allem durch den Terror der Elektrizität und neuerdings der Elektronik verstärkte Wörter, die ihm eingeprägt blieben wie einem Folteropfer.

Noch als jungen Ehemann plagten ihn die memorierten Kinderverse und Schüttelreime, die verstümmelten und bis in die Unendlichkeit ihres Besuches hinein wiederholten Koseworte jener, die sich einst über sein Schaukelbett gebeugt hatten. Sie stießen ihn immer wieder zurück in die Kindheit. Allein deswegen wollte er oft aufgeben, jemals ein reifer, beständiger Mann seiner Frau Emma zu werden. Gelegentlich liebäugelte er daher mit dem Gedanken an junge Männer. Nie machte er freilich Anstalten, den Gedanken in eine auch nur vereinzelte Tat umzusetzen. Er fürchtete die Gnadenlosigkeit der Männer. Sie stellte er sich entweder als getrimmte, mit Hormonpräparaten überfütterte Täter vor oder als genauso Hilflose wie er selbst - und beide, die Täter und die Hilflosen, hatte er doch oft genug als ähnlich gnadenlos erfahren. Und er hatte Angst, die unerklärliche Barmherzigkeit Emmas zu verlieren, die immer mehr gab als sie nahm. Nie verstand er, wo sie alles das hernahm, was sie gab. Auch sie mußte doch endlich sein wie er selbst.

Und so waren sie zusammen fast alte Männer geworden: Piet ten Hoff, der bereits einen doppelten Herzinfarkt überlebt hatte wegen der unerwarteten und unangemessenen, ja gewalttätigen Reaktion der Gemeinde auf den Winzling eines seiner Gedichte, und Egbert Poggenpohl, den der Tod inzwischen auch schon einmal geküßt hatte. Von dieser Begegnung behielt er die Spuren eines Hautkrebses auf dem linken Handrücken zurück. Er selbst pflegte das mit einem vereinzelten Hundeklo in einer sehr weitläufigen Parklandschaft zu vergleichen, Typ Englischer Garten, Parks des Fürsten Pückler in Muskau, Bois de Boulogne in Paris, Central Park in New York, aber die Post nutzte es eilig, um einen unbequem gewordenen Mitarbeiter in die Frührente zu verabschieden.

Meinen kleinen Hautkrebs haben die Herren in der Oberpostdirektion innerlich verköstigt, ja ich habe sie regelrecht schmatzen gehört. Mit Vergnügen und Erleichterung haben sie mich in die Funktionslosigkeit gekippt wie einen Schalter und glaubten, sie wären mich los mit meinem fast unendlichen Wissen von dreißig Dienstjahren.

Es gibt ja kaum eine Bewegung und Regung zwischen den Menschen einer kleinen Stadt, die nicht irgendwann vor dem Schalterbeamten des einzigen Postamtes endet und so in seinem Kopf ihren postalischen Abdruck hinterläßt.

Daß mein Wissen so abgeschaltet werden sollte und daß gewisse Herren ihr intimes Vergnügen daran hatten, als säßen sie in einer Peepshow und ich sei es, der sich entblättert, das hat mich letztlich radikalisiert.

Seit dieser gleich zweifachen Verwundung hielt er verstärkt Gedichte für die unerlaubte Verkürzung aller Schwierigkeiten, denen er je in seinem Leben begegnet war. Und zu den Hürden seines Lebens rechnete er seitdem auch immer die Schwierigkeiten mit seinem einen, einzigen Buch, das sich längst in alle Bereiche seines Lebens hineingefressen hatte wie ein anderer Krebs und über das er hier an der See wieder einmal mit seinem Freund sprechen wollte.

So stritten die beiden von neuem über ein gerade fertiggestelltes Gedicht und über ein noch immer nicht begonnenes Buch.

Hier stritt Piet ten Hoff, der Antiquar und Archivar, der Heimatdichter und Heimatforscher, der fast alles über diesen Teil Frieslands wußte: über die alten und neuen Deiche, Siele, Moore, Schleusen, Pumpwerke, Gründe, Groden bis hin zu den Zeugungsriten jener Land gewinnenden, in Sitzbetten nächtigenden Vorfahren, die noch Stammesnamen geführt hatten wie die heutigen Mitglieder der Stämme Melanesiens und Polynesiens. Selbst über das Wurzelreich der Ulmen auf den geraden Straßen zwischen Jever und Schillig konnte er verläßliche Auskunft geben und erklären, warum die Bäume kränkelten und starben, seitdem im Jadebusen eine Anlage der Großchemie errichtet worden war -

und neben ihm in dem kleinen Wohnwagen stritt Egbert Poggenpohl, der ein nervöser Streiter war mit einer Neigung zu Verbissenheit und Rechthaberei und der immer dann, wenn es ihm in der letzten Runde endgültig an den Kragen ging, Zuflucht zu mindestens einem unerlaubten Tiefschlag nahm.

Der erste Teil des Streits ging gewöhnlich an ihn. Er nahm das neue Gedicht auseinander - ein Heimspiel für ihn bei der Routine, die er inzwischen mit seinem Freund hatte; eine leichte Aufgabe für viele, denn Piet ten Hoff war ein viel zu guter Mensch, um ein guter Dichter sein zu können. Die Güte, die ihm bereits Eltern und Großeltern als Vorschuß in die Wiege gelegt hatten (und vielleicht auch noch der weniger kriegerische Teil jener Vorfahren mit den verwinkelten Zeugungsriten in ihren Sitzbetten und ihren Stammesnamen wie in Melanesien und Polynesien, wo die Inseln entstehen und wieder verschwinden wie hier Ebbe und Flut) und die er später durch Denken und Fühlen und Mitleiden: durch ein aufmerksames Leben also beachtlich vermehrt und zu dem gewichtigsten, wenngleich völlig schwerelosen Teil seiner selbst gemacht hatte - diese Güte deckte ihm doch auch die ganzen kläglichen Abgründe seiner Seele zu, in denen so ein Gedicht schließlich auch wachsen will wie der Wurm in der Scheiße.

Diesen Streit also gewann Egbert Poggenpohl. Der zweite Teil dagegen ging immer an Piet ten Hoff. Denn jetzt stritten sie wieder einmal um das endlich und unwiderruflich von Egbert Poggenpohl zu schreibende Buch, das er dreißig Dienstjahre lang in seinem Gedächtnis und in seinem Herzen zusammengetragen hatte und das ihm einen Tod in Würde sichern sollte. Es war die Geschichte der Scham und der Schande der Gemeinde Jever, aber auch die ihrer einzigen Möglichkeit, jemals Vergebung zu erlangen. Piet ten Hoff argumentierte immer schlau damit, daß sein von Selbstzweifeln und Anfälligkeiten aller Art heimgesuchter Freund erst genau diese Berge der würmerdurchzogenen Scheiße, in denen er sich immer zu verlaufen meinte, endlich überwinden müsse, um dieses eine lesbare, die Stadt Jever und die Hauptfigur (und mit ihr die Möglichkeit der Vergebung) kühn fassende Buch zu schreiben -

er, Egbert Poggenpohl, sein Freund, Mitstreiter und Widersacher, der Nörgler und Tiefschläger, müsse sich also erst einmal seinen eigenen, bereits ziemlich verschimmelten, von Flechten überzogenen Schwächen und den lange schon vom Kot der Seevögel bedeckten Klippen seiner Seele stellen, um so zu seinen eigenen Schönheiten und zu seiner wirklichen Stärke zu gelangen: der Kraft eines vollständigen Menschen, die dann auch jene eines guten Schriftstellers wäre; der Schönheit eines wachen und aktiven Mitbewohners, dessen Anklagen immer auch den Hinweis auf die Vergebung enthielten; der Verläßlichkeit eines beständigen Freundes und Ehemannes, der nicht länger in seiner ewigen Weinerlichkeit unterginge. Nur so könne er die gewaltige Geschichte schreiben, die zu schreiben er sich vorgenommen hatte. Oder die zu schreiben ihn vielmehr seine eigenen, längst vom Vogelkot und anderem Unrat bedeckten Schwächen selbst drängten. Genau das sei doch das Hoffnungsvolle an ihm, dem so oft verschüchterten und vor Selbstzweifeln dann auch verdämlichten Freund: daß seine eigenen Schwächen dazu drängten, sich selbst zu überwinden und als Stärke wiedergeboren zu werden in ein und demselben alten, frühinvalidisierten, jämmerlichen, dann aber doch siegreichen Egbert Poggenpohl, argumentierte Piet ten Hoff jetzt schon zunehmend siegesgewiß -

und nur so, pflegte er schnell nachzusetzen, könne er doch die große Geschichte dieses einen Mannes schreiben. Dieses frühen Motorradrockers und Mädchenverführers, der selbst so manche gestandene friesische Bäuerin noch einmal auf den Rücken geschwatzt hatte, wo sie das längste Lied ihres Lebens sang. Dieses gebildeten, ja intuitiv fast gelehrten Viehhändlers und, weil Jude, Emigranten in letzter Not. Dieses einzigen, sechs Jahre nach dem Großen Krieg je in die Gemeinde Jever Rückgekehrten, dem systematisch alle Beine weggeschlagen wurden, auf die er wieder kommen wollte und der schließlich keine andere Wahl zum Überleben sah als die, sich zu einer öffentlichen Figur zu machen: zu einem Happening. Einem Verbeller des Unrechts am Menschen und an der Natur. Einer dauerhaften Zumutung.

Einem Rattenfänger von Hameln. Einem Störtebeker und Eulenspiegel. Einem verwahrlosenden Stinker und Mäusekönig. Einem Schreiber von Flugblättern und philosophischen Traktaten, der noch mit 81 Jahren als parteiloser Kandidat in den Gemeinderat gewählt worden war zum Entsetzen fast aller (einschließlich eines Teils seiner Wähler) von der aufmüpfigen Jugend und von den Bewohnern des Pflegeheimes sowie von den vereinzelt bei Kindern und Enkeln lebenden Senioren, die so verbittert waren über ihre Verbannung in die Waschküchen und die notdürftig-lieblos umgebauten Hühnerställe, daß auch sie sich den alten Fritz Levy gewünscht hatten als Rächer und als Engel der Vergebung gleichzeitig, der aber, körperlich am Ende und alleingelassen mit seiner übergroßen Aufgabe, sich schließlich den letzten Kälberstrick seines Lebens gekauft und sich in der selbst geknüpften Schlinge erhängt hatte.

Ja, sagte Piet ten Hoff wieder einmal ganz am Ende dieses immer für ihn siegreichen Streites: *diese große Geschichte schaffst du nur zu schreiben, wenn es gleichzeitig die Geschichte deiner Schwächen, dieser vom Vogelkot bedeckten Klippen und ihrer Überwindung wird. Dann wirst du dieses Buch, das du ANKUNFT EINES SCHÜCHTERNEN IM HIMMEL nennen willst, nicht nur endlich schreiben können, anstatt mir damit bloß ständig in den Ohren zu liegen - dann wirst du endlich einmal ein freier Mann sein. Du wirst so frei sein, wie ich es leider auch nie war. Denn ich war tatsächlich immer gefangen in dem, was du wohlmeinend Güte nennst; und die hat wohl tatsächlich mit Angst und Feigheit angefangen. Ja, wahrscheinlich war die Urpfütze dieser Güte wirklich meine Angst.*

3

Jetzt, da die Zubringermaschine der LUFTHANSA nach Frankfurt an Höhe gewann, war Egbert Poggenpohl im rauschhaften Zustand eines ersten Fluges dieser freie Mann.

Er registrierte Premierenrausch und Reisefieber. Absturzangst. Die Freude eines Kindes und die Angst des Neulings wegen dieses schwarzen Loches, in das sie flögen und das sich Chile nannte. So war das wohl mit dieser Freiheit: sehr luftig und sehr hoch, durchsetzt von vorhandenen, aber nicht vom Genuß zu trennenden Ängsten, den Wolken ähnlich, die es neben und unter ihm eilig hatten wie nie zuvor und sich auch kriegerisch ineinanderschoben. Er bestellte bei der vorüberschwankenden, in dieser Höhe gewiß berufsbedingt trunkenen Stewardess einen doppelten Korn. Sie stieß einen kleinen Schrei aus. Da begriff er, daß er in einer piekfeinen Umgebung gelandet war. Das also war die Freiheit und die Fliegerei: es galt als unanständig, einen gewöhnlichen, doppelstöckigen Weizenkorn zu verlangen.

Emma neben ihm, die zu kleinen Plapperanfällen neigte, wenn sie sich aufregte, war wohltuend still. Schon gestern abend war sie verstummt mit der Einnahme winziger, lila gesprenkelter Tode, mit denen sie dem großen Tod ihrer Flugangst in der Luft entgehen wollte. Er hatte sie stark schwanken gesehen, als sie ihren Koffer vor ihm und Piet ten Hoff durch die Bremer Abfertigungshalle zog. Auch Emma war freier als zuvor, denn sie hatte sich befreit von der Angst, noch ein Leben verlieren zu können.

- *Alles in allem ist es vielleicht doch gar nicht schlecht, daß wir zusammen so alt geworden sind*, sagte Egbert. Aber Emma reagierte nicht. Sie hatte ihn nicht gehört oder wollte ihn nicht hören mit dieser neugewonnenen Sicherheit eines Menschen, der in sich ruht wie in einem Ei.

Über der Last des täglichen Lebens war Egbert bislang nie bis zu so einem zwar einfachen, aber doch ungemein gelassenen Gedanken vorgedrungen. Jetzt verschaffte er ihm ein weiteres kleines Glücksgefühl. Er parkte diesen Satz und das damit verbundene Glück in seinem Gedächtnis, das noch immer fürchterlich war, und beschäftigte sich wieder mit den jetzt tiefer liegenden, eiligen Wolken. Friesland stand ein öder Winter bevor. In Chile erwartete sie ein beginnender Sommer mit Hibiskusblüten,

Trompetenbäumen und den schreienden Häuserwänden der Bougainvillae. Wie schön die Welt doch war und wie weit.

Er sah nur eilige, kriegerische Wolken, aber das machte nichts, er sah dennoch alles. Immer hatte er sich mit seinem inneren Radar durch Nebel bewegt. Als sich die Maschine in eine langgestreckte Rechtskurve legte, die er durch den Druck auf seine Leber wahrnahm, da war er sicher, gleich links unter sich die Küste zu sehen, den Jadebusen und den jetzt, zu Beginn des Winters, fast vollständig geräumten Wohnwagenplatz Schillig mit dem noch verbliebenen Wohnwagen von Piet ten Hoff, in dessen Plastikbeschichtung der Wind sang.

Aus dieser Höhe erschien ihm der Wohnwagen als der eigentliche Ort seiner Geburt.

Tatsächlich war Piet ten Hoff hier vor sechs Jahren, vom Herbst über einen langen Winter hindurch bis ins Frühjahr hinein, als die Kühe mit ungelenken Sprüngen die Weiden ausmaßen, der Löwenzahn blühte und erste Karawanen von Wohnwagen auf den Platz rollten, sein KÖRPERundGEIST-TRAINER gewesen.

Bei ihrem Training hatten sie bewußt den Sommer ausgespart. Als dann mit Sicherheit für schwul geltende alte Knacker wollten sie sich nicht ablenken lassen vom Spott der Jogger und Fitneß-Fanatiker, der Dauerschwimmer, Vegetarier, der Trinker von Essigwasser und eigenem Urin und der ohne Führer souverän alle Gefahren mißachtenden Wanderer im Watt, die sich regelmäßig in Nebelbänken verirrten und darin umkamen; und natürlich schon gar nicht von der Traurigkeit jener, die sich für vier Wochen von Arbeit befreit hatten und weder sich selbst noch ihre Familien so lange aushielten. Mit ihren Fahrtenmessern und Campingäxten drohten sie allerlei Dramen an oder versuchten schlicht, sich totzutrinken.

Im Winter waren sie allein mit ihrem harten Trainingsprogramm. Abends und bis spät in die Nächte hinein übten sie an Romanen, die Piet aus seinem ohnehin fast käuferlosen Antiquariat holte ("Wegen Todesfalles vorübergehend geschlossen") und von denen sie die meisten auf oft kontroverse, aber zumeist fruchtbare Art verwarfen, verprügelten, nach Punkten besiegten oder eindeutig ausknockten als bloß anfällige Geschöpfe, die auf den Verkaufsstrich ihrer Zeit gegangen waren. Piet schleppte auch allerlei Hanteln, Expander, Schlaufen, Elastikbänder und Tretapparaturen an, mit denen sie ihre Muskeln alter Männer härteten. Sie badeten kalt und kälter, bis sie fast schon Eisschwimmer waren. Sie lernten, sich bei dichtem Nebel und den übererregten Hörnern der Schiffe im Watt zu orientieren und nach Stunden erschöpft, aber wieder etwas größer geworden, auf der vorgelagerten Insel Wangerooge anzukommen, wo sie Grog erwartete, das Himmelsgetränk schon ihrer harten Vorfahren, die das Land der See abgerungen hatten. Den von Geburt an schwachen, durch jahrzehntelange Vernachlässigung weiter verkümmerten Rücken stärkte Piet seinem Freund immer wieder dadurch, daß er argumentierte:

Wer gelernt hat, sich bei Regen dicht wie Bindfäden und bei Nebel dichter noch als Mehlsuppe im Watt zurechtzufinden, die Priele zu erahnen, sich an den Schreien der Wintervögel auszurichten, an den Wohnlöchern der Würmer, den Muscheln und Schnecken; wer nicht vor Verlassenheit aufbrüllt in der Einsamkeit des Watts, das dichter besiedelt ist als die größten Städte der Welt; wer dabei gelernt hat, gegen den Sturm zu atmen, seinen Körpervorrat einzuschätzen und seine Kräfte abzulesen wie einen Gasometer - der kann endlich, im kommenden Frühjahr, am Ende des Trainings, wenn der Löwenzahn blüht, auch daran denken, den verworrenen Lebenslauf und den freiwilligen Untergang eines Menschen zu beschreiben. Wer das alles gelernt hat, der kann endlich in den Ring der Heimatschriftstellerei steigen und siegen.

Das hatte Egbert Poggenpohl schließlich getan. Nach einem Leben der Angst, des Zögerns und Ausweichens, nach einem Leben, das er gemäß seiner eigenen Beschreibung geführt hatte wie ein verlorener Goldhamster, der sich selbst noch vor dem Kanarienvogel im Nachbarkäfig duckt wie vor dem Habicht, war er endlich in den Ring gestiegen. Und hatte schon jetzt, mit seinem nahezu fertigen Buch, fast gesiegt.

Über der sehr weiten Rechtskurve der Maschine, die er jetzt auch als Druck auf seine Hoden spürte, begann Egbert darüber zu rätseln, ob nicht sogar die Piloten der LUFTHANSA neben den Stewardessen inzwischen überwiegend Alkoholiker wären; oder ob man sie alle nicht etwa gekapert hatte zu einem Flug ganz hinter die Zeit und den Raum. Neuerdings hörte man so vieles von dieser Fliegerei und von Räumen, die ganz ohne Zeit auskamen. Und von Zeiten, die es völlig ohne Raum schafften, Zeit zu sein. Sekundenlang packte ihn jetzt doch eine fürchterliche Angst in diesem fliegenden, gekaperten Sarg und er wollte aussteigen, mit den Händen eines blind Tastenden voran. Wann immer er an raumlose Zeiten und an zeitlose Räume dachte, geriet er in tiefe, nicht beschreibbare, wörterlose Panik, und ohne Wörter war er blind.

Ähnlich erging es ihm, wenn er darüber grübelte, daß nicht die ganzen memorierten, in seinem unbequem guten Gedächtnis steckenden Wörter es waren, mit denen er dachte, sondern daß er vermutlich schon vor oder neben den Wörtern herdachte in einem wörterlosen, lichtlosen Sumpf; daß also das wichtigste an ihm, das einzig Einmalige des Egbert Poggenpohl ohne diese Wörter stattfand, auf die er doch mit seinem fürchterlichen Gedächtnis und seiner Empfindsamkeit für und seiner Liebe zu den Wörtern sein ganzes Leben stützte. Allein das Nachdenken über dieses Denken ohne die Pfeiler und Schöpfkellen und Greifarme und Schraubenschlüssel der Wörter machte ihn schwindlig und schlug ihm die Beine weg. Ohne die Wörter glaubte er, nicht zu sein. Wenn ein Gedankenraum im Prozeß des Denkens nicht mit Wörtern auszumessen und die Denkzeit nicht mit zeitlichen Wörtern zu bestimmen war, wo sollte er, Egbert Poggenpohl, dann während des Denkens sein? War er dann etwa gekapert worden von einem Gedankenpiraten, einer außer ihm wohnenden Intelligenz wie dieser Flieger der LUFTHANSA hier von einem doch ganz offensichtlich alkoholisierten, wahrscheinlich schon vor Jahr und Tag wegen Trunksucht entlassenen Flugkapitäns eben dieser Gesellschaft, der jetzt auf Rachekurs war?

Also bildeten die Wörter nur sein Denken nach und ab. Also gut und geschenkt. Sie ermöglichten es ihm, Gedachtes für gewisse Zeit festzuhalten. Aber wo blieb dann die Arbeit seiner Schriftstellerei? Bildete er mit den Wörtern gelebte und gedachte Heimat ab und nach, oder schuf er sie mit diesen Wörtern? Hier wollte er sich doch sicher sein, daß die Wörter auch ins Denken eingriffen wie junge, neugierige Erdferkel.

Heilloses Durcheinander der Fernfliegerei und des Denkens. Gerade hatte er sich erst mit ein paar Wörtern seiner engsten Heimat vergewissert. Er hatte sie nach- und abgebildet. Er hatte sie auch geformt, denn er hatte ihr doch in manchem die Form seines Herzens gegeben. Und jetzt, plötzlich, auf einmal, sollte er schon perfekt weltläufig sein?

Und trotzig beschloß er, hier auf dem Anschlußflug nach Frankfurt, in dieser nicht enden wollenden Rechtskurve, Jever, das er kannte und beschrieben hatte, für die Welt auszugeben. Jever war die Welt.

Erst ein Seitenblick auf Emma entspannte ihn wieder. Kurz vor dem Start hatte sie noch einen ihrer lila gesprenkelten Tode genommen. Jetzt schlummerte sie friedlich. Sie schien glücklich zu sein.

- Ein bißchen sieht sie wie ein Hühnerei aus, dachte Egbert wieder einmal: *glatt und kühl und ruhig. Vollkommen. Und immer noch schön. Bloß gut, daß ich sie habe. Aber wirklich verstehen tut man ja so einen anderen Menschen nicht. Man kann ihn nur bewundern. Wie eines dieser Hühnereier.*

Wieder beschäftigte er sich mit dem Fenster. Unter den dichten, kriegerischen Wolken erkannte er jetzt auf seinem eigenen Radar die küstennahe Siedlung Carolinensiel mit der längst verschwundenen, nur für ihn noch sichtbaren Hofstelle, auf der Fritz Levy in der Silvesternacht der Jahrhundertwende als letztes von sechs Kindern dem Bauern Julius Levy und seiner Frau Nanni geboren wurde, die damals schon nebenher Viehhandel betrieben. Als sich die Maschine endlich doch nach Süden ausrichtete, was er an dem verminderten Druck auf Leber und Ei spürte, sichtete er von Jever als erstes: die verspiegelten Gärtürme des Friesischen Brauhauses. Flach, erdnah und von Arbeit zerschlissen hingen an ihnen die alten Backsteinbauten, in denen er vor dem Großen Krieg, bevor er Jungbote der Reichspost wurde, in der Abfüllanlage gearbeitet und an heißen Sommertagen die vorbeiziehenden Flaschen angetrunken hatte. Gleich darauf sah er das Postgebäude, dessen Eingangstür wieder einmal vorschriftswidrig bei dieser Novemberwitterung offenstand. Er blickte, wie bei einer unbedarft sich bückenden Person, seiner ehemaligen Post gleich ins Intimste, bis zu dem Schalter Nr. 1, dem wichtigsten, jenem mit den amtlichen und vertraulichen Vorgängen, den er dreißig Jahre, vier Monate und neunzehn Arbeitstage lang begehrt, schließlich verwaltet, gehegt, ja besessen hatte wie sein kleines Backsteinhaus und wie sein verzagtes Herz.

Bei diesem mehr Hüpfer als Flug von Bremen nach Frankfurt war die Besatzung fast schon mit den Landevorbereitungen beschäftigt, als Egbert noch immer friesische Stadtansichten sah, die stets auch Innenansichten des Egbert Poggenpohl selbst waren. Im Zuge einer jahrzehntelangen Symbiose war die Topographie seiner Geburtsstadt auch die Struktur seines Inneren geworden mitsamt ihrer Pinkel- und Liebesecken und auch der Deponien für den Haß. Er sollte jetzt Gurte anlegen, die er nicht abgelegt, Zigaretten löschen, die er als Nichtraucher nicht angezündet hatte: jetzt war er doch sicher, daß es sich bei den Piloten um völlig Ausgeflippte handelte, die sich mit der Hektik kurzfristig Entzogener in eine Sache verwickelten, die sie Landung nannten und die natürlich nur schief gehen konnte. Sei's drum.

Er machte jetzt das Viertel der gepflegten Jugendstil-Villen der Schlosserstraße/ Bismarckstraße aus, in dem 1909 der Vater Julius Levy Grund und Mauerwerk gekauft und erweitert hatte um Stall und Schlachterei zum bald lauten Unwillen der Anwohner, die ihre Ruhe und ihre Vorgärten nicht durch einen weiteren jüdischen Viehhändler gestört wissen wollten, der sein Vieh zwischen Stall und Bahnhof hin und hertrieb durch ihre Idylle. Sie hätten ihr Viertel einer großen Residenzstadt wie Oldenburg für würdig befunden, und doch hatten sie alles dieser kleinen Stadt geschenkt. Und jetzt schiß das Vieh auf die gepflasterte Straße, als lebten sie auf der Hofstelle eines gemeinen Bauern, der noch dazu Jude war.

Er sah das einstige Levy-Haupthaus neben dem früheren Gewerbebetrieb, das vor Jahren Emmas ledige Schwestern billig, weil heruntergekommen erworben und bald zu einer Befestigungsanlage der innerstädtischen Verteidigung ausgebaut hatten gegen alles, was sich veränderte und was ihnen zeigte, daß sie demnächst ganz allein und seit langem schon weit hinter der Zeit sterben würden. Er sah sogar die geschlossenen Rolläden an der Fensterfront der Bismarckstraße. Die Schwestern zogen sie nicht mehr hoch, seitdem die Stadt mit zögerlichem Erbarmen eine dreizehnköpfige libanesische Familie in das ihr gehörende gegenüberliegende Haus eingewiesen hatte, die knapp dem Scheiterhaufen des brennenden Beirut entflohen war.

Die Schwestern entsetzten sich laut über die libanesischen Männer mit ihren Wochenbärten von Kameltreibern, die ständig an ihrem Geschlecht spielten, als trügen sie die Gebetsschnur im Schritt. Sie entsetzten sich über die libanesischen Frauen mit ihren immer unter den Tüchern und taubenblauen Staubmänteln geblähten Bäuchen und über die vielen libanesischen Kinder, die kein Ende nahmen und die Schwestern mit Augen verfolgten, die Nester räuberischer Krähen waren, so daß sie bald die Festung ihres Hauses nur noch zu dritt verließen.

Egbert aber wußte, daß sie dennoch innerlich über diese Libanesen jubilierten. Er hatte von außen die Ritzen der geschlossenen Rolläden abgesucht, bis er auf das Augenpaar von Julia gestoßen war, der Chef- und Oberschwester. Und in ihren Augen hatte er eine Art der Lüsternheit entdeckt, die von Lebensfreude kaum zu unterscheiden war. Da hatte er gewußt, daß diese Libanesen ihnen überreichlich jenen Feind ersetzten, den sie mit dem Freitod des Fritz Levy verloren hatten.

Und natürlich sah Egbert den letzten Levy-Wohnstall selbst, das am Ende grob verwahrloste, aber in den Farben unterschiedlich froher Lebensalternativen gestrichene kleinere Haus, in dem das parteilose Gemeinderatsmitglied und die Leib und oft genug strenger Geruch gewordene Zumutung Fritz Levy bis zu seinem Tod gelebt hatte: der einzige Jude Jevers, der aus seinem letzten überseeischen Exil, der Kammer eines Gelegenheitsarbeiters in San Francisco, in die Stadt zurückgekommen war, unangemeldet und ohne daß ihn jemand darum gebeten hätte.

Er lebte hier mit einer Vielzahl von Tieren, deren Größe vom Floh bis zum Pony reichte und deren Eigenarten er alle genau kannte. Und er lebte zusammen mit oft wechselnden Jugendlichen, denn es waren Jugendliche in Not und er war ein Mann, der zwar gelernt hatte, niemanden mehr zu fürchten, der aber immer große Angst vor der Einsamkeit der Nächte hatte.

Egbert sah jetzt auch das Zimmer, in dem er ihn im Oktober neunzehnhundertzweiundachtzig gefunden hatte, nachdem ihn Emma, die einen Schlüssel für das Anwesen besaß und nach den vielen Tieren sehen wollte, aus einem unbequemen Nachmittagsschlaf geweckt hatte: hier hing Levy in der Schlinge des letzten Kälberstrickes seines Lebens. Unter dem Stuhl lag ein handgeschriebener Zettel:

> PASTOR LANDIG SOLL SICH UM DAS BEGRÄBNIS KÜMMERN
> RECHTSANWALT KIESLOWSKY (KÖLN) UM DEN NACHLASS
> DER HEIMATSCHRIFTSTELLER EGBERT POGGENPOHL UM MEIN GANZES LEBEN WIE ES WIRKLICH WAR

Erst hatte Egbert geweint; schließlich gehörte er zur Minderheit jener, die diesen anstrengenden Mann keineswegs immer, aber doch gelegentlich und in gehörigen Abständen aufrichtig geliebt hatten. Jahrelang hatte er selbst mit dem Gedanken an Selbstaufgabe gelebt, wenn das Gefühl, über keinerlei Größe zu verfügen, über ihm zusammenschlug. Aber noch nie hatte er einen Menschen gesehen, der über den bloßen Gedanken hinausgegangen war und vor ihm hing ohne Anklage. Niemand würde diese allerletzte Freiheit und die eisige Einsamkeit je besser beschreiben können als der Körper des Mannes, der in einer von ihm selbst geknüpften Schlinge hängt. Und Egbert weinte auch darüber, daß die Freiheit zum Tod die bitterste, aber auch entschiedenste von allen Freiheiten ist, und daß sterben muß, wer ganz frei sein will.

Dann aber, nach der Beisetzung auf dem weit außerhalb gelegenen jüdischen Friedhof, der im Sommer von Kühen umstanden war, hatte er zu fluchen begonnen. Kaum hatten sich die Vertreter der Gemeinde, des Kreises, der jüdischen Gemeinden Hannover und Oldenburg sowie die verschiedenen heimischen Wohltäter unterschiedlicher Ausrichtung und Motivation mit flachen Handschlägen voneinander verabschiedet (wobei sich manche nur vorsichtig streiften, als lebten sie auf unterschiedlich reinen, um den Grad ihrer Reinheit miteinander konkurrierenden Sternen), war er in diese Flucherei verfallen.

Nie hatte Emma ihn so ausdauernd und unanständig fluchen gehört. So ließ sie bald ihrerseits jene Tränen fließen, die sie zunächst zurückgehalten hatte über der Auflösung eines verwahrlosten Haushaltes, der Versorgung der Tiere und nicht gemeldeten Mäuse, die der Tote hinterlassen hatte nebst der Wunden in den Herzen all jener, die nicht zur Beisetzung erschienen waren, weil sie nichts als eine Trauerfeier des einvernehmlichen Scheins erwarteten.

Wieder einmal waren Emma und Egbert ein ungleiches, aber dennoch einverständiges Paar: Emma weinte, und es ging ihr schlecht. Egbert fluchte, und es ging ihm auch nicht besser. Als Emma nach der üblichen Frist zu weinen aufhörte, fluchte Egbert noch immer. Täglich fluchte er in Schüben von vierzig bis fünfzig Minuten. Er begann damit so pünktlich um 15.30 Uhr, daß Emma die Uhr danach hätte stellen können.

Kein Zweifel, Egbert, der über eine umfangreiche Sammlung allgemeinmedizinischer und neurologischer Literatur aus den antiquarischen Beständen seines Freundes verfügte und der darin abendelang las auf der Suche nach Krankheitsbildern, die er noch nicht entwickelt hatte, wie Emma oft spitz und auch durchaus eifersüchtig auf die Selbstgenügsamkeit eines Lesenden bemerkte -, Egbert war in eine okolugyrische Krise verfallen und fluchte unter Zwang. Er wußte es. In einem seiner Bücher hatte er sich gefunden. Das freilich hob den Zwang nicht auf. Er fluchte weiter in diesen einmal täglich einen Teil seines Selbst fortschwemmenden Anfällen von vierzig bis fünfzig Minuten Dauer, die ihm nachher unbestimmt und ohne Zeit erschienen. Daher währte es auch Tage, bis er erstmals über diesen pünktlichen Beginn um 15.30 Uhr nachdachte und darauf kam, daß ihn genau um 15.30 Uhr Emma aus einem drückenden, albtraumgeladenen Nachmittagsschlaf nach dem Verzehr geschmorter, mit Hackfleisch gefüllter Paprika geweckt hatte, die schwer zu verdauen waren. Traumgerädert, zwischen Traum und Entsetzen stolpernd, war er mit ihr zu Levys Stall gelaufen, als gäbe es noch etwas zu ändern an der Tatsache, daß Levy sich die letzte ihm noch verbliebene Freiheit genommen hatte. Im Stall hatte er nach einem scheuen Blick auf den Toten den Zettel gesehen und, auf die Schrift und gleichzeitig auf sich selbst fixiert wie er war, als erstes den ihn betreffenden, unvollständigen Satz gelesen:

DER HEIMATSCHRIFTSTELLER EGBERT POGGENPOHL
UM MEIN GANZES LEBEN WIE ES WIRKLICH WAR.

Wie oft hatten sie über dieses Leben gestritten, letztmals in der Woche zuvor. Der eine fühlte sich immer noch im Krieg, der andere wollte vom Frieden erzählen, in dem sie doch endlich alle lebten. Auch dieses Mal hatte der Mäusekönig wieder einmal Poggenpohls schon gelegentliche Versuche eines Heimatgeschichten-Erzählers höhnisch und polternd vom Tisch gewischt. Auf Art eines alten, aber immer noch guten, weil über viele Tricks verfügenden Schauspielers flogen dabei auch gelegentlich Gegenstände durch die Luft: Schreibwerkzeug und eine der blaulinierten DIN A4-Kladden, in der Egbert zwei oder drei seiner erlittenen, am Postschalter erlauschten, von Kunden in innerer Not ihm übereigneten, gelegentlich auch aus Briefen entliehenen, aus der Telefonleitung gezapften Geschichten aus dem Innenleben der Gemeinde notiert hatte. In dieser Woche folgten sogar ein Reklame-Aschenbecher ASBACH URALT und eine der ansonsten jedem Friesen heiligen Teetassen, denn Levy war wieder einmal in die Rolle des GROSSEN VERBELLERS geschlüpft.

Er verglich Egberts Geschichten mit ganz jungen Mäusen, nackt und zahnlos. Er beschimpfte sie wegen ihrer rosafarbenen Friedfertigkeit erst auf Hochdeutsch, das er mit lateinischen Brocken des Jeverschen Mariengymnasiums vom zweiten Jahrzehnt des Jahrhunderts vermischte, dann wechselte er in niederdeutsches Platt, das er mit amerikanischem Englisch aus der Bucht von San Francisco vermengte sowie mit drei verschiedenen chinesischen Dialekten aus Schanghai und mit Jiddisch und Japanisch aus dem dort von den Japanern errichteten Ghetto Hongkew, in dem er schließlich, als die Japaner genug von den deutschen Lagerarchitekten gelernt hatten, interniert worden war bis zur Auflösung des Ghettos durch die Amerikaner.

Manchmal flocht er in diese Sätze noch spanische Ausdrücke, die sich auf der vorletzten Station seiner Reise um die Welt in zwölf Jahren wie verlorene Kinder um ihn geschart hatten. In der nassen Tropenhitze von Paraguay, in Asunción am mäandernden und dampfenden Rio Paraná war dieses Spanisch der einstigen Eroberer aufgequollen und sämig geworden, ein Spanisch der Zahnlücken und der uralten Flinten, mit denen der Palast des Präsidenten am Strom bewacht wurde. Es hatte sich hier mit der Molligkeit später aus Süddeutschland zugewanderter Wörter gekreuzt, mit harten Resten auch aus den Hungerdörfern des Westerwaldes, Hunsrücks, der Eifel und aus dem nördlichen Hessen, wo die Menschen zusammen mit den Vögeln und den Mäusen auf den kargen Böden starben. Hier hatte er versucht, wieder mit dem Viehhandel ins Geschäft zu kommen. Er hatte aber schnell seinen einzigen Koffer gepackt, als ihn die ersten geflüchteten Nazis mit hartem Befehlsdeutsch grüßten. Der Krieg war vorbei. Sie waren Besiegte und doch schon wieder halbe Sieger hier, auf der anderen Hälfte der Erde, mit ihren falschen Pässen und ihrem mitgeführten Gold, mit dem sie Rinder und Land erwarben, das im Deutschen Reich ein Gau gewesen wäre.

Wer dieses Sprachgemenge, das er zuweilen praktizierte, nicht gewohnt war, verstand ihn zunächst nur andeutungsweise. Aber keiner, bis auf seinen hartnäckigsten Feind, behauptete jemals, ihn gar nicht zu verstehen. Er jonglierte so behutsam mit jenen Sprachen der Welt, die ihm auf den Stationen seiner Reise zugelaufen waren, daß er damit jeden einlud, nachträglich am Verlauf seines Exils teilzunehmen. Und wer teilnahm, verstand ihn bald vollkommen.

Egbert Poggenpohl verfügte über die exquisite Unbildung eines Volksschülers, aber er liebte die sprachlichen Äußerungen der Welt wie eigene, weltläufig gewordene Gedanken, die endlich Wörter für sich gefunden haben. Was er nicht gleich verstand, vollzog er intuitiv nach. Wenn Levy, sprechend, sich von einer Exilstation zur anderen bewegte, reiste Egbert mit. Dann war er Verkäufer von Knickeiern und Rikschafahrer im Hafen von Schanghai, Reiniger von Greyhound-Bussen in einem Depot von San Francisco oder ein Mann, der mit vor Müdigkeit schweren Beinen über trockenen Rinderdung stolpert in einem weiten und heißen Land, in dem er sich nicht einmal den Platz für eine Grabstelle kaufen kann.

Nie erzählte dieser Mann viel von den Stationen seiner Reise. Immer sparte er das Elend aus, die Angst und auch das Heimweh, denn er hatte alles das überlebt. Er ging nur mit diesen einzelnen, ihm verwahrlost in der Fremde zugelaufenen Sätzen und Wörtern um und mit einzelnen Ideen vom Zusammenleben der Menschen, zu denen sie einluden. Damit lockte er, wie mit einem Flötenspiel, Toleranzen nach Jever, die sich anders nicht in die Enge der Stadt verirrt hätten.

Zuweilen wurde Egbert darüber eifersüchtig. Das geschah, wenn er beobachtete, wie Emma ihm zuhörte und mit ihm reiste. Dann entdeckte er in ihren Augen ein fremdes Glitzern. In diesen Sekunden war sie eine für ihn verlorene Frau. Sofort danach schämte er sich seiner Enge und seines Kleinmutes. Und er wußte, daß er keinerlei Verdienst daran hätte, wenn sie gleich wieder zu ihm zurückkehrte. Und das täte sie als eine noch etwas freier gewordene Frau.

- Da es niemand von euch gewesen sein will, muß ich es wohl allein gewesen sein. Also bin ich der Schlächter der eigenen Mutter und Schwestern und von allen anderen, die hier friedlich, aber eben doch geborgt gelebt haben. Also bin ich der Oberhitler und Berufsverbrecher, hatte er schon kurz nach seiner Rückkehr verkündet. Inzwischen nahm er für sich in Anspruch, der Auslöser, Verursacher, das Opfer und gleichzeitig der Täter fast aller jener Geschichten zu sein, die sich bei Egbert Poggenpohl in 30 Jahren seines Daseins eines Schalterbeamten mit unerbittlichem Gedächtnis angesammelt hatten und die er jetzt mit jener Friedfertigkeit aufzuschreiben versuchte, die er als Mittel gegen den Dauerkrieg in sich selbst zum Überleben brauchte. Levy aber beanspruchte alle Geschichten für sich. Und das tat er mit der Kraft und Ausschließlichkeit einer kriegführenden Partei.

An irgendeiner Form von Bescheidenheit litt dieser Mann also nicht. Und Egbert wehrte sich dagegen heftig. Das reduzierte ihn doch auf die Größe eines Wurmes, der unerlaubt in seinen ganzen kompostierten Gemeindegeschichten lebt, die er noch dazu auf nicht immer ganz lupenreine Weise erstanden hat, wie es das Leben eines solchen Beamten so mit sich bringt.

Er hatte so viele Geschichten in sich gestapelt. Ungeduldig zeugten manche in ihm, wie nach drei Wochen bereits geschlechtsreife Meerschweinchen, längst Kinder und die wiederum bald Kinder, so daß er ständig mit mehreren Generationen von Geschichten in unterschiedlichen Stadien des Wachsens, der Reife und ihres Verfalles lebte und erste Gase in ihm hochstiegen, auf die er morgens seine taube Zunge und den Mund- und Hautgeruch eines Verfaulenden zurückführte, der sich erst gegen Mittag verlor. Er mußte die Geschichten endlich loswerden und wollte sich dadurch, daß er sie friedfertig rosafarben tönte, jenen Frieden in der Gemeinde erschreiben, den er in sich selbst nicht fand.

Dabei aber stieß er in der kleinen Stadt immer wieder auf Levy. Und Levy verlangte den Krieg. Kurz vor seinem Tod verlangte er auch den Krieg durch Geschichten. Seine Ausfälle eines alten, aber noch immer guten Schauspielers waren wieder häufiger geworden. Unerbittlicher denn je pochte er darauf, daß er als einziges Mitglied der Gemeinde Jever in allen noch ungeschriebenen Gemeindegeschichten als ihre Sprengkapsel enthalten sein müsse. Und lautstark forderte er von Egbert:

eine Menschauf-Menschab-Gemeindegeschichte müsse endlich her anstelle der dämlichen Schnurren und Schnoken vom Landleben, der Anekdoten über verwurmte Stammesführer und Furz-im-Winde-Fürsten, der gemeinen Latrinenwitze natürlich auch über die Friesen, die, er wisse es genau, zunächst von Oldenburger und Bremer Viehdieben in Umlauf gesetzt und später erst von den Rheinländern sogar mittels Druckerpresse und Buchbinderei verbreitet wurden aus Neid auf die noch immer Land gewinnenden Friesen, während den Rheinländern längst das Land in den Bergwerken versank und in den Stahlschmelzen verkochte, wenn es nicht gerade schutzlos in den Hochwassern des Rheins unterging.

Nein: eine Geschichte der Niedertrachten und der Siege müsse her. Eine Geschichte der erbärmlich engen und der viel zu großen Herzen. Eine Geschichte des Hasses und der Zärtlichkeit. Und natürlich sei auch dafür er das beste Beispiel, die Sprengkraft aller Historie, habe sich doch einzig auf ihm die ganze Niedertracht dieses Jahrhunderts niedergelassen wie die Wespen auf dem Honigtopf. Denn nur er sei mit einem Sprung auf den letzten Frachtdampfer ODER noch entwichen, der von Hamburg nach Schanghai auslief. Er sei nach zwölf Lehrjahren im Exil zurückgekehrt in die enge Heimat der Friesen als einziger von allen, denen noch Beine geblieben waren zur Rückkehr; aber doch nur, um schnell von einem

Überlebenden zu einem Überlebten und Abgelebten und Totgewünschten gemacht zu werden vom Gewicht der neuen, alten Niedertracht. Und das hätte er wiederum nicht überlebt, wenn sein Herz in der Fremde und Weite des Exils unter den so vielfarbigen Menschen mit ihren unterschiedlichen Arten sich zu lieben und zu hassen und sich kreuzweise übers Ohr zu hauen nicht noch scheunentorgroß und weit geworden wäre, wohingegen die Herzen der Daheimgebliebenen klemmten wie eh und je. Und also müsse eine Geschichte von Menschen niedergeschrieben werden, um die herum er die Klammer sei und gleichzeitig die Sprengkapsel. Der Viehhändler und Jude. Der Berufsverbrecher und Viehlosoph. Denn es seien ja alles Menschen, die blind, durch ihre knappe Lebenszeit gehetzt, ihr eigenes Glück verraten. Oder aber allerwenigstens und ersatzweise müsse eine Geschichte her, bei der Levy als Hahn auf dem ganzen Mist steht. Ganz oben auf dem Mist steht der Hahn und kräht und kräht und kräht sein heiseres Lied von der Dennoch-Liebe.

Damals, eine Woche vor Levy's Tod, hatte Egbert laut über den Hahn auf dem Jeverschen Mist gelacht. Er stellte sich schnell selbst als diesen Hahn vor. Wenigstens ein Zwerghahn wollte er sein, einer, der vielleicht noch nicht ganz ausgewachsen war. Aber der gealterte, immer noch gute Schauspieler hatte ihm keine Zeit zum Wachsen gelassen. Schnell schlüpfte er jetzt in eine andere Rolle. Er hatte schon so vieles gespielt: Störtebeker und Eulenspiegel, den Hauptmann von Köpenick, Charly Rivel und Grock mit seiner streichholzschachtelgroßen Geige, und als Rudolph Valentino war er der Mann gewesen, der am Tag des Viehauftriebs in Jever die reifen Bäuerinnen auf den dann männerlosen Höfen im Umland in eine bequeme Rückenlage schwatzte und ihnen so das letzte Lied ihres Lebens entlockte, ein Lied mit mehr Strophen, als sie je zuvor gesungen hatten.

Jetzt nahm er die Rolle des Eisbrechers an, jene des Spürhundes auch, der die großen Verbrechen der Geschichte als miniaturisiertes Abbild in seinen Nachbarschaften verbellt. Er beschimpfte und bekläffte Poggenpohl zunächst als Weichei und hodenlosen Sack. Dann gleich als Kriegs-Wegschreiber und Levy-Entsteller, Noch-einmal-Mörder seiner Nanni-Mutter und seiner Rebecca-Schwester und Helene-Schwester und Schänder-ihrer-unbekannten-Gräber zwischen Theresienstadt und Auschwitz. Das tat er so lange, bis er von seiner halb gespielten und halb aufrichtigen Heftigkeit ganz aufgezehrt war und in den Husten eines starken Zigarrenrauchers fiel.

Der Anfall schüttelte ihn und ließ ihm Tränen die Wangen herunterlaufen. Dann legte er die Arme um Poggenpohl wie um einen Sohn, von dem der Vater weiß, daß er die ganze Zeit über Verrat an ihm begeht, den er aber noch immer nicht völlig aufgeben kann. Und er flüsterte ihm ins Ohr:

- Du bist ein ähnlich krummer Hund wie ich. Wahrscheinlich verstehen wir beide nicht viel von den Menschen. Zuviel Defizite, zuviel Hungerstrecken, zuviel offene Wünsche. Aber du und ich, wir beide hatten immer einen Traum. Vielleicht ist das die einzige Art, etwas über die Menschen zu erfahren. Wenn jeder kapierte, daß ihm selbst der Nächste immer ein Rätsel bleibt und daß er seine Nähe nur träumen kann, wären wir alle ein Stück weiter. Es gäbe doch ein Mindestmaß an Neugier. Und Bewunderung. Und auch Achtung. Meinst du nicht?

Klassische sechs Arbeitstage lang wurde Egbert von seinen Anfällen harten Fluchens heimgesucht. Dabei wiederholte er sich nicht unablässig wie ein Papagei, dem gewisse gängige Obszönitäten eingetrichtert worden sind. Zur Verwunderung Emmas kannte er nahezu alle katholisch-evangelisch-jüdisch-muslimischen Heiligen und die Heiligen minderen Ranges, und keiner von ihnen war ihm zu schade für einen Fluch; und den nachgewachsenen Heiligen und den bloß heilig Gesprochenen, den Säulenheiligen und den Heiligen der pilzartig aufschießenden und wieder vergehenden Sekten hing er perverse Sexualpraktiken an, deren Detailkenntnis sie tief verblüffte. So war sie schnell dazu übergegangen, unverhofften Besuch aus der Nachbarschaft ab 15.30 Uhr abzuwimmeln und das Telefon nicht abzunehmen, denn Egbert beschallte das Haus mit einer Eindeutigkeit und Lautstärke, die jener des Fritz Levy in seiner Rolle als Stadtverbeller gleichkam.

Am siebten Tag um 15.30 Uhr aber blieb er still. Vorsichtig stieg sie die Treppe des Backstein-Schneckenhauses hoch und blickte in die Mansarde, in der ihr Mann den Schreibtisch eines Schülers stehen hatte. Hier saß er in großer Ruhe und schrieb.

Mit seiner Neigung zum Perfektionismus hatte er zunächst den verstümmelten Satz auf dem Zettel des Toten ergänzt, in Blockbuchstaben auf ein einzelnes buchhälterisches Blatt geschrieben und sich an die Schreibtischlampe geheftet:

DER HEIMATSCHRIFTSTELLER EGBERT POGGENPOHL SOLL SICH UM MEIN GANZES LEBEN KÜMMERN WIE ES WIRKLICH WAR.

Hier hing sein Auftrag wie ein vor langer Zeit ergangenes und mit berittenem Boten den umliegenden Dörfern zugestelltes Urteil. Ihm war nicht bloß klargeworden, daß er einen Auftrag hatte, über der Flucherei hatte er schließlich auch akzeptiert, daß er einem Toten keinen Auftrag zurückgeben konnte. Heimatschriftsteller hatte er werden wollen, ein Geschichtenerzähler, der sich damit die Last des Lebens erleichterte. Jetzt war er zum Lohnschreiber geworden. Und wenn ihn nicht alles täuschte, gäbe es nicht nur keinen Lohn, er bezahlte auch noch dafür mit der Ablehnung durch die Gemeinde und mit dem Frieden seiner Seele. Aber es gab kein zurück. Levy war der Erste gewesen, der seinen friedfertigen Gemeindegeschichten zugehört, der sie zwar entschieden verworfen, der ihm aber schließlich den ersten Großauftrag seines Lebens erteilt hatte. Und es sah nicht so aus, als ob er jemals noch einen zweiten bekäme.

4

JEVER, 3. NOVEMBER 1922

*Bereits als Fötus steckte ich so voller Skepsis dem künftigen
Leben gegenüber, daß ich fast elf Monate alt und noch immer
nicht geboren war. So groß wie es klingt, so einfach war es:
auch das war schon eine Frage von Krieg und Frieden; denn
durch die Bauchdecke meiner Mutter hindurch hatte ich die
Echos von Kampfgeräuschen gehört, und jeder Schlag ihres
ängstlichen Herzens verriet mir, daß sie weder dem großen
Frieden draußen noch dem kleinen Frieden zwischen Mann und
Frau in unserem Backsteinhaus traute.*

*Natürlich verfügte ich nicht über die stählernen Muskeln eines
Trapezschwingers. Oder über die Haltegriffe eines Sozius bei
einem Motorradrennen der Beiwagenklasse. Aber ich, der erst
noch werdende Egbert Poggenpohl, verstand es dennoch, sieben
Wochen lang meine ungewollte Geburt hinauszuzögern. Ich, der
ich noch nicht über den Code der Wörter verfügte, wußte
bereits, daß ich aus meiner Mutter heraus ins Leben plumpsen
würde wie in ein Klo. Daher legte ich mich in ihr quer und
verkantete mich wie Treibholz. Erst am Ende der siebten Woche,
dem 3. November 1922, erlahmte mein Widerstand so über dem
Ach und Weh dieser Frau und vor allem über den Lockrufen der
Hebamme Mia Geerdes, daß ich mich wie ein Geschlagener
behandeln und die Geburt geschehen ließ. Da hatte ich mir
bereits die Nabelschnur um den Hals geschlungen und war blau
angelaufen wie ein gedünsteter Karpfen. Auf dem Kopf hatte
sich eine beträchtliche Tüte aus Fruchtwasser gebildet, mit der
voran ich ins Leben rutschte wie ein Pausenclown.*

So beschrieb Egbert die Begleitumstände seiner Geburt. Als der Vater
Heribert Poggenpohl den Neugeborenen erblickte, rief er etwas aus, durch
das sich das Leben der Familie grundlegend veränderte.

Der Säugling war von Anbeginn mit einem unerbittlichen Gedächtnis
ausgestattet. Also memorierte er die Betroffenheit und die langen
Weinkrämpfe seiner Mutter sowie die Empörung der Hebamme und

späteren Amme Mia Geerdes, die türenschlagend das kleine Haus am Rande von Jever verließ. Egbert behielt die Tonfolge des väterlichen Ausrufes so genau, daß sie in seinem Gedächtnis wie eine frische Blutspur erschien, als er im Alter von drei Jahren endlich den Code der Menschenwörter knackte. Die Tonfolge lautete und bedeutete:

- Also wenn der so wie ein Clown bleibt und noch dazu blau wie ein Karpfen, dann ist das nicht mein Sohn. Dann war das der alte Leander von nebenan, der gottverdammte Zirkuswichser, der nie genug Weiber haben kann und nie genug Kinder!

Von jetzt ab machte Egbert den Vater für den Tod der Mutter verantwortlich, der zwei Wochen nach seiner Geburt eingetreten war. Er lehnte diesen Vater ebenso entschieden ab wie schon als Fötus das erst noch bevorstehende Leben. Im Gegenzug sollte er Schwangeren immer mit tiefer Achtung begegnen, obwohl sie ihm gleichzeitig Angst einflößten. Er fürchtete in ihnen die künftigen Mütter. Die hielt er wegen ihres Monopoles der Zärtlichkeit, ihrer schlauen Gewaltausübung und ihres verbrieften Rechtes auf zügellosen Eigennutz für eine geheiligte Sackgasse im Zusammenleben der Friesen. Es gab Stämme, die sich andere Ordnungen gegeben hatten. Davon träumte er manchmal und sah sich aufwachsen zwischen siebzehn Müttern, die gelegentlich Besuch bekamen von einem Mann.

Wenn Heribert Poggenpohl sich ihm näherte, um mit den verstümmelten Wörtern eines friesischen Witwers und überforderten Vaters seinem Sohn doch noch Zärtlichkeit zu bekunden, ließ Egbert sich zwar von ihm mit Möhrenbrei abfüllen, sammelte die Masse aber nur, um sie geballt auszuspucken. Füttern durfte ihn nur Mia Geerdes, die Hebamme und jetzt Amme, die keinen Anspruch auf seine Liebe erhob. Sie liebte er daher bald wie eine Mutter und eine Frau. Und diese Freiheit genoß er über die Jahre hinweg gründlich.

Dieser Heribert Poggenpohl war ein armer Mann. Er bewohnte das kleine Backsteinhaus seiner Eltern, das diese einzig von ihrer früheren Hofstelle gerettet hatten. Eine Dürre erst, ein harter Winter dann, und schließlich noch die Maul- und Klauenseuche. Im Herbst hatte der Vater die Scheune angezündet zwecks Sanierung der Finanzen, dabei aber vergessen, daß er die Jahresprämie der Feuerversicherung noch schuldete. So waren seine Eltern als abgebrannte Bauern ohne Hoffnung und als erfolglose, weil törichte Betrüger in dem kleinen Haus kurz hintereinander vor Scham gestorben.

Jetzt schenkten ihm, dem Witwer und Postzusteller im einfachen Dienst, Beamte des mittleren Dienstes Spielzeug, das ihre Kinder bereits beschädigt und achtlos zur Seite geräumt hatten. Es waren Bauklötzchen, Leiterwagen, eine hölzerne Eisenbahn ohne Schienen. Egbert betrachtete alles das eine Weile mißmutig. Dann beschäftigte er sich wieder still und ausschließlich mit sich selbst in der Art eines Menschenkindes, von dem der Vater bald sicher war: dieser Bengel bleibt ewig ein Depp.

Egbert freilich hatte längst seinen Kopf entdeckt. Das gute Gedächtnis, in dem er seine Mutter und seine Abneigung gegen ein Leben bewahrte, das zwangsläufig ein schlechtes Geschäft würde. Und er hatte den Code der Wörter geknackt. Damit war er in der Lage, seinen Erinnerungen Flügel durch Wörter zu verleihen, und er konnte seine Ahnungen und Ängste sortieren, seine Abneigungen und seine Zärtlichkeiten für Mia Geerdes. Dazu saß er stundenlang auf einem Nachttopf. Er erledigte nicht sein Geschäftchen eines Kindes, er saß da und sah gegen die Wand wie ein Mann, der in äußerste Konzentration versunken ist.

Dabei untersuchte er die Wörter in sich. Er köpfte sie. Schnitt sie der Länge nach auf. Forschte nach Innenleben und Notausgängen. Verwarf sie. Griff sich neue, um sich darin zu verbergen, aber auch, um sich in ihnen entdecken zu können. Er hatte eine Welt für sich, die dem ungelenken Frischwitwer mit seinen verstümmelten Kosewörtern völlig unzugänglich blieb. Dieser Postzusteller trug Wörter, die mit einer Briefmarke zu bloßem Transportgut erniedrigt worden waren, nur in der Gegend herum, von Haus zu Haus und von Hof zu Hof. Er spürte ihnen nicht nach, ja er wußte wohl noch immer nicht, daß er sie als Werkzeug für einen Totschlag benutzt hatte.

Je länger Egbert mit seinen neuen Wörtern umging, umso fester war er davon überzeugt, daß Heribert der Totschläger seiner Frau war. Und daß es bei der rigiden Ordnung unter Erwachsenen nicht ausbleibt, daß der Mann die Frau totschlägt. Und daß Heribert sich als Vorwand für diesen Totschlag den Nachbarn Leo Leander genommen hatte, weil dieser über alles verfügte, was er selbst sein Leben lang entbehren würde.

Leo Leander stand einer zwölfköpfigen Sippe der Sinti vor. Er schien eine Hauptfrau zu haben, das war Muschi Harms. Sie galt seit der Eheschließung als gefallene Friesin, deren Vater, ein ehrbarer Schweinezüchter aus Fedderwarden, sie nicht mehr kannte. Und er schien zahllose Nebenfrauen zu haben, wobei die Sage sich blähte, daß selbst die knapp erst mannbaren Töchter schon als Nebenfrauen galten. Er besaß zwei reich beschnitzte, mit je vier Pferden bespannte Überland-Wagen, denen er selbst in einer schwarzen Kutsche voranfuhr, wenn die gesamte Sippe in den Frühling aufbrach und, musizierend, jonglierend, den Tanzbären vorführend, zwischendurch auch Uhren reparierend und Selbstgesticktes verkaufend, bis in den Herbst hinein ganz Friesland abfuhr und sogar in das Königreich der Niederlande vordrang. Schließlich hatte der Patriarch noch eine Zugmaschine von Hanomag aus Hannover erschwindelt, sagte die Sage, korrekt und bar aus der Hosentasche auf die Hand bezahlt, widersprach der Händler aus Oldenburg, mit der er seinen Radius bis Rotterdam und einmal, zu einem einzigen großen Auftritt bis Paris ausdehnte, wo alle als Zugvögel aus Indien und gleichzeitig als Freibeuter der Nordsee in einem Variété stürmisch gefeiert wurden.

Leo Leander ging hoch aufgerichtet daher wie ein reicher, freier Mann. Wann immer er während der langen Winterruhe auf seinen Nachbarn traf, den Postzusteller, hatte er für ihn die stolze Nachsicht eines Weltreisenden übrig, der Besucher aus halb Europa in seiner Wagenburg empfing, als er sechzig wurde. Mit Kutschen, Überland-Wagen und Kraftdroschken stellten sie drei Tage lang den Stadtrand von Jever zu, als sei es eine belagerte Stadt.

Alles das verletzte Heribert Poggenpohl tief. Seit Generationen siedelten in Friesland Poggenpohls, und doch besaß er fast nichts außer seiner immer fadenscheinigen Dienstkleidung eines Zustellers. Nicht einmal ein Weib hatte er mehr.

Und obwohl Leo Leanders Vorfahren in versunkener Zeit in Indien zwischen den Kotfladen der Heiligen Kühe geboren worden waren und er selbst nachweislich auf einem abgeernteten Weizenfeld zwischen Jever und Sande, hatte er doch alles, was sich ein Mann wünschen mag; einschließlich der gefallenen Friesin Muschi Harms und der zahlreichen, schon mannbaren Töchter, die ihn, den Zusteller im einfachen Dienst, frech zu mustern pflegten und im Vorübergehen mit ihren Hintern wippten, als wollten sie ihn fortfegen wie eine blau schillernde, aus dem Mist geschlüpfte Fliege.

Und er hatte einen Sohn, der keinen Zweifel daran ließ, daß er lieber als ein Leander denn ein Poggenpohl geboren worden wäre. Dieser schwächlich geratene, verschlossene Egbert verschwand am Nachmittag eines 24. Dezember spurlos aus dem Backsteinhaus, bevor Heribert für ihn den Tannenbaum anzünden konnte. Vergeblich suchte er ihn den Rest des Nachmittages und den ganzen Heiligen Abend. Schließlich lief er spät in der Nacht zu Mia Geerdes und bat sie um Beistand, den sie mit Spott in der Stimme gewährte. Sie kam und rief dreimal nicht sonderlich laut nach Egbert. Und schon lugte er, mit Stroh in der Kleidung, aus dem Schafstall des Leo Leander hervor, wo er die ganze Zeit zwischen den Tieren gelegen hatte wie in einer Krippe und in dieser Nacht der Geburt des Christuskindes hatte wiedergeboren werden wollen als Leander. Und seine Mutter hätte Mia Geerdes sein sollen, eine dann weitere gefallene Frau.

Heribert war wirklich ein armer Mann. Wenn er seinen Stadtbezirk abgelaufen hatte, schwang er sich auf das Wanderer Leichtmotorrad (98 ccm) und stellte den umliegenden Höfen zu: eine Postkarte, das Päckchen eines Versandhandels aus der Hölle von Berlin (ein beidseitig geschlitztes Nachthemd für die Bäuerin, eine Schachtel Präservative für den Bauern, der nie in der Jeverschen Apotheke danach gefragt hätte), den hartherzigen Brief eines Sohnes, der nach Amerika ausgewandert war. Von diesem Brief waren vorsorglich schon die Marken halb gelöst, und seinen Inhalt kannte Heribert bis auf Punkt und Komma.

Aber er war eine Amtsperson, wenngleich eine ganz kleine. Sein Kapital und seine fadenscheinige Macht bestanden darin, daß er die hier siedelnden Menschen sehr genau kannte. Mit den meisten war er auf Du. Tag um Tag verfolgte er ihre Nöte. Bei einem Schnäpschen gaben sie ihm ihren Schwatz mit, ihren Kummer und einen Teil ihrer sonst sorgfältig gehüteten Begehrlichkeiten. Manche gaben ihm ein kleines Geschäft mit: eine Hinterhältigkeit war zu übermitteln. Eine Schlauheit auch. Eine Perfidie. Ein Bulle sollte her. Eine Kuh war zu verkaufen. Eine überständige Tochter zu verheiraten. Der durch Inzucht beschädigte Halbbruder (der Vater mit der ältesten Tochter) war nun doch in eine Pflegestelle zu vermitteln. Und überall hier kassierte Heribert kleine Beträge der Bestechlichkeit und eines Schweigens, das er an anderem Ort wieder als Redseligkeit verkaufte.

So war er geachtet als jemand, der gebraucht wurde. Kaum aber war er gebraucht worden, wurde er doch schon verachtet als ein Mann, der zu kaufen war.

Er besaß das Herz eines Feiglings, ein Sparbuch, das gerade für sein Begräbnis reichte, das Unglück eines Mannes, dem die Frau unangekündigt in den Tod hinein davongelaufen war, und einen Sohn, der ihn mit Möhrenbrei bespuckte, wenn er nicht gerade auf seinem Nachttopf saß und gegen die Wand sah. Heribert hatte ihn dabei oft argwöhnisch beäugt. Er saß nicht da wie ein Behinderter, eher wie ein Mann, der sich konzentriert. Das hatte ihn vollends verwirrt. Wenn er ihn so auf dem Topf beäugte, wußte er nicht mehr, ob er der Vater eines Kindes oder der eines Mannes war. Und so träumte er wiederholt von einem anderen Sohn, der ihm zärtlich die kleinen, wurmartigen Finger in die Ohren steckte, der in seinem Ohrenschmalz pulte und sie von den ganzen Traurigkeiten und dem Neid befreite, die täglich in sie hineingeträufelt wurden. Er träumte von einem eigenen, schweren Motorrad, auf dem er neben den kleinen Räuschen der quasi amtlichen Schnäpse den großen Rausch eines Vaganten erführe wie dieser Jung-Viehhändler Levy auf seiner schwarzen BMW mit den Seitenzylindern, die der Maschine und diesem Levy anhingen wie Bullenhoden. Er träumte davon, daß sein Sohn ihn liebte und daß er mit vierfacher Geschwindigkeit zu einem Boxer des Halbschwergewichtes oder des Schwergewichtes gar heranwüchse und daß sie beide, der Vater und sein einziger Sohn, von Beifall umtost wären in Bremen, Hamburg und Berlin. Er träumte davon, daß er eine neue Frau fände, die schön wäre und willig und die in aller Unschuld für ihn allein über die Liebespraktiken einer großartigen Hure verfügte, wie es sie in ganz Friesland nicht gab.

Der Sohn, der ihn hätte lieben sollen, durchschaute ihn aber schon bald in seiner ganz und gar durchschnittlichen Erbärmlichkeit. Auch hierbei half ihm sein besonderes Gedächtnis, zeigte es ihm doch immer wieder, von seiner Geburt an, den Vater in dutzenden von Posen tiefen und völlig hilflosen Zerwürfnisses mit sich selbst. Zeitig schon lehrte es ihn auf Grund von frühreifen Verhaltensmustern, die es gespeichert hielt, daß ihm die Frauen (mit Ausnahme von Mia Geerdes natürlich, die er umso mehr liebte, als sie ihn mit keinerlei Gegenliebe bedrängte) unheimlich blieben. Er würde sie sein Leben lang brauchen wie Salz und Brot, das ahnte dieser Mutterlose schon. Immer würde er sie suchen. Aber immer, gerade gefunden, würde er sie fliehen. Er hielt sie bereits jetzt für Dampfkessel, die jeden Augenblick selbst einem, der noch nicht geschlechtsreif war, mit fürchterlichem Getöse um die Ohren fliegen konnten.

Der Vater, der eine neue Lebenspartnerin suchte, lockte verschiedene von ihnen in sein kleines Backsteinhaus. Es waren alt gewordene Mädchen, die unter einem offenen oder kaum verdeckten Makel litten; von Vater und Mutter verstoßene unmündige Töchter, deren letzte Liebhaber, ein wandernder Schreiner, ein vorgeblich im chinesischen Meer verschollener Seefahrer, sie mit beschädigten Herzen und einem mongoloiden Kind sitzengelassen hatten; langjährige Witwen, die offensichtlich schon seit dem Ende ihrer Kindheit wie hartherzig Trauernde aussahen. Der Vater schrieb fleißig auf Anzeigen. Und da er sich in seinen Briefen schamlos erhöhte, kamen viele von ihnen. Sie alle durften Egbert kitzeln, hin und her wenden wie ein Schnitzel und mit ihren von scheinbarer Zärtlichkeit verstümmelten Wörtern so tun, als hätten sie ihn gern. Egbert aber wußte bald, daß sie nur kamen, um alles klug abzuschätzen.

Er sah die blanke Not in ihren Augen, und gleichzeitig sah er die kalte Berechnung. Ihm prägte sich ein: Frauen leiden Not und berechnen. Not und Berechnung machen sie unheimlich und unergründlich. Ein mooriges Gelände, in dem einer wie er, ein von Geburt an nicht bloß Zögerlicher, sondern Lebensferner und Lebensmüder, schnell versinkt, wie er gleich hinter dem Hof des Moorbauern Kieslowsky versinken könnte, dem Schwager von Mia Geerdes, zu dem diese ihn oft mitnahm.

Immer zog sie ihm ein Riemengeschirr mit Fangleine an und band ihn an einem Kirschbaum fest, damit er eben nicht ins Moor liefe und verschwände. Das war das Unheimliche, aber gleichzeitig Verläßliche an Mia Geerdes: offensichtlich kannte sie die geheimsten Regungen seiner Seele, seine schon vorgeburtliche Müdigkeit und steuerte umsichtig gegen. Und Egbert beschloß noch einmal, wenn er endlich groß wäre, einzig diese Mia Geerdes zu heiraten, seine Geburtshelferin und Fürsorgerin.

Wenn sie sich über ihn neigte, dufteten ihr Hals und ihre weißen, leicht mit Sommersprossen gesprenkelten Brüste nach Hefeteig und Mandelhörnchen. Nur gelegentlich, bei trüber Witterung und hoher Luftfeuchtigkeit, roch sie nach dem Gefiederstaub, den abgestoßenen Flaumfedern, dem Körnerfutter und dem abgesetzten Kot jener Wellensittiche, die sie in ihrem Gartenhaus einer Alleinstehenden versorgte und immer, trotz ihrer Fruchtbarkeit, auf der Zahl siebzehn hielt. Sie verriet nie, was ihr gerade diese Zahl siebzehn, ja was ihr Wellensittiche überhaupt bedeuteten. Wenn Egbert mit kindlicher Hartnäckigkeit und bald auch mit der Wut eines verletzten Liebenden immer wieder danach fragte, wich sie aus. Es sollte ihr Geheimnis bleiben. Endlich fragte er seine Liebe nicht mehr danach. Er hatte gelernt, ein Geheimnis, das er nicht lüften sollte, zu achten. Und er begann zu ahnen, daß selbst jeder Liebende mit seinen eigenen Geheimnissen lebt und in einer immer anderen Welt.

Jetzt, da er den Code der Menschenwörter geknackt hatte, übte er sich bald nach Art eines Zauberlehrlings in den ersten Schifferknoten und Fallstricken der Sprache, ihren Akten der Hypnose, des Kultes und der Traumdeuterei. Es waren die ersten Regungen dessen, was später seine kurzblütige Frühvollendung werden sollte. Zu dieser Zeit log er wie gedruckt, so daß Heribert bald vermutete, aus seinem schwächlich geratenen Sohn könnte doch einmal ein ansehnlicher Betrüger werden, dessen Zukunft wenigstens zwischen den Aufenthalten im Gefängnis gesichert wäre.

Nur wenn Mia Geerdes ihn in seinem Riemengeschirr mit der Fangleine am Zaun des alten Leander festband, brabbelte und lallte er. Dann summte er wie eine Hummel und kicherte wie ein Greis: die Freude über die vielen Kinder des alten Leander verschlug ihm die kaum erst eingeübte Sprache. Diese Kinder, die niemand je zu Ende zählen konnte (und Kinder früher Leander-Kind gewesener Männer und Frauen und Freundeskinder der Kinder, unüberschaubar, untrennbar, eine verknotete Sippe eben, die selten lauten Streit unter sich austrug), trainierten hier in der Pause zwischen zwei Landfahrereien ihre Fertigkeiten. Sie brachten den Bären zum Tanzen, balancierten über die vorgestellten Alpen, rasten mit zwei Leichtmotorrädern kopfunter in einer windigen Kugel aus Stahldraht herum, schluckten Messer und Feuer, sprangen in den Himmel und landeten auf dem Rücken der schweren Zugpferde, jonglierten mit Bällen, die so bunt waren wie Freuden, die Egbert nun wirklich nicht vom Leben erwartet hatte, schossen sich gegenseitig aus silberbeschlagenen Gewehren Kugeln um die Ohren und freuten sich riesig, daß sie nicht umfielen und leichenstarr wurden.

Der am Zaun angeleinte Egbert beobachtete zum ersten Mal Kinder, die sich über ihr Leben freuten. Hier auch sah er erstmals einen Erwachsenen, der sich aufrichtig über Kinder freute. Das war der Motorrad-Raser Fritz Levy, der sehr langsam, um weder Ball noch Keule noch gar ein Kinderbeinchen zu gefährden, auf das Grundstück bog. Er verteilte Süßigkeiten, tröstete eines der Leander-Kinder, das gerade eine Fünf in deutscher Grammatik geschrieben hatte, ließ sich einen Ball an den Kopf werfen und köpfte zurück, stieg auf eines der beiden Leichtmotorräder, versuchte sich in der

Vertikalen in der luftigen Drahtkugel, kippte gleich kläglich um und ließ sich seinerseits trösten von allen Kindern, die ihn umschwirrten wie Leibärzte ihr Staatsoberhaupt.

Da sich Egberts Gedächtnis mit der Geschwindigkeit des Lichtes auflud, war er in diesen wenigen Jahren auch mit Lichtgeschwindigkeit durch die Zeit gefegt - und durch das erste Schaukelbettchen, den klassischen, hochrädrigen Kinderwagen dann, den Laufstall, die Sportkarre, Mia Geerdes Riemengeschirr mit der Fangleine endlich, so daß er jetzt beinahe schon als alter, angeleinter Mann am Zaun stand, ein unter Betreuung gestellter Rentner, der von seiner Pension nur ein Taschengeld zugeteilt bekommt, aber hier am Zaun zum ersten Mal merkt, daß das Leben in seiner Vielgestaltigkeit sehr schön sein kann.

Die Freude der Kinder Leo Leanders, der Kindeskinder und Nebenkinder des Patriarchen und Chef eines Clans, der in versunkener Zeit aus Indien über Ungarn zunächst an den Niederrhein gewandert und schließlich in Friesland auf dem neuen, dem Meer abgerungenen Land, das er für unschuldig und damit verläßlich hielt, wenigstens für die Winter seßhaft geworden war - die Freude dieser Schausteller- und Vagantenkinder machte Egbert endlich zu einem Menschen, der sich über sie, und dann über sich an der Fangleine, und endlich über seine ganzen Tage hier am Rande Jevers freuen konnte wie ein Kind.

In einer dieser Freuden biß das Kind Egbert letztmals auf den Code der Wörter und knackte auch den nußharten Rest, nämlich die Wörter des aufrichtigen Verlangens, die ihm bislang noch widerstanden hatten. Er hatte die leichten und schönen, die gebannten und verbotenen Wörter und ihre intimen Verhältnisse zueinander entdeckt und jonglierte gleich mit ihnen wie die Kinder Leanders mit ihren Bällen, Kugeln und Keulen. Egbert brüllte jetzt vor Freude. Um den Freudentaumel noch zu verstärken und auch, um seine Wiedergeburt als Kind zu feiern, knöpfte er sich die kleine Latzhose auf, nahm seinen Kinderschnippel in die Finger und spielte ausgiebig damit. Und er rief mit den neuen, richtigen Wörtern nach Mia Geerdes, der Frau, die er doch heiraten wollte. Als sie endlich über ihm stand, nahm er wieder ihren Duft nach Hefeteig und Mandelhörnchen wahr. Da spielte er noch heftiger mit seinem Schnippel und sah ihr dabei in die Augen. Das tat er unverwandt, gerade, als ein Kind und gleichzeitig als ein verlangender Mann.

Mia Geerdes war bis dahin überzeugt gewesen, auf Grund ihrer Ausbildung und jahrelangen Praxis einiges von Kindern zu verstehen. Da sie aber nie die Hochgeschwindigkeit von Egberts Gedächtnis begriffen hatte und damit seine Lebensgeschwindigkeit, brauchte sie jetzt eine Weile, bis sie das Unfaßbare aufnahm. Da schlug sie ihre Schürze über ihn, denn schon hatten die Kinder und Kindeskinder nebenan Egberts Künste entdeckt und kreischten vor Vergnügen, und sie rief:

- *Ach, Jungfrau Maria, steh mir bei! Dieser Bengel ist ein Mann wie alle diese Männer. Er bedrängt mich schon ganz genauso wie sein Vater Heribert!*

So unerfahren wie Egbert noch war, hatte er inzwischen doch schon genug Wörter zunächst hungrig angeschnitten wie eine Leberwurst und dann gleich neugierig zerlegt wie einen Wecker. Und so hörte er in diesem Ausruf sehr wohl die Verheißung mit, die er verborgen in sich trug. Damit änderte sich das Verhältnis zu seinem Vater. Er lehnte ihn nicht mehr so entschieden ab wie bislang. Jetzt betrachtete er ihn fast als einen Verbündeten. Er empfand ihn nicht als Konkurrenten, sondern als Mitbewerber um die Gunst ein und derselben Frau, als Mitverschwörer und Mitleidenden noch dazu, der sich in seiner Not der Frauenlosigkeit tatsächlich im Flur des kleinen Backsteinhauses, als Mia Geerdes gerade gehen wollte, rasch den Latz der immer fadenscheinigen Diensthose aufknüpfte, seinen Witwerschnippel herausholte und vor der schnell erstarrten Mia zu onanieren begann. Das tat er nicht schamlos und mit der Absicht, sie zu verletzen. Nein, er war voller Scham und Verklemmtheit und hatte Tränen in den Augen. So ging sie still um ihn herum und verließ das Haus. Natürlich waren ihr dennoch alle Heiligen des Entsetzens in die Knochen gefahren. Aber bei sich zu Hause angelangt, beruhigte sie sich schnell zwischen den siebzehn Wellensittichen, weil sie sich bei den unablässig Geschichten erzählenden Vögeln immer geborgen fühlte. Und weil sie jetzt Mitleid empfand mit diesem Mann, der offensichtlich nicht ohne Frau sein konnte, ja wahrscheinlich nie mit sich allein. Er war ein Mann, der sich nichts erfinden konnte, keine Idee, keine Bilder von einem anderen Leben, keine Zärtlichkeit und kein Glück. Er war immer auf andere angewiesen, und immer verengten sich diese anderen bei ihm zu einer Frau. Und so verstand Mia Geerdes ihn und verzieh ihm.

Auch der kleine, aber doch mit außerordentlicher Geschwindigkeit lebende Sohn begriff jetzt, in welcher Not der Vater war und was es für solch einen Mann hieß, ohne Ausweg zu sein, das heißt in seinem Fall ohne Frau. Und er nahm sich schon bald nach der Einschulung vor: das Elend solcher Abhängigkeit will ich nicht. Und nie will ich eine Frau als Klo.

Die Schule bereitete ihm keine Probleme, denn sein Gedächtnis trug ihn mühelos durch die Klassen. Nur gelegentlich wurde er auf dem Schulhof oder auf dem Nachhauseweg wegen seines schwächlich bleibenden Körpers von den anderen verprügelt. So blieb ihm viel Zeit für sich. In dieser Zeit wurde er ein großer, selbstgenügsamer und völlig reueloser Masturbant, der am meisten dabei die stillen Minuten nach der Explosion genoß. Dann liebte er Mia Geerdes nicht, die er eben noch beschlafen hatte. Die Augenblicke danach waren frei von der Liebe und frei vom Besitzdrang. Er verspürte die Ruhe eines Körpers, der sich von ihm entfernte und nur Herz und Kopf zurückließ. Darin vermutete er dann bislang unbekannte Inseln, die er demnächst bewohnen wollte.

Gern und mit der Gelassenheit eines, der sich selbst genügt, beobachtete er, wie ein ums andere Mal die Versuche Heriberts fehlschlugen, an eine Frau zu kommen. Er war eben in Not, und ein Tollpatsch war er obendrein. Die mit dem Zug anreisenden Frauen holte er am Bahnhof ab. Kaum aber hatte er die Eingangstür hinter einer Besucherin zugezogen, ging ihr dieser ansonsten ängstliche und sehr unauffällige Mann an die Kleider wie ein Verhungernder, so daß sie, ohne sich auch nur den Mantel auszuziehen, empört wieder nach draußen strebte, mit schnellen Schritten, einer stark wippenden Hutfeder und einer Hand am obersten Knopf der Bluse zum Bahnhof zurückeilte, um hier lange und allein auf den Zug zur Rückfahrt zu warten.

Oft tat ihm dann dieser arme Mann leid, der in der krümelfrei aufgeräumten Küche herumsaß und vor sich hinstarrte mit den leeren Augen eines Betrogenen.

Wenn ihn seine Frau wirklich nicht mit diesem schnauzbärtigen Leo Leander hintergangen hatte, der mit aufreizender Lässigkeit seinen ganzen Clan beherrschte, so hatte sie ihn doch mit ihrem Tod betrogen. Unabgesprochen und eigensinnig war sie weggestorben und hatte ihn alleingelassen im Elend. Wenn er andererseits wirklich diesen Sohn gezeugt hatte, wofür Egberts schwächlicher Körperbau sprach, die blonden Haare, wasserblauen Augen und die Himmelfahrtsnase, dann war es doch ein Sohn mit einem offensichtlich ganz und gar unerbittlichen Gedächtnis. Damit würde dieser Sohn ihn ein Leben lang um jene Vergeßlichkeit betrügen, die doch jeder Vater für seine Sünden erwarten darf.

Nichts sah gut aus. Und nichts sah so aus, als würde es jemals anders. Weder erkannte er seine Bedeutungslosigkeit und richtete sich darin ein, noch das Wenige und Wertvolle an Bedeutung, über das er verfügte. Er war ein Verlorener. Als Egbert das begriff, fragte er sich zum ersten Mal, wo denn nun der Reichtum dieses armen Mannes läge. Und ob er ihn vielleicht irgendwo ängstlich versteckte?

Er fragte sich das probeweise und unsicher. Er betastete die Frage von allen Seiten, drehte sie auf den Rücken, krempelte sie um. Schließlich war er sicher, ein bedeutendes Fundstück gemacht zu haben. Weder die jonglierenden, Feuer schluckenden, in ihrer Kugel aus Stahldraht herumrasenden, immer schier vor Lebensfreude platzenden Nachbarkinder des Patriarchen Leo Leander würden sich je solch eine Frage stellen, noch gar die dumpf lärmenden Kinder in der Jeverschen Volksschule, die er noch immer mühelos, aber inzwischen mit gewissem Hochmut besuchte.

Wo eigentlich, verdammt, liegt der Reichtum eines armen Mannes?

Jetzt wußte er, daß er diese Frage ganz für sich alleine hatte. Noch fand er keine Antwort darauf. Aber er ahnte schon, daß diese Frage bereits Teil seines eigenen Reichtums war. Und daraus schloß er, daß er wider Erwarten dazu veranlagt war, die Menschen grundsätzlich zu lieben; und daß er außerdem jetzt schnell älter wurde; daß er bald der wehrlosen Kindheit ade sagen könnte; und daß ihm, der doch sicher war: auch arme Männer sind irgendwo reiche Menschen, die goldene Zukunft eines Schatzsuchers winkte.

Bei diesem letzten Gedanken machte sein Herz einen schmerzhaften Sprung. Fortan sollte das für ihn ein Zeichen dafür sein, daß er einer Wahrheit nahegekommen war oder, wie er später sagte: daß er sich eine nahtlos zu ihm passende Wahrheit erfunden und daß er sie in die richtigen Wörter gekleidet hatte.

Sein Weg lag jetzt im hellen Mittagslicht vor ihm: er würde ein Dichter. Das schien ihm die sicherste Art, das Leben halbwegs unbeschadet hinter sich zu bringen. Er wollte etwas abseits stehen und etwas daneben und es beschreiben. Das Leben wäre eine Ansammlung von Geschichten für ihn, mehr wollte er vom Leben nicht, und er versprach, ihm dankbar zu sein dafür.

5

JEVER, 17. AUGUST 1926 – HAMBURG, 17. AUGUST 1927

Mia Geerdes bewohnte mit ihren siebzehn Wellensittichen ein oft angestückeltes Gartenhaus, das ursprünglich die Hütte einer Schrebergarten-Parzelle gewesen war. Ähnlich wie bei den Poggenpohls war es das einzige Zeichen dafür, daß es einst Eltern gegeben hatte. Ein ganzes Leben hatten sie für diese Häuschen und für die Gemüsebeete geopfert, deren Boden noch immer auf Flaschen gezogen werden konnte und eine Oase der Fruchtbarkeit zwischen den Krüppelkiefern der Mark Brandenburg ergeben hätte. Dort, wo sich die Kinder ihre Eltern nicht mehr zurechnen lassen wollten wegen einer prügelreichen Fehlerziehung, dem Ehestreit, einem tiefsitzenden Haß oder dem scheinbar unaufhebbaren Zwang, alle sexuellen Übergriffe zu verschweigen, gab es außer den kleinen Häusern und den Grabsteinen nichts Sichtbares mehr von ihnen. Und die Grabsteine waren längst verwittert und drohten umzufallen.

Viele von Egberts späteren Geschichten sollten mit einem Grabstein beginnen oder enden. Manche fingen damit an und hörten damit auf. Oder sie waren, wie die Geschichte von Fritz Levy, auch zwischendurch noch reichlich gesäumt davon. Sie waren Lesezeichen und Kalenderblätter in einem.

Mias Eltern (Flickschneiderin und Landarbeiter) waren am Ende des ersten Weltkrieges von einer Grippeepidemie dahingerafft worden. Sie hinterließen das Gartenhaus, die ältere Tochter Hiltrud, die jüngere Mia, etwas Kleinvieh, eine trächtige Kuh, sonst nichts.

Hiltrud, die großgewachsen war, eine herbe und früh schon hungrige Schönheit, zog bald aus dem Gartenhaus aus. Sie wollte die Enge und Bescheidenheit dicht an der Grenze zum Elend hinter sich lassen und lebte eine Weile als Magd und Beischläferin eines Bauern bei Aurich. Dann heiratete sie so plötzlich den neuangesiedelten Moorbauern Walter Kieslowsky, daß ihre Schwester Mia, die eher kleinwüchsig war und zart und immer nervös wie einer ihrer späteren Vögel, kaum Zeit fand, sich ein vorzeigbares Kleid zu schneidern.

Sie heiratete als eine Atemlose, denn sie wollte schnell weg von diesem Bauern bei Aurich, dessen Begierden auf den Kuhstall fixiert waren. Kaum saß Hiltrud auf dem Melkschemel, warf er sie um. Er nahm sie in dem Mist zwischen den Flanken der gleichmütig bleibenden Kühe. Und die Bäuerin verstand es meist so einzurichten, daß sie die ganze Prozedur von der Stalltür aus verfolgte. Hiltrud wollte nicht wieder in der Bescheidenheit an der Grenze zum Elend leben und so früh schon als eine Geschlagene zu Mia zurückkehren. So heiratete sie atemlos, und sie heiratete einen atemlosen Mann.

Damals ging kein friesischer Bauer, der den Boden, die Nutzpflanzen, das Vieh und den Wert seiner Arbeit einzuschätzen verstand, ins Moor. Auf diesem untauglichen Boden siedelten nur die anderen Orts Ausgerutschten; gelegentlich auch die Vorbestraften; oder die völlig Ahnungslosen aus anderen Berufen und dem Osten und Süden des Deutschen Reiches, die sich noch dazu von den Friesen nichts sagen ließen. Friesen galten als störrisch und rückwärtsgewandt, und ihre Augen sollten langbewimpert sein wie die von semmelfarbigen Ochsen.

Walter Kieslowsky stammte aus Oberschlesien. Hier war er im Kohlenbergbau für die Gewerkschaft und die Sozialdemokratie eingetreten. Als ihn ein Steiger zur Arbeit in einem einsturzgefährdeten Stollen zwingen wollte, zog er in gerechtem Zorn und mehr noch in seinem immer schwelenden Jähzorn diesem Mann so unglücklich eine Schaufel über den Kopf, daß er nicht mehr aufstand. Die Mitglieder der Gewerkschaft und die Genossen der Partei versteckten ihn an wechselnden Orten im Revier. Sie sammelten Geld, leerten Kassen mit vielen kleinen Münzen, versetzten die wenigen Schmuckstücke, die sich auf der Haut ihrer Frauen je abgenutzt hatten und jemals mit ihrem Schweiß oxydiert waren, pumpten seinen Bruder Sigi an, der als Metzger am Kölner Schlachthof mit gewissen Nebengeschäften (Rinder- und Schweinehälften) zu bescheidenem Wohlstand gekommen war, und rieten ihm dringend, mit diesem Geld weit wegzugehen, am besten nach Australien oder zu den Bergstämmen in Papua-Neuguinea, wo der deutsche Kaiser sich noch Land für seine Kolonialsammlung genommen hatte, Insulaner von den vorgelagerten Atollen raubte und sie Kokospalmen in Reih und Glied setzen ließ. Aber dieser Walter Kieslowsky hatte Oberschlesien nie zuvor verlassen. Es wäre für ihn eine Reise zum Mars gewesen. So entschied er sich, Neusiedler in Marcardsmoor zu werden, Parzelle II, Reihe 61, denn er hatte gehört, die Behörden nähmen es mit den im Moor Verlorenen nicht so genau.

Mia, die gerade siebzehn war, reagierte jetzt ihrerseits atemlos. Sie hatte Angst vor dem Alleinsein in dem Gartenhaus. Jede Nacht mußte sie nach Erklärungen suchen für das Knacken der Balken und die Geräusche der Nachttiere, die das Haus umschlichen: Katze, Ratte, Marder, Iltis, Igel, Dachs und gelegentlich auch der Fuchs.

Sie band sich Hals über Kopf an einen älteren, verheirateten Mann aus Emden, den sie lieben durfte, wenn weder seine Kinder noch gar seine Frau Wind von der Sache bekamen. Bald redeten alle Nachbarn des Gartenhauses über den älteren, verheirateten Mann aus Emden und über die siebzehnjährige Mia. Als der Mann das hörte, kam er nur noch selten und spät in der Nacht. Mias Regel blieb aus. Da kam der Mann gar nicht mehr und ließ sie auch bei der Abtreibung allein, die in Oldenburg von einem Doktor vorgenommen wurde, der eine Kleintierpraxis betrieb.

So hatten Hiltrud die Ältere und Mia die Jüngere ein Leben begonnen, das bald schon nach Schiffbruch und nach Not auf hoher See aussah.

Hiltrud und Walter Kieslowsky arbeiteten im Moor wie die Pferde. Für alle hier war das Moor die letzte Rettung vor dem Untergang auf einem Auswandererschiff oder dem vergeblichen Versuch, an einer versumpften und moskitoverseuchten Küste Südamerikas Weizen zu säen.

Den schmalen Gewinn, den die beiden im Sommer erwirtschafteten und nicht im Winter aufzehren mußten, steckten sie im Frühjahr als Nährstoff ins Moor, in dem sie nachts in ihren Alpträumen lautlos und ohne irgendeine Spur versanken. Sie fielen nicht zurück und verschuldeten sich weiter, aber sie kamen auch nicht voran. Immer stand ihnen das Moor bis zum Kinn.

Und Hiltrud war fruchtbar. Nachdem sie Walter Kieslowsky mit der Tochter Julia (1918) enttäuscht hatte, schwängerte er sie gleich wieder mit der Verzweiflung dessen, dem das Moor bis zum Kinn steht und der Arbeitskräfte braucht. Er schwängerte sie mit seinem Jähzorn und seiner Not, und sie gebar die Tochter Maria (1919), die nur wenige Tage lebte. Es kamen gesund zur Welt Gerda (1921) und Emma (1926), die schöne und mollige spätere Emma Poggenpohl, der die Nachbarn im Moor nachsagten, für sie hätten sich die Erbteile beider Eltern einen vollen Tag Urlaub am Mittelmeer genommen, denn Emmas Haare waren blauschwarz wie eine sinnliche Nacht. Die anderen Töchter sollten eher hart und mager ausfallen,

Frauen, die schon als Heranwachsende mit harten Fingerknöcheln auf alles pochten, und alles, was ihnen widerfuhr, hielten sie für Unrecht: die Abgeschiedenheit und Kargheit im Moor, den Jähzorn des Vaters, der wie ein Kettenhund über sie wachte, die werdende Weiblichkeit ihrer Schwester Emma und die eigenen, sehr gleichförmigen Nasen, die unverkennbar nach dem Muster von Papageienschnäbeln gewachsen waren. 1927 gebar Hiltrud ein Mädchen, das Mechtild hätte heißen sollen. Da die Schädeldecke offen war, badete Mia Geerdes das Kind in Tränen, zeigte es ihrer Schwester, aber nicht dem Vater, und erstickte es in ihren Armen. 1929 hatte sie eine Totgeburt. Und als letztes gesundes Mädchen kam 1931 Vera zur Welt - vier Töchter der Not und des Jähzorns und nicht einmal dieser einzige Sohn, der später die väterliche Plackerei von Jahrzehnten in einen Erbhof verwandelt hätte - die einzige Männerspur der ganzen Kieslowskys, die noch eine Weile im Moor zu sehen gewesen wäre wie ein Irrlicht.

Lange schon hatte sich Hiltrud, die doch einst eine herbe und hungrige Schönheit gewesen war, von ihrem Mann entfernt. Sie hatte die vier Töchter. Sie trauerte der Totgeburt nach und jenem Kind, das ihre Schwester Mia zunächst in Tränen gebadet und dann gnädig in ihren Armen hatte sterben lassen. Sie trauerte ihrer nahezu aufgezehrten Schönheit nach. Noch immer hungerte sie nach einem Leben, das ihr entgangen war. Und dieser Hunger verlieh ihr immer noch Kraft. Dann leckte sie sich ihre Tränen vom Handrücken und genoß den Geschmack des Salzes, wurde wütend auf alles und jeden und straffte sich. So traf sie auf Fritz Levy, der begonnen hatte, mit ihrem Mann Geschäfte zu machen. Mal kaufte er ein Kalb, mal lieferte er eine Zuchtsau. Gelegentlich stellten die beiden an Steuer und Tierarzt vorbei einen Viehtransport nach Köln zusammen, wo die Tiere teils im Kölner Schlachthof, teils in der Metzgerei Sigi Kieslowskys verschwanden, der sich inzwischen im härtesten Teil dieser Stadt, im rechtsrheinischen Köln-Kalk, selbständig gemacht hatte zwischen Chemie und Motoren und zwischen Arbeitern, für die er Schuldlisten führte, und immer war der letzte Posten die Schuld der Schuld.

Der Moorbauer Kieslowsky schätzte seinen Partner des Schwarzhandels und fast Freund, den Viehhändler, weil er viel von den Tieren verstand und weil er sich mit kühlem Kopf zu wehren wußte. Er hatte eine spitze Zunge. Sie trug ihm zwar bei anderen Bauern und zunehmend bei den Behörden Ärger ein, aber mit ihr setzte er sich auch durch. Diese Zunge war gefürchtet, wie er als Preisskat-Spieler gefürchtet war. Wo immer er in den Dörfern auftauchte, gewann er die Prämie und brachte mit seiner spitzen Zunge alle zum Schweigen, die etwas dagegen hatten. Außerdem war er vorbestraft: Handel mit minderwertigem Fleisch, das er einem Schlachter in Wilhelmshaven, der ihm frech gekommen war, als vollwertig verkauft hatte. Seitdem kannte er die aberkannte Ehre, die zugesprochene Schuld und die verlangte Sühne, was Kieslowsky mit einem scheuen Blick auf seine eigene Vergangenheit als zusätzliche Empfehlung betrachtete. Und Levy schätzte diesen Moorbauern, weil er zuhören konnte und lernbegierig war. Und weil er jetzt schon so lange gegen seinen Untergang im Moor ankämpfte. Dabei würde er niemals siegen. Sein gesamtes Land hätte zwei Meter tief abgetragen und mit frischem Mutterboden aufgefüllt werden müssen: das Moor verlangte nach einem Vermögen. Aber es sah auch nicht nach einer sofortigen Niederlage aus. Das eigentlich Verteufelte an diesem Moor war, daß es seinen Bauern immer bloß unter dem Kinn stand und sie ermutigte, auch im nächsten Jahr fast wieder zu sterben.

Fritz Levy, der unverheiratete Jude und notorische Charmeur, kam auch gerne auf den Hof, um mit Hiltrud eines seiner von Anzüglichkeiten gespickten Schwätzchen zu machen. So stieg er mit einem über den Hof fliegenden Kuß vom Motorrad, wenn Walter Kieslowsky im Moor war, und packte Pralinen aus. Das hatte sich im relativen Elend des Landes schon oft als Morgengabe bewährt.

Wenn Hiltrud ihn auflaufen ließ, bat er sie mit dem Lachen eines Spielers, der nur diese eine Partie verloren hat, ihre Schwester Mia herzlich zu grüßen; schließlich sei Mia seit seiner Geburt die Traumfrau seines Lebens. Und er versprach ihr eine Küche mit blauen Kacheln, einen Obstbaum vor dem Fenster und ein handgemaltes Bild über dem Bett. Nichts Rätselhaftes wäre das mit einer Salzkruste vom Toten Meer oder von jenem Auszug aus Ägypten, auf dem sich die See schon vor seinem Urahn geteilt hatte, versteht sich; keine Jungfrau mit Kind und auch keine Zigeunerin mit entblößter linker Titte, versteht sich ebenfalls. Das wäre der Hafen von Neuharlingersiel, auflaufendes Wasser, Krabbenkutter, lebensecht und als handgemalte Kunst so wertbeständig, daß sich auch noch seine und Mias Kinder daran freuen könnten, und die Kinder der Kinder ... undsoweiter.

Und er ließ Mia wieder einmal vor dem unsteten Charakter eines jungen Mannes warnen, der in Hamburg lebte, aber durch Jever in einem amerikanischen FORD mit Faltfach fuhr, den er sich nur auf den zollfrei verschlungenen Wegen der Seefahrt, mit Waffenhandel, weißem Pulver oder mit der kupferfarbenen Biegsamkeit von Frauen besorgt haben konnte, denen er gleich nach der Landung in Hamburg von den Beinen half.

Wenn Heiko Sievers, aus Hamburg kommend, damit am frühen Abend geräuschvoll vor Mia Geerdes Gartenhäuschen bremste, füllten die Nachbarn den Rest des Abends mit Gesprächen über ihn, den Ford und Mia Geerdes.

Die ledige Mia galt inzwischen als Vertrauensperson. Sie war Hebamme und Ratgeberin bei vor- und nachgeburtlichen Zweifeln sowie für intime Probleme auch vertrackter Art. Die wurden zumeist stockend und eher noch bei einem Hausbesuch vorgebracht. So war sie erfolgreich der verzweifelten Frage eines noch immer kinderlosen Paares in Bösselhausen nachgegangen, was sie wohl falsch machten. Und sie stellte fest, der Mann war eifrig, guten Gewissens und immer fest vom baldigen Erfolg überzeugt, obwohl er seine Frau ausschließlich anal penetrierte, was er seinen Kaninchen fehlerhaft abgesehen hatte.

Mia galt als fürsorgliche Amme, die dem Witwer Poggenpohl und seinem gewiß schwierigen, aber doch wohl nicht zurückgebliebenen Sohn Egbert das Leben erleichterte. Still ertrug sie als Nachbarin den Terror des immer lärmenden Riesenclans des Leo Leander, der neuerdings mit chinesischen Raketen und bengalischem Feuer übte. Als Familienhelferin arbeitete sie selbstlos auf dem kargen Hof in Marcardsmoor, wann immer Jähzorn und Not dieses Oberschlesiers wieder zu einer Schwangerschaft bei seiner Frau geführt hatten. Sie kam als ein zartes, immer etwas nervöses Mädchen daher, das den letzten Zug verpaßt hatte und sich jetzt zum Wohle aller opferte, die rechtzeitig auf dem Bahnhof gestanden hatten. Jeder hatte Verständnis dafür, daß so etwas nervös machte. Nach und nach würde sie, die ja auch als Amme nur Flaschenmilch spendete, die Schrullen einer alten Jungfer annehmen. Sie würde gewisse nervöse Ticks entwickeln wie jede Minute ein Griff zur Nase oder alle dreißig Sekunden ein Rucken der linken Brust. Aber sie würde im Laufe der Jahre auch so viel über die Milchdrüsen, Eierstöcke, Gebärmuttern der Frauen wissen, über die Liebespraktiken, die Bullen- und Schrumpfhoden der Männer, über blaue Augen und Brandwunden, daß sie schließlich als eine für alle praktisch tätige, verschwiegene, unersetzliche kleine Heilige durch die Stadt zöge - die Himmelfahrt einer keuschen Frau, die ihnen allen eine gewisse Erlösung brächte. Sie würde fortfahren, selbstlos über alle nur Gutes zu sagen, sogar über den jungen Viehhändler in der Schlosserstraße und seine verwitwete

Mutter. Und schließlich würde sie an den Himmel klopfen und darin verschwinden mit dem Geräusch einer sich verschiebenden, leicht verstaubten Kulisse, und einzig die Notbeleuchtung einer letzten Hoffnung auf Erlösung wäre noch eine Weile zu sehen.

Jetzt aber stand immer öfter dieser amerikanische Ford vor ihrem Gartenhaus. Die Nachbarn kannten diesen Heiko Sievers noch als einen Jungen aus unklaren Verhältnissen. Sein Vater war unbekannt, aber das Objekt mehrerer Stadtgerüchte, die Mutter als grundanständig und hilflos belächelt. Als Hilflose war sie einem Großbauern beim Viehauftrieb, einem Beamten oder Geschäftsmann der eigenen Stadt zum Opfer gefallen, als Grundanständige verschwieg sie seinen Namen und lebte in Scham. Sie erinnerten, daß dieser Sohn in der Altstadt und im Schloßpark herumlungerte und daß sie ihm Diebstähle aus Läden und aus den Handtaschen alter Frauen zutrauten. Nie war dergleichen einer alten Frau widerfahren, aber er galt als Täter. Nie hatten sie ihn auch nur bei dem Versuch eines Diebstahls gestellt, er aber war der Täter. Auch gehörte er zu den wenigen, die schon als Halbwüchsige auf eigene Faust in die Welt zogen. Diese Art von Welt endete in Hamburg. Und Hamburg hieß Überseehafen. Die Sehnsucht der angebundenen Männer, der verlorenen Söhne, der überhitzten Töchter, und das Ziel aller straffällig Gewordenen.

Dort war Heiko Sievers früh gelandet. Jetzt war er dreiundzwanzig, besaß ein Segelboot mit Kajüte, als einziger einen amerikanischen Ford mit Faltdach und nannte sich die rechte Hand eines Schiffsausrüsters. In ihren Augen war er noch immer ein Schnorrer und Schnösel, der Täter von einst, den sie nie gestellt hatten. Gleichzeitig aber machten ihn jetzt die exotischen Besitztümer, die ihn umgaben, zu einem jungen, unnahbaren Herrn. Sie wußten nicht, was sie von alledem halten sollten. Wenn sie Eltern gewesen wären, hätten sie Mia mit der Stimmgewalt und der Vergeblichkeit von Eltern gewarnt. So aber sahen sie bloß neugierig und mit einer gewissen Lüsternheit zu, wie diese noch immer junge Hebamme und Familienhelferin, diese nervöse Springerin und Amme mit der Flasche, diese werdende Sozialheilige der Stadt, die einzig als Siebzehnjährige eine kurze, enttäuschende Erfahrung mit einem Mann gemacht hatte und dann fast ein Jahrzehnt trockengelegt, unberührt, sich für andere aufopfernd, als Jungfer mit dem Moos der Entsagung zwischen den Schenkeln gelebt hatte, dieses Mal mit einem Schnösel und Täter, der gleichzeitig ein unnahbarer Herr war, zuerst in eine Schräglage und dann wohl ernsthaft in Seenot geraten würde.

In einer der zahlreichen Fußnoten seines fast fertigen Buches schrieb Egbert:

Sollte dieser Herr wirklich als jetzt alter Mann noch leben, wird er es mit ein paar vernarbten Schußwunden in der Sonne der Karibik tun, auf einer Insel, die von der Verschwiegenheit ihrer Konten lebt, und seine weiße Villa wird von Dobermännern bewacht sein, scharf wie Killer und schwarz wie die Nacht. So einer war dieser Heiko Sievers, die große und einzige, die lebenslange Liebe meiner Amme Mia Geerdes.

An einem 17. August, einem für unseren Küstenstreifen sehr warmen Tag, entjungferte er sie in den Dünen bei Schillig, nicht weit entfernt von dem späteren Stellplatz des Wohnwageneis meines Freundes, des gütigen Menschen, hervorragenden Trainers und mäßigen Dichters Piet ten Hoff.

Aber hopla, war sie nicht schon als Siebzehnjährige von einem verheirateten Vielfraß aus Emden entjungfert und geschwängert worden? Sehr wohl, aber ihr wurde gnädig eine zweite Unschuld geschenkt.

Ihre Arbeit einer werdenden Heiligen der Stadt; der ganze Schrott und die Niedrigkeiten der Tage; die Fehl- und Totgeburten; die unerwünschten Lebendgeburten; die geschlagenen und in den Hintern vergewaltigten Frauen; der Hohn und günstigenfalls die Dummheit der Männer und ihre eigene Sehnsucht, mit der sie abends und nachts in ihrem Gartenhaus den Namen eines jungen Mannes vor sich hinflüsterte, der einst ein Schnösel und Täter gewesen war: alles das schenkte ihr eine zweite Unschuld. Und jetzt, in den Dünen bei Schillig, fand sie die WAHRE LIEBE. Sie stieg in den Himmel auf. Sie fand die Zuckerstange. Den Sack des Goldesels. Die Verwegenheit. Die Tollheit und den Rausch.

Der Schiffsausrüster in Hamburg verdiente sich am verdeckten Wiederaufbau der Kriegsmarine eine goldene Nase und expandierte. Bald ließ er einen Reklameneger durch die Stadt laufen. Das war ein Herero aus dem verlorenen Deutsch Südwest. Er lief für Schokolade, Mohrenköpfe und für den

Schiffsausrüster durch die Stadt, der auf einem großen Schild versicherte:

AFRIKA BLEIBT DEUTSCH.
NEUES HANDELSKONTOR: SWAKOPMUND,
KAISERSTRASSE 12
GESCHÄFTSTRÄGER: HEIKO SIEVERS

Darunter steht der junge Herr Sievers. Er trägt einen ausladenden Hut und das Lächeln eines Siegers, während hinter ihm ein Elefantenbulle trompetet. Diese Aufnahme hatte Mia in Hamburg gemacht, im Tierpark Hagenbeck.

Mia war begeistert, daß sich die Welt für sie öffnete, und wollte bedingungslos mit. Sie würde die Nachtgeräusche ihres Gartenhäuschens und die Enge Jevers gegen eine Stadt von Pionieren tauschen, in die im Winter immer wieder die angrenzende Wüste vordringt. Sie würde Welt in sich aufnehmen und nicht bloß das saure Bettzeug von Wöchnerinnen. Das Meer, an dessen Rand sie hier geboren war und von dem sie sich abhängig fühlte, wäre dort bloß einen Steinwurf entfernt. Und es versprach ein Meer der Haie und Delphine zu sein, der Flamingos in den Lagunen und der Kap-Kormorane. Eben ein unendliches, nicht eingrenzbares Meer, in dem die Wale stöhnen und sich von weitem grüßen wie Dampfer.

An einem 17. August hatte Heiko Sievers seine Mia, die zum zweiten Mal zur Jungfrau geworden war, defloriert und war mit ihr in den Himmel aufgefahren. Am 17. August des Folgejahres ereignete sich nachmittags um 14 Uhr der Absturz aus großer Höhe.

Um den Jahrestag ihrer eigentlichen Entjungferung zu feiern und um ihrem Geliebten außerdem zu sagen, daß sie guter Hoffnung sei, nahm sie unangemeldet den Frühzug über Bremen nach Hamburg. In seiner von Kastanien umstandenen Wohnung im vornehmen Hamburg-Eppendorf traf sie auf einen Vermieter, der sie beschimpfte, weil er sie für einen Eindringling und ein Flittchen hielt. Die Wohnung war gekündigt und seit drei Tagen geräumt. Im Büro des Schiffsausrüsters erfuhr sie, daß Herr

Sievers vor drei Tagen an Bord eines inzwischen firmeneigenen
Frachters gegangen war, der über Birmingham und Lagos nach
Walfish Bay bei Swakopmund und dann weiter nach Kapstadt
fuhr. Und daß selbstverständlich Herr Sievers und der Betrieb
alles, bis auf den letzten mitzunehmenden Bleistift, das
Kontobuch, die Kundenkartei, die Landkarte, das Verbandszeug
gegen die wilden Tiere und die bissigen Neger sechs Monate
lang sorgfältig zusammengestellt hatten, so daß Mia sich
überhaupt keine Sorgen machen müsse. Da brach sie zusammen
und wurde, noch immer bewußtlos, ins Hafenkrankenhaus
eingeliefert.

Nachtrag (in eigener Sache):

*Es erregt mich noch immer schmerzlich, über die WAHRE
LIEBE meiner Kinder- und Jugendzeit zu schreiben. Was bleibt
tiefer in diesem Hohlmuskel Herz stecken als die erste Liebe?
Um genauer zu sein: ich spüre Schmerz und Erregung zugleich.
Mias leicht mit Sommersprossen gesprenkelte Brüste. Ihr Duft
nach Hefeteig und Mandelhörnchen. Ihr immer letzter Blick,
wenn sie mich mit der Fangleine am Zaun des Leo Leander oder
am Kirschbaum des Hofes in Marcardsmoor festgebunden hatte:
ein Blick besorgter Zärtlichkeit. Aber auch ein kleines Blitzen
war darin, denn ich hatte mich ihr ja längst verraten. Das genoß
sie. Ich weiß: es erregte auch sie.*

*Ich hatte das unverschämte Glück (und gleichzeitig die mich
erdrückende Last), an eine Ehefrau zu geraten, die eine rundum
runde Frau ist, ein nahezu vollständiger Frauenmensch - wobei
ich hier Kleinigkeiten ausnehme wie: ihren Hammerzeh am
linken Fuß; die weiß gebleichte Strähne in ihrem noch immer
schwarzen Haar, die ich ihr seit drei Jahren vergeblich
auszureden suche; oder ihre Art, laut und mit
scheunentorgroßem Mund zu gähnen. So ein fast vollständiger
Mensch bleibt für uns Krüppel ein Rätsel. Wir können ihn
bewundern, verstehen können wir ihn nicht. Wir können ihn
zerstören, wie der Löffel das Hühnerei zerstört. Wir können ihn
begehren, ihn uns abhängig machen, aber gleichberechtigt
lieben können wir ihn natürlich nicht. Daher war es oft so: wenn
Emma mich begehrte mit ihrer gestauten Leidenschaft einer*

Rundumfrau, mich bedrängte und mich schon auf den Rücken zwang wie einen Käfer; wenn ich in das nahezu vollkommene Hühnerei hätte eindringen sollen mit der Gefahr, es zu zerstören - dann tauschte ich sie schnell mit einem kleinen Trick in Kopf und Herz aus.

Ich vögelte mein eigenes Gedächtnis, meine Jugend und den von mir erlebten Teil der Geschichte Jevers. Mein Gedächtnis war natürlich auch vollgestopft mit Schmutz. Dieser Schmutz wärmte mich. Ich bewarf die kleine Sozialheilige auf ihrem Fahrrad mit Schmutz und vögelte sie. Ich vögelte Bilder und Gerüche, aber mehr noch vögelte ich Wörter und ganze Sätze, mit denen ich mir Mia vorstellte, denn alle meine Erinnerungen sind an Wörter gebunden. Und diese Wörter sind, wenn es um Mia geht, allesamt läufig. Allein sie lösen bei mir solche Erregungen aus, wie ich sie jetzt wieder spüre.

Ich will sein und ich bin ein Heimatschriftsteller, der von Jever schreibt. Die guten, die voll austrainierten Wörter sind ohnehin wie Zugvögel. Es sind Internationalisten. Sie treffen Jever und meinen die Welt. Sie können sich überall bewegen, auf den Meeren, im Hochgebirge und in den Wüsten. Sie können im Hafen von Valparaiso einen Frachter löschen, der Carlos Fernando gehört. Sie können weinen in einem Tangoschuppen von Buenos Aires. Sie stehen im Vorhof des Präsidentenpalastes von Asunción/Paraguay am lehmigen Rio Paraná, wo einst Fritz Levy stand und sich eine neue Heimat vorstellte, bis ihn die Wachen mit ihren glänzenden Stahlhelmen und ihren speckig gegriffenen Karabinern vertrieben, aus denen der mißtrauische Präsident alle Kugeln hatte entfernen lassen. Sie können sich im Gebirge verkapseln, damit der Nachtfrost ihnen nicht schadet und die Höhensonne sie nicht verbrennt. Sie können wieder aufgehen wie eine Flechte im Morgentau, sich verzweigen und durch Zellteilung sich vervielfältigen, sobald sie dann erneut ins Gewühl der Menschen in den großen Städten geraten. Das alles sind die Wörter, die mich betagten Kerl so erregen, daß mein Schnippel tuckert wie ein Zigarettenanzünder.

Wahrscheinlich liegt es an dieser Liebe zu den Wörtern, daß mir die fleischlichen Lieben immer nur als vergebliche Lieben

53

begegnen und ich weiterhin, wie schon als frühreifes Kind, masturbiere wie ein Weltmeister. Es könnte wirklich meine Liebe zu den in Jever verankerten, hier austrainierten, dann weltläufig werdenden und in der Welt verschwindenden Wörtern sein, diese auch einseitige und vergebliche Liebe, die mich alle fleischlichen Lieben nur als vergebliche erleben läßt. Denn ich mache mir nichts vor. Auch meine Liebe zu Emma ist eine vergebliche. Sie bleibt es, weil Emma dieses nahezu vollkommene Hühnerei ist, und weil wir uns jeden Tag sehen. Die Aufgabe der Gemeinsamkeit erfordert schließlich eine andere Liebe als jene, die ich meine. Wir lieben uns wirklich. Gleichzeitig aber leben wir eine vergebliche Liebe. Jeder liebt den anderen wirklich, allein schon mit der Kraft der Gewohnheit. Jeder aber deckt den anderen so zu, daß er vor Luftmangel blau anläuft wie jener Karpfen, der ich als Neugeborener war. Das ist unsere Ehe. Natürlich brauche ich Emma wie Sauerstoff und Wasser. Sonst liefe ich den flüchtigen Wörtern hinterher und verlöre mich sofort in der Wirrnis der Menschen und ihrer Welt. Auch diese Abhängigkeit verstärkt die Liebe und tötet sie gleichzeitig. Und gleichzeitig verstärkt sie die Vergeblichkeit, denn es ist wiederum nicht die Liebe, die ich meine. Und natürlich weiß ich selbst nie genau, welche dieser ganzen verdammten Lieben ich nun eigentlich meine.

War nicht auch der weltläufige Lübecker Heimatschriftsteller Thomas Mann bis ins hohe Alter hinein ein reueloser Masturbant? Zumindest damit wäre ich also in herausragender Gesellschaft.

Mehrere Wochen hielt sich Mia, die zitterte und in ihrem inneren Sturm auf jedem Stuhl davonflog, in einer Hamburger Klinik auf. Dann gewöhnte sie sich auf dem Hof in Marcardsmoor wieder an Handreichungen, nölende Kinder und an die salzigen Klagen ihrer Schwester Hiltrud. Die erwog jetzt ernsthaft, ihrem Mann davonzulaufen zum Schwager Sigi nach Köln, der vorsichtig Interesse an ihr bekundet hatte.

Immer stärker schwankte Walter Kieslowsky zwischen der Weinerlichkeit der Not und Überlastung und seinen Anfällen rotglühenden Jähzorns. Er wurde mit dem Gedanken nicht fertig, daß sein ganzer Nachwuchs nur aus Frauen bestand und von der elenden Plackerei im Moor schließlich nichts übrigbliebe als die schnell versinkende Spur des Pferdewagens, mit der sein Sarg in die Stadt gefahren würde. Er liebte sie wohl als seine Kinder, als Mädchen aber verstand er sie nicht. Er lehnte sie nicht ab als später mühsam in Ehen zu vermittelnde, Mitgift kostende, zwischendurch nur bedingt in Stall und Moor einsetzbare Kräfte - er verstand einfach ihre Geschlechtlichkeit nicht, ja er hatte Angst davor. Die Frauen schlugen als Unwetter über ihm zusammen und drückten ihn noch tiefer ins Moor. So begann er mit den Kiefern zu mahlen, wenn sich ein gerade erst oder noch nicht einmal geschlechtsreifer Junge, der spielen wollte, dem Moorhof näherte. Und wenn gar ein talentierter Charmeur wie Fritz Levy den Innenhof ansteuerte, wurden trotz ihrer Geschäftsbeziehungen seine Bewegungen schnell und eckig. Er lief auf und ab, als sei nicht der angekettete Boxerrüde, sondern er selbst der auf den Mann dressierte Wachhund.

Vielleicht entschloß sich Mia erst hier in Marcardsmoor, zwischen den unverstandenen Töchtern, der gern davonfliegenden Schwester, zwischen dem Mann, der in Not und Überlastung und in seinem Jähzorn mit den gesträubten Nackenhaaren eines Wachhundes lebte und dem oft mit kleinen Geschenken vorbeikommenden Fritz Levy, der geduldig auf das Heranreifen einer ersten Frucht wartete oder darauf, daß bald eine überreife Frucht vom Baum fiele - möglicherweise entschloß Mia sich erst hier zu dem neuen Leben, das sie sich jetzt e r f a n d .

Tatsächlich e r f a n d sie sich, in ihr Gartenhaus zurückgekehrt, ihr Leben neu, wie sehr viel später Egbert Poggenpohl mit hinterlassenen Dokumenten und seinem fürchterlichen Gedächtnis als Stütze, sich und uns das Leben von Fritz Levy e r f i n d e t , wie dieser seinerseits sich früher die Güte des Herzens und das Überleben e r f u n d e n hat.

Ihrem verlorenen Geliebten und Beinahe-Vater des Kindes, das sie neuerlich abgetrieben hatte, erfand sie als erstes eine Legende. In der wahrscheinlicheren Version seines Schurkenlebens knirschte wohl bei Wind SüdsüdWest längst der Wüstensand zwischen seinen Zähnen wie bei dem schwarzgekleideten Reiter, der vormittags punkt 11 Uhr, nach allen Seiten sichernd, die Hauptstraße von Swakopmund, die Kaiserstraße entlangreitet und den Kassierer der einzigen Bank zwischen die Augen schießt. Jedenfalls fand er weder die Zeit, noch kam er wohl auch nur auf den Gedanken, einen Abschiedsbrief an jene Frau in Jever zu schicken, die bedenkenlos mitgekommen wäre und alles für ihn und Afrika gegeben hätte: ihr Herz sowieso, aber auch ihr ganzes Leben. Da dieser Brief nicht kam, den sie in Jever hätte naßweinen können, der dann hart wie ein Brett geworden wäre und mit dem in der Hand sie ihn endlich verflucht hätte als eine weitere, ganz gewöhnliche Niete, erfand sie sich einen anderen Mann.

Mia machte jetzt nach und nach aus Heiko Sievers und seinem Segelboot einen, der drei Tage vor ihrer Reise nach Hamburg auf der Elbe seewärts getrieben war, um die Kanalinseln zu erkunden. Trotz seiner Jugend war er ein erfahrener Einhandsegler, der kaum kentern, wohl aber, wie so häufig, von widrigen Winden abgetrieben und in die Weite des Atlantiks gezwungen werden konnte. Er käme zurück, verbrannt von Sonne und Salz, mit langen Hautfetzen am Körper und den Spuren eines Haifischbisses am rechten Oberschenkel, dürftig nur genährt von rohem Fisch und gewässert mit seinem eigenen Urin, sofern er nicht bereits auf dem Rücken eines entstehenden Hurrikans den Atlantik überquert und eine der Kleinen Antillen erreicht hätte, wo er sich ausruhte und sich für die Rückkehr stärkte mit Kokosmilch und dem Fleisch junger Ziegen.

Da Mia wieder so umsichtig arbeitete wie zuvor und erneut durch die Stadt trippelte oder radelte als eine Heilige der Geburtshilfe und der Nachsorge, hatten alle Verständnis für sie. Niemand sah Anlaß zu Zweifeln oder Nachforschungen. Sie wiederholte ihre Erfindung auf verläßliche Art, nicht zu oft, aber doch gelegentlich. Das tat sie jeweils mit kleinen Ergänzungen. Sie lieferte Variationen wie das wahrhaftige Leben. So setzte sich in den Köpfen fest: dieser Heiko Sievers, ihr Geliebter einst und Vater ihres Beinahe-Kindes, ist auf See verschollen. Niemand, das gehörte zur

Überlebensstrategie der Friesen, wagte daran zu zweifeln, daß ein gerade auf hoher See Verschollener nicht morgen oder etwas später wieder zurückkäme. Die See war hart. Das einzige Mittel, sie auszuhalten, war die Täuschung. Zwar waren die alten Legenden der Schrecknisse und des Heils ersetzt worden durch das Echolot, den Seefunk und die ersten, nun wirklich erhellenden Ergebnisse der Meeresbiologie, aber doch fühlten sie sich ähnlich hilflos und ausgesetzt wie ihre Großeltern, sobald ein großer Fisch an Land trieb oder die Flut das Wrack eines Lastenseglers freigab, das voller toter, muschelbewachsener Seelen stecken mußte.

Da jeder mit Mias Erfindung leben konnte, war es eine gute Erfindung. Die schwangeren Frauen und die hilflosen Väter, die Mia betreute, mußten sich keine Sorgen darüber machen, daß sie mit einer gefallenen Heiligen umgingen, die wenigstens mittelbar in dubiose Geschäfte mit Elfenbein und Waffen ganz im Süden der Welt verwickelt war. Und Mia mußte mit dieser Erfindung im Rücken nicht befürchten, ein drittes Mal von einem Mann hintergangen, geschwängert, verlassen und damit noch einmal verletzt zu werden. Oder die Gewalt und Aussichtslosigkeit einer Ehe erdulden zu müssen wie ihre Schwester sie lebte, so daß sie sich in die Arme des Schwagers retten wollte. Auch würde sie nicht länger die Einsamkeit in ihrem Gartenhaus fürchten müssen, die Erzählungen der alten Bretter und Balken und die Nachtgeräusche der Streuner und Tiere, denn sie war jetzt nicht mehr allein. Jetzt war sie eine reife, versprochene Frau, deren Geliebter zur See fuhr und der ihr als Pfand die Erinnerung an eine glückliche Zeit hinterlassen hatte, die vom 17. August des einen bis zum Nachmittag des 17. August des Folgejahres reichte. Und wer schon verfügt über die Erinnerung an ein vollständiges, glückliches Jahr in seinem Leben?

Afrika also bliebe ihr verschlossen; außerdem hatte sie es mit ihren eigenen, unerfüllbaren Hoffnungen beschmutzt. Sie suchte auf ihrer Karte von der Welt herum und verfiel auf das noch nahezu unbesiedelte Innere Australiens. Ein blinder Fleck, noch frei von Menschen, durchzogen nur von Läufern und Kriechern, die sich den periodischen Dürren anpassen und von gewaltigen Schwärmen von Wellensittichen, die sich aufgeregt Nistgelegenheiten suchen, sobald der Regen fällt. Und sie beschloß, in ihrer Traumerfindung immer dann im Inneren Australiens zu leben, wenn sie in Jever ein Moment der Schwäche ankäme und sie erneut Gefahr liefe, von einem Mann geduckt zu werden, wie der Hahn die Henne duckt. Was gab es Besseres zur Stärkung einer reinen Erfindung als ein blinder Fleck auf einem noch kaum verdorbenen, weil so spät erst entdeckten Kontinent?

So bevölkerte sie ihr Gartenhaus mit dem Inneren Australiens und holte sich als Gesellschafter siebzehn Wellensittiche, deren Zahl sie über die Jahre hinweg immer konstant hielt. Die Zahl 17 galt der Erinnerung an beide siebzehnten Tage im August, den weißen Tag ihres Glücks und den schwarzen Tag ihres Unglücks, denn auch der schwarze Tag war jetzt dank ihrer Erfindung ein weißer geworden. Und das Innere Australiens war ihr gleichzeitig auch das Herz Afrikas und die Brust beider Amerikas, es war ihr die Inselwelt des südlichen Pazifik und die Bambusstille Asiens: es war ihr die ganze Welt, um die sie von einem Mann betrogen worden war. Sie hatte bei allem auf den Rat eines alten Stellmachers aus Sillenstede vertraut, dem noch ein später Sohn geboren wurde: jeder solle sich das Leben selbst erfinden. Und mit seiner letzten Kraft solle er sich rechtzeitig den Tod erfinden.

Mia freute sich darüber, daß alles an ihrer Erfindung so stimmig war. Sie freute sich wie eine Züchterin, der nach vielen Fehlschlägen eine neue, sehr leuchtende, unablässig blühende Orchideenart gelungen ist.

So viel Freude blieb nicht unbemerkt, und bald erhielt sie Besuch von Fritz Levy. Zunächst interessierte er sich für ihre Geschichte, dann für ihre Freude, sehr bald für sie selbst. Bislang hatte er wie ein Schmetterling gelebt. Darüber war er müde geworden. Jetzt hätte er gern eine ständige Begleiterin gehabt, denn die Männer, aber auch die Frauen, aber auch ein Teil seiner bislang treuen Lieferanten und zufriedenen Abnehmer wichen ihm, dem unverheirateten Juden und jüdischen Viehhändler, zunehmend deutlicher aus. Umso dringlicher dachte er jetzt daran, sich ein eigenes Nest zu bauen. Andere Juden wanderten bereits ab in der Hoffnung, die Vereinzelung in einer größeren Stadt böte besseren Schutz vor der Gewalt der engen Nachbarschaften, denen sie in Jever ausgesetzt waren. Wieder andere waren von ihrer eigenen Weitsicht schon so zermürbt, ebenso von den wieder geschärften, weit zurückreichenden Erinnerungen an Fluchten, daß sie den Globus studierten und ihre ganzen Ängste auf die Vorstellung konzentrierten, in Kapstadt, New York, Haifa oder Sydney an Land zu gehen und nach der langen Seereise mit wegknickenden Beinen aufs Gesicht zu fallen und auf dem Kai zertrampelt zu werden. Fritz Levy aber schien unfähig, in Alternativen zu denken. Er wollte sich in der Stadt einrichten, und das umso störrischer, je deutlicher sie ihn ablehnte. Vielleicht, sollte Egbert später notieren, dachte er damals wirklich bloß mit seinen Hoden. Auch die feindlich gewordene Stadt war demnach nichts weiter als eine am

Vormittag unbemannte Bäuerin, die sich mit seinem Witz und Charme und einer Schachtel Pralinen doch noch von ihm zu einem letzten Lied auf den Rücken schwatzen ließe. Oder aber er dachte bloß mit dem blei- und benzolhaltigen Blut eines Motorradrockers, der noch jede Einbahnstraße in verkehrter Richtung genommen, Ferkel, Läufer, Zicklein, Lämmer und selbst Kälber auf dem Tank transportiert hatte, über den Friedhof der Christen ebenso wie über den der Juden gefahren und immer noch spielend den untermotorisierten Fahrzeugen der Polizei davongebraust war.

Er stellte sich eine eigene Küche mit Friesenkacheln vor, die er gegen die eisige Küche von Nanni Levy eintauschen wollte. Die Küche der Mutter wärmte ihn nicht, sie war eine Grabkammer. Und er verstand sich immer schlechter mit dieser Frau, der im Laufe weniger Jahre drei Männer in der Familie unnatürlicher Tode gestorben waren.

Der Ausgang des Krieges hatte in Berlin einen Kaiser vom Thron gefegt, in Jever trieben Julius Levy und sein ältester Sohn erstmals wieder einen kräftigen Bullen durch die Stadt. Als sie am Schloß vorbeikamen, witterte das kluge Tier eine Fluchtmöglichkeit und stieg in den Graben. Bei dem Versuch, den Bullen wieder herauszutreiben, verletzte er den Sohn so schwer, daß er noch vor Ort starb. Der Vater erlag zwei Wochen später den Verletzungen. So verließ Fritz Levy kurz vor dem Abitur das Marien-gymnasium, verabschiedete sich mit zwei Wangenküssen von seinem Lehrer Georg von der Vring, der ihm sein kleinstes Gedicht widmete ("Friesische Landschaft" - Der Mond, die silberne Perle / schaut auf betrunkene Kerle), wegen dem ihm acht Jahre später die Scheiben seines Hauses eingeworfen wurden, verzichtete auf eine Ausbildung als Veterinär und übernahm zusammen mit der Mutter die Viehhandlung und Schlachterei. Vom Vieh verstand er damals wenig, aber das Wenige war eine gute Voraussetzung: er mochte Tiere. Er achtete, was wuchs. Tiere, vom Pierwurm bis zum Wal, gehörten für ihn zum großen Bereich der Wunder.

Der zweitälteste Sohn war nach Amerika ausgewandert. Nach dem schwarzen Freitag des New Yorker Börsenkraches kehrte er zurück, ein Mann, den eine letzte fehlgeschlagene Spekulation in Getreide vernichtet hatte. In immer dem selben dunklen Anzug, den er mit vergessenen Gesten bürstete, saß er eine Reihe von Tagen am Tisch, lief in der Stadt herum als einer, der weder sein Ziel zu kennen noch den Ort zu erinnern schien, an dem er losgewandert war. Dann vermißten Mutter und Bruder ihn beim gemeinsamen Frühstück. Sie fanden ihn im Stall in der Schlinge eines

Kälberstrickes. Ab sofort erinnerte der jüngste und letzte Sohn Fritz täglich die Mutter an alle ihre verstorbenen Männer. Täglich verglich sie ihn mit den Toten und verzieh ihm nicht, daß ausgerechnet er als einziger überlebt hatte; denn immer maß sie ihn an den Toten, die in ihr wohnten. Zu ihren Lebzeiten hatte sie vergeblich versucht, alle diese Männer gleichermaßen zu lieben und mit ihrer Liebe zu beherrschen. Jetzt aber konnte sie mit ihnen machen, was sie wollte. Sie konnte sie in der Erinnerung wachrufen, sie füttern und necken und lieben, und wenn sie beschloß, sich längere Zeit nicht an sie zu erinnern, waren alle ihre Männer wirklich nichts als Tote.

Auch deswegen dachte er jetzt immer öfter an eine eigene Küche und an ein Ehebett mit einem Bild über dem Kopfende: der Hafen von Neuharlingersiel, auflaufendes Wasser, festgezurrte Krabbenkutter, handgemalt, Öl auf Leinwand, schwerer Rahmen, ein Bild, das eine ganze Ehe aushält, Freunde, die es mit Fruchtbarkeitssymbolen bekleben, bald darauf Kinder, die es mit Gummiszwillen beschießen und das schließlich, trotz aller Wunden, die das Leben in die Kunst schlägt, immer noch guten Gewissens vererbt werden kann. Er wünschte sich einen Apfelbaum vor dem Fenster, in dem zur Blütezeit die eigenen Bienen summen und dessen erste reife Früchte im Herbst nachts dumpf auf den Rasen schlagen. Die Äpfel sind schwer und der Aufschlag so stark, daß die kleine und selbst im Schlaf nervöse Mia Geerdes im Bett neben ihm erzittert wie ein Blatt.

Auch in den folgenden Jahren fand Heribert Poggenpohl nicht das, wonach er so dringlich suchte: ein Weib. Selbst die wenigen Frauen in seinem Zustellbezirk, die für eine eilige Liebschaft am Vormittag durchaus empfänglich waren, ließen nicht einmal einen Vorstoß zu. Sein Gang, seine fahrige Geschwätzigkeit, seine gebückte Beflissenheit, sein wie ein Wetterfrosch auf- und absteigender Adamsapfel und seine schale Atemluft verrieten ihnen, daß ein Verlorener vor ihnen stand.

Trotz seiner Bedürftigkeit war Heribert zu knickrig und zu scheu, sich eine Frau zu kaufen. Er strich bloß in einem gummierten, streng nach Fahrradschlauch riechenden Wettermantel durch die Kaianlagen von Wilhelmshaven. Hier beobachtete er die Huren und ihre Freier, die Hände in den Taschen vergraben, wo sie fest Schlüsselbund und abgezähltes Geld umschlossen. Auch das gab er aber auf, als ihm in der Nähe der U-Boot-Bunker ein Zuhälter den Schlag ins Hirn androhte, weil er ihn für einen aus der Bruderschaft der Schlapphüte hielt, der mangels Marinespitzeln seiner britischen Majestät oder der Bolschewisten aus Leningrad die Luden Frieslands jagte.

Freunde oder auch nur einen einzigen Freund hatte er nie gehabt. So bastelte er sich unter umständlichen Vorsichtsmaßnahmen im Anbau eine Destillieranlage, brannte schwarz das Obst und die Beeren des eigenen Gartens, betrank sich, wenn er nicht in einem seiner vielen Geschäftchen unterwegs war, litt anschließend unter der verschärften Einsamkeit des Trinkers, vergoß ein paar Tränen über sein unverdientes Schicksal und verkaufte den Rest, den er allein nicht schaffte, an eine Reihe sparsamer, weil heimlicher Trinker, die er sich damit gleich für ein paar weitere Geschäftchen verpflichtete. Den Sommer hindurch verdingte er sich abends für Gartenarbeiten, was ihm weiteres Kleingeld brachte und wiederum die eine oder andere Beschäftigung nach sich zog.

Immer war in der Stadt etwas zu übermitteln, einzufädeln, auszubügeln, zu erkunden, aufzukaufen, zu verkaufen und unter der Hand zu verscherbeln. Das war die Grundlage seiner Geschäfte. Auf dem Küchentisch führte er eine in Wachstuch eingeschlagene Kladde, in die er links die Art des Geschäftes eintrug und rechts das Kleingeld, das es gebracht hatte oder noch bringen sollte. Einmal im Monat zog er Bilanz. Dann steckte er die Daumen unter die Hosenträger, wie es der Amtsvorsteher der Jeverschen Post anläßlich der Geburtstage des Kaisers getan hatte, bis ihm die Franzosen den Kopf wegschossen und sich sein Nachfolger als Sozialdemokrat entpuppte, der nicht feierte und nur Heilwasser trank. Bei jeder dieser Bilanzen sagte sich Heribert, daß er alles von der Gemeinde wußte. Das war mehr, als in den Archiven der einzelnen Ämter gespeichert war, denn er wußte alles über das tägliche Leben der Menschen, wohingegen sie dort in den Akten nur, wie Katzenkot, verscharrte Häufchen ihrer Zusammenstöße mit den Behörden hinterließen. Sein Unglück lag bloß darin, daß er alles für sich behalten mußte, ja daß er nur dann bedeutend war, wenn er so klein und unauffällig blieb, wie er war.

Er war ein nützlicher Maulwurf und ein unverzichtbarer Zuträger. Er lebte im Inneren der Erde, aber auch er sehnte sich doch nach der Sonne. Wenn er nur ein einziges Mal sein ganzes Wissen, das er im Kaiserreich zu sammeln begonnen hatte und das sich im streitsüchtigen Wechselbalg der Republik immer noch mehrte, auf dem Markt oder in einer Sonderausgabe der heimischen Zeitung ausbreiten könnte, ginge der ganzen Stadt der Strom aus, und die Bahnverbindung würde aus Gründen der Betriebssicherheit unterbrochen. Es wäre das Ende aller Begehrlichkeiten und Verfilzungen, und auch das Ende allen Stolzes von Bauernschädeln, die dem Meer Land abgenommen hatten und auch der Absturz ins Elend von Händlern und handelnden Dieben, die ihnen das Vieh abnahmen. Wo überall wurde nicht beigelegen und ersehnte Liebe verhöhnt, wurden Beine gestellt und Schlingen geknüpft, wurde heimlich gezeugt und versteckt geboren: jeder ahmte doch das Vieh nach, das es allen so reichlich vormachte. Sobald die Türen zuschlugen, die sich ihm jeden Morgen öffneten, begannen die Ordnungswidrigkeiten. Und Gesetzesverstöße, kleine, laienhaft ausgebrütete Straftaten und gelegentlich ein Verbrechen, das mit den Füßen noch aus dem Moor ragte, machten aus den eigentlich geschwätzigen Zungen aller Pelztiere, die auch im Sommer noch ihren Winterschlaf hielten, so daß vor lauter Verborgenheiten und vorgetäuschter Schläfrigkeit keiner mit dem anderen redete. Er war reich und durfte es keinem sagen, das war nach dem unerlaubten Tod der Frau die zweite große Ungerechtigkeit, die ihm widerfuhr.

Wieder einmal schlug er mit der flachen Hand empört auf die Kladde. Und stieg wieder einmal in Egberts Mansardenzimmer und dann auf den niedrigen Speicher, um zwischen abgetragenen Schuhen und Kleidern und von Egbert immer nur mißmutig betrachteten Spielsachen aus zweiter Hand nach den Geheimnissen seines Sohnes zu suchen. Vor Jahren schon hatte er ihn verloren, als dieser sich angewöhnte, auf dem Nachttopf sitzend gegen die Wand zu schauen mit der Ausdauer und Dreistigkeit eines erwachsenen Denkers, den er von einem Tölpel nicht unterscheiden konnte, und ohne daß er auch nur das Blinzeln eines Seitenblicks aufbrachte für diesen anderen im Zimmer, der doch sein leiblicher, alleinerziehender Vater war.

Sein bisher schon ausgeprägter Hang zum Schnüffeln hatte sich dadurch noch verstärkt. Inzwischen flossen in seinen Fingern, die kundig fremde Briefe und Päckchen, Amtliches und Privates sowie Egberts Sachen zu wenden verstanden, die Fertigkeiten eines Taschendiebes und die Findigkeiten einer oft belogenen Mutter zusammen, das Mißtrauen einer wiederholt betrogenen Ehefrau, die Mißgunst einer nicht zu verheiratenden Schwester und die Bitternis einer langjährigen Geliebten, die vermuten muß, daß sie im Testament schnöde unterschlagen wird: damit prüfte er regelmäßig Egberts Sachen in der Mansarde und auf dem Speicher, um doch endlich die Spuren unerlaubten Tuns zu entdecken.

Egal ob frühreifer Denker oder heranwachsender Tölpel: wie jeder in seinem Zustellbezirk mußte auch dieser Sohn seine sitten- und ordnungswidrigen Geheimnisse haben. Damit wollte er sich zurückfingern zu diesem Kind, das er ganz ohne Schuld verloren hatte. Er würde einfach Schuld aufdecken und hatte ihn wieder. Die Schuld bliebe in der Familie, und die Familie hielte durch die Schuld zusammen, wie er es überall gehandhabt sah.

Freilich fand er nie etwas wirklich Befriedigendes; bis auf jetzt, da er auf dem Speicher in einem Karton voller rostiger Mausefallen, Skiwachs und Fausthandschuhen die kleine, angeschlagene, hohle Tonbüste des Kaisers entdeckte, die nur Diebesgut aus der städtischen Knabenschule sein konnte. Wenigstens ein Dieb war also sein Sohn, das Wetter klarte auf. Es wurde gleich noch heller, als sich beim Anheben der Büste der hohle Kaiser von allem befreite, was in ihn hineingestopft worden war. Es regnete beschriftete Blätter, und jedes Blatt trug unten rechts die mehrfach verschlungenen Initialen des Schülers EP. Sie endeten, wie die Heilige Schrift begann und das Gesangbuch anhob mit diesen Buchstabenmalereien, durch die sich die schreibenden Mönche trotz des Gelöbnisses, einfache Diener zu sein, selbst abgebildet hatten. Wenn das nicht die Entdeckung eines Diebes und eines Frevlers an Gott und Kaiser war, na endlich, auch dieser bornierte Denker von Sohn war bloß ein durchschnittlich Schuldiger.

Er hielt das gereimte Frühestwerk des späteren Heimatschriftstellers Egbert Poggenpohl in Händen, das dieser heute, in dem autobiographischen Anhang zu seinem fast fertigen Buch, bis auf ein einziges, noch zitierfähiges Blatt als schadlos verloren angibt - aber wenigstens liefert er eine Folie, auf der sein Vater sichtbar wird:

am Küchentisch stellte Heribert zunächst enttäuscht fest, daß es bloß gereimte Zoten waren, wie sie unter den Schülern neben kleinen Bildern von Boxern, Rennautos und Damen des Tonfilms getauscht wurden, denn schließlich wurden sie alle viel zu früh mit ausländischem Hochdeutsch verdorben und mit stundenlangen Balladen, in denen einer nachts sein Pferd im Moor zu Schanden reitet und dabei ein längst totes Kind im Arm hält. Dann aber stieß er auf einem weiteren Blatt auf Mia Geerdes. Er stieß auf ihre weißen, leicht mit Sommersprossen gesprenkelten Brüste, die seinem Sohn nach Hefeteig und Mandeln dufteten, obwohl diese Frau ihre Brüste vor ihm selbst immer geschlechtslos versteckte, mit nichts anderem in ihrem Gartenhaus schlief als mit den Milben ihrer Vögel und ihrem Traum, und sich selbst um das Glück betrog, das er ihr mehrfach mitsamt Haus und Kind angeboten hatte. Sein Sohn aber reimte, wie er mit dieser hartnäckig geschlechtslosen Frau schlief, umschwirrt von siebzehn Wellensittichen, wie sich ihm diese Hebamme öffnete, die doch längst von der Not der Wöchnerinnen auf das Podest einer kleinen Heiligen gehoben worden war. Er reimte, daß er ihr den Rosengarten der Brüste zerbiß und mit dem Speichel seiner eifrigen Zunge wieder heilte wie ein junger Hund, ja in ihren Schoß eindrang mit einem gespitzten Mund, der unablässig Liebesgeflüster von sich gab und dann ertrank in dem Sturzbach von Säften einer Frau, die ihn selbst immer bloß mildtätig-nachbarschaftlich versorgt und ihm stets gezeigt hatte, wie lästig er ihr war, wenn er hatte dankbar sein wollen in ihrem Bett.

Der Sohn war also in schlechte Gesellschaft geraten. Heribert tippte sofort auf die Familie der ten Hoffs am Kirchplatz. Der Vater erzählt gern in seiner Schreibwarenhandlung mit Bücherecke, die er nur mit linker Hand führt, daß der geflohene Kaiser ihm aus purer Rachsucht noch am letzten Tag des Krieges einen Granatsplitter hinter die Stirn gedrückt hat, und beschäftigt sich mit nicht viel mehr als seiner Sammlung alter Bücher, die er sich nach Art eines Geheimbündlers aus den vergessensten Ecken des Reiches kommen läßt, was oft genug den Postversand und die Tasche des Zustellers blockiert: Beschreibungen von Reisen hinter die Welt zu Indern, Eskimos, Chinesen und Negern, als gäbe es in Friesland nicht genug Welt; Kundliches über Vögel, die hier gar nicht heimisch sind, manche so groß, daß sie nicht mehr fliegen können, andere so klein, daß jeder vernünftige Mensch sie für eine Fruchtfliege hält, deren ganzseitiger Abdruck in einem dieser teuren Bücher durch nichts zu rechtfertigen ist; Briefe und gelegentlich sogar ein verrätseltes Telegramm ALLE SCHOLLEN LEER DIE SCHWÄRME ABGEFLOGEN WESTSÜDWEST GRÜSSE ORMOL VOM EISBRECHER WAIGATSCH erhält er von der Tschuktschen-Halbinsel im Nordosten Sibiriens, wo die letzte Vogelwarte und jetzt wahrscheinlich Spitzelwarte der Bolschewisten im Eis festgebacken ist, als brauche der Friese einen Freund, der zum Kleckervolk der Tschuktschen gehört, die rohe Fische essen und Robben mit den Zähnen töten und Lebertran und Blut trinken statt Milch und Wein und sich gegenseitig zur Begrüßung ihre besten Frauen anbieten, so daß längst keiner mehr weiß, wer wen mit wem gezeugt hat, und als gäbe es bei uns auf den Teichen und Sielen nicht auch manchmal Eis, dazu eine Vogelwarte im Jadebusen und an den Ausrüstungskais der Marine in Wilhelmshaven Spitzel die Menge, die unschuldigen Besuchern Schläge ins Hirn androhen, und Russisch fängt er jetzt an zu lernen im Fernkurs aus Moskau einmal die Woche, um seine eigenen Briefe zu verrätseln in die Schrift der Slawen, als könnten die Tschuktschen im Nordosten Sibiriens das lesen, wo sie doch früher mit ihren Steinäxten immer nur das Zeichen der Fischfotze ins Eis geschlagen haben und jetzt erst Hammer und Sichel - und die Mutter ten Hoff, eine rechtschaffene, unterdrückte Frau, zwingt er beim Juden zu arbeiten, denn sie führt dem Motorrad-Wüstling und Jungviehhändler Fritz Levy, dem vorbestraften Verkäufer von minderwertigem Fleisch, aus dem er die Stempel herausgeschnitten hat, die Bücher, als gäbe es bei ihm etwas zu führen oder gar korrekt abzuführen - und den Sohn Piet, der auf der Hilfsschule überlegen mit seinen Leistungen geglänzt hätte, zwingt er aufs Mariengymnasium, wo er verkümmert und ihn der Dichter und Lehrer Georg von der Vring verdirbt, der den Kaiser und seine im Krieg untergegangenen Soldaten in einem Roman geschmäht hat und alle Friesen für Säufer hält, die in ihrer Einsamkeit und ihrem Tran selbst tagsüber den Mond anheulen, denn ihre Augen sind mit Blut gefüllt, und so verdunkelt sich ihnen der Tag zur ewigen Nacht,

- ja verdammich, das also sind die Freunde meines Sohnes. Sie haben ihn schon als Mindestjährigen zu einem gemacht, der in Strophen und Reimen ferkelt und seine eigene Hebamme entehrt. Und ich kann ihnen jetzt nicht einmal die Fresse polieren oder das Haus anzünden, denn ich bin Beamter, der noch auf den Kaiser geschworen hat, rief da Heribert Poggenpohl mit

hoher Stimme und so laut, daß es die schlappen zwanzig Kilometer bis an die offene See drang.

So zufällig und spielerisch, wie die Literatur gern mit dem Leben umgeht, stieß er dann zwischendurch auf ein Blatt, das ihn versöhnlicher stimmte:

ROHRDOMMEL

- das Abbild in Reimen des Fräulein Clothilde Hühn, die mit Rohrstock und Trillerpfeife ihre Schüler beherrscht, dabei nicht größer ist als ihre Erstklässler, den Körper eines Völkerballes hat, an dem Kopf und Glieder nur nachträglich angebrachtes Zubehör zu sein scheinen, und nie wollen sie richtig halten. Sie ist eine jüngferliche Frau, die nie unter den Männern, nie aber auch unter ihrer Männerlosigkeit gelitten hat. Selbst die Erstklässler merken gleich am Tag ihrer Einschulung: das ist eine Frau ganz und gar ohne Wunden. Sie ist ohne die Wundmale der Mütter und ohne die inneren Verletzungen der Kinderlosigkeit, ohne die einer verratenen Liebe und sogar ohne die eines vereinsamten Zwergenhaushaltes. Sie ist eine Erscheinung wie eine ganz und gar selbständige Insel, die nur von einzelnen Frauen bewohnt wird, über genügend Süßwasser verfügt, genug Getreide, Kartoffeln und Geflügel hervorbringt, und wenn gelegentlich einer der Siedlerinnen nach einem Kind zumute ist, dann pfeift sie einem Vogel. Der bringt ihr das Samenkorn von einer Nachbarinsel, die nur von Männern bewohnt wird. Das trägt sie dann neun Monate lang unter ihrem Herzen, bis es aufgeht.

Einen Augenblick fürchtete Heribert beim Lesen, sein verdorbener Sohn würde wenigstens in der letzten Strophe selbst dieser inzwischen fast sechzigjährigen, säuerlichen Jungfer und verdienten Lehrerin von Generationen unter die Kleider gehen. Aber auch da las er nur, wie er sie achtete, weil sie so unbeschädigt als Insel weit draußen in der See lag, und das rührte ihn. Er freute sich, daß ihn sein Sohn rührte. Und gerührt schloß er, daß er eigentlich ein guter Vater sein könnte, wenn er nur wirklich einen Sohn hätte, der ihm dabei ein wenig helfen würde.

Das nächste Blatt änderte wieder alles:

FRIESISCHE LANDSCHAFT II

- die einzige Fingerübung, die sich aus dem Frühestwerk des Egbert Poggenpohl zitieren läßt, als das Kind mittels Rückstoßes seines fürchterlichen Gedächtnisses mit Höchstgeschwindigkeit durch das Wachstum glitt, fast noch ein Bengel auf dem Topf und doch schon ein Mann, und die einzige Probe, die er heute selbst anzuführen bereit ist, weil alles andere tatsächlich vernichtet wurde oder weil er es mit der Verschämtheit seiner Seele und der Störrischkeit des Alters so will:

FRIESISCHE LANDSCHAFT II

Der Gemüsebauer Fiddi Husmann
trägt
auf den Schulungsabenden der Partei
im Hotel ERBGROSSHERZOG
Geschichten
im Platt der Friesen vor:
deutsches Blut und deutscher Sturm
deutsche See und deutsches Hungermoor

Der Gemüsebauer Fiddi Husmann
schwenkt
die Empörung des JEVERSCHEN WOCHENBLATTES
und ächtet
den Lehrer Georg von der Vring
der dichtet:

> *FRIESISCHE LANDSCHAFT*
> *Der Mond*
> *die silberne Perle*
> *schaut auf betrunkene Kerle*

Der Postzusteller
Schwarzbrenner
kinderlose Vater Heribert Poggenpohl
und
der Gemüsebauer Fiddi Husmann
vergiften
in einer mondlos kalten Winternacht
den Wachhund
des Georg von der Vring

werfen dem Dichter
alle Scheiben seines Hauses in der Südergast ein
und treiben kurz darauf
drei Schweine
in den Trauerzug
der den Jüngsten der toten Levys
in seinem immer schon schwarzen Anzug
zum Friedhof geleitet.

Ab jetzt war ich nicht mehr der etwas schwächlich geratene, vom Weg abgekommene, aber doch wohl rückführbare Sohn, auch kein verlorener Sohn, kein pubertierender Pornograph, frühreifer Erotomane oder Kandidat der Anstalt für Schwererziehbare, jetzt war ich ein Feind, der beobachtet werden mußte.

Wenn Heriberts Beobachtungsschärfe nachließ, betrank er sich. Wenn die Wirkung des im Anbau gebrannten Obstlers schwächer wurde, weinte er. Wenn er ausgeweint hatte, beobachtete er wieder.

Früher hatte er nirgends Feinde gesehen. Jetzt sah er immer mehr Feinde. Er schlug nicht. Er hatte Angst vor Spuren und Mitwissern. Abends schloß er die hölzernen Läden im Erdgeschoß. Sie klemmten, weil sie lange nicht mehr geschlossen worden waren.

Ich hatte gelernt, daß es gelingen kann, einen Mann so in den Käfig einer Beschreibung einzuschließen, daß er brüllt, um sich schlägt und sich verletzt. Ich hatte aber noch nicht gelernt, daß sich der Schreiber damit immer auch selbst einschließt. Beide sitzen in ein und demselben Käfig; eine zuweilen etwas unangenehme Situation.

JEVER, 12. MAI 1931

- Sie sehen mir selbst nicht so aus, als könnten Sie gut allein sein. Mein Nachbar Poggenpohl war von 1922, als seine Frau plötzlich an Herzschwäche starb, bis 1931 allein. Als damals im Frühjahr hier die Nazis überall hervorkrochen wie die Fliegen aus dem Mist, wurde er nicht von ihrer Bewegung "erweckt", denn er war kein Mann, der "erweckt" werden konnte, wenn Sie verstehen, was ich damit sagen will. Aber er war nicht mehr allein,

sagte Mia Geerdes im Sommer 1945 dem englischen Offizier, der eine lange Liste abarbeitete und eine Überprüfung auch des Postbeamten im einfachen Dienst Heribert Poggenpohl für angebracht hielt. Er hütete zwei schniefende Möpse in zwei Weidenkörbchen unter seinem Schreibtisch, die letzte und ihn immer noch verwirrende Erinnerung an eine Frau, die ihm abhanden gekommen war, wie er ungefragt erklärte, und Mia sah gleich: dieser Mann ist fertig.

Bis zum Frühjahr 1931 hatte Heribert abends nie Termine gehabt. Er sang keine Lieder im Gesangverein, turnte nicht im Sportverein, trat keinen Ball in der Fußballmannschaft, warf in keinem Kegelverein alle Neune, verteidigte nicht im Kriegerverein den Sinn des letzten Krieges, wehrte nicht im Tannenbergbund e.V. den überstaatlichen Mächten wie Juden und Freimaurern, spielte zu mäßig Skat, um zum Preisskat zu gehen, den ohnehin viel zu oft der junge Viehhändler aus der Schlosserstraße gewann, der mit seiner stadtbekannt lauten Maschine den ganzen Kreis abfuhr und sich mit seinen gezinkten Karten die Prämien holte, wenn er nicht im Sommer damit ein Mädchen in die Dünen fuhr, um sie nicht nur, wie die Eltern fürchteten, unzüchtig am Knie zu berühren, sondern sie, wie Heribert zu wissen glaubte, als Wüstling und unverheirateter Jude dreimal hintereinander zu bespringen wie der Leibhaftige, sorgte sich in keinem Kirchenvorstand um das Seelenwohl der Gemeinde, war noch zu jung, um genußvoll an der Jahresfeier für die Jubilare der Reichspost teilzunehmen, lief zuviel und wurde dabei von zu vielen Hunden gebissen, um Geschmack an botanisierenden und vogelkundlichen Wanderungen durch die Wiesen und an die See zu finden, sortierte und leerte seine Posttasche, erledigte dabei gleichzeitig seine kleinen Geschäfte und war abends ein quälend freier

Mann, der in seiner aufgeräumten Küche saß, um das Wohnzimmer für bessere Zeiten zu schonen, setzte in Heimarbeit Stecker zusammen und trank. Und behielt die Küchenuhr im Auge um zu sehen, ob der Sohn, der vor kurzem als Feind erkannt worden war, rechtzeitig von seiner Ersatzfamilie der ten Hoffs am Kirchplatz nach Hause kam.

Das änderte sich erst durch sein Zweckbündnis mit dem Gemüsebauern Fiddi Husmann. Der war ein zielgerichteter Mann. Gleich bei seinem Eintritt in die Partei wollte er etwas auf den Tisch legen, um zügig in ihr voranzukommen und möglichst bald die Ortsgruppe Jever der NSDAP zu führen. So nutzte er Heriberts Ohr eines Vertrauten, der seit vierzehn Jahren an denselben Haustüren klingelt. Immer öffnen sie sich ihm vor neuen Bitten, Nöten, Zumutungen, Zerwürfnissen, Schulden, Anfeindungen, von denen er manche als kleine, verdeckte Geschäfte begreift, die entwicklungsfähig sind und die er schließlich tätigt - und Heribert nutzte den Gemüsebauern, um diese kleinen Geschäfte zu etwas größeren zu machen und dabei selbst ein wenig zu wachsen.

Wenn die vereinzelten Postkunden, denen er seit vierzehn Jahren mit seinen Muskelschmerzen und den bald verschlissenen Hüftgelenken diente, erst zu einem einzigen Volkskörper zusammenwüchsen, blieben naturgemäß überall Reste übrig. Keiner würde es auf Anhieb schaffen, sein ganzes Leben mitsamt den hinterzogenen Steuern, den betrogenen Partnern, der den Nachbarn hartnäckig verweigerten Hilfe in diesem einzigen Körper unterzubringen. Überall würde Schutt anfallen. Bislang verborgene Schäden, Verwachsungen und wilde Triebe drohten aufgedeckt zu werden und müßten schnell entsorgt werden, bevor dieser neue Körper öffentlich, einig und in der Schönheit und Ebenmäßigkeit seiner Blöße ausgestellt werden könnte auf dem Markt. Und naturgemäß würde es ebenso schnell eine rückläufige Bewegung geben, einen verdeckten und tückischen Strudel: die soeben von ihrer verheimlichten Schande Entsorgten würden sich heimlich wieder eindecken wollen mit neuen Hehler- und Hamsterwaren ihrer Gefühle und Begehrlichkeiten, mit neuerlichen schuldhaften Verwicklungen ihrer selbst und ihrer Verwandten ersten und zweiten Grades, die auf den vorgelagerten Inseln lebten und jedes Jahr mit der Drift von West nach Ost trieben, und auch mit neuer, verborgener Wärme würden sie sich wieder aufladen, denn keiner wollte auf Dauer einig und nackt auf dem Markt stehen, ausgesetzt den salzigen Böen, Graupelschauern und den Strahlen der Sonne an einem Mittag im August. Und verdienen würde er an beidem: an dem Ehrgeiz des Fiddi Husmann, der Teilhaber seines vertraulichen

Wissens würde - und an der Not der jetzt Nackten, die wieder bestrebt waren, ihre Scham und ihre Schande zu bedecken. Unverhofft sah Heribert besseren Zeiten entgegen. Und so war er, als er am 12. Mai spätabends nach Hause ging, schon ein etwas größerer Mann.

Bei der Reichstagswahl von 1930 waren in Stadt und Amt Jever auf die Nazis 44,8% der Stimmen entfallen (Deutsches Reich: 18,3%). Sie überzogen Friesland jetzt mit einer Fülle von Veranstaltungen und erreichten bei der folgenden Wahl 60,4% (Deutsches Reich: 37,2%). Heribert hatte in diesen Wochen reichlich Gelegenheit, sich auf eine Erweiterung seiner Arbeit und seines Lebens vorzubereiten, abends seine Küche zu verlassen, morgens in der Post mitzureden, dem künftigen Teilhaber seiner kleinen Macht nahe zu sein, schnitt mit einem Papiermesser säuberlich aus dem Jeverschen Wochenblatt aus, klebte in die Kladde seines Solls und seines Habens ein, besorgte sich aus Furcht, wegen Überfüllung abgewiesen zu werden, Karten im Vorverkauf, besuchte:

- Sonnabend, 24. Januar, abends 8 Uhr im Erb:
GEGEN DEN KULTURBOLSCHEWISMUS UNSERER ZEIT
Vortrag des Parteimitglieds Pastor Meyer-Aurich.
Deutschgesinnte Männer und Frauen sind hierzu eingeladen.
Juden haben keinen Zutritt.
Eintritt: 30 Pfg.

- Mittwoch, 4. Februar, Erb, 8.30 abends
GOLD ODER BLUT?
CHAOS ODER WIEDERGEBURT?
Redner: Pg. Wolf Geyler aus Darmstadt
Juden Zutritt verboten. Freie Aussprache!
Unkostenbeitrag 30 Pfg.

- Montag, 9. März, abds. 8.30 im Erb
DIE STRASSE FREI DEN BRAUNEN BATAILLONEN
Es spricht der von der preußischen Regierung wegen seines Bekenntnisses zum Nationalsozialismus aus dem Schuldienst entlassene Pg. Lehrer Otto Bangert aus Bergen (Kreis Celle)

- Mittwoch, 22. April, 8 Uhr im Erb
OEFFENTLICHE VERSAMMLUNG
mit dem Reichstagsabgeordneten Münchmeyer,

Pfarrer a.D. aus Borkum

- Sonnabend, 28. Mai
GOEBBELS-VERSAMMLUNG
Im Schützenhof 5.30 Uhr
Es spricht Pg. Kreisrentmeister Leister, M.d.R. Nienburg
Anschließend Dr. GOEBBELS
Besorgt Euch Karten im Vorverkauf (Deutsche Buchhandlung
Jever oder Fernruf 315)

Alles das waren Männerabende. Heribert genoß sie, weil er unter so vielen Männern war. Wenn die Redner vom Elend des Nachkrieges und von der verschütteten Größe des Reiches und Volkes sprachen, hörte er sie von seinem eigenen Elend und von seiner eigenen verborgenen Größe reden. Dennoch blieb er zurückhaltend, denn von manchem der Redner und von vielen der mit ihm versammelten Männer kannte er Vergangenheiten, mit denen er sie schnell in Verlegenheit gebracht hätte. Bald aber stellte er fest, daß gerade das sie verläßlicher machte. Sobald er einen von ihnen in seinem Register der Widrigkeiten ortete, und sei es auch nur, weil er drei Rinder an der Steuer vorbei dem jungen Viehjuden verkauft hatte, der sie schwarz nach Oldenburg schaffte, wo sie ohne amtliche Waage eine Fleischtheke füllten, wurde zwar der Redner kleiner, rückte doch aber auch viel näher heran. Und mit ihm wurde aus der Idee von einem Volk, das sich in einer gemeinsamen Bewegung erhebt, nachdem die Welt es um einen Krieg betrogen hat, ihm das Blut aus den Adern zapft, die Bauern reihum gelegt werden, die Viehzucht verkommt und die Viehauftriebe zu nichts nutzen als dem jungen Viehjuden den Tank zu füllen, das Geld zu einem Sack voller Papierschnitzel verfällt, die bloß angemieteten Kleinwohnungen und die kleinen Backsteinhäuser der Eltern und Großeltern zu kalten Nisthöhlen junger Familien werden, in denen Männer ohne Arbeit sitzen und Kinder ohne Essen und Frauen, die sich zwischendurch für den Lebensmittelhändler hinlegen müssen - mit dieser körperlich spürbaren Nähe wurde doch aus der bloßen und nackten Idee von der Bewegung das Gefühl für eine Bewegung, aus der Nähe wurde Erregungsnähe, eine körperlich spürbare, an seinem auf- und absteigenden Adamsapfel, dem Speichelfluß, den unruhigen Füßen kenntliche Nähe, aus der Idee der Bewegung wurde Bewegung in ihm selbst, die er nach so langen Jahren, die sich bloß durch den Sommer und den Winter voneinander unterschieden, überhaupt nicht mehr für sich erhofft hatte. Und so steuerte er auf den Abend des zwölften Mai zu, dem sich niemand in Jever entziehen konnte.

Die Stadt registrierte 6042 mit Hauptwohnsitz in ihr gemeldete Personen. Mit über viertausend Besuchern mußte bereits früh die Landwirtschafts-Halle geschlossen werden. Letzte Tonproben liefen über die Lautsprecher auf dem Vorplatz und in der Stadt. Es war die erste Einübung dessen, was die Techniker der Hoch- und der Niederfrequenz, der elektromagnetischen Phänomene und der elektroakustischen Wellen, des Kabel- und des Gehäusebaues, der Verstärker und der Transformatoren, der Tonhöhe und der Schallschwingung, der Entdeckung und der Ausschaltung von Störquellen und Störern künftig unter Totalbeschallung verstanden. Unausweichlich sollte sie sein für die Freunde des Volkes wie für die erklärten Feinde und ewigen Nörgler, für den Bastler der Arbeiter-Radio-Bewegung mit seinem auf Moskau eingepegelten Selbstbau-Empfänger wie für die Maulwürfe tief in der Erde des Schloßparkes wie natürlich auch für die Haubentaucher und für die Dohlen auf ihren Schlafplätzen oben im Kirchturm. Wer aber dennoch der Totalbeschallung entging, weil er etwa mit doppelseitiger Mittelohrentzündung und geplatzten Trommelfellen als Folge eines Jagdunfalles im Moor das Bett hütete oder sowieso von Geburt an taub war, dem bot am nächsten Morgen das Jeversche Wochenblatt die wörtliche Nachschrift an; denn das einzige tägliche Mitteilungsorgan der Stadt war bereits vor drei Jahren aufgrund eines freien Gewissensentscheides zum Propagandisten der Bewegung geworden, für den sich eine spätere Gleichschaltung erübrigte.

Heribert hatte an diesem Abend in einer der vorderen Reihen der Landwirtschafts-Halle neben seinem künftigen Teilhaber Fiddi Husmann Platz genommen. Er trug jenen schwarzen Anzug, mit dem er schon seine an Verarmung und der Scham eines fehlgeschlagenen Betruges verstorbenen Eltern beerdigt hatte, danach drei seiner besten Kunden, eines ihrer Kinder sowie einen einarmigen Feriengast aus dem Ruhrgebiet, der direkt vor seinem Haus unter ein Gespann durchgehender Pferde geraten war. Fiddi Husmann hatte sich nicht nur mit dem Tuch und den Insignien der Partei geschmückt, er hatte auch bereits den mitangereisten Reichsbildberichter Professor Heinrich Hoffmann zur Seite genommen. Ein Briefumschlag sollte ihm den sehnlichsten Wunsch für diesen Abend erfüllen: von dem Professor in dem Augenblick abgelichtet zu werden, da er dem Redner die Hand schüttelte oder der sie sekundenlang auf seiner Schulter ruhen ließe. Tatsächlich aber machte der an manchen Bestechungsversuch gewöhnte Professor keinerlei Anstalten dazu, sondern baute seine Apparatur umständlich-unauffällig am Rande der Reihe auf, während der Redner anhob, für die Halle und für die bis in die Zimmer der Kranken und Siechen dringenden Lautsprecher ihrer aller Elend zu schildern. Er tat das mit einem rollenden Bühnen-R, das er in München einem altersbedingt aus der Zeit geratenen Schauspieler mitsamt einem gewissen Maß an Atem- und Sprechtechnik, wechselnder Blickrichtungen und unterschiedlicher Positionen des Kinns ... undsoweiter abgekauft hatte.

Fiddi Husmann versuchte zuzuhören, aber Fiddi Husmann war empört. Schließlich hatte er mit seinem Briefumschlag nicht den Seitengang der Halle gekauft, sondern die Bühne, den Schulterschluß, die gemeinsam erhobene Hand, die Hand auf der Schulter, die Hand zur Hand, und so erlitt er plötzlich vor Aufregung und Ärger den Anfall eines Krampfhustens. Er läuft rot an, Schweiß bricht ihm aus, der Hemdkragen wird zum Würgeeisen, während der bestochene Reichsbildberichter ihm doch endlich entgegenkommen will und auf den Auslöser drückt. Und so sehen wir heute auf einer ersten Aufnahme von diesem historischen Abend das Gesicht des künftigen Ortsgruppenleiters der NSDAP Jever, des Gemüsebauern Fiddi Husmann:

gerade explodiert es unter dem Silvesterkracher des Hustens. Ihn würgen der Kragen und die Wut darüber, daß er von dem Professor so betrogen worden ist, wie er es eigentlich nur von einem Viehjuden erwartet. Ihn würgen die Empörung auch, daß er nicht einmal in die Nähe des Redners geholt wurde von den begünstigteren Parteigenossen, die Gewißheit außerdem, mit seinem Husten die Rede im Saal zu zerhacken, in den Lautsprechern vor der Halle und in der Stadt bis hinein in die letzten Stuben der Kranken und Siechen, in die Erdhöhlen der Feinde und die Wohnklos der ewigen Nörgler, und bei der langen Belichtungszeit, die der Reichsbildberichter hat wählen müssen, ist deutlich zu sehen, wie das Gesicht Fiddi Husmanns in Einzelteilen durch den Saal fliegt, Teile von Wangen und Mund sind es, vermengt mit Rachenschleim und Nasenrotz, mit Wut, Empörung, Scham und der Ahnung, sich nachhaltig geschadet zu haben –

und in einer zweiten Aufnahme von diesem historischen Abend sehen wir heute Heribert Poggenpohl. Der Sitz neben ihm ist leer. Der Gemüsebauer Fiddi Husmann ist unter strafenden Blicken aufgestanden und den Seitengang entlang zum Ausgang gelaufen, um sich vor der Halle auszuhusten und sein Gesicht wieder zu jener Zielgerichtetheit zu sammeln, die ihm eigen ist. Der Reichsbildberichter hat neben dem leeren Platz einen Mann entdeckt, dem etwas auffällig, aber nicht ganz ohne Würde langsam der Adamsapfel auf- und niedersteigt und der mit seinem schwarzen Anzug ein bevorrechtigtes Mitglied der Gemeinde und daher ein Zukunftsträger sein mag. Und so können wir heute die einzige aus dieser Zeit erhaltene Ablichtung des Heribert Poggenpohl betrachten, die sein Sohn, der Heimatschriftsteller, in einem Wechselrahmen verwahrt:

wir sehen das hagere Gesicht mit dem schütteren Blondhaar des Heribert, der sich für diese Veranstaltung die Ohren fingerbreit hat ausrasieren lassen. Kleine Viertelmonde trägt er über den Ohren wie Plätzchen für die Heilige Nacht. Letzte Spuren eines Schreckens sind noch auf dem Gesicht zu sehen. Denn als sein künftiger Teilhaber seinem zerplatzten Gesicht hinterherläuft und unter strafenden Blicken aus der Halle veschwindet, hat sich Heribert wieder so allein und überfordert gefühlt, wie er immer war. In einem anderen Teil des Gesichtes aber hat er sich schon wieder gefaßt. Er hat sich auf den Redner konzentriert, der sich hütet, ein Regierungsprogramm zu verkünden, das wohl die einen zu Stürmen der Begeisterung, andere aber zu Ausrufen des Entsetzens und des Hohnes verleiten könnte mit der Folge einer blutigen Saalschlacht wie zu anderen Zeiten an anderen Orten. Er spricht bloß das allen gemeinsame Elend aus und fordert sie auf, sich gemeinsam jene Wunden zu besehen, die ihnen der Kampf aller gegen alle in dieser ungelenken Republik geschlagen hat, die mehr denn je ein Käfig voller bissiger Frettchen ist. Er stellt eine neue Ordnung der Arbeit und des Lebens in Aussicht, die sie mit ihrem immerwährenden Hunger nach dauerhafter Erlösung auch wollen, aber er hütet sich, die Formen dieser Ordnung zu benennen. So bleiben sie frei und erwachsen mit ihren Bedenken von Menschen, die gefahrvoll und risikoreich auf Neuland gesiedelt haben, im Gesicht das stürmische Meer und im Rücken die Verachtung der Städter. Jetzt befühlt er ihre verhärtete und entzündliche Leber, den Gries im Harnleiter und die Steine in der Gallenblase, die kropfartig vergrößerte Schilddrüse, obwohl das Meer hier doch genug Jod liefern müßte, er betastet die geschrumpften Nieren und zeigt mit der Spitze eines Zeigefingers auf die geschwollenen Bäuche der Kinder, er streicht über die Milz und beklopft die pfeifenden Lungen und sagt ihnen laut und mit einem Bühnen-R, das er in München käuflich erworben hat, daß alles aus der Ordnung geraten sei und kuriert werden müsse, stellt Einmütigkeit her im Elend und beredet in Jever die Krankheiten der Welt in ihrem Rücken, verliert dabei aber kein Wort über nötige Therapie und notwendige Kur, sondern läßt sie allein mit diesem Elend, als seien sie plötzlich Mündige in einer gelernten Republik und nicht verirrte Schafe und auch nicht der Ochse, dem weit das Scheunentor geöffnet werden muß. Und so sitzen sie in ihrer Landwirtschafts-Halle, Männer ohne Arbeit in einer Stadt, die keine Industrie besitzt und zur Zeit auch keinen Umsatz mit den Viehauftrieben macht, einsame und eigennützige Erbauer von Nisthöhlen, die längst zu Fallen der Beharrlichkeit geworden sind, hier sitzen sie mit ihrer Spurtreue von bedächtigen Zugtieren, ungeübt darin, in Lebensalternativen zu denken, dafür aber trainiert auf vielerlei Manöver der Täuschung und Selbsttäuschung, bar jeder Ironie, aber mit einem Hang zu Selbstmitleid und Schicksalsergebenheit, aufgewachsen mit der Geborgenheit der Befehle und des Gehorsams und der daraus resultierenden Freiheit von Verantwortung, und so folgen sie jetzt von sich aus seinen Bewegungen. Erstmals fühlen sie öffentlich einer dem anderen die verhärtete und entzündliche Leber, berühren die bereits kropfartig vergrößerte Schilddrüse, messen die geschrumpften Nieren aus und deuten auf die geschwollenen Bäuche ihrer Kinder, drücken sich dort gegenseitig, wo sie die Milz vermuten und klopfen sich, wo die Lungen pfeifen, und endlich greifen sie sich ans Herz, das sie so noch nie zwischen die Fingerkuppen ihrer rechten Hand genommen haben, jetzt aber drücken sie vorsichtig den schlagenden Hohlmuskel mit den Kuppen des Daumens, des Zeige- und Mittelfingers und beobachten aus den Augenwinkeln, wie alle anderen sich ebenfalls bemühen, ihr Herz mit den Fingerkuppen zu finden, jeder für sich und alle zusammen, und sie zählen aus den Augenwinkeln durch die Reihen und stellen befriedigt fest, daß sie nicht mehr allein sind mit ihren ertasteten und besprochenen und gefühlten Erkrankungen und mit diesem zunächst eisigen, dann aber erlösenden Gefühl, zwischen den Fingerkuppen den eigenen Hohlmuskel schlagen zu spüren, dessen Betrachtung sie bislang immer gescheut haben. Den wenigen fotografischen Ablichtungen sind sie ausgewichen und den seltenen plastischen Nachbildungen aus rosenfarbiger Kunstmasse, die ihnen zugänglich waren, denn immer galt ihnen dieser Hohlmuskel als das verbotene Abbild des Wohnsitzes ihrer Seele; als Vervielfältigung der Kraft ihrer Feinde auch, denen einst, als sie alle noch Sammler und Jäger, Fischer und Robbenfänger waren, nur ihre Priester dieses Organ herausschneiden und es roh verzehren durften; als das Herz Jesu Christi galt es ihnen und als das Gedächtnis der Leidensgeschichte der Menschen, aber auch als jenes ihres Glückes, das für den zerbricht, der es benennt oder gar ausstellt und schließlich sogar plump befingert –

und hier, in diesem Augenblick, zuckt Heribert Poggenpohl zusammen, denn ein Schweißtropfen fällt ihm aus der Achsel und rinnt kalt an der Seite seines Herzens herunter, ihm, der doch selbst unter der prall gefüllten

Posttasche nicht ins Schwitzen gerät, und es folgen kalt ein zweiter und ein dritter Tropfen, denn Heribert möchte jetzt reden, laut und öffentlich. Immer bestand seine Rede nur aus vielen bedeutsamen Pausen und aus wenigen Worten, die schwer wie Findlinge waren. Aber jetzt möchte er reden. Wenigstens seinem Nachbarn zur Rechten möchte er jetzt sagen, was der Redner oben zu sagen unterlassen muß, denn er redet in Jever vor der Welt, und die hat eine Neigung zu Feindseligkeit und zur Republik. Jetzt möchte er anstelle des noch immer verschwundenen Fiddi Husmann reden und sagen, was der Redner oben angesichts der weltweiten Feindseligkeiten zu sagen unterlassen muß: daß er nämlich die Männer ändern wird bis hinein in die Spitzen ihrer Eicheln, und die Frauen wird er ändern bis hinein in die hinterste Schleimfalte ihrer Eierstöcke, und die Ordnungen der Arbeit und des Lebens wird er nach der langen Nacht des Kaiserreiches so modernisieren, daß die träge Füllfederschrift der jetzigen Ämter und preußischen Beamtenschaft zur Buchführung des Konzerns Hitler AG tauglich wird mit ihrem Hauptsitz im Deutschen Reich europäischer Länder, mit ihrem weltweit gespannten Netz aus GmbH & Co.KGs, mit dem überwachten Fleiß ihrer Arbeiter und Bauern, der gezielten Dienstbarkeit und geförderten Fruchtbarkeit ihrer Frauen, dem Schweiß der Faulenzer und Nörgler, der Schutzhäftlinge, Zwangsrekrutierten und Besetzten, und mit der Unangreifbarkeit einer Religionsgemeinschaft, die verbunden ist in den Zeichen des Blutes und der Rasse.

Hier geht Heribert der Mund leicht auf vor Erregung und vor Schreck darüber, daß er wirklich gleich öffentlich sprechen könnte. Unten links im Kiefer blinkt dabei der von Speichel überzogene Goldzahn, den er sich aus dem Ehering seiner vor Scham verstorbenen Mutter hat fertigen lassen. Und das ist der Augenblick, in dem der Reichsbildberichter Professor Heinrich Hoffmann auf den Auslöser drückt –

und so sehen wir heute, wie Heribert Poggenpohl auf dem einzigen, von ihm aus dieser Zeit erhaltenen Foto mit geöffnetem Mund blinkt: ein Mann, zu scheu und zu vorsichtig, zu schlau auch und zu hintersinnig, zu bedächtig und zu bescheiden, zu abhängig und zu unterwürfig, zu gehorsam und zu überfrachtet mit den kleinlichen Hintergedanken, die er für seinen Reichtum hält, um sich ein einziges Mal frei zu fühlen und öffentlich zu zeigen, daß er auf dem Höhepunkt dieses Abends von Adolf Hitler erweckt worden ist. So erschrickt er über die kalten Tropfen aus seiner Achsel und blinkt nur mit dem Goldzahn aus dem Ehering seiner Mutter, und das macht ihn am Ende dieses Zeitalters der Erweckung so unangreifbar und straflos, wie er immer war: ein Mann, der einzig durch seine Austauschbarkeit Bedeutung erlangt und den der Sohn in einem Wechselrahmen aufbewahrt, denn auch der inzwischen zum alten Mann gewordene Sohn sichert sich so eine Option: die nämlich, ihn in dem Rahmen jederzeit austauschen zu können.

10

JEVER, 30. JANUAR 1933

Der zunächst Volksschüler, dann Postjungbote bei der Reichspost Jever, dann dortselbst Postschaffner (zur Anstellung), dann Postassistent (verbeamtet), dann Postsekretär, dann Postobersekretär und schließlich bis zum abrupten Ende der dienstlichen Laufbahn Posthauptsekretär Egbert Poggenpohl – dieser jetzt alt gewordene Mann hat in seinem Leben wenig gelernt, was durch Zeugnisse und amtliche Urkunden beglaubigt wurde. Dieser Teil meines Lebens paßt in einen mageren Schnellhefter. Den meisten Platz darin nimmt noch der Bescheid über die Auszahlung meiner vorzeitigen Rente ein: das ist der mit Goldimitat (arabischer Basar) überzogene Schuh, mit dem mich die Bundespost in den Hintern trat, als sie mich loswerden wollte.

Ich habe also nicht viel gelernt. Das, was ich wirklich kann, ist mir zugefallen: mein Umgang mit der fortlaufenden Schrift. Damit meine ich: ich kann fließend schreiben. Das will sagen: ich kann Schrift erfinden, ja mich als Heimatschriftsteller erfinden. Und wirklich ist alles eine Sache der Erfindung.

Gern hätte ich so etwas Schönes wie den Lippenstift erfunden, den Füllfederhalter, das Deodorant oder die Konfitüre der Blutorange. Andere erfinden eine Ordnung und setzen sie durch, koste es, was es wolle.

Als ich durch testamentarische Verfügung dem unmöglichen Auftrag gegenüberstand, das Leben des Fritz Levy aufzuschreiben WIE ES WIRKLICH WAR, habe ich mich pflichtbewußt über unser aller Vergangenheit gebeugt. Ich habe gesucht und zunächst verblüfft, dann erschreckt festgestellt: nichts als ein Tümpel mit schwarzem Wasser. Ich habe mich über meine eigene Jugend gebeugt und gesehen: ein Teich mit schwarzem Wasser, an dessen Rand sich ein paar Kindersandalen langsam im Kreis drehen, eine Rassel, eine hölzerne Eisenbahn aus zweiter Hand: Egbert als Kind. Wo die Kindheit aufhört, beginnt das Tiefenwasser. Ich will jetzt versuchen, meinem Auftrag dadurch gerecht zu werden, daß ich erfinde, warum dem so ist: die Vergangenheit nichts als dieser Teich mit schwarzem Wasser. Keine über das Wasser dringenden Wörter, keine Sätze, die geruhsam an seiner Oberfläche liegen und ein wenig Sonne tanken, überhaupt keine Zeichen, die irgendetwas meinen, vereinzelte Trümmer nur, die langsam auf dem Wasser kreisen und von Menschen stammen können, aber sicher ist das nicht. Schließlich hätte Friesland damals ein Land werden können, das bei verhangener Sonne einzig noch von verwilderten Schafen durchzogen wird, und eintreten kann der Fall morgen oder übermorgen immer noch.

In dieser frühen Phase schien mir alles eine Sache der Männer zu sein. Sie waren so mit sich beschäftigt, als seien sie wieder Knaben geworden.

Ich hörte, wie sie sich im Erb oder Gasthof Schütting eine neue Ordnung unter Männern gaben. Sie klangen dabei ausgelassen, ja befreit, weil sie wußten, wer zu achten, wer zu schmähen und wer zu vernichten war. Sie memorierten sich die neue Ordnung wieder und wieder und halfen sich dabei mit einem Bild von sich selbst als raumgreifenden Siedlern. Dieses Bild war ihnen nicht völlig neu, erschien ihnen jetzt aber in wesentlichen Teilen jünger, moderner, erfolgreicher und radikaler. Oft waren ihre Köpfe für die von semmelfarbigen Ochsen gehalten, ihre Herzen als schlicht verspottet worden, und selbst ihre Hoden hatten die Schreie der Wöchnerinnen und die strikten Ermahnungen ihrer Helferin Mia Geerdes doch bei jeder komplizierten, jeder unerwünschten und jeder Fehlgeburt gedemütigt. Jetzt hofften sie für ihre Schädel von Ochsen, ihre verspotteten Herzen und selbst für ihre gedemütigten Hoden auf einen Entwicklungssprung. Den stellten sie sich ähnlich vor wie jenen, den gerade das Transportwesen erfuhr. Der Kaiser hatte ihnen die Bahnlinie gebracht. Jetzt wurden die Pferdewagen und Kuhgespanne von Motoren mit Vergaserkraftstoff abgelöst und die Zugtiere vor dem Pflug von ersten Ackerschleppern, sofern die nicht sinnlos im Sand mahlten oder gar im Moor versanken, um doch wieder von Pferden oder Ochsen geborgen werden zu müssen.

Ich sah, wie sie auf ihren Männermärschen neue Lieder übten. Und wenn sie ums Lagerfeuer vor dem Stammeshäuptling saßen, versuchten sie sich in einer neuen Männersprache, die sie bald in ihr niederdeutsches Platt von Friesen flochten, wenn sie besuchsweise zu Frau und Kindern kamen und zu den geduldet bei ihnen wohnenden Alten.

Ich beobachtete, wie sie sich neu kleideten und sich anders grüßten. Sie schärften wieder ihre Sinne von Jägern und erneuerten ihre Bemalung von Kriegern. Auf Feldplätzen und in Waldstücken übten sie zunächst an wirklichkeitsgetreuen Nachbildungen ihrer alten Waffen, dann an wirkungsvollen neuen Waffen. Sie bauten sich Pritschenwagen für den Transport von mehr Männern und mehr Gerät. Sie zimmerten sich seetüchtige Ruderboote und übten sich darin, sie zu Wasser zu lassen, zu trimmen und gegen die Flut und die Sonne auszurichten, denn dort, wo die Sonne aufging, siedelte ihr nächster Feind. Mit den ersten Morgenstrahlen sahen sie die Kronen vereinzelter Bäume, gelegentlich auch die Spitze eines Schiffsmastes und ein Blinkfeuer, das die Nacht überdauert hatte, weil der Wärter sorglos schlief: das war die Hafeneinfahrt der Insel des Feindes. Ihn wollten sie, als Männerbund über See rudernd, vernichten. Lange schon waren sie es leid, sich mit dem Feind die kleinen Handelsplätze an der Küste zu teilen, die Schwärme des Herings, die Krabben und Frühlingsschollen, die Wildgänse und die Eier des Kibitzes in den Dünen. Gelegentlich auch wurden Feinde von ihrer Insel abgetrieben und hier angelandet. Dann wollten sie begrüßt, gefüttert, getränkt und schließlich zurückgerudert werden, obwohl sie in Wirklichkeit nur an ihre großgewachsenen, mehlhäutigen Frauen wollten, nichts weiter: immer wollten diese Feinde an die Speise- und Räucherkammern und an die mehlhäutigen Frauen, und wenn manche satt waren von allem, wollten sie nicht mehr zurück, sondern behaupteten, hier mit dem gleichen Recht siedeln und sich vermehren zu können wie die Friesen.

So sah ich sie überall die Witterung von Feinden aufnehmen wie mein Vater Heribert. Sie grenzten sich ab und sie grenzten aus. Und erst dann wandten sich die zu Knaben gewordenen Männer wieder ihren Familien zu. Als Jäger kehrten sie mit geschärften Sinnen zurück und als Krieger mit neuer Bemalung. Allein damit gewannen sie schnell wieder viele der Frauen. Anderen, den etwas Schwierigen und vom Wesen her Zögerlichen brachten sie keine frauengerechte, sondern eine müttergerechte Ordnung mit und die Begeisterung für Jahre der Jugend und bald der Reife, die sie voll würden auskosten können. Und die Aussicht auf den Tag ihres Todes, an dem sie zürückblickten auf ein Leben in gewisser Wichtigkeit und Größe – ein Leben, das noch eine Weile erinnert wird und nicht einfach zerrinnt wie jenes der eigenen Eltern, die in ihren Betten im Anbau verfaulen, und nur vom Vater blinkt noch ein einzelner Schneidezahn.

Und so sehe ich jetzt als alter Mann, der in Erfüllung eines unmöglichen Auftrages von Jever schreibt: Jever ist erwacht. Am Abend der Machtergreifung ziehen Musikzüge durch die Straßen. Die SA, der kein vorsichtiger Heribert Poggenpohl beigetreten ist, aber ein Walter Kieslowsky vom Moorhof Parzelle II Reihe 61, marschiert auf und singt bevorzugt vor den Häusern der Juden das „Kampflied der Friesen", Melodie Hipp, hipp, hurrah, in dem die Büttel sind der Jesuit, der Freimaurer und Marxist, der Demokrat folgt im gleichen Schritt mit dem Kommunist, und alle kriegen schon ihr Teil, wenn wir sie fassen an den Kragen mit deutschem und mit Hitlerheil.

JEVER, APRIL 1933

Der Viehhändler und Schlachtereibesitzer, der Fahrer eines schweren Motorrades und unverheiratete Jude Fritz Levy hat sich bei seinen geschäftlichen Auftritten eine gewisse Polterei angewöhnt. Offensichtlich ist sie die Spätfolge davon, daß er als Schüler über Nacht in die Rolle eines Unternehmers gedrängt wurde und vor seiner Mutter, in der überlebensgroße Tote wohnen, nicht versagen durfte. In der Regel schließt er aber ein Geschäft ab mit einer witzigen Bemerkung von Mann zu Mann oder, wenn er mit einer Frau verhandelt, mit einer Anspielung, die erst auf dem Weg zur Anzüglichkeit ist. Meistens gefällt sie den Frauen.

Im Gebäude von C.L. Mettcker & Söhne, Verlag und Druckerei JEVERSCHES WOCHENBLATT von 1791, erfährt der Viehhändler Levy, daß er den Auftrag für die seit drei Jahren erscheinende Geschäftsanzeige nicht verlängern kann. Der einzige tägliche Werbeträger der Stadt nimmt ab sofort Druckaufträge von Juden nicht mehr an. Der Auftraggeber Levy, der zum abgelehnten Bittsteller geworden ist, verläßt wortlos das Gebäude. Auf dem Gehsteig kehrt er um, öffnet ein zweites Mal die Tür des Verlagsgebäudes und schlägt sie von außen krachend ins Schloß. Abgang Levy 1. Akt.13

JEVER, 10. MAI 1933

Nachdem Heribert bei seinem morgendlichen Zustellgang an der dritten Haustür erfahren hat, daß der Moorbauer Kieslowsky neuerdings nicht nur Schweine und Rinder auf einem fast ausgewachsenen Lastkraftwagen spazieren fährt, sondern auch nicht mehr mit seinen Pferden ackert, weil er stolzer Besitzer eines Motorpfluges auf Ketten ist, der selbst jeden Entwässerungsgraben mühelos durchquert wie ein Biber, gerät er ins Grübeln über den Wert seiner Arbeit.

Als Beamter des untersten Dienstes hatte er immer unter dem Mißverhältnis zwischen seinem beträchtlichen Körpereinsatz bei stechender Sonne und taubeneigroßen Hagelkörnern, dem Maß an geforderter Zuverlässigkeit und übernommener Verantwortung und dem dürftigen Hundeknochen seines Gehaltes gelitten. Und jetzt erhielt ein ärmlicher Moorbauer, dem der Verdacht einer Gewalttat weit im Osten anhing, den technischen Reichtum eines Großbauern auf fettem Marschland? So kraß war ihm das Mißverhältnis zwischen dem Lohn für Parteilichkeit und dem für sein schwieriges, keineswegs ungefährliches Sammeln, Sortieren, Auswerten, oft auch Gesundpflegen und dann Weiterreichen kränklicher Mitteilungen an Fiddi Husmann noch nie erschienen.

Er war verbittert. Wie oft stieß er auf Vertraulichkeiten, die invalid waren. Ihnen fehlte ein Bein, er nahm sie mit nach Hause und schnitzte ihnen eine

Prothese, damit sie standfest blieben; wie oft fand er Verdächtigungen und ausbaufähige Unterstellungen, die so zerfasert und verkommen waren, daß es ihn ganze Abende kostete, sie von Grund auf sorgfältig zu restaurieren? Da er sich jetzt als Teilhaber einer Karriere betrachtete, wenn auch als stillen, da er sich gewachsen fühlte und geschäftlich betrogen, ging er in Husmanns Gemüsegärtnerei und wurde erstmals laut. Er war nicht mehr vorsichtig, und er mußte nicht mehr unter seinem niederen Dienstrang leiden.

Das Ergebnis konnte er schon einen Tag später in seinem Wohnzimmer genießen. Es war ein großer, fast neuwertiger SABA-Radioempfänger in einem Kasten aus Macassar-Ebenholz, eine Wertarbeit der Schwarzwälder Apparate-Bau-Anstalt August Schwer Söhne in Villingen, die das Haus erstmals mit Mittel- und Langwelle, mit dem Fortschritt der Nieder- und Hochfrequenz, dem Wunder der Elektromagnetik und der Elektroakustik, mit Blasmusik aus dem Hamburger Hafen, dem Seewetterbericht vor Helgoland, den Preisen für Schweine und niedertragende Rinder in Friesland, aber auch den Nachrichten aus aller Welt, soweit sie dem Reichsrundfunk angemessen erschienen und soweit sich in ihnen die Welt als ein Teil des Deutschen Reiches beschied, bis unter die Ziegelabdeckung des Daches klirrfrei füllte.

Der Vorbesitzer dieses Spitzenempfängers verstand etwas von Radios. Schon als junger Mann hatte der Elektriker und spätere Filmtechniker Adolf Hirche sich aus Selbstbausätzen die ersten Detektor-Empfänger gebastelt. Er hatte mit Antennen für Fernempfang und Bauteilen für Kurzwelle experimentiert, bis er schließlich kehlige Stimmen empfing. Er verstand sie nicht, aber sie machten ihm die Enge Jevers erträglicher, denn er stellte sich vor: diese eine Stimme wohnt in einer verstopften Straße Kairos über einer stillgelegten Karawanserei, diese andere auf einem weißglühenden Steinhaufen in Palästina, und eine dritte konnte er in Lissabon orten, wo sie weich und traurig in einem Palast saß, dessen Keller unter Wasser stand, und unter dem Dach gurrten die Tauben.

Zwar war dieser Mann mit dem Makel einer jüdischen Frau behaftet, und gerade drohte aus dieser ungleichen Ehe auch noch ein Mischlingskind hervorzugehen, aber er war als Elektriker hochgeschätzt. Und ohne seine Findigkeit als Filmtechniker wären dem Kino im Concerthaus bei jeder Vorführung die Lampen der alten Projektoren ausgegangen. Die Stadt wäre abgeschnitten gewesen vom neu bewegten Bild, dem angeschwollenen Ton, ja der Spiegelung der großdeutschen Wunschwelt in Jever. Er war ein wichtiger Mann.

Er war aber auch ein Mann, der seine Wichtigkeit maßlos überschätzte. Am Abend des 30. Januar, als Musikzüge der SA durch die Straßen zogen, öffnete er weit zwei Flügel seiner Fenster und schickte dem Kampflied der Friesen Musik wilder Neger entgegen, die er, niemand wußte woher, gerade zu dieser Zeit in seinem Radio empfing, obwohl sie seit heute als Aftergequietsche ausländischer Juden galt. Und von Stund an war er ein Mann ohne Radio.

Heribert kaufte eine Dose Möbelwachs für das Macassar-Ebenholz. Der Aussteuerkiste seiner Frau, die diese treulos Entlaufene nie vollständig ausgeräumt hatte, entnahm er ein Spitzendeckchen. Er erstand eine Kristallvase, drei künstliche rote Tulpen und drapierte alles auf der Schädeldecke des SABA-Empfängers, der auf der Anrichte im Wohnzimmer stehen durfte. Das war ein Erbstück seiner Eltern, das er besonders pflegte, auch wenn es mit der unteren rechten Kante auf einem Ziegelstein ruhte, denn in einem seiner Wutanfälle eines früh Verlassenen und von Mia Geerdes stets wortlos Zurückgewiesenen hatte er ihm einen Fuß weggetreten.

Da er jetzt nicht mehr allein sein mußte in diesem Wohnzimmer, sondern es nach Belieben mit Stimmen füllen konnte, nutzte er es auch. Wenn abends der Sohn Egbert, der ein Feind war, von seiner Ersatzfamilie der ten Hoffs am Kirchplatz nach Hause kam, saß der Vater vor dem SABA-Empfänger. Er bilanzierte in seiner Kladde, machte die Gegenrechnung in seinem erstmals angelegten Postsparbuch auf, sortierte Zugetragenes und Vermutetes, machte kleine Häufchen von nahezu Sicherem und Unabweislichem, die aber noch etwas lagern und reifen mußten wie Tabak oder luftgetrocknete Mettwurst, setzte Elektrostecker zusammen, deren Einzelteile er in Pappkartons geliefert bekam, aber unterbrach seine Arbeit sofort, wenn der Reichsrundfunk in das Operettenprogramm eine Meldung schob oder wenn eine der nachgeordneten Persönlichkeiten zu sprechen anhob, die zwar kleiner als groß, aber immer noch nachgeordnete Führer waren. Und wenn eine ganz neue oder eine der vielen Wiederholungen einer alten Rede des Führers aus dem SABA-Empfänger drang, dann sah der Sohn Egbert, der ein Feind war, wie der Vater ihn anhaltend beobachtete.

Bald stellte dieser Sohn fest, daß sich die Redeweise des Vaters veränderte. Natürlich nahm er auf und wiederholte die ganzen neuen Wörter, mit denen das Radio gefüllt war. Das fand der Sohn noch nicht befremdlich, benutzte er selbst doch einen Teil davon, da es Wörter waren, die überall in der Stadt herumliefen. Aber immer war dieser Vater ein langsamer und umständlicher Stotterer gewesen. Vorsicht und Schläue, sowie der Bodensatz seiner stets mitlaufenden Hintergedanken und Nebenabsichten; aber auch seine Enttäuschungen und Traurigkeiten; seine Einsamkeit; sein Angewiesensein auf eine Frau, die es nicht gab und die er sich auch nicht zu besorgen verstand, alles das hatte ihn doch beim Reden immer lange Umwege gehen lassen: eine Treppe war seine Rede mit ausgetretenen, teilweise gefährlichen Stufen, eng und gewunden, schlecht beleuchtet, Kloakengeruch vor den Etagenklos, feuchte Wäsche, aufkochender Kohl und Schweinerippen, wenn der Redner und Zusteller auf dieser Treppe strauchelt, droht auch der Zuhörer und Postempfänger mit in die Tiefe gerissen zu werden, also beugt er sich vor und hört zu, also beugt sich der Sohn über den Vater und hört ihm zu und findet beim Zuhören gelegentlich noch einen letzten Rest an Vater.

Jetzt dagegen wurde die Rede des Vaters flüssig und rhythmisch. Er bildete vollständige Sätze, ja ganze Satzperioden. Er redete davon, sich eines der noch wenigen Telefone legen zu lassen, kein Problem bei seinem Fuß in der Post und eine Notwendigkeit für seine wachsenden Verbindlichkeiten, obwohl ihm eben noch Hörer und Sprechmuschel Angst eingeflößt hatten wie eine schwere Prüfung. Neuerdings redete der Vater Dauer, wenn der Sohn etwas sagen wollte, und er schwieg dauerhaft, wenn er meinte, den Sohn als Feind beobachten zu müssen. So traf jetzt der Sohn auch nicht mehr auf den letzten Rest an Vater, den er gerade in seinen gehemmten und unvollständigen Sätzen noch gefunden hatte, und er gab auf, was er doch so früh schon für sich entdeckt hatte: den möglichen, versteckten Reichtum eines armen Mannes zu finden. Und ging noch häufiger zu seiner Ersatzfamilie der ten Hoffs und zu seinem Freund und späteren Trainer Piet.

Hier am Kirchplatz lebten Eltern von dieser Art: manchmal sagten sie sich, daß sie heute Abend keine Eltern und auch keine Ersatzeltern sein wollten, und sie verschwanden auf unbestimmte Zeit. Wenn sie nachts zurückkamen, stellten sie ruhig fest, daß Bier fehlte und der Eierlikör weniger geworden war, und sie füllten beides auf. Der Vater merkte an der veränderten Ordnung in seinen Bücherregalen, in welchen Teilen seiner umfangreichen Landschaften die jungen Herren gereist waren, freute sich über ihre

Reiselust und stellte die gewohnte Ordnung wieder her. Solcher Art von Eltern waren Hannelore und Hein ten Hoff.

An diesem Abend waren die jungen Herren viel gereist. Sie waren in Australien gewesen und in Afrika. Sie hatten sich zwischendurch ein wenig gestritten über die richtige Art des Reisens, denn Piet war längst ein Fanatiker der Flugapparate und hatte sich gerade als Modell einen schlanken Zweisitzer S 24 von Focke-Wulf gebaut, der auf jeder Rinderfarm landen und auch wieder starten konnte. Egbert aber hatte längst von dieser Fliegerei die Nase voll. Daher bestand er jetzt auf einem Sonnenhut und auf guten Schuhen. Mehr Technik wollte er nicht. Er wollte Fährten von Menschen und Tieren lesen können, den Staub auf den Palmwedeln deuten und aus der Bewegungsart der Käfer auf sein eigenes Fortkommen in der Welt schließen. Solche kleinen Dinge waren es, mit denen er sich das Australien von Mia Geerdes entdecken wollte und auch jenen Teil des südwestlichen Afrika am Atlantik bei Swakopmund, den sie schuldlos an einen Händler mit Waffen und mit Elfenbein hatte verraten müssen.

So stritten sich die beiden jungen Herren, wie sie sich sehr viel später und dann mit der Hartnäckigkeit alter Männer über Dichtung und ihre legitime oder illegitime Schwester: die Schriftstellerei streiten würden. Schon damals wollte einer die Welt mit einem Einzeiler überfliegen, während der andere daran dachte, Mineralien, Käfer und Spuren im Sand zu sammeln, um daraus Geschichten über die Menschen zu spinnen. Sie stritten sich also, aber dann vertrugen sie sich auch schnell wieder, sie übten nur ihren lebenslangen Streit bereits ein.

Sie tranken wieder etwas von Hannelores Eierlikör und spülten noch etwas Bier hinterher. Dann suchten sie auf dem Telefunken-Empfänger zwischen den Büchern, was heute Abend die Kurzwelle an Musik amerikanischer Neger und französischer Damen bot. Je später es wurde und je weiter die Nacht nach Westen sank, umso klarer wurde der Empfang der fiependen Kurzwelle, und jetzt tröpfelten auch das Bier und der Eierlikör in ihre Träume junger Dichter, die Träume wurden geschmeidig und ein wenig schlüpfrig, und schon glitten sie in die Musik ganz schwarzer amerikanischer Neger, die über den Atlantik kam, in die schweren und sehr traurigen Lieder des Tabak und der Baumwolle glitten sie, der Maultiere und Klapperschlangen und der Sümpfe, in denen gerade der Schwanz eines Krokodils ein Kalb an der Tränke erschlägt, und sie wurden selbst schwer und traurig, dann aber gleich wieder leicht und beschwingt, denn sie hörten, wie die Musik die Traurigkeit besiegt und wie sie zu einer erinnerten und damit überwundenen Traurigkeit wird, und sie hörten die ihnen unverständlichen Lieder französischer Sängerinnen, und sie wußten ganz genau, daß es sich dabei um sehr großgewachsene, grobknochige Pariser Huren mit harten Mündern handelte, und auch das waren traurige Lieder, aber diese Traurigkeit war hart wie ein Wind und dann doch wieder zärtlich und nachgiebig wie nach dem Wind, und sie verglichen die Lieder der ganz schwarzen Neger und der grobknochigen Pariser Huren und verstanden dann und wann ein Wort, wie sie in Jever ein ihnen bekanntes Kind auf dem Kettenkarussell erkannt hätten, und jetzt staunten sie, von wie vielen Getränken und Speisen, von Gerüchen und Landschaften, von wie vielen erinnerten und durch die Erinnerung besiegten Traurigkeiten alle diese Lieder erzählten, und da wurde ihnen ein wenig schwindlig. Ihnen schwindelte aus Ehrfurcht vor dieser Vielfalt. Gleichzeitig aber blieben sie gespannt und gereizt, denn sie wußten ja, daß sie alle Arten von Vielfalt würden kennenlernen müssen, um einmal wirklich gute Reisende und überzeugende Dichter zu sein, und so nippten sie wieder etwas Eierlikör der Mutter und tranken noch etwas Bier des Vaters und sahen, wie eng ihre jungen Herzen hier in Jever noch waren, und daß die Enge ihrer Herzen schon begonnen hatte, ihnen die Vielfalt der Menschen und ihrer Welten zu vergiften, und daß sie sich jetzt bald, um einmal wirklich gute Dichter zu sein, an der Welt würden satt essen müssen, wahrscheinlich ganze vier Jahre lang, schätzte Piet mit seinem mathematisch ausgebildeten Kopf, wenigstens fünf, vielleicht auch fünfeinhalb, korrigierte ihn Egbert, der an seine Fährtensuche und an die Bewegungsarten der Käfer dachte, an denen er sein Leben messen wollte, so lange würden sie alles aufessen müssen, um dann bei der Rückkehr einmal etwas über einen Menschen in Jever zu schreiben, dessen Weite des Herzens sie in der vermeintlichen Enge der Stadt aufspürten: ein Mensch eben. Und dieses Mal dachte Egbert nicht an Mia Geerdes, deren weit-enges Herz ein Herz des Traumes war, er dachte nicht an den Motorradraser Fritz Levy, dessen bislang vergebliches Werben um Mia zunächst vom Nachbarn Poggenpohl mit sehr engen Augen, dann aber nur noch mit gelassener Verachtung betrachtet wurde und der zunehmend das Herz eines verbissenen, ja gehetzten Jagdhundes zu haben schien - er dachte jetzt an Josefina Leander und daran, daß sie sehr wohl in einem der breitgetretenen Kotfladen der Heiligen Kühe Indiens geboren war, in diesem fürchterlichen Bombay oder Kalkutta, daß sie sich aber schnell mit ihrem kleinen, sehnigen Körper einer Bodenakrobatin und Trapezfliegerin aus der Kuhscheiße Indiens hierher katapultiert hatte und sie immer noch flog und ihn umschwirrte mit ihren unreifen, fast erst reifen kleinen Brüsten, die unter seinen Fingern zu Haselnüssen werden, und daß sie sich bald weit ins All hinauslehnen und draußen auf einer Umlaufbahn um Jever verharren wird, wenn er nicht aufpaßt und sie endlich beschreibt. Er will sie festhalten, indem er sie beschreibt. Ein Schriftsteller kann das: ein Mädchen beschreiben und damit ihre Liebe festhalten. Er kann sie wenigstens so lange festhalten, wie seine Beschreibung dauert. Ein Dichter wie Piet kann das nicht. Mit seinen Einzeilern. In einem Atemzug schreibt er sie hin, und schon sind sie zu Ende, und das Mädchen ist weg.

Als Egbert an diesem Abend des 10. Mai vom Kirchplatz nach Hause ging, schwirrte ihm der Kopf von der Musik der Baumwollpflücker, der französischen Damen und von den Reisen durch das Innere Australiens und Afrikas, die sie gerade unternommen hatten.

Er hatte den Kopf einer reifenden Tomate, denn in ihm kämpfte die Süße des Eierlikörs mit dem sauren Bier. Aber er fühlte sich voller Energie, denn schließlich hatte er in eine reiche Zukunft geblickt: er würde die Welt als Fährtenleser durchwandern, als Sammler von Fossilien, als Beobachter der Käfer. Und von ihrer Bewegungsart würde er auf das emsige Leben der verschiedenfarbigen Menschen schließen, das traurig zu sein scheint, aber auch witzig und phantastisch. Anscheinend müssen nicht alle am Leben scheitern. Es kann besiegt werden. So scheint es zu sein: der Sieg kommt in der Niederlage, und der Sieg kommt durch das Gedächtnis. Die erinnerte Niederlage ist der Sieg. Er hatte das beste Gedächtnis der Stadt. Die Lieder der Baumwollpflücker und der französischen Damen sind das Gedächtnis der Arbeit, des Lasters, der Baumwolle und des Parfüms. Ein Lied ist Gedächtnis. Die Beschreibung der Welt ist das Gedächtnis der Welt. Und so würde Egbert wie ein Käfer vorankrabbeln, von Niederlage zu Sieg, zu neuer Niederlage, zu einem weiteren Sieg, der die erinnerte Niederlage ist ... undsoweiter. Vor der Haustür wurde ihm kurz schwindlig. Es schien doch so zu sein: Piet und er würden unendlich viel zu tun kriegen. Viel zu viel für ihrer beider Leben. Schließlich würden sie sterben an einem Übermaß an Arbeit und Erinnerung. Und Egbert sah sich schon als müden Rentner, der nach einem Abendpils vor der Tür seines kleinen Backsteinhauses steht und so ungeschickt, wie er es jetzt tat, nach den Schlüsseln in seinem Hosensack sucht, gebrechlich aber glücklich, denn er hat ein volles und verschmitztes Leben hinter sich. Wenn jetzt nur diese Frau nicht wäre, die ihn hinter der Tür erwartet.

Wie jeden Abend um diese Zeit saß der Vater vor dem SABA-Empfänger im Wohnzimmer. Er beobachtete, wie sich der Sohn mit dem Kopf einer reifenden Tomate an den Tisch setzte und den Vater beobachtete. Alle waren große Schweiger geworden. Der Rundfunk redete für alle. Ein Zuhörer beobachtete schweigend den anderen, wie er zuhörte und schwieg.

An diesem Abend des 10. Mai übertrug der Reichsrundfunk über sämtliche angeschlossenen Sender des Reiches in alle Städte und Dörfer, in die Höfe und Wohnungen, an die Betten der Kranken und Siechen, der Kinder und Greise die Entzündung des großen Frühjahrsfeuers auf dem Berliner Opernplatz, und immer wieder züngelten die Flammen hoch, wenn der hagere und gehbehinderte Journalist und Schriftsteller, der Schriftleiter allen periodisch gedruckten Schrifttums, der Zensor des Ungedruckten, der Chefsprecher des Reichsrundfunks, der Ausstatter aller Filme im Kino im Concerthaus, der Beischläfer von Stars und Sternchen, der Bock von Babelsberg, die Kaulquappe: nur Fresse und Schwanz, der Vorsager allen öffentlich Gesagten und Gezeigten, der Doktor Josef Goebbels, wieder einen Mann oder eine Frau der Schrift den Flammen übergab, damit diese Männer und Frauen Flamme fingen, auflderten und verbrannten, alle ihre Werke aus den öffentlichen Bibliotheken, Lehranstalten und häuslichen Sammlungen getilgt und aus dem Gedächtnis ihrer Leser gelöscht wurden, denn es waren alles Werke von Männern und Frauen, in denen die Herzen von Verrätern schlugen.

Während der ganzen Zeit, in der Radio Saba mit den Flammen, den brennenden Büchern, den Namen der Männer und Frauen und ihren Herzen von Verrätern, mit der sich häufenden Asche und den zu löschenden Erinnerungen an alle diese Männer und Frauen beschäftigt war, in denen Herzen von Verrätern geschlagen hatten, fiel zwischen Vater und Sohn kein Wort. Der Vater beobachtete den Sohn. Der Sohn behielt den Vater im Auge, von dem er annahm, daß er ihn für einen Feind hielt, der jetzt getroffen war. Dann aber stellte der Sohn fest, daß der Vater ihn weder feindlich noch auch nur abweisend beobachtete. Nicht lauernd und nicht hinterhältig. Nicht triumphierend und auch nicht schweigsam auf ein Wissen pochend, das einem Feind ohnehin nicht zukam: es war vielmehr der ruhige Blick eines Mannes, der von seinem Sohn nicht mehr erreicht werden kann, weil er nicht mehr von ihm erreicht werden will. Dieser Vater brauchte den Sohn nicht mehr. Also vermißte er ihn auch nicht länger. Er litt nicht mehr darunter, daß dieser Sohn ein Feind war. Heribert Poggenpohl war nicht länger der Vater. Jetzt war er ein anderer.

Als Egbert in seine Mansarde eines Jungen hochstieg - die selbe Mansarde, die er heute an seinem kleinen Schreibtisch als Arbeitszimmer des alt gewordenen Autors eines fast fertigen Buches nutzt - da rief ihm dieser Mann vor dem SABA-Empfänger etwas hinterher. Er rief:

- IHR JUNGEN DICHTER WERDET ALLE NOCH QUIEKEN. DU UND DEIN FREUND VOM KIRCHPLATZ, IHR WERDET NOCH QUIEKEN WIE DIE FERKEL.

Mitten in der Nacht wachte Egbert auf, weil ihn das Gemisch aus saurem Bier und Eierlikör drückte. Er pinkelte in den Nachttopf und legte sich wieder auf das Bett. Da erst merkte er, daß ihm etwas abhandengekommen war.

Bislang hatte er sich immer noch auf das Wenige an Vater verlassen, das es in dem Zwergenhaus gab: auf den Vater als umständlichen Stotterer und ausgiebigen Trinker; als Sortierer und Reparaturhandwerker seiner Vertraulichkeiten und Verdächtigungen; als Beobachter der Küchenuhr und als Schnüffler in allen seinen Geheimnissen eines dichtenden Heranwachsenden; als sichtbar von Unglück und Einsamkeit, von seiner Frauenlosigkeit, der ärmlichen Uniform, dem dürftigen Hundeknochen seines Gehaltes geschlagenen Mannes, der auf einem Wanderer Leichtmotorrad herumgurkt, während der Viehjude Levy auf einer BMW mit Seitenzylindern wie Bullenhoden verkehrt durch die Einbahnstraßen flitzt, ihn auf der Straße nach Sande überholt und dabei nicht vergißt, ihn durch einen gekonnten Schlenker des Hinterrades mit Schlamm und Kot zu bespritzen.

Das alles war wenig genug an Vater, gewiß. Aber dieses sichtbare Unglück war doch auch immer ein deutliches Zeichen dafür gewesen, daß der Vater irgendwo seinen verborgenen Reichtum mit sich herumtrug. Es hatte dem Sohn die verletzten und unerfüllten Gefühle des Vaters gezeigt, seine Sehnsüchte und seine verratenen Hoffnungen. Jetzt merkte Egbert, daß er diesen letzten Rest an Vater auch noch verloren hatte. Und so wurde es die einzige Nacht, in der er über den Vater weinte. Und er weinte vor Schreck darüber, daß er so früh erwachsen geworden war. Natürlich hatte er sich oft gewünscht, ganz schnell erwachsen zu werden, denn es war die einzige Möglichkeit, der Folter des Zwergenhauses zu entgehen und der Prügelei durch die Mitschüler, die ihm vergalten, daß er ihnen so früh schon mittels

Rückstoßes seines Gedächtnisses davongeflogen war. Er hatte erwachsen sein wollen, um fortzugehen, mit einem Paar handgenähter Schuhe an den Füßen und einem Sonnenhut auf dem Kopf. Jetzt aber hatte er Angst davor. Er war allein. Ein Waise. Die Bücher waren verbrannt, und die Kindheit war vorbei. Eigentlich hatte es sie gar nicht gegeben. Sein Gedächtnis, das ihn mit der Geschwindigkeit einer Sturmspitze durch die Jahre trug. Seine frühe Entdeckung der Sprache und die Entschlüsselung eines Satzes dieses Mannes im Zwergenhaus, mit dem er die Mutter getötet und den Sohn zu einem sprachbegabten Hosenscheißer gemacht hatte. Kindheit war nur gewesen, wenn er zusammen mit Piet am Kirchplatz gelacht oder wenn er unter den Kindern der Leanders vor Vergnügen gequietscht hatte; wenn er mit Mia Geerdes schmuste und mit Josefina Leander die Zunge in Mund und Ohr übte und die Süße von ihren kleinen Brüsten schleckte, die sie zuvor in den Honigtopf gestippt hatte. Eigentlich hatte es diese Kindheit nur insoweit gegeben, als er jetzt merkte: fast ungenutzt ist sie verstrichen.

Jetzt war er sogar froh über den einzigen Satz, den der Mann unten im Wohnzimmer nach oben gerufen hatte:

- *IHR JUNGEN DICHTER WERDET NOCH QUIEKEN WIE DIE FERKEL,*

denn es schien ihm günstiger, mit einem Mann in dem Zwergenhaus zu leben, der gelegentlich rief, als mit einem Fremden, der so tat, als gäbe es weder den Einen noch den Anderen. Der Mann, der rief, war der allerletzte Rest an Vater.

Und so behielt Egbert auch diesen Satz sein Leben lang in seinem besonderen Gedächtnis. Er behielt ihn im Gedächtnis wie andere, unvergleichlich Unglücklichere die in ihre Haut tätowierte Nummer behalten haben, wohingegen es bei den Angehörigen der SS die Blutgruppe war, die MUSEEN DES MENSCHEN in aller Welt voller trepanierter Schädel und abgezogener Skalpe hängen, abgetrennter Fingerkuppen, Kitzler, Scheidenlippen und die Stubenfliege am letzten Bein stirbt, das ihr am Küchentisch der Poggenpohls ausgerissen wird.

11

Sieben Töchter hatte Hiltrud Kieslowsky im Moor geboren, vier davon lebten. Drei waren hagere, früh schon alt erscheinende Mädchen mit schweren Knochen, die sich in ihren Bodenkammern den Umfang magerer Schenkel und flacher Brüste ausmaßen und dann entlang dem Zentimetermaß mit der vierten Schwester darüber stritten. Die bald mollig gewordene Emma versprach eine stille und in sich ruhende Schönheit zu werden, sofern sie nicht doch über die Ufer träte und bäuerlich zerflösse. Der Streit fiel umso heftiger aus, je weniger sich Emma daran beteiligte.

Außer den drei Zankäpfeln und der einen stillen Blüte dazwischen, für die sich Walter Kieslowsky selbst während der Wellen seines Jähzorns hilflos aufopferte, und außer dem schwierigen Moorboden, der jeden Einsatz bloß mit einem lässigen Schmatzer verschlang, gab es kaum noch Gemeinsamkeiten zwischen den Eheleuten Hiltrud und Walter. Da wurde Hiltrud wieder schwanger.

Wie gewöhnlich reklamierte Walter Kieslowsky die Urheberschaft für sich. Er warf bereits mit männlichen Vornamen um sich wie mit Steinen. Er war sicher, jetzt endlich jenen Nachkommen gezeugt zu haben, der aus dem Moorhof einen Erbhof machen und sicherstellen würde, daß der Name Kieslowsky nicht zusammen mit den Radspuren seines Leichenwagens im Moor versänke. Vorübergehend war er zu allen nachgiebiger, auch zu sich selbst, denn er freute sich. Hatte er früher seiner Schwägerin Mia bloß barsch gepfiffen, wenn sie als Familienhelferin auf dem Hof gebraucht wurde, so kam er jetzt mit dem Lastwagen angefahren. Egbert sah, wie dieser bislang immer harte Mann ihr das Köfferchen der weisen Frau auf den Vordersitz hob und vorsichtig die Kabinentür hinter ihr schloß, als könne er sie und alle ihre Kunst, sich selbst und seine neue Freude am Leben beschädigen.

Das änderte sich schlagartig, als Mia mit ihrer Schwester übereinkam, die Frucht nicht auszutragen. Hiltrud scheute das Risiko einer weiteren Geburt, und außerdem war sie sich nicht sicher, wem das Kind ähnlicher sähe: Walter Kieslowsky oder Sigi Kieslowsky oder einem vorbeigezogenen, namenlos gebliebenen Kometen. So verließ Mia für einen Eingriff ihren Pfad einer kleinen Heiligen und trieb ab. Zwar kam Walter Kieslowsky nicht auf den Gedanken, sich als Mann betrogen zu fühlen, denn weder die

Grubenbesitzer in Oberschlesien, noch das tückische Moor in Friesland hatten es geschafft, ihn als Mann zu betrügen, aber er wußte jetzt: der Name Kieslowsky, der Kohlenstaub in den oberschlesischen Schächten, die zusammengeschütteten Groschen der Kumpel und die ins Pfandhaus gebrachten, abgetragenen Schmuckstücke ihrer Frauen, die gerade noch vermiedene Flucht in die Marslandschaft Australiens oder zu den Menschenfressern Papua-Neuguineas, der jahrelange Kampf mit dem sauren Moor, der Maul- und Klauenseuche, den Choliken der Schweine, den Mahnungen und Erpressungen der Sparkasse, dem Hohn der Altbauern und der Viehaufkäufer, die ewige Enttäuschung, mit den eigenen Kindern nicht von Mann zu Mann reden zu können, sondern sie ausbrüten zu müssen wie Kuckuckseier, und kaum ist ein kleines Mädchen zur jungen Frau geschlüpft, versteht der Mann überhaupt nichts mehr von ihr, ja verhöhnt die gerade Geschlüpfte ihn noch wie einen Ochsen - alles das ginge unter in dem Eigennutz und der Streitlust von weiblichen Erben, die bloß den Hof auffräßen, ja die jetzt schon den Untertagebau in den Gruben und die Schinderei im Moor für das Werk eines Schwachsinnigen hielten, eines Maulwurfes und Bibers, aber nicht für die Arbeit eines Mannes, der auf seinem Totenbett sagen will: seht, ich bin nicht untergegangen. Weder zerkocht in einem Suppentopf Papua-Neuguineas, noch während einer siebenjährigen Dürre von den Geiern zerhackt im Sande Australiens. Ich habe einen Sohn, eine Steuernummer, eine Nummer der Versorgungs- und der Sterbekasse und eine Nummer der Partei, die aus dem Moorhof einen Erbhof macht. Und jetzt, verflucht, laßt mich allein, denn ich will sterben.

So wütete er jetzt wie früher. Er trat zwei seiner Muttersäue in den trächtigen Bauch, schleuderte ein Moniereisen auf den Hund, trommelte gegen die Türen der Bodenkammern, in denen sich die Töchter vorsorglich eingeschlossen hatten, verbat seiner Schwägerin Mia als gefallener Heiligen den Hof, setzte sich dann endlich in den kleinen Lastwagen und fuhr kreuz und quer über Land. Alles funktionierte: der Schalthebel, die Drehknöpfe und Kipphebel, das beruhigte ihn. Die funktionierende Mechanik, die sich selbst zeugende Bewegung war die größte Erfindung seit der Erfindung des Kinnhakens. Da hielt er an und weinte in der Fahrerkabine. Trocken. Er war ein Mann, der keine Tränen hatte.

Mias Eingriff aber führte zu Nachblutungen, und die bedurften einer Nachsorge. So radelte Mia mit ihrem Köfferchen am Lenker natürlich doch wieder zum Moorhof und nahm Egbert mit, denn ein wie auch immer gearteter Sohn, sagte sie, wird den Bullen beruhigen wie eine Kuh, die neben ihn gestellt wird. Und tatsächlich war Walter Kieslowsky nicht nur friedlich, sondern voller Sorge. Er fürchtete um das Leben seiner Frau. Die vier Töchter waren fremdere Frauen als Hiltrud. Er hatte Angst, mit ihnen allein zu bleiben und vor so vielen völlig fremden Frauen zu versagen.

Egbert fuhr gerne mit. Er liebte Mia jetzt wie eine Tante, die ihren Mann vor Jahren auf See verloren hat, ihn aber immer noch in ihrem Herzen wohnen läßt: ein bloß abwesender Mann, der ein Dauerwohnrecht genießt. Er flickte ihr die Schläuche des Fahrrads, schleppte Holz und Kohlen, säuberte die Käfige der Wellensittiche, kaufte für sie ein, wenn sie mit der Not der Wöchnerinnen und Gebärenden zu beschäftigt war. Er freute sich auf eine Wiederbegegnung mit dem Moorhof. Wieder wollte er unter dem Kirschbaum am Entwässerungsgraben sitzen, an dem Mia ihn früher mit dem Riemengeschirr gesichert hatte. Dort wollte er wieder sitzen, ein über Nacht zum Mann gewordenes Kind. Schnell würde er die immer feuchte Erde durch den Hosenstoff hindurch am nackten Hintern spüren, denn noch immer gestattete Heribert ihm aus Gründen der Sparsamkeit die Unterhose nur bei Frost. Als jetzt alt gewordener Mann würde er natürlich gleich um seine empfindliche Blase fürchten, die Nierenschmerzen später am Abend, den Bronchialhusten am folgenden Morgen. Er würde dennoch sitzenbleiben, die schlecht rasierte Wange eines alten Mannes gegen den Stamm der Kirsche lehnen und von Egbert Poggenpohl als Dreijährigem im Riemengeschirr träumen. Seine Kindheit lag jetzt so erschreckend weit zurück, sein Gedächtnis, das früher einmal furchterregend gearbeitet hatte, litt längst derart unter Schwund und grauen Flecken, daß er die Kindheit nur würde träumen können: das Kind ein Traum. Wieder würde er den nassen Harzgeruch der Kirschrinde einziehen, den Humusgeruch des Bodens, den seiner leicht bepinkelten und vom letzten Sturz noch verschorften Knie - die Kindheit zu träumen ist wie das Schreiben, eine Vergegenwärtigung. Vielleicht würde er da am Kirschbaum noch ein Stück seiner Kindheit wiederfinden, die ihm in einer einzigen Nacht abhandengekommen war.

Aber auf dem Moorhof kam Egbert zu nichts. Die Schwestern beschäftigten ihn ohne Pause. Die drei Hageren umschwirrten ihn wie Stechmücken. Der einen sollte er einen Hut aufziehen und eine Brosche befestigen, der anderen eine Schleife binden, der dritten einen Ring vom knochigen Finger ziehen, während sich gleichzeitig die erste mit der dritten um den Ring stritt, die zweite von der ersten den Hut verlangte und die erste drohte, alles dem Vater zu sagen. Und wenn die Stechmücken wirklich einen Augenblick einhielten, weil sie in den Schubladen einer ihrer Kammern nach neuen

Hüten oder Ringen oder Broschen suchten, wenn er glaubte, sich jetzt endlich an den Kirschbaum setzen zu können, die schlecht rasierte Wange eines alten Mannes dagegenlehnen und sich in die verlorene Kindheit zurückträumen zu können, was wie das Schreiben ist: das Wiederfinden von verlorenem und das Gewinnen von jetzigem Leben -, da stellte er fest, daß ihm die vierte Schwester folgte, wortlos und wie ein Schatten. Als habe er sie aufgefordert, mit ihm zusammen vom Moorhof wegzugehen. Ein molliger Bausch aus Zuckerwatte und dem Gesicht einer schönen Puppe, in dem zwei Rehaugen steckten: das war Emma, seine spätere Frau; Emma, die für ihn immer so schön und unbegreiflich, so verehrungswürdig und vollkommen bleiben sollte wie das Wunder eines Hühnereies, diese Emma verfluchte er jetzt. Er hielt sie für die dümmste dieser vier Schwestern, und die drei hageren waren schon blöd genug. So flüchtete er in den Stall. Gleichmütige schwarzweiße Kühe. Steifbeinige Kälber. Eine Katze auf der Jagd nach Mäusen oder geschwätzigen Schwalben, die durch ein offenes Fenster ein- und ausflogen. Schweine dann, die sich gegenseitig die Schwänze zu blutigen Stummeln abgefressen hatten. Eine Muttersau unter einer Lampe, die ihre hundertdreiundzwanzig Ferkel zu zählen versuchte: Egbert staunte über die ganze hier versammelte Fruchtbarkeit. Das Zwergen-Backsteinhaus der Poggenpohls lag nur eine halbe Fahrradstunde entfernt, und schon war er mitten in der Urpfütze einer anderen Welt. Er war ein Städter, wenn auch ein sehr kleiner, und schon die Welt eine halbe Stunde entfernt konnte er bloß bestaunen, verstehen konnte er sie nicht. Sie ließ sich beriechen und betasten, eine Teilnahme aber schloß sie aus. Welche Arbeit käme auf ihn zu, wenn es schon eine halbe Fahrradstunde entfernt vom Zwergenhaus so zuging: überall Material, Leben meterdick und kein Durchkommen.

Und jetzt ging es nach einem weiteren suchenden Tritt in Stroh, Heu und Mist auch schon in Sturzgeschwindigkeit bergab mit ihm. Bretter unter ihm rutschten zur Seite. Er ruderte mit den Armen ins Leere und stürzte durch eine dürftig abgedeckte, mit Stroh und Mist getarnte Öffnung in die Hölle des Landlebens. Der nasse Platsch einer schweren Flüssigkeit, und bis zur Brust steckte er fest in einer Tonne mit Teer. Bevor er zu strampeln und zu schreien begann, sah er sich mit steifem Nacken um. Nicht alles muß Wirklichkeit sein, was wirklich scheint. Wenn die Wirklichkeit zu mächtig wird, tut ein Schmächtiger wie Egbert besser so, als ließe sich alles mustern und sortieren, denn natürlich ist jedes Teil für sich genommen lange nicht so schlimm wie das Ganze. Dann wartet die Angst. Die Wirklichkeit läßt sich zählen. Das Zählen läßt sich wiederholen. Das Atmen geht weiter: schon wieder ist ein Stück Leben gewonnen, auch wenn es das eines kleinen Hosenscheißers ist.

Die Kammer unter dem Stall hatte die Größe seines Mansardenzimmers. Helle, frischgekalkte Wände. Zementsäcke. Gestapelte Kisten, die Nummern trugen. Dann sah er die Gewehre. Aufrecht wie Gefangene standen sie an der Wand. In dem aus dem Stall einfallenden Licht glänzten sie matt und fettig. Es waren genug, um damit seine ganze Schulklasse für ein Spiel mit dem Krieg auszurüsten. Sie reichten, um die vorgelagerten Inseln zu besetzen oder gegen einen Feind zu verteidigen, der über See kam. Es wäre ein leichtes, mit ihnen die Stadt Jever einzunehmen, die eine halbe Fahrradstunde entfernt mit dem Zwergenhaus der beiden Poggenpohls begann.

Egbert war in der frisch mit der neuen Raupe ausgeschachteten, betonierten, gekalkten, nur erst provisorisch abgedeckten, geheimen Waffenkammer des Walter Kieslowsky gelandet und steckte in einem Teerfaß, mit dem sie noch gegen den ewigen Säurefraß des Moores abgedichtet werden sollte. Er war in die Herzkammer Aufständischer gefallen, die sich darauf vorbereiteten, Friesland einzunehmen und die Welt, die Friesland umgab. Kieslowsky hatte es geschafft: auch ohne die Zeugung eines Sohnes war er von so vielen Kieslowskys umgeben, wie die Gewehre Kugeln in sich trugen und die Kisten Munition. Der Mann Kieslowsky war mitten im Moor einer von vielen Männern geworden, und Egbert saß im geheimen Herzen der Vielen, und da begann er zu schreien. Er schrie anhaltend und sehr hoch, wie ein junger Hase im Fangeisen.

Zehn kleine Negerlein
einer ertrank im Teer
da waren es nur noch neun

Neun kleine Negerlein
einer verschluckte sich an der Angst
da waren es nur noch acht

Acht kleine Negerlein
einer zitterte wie Laub
da waren es nur noch sieben

Sieben kleine Negerlein

einer starb vor Scham

da waren es nur noch sechs

Es war ausgerechnet EMMA REHAUGE, die so sang, während Egbert im Innenhof neben dem Ziehbrunnen von Mia wieder und wieder mit großen Mengen an Butter abgerieben wurde: ein nackter Dichter, der in den Teer und unter die Aufständischen gefallen ist. Damit nicht genug: er war auch unter die singende EMMA REHAUGE gefallen und unter die knochigen drei Schwestern, die mit Augen wie Kreissägen auf sein verklumptes Geschlecht sahen und auf seinen nackten Hintern eines ganz schwarzen Negers, der sich jetzt unter der vielen teerlösenden Butter fleckig aufhellte. Und je heller er wurde, umso nackter, schmächtiger und ärmlicher war er, flechtenüberzogen, leprazerfressen, ein Wrack.

12

Kaum geht die Bäuerin mit den Kindern auf und davon in die Stadt, zum Beispiel ins Rheinland nach Köln, beginnt der Bauer zu trinken.

Er schlägt das Vieh. Melkt zur Unzeit. Im Stall bricht die Maul- und Klauenseuche aus. Die Sparkasse schickt einen ungehörig jungen Mitarbeiter, um die Zwangsversteigerung des Hofes anzukündigen. Der Hengst schlägt aus und bricht dem Bauern das Genick. Betrunken tritt der Bauer auf die Mistgabel und sticht sich die Zinken in den Hals. Vor dem Schafstall fällt ihm ein Meteorit auf den Kopf und erschlägt ihn. Mit zwei Flaschen Korn im Bauch wankt er ins Moor, tritt fehl, versinkt und wird erst im nächsten Sommer gefunden - während die Bäuerin in der Stadt das wenige Bargeld an die Anwälte verschleudert, zum Beispiel an die rheinischen in Köln, denn ihr Geliebter ist ein Mann, der sie zwar will, aber nicht jeden Tag und nicht mit so vielen Kindern, und jetzt weiß sie trotz der Anwälte nicht, wie sie aufrecht wieder zurückkommen soll, denn der Hof ist hin und für den Bauern hat die Totenglocke geläutet:

mit solch wahren Romanen aus den Nachbarschaften hatten auch Hiltrud und Walter Kieslowsky lange genug gelebt. Davor waren sie gewarnt. So blieben sie zusammen, sachlich und schweigsam, mit dünnen Lippen. Vorrang hatte der Hof, nicht das Leben.

Für diesen Hof schien es jetzt ratsam, Ballast abzuwerfen. Der größte Ballast war der Viehhändler Levy. Noch immer fuhr er auf dem Moorhof ein und aus. Zwar kam er nicht mehr mit der auffälligen BMW. Die hatte er doch abgemeldet und eingewintert als Zugeständnis an Zeiten, die nach Unauffälligkeit verlangten. Er kam mit dem Fahrrad, aber das mit Hallo, als sei er nicht nur der stille Teilhaber, sondern der eigentliche Besitzer des Hofes, mindestens aber das einzige Tor zur Welt für alle auf ihm Eingeschlossenen.

Um ihn jetzt loszuwerden, bedurfte es einiger Umsicht. Schließlich hatten sie mit ihm zusammen weit mehr als den Viehbestand eines Großbauern an Veterinär und Steuer vorbei nach Niederösterreich und ins Rheinland verschoben. Damit hatten sie den Bruder Sigi in Köln auf eigene Füße gestellt, den Moorhof vor dem Versinken bewahrt, die Töchter ernährt, den drei Knochigen mit immer wieder neuen Kleidern und Schmuckstücken die

Augen davor verschlossen, daß niemals jemand sie begehren würde, hatten für Hiltrud die Ärzte bezahlt und Levy ein gutes Polster verschafft, das er sich für unruhige Zeiten in Gold mit dem Prägestempel Kanadas eintauschte. Er ging davon aus, daß es in Kanada zu viele Wälder mit zu vielen Braunbären und Lachsen gäbe, zu viele Wintermonate überdies, so daß die wenigen dort siedelnden Holzfäller und Jäger gar keine Gelegenheit hätten, sich zu treffen und übereinander herzufallen, geschweige denn sich zu einer Bande zu vereinigen, um die Staatsbank zu stürmen und die Währung in den Abgrund zu stürzen. Er hielt es für ein friedliches Land aus Mangel an Kriegern.

Mit dem Gold Kanadas im Rücken fühlte er sich so sicher, daß er nicht daran dachte, Friesland zu verlassen. Mia Geerdes, um die er noch immer warb, ohne eine Antwort zu erhalten, machte ihm doch außerdem vor, was es heißt, sich auf eine gute Erfindung stützen zu können: die Flucht in ein anderes Land war bloß die Flucht davor, sich das Leben im alten Land nicht richtig erfunden zu haben. So hatte er sich angewöhnt, über vorausschauende Mitglieder der jüdischen Gemeinde zu spotten, die sich längst darin übten, auf das alte Land zu pfeifen. Das leichterte ihre Herzen und würde es ihnen möglich machen, auf eine jener Wanderschaften zu gehen, die Teil ihrer Geschichte waren. Levy aber lehnte ihre Geschichte ab, soweit sie die des Auszugs aus Ägypten und die eines Meeres war, das sich durch Gespensterhand teilte. Er war Friese. Die zogen nicht aus, sondern siedelten und besiegten das Meer mit eigener Hand. Er war Levy, und Levy heißt Löwe. Er war mutig wie eine Großkatze und klug wie der Fuchs. Er war gebildet und listenreich. Er war erfolgreich im Viehhandel gewesen und auch dann, wenn er seinen immer gewaltigen Appetit auf Mädchen und Frauen hinter seinem Charme versteckte, den Pralinen und geflügelten Küssen. Als Akrobat auf dem Seil war er doch über alle niedrigen Unterstellungen, Eifersüchteleien, ja selbst versuchten Gewaltakte gehörnter Männer hingweggeturnt, und mit einem kleinen Hüpfer nur war er jenen Eifersüchtigen entkommen, deren verblühte Frauen anklagend einzig auf Levy zeigten, weil sie so ein allerletztes Mal ihre Männer scharf auf sich machen wollten. Er konnte sich nicht vorstellen, in den engen Siedlungen Palästinas anzuecken, nach der Pfeife eines Engländers zu tanzen und klebrige Feigen zu essen. Oder mit Koffer, fleckigem Leinenrucksack und ein paar seiner Goldstücke im Dickdarm an der moskitoverseuchten Küste eines fremden Kontinentes angelandet zu werden, wo die Zeit verkehrt herum geht und der abnehmende Mond auf dem Rücken liegt. Kein Mond hatte je in Friesland auf dem Rücken gelegen wie ein Hund, der sich ergibt.

Noch immer hatte er keine eigene Küche mit blauen Kacheln. Nach wie vor fehlte das Bild über dem Ehebett. Er saß weiter in der Wohnküche der verbitterten Mutter und sah zu, wie sie täglich die ganzen toten Männer in sich nährte. Sie rief sie auf und hielt Zwiesprache mit ihnen. Sie verglich den lebenden Sohn mit ihnen, und von Mal zu Mal schnitt er schlechter ab. Er hatte keine Zeit mehr für eine Wanderung, die wieder so eine wie in der Geschichte wäre. Auch in der Fremde würde er an den toten Männern in der Mutter ersticken. Besiegen konnte er sie nur hier, wo sie gelebt hatten. Deswegen brauchte er jetzt die eigene Küche, jetzt und hier.

- Es ist besser, du kümmerst dich um die Ausreise. Nach Kanada. Deine Frauengeschichten hier sind auch nur die Geschichten eines Hammels. Du willst dich den Frauen beweisen. Und den Männern. So verachtest du beide: die Männer und die Frauen. Und gewinnst keine der Frauen. Auch mich nicht.

Das sagte ihm Mia Geerdes, und er schlug krachend ihre Tür hinter sich zu. Kurz darauf stand er aber wieder vor dem Gartenhaus, mit Blumen in der Hand und einer Flasche Wein. Sie lachten beide. Denn beide hatten Angst gehabt, sich zu verlieren. Mia fürchtete, den einzigen Mann zu verlieren, dem sie zuhörte, wenn er warb; und Levy die inzwischen einzige Frau, die ihm zuhörte, wenn er nicht bloß der Schalk und Charmeur war, sondern der zunehmend beschäftigungslose Viehhändler, der unverheiratete Narr und der Gesellschafter einer Mutter, die tote Männer in sich wohnen ließ.

Bei dem Bemühen, Ballast abzuwerfen, kam die Gemeindeverwaltung den beiden Kieslowskys entgegen. Sie weigerte sich, dem Viehhändler Levy eine neue Legitimationskarte auszustellen, die ihn weiterhin zum Aufkauf von Groß- und Kleinvieh berechtigte, und versagte ihm auch den Wandergewerbeschein, der für seinen Betrieb notwendig war. Und schon war Levy für die Kieslowskys bloß noch ein Problem der Vergangenheit. Aber auch das wollten sie loswerden, denn sie fürchteten seine spitze und oft auch lose Zunge. Da hatte Hiltrud eine Idee.

Längst hätten die beiden ältesten Töchter einen ersten Freund gebraucht. Sie hatten aber nur sich selbst, und das bedeutete Streit. Und auf dem Hof lebte ein Mann, der die Wachsamkeit eines scharfen Hundes für die Fürsorge des Vaters hielt und selbst einer anfliegenden Wildbiene noch mißtraute; dem Sonnenuntergang, in dem sie saßen und hastig und ungeübt etwas Traum einzufangen suchten; dem Vollmond, in dem sie am Entwässerungsgraben entlang spazierengehen wollten, was er ihnen mit pochender Schläfenader untersagte. Und natürlich mißtraute er dem trunksüchtigen Nachbarn, der abends nur mit Mühe nach Hause fand, weil er sich den gesamten Sternenhimmel auf den Rücken gebunden hatte und Ferkeleien vor sich hinbrabbelte: Johnnie Aquavit.

Einzig Emma schien keine Not und auch keinen Mangel an Traum zu verspüren. Ihre Tante Mia war sich längere Zeit unsicher, ob dies an dem Reichtum ihrer inneren Ruhe lag, oder ob sich diese Ruhe nicht etwa doch bloß auf eine gewaltige Trägheit gründete, die ein einfach bleibendes Gemüt vermuten ließ und einen Kopf, der zu keinerlei Akrobatik neigte. Vielleicht aber war Emma auch auf ihr noch rätselhafte Weise davon überzeugt, warten zu müssen und dann, fast ausgereift, nie mißtrauisch bewacht von der Eifersucht des Vaters und selten getroffen von seinem Jähzorn, eines morgens unangekündigt das Moor zu verlassen und an anderem Ort ein reiches Leben zu führen. Emma wehrte sich nicht, sie schien Zeit verstreichen zu lassen. Und nichts schien sie sonderlich zu beschädigen.

Dem Vater waren alle Töchter unheimlich. Diese Tochter aber fürchtete er, und er liebte sie. Die Mutter betrachtete sie oft neidvoll und sehr argwöhnisch. Sie wartete darauf, daß sich die Tochter ihr endlich durch einen nervösen Tick verriete oder dadurch, daß sie mit einem gefallenen Priester auf und davon ginge, im Nachthemd, mit offenem schwarzen Haar und mit einem süßen Lied auf den Lippen, das sie nicht verstände, weil es pures Englisch in den Versen eines Klassikers wäre. Mia dagegen nahm an, sie würde einmal das, was sie "ein gutes Mädchen" nannte, und darunter verstand sie solche, die von einer gewissen Begabung zum Glück beflügelt sind, was sie in früher Jugend zuweilen ausgesprochen träge, ein wenig autistisch, bei oberflächlicher Betrachtung auch schwer von Begriff erscheinen lassen mag, und selbst den gewieftesten Parfumeur verblüffen sie noch mit einem Körperduft, den er zwischen Mangos, reifen Feigen und Waldbeeren vermutet, aber nicht benennen kann. Und Mia hütete sich, etwas zu sagen.

Der junge Viehhändler fühlte sich vom erwachten Hunger der beiden ältesten Töchter gefordert. Er begann mit beiden zu schäkern und sie mit den Freunden zu necken, die sie noch nicht hatten. In ihrem Hunger zankten sie sich um seine Gunst, entwendeten der hilfreichen Mutter den Stummel eines Lippenstiftes und das Uralt Lavendel und hatten kleine Flecken einer neuen Erregung auf ihren Gesichtern.

Der eben noch rasante Motorradfahrer bedauerte, seine Maschine abgemeldet und eingewintert zu haben. Gerne hätte er sich jetzt eine von ihnen aufgeladen, Gerda, die immerhin den Ansatz zu gewissen Formen verriet, und hätte ihr die Dünen gezeigt, die See. Auf einen Einhandsegler hätte er deuten und ihr von dem verrückten und schönen und für sie nützlichen und ihm so hinderlichen Traum der Tante erzählen wollen, um die er bislang vergeblich, aber doch nicht aussichtslos warb, und in der knisternden Luft hätten sie sich beide ein wenig im Träumen geübt, das junge, knochige Mädchen und der ältere, aber noch jugendliche Mann. Sie hätten den einen und anderen Traum miteinander verglichen, seine Dichte gemessen und seine Breite auch, die Vielfalt seiner Farben, und auf der Rückfahrt wäre die Älteste stiller gewesen als sonst, weil noch schwer von Traum. Erst auf dem Hof hätte sie wieder laut geschnattert und mit den Flügeln geschlagen, weil die Schwestern zwei und drei ankämen und ihr die Beute streitig machten.

Aber diese Zeit war vorbei. Jetzt war er ein Mann ohne Motorrad und ohne Geschäftsbereich. Er war auf ein Fahrrad reduziert, das einen platten Vorderreifen hatte. Und so verkam die ganze knisternde Eleganz verschiedener Traumwindungen bloß dazu, daß er ihr ein Taschentuch entwendete. Dann stritt er mit ihr um ein Strumpfband. Und als der beschäftigungslose Viehhändler Fritz Levy mit geflicktem Vorderrad und Textilien in der Hosentasche vom Hof radelte, hatten Hiltrud und Walter Kieslowsky bereits die Schlinge um seinen Hals gelegt.

Nachts kam er wieder und lehnte das Rad gegen die Hauswand unter Gerdas Dachluke. Er stieg auf den Sattel, um über einen Mauervorsprung an die Scheibe zu reichen, und klopfte ans Glas. Darauf hatten Hiltrud und Walter Kieslowsky gewartet. Es genügte ihnen, um aus dem einstigen Teilhaber einen Unhold und Rassenschänder zu machen und Strafanzeige zu erstatten.

Es genügte dem Amtsanwalt, Justizinspektor von Kampen, vor Gericht zu betonen: daß dieser Jude offensichtlich darauf ausgehe, deutschstämmige Mädchen zu schänden. Wenn das Mädchen nicht in der fraglichen Nacht sofort seine Kammer verlassen und zu den Landwirtsleuten gelaufen wäre, hätte er sicher sein gewissenloses Werk vollbracht.

Das genügte dem Amtsgerichtsrat Cropp, ihn auf Grund von Paragraph 185 StGB: tätliche Beleidigung, zu fünf Monaten ohne Bewährung zu verurteilen.

Und so begann der arbeitslose, mit seinen Rücklagen aber noch nicht brotlose Händler von Großvieh, der inzwischen weder mit einem Goldhamster noch mit einem Kanarienvogel Handel treiben konnte, eine längere Reise durch die Nacht der Strafanstalten des Nordens.

Die Reise dauerte etwas länger, weil er sie wiederholt mutwillig unterbrach. Aus Rüstringen marschierte er davon wie der Gerichtspräsident persönlich, der nur kurz zu Besuch gewesen war. Als er in Jever auftauchte, wurde er verhaftet. In Vechta nutzte er die Krankenstation zu einem Ortwechsel. Wieder tauchte er in Jever auf. Nachts borgte er sich von Mia Geerdes Geld, deren siebzehn Wellensittiche bei seinem Erscheinen zu schnattern begannen, als stände auch ihre Befreiung unmittelbar bevor. Im Morgengrauen ließ er sich in der Mietdroschke Heino Lampes, mit dem er befreundet war, an die holländische Grenze fahren. Aber allen Helfern zum Trotz, die um ihn und um sich selbst bangten, war er nach wenigen Tagen erneut in Jever, um hier ein letztes Mal verhaftet zu werden.

Er war süchtig nach dieser Stadt. Außerhalb der Stadt war er nichts. Er hielt die Fremde nicht aus, nicht einmal die Fremde im benachbarten Königreich der Niederlande. Und er hielt sich selbst nicht aus, wenn er allein auf der Flucht war. Alles, was er sich wünschte und was zunehmend unerfüllbarer schien, fiel ihm in der Fremde wie Gestein auf den Kopf. Abgang Levy 2. Akt.

13

Für seine bisherige Karriere warb Levy jetzt schon lange und ungewöhnlich zurückhaltend um Mia. Nie hatte sie ihn brüsk abgewiesen. Sie hatte gelernt, den Männern mit einer kleinen, nervösen Drehung auszuweichen, und bevor einer gewendet hatte mit der Schwerfälligkeit der Schildkröte, war sie verschwunden. Wenn einer nachsetzte, verwies sie kühl darauf, daß sie noch immer einen auf See Verschollenen erwartete. Dann wagte keiner, dieser weisen Helferin anderer, bereits vielfach gedemütigter Frauen ihre Hoffnung zu nehmen, und sie gaben auf.

Nach Verbüßung der Reststrafe sowie eines großzügigen Nachschlages radelte Levy wieder zu Mias Gartenhaus. Anfänglich ließ er sich ein wenig von den siebzehn Wellensittichen bremsen, die inmitten ihres Körner- und Milbengeruches schnatternd vom Inneren Australiens und von Mias Lebenslüge kündeten. Dann aber, wie es mit vermeintlicher oder tatsächlicher Liebe so geht, war er bald auch von diesen federgewichtigen Tierchen angetan und mehr noch von der Lebenslüge, für die sie standen. Und so trat er zunächst an, wie er schon oft als schauspielernder Werber angetreten war: mit Blumen natürlich. Mit Weinbrand und Pralinen. Mit seinem Witz und Charme eines Mannes, der doch längst unter die Räuber und unerbittlichen Richter gefallen ist und der dennoch darauf hofft, daß letztlich das Leben aufgrund eines undurchschaubaren Sinnes für Gerechtigkeit noch einen Sieg für ihn bereithält. Das war Teil seiner Lebenslüge, wie die Rückkehr eines Einhandseglers aus Queensland oder von den Riffen Feuerlands, zwischen denen Robben und Seekühe stöhnen und die Schiffswracks ganzer Entdeckergenerationen versanden, Teil der Lebenslüge Mias war.

So resignierte Levy noch immer nicht. Obwohl er inzwischen nicht einmal mehr mit weißen Mäusen für die Besitzer von Hauskatzen oder mit Mehlwürmern für die Angler handeln konnte, weigerte er sich nach wie vor einzusehen, daß sich die ganze Stadt: die Nachbarn, Geschäftspartner, Skatfreunde, die beschäftigungslosen Männer und die ihm oft willig gewesenen Frauen an einen Staat hatten verraten lassen, der inzwischen auch die Kinder dieser Männer und Frauen mißbrauchte. Trotz dieser Weigerung war er doch immerhin mit einem Rest praktischen Denkens vorausschauend genug gewesen, seine Rücklagen im Hamburger Hafen in kanadische Goldmünzen umzutauschen und im Rohr der Kanalisation zu verstecken.

- *So ein riesiges Einwandererland wie Argentinien ist für jedes Stück Scheiße auf der Welt erste Wahl. Und zusammen mit dir gehe ich als pures Gold durch,* soll er damals zu Mia gesagt haben, sagte Mia dreißig Jahre später zu Egbert, der für sein heute noch immer nicht ganz, aber doch fast fertiges Buch zu sammeln begann, *denn wenn ich in etwas zuverlässig bin,* sagte er, sagte Mia dreißig Jahre später mit allem, was dreißig Jahre dem Gesagten genommen und gleichzeitig hinzugefügt hatten, *wenn ich in etwas zuverlässig bin, dann in der Liebe zu dir.*

Und wenn er etwas verstände, dann wäre es das Vieh. Und wenn er überhaupt je ein Land außer Friesland begriffe, dann wäre es ein Einwandererland wie Argentinien, in dessen Pampa die Rinder ohne Sorgenfalten fett werden und sich vor Freude vermehren wie Mäuse. Und gelegentlich triffst du sogar noch auf einen Indio, der rein zufällig in einer Felsspalte unter einem Agavenblatt überlebt hat. Aber den verstehst du nicht. Und dann begreifst du, daß du eigentlich, grundsätzlich und prinzipiell dieses Land doch nie wirst verstehen können, sondern allenfalls nur jene dünne Ackerkrume, die vom Fleiß der Einwanderer aus vierundzwanzig Ländern dieser Erde zeugt. Und immer wirst du dann staunen über das Wunder dieser Welt, ein Wunder so groß, daß du nur kratzen kannst daran. Und so gesehen wird die scheinbar feindselige Fremde dank dieses einen, zufällig übriggebliebenen Indio für dich zum Wunder der ganzen Welt. Ist das nicht wunderbar?

soll er gefragt haben, sagte Mia mit dem Abstand und dem Staubdunst und dem Trauerrand von dreißig Jahren und immer noch mit der selben Vorsicht, mit der sie damals den zweiten großen Fehler ihres Lebens machte, wobei der erste darin bestanden hatte, daß sie zwei Männer schnurstracks gewähren und sie fast zerstören ließ und der zweite darin, daß sie diesem dritten weder zusagte noch absagte, ja ihm nicht einmal gestand, bereits im argentinischen Konsulat in Bremen angerufen zu haben *Signora, Verehrteste, lassen Sie bloß die Finger von diesem Kerl. Der hat kein strafvermerkfreies Führungszeugnis. Und wenn er wirklich in Buenos Aires landet, besitzt er gerade noch zehn Mark abzüglich 15 Pfennig Bearbeitungsgebühr. Was wollen Sie mit dem, und was sollen wir mit ihm, wo wir bald mehr geflüchtete Viehhändler haben als Rinder?*

Und jetzt zog er mit einer Erfindung nach: für sich und für Mia erfand er die Flucht. Er schlug ihr vor, gemeinsam nach Argentinien auszuwandern und dort mit den Schätzen Kanadas eine Rinderzucht zu beginnen.

In den folgenden Tagen zitterte Mia so, daß sie nur bedingt ihrer Arbeit einer kleinen Heiligen der Gemeinde nachgehen konnte. Wenn sie eine Spritze setzen wollte, verfehlte sie die Vene. Sie verstreute Vogelsand und Hirsekörner. Und Egbert sah, wie ihr die Tasche der weisen Frau vom Fahrrad rutschte. Ihr ganzes Handwerkszeug: Instrumente, Verbandszeug, Desinfektionsmittel, Watte, Schachteln und Ampullen fielen auf den Fahrweg. Unbeholfen stopfte er alles zurück in die Tasche und gab sie ihr. Da sah er, daß Mia auf offener Straße weinte.

In ihrer Verwirrtheit suchte sie selbst bei Heribert Poggenpohl Rat. Egbert wurde der Küche verwiesen. Er hörte sie aber stockend von Levys behutsamem Drängen erzählen und von der Rinderzucht in Argentinien, den starken Winden und Windhosen in der Pampa. Und war dann wieder einmal erstaunt zu hören, wie sein Vater, der doch ein armer Mann war, neuerdings lange und flüssig zu reden verstand, ja fast einen Vortrag hielt. Er saß in seiner eigenen, immer krümelfrei aufgeräumten Küche, in der er jahrelang das Kinn eines Betrogenen aufgestützt hatte, der auf Entschädigung sinnt. Diese Küche war der einzige Ort in Jever, an dem er sich sicher, ja vor einer jetzt Hilflosen wie Mia unschlagbar wähnte. Und er saß der Frau gegenüber, vor der er einst seine Not mit nassen Augen und offenem Hosenlatz ausgestellt und die ihm bald darauf wortlos verziehen hatte. Ihre Wortlosigkeit war für ihn eine weitere Demütigung gewesen. Diese Frau, die ihn verschmäht hatte wie alle anderen Frauen auch, breitete jetzt ihre eigene Not vor ihm aus. Und da, hörte Egbert als Lauscher an der Wand, wurde dieser Vater richtig sicher und klang wie einer der überlebensgroßen Redner aus dem SABA-Empfänger, auf dem noch immer die Vase mit den Kunsttulpen stand.

Er schilderte seiner Nachbarin diesen arbeitslosen, wegen Betrugs und versuchter Schändung vorbestraften Viehhändler als einen Mann, der sie in der menschenleeren Weite Argentiniens als Magd mißbrauchen würde. Dort würde er sie mit einem bockshörnigen Knaben schwängern, der sie bei der Geburt mit seinen verdorbenen Säften und seinen Schläfenlocken zum Tode unglücklich machte. Allein und tausende von Kilometern von Friesland entfernt, würde sie im schwarzen Wind dieses Argentinien dahinsiechen, sie, die doch längst die kleine Heilige der Stadt Jever und aller ihrer noch zu gebärenden Kinder wäre. Aber eben eine nervöse Heilige, klein und zart. Und wie schnell würde sie dort geritzt vom Giftpfeil eines Eingeborenen, herzgelähmt vom Biß der Spinne, gestochen vom Stachel des Skorpions. Zum Schluß noch angefallen von wilden Tieren und von Bettlern, würde sie schließlich ins Brackwasser des Hafens von Buenos Aires stürzen: eine kleine Heilige, die mit letzter Kraft nach Friesland hatte zurückkehren wollen, aber ausgehöhlt und leergefressen war sie doch von ihrer eigenen Verzweiflung und vom Ungeziefer der Tropen. Und mit Schaudern würden Fahrgäste eines gerade einlaufenden Einwandererschiffes auf sie als Wasserleiche zeigen, denn auch sie hatten sich schon während der ganzen Überfahrt vor diesem Land gefürchtet, das ihre neue Heimat werden sollte.

Als Mia die Küche verließ, zitterte sie stärker als zuvor und weinte noch immer. Heribert Poggenpohl, der endlich seine Rede befreit wähnte und einen Satz flüssig an den anderen gefügt hatte, wie es die elektroakustischen Wellen des Radioempfängers taten, brüllte jetzt freudig erregt nach seinem Sohn. So mußte sich Egbert den Rest dieses Abends die gesamte Familiengeschichte des Fritz Levy anhören, wie der Vater sie sah, weil er sie neuerdings so gehört hatte aus dem Radioempfänger und von Fiddi Husmann und diesem und jenem, denn sie alle waren von den neuen Wörtern ergriffen, die laut und unsichtbar wie Funkwellen durch die Luft schwirrten und immer die Familiengeschichte des einen Juden als die dreitausendjährige Geschichte aller Juden erzählten und als die Summe aller Verurteilungen, die in alle Haushaltungen Jevers mit dem Volksempfänger VE 301 induziert wurden oder mit dem Kleinempfänger DKE (Goebbels-Schnauze) oder an den Werkbänken der Tischler Schreiner Schlosser mit dem Deutschen Arbeitsfront-Empfänger DAF 1011 oder die an der See zwischen den Operneinsätzen ihrer Brandung und den Raubschreien der Möwen und dem Sägeblattgekreisch der Dohlen und dem Brustkastendröhnen von Rettungsschwimmern und dem Gewimmere von gerade eben fast ertrunkenen Kleinkindern zu hören waren mit der selben Makellosigkeit ungeschnittener Magnetbänder, mit denen Heribert jetzt sprach, der kürzlich noch stockfleckige Windstille und rotbraune Wegeschnecken und bemooste Steine mit den ihnen klebrig anhaftenden urgeschichtlichen Feuchtschaben im Mund gehabt hatte, jetzt aber empfing wie gesendet wurde und zu glühen begann wie die Röhren des SABA und zu knacken wie seine Potentiometer Entbrummer Elektrolytkondensatoren und Spulentransformatoren und Bandfilter, und zu knacken wie das Eisen, das Porzellan, das Glas, das Bakelit (ummantelt mit Gummi arabicum) und das edle Holz des Macassar.

14

Schon wenige Tage später machte Egbert eine furchtbare Entdeckung in sich: Teile seines Gedächtnisses begannen, sich selbst zu zerstören.

Eine Ahnung wurde ihm jetzt zur Gewißheit, die ihn schon gelegentlich peinigte, seitdem es den SABA-Empfänger im Wohnzimmer gab und er, kaum waren die Röhren angewärmt, die Vase mit den Kunsttulpen vibrieren ließ und das kleine Haus mit bewegten Nachrichten aus dem Deutschen Reich und der ihm angeschlossenen Welt füllte. Damals schon hatte Egbert zu ahnen begonnen, und jetzt war es Gewißheit: dieses Gedächtnis, das bislang immer quälend genau und schrecklich schön, grauenhaft fruchtbar und wundervoll unbestechlich in seiner Speicherfähigkeit und Abrufbereitschaft gewesen war, ließ ihn im Stich. Es veränderte seine Arbeitsweise und selektierte.

Es blendete einfach die großen Reden, die der Röhrenempfänger aus den Nervenzentren des Deutschen Reiches übertrug, die des Großen und jene der nachgeordneten, aber immer noch überlebensgroßen Führer aus. Als sei ein Schatten ins Hirn gefallen, behielt es nur als undeutlichen akustischen Reiz die gesammelte Wortmühe, die sich Generalstäbler, Admirale, Testflieger, die sich Gauleiter und Minister, die sich Sprecher von Banken, Chemiekonsortien und Stahlschmelzen, die sich die Großen Ärzte und die Großen Hygieniker, die Konstrukteure von Autobahnen und Automobilen, die Architekten von Landschaften und von Ländern und konzentrierten Lagern doch auch für ihn, Egbert Poggenpohl in Jever, gaben. Und selbst die kleine, übersichtliche Propagandarede eines Fiddi Husmann, gehalten im Hausflur, wenn er Heribert zu einem ihrer Arbeitseinsätze abholen kam, verblaßte schnell und verschwand nahezu gänzlich schon am nächsten Tag -

wohingegen er aber nach wie vor als gestochen scharfes und sorgsam vergrößertes Bild in diesem Gedächtnis bewahrte, daß laut Jeverschem Wochenblatt die Viehhandlung von Enno Hanssen 50 (!) niedertragende Rinder zu kaufen suchte, um sie nach Österreich zu schicken, der Wagenbauer Iko Andrae sich eine neue Form der Deichsel für Kuhgespanne patentieren lassen wollte und daß in einer Kleinanzeige die Hebamme Mia Geerdes wieder einmal junge Wellensittiche zu verkaufen hatte, denn ihre siebzehn Federgewichte waren bei der Pflege, die sie ihnen angedeien ließ, fruchtbar Tag und Nacht.

Das vermeintlich Große und Bedeutsame in der Welt, also das, was sie gewaltsam bewegte, ja zur Zeit aus den Angeln hob, schien dieses einst wunderbar funktionierende Gedächtnis nur als Nebelschwade und unsichere Kontur noch zu bewahren. Es begnügte sich mit den kleinen Dingen der unmittelbaren Nachbarschaft wie das Gedächtnis einer Schnecke mit den Standorten der Aster, der Sonnenblume und der Dahlie. Die Welt, die Egbert sich erst noch als Wanderer und Sammler in Afrika und Australien und natürlich in Friesland als erster Trainingseinheit zu erobern gedachte, entschwand ihm in dem Maße, in dem sie aus Großem bestand. Sie löste sich in Schlieren auf, wie er sie abends in dem Marmeladenglas von Heribert sah, der sich seines Kassengebisses entledigt hatte.

Egbert begann herumzutappen wie ein früh Erblindender und einer, der gehörlos wird. Panik ergriff ihn. Denn er verstand noch nicht, wie gut dieses Gedächtnis es mit ihm meinte, indem es ihm die Wörter der gewaltsamen Größe bloß signalisierte, ohne sie länger festzuhalten und zu archivieren. Als künftigen Liebhaber und Schriftsteller der Heimat verwies es ihn dagegen auf die kleinen und kleinsten Dinge, in denen sich zur Zeit der ihnen verbliebene Reichtum der Menschen versteckte.

So beschloß er hastig, bevor er ganz blind und völlig gehörlos würde, weil er sich ohne Gedächtnis auch nicht mehr an seine Sehfähigkeit und sein Ohr erinnern würde, über alles genau Buch zu führen. Und mahnte schon am nächsten Tag bei dem Segel- und Motorflieger Piet ten Hoff die einst enge Freundschaft an und bat ihn, einen ganzen Karton wirklich guten, also professionellen Schreibpapieres im Laden des Vaters zu stehlen. Er war überzeugt, daß er mit einwandfreiem Werkzeug beginnen müsse, wie er auch sein Leben lang überzeugt blieb, der Boden seiner Heimatkunst sei neben dem Gedächtnis und seinem Herzen das Handwerk und dessen immer bessere Beherrschung.

Das Schreiben war jetzt nicht länger ein Spiel. Er schrieb um den Erhalt seines Kopfes und begann mit einem Vater, von dem er sich schon als Kleinkind abwandte. Er schilderte eine mit Flaschenmilch hantierende Amme, die er zu lieben begann wie eine Mutter und als Versprechen auf eine Frau. Er zeichnete einen Mann, der sich über sie und über andere Frauen hermachte wie über sein eigenes Klo, kaum hatte er die Eingangstür hinter ihnen zugezogen, und der sie damit sofort alle verlor.

Dann schrieb Egbert in dieser frühen Prosa auf, wie er seine erste große Entdeckung nach seiner Liebe zu Mia Geerdes gemacht hatte: daß nämlich selbst ein so armer Mann wie sein Vater, irgendwo in Zellfalten seines Hirnes verborgen und selbst noch im Schmutz seiner Hoden versteckt, ein durchaus reicher Mann war.

Zuletzt freilich beschrieb er ihn doch als jemanden, dem sich sein Sohn zwar durch diese Entdeckung vorsichtig genähert hatte, der aber noch immer seinen eigenen Reichtum verlottern ließ; ja schlimmer: der jetzt diese reichen Nischen mit einer wortreich gewordenen Empörung zerstörte; mit den flüssige Rede gewordenen Vorurteilen und Blendungen, die er auf Jevers Straßen und Plätzen, im Schankraum des Hotels Schwarzer Adler und in der Gaststätte Schütting von Harm Specht in sich aufnahm. Und was ihm wirklich noch verblieben war, erstickte unter den elektromagnetischen und elektroakustischen Wellen des Reichsrundfunks sowie unter der Mund-zu-Mund-Beatmung eines Fiddi Husmann. Wieder erschien ihm da der Vater, und so beschrieb er ihn: als ein Verlorener.

Jetzt war Heribert nicht nur ein Mann, den er neuerlich ablehnte, das hatte ja immerhin noch negative Wirklichkeit geschaffen. Jetzt war er ein Mann, der im Nebel und im Brackwasser seines selektiv gewordenen Gedächtnisses verschwand. Um sich die gefährdete Erinnerung zu bewahren, zeichnete Egbert die veränderte Arbeitsweise seines Gedächtnisses nach. Und sie machte aus Heribert die bloße Simulation eines Mannes und Vaters. Er wurde ein Abziehbild, das schnell verblaßte. Er wandelte sich zu einem Pluff warmer Luft und verduftete. Ein Furz, nicht mehr. Und war vom Sohn, der dabei ein wenig Ratlosigkeit und nicht viel mehr Bedauern verspürte, nicht weiter zu beschreiben. Egbert fehlten die Wörter für solch einen Furz im Winde, der bloß im Vorbeiwehen das Ei seiner Mutter befruchtet hatte. Und in dem Bemühen, andere Teile seines Gedächtnisses und damit seiner Gefühle, seiner Lebenszuversicht, seines erfahrenen und künftigen Glückes durch das Schreiben zu retten, wandte er sich schnell auf einem anderen Blatt des Wasserzeichen-Papieres der zierlichen Mia Geerdes zu.

Aus seiner Kinderliebe und seiner frühen Begehrlichkeit waren Zuneigung und Zärtlichkeit geworden. Mia selbst war eine sich täglich wandelnde Erinnerung an seine Kindheit. Wenn er ihr begegnete, traf er immer auch auf das Kind in sich, das sie so heftig begehrt hatte. Und immer stieß er gleichzeitig auf den jungen Egbert von heute, der von Vereinsamung bedroht war, aber auch von seinem eigenen Stolz. Noch immer wußte er nicht, was ihm je gelänge: mit unverwüstlichen Wanderschuhen und einer ewig gefüllten Wasserflasche durch Afrika und Australien wandern auf der Suche nach den unterschiedlichen Fluchten der Menschen; oder hoch über der Stadt Jever die Balance eines Akrobaten halten auf einem Stahlseil, das sich vom Schloßturm zum Schornstein der Brauerei spannte. Alles das wollte Egbert jetzt genauer wissen von Mia und von sich selbst. Da er von nichts anderem mehr als von Wörtern umgeben war, also ganz für sich allein über so viele Wörter verfügte, begann er es aufzuschreiben und schreibend zu entdecken.

Er fügte gleich diesen Fritz Levy hinzu. Er bewunderte diesen Mann nicht, wie Heribert in seinem einfachen, aber gerade deswegen oft treffsicheren Denken annahm. Er interessierte sich für ihn seit seinem ersten Auftauchen zwischen den wirbelnden Töchtern und Söhnen des Leo Leander, weil er nach dem alten Leander der zweite Mann gewesen war, an dem ihm die Liebe zu Kindern echt erschien. Damals hätte er sich gern mit ihm gegen die anrückenden Horden der Erwachsenen verschworen, die ihm befehligten, ihm verbaten, ihn in die Sonne schoben, wenn ihm ohnehin schon warm war und aus der Sonne rollten, wenn ihm sowieso bereits in dem kalten Winterlicht fror und die ihm außerdem in tüteliger Vertrautheit unters Kinn faßten und ihn kitzelten, als sei er ein längst entmündigter Greis.

Jetzt freilich kam ihm dieser Levy nicht bloß wie ein mehrfach Vorbestrafter vor, sondern wie ein täglich aufs Neue und jeweils schon im vorhinein Verurteilter. Dennoch schien es ein Mann zu sein, der immer etwas anderes erfand. Das war es wohl, was sie alle drei einte: Mia Geerdes, Fritz Levy und den Volksschüler Egbert Poggenpohl - sie alle drei waren Erfinder.

Die eine hatte sich zu einer verratenen Liebe einen Traum erfunden, der die Liebe erfüllte. Der andere erfand sich Arbeiten, die er wegen der verweigerten Gewerbeerlaubnis gar nicht mehr ausführen durfte. Es gab noch Bauern, seine zufriedenen Altkunden, die ihn um Rat und Vermittlung angingen. Und mit ihnen zusammen hielt er außerdem Kurierwege offen, die für Egbert im Dunkel von fledermausträchtigen Scheunen, im Ammoniak der Pferdeboxen und in den Tiefställen des Kleinviehs endeten, die so geschickt unter den Küchenbohlen gegraben waren, daß selten ein Auskundschafter aus der Stadt auf sie stieß. Er hatte sich das Gold Kanadas im Kloakenrohr erfunden. Und seine stille, mit behutsamem Drängen verbundene Verehrung für Mia. Und eine künftige Heimat, die am Ende der Welt läge, dort, wo die Tage zwar früh und in Form eines plötzlich fallenden

Theatervorhanges zu Ende gehen sollten, wo es aber nicht die nervtötend kreischenden Dohlen Jevers gäbe, sondern die Vielstimmigkeit von Pinguin-Kolonien ganz im Süden, das Kalben der Eisberge, und entlang mäandernder Flüsse weiter im Norden Wasserlilien, in deren Blütenkelche hinein die Indiofrauen ihre nackten Kleinstindios gebären zwischen Lianen, Lemuren, Papageien in allen Farben von Egberts Malkasten, Brüllaffen und Meerkatzen: das ganze Operettenhaus der Tropen, wie es ihm seine Schulfibel verriet - Fritz Levy war dabei, sich und Mia die Flucht in die Arche Noah zu erfinden. Und wenn beide es richtig anstellten, auch das Glück. Und Egbert begann auch das aufzuschreiben: das mögliche, erfundene Glück.

Satz um Satz schrieb er auf, wie sich zwei Menschen das Glück erfinden, als bauten sie ein Haus. Er schrieb Seite um Seite, wie sie Stein für Stein ihr Haus bauen. Das war die Aufgabe des Dritten dieser drei Erfinder.

Dazu besuchte er die beiden, denn er wollte von Beginn an ein sorgfältiger Handwerker sein. Diese Besuche veränderten nicht die Kraft, aber die Art seiner Erfindung entscheidend. Der Erfindung nämlich ging bei diesen Besuchen alle Luftigkeit, ja Schwerelosigkeit verloren. Und schon drohte der Akrobat Egbert, der eben noch auf dem Hochseil zwischen Schloß und Brauerei balanciert war und auf das Kleingeld und das Staunen der weit unter ihm Stehenden gewartet hatte, mit pfeifenden Ohren abzustürzen und auf dem Kopfsteinpflaster zu zerschellen.

Er suchte Mia Geerdes in ihrem Gartenhaus mit den nach verkaufter Brut wieder siebzehn Wellensittichen auf und bot ihr an, sie alle zu übernehmen, wenn sie endlich zusammen mit Levy nach Argentinien in See stäche.

- *Dein Vater prügelt dich aus dem Haus, wenn du auch nur mit einem einzigen von ihnen ankommst. Er haßt meine Wellensittiche. Er hat ihnen Sippenhaft verpaßt, weil ich ihn als Mann abgelehnt habe. Außerdem weiß ich noch immer nicht, was ich wirklich will. Es zerreißt mich jeden Tag aufs Neue. Hier die Vertrautheit von Jever, das laut und fremd geworden ist. Dort ein fremdes Land, groß wie der Himmel. Es ist lange her, daß ich ein Land groß wie der Himmel wollte. Einst wollte ich ganz Afrika. Jetzt habe ich Angst vor Argentinien. Und zwischen mir und dem neuen Land steht ein Mann, dem ich, wie allen Männern, nicht trauen mag.*

Nie zuvor hatte jemand zu Egbert so selbstverständlich als zu einem Gleichen geredet. Über dem Kredit, den er ausgerechnet von Mia erhielt, machte er auf der Stelle einen Sprung nach vorn, auch wenn ihre Rede doch Teile seiner Erfindung am Boden zerstört hatte. Er fühlte sich durch die Lüfte von Jahren stürzen. Und konnte bald darauf schon mit der neugewonnenen Kraft eines Reiferen die künftige Mia Geerdes skizzieren. Ein paar Tage noch übte er sich in seiner neuen Schöpferkraft. Er probierte die verschiedenen Vorwärtsgänge seines Schöpfergetriebes aus, schaltete wild darin herum, bis er endlich die für ihn geeignete Übersetzung fand. Da entwarf er eine Mia Geerdes, die dieses Mal nicht nur wiederum bedroht war, sondern der ein Traum zerbrach. Die Reste des Traumes schlugen über ihr zusammen und begruben sie unter sich.

Egbert zeichnete eine Frau auf das Papier, die so lange zwischen dem vertrauten, aber untergegangenen Jever und dem bislang nur dürftig besiedelten Argentinien, zwischen dem von ihr geschätzten Leben ohne Mann und dem Leben einer beschädigten Frau mit neuem Mann schwankte, bis sie unterging. Egbert beschrieb, wie sie jetzt das nächtliche Knacken im Holz des Gartenhauses, die Schleich- und Paarungsgeräusche der Nachttiere für die Schritte eines Einhandseglers nahm, der von Rache erfüllt war. Er brach in ihr Schlafzimmer ein und legte sich, naß von der See und kalt wie eine Flunder auf sie, so daß sie schreiend im Bett hochfuhr und nach der Reißleine der Lampe suchte. Und wenn am Morgen darauf Fritz Levy sehr zeitig, mit frischen Brötchen in der Hand, sein Fahrrad gegen die Außenwand lehnte und den verabredeten Pfiff eines Amazonaspapageies ertönen ließ, dann war auch er ein auf dem Fahrrad rückgekehrter Einhandsegler, der von der Mündung des Rio de la Plata über neu entdeckte Landwege zurück zu ihr gefunden hatte. Alle Männer, die sie je verwirrt hatten, wurden ihr zu diesem Einhandsegler, und so wurde ihr einst schöner Traum zu einer Verwirrung ohne Ende.

Schließlich, das sah Egbert voraus, verstaute Mia ihre siebzehn Wellensittiche in einem Sortiment von Einzelkäfigen auf einem Handwagen. In ihrer vielschichtigen Verwirrung hielt sie jetzt die Geräusche der Nachttiere nicht mehr aus, die sich unter die Schritte eines Einhandseglers mischten, der sich, noch naß von der See und kalt wie ein Fisch, auf sie legte. Gegen Morgen wachte sie erneut schweißgebadet auf vom Pfiff eines Papageies und fand sich als nacktes Opfer eines Menschenraubes an der Uferböschung eines der mäandernden Flüsse Argentiniens wieder, in dem Krokodile lagen und mit ihren Feldstechern von Augen jede ihrer verschreckten Bewegungen beobachteten, während Fritz Levy vor der Tür des Gartenhauses in Jever gerade zu fluchen begann, weil seine Noch-immer-nicht-Geliebte die Tür an diesem Morgen geschlossen hielt und ihm eines der rohen Eier in der Brötchentüte zerbrochen war.

Einen langen halben Tag zog sie ihren Handwagen mit den siebzehn Wellensittichen auf den Straßen von Jever über Waddewarden - Schmidshörn - Crildumersiel - Hohenstiefersiel - Schöpfwerk Wangerland - Horumersiel in die Dünen von Schillig genau dorthin, wo sie am 17. August neunzehnhundertsechsundzwanzig zum 2. Mal entjungfert und in den 13. Himmel einer Liebe katapultiert worden war, die sich nur ein Jahr erfüllt, für sie selbst aber ein Leben lang gedauert hatte.

Hier saß sie neben den Vögeln und sah den ganzen Rest des Tages auf die See. Gegen Abend, bei auflaufendem Wasser, öffnete sie den ersten Käfig und griff sich den kräftigsten Sittich, einen gelben Hahn. Sie schärfte ihm die Richtung ein und die Bauweise des Segelbootes, auf das er achten solle, und warf ihn zärtlich und kräftig zugleich gegen die See, damit er als Lotse diene dem Mann, auf den sie seit rund zehn Jahren wartete. So verfuhr sie nach und nach mit allen anderen sechzehn Vögeln und saß die ganze Nacht und den nächsten Tag an Wasser und Watt, hatte die Ebbe erlebt und die Flut und wieder die Ebbe und noch einmal die Flut, und so, entwarf Egbert sich auf dem Wasserzeichen-Papier seine Mia Geerdes - so wird sie noch heute in den Dünen von Schillig sitzen, versteinert natürlich und von Algen und Muscheln bedeckt, zuweilen von streunenden, nach Süden gedrifteten Polarfüchsen besucht, von fliegenden Fischen aus der Karibik und von Vögeln, die frisch vom Delta des Gambia River kommen, in einem Haus von Sand, der als eine weitere Düne über sie gewachsen ist, manchmal von Strandläufern, entlassenen Sträflingen und Obdachlosen bepinkelt wird, und... kenntlich ist sie nur den Liebenden, die sich ähnlich wie Mia sicher sind, daß die Liebe ewig hält.

Wie heute bei seinem fast fertig geschriebenen Buch vermochte Egbert auch damals schon eine Phantasie nur zu aktivieren, nachdem er etwas in Augenschein genommen, es wie manche mongolischen und kaukasischen Völker zur Begrüßung berochen, berührt, selbst den Speichel abgeschmeckt hatte und es in ihm zu gären begann. Daher suchte er den dritten Erfinder in ihrem Dreierbund der Erfinder auf. Er klingelte an jenem immer noch stattlichen Wohnhaus von Fritz und Nanni Levy, das später die dreieinigen Schwestern erwerben sollten, um es zu ihrem Wellenbrecher gegen die

Brandung der Zeiten auszubauen. Hier lebte der Sohn Fritz von längst genau abgefragten Rücklagen, die in deutscher Füllfederschrift auf mehreren Listen mit zwei Stellen hinter dem Komma bis ins ferne Berlin gemeldet worden waren. Hier auch ging die Mutter Nanni mit der Gemeinschaft und der Last ihrer vielen toten Männer um, fütterte sie, wenn sie hungrig schienen, schalt sie mit hoher Stimme und schlug sie hinter die Ohren, sobald sie lästig wurden.

Diese Frau, für die Egbert kein Fremder war, wie hier doch jeder jeden bis in die wollenen Strümpfe hinein kennt, die zum Ende der Woche nach einem Zuberbad gewechselt werden, öffnete ihm nur zögerlich. Dann ließ sie ihn unter unablässigem und unwilligem Gemurmel, das Egbert nicht verstand, endlich ein. Ihren stattlichen Sohn fand er im ersten Stock hingestreckt von einem Nervenfieber auf seinem Bett. Ungewaschen, nicht genährt, lag er mit einem Wochenbart im Zimmer, ja schien sich mit den Ausdünstungen seines Körpers bereits in die Zimmerluft hinein aufzulösen. Erstmals litt er unter dem, was er später, da er durch Chinesisch, Spanisch und das amerikanische Englisch der Bucht von San Francisco gereist war, immer mit heftigen Selbstvorwürfen als seine unregelmäßig auftauchenden, unbestimmt langen Blackouts bezeichnete. Sie bestanden darin, daß er sich hinlegte, sich verwahrlosen ließ und auf einen Tod wartete, der unter notorischer Unpünktlichkeit litt.

Als er Egbert eintreten sah, begann er in seiner ganzen Länge von fast zwei Metern auf dem Bett zu zittern wie eine Pappel. Er nahm an, so erfand ihm gleich darauf Egbert auf seinem Papier, daß der junge Poggenpohl gekommen sei, stellvertretend für Mia Geerdes NEIN zu sagen zu ihm und zur Rinderzucht in Argentinien. Seit neun Tagen wartete er jetzt darauf. Er wußte seit neun Tagen, daß er in der Zeit ertrinken würde. Mitsamt Mutter und Schwestern, den toten Männern, dem kleinen und dem großen Wohnhaus, dem Stall, der Schlachterei und dem Innenhof. Und Egbert sah auf seinem Papier, wie er noch im letzten Augenblick, bevor die Zeit über allem zusammenschlug, an die See radelte. In Egberts Skizze wählte er einen anderen Weg als Mia. Von Jever aus fuhr er über Tettenser Altendeich - Altgarmssiel - Sophien-Grodendeich - Carolinen-Grodendeich nach Carolinensiel, wo der Hof seiner Geburt gestanden hatte und von dort über Friedrichschleuse nach Harlesiel, wo er das Fahrrad und seine Kleider in Strandhafer und Sand versteckte. Dann stieg er nackt ins Wasser und begann mit kräftigen Stößen zu schwimmen.

15

Auch dieses Frühwerk ging verloren. Dieses Mal hielt Egbert es als Schriftrolle wie zu Zeiten der Grabbeigaben versteckt und verbarg sie, verschnürt und mit dem Wachs einer Stummelkerze versiegelt, unter den Dachziegeln des kleinen Backsteinhauses. Hier fand Heribert die Rolle, als er einem Schwarm wilder Bienen nachstieg.

Er putzte seine Nickelbrille, setzte sich an den Küchentisch wie ein Staatsanwalt, stand noch einmal auf, um die umhäkelte Decke sorgsam auf der Sitzfläche zu glätten, dann begann er zu lesen.

Er verstand lange nicht alle die Phantastereien, die sein Sohn in den Köpfen und zwischen den Innereien von Menschen hin und her irrlichtern ließ, weil es ohnehin Personen waren, die er nicht mehr der Gemeinschaft zurechnete oder die er, wie seine Nachbarin, nie gewonnen hatte und mit bloßer Duldung strafte. Er begriff aber sofort, daß er seinem Sohn als eine Erscheinung galt, die es für diesen Bengel weder als Vater, noch als geschädigten Witwer gab: er war schlicht ein Nichts. Abscheu, Empörung und nationale Erhebung, so hatte dieser Sohn gedichtet, rannen als tödliche, Egberts wunderbares Gedächtnis zerstörende Verblendung aus ihm heraus wie die Säure aus einer schadhaften Batterie. Am Ende war er nichts als ein Dunstfetzen im Gedächtnis seines Sohnes. Kein Vater, kein Mann, nicht mehr Witwer und Postzusteller noch Mitglied einer Bewegung und auch keiner, der wenigstens noch auf die zufällige Begegnung mit einer Frau hoffen konnte, nichts. Es machte diesen einen Pluff, wie der Verrätersohn schrieb, und er war weg. Ob schuldhaft oder schuldlos, auch das war diesem Sohn egal, denn er war ja weg - während die nervöse Heilige Jevers bei Schillig ihrem letzten, dem siebzehnten Wellensittich hinterherflog, um sich draußen auf See mit diesem nackten Schwimmer Levy zu vereinigen, diesem Juden und gerichtsnotorischen Sexualstraftäter (tätliche Beleidigung, Par. 185 StGb), der endlich ans Ziel seiner Wünsche gekommen war und sich dort draußen auf ihr wälzen würde wie ein Wal.

Selten zuvor hatte Heribert Poggenpohl so heiße Wut in sich gespürt wie nach dem Lesen dieser Seiten. Und da er auch nie zuvor über die Kraft eines Mannes verfügt hatte, der jetzt als Zuträger ein kleiner Teilhaber der Macht war, schnallte er sich den Hosenriemen ab, als Egbert nach Hause kam.

Er schlug immer wieder und schrie dabei, schließlich unter Tränen, daß er seinen verlorenen Sohn retten müsse. Und daß er sehr wohl ein Mann sei. Und eine Frau verdiene. Und daß der Schund und Schmutz des Sohnes im Küchenherd zu Asche geworden sei wie der Schund und Schmutz aller anderen auf dem Berliner Opernplatz. Er schlug so lange und so hart, daß Egbert am nächsten Morgen einem Unfallopfer ähnelte. Da stahl er aus dem Anbau das Leichtmotorrad und machte sich auf den Weg nach Hamburg, wo alle, selbst die Beinamputierten und Querschnittgelähmten noch, von den Schiffen auf die See gezogen werden.

Hier irrte er drei Tage umher, wobei ihm das Motorrad von zwei herumirrenden Rheinländern gestohlen wurde. Er wollte auf einem Frachter anheuern, der die Südamerika-Abenteuerroute beführe. Inständig hoffte er, daß seine vorgreifende Phantasie auf dem Wasserzeichen-Papier zum Wohle aller in die Hose gegangen wäre, daß also das Leben selbst seine Figuren gnädiger behandelte, als seine Phantasie es getan hatte. Dann nämlich könnte er bereits am Kai des Hafens von Buenos Aires stehen, wenn der Dampfer mit Mia Geerdes und Fritz Levy dort festmachte, das Papierfähnchen eines phantasierten Landes schwenken und die beiden gleich in einen Tangoschuppen führen. Bei allen Versuchen, irgendwo anzuheuern, holte er sich aber nur Absagen wegen fehlender Papiere und beißenden Spott wegen seines Körpers, der, so hieß es mehrmals, "eigentlich nur einen zärtlichen Stoß in den Arsch verdient".

Einzig ein in Honduras registrierter, einem Eigner in Kapstadt gehörender Fänger von Calamar, auf dem unter einem indischen Kapitän aus Durban zwanzig Malaien dienten, hätte ihn genommen. Das zerbeulte und leckgerostete Schiff, das hier am Rande des Nordmeeres als ein aus dem Süden angespültes Wrack lag, wurde in einem Trockendock notdürftig geschweißt und neu gestrichen. Egbert hätte sich darauf eingelassen, aber ein beinloser Verkäufer von Ansichtskarten, der am Kai auf einer Pritsche saß, warnte ihn:

- Junger Mann, ich kenne die Inder und die Malaien. Die sind alle durch die Bank weg schwul. Dieser Kapitän, der aus Durban stammen will, ist in Wirklichkeit in Kalkutta zu Hause. Dort wird er gesucht. Aber find mal einen in einem Scheißhaufen wie Kalkutta. Hier ist er bekannt dafür, daß er Jungen an Bord nimmt. Kaum ist er auf See, steckt er ihnen seinen Klabautermann rein, daß er ihnen zum Hals wieder rauskommt. Laß es, wenn dir dein Leben lieb ist. Blas mir lieber einen.

Als Egbert von seinem Ausflug in die Welt nach Jever zurückkam, versuchte Heribert, den verlorenen Sohn in die Arme zu nehmen. Egbert entwand sich. Als der Vater schließlich weinte, wünschte er sich diesen leibhaftigen Vater so, wie er ihn als Papiervater bereits erfunden hatte: als diesen Pluff warmer, verbrauchter Luft; ein Leibeswind, der nur im Vorüberwehen das Ei seiner Mutter befruchtet hatte, mehr nicht. Er müßte ihn bloß noch eine Weile erdulden - zwar mit der Hilflosigkeit des Heranwachsenden, aber auch mit der Erfahrung jener Ungerechtigkeit, die einen Unmündigen schließlich mündig macht, und den Schwachen macht sie stark. Er würde nach innen leben müssen, sagte er sich wieder einmal. Nach innen wollte er sich biegen wie ein ins Fleisch wachsender Nagel. Und überschätzte bei allem maßlos den Beistand seiner Braut, die doch bloßes Papier war und Traum: Literatur eben. Und unterschätzte diesen Vater Heribert, der jetzt mit den Tränen einer anderen Braut kämpfte: dieser Mann weinte jetzt wieder und wieder wie eine Frau und bettelte regelrecht um seinen Sohn, denn er hatte Angst, ganz ohne Zuneigung zu bleiben und außerdem noch allein mit allen jenen, über die er innerlich Dossiers angelegt hatte und die morgen schon seine offenen Feinde sein konnten.

Den um Gesellschaft und Zuneigung buhlenden Vater hielt Egbert noch schlechter aus als die Prügel, die er ihm so spät noch verabreicht hatte. Er stand neben dem Spülbecken in der Küche, als der Vater ihn wieder mit seinen hervorschießenden Tränen bedrängte und mit seiner Angst, auch vom letzten Teilhaber an seinem Unglück verlassen zu werden. Das Abflußrohr gluckerte dumpf. Es gluckerte immer dumpf aus der Kanalisation, die unter der flachen Stadt nur träge floß. Jene, die sich gerade entsorgten, drangen gluckernd mit ihren Rohren in die Häuser der anderen ein. Eine Straße steckte ihren Abwasserrüssel in die andere. Unter der Stadt traf sich gluckernd die ganze Stadt wieder, träge und zäh, verkrustet, dampfend, eine richtige Blähung war schon viel, eine Strömung unmöglich, ein Strudel gar nicht denkbar, von einem klärenden Fall, einem Sturz der Abwässer aus der Stadt heraus wie aus einer Gemeinde im Gebirge ganz zu schweigen. Jever schlief jeweils auf dem Brauchwasser und der Kloake des Tages. Nachts spiegelte sich die Oberwelt des Tages in der Unterwelt, bis sich endlich die Spiegelbilder zersetzten und die Abwässer vom Vortag von den Frühstücksresten eines neuen Tages abgelöst wurden.

Wieder gluckerte das Rohr, weil in der Straße eine Badewanne geleert wurde, ein Waschzuber, weil sich eine kinderreiche Familie von einem

Linsengericht befreite oder von Erbsen mit kleingeschnittenem Rauchfleisch und Sauerkraut. Der Abort der anderen drang in die Küche der Poggenpohls ein. Waschwasser, halb verdaute Hülsenfrüchte, feucht gelagerte Wäsche, ein Tümpel ohne Zufluß an einem windstillen Tag im August, und wieder buhlte Heribert um Zuneigung, aber auch darum, nicht plötzlich alleingelassen zu werden mit seinen ganzen möglichen Feinden. Da lief Egbert in das kleine Badezimmer, schloß sich ein und erbrach sich in die Kloschüssel. Er schickte den Vater mit seiner Buhlerei und seiner Angst hinein und versenkte sich gleich selbst in der Schüssel mit seinem ganzen Elend eines Unfertigen, der zur Zeit keinen Ausweg sieht. Er erbrach sich, bis ihm schwindlig war, das Oberste zuunterst lag, sich drehte und er mit allem: mit dem bereits im Rohr davontreibenden Vater und er selbst mit seinem ganzen Elend in der Kanalisation verschwand.

Jetzt trieb er im Seitenkanal der Straße. Er sah den Zufluß der Nachbarn, die sich tatsächlich noch immer rege entsorgten, passierte das Abflußrohr des Hauses von Fritz Levy, in dem geschützt durch einen Beutel das Gold Kanadas hing, beschrieb einen kleinen, durchaus eleganten Bogen in den Abwässern und gelangte in den Hauptkanal der Stadt, in dem er den Vater überholte, der sich mit den Füßen im Bodensatz verfangen hatte. Hier schwamm er sich frei. Hier unten war er jetzt allein, und er war frei. Die Abwässer verdünnten sich durch verschiedene, verbrauchsintensive Großeinleiter: die Brauerei, die Gemüsegärtnerei von Fiddi Husmann, der Schützenhof, das Hotel Schwarzer Adler, das Kino im Concerthaus, und schon trieb er am Rathaus vorbei und staunte über komplette Aktenvorgänge, die hier entsorgt wurden und die er, Richtung Meer treibend, unterwegs zu lesen bekam, das Amtsgericht und das Gerichtsgefängnis stießen dazu mit Pfändungsbeschlüssen, Sicherungsverwahrungen, Geld- und Haftstrafen sowie blutigem Verbandsmaterial und mehreren kleingefalteten Kassibern, und gleich darauf staunte er über die Entsorgungsvielfalt und Entsorgungshektik, die unterirdisch aus dem großen Backsteingebäude der Reichspost drang: hier entsorgte das Postamt nicht bloß Kundenbriefe, deren Schreiber in letzter Minute wortbrüchig geworden waren, indem sie eine Erklärung von Schuld, eine Bitte um Nachsicht zwar schuldbewußt endlich geschrieben, aber einfach nicht adressiert hatten - es drohte den ohnehin zähen Fluß des Hauptkanals auch noch ganz zu unterbrechen dadurch, daß sich seine Beamten auf diese Weise innerer Vorgänge entledigten, die zu bearbeiten sie sich scheuten, innerdienstliche Ermittlungsverfahren und Dienstaufsichtsbeschwerden und natürlich wiederum Kundenbriefe die

Menge dem Kanal übereigneten, die geöffnet und gelesen, begutachtet und memoriert und in ihren lohnendsten Partien geleichtert worden waren, die aber nicht mehr spurenlos hatten verschlossen werden können, sondern als betriebsbedingter Schwund rubrifiziert und in die Kanalisation hinein versenkt werden mußten, so daß Egbert, schwimmend und langsam Richtung Meer treibend, hier einhielt, denn er wußte: ich bin angekommen im Herzen meiner Stadt. Immer hatte er sich dieses Herz als von übelsten Gerüchen erfüllt vorgestellt, von Würmern durchzogen und von Ratten durchpflügt, ja sogar von weit nach Norden abgedrifteten kleinen Krokodilen, aber es war ein anderer, ein sehr sauberer und sogar schon leicht nach der lichten Weite des Meeres riechender Ort. Und für den, der zu lesen verstand, war es das geheime Tagebuch der Stadt.

Als sich Egbert endlich das Gesicht gewaschen und den Mund gespült hatte, sah er sich selbst in dem kleinen Spiegel prüfend in die Augen. Dabei faßte er jenen Entschluß, der ihn schließlich als Posthauptsekretär ganze dreißig Dienstjahre, vier Monate und neunzehn Arbeitstage lang verantwortlich machte für den wichtigsten Schalter in der Kundenhalle dieses Postamtes. Er wollte dorthin, wo die Stadt die meisten ihrer Wörter entsorgt. Auch wußte er doch von Heribert: da ißt du zwar meist nur mit Griebenschmalz bestrichenes Brot, aber du kannst mit Schriftlichem umgehen, und mit den engsten Nöten der Menschen. Du mußt dir nie einen Muskelriß erarbeiten. Es stört dich niemand, den du nicht zuvor gestört hast. Die Verantwortung, die Geborgenheit in der Konkurrenzlosigkeit, die erfüllten Lüsternheiten und die unauffälligen Entnahmen aus dem täglich so reichen Topf halten alle Postler zusammen wie eine große Familie. Ruhig wie ein Karpfen kannst du im trüben Wasser aller Intimitäten schwimmen. Welch besseren Humus gibt es für einen Heimatschriftsteller?

Außerdem machst du diesem um Zuneigung buhlenden Vater eine große Freude. Es wird dir guttun, einmal jemandem eine große Freude zu bereiten. Und du verpflichtest dir ihn damit. Denn ist nicht das Gewähren von Freude ein Zaumzeug, wie die Liebe auch Erpressung und Folter ist?

Und Egbert bewarb sich mit Erfolg als Jungbote bei der Deutschen Reichspost.

16

Der Stabsarzt, ein wegen seiner Vorliebe für Morphium an die See abkommandierter Rheinländer, war sicher, den unverschämtesten Simulanten seiner bisherigen Laufbahn vor sich zu haben; denn der auf seine Wehrtauglichkeit zu musternde Postjungbote behauptete zunächst, ausgerechnet bei Ostwind - und dann schon bei Stärke 5 auf der Tonleiter der Winde - nichts als Wanderdünen von seinem rechten Auge geliefert zu bekommen, und die von solchen Ausmaßen, wie sie nur von der algerischen Sahara und von der Namib-Wüste Südwestafrikas dokumentiert sind.

Mit der Arroganz des Akademikers und jener des hochindustrialisierten Rheinlandes hielt dieser Stabsarzt die Friesen grundsätzlich für Analphabeten. Und mit der Klarheit des Denkens eines Morphinisten war er gewiß, daß ihre Welt im Norden durch den Zahnkranz der ostfriesischen Inseln begrenzt würde und sich im Süden hinter dem letzten pappelgesäumten Weidezaun verlöre. Den Osten und Westen hatten sie ihm zufolge ohnehin nie wahrgenommen. Sie blickten immer nur nach Norden, wo das Meer lauerte und die Springfluten wuchsen, und das taten sie mit ängstlichen, vom Wind entzündeten, blond bewimperten Schweinsäuglein. Und selbstzufrieden wie vom Zeugungsstolz geblähte Väter sahen sie nach Süden, wo das dem Meer abgewonnene Land Tag und Nacht am Katheter hing, entwässert wurde und sich ihr Eigentum nennen lassen mußte.

Als der Postjungbote Poggenpohl, Egbert auch noch eine Reihe von äußerst seltenen Tropenkrankheiten anführte, unter denen er bereits hier auf dem platten, in sich geschlossenen Lande gelitten haben wollte - so das berüchtigte australische Ross-River-Fieber, das einzig für den Nordosten dieses jungfräulichen Kontinentes nachgewiesen und selbst noch dem reisefreudigsten Rheinländer unbekannt ist - da war er überzeugt: dieser Simulant hat einen begabten Einsager. Einen Mann mit einer Bibliothek. Und er nahm sich vor, den Prüfling dem härtesten Fallschirmpanzerkorps zu empfehlen, das er auftreiben könnte.

Als er dann aber Egbert näher inspizierte, befühlte, Finger und kleine Schöpfkellen hier und da in ihn versenkte, gründelte und tiefbohrte, da schnalzte er doch immer öfter mit der Zunge wie ein Koch, dem gerade alles mißlingt. Und er kam nicht umhin, ihn vorläufig vom Wehrdienst zurückzustellen.

Egbert wollte zunächst nicht begreifen, daß er wenigstens einmal ein Glückslos gezogen hatte; zu wenig wußte er von der Gefräßigkeit jenes Krieges, der bereits überall beredet, manchen Ortes verflucht und an vielen Orten herbeigewünscht wurde als ein Schlag der Befreiung zu Größe und Wohlstand. So nahm er den Musterungsbescheid als ein weiteres Zeichen dafür, daß ihn niemand wollte, verwünschte wieder einmal den Tag seiner Geburt sowie den Leichtsinn, mit dem er damals nachgegeben hatte und richtete sich ganz in Jevers Postamt ein, in dem er wie mit einem Kopfsprung verschwand. Viele der Briefe, die er zu sortieren hatte, luden zum Verweilen ein, ja waren oft so schlecht verschlossen, daß es regelrecht unhöflich gewesen wäre, nicht in sie hinabzutauchen. Und sie wimmelten alle von Geschichten, viele noch im Embryonalzustand, und spornten dazu an, sie sich ausgewachsen vorzustellen. Ängstlich vermieden diese noch jungen Geschichten, an die große Geschichte zu stoßen, an der sie zerschellen oder von der sie aufgefressen würden. So begnügten sie sich zumeist mit Onkel und Tante, mit Geburt, Krankheit und Wiedergenesung, mit dem neuen Windfang eines Holzhauses auf Wangerooge und den Zecken der Schafe überall auf den Deichen.

Nur gelegentlich tönte aus ihnen ein Paukenschlag, mit dem jemand unerwartet und natürlich viel zu früh verstorben war, unter Hinterlassung eines Testamentes, über das sich die Erben umso heftiger empörten, je länger die Stunde seines Todes zurücklag.

In dem Jungboten Egbert begann jener Fundus an Heimatgeschichten zu wachsen, den er bis zu seiner erzwungenen Frühinvalidisierung pflegen sollte. Jetzt nutzte er diese Quelle, um entschieden vor ZEIT und GESCHICHTE und geschichtsbedingter ZUKUNFT davonzutauchen. Er wollte vor GESCHICHTE und ZEIT auf den Grund des Wassers sinken. Einzeller würden ihm in die Ohrgänge schwimmen und sich in seinem Kopf vermehren. Wasserpflanzen würden in seinen Nasenlöchern und selbst im Urinschlitz seines Pullers Wurzeln schlagen und ihn schützend umwachsen, während er noch tiefer sänke zu den großen Muscheln und vielfarbigen Flechten, den Steinen und gesunkenen Seglern mit dem Gold der Inkas an Bord, den Riffen vor der Küste Argentiniens und Hallo sagte zu den leuchtenden Fischen in den Grundspalten, die vor den Wirbelstürmen des Oktober aus der Karibischen See geflüchtet waren. Tiefer wollte er, so tief, daß er jenes dünne Gemurmel und manchmal ferne Geklingel deutlicher hören und schließlich enträtseln könnte, das aus unbestimmter Richtung kam und das er für die Hilferufe seiner Seele hielt, obwohl es nur die Pumpgeräusche seines immer erregten Herzmuskels waren. Und es gelang ihm. Er sank ab und sank immer tiefer hinein in die geschichtslosen Geschichten seiner eigenen Unterwasser-Welt - während sich um ihn herum zeitgeschichtliche Ereignisse verschärften, die nur gedämpft und lichtgebrochen zu ihm drangen, wenn sie ihn überhaupt erreichten.

Dafür glaubte er, die ganze Stadt würde brennen, als Mia wieder einmal in eine Nervenkrise stürzte. Schließlich glaubte sie, ihren Zustand nur durch einen weiteren Aufenthalt in jener Hamburger Klinik überwinden zu können, in der sie bereits den über Birmingham und Lagos nach Walfish Bay dampfenden Frachter ihres treulosen Geliebten überlebt hatte. Immer hatte sie die Anziehungskraft solcher klinischen Weltexklaven auf die ehemaligen Patienten bestritten. Jetzt sehnte sie sich danach. Die Tage in Jever waren ihr zur selbstgefährdenden Qual geworden, weil sie Levy wieder und wieder mit einer Antwort vertröstete. Sie käme nicht mit nach Argentinien mit Visum oder ohne oder mit gefälschtem Papier, das war ihr klar, aber das wagte sie ihm nicht zu sagen. Sie vermutete zu viele Ähnlichkeiten zwischen ihm und ihr - so wie sie von der Hamburger Lebensexklave angezogen wurde, könnte er von jenen hanfsanften Kälberstricken angezogen werden, mit denen seine Familiengeschichte doch bereits geheftet wurde zu einem Buch der Toten.

Levy seinerseits teilte ihr nichts mit, als der Fluchtweg nach Argentinien durch ein Schreiben des argentinischen Konsulates Bremen verschüttet wurde. Zu sehr fürchtete er ihre Reaktion. Zwar begriff er schnell, daß ein von der Viehzucht und dem Viehhandel lebendes Land wie sein Traumland einen Interessenvertreter der Fleischbarone und Pampasfürsten im Konsulat sitzen hatte, der ihnen auch kleine, aber in jüdischen Massen anlandende Konkurrenz vom Leibe halten sollte. Aber je öfter er die trockenen Zeilen las, umso deutlicher fügten sie sich zu einem Urteil, das ihn ganz persönlich meinte und das ihn traf wie die Faust eines Schlägers. Und er verstand nicht, mit Mia darüber zu reden und nach einem Ausweg zu suchen.

So sagte keiner von diesem unmöglichen Liebespaar dem anderen das Richtige. Beide wußten voneinander, daß sie sich etwas zu sagen hätten, was sie verändern würde - und daß sie es nicht auszusprechen wagten. Und so hörten sie schweigend auf, dieses keusche Liebespaar zu sein. Plötzlich schien alles einfach: mit dem Schweigen hörte die Liebe auf, und jeder blieb für sich.

17

Antrisa Cropp, Amtsgerichtsrat am Amtsgericht von Jever, war ein konservativer Mann. Als solcher empörte er sich schnell über modische Veränderungen im Ablauf der irdischen Gerechtigkeit.

Mehrfach hatte er Fritz Levy amtlich verwarnt - mißachtete Einbahnstraßen und Stopschilder, von jenen der eingeschränkten Vorfahrt ganz zu schweigen, zu oft oder gar nicht gehupt, Ferkel, Schafe und selbst ganze Kälber auf dem Tank seiner BMW verkehrsgefährdend transportiert - und zweimal hatte er ihn verurteilt: wegen Handels mit minderwertigem Fleisch und wegen der Rosenblüte einer noch ganz und gar Minderjährigen, die zu pflücken er sich vielleicht angeschickt hatte. Er beschäftigte sich wieder und dieses Mal sehr hartnäckig und halsstarrig, ja durchaus schon halsbrecherisch mit seinem alten Kunden, als Levy unmittelbar nach Erhalt des Briefes vom argentinischen Konsulat an einem schönen Morgen im Juni früh um 5 Uhr laut geweckt, in Sicherungsverwahrung genommen und in das KZ Sachsenhausen überstellt wurde.

Antrisa Cropp war dieses Mal besonders empört; nicht, weil es einen seiner alten Kunden getroffen hatte, sondern weil er einfach grußlos übergangen worden war. So bewaffnete er sich mit Bündeln von Paragraphen und ihrer althergebrachten Auslegung, die er bis zu den marmornen Philosophen der Gerechtigkeit im Inselreich der Griechen zurückverfolgte. Sechs Monate lang formulierte er Beschwerden, bot Rechtsbelehrungen an, drohte justizintern und -extern. Er führte den Untergang der Welt aller Paragraphen an, den der preußischen Beamtenschaft, der Makellosigkeit und Unabhängigkeit des Richterstuhles und den seiner unbefleckten Robe. Er spielte, vermutlich gänzlich unwissend, mit seinem Kopf und mit allen Köpfen seiner Familie, denn er bekam nie gesagt, daß ein Geheimerlaß des Chefs der Sicherheitspolizei und des SD seine Art altbackener Gerechtigkeit außer Kraft gesetzt hatte. Dieser Erlaß sah vor, alle wegen sexueller Delikte vorbestraften Juden sicherungszuverwahren.

Wegen des Geheimen am Geheimerlaß erfuhr natürlich auch der Häftling nicht den Grund der Fürsorge, die ihm zuteil wurde. Längere Zeit nahm Levy daher an, er sei nur aus dem Verkehr gezogen worden, damit ein amtlicher oder halbamtlicher Langfinger ungehindert an seinen doch eher bescheidenen Goldschatz im Kloakenrohr gelangen könnte. Die Freude über dessen neues Versteck erleichterte ihm zunächst den Aufenthalt im Lager. Im Dezember erst waren die extralegal arbeitenden Herren in Berlin den weiterhin empörten Ritter der Legalität in Jever leid. Aber sie setzten ihn nicht ab, und sie schlugen ihm auch nicht einfach den Schädel ein, denn noch litten sie an gewissen Unsicherheiten. So entließen sie seinen Kunden Fritz Levy aus der Haft. Das geschah genauso grußlos, unangekündigt und ohne Begründung, wie sie ihn zwecks Verwahrung in Empfang genommen hatten.

Bei seiner Rückkehr nach Jever fand Levy eine veränderte Stadt vor.

In der Nacht zum 10. November früh um 2 Uhr hatte der Kolonialwarenhändler und hauptberufliche Kreisleiter HANS FLÜGEL in Varel einen Anruf von der Gauleitung Weser-Ems aus Oldenburg erhalten mit dem Befehl, dem keine schriftliche Weisung folgte: noch in dieser Nacht die Synagogen in Varel und Jever in Brand setzen zu lassen von Männern in Zivil, die somit Teil des einfachen und nackten, spontan sich mitten in der Tiefschlafphase der Nacht erhebenden Volkskörpers wären.

FLÜGEL fuhr umgehend mit seinem Stellvertreter HAHN nach Jever. Hier traf er sich im Hotel Erbgroßherzog mit:

1. THEODOR WILKEN, Schlossergeselle auf der Kriegsmarinewerft Wilhelmshaven, Flugzeugschlosser auf dem Fliegerhorst Upjever, Mitglied des Gemeinderates, Obersturmführer und Führer des aktiven SA-Sturmes 7/19 mit einer Stärke von 180 Mann;

2. FRIEDRICH (Fiddi) HUSMANN, Leiter einer Gemüsegärtnerei, Ortsgruppenleiter NSDAP Ortsgruppe Jever, Förderer u.a. von Walter Kieslowsky und Heribert Poggenpohl, Vermittler eines kleinen Lastwagens, einer Planierraupe sowie eines hochwertigen Radioempfängers mit einem Gehäuse aus Macassar-Ebenholz;

3. HANS FÖRSTER, Hilfs- und Hauptschullehrer, HJ-Oberstammführer und Führer des Standortes Jever der Hitlerjugend, der umgehend Anweisungen gab, unterrichtete, Aufgaben verteilte, telefonisch den Kreisleiter Gendarmerie LINDNER von der bevorstehenden spontanen Brandstiftung durch den Volkskörper unterrichtete, der wiederum den Polizeihauptwachmeister FREUDENTHAL informierte, der seinerseits die

Zugangsstraße zur Synagoge, die Große Wasserpfortstraße in der Altstadt, absperren ließ, so daß die spontane Brandstiftung ordnungsgemäß unter Polizeischutz erfolgen konnte, woraufhin Kreisleiter FLÜGEL noch Bürgermeister und Landrat anrief und sie vorab über den sich in Kürze spontan entladenden Volkszorn informierte, bevor er mit seinem Stellvertreter HAHN zurück nach Varel fuhr, wo die Synagoge bereits in hellen Flammen stand.

WILKEN, HUSMANN, FÖRSTER mußten zu Hause noch Zivilkleidung anlegen und trafen sich am sogenannten Isolierhaus, in dem sich die Geschäftsräume der Ortsgruppe und des SA-Sturmes befanden. HUSMANN hatte in seinen Kraftwagen Behälter mit Altöl und Vergaserbrennstoff geladen. Hier auch stießen zu ihnen:

4. ERICH JANSSEN, technischer Angestellter auf dem Fliegerhorst Upjever, Oberscharführer und Verwalter der Dienstgeschäfte der HJ Jever, sowie

5. PAUL LIEBENOW, Notstandsarbeiter, Gärtnergehilfe, Sprengmeister, ab 1933 Amtsvollziehungsgehilfe, zeitweilig Blockleiter, Ortsgruppenorganisationsleiter, Ausbildungsleiter und Mitglied des Gemeinderates. Mit ihm zusammen beschafften sie einen Sack leicht brennbarer Textilien, schickten ihn dann aber nach Hause, weil er zu betrunken war.

Um 3 Uhr morgens brannte die Synagoge. Als die Feuerwehr eintraf, drohte die Kuppel einzustürzen, woraufhin sich die Wehr darauf beschränkte, die angrenzenden Häuser zu schützen.

Um 4 Uhr morgens erhielt der Sturmbannarzt Dr.med. BODE, über dessen Telefon WILKEN alarmplanmäßig zu erreichen war, einen Anruf von der SA-Standarte in Varel mit dem Befehl an WILKEN, sofort mit seiner SA die jüdischen Einwohner Jevers zu verhaften und ihre Vermögenswerte zu beschlagnahmen. Dr.med. BODE hatte vorausblickend bereits verschiedene SA-Männer alarmiert, darunter auch Walter Kieslowsky, der aber zunächst noch, wie jeden Morgen um 6 Uhr, die Kühe melken wollte.

Die abgebrannte Synagoge, die als die architektonisch gelungenste in Friesland galt, war in den letzten Jahren nur mit Mühe von der jüdischen Gemeinde instandgehalten worden. Beschädigungen hatten sich gehäuft, und die Zahl der Gemeindemitglieder war bereits durch Auswanderung und Abwanderung auf fünfzig gesunken. Die Wohnungen, Wohn- und Geschäftshäuser dieser fünfzig wurden jetzt durchsucht. Bargeld, Sparbücher, Wertpapiere, Schmuck, Silber, Pelze, Anzüge, Bronzen, Radioempfänger, Schreibmaschinen wurden auf Lastwagen verladen und zur Sammelstelle der Volkswohlfahrt gebracht, sofern sie nicht bereits unterwegs neue Eigner fanden. Die jüdischen Männer und fast alle Frauen wurden in das Gerichtsgefängnis neben dem Amtssitz von Antrisa Cropp eingeliefert, die Frauen abends nach Abschluß der Plünderungen freigelassen, die Männer nach Oldenburg transportiert und von dort aus ins KZ Sachsenhausen.

Gegen Abend setzte nach der ersten, amtlichen Plünderungswelle eine zweite, nachsuchende Welle ein, bei der sich zahlreiche Bewohner noch mit den zurückgelassenen Resten wie Kleidungsstücken, Bettwäsche, Küchengeräten, Wanduhren, kleineren Möbelstücken, Wein, Butter, Hartwurst und Schinken versorgten. Große Teile der Stadt waren auf den Beinen als Handelnde, Zugreifende, nur Zuschauende, betroffen Wegschauende, durch die Anwesenheit von Amtsträgern in ihrem ausgeprägten Ordnungssinn Beruhigte, als Entlastete und bald Genesende, aber auch bereits als Reuige und als Umsichtige natürlich, die still für sich schon eine Entschuldigung für spätere Zeiten buchstabierten - und alle als Fiebernde und als Mitglieder einer Gemeinde, die als Täter oder als Opfer den Schritt über die letzte Grenze getan hatten.

Heribert Poggenpohl hatte sich unter Hinweis auf seinen Postdienst ganz aus den Turbulenzen dieses Tages herausgehalten. Nach Art eines aufstrebenden Geschäftsmannes hatte er allerdings eine wichtige Verabredung getroffen. Als der Postjungbote Egbert mit Dienstschluß nach Hause ging, sah er drei Männer neben dem aufgegrabenen Abwasser- und Kloakenrohr der Schlosserstraße 25 stehen. Sie waren dem Hinweis eines Zustellers hierher gefolgt, der durch geschlossene Briefumschläge hindurchzulesen verstand, und sein Preis war bescheiden gewesen: daß er nämlich ohne Streit heute und Mißgunst später jene schwarze BMW erhielte, die im hinteren Teil des Stalles stand. Sie war mit Stroh abgedeckt zum Schutz vor dem Kot der frei herumlaufenden Hühner, dem Staub dieser Jahre und den Bissen der Marder, die nachts der Geruch der Gummileitungen und Dichtungen verrückt macht wie der Duft eines schwitzenden Weibchens.

Die drei Goldgräber zerhackten das Tonrohr, entdeckten Fettschichten und Kotablagerungen, die Reste eines Unterrockes, eingewachsene Wurzeln eines Baumes (Weide), eine offensichtlich in einem Anfall von Übelkeit in den Lokus gespuckte Zahnprothese, verrenkte Teile einer Puppe aus Bakelit - Dinge alles, mit denen ein Ethnograph mit leichter Hand Siedlungs- und Alltagsgeschichte hätte schreiben können, aber auf echtes Gold stießen sie nicht. Da fluchten sie auf Heribert und nannten ihn einen Betrüger. Der aber tröstete sie: es käme alles noch an den Tag. Dies sei erst der Anfang vom Ende der Juden in Jever. Und forderte nach Einbruch der Dunkelheit seinen Sohn auf, mit ihm die schwere, lange schon nicht mehr bewegte Maschine zu bergen, was dieser wortlos ablehnte.

Bei seiner Rückkehr im Dezember fand Levy veränderte Bewohner vor.

Seine Gemeinsamkeit mit den jüdischen Mitgliedern der Gemeinde hatte sich bis jetzt darauf beschränkt, derselben Minderheit anzugehören. Hier aber galt er als Lästermaul an ihrer schon auf tönernen Täfelchen und Tierhäuten, Papyros und Pergament geschriebenen Geschichte, aus der sie sämtliche Schrecken und alle Freuden der Gegenwart abzulesen suchte. Und früh schon war er der einzige, dem ein anderes Mitglied Hausverbot erteilte - vermutlich schlicht wegen einer seiner Versuche, die Tochter des Hauses an die See zu fahren, um sie dort mit den Massen an bewegter Luft, dem Jodgehalt und der endlosen Oper der Meereswellen trunken zu machen.

Aber fast wären sich doch jetzt mitten in der märkischen Streusandbüchse nordwestlich von Berlin zwischen Birken, Krüppelkiefern und vereinzelten Flächen abgeblühten, rostigen Heidekrautes die Wege aller jüdischen Männer aus Jever begegnet: hier stolperte Levy eilig dahin in Richtung heimischer Küste, während die Männer von der heimischen Küste auf Berlin zugetrieben wurden wie die Schafe, die vom Frühjahr bis zum Spätherbst aus allen Himmelsrichtungen von den Hunden nach Berlin gehetzt werden, um die Schlachthöfe zu füllen und den Bauch dieser gefräßigen Stadt. Dieser Levy hatte also Verrat begangen, anders konnten sie sich seine neuerliche Freiheit nicht erklären, die ihm ausgerechnet in dem Augenblick gewährt wurde, als sich für alle anderen das Licht verdunkelte. Er mußte die anderen verkauft haben, wie er zuvor schon ihrer aller in Stein geschlagene und auf kostbare Stoffe geschriebene Geschichte, die Würde der Toten und die Unschuld der Töchter versucht hatte zu verraten.

Andere Jeveraner, denen er jetzt begegnete, waren in den Turbulenzen des einen Tages zu Dieben und Wegelagerern geworden. Darunter gab es solche, die es vorzogen, ihn scheu zu meiden; aber auch andere, die ihm mit glatter Stirn entgegenkamen und ihn schlau musterten. Für sie war er jetzt einer, den sie gleich noch einmal widerstandslos bestehlen könnten, weil er doch gerade eben Verrat begangen hatte.

Eine dritte, kleine Gruppe mit höherer Schulbildung hatte sich darauf verlegt, sich unablässig die Geschichten ihrer Groß- und Urgroßväter zu erzählen. Das waren Geschichten von einer mörderischen Landgewinnung, die in jeder Familie Opfer gefordert hatte. Sie erzählten sich vom Mord des gemeinsamen Deichbaues und den Morden der gemeinsam erlittenen Sturmfluten, auf deren Wellenkämmen ganze Häuser von den vorgelagerten Inseln auf ihr Land getragen wurden und Frachtschiffe, auf die bereits der Hafen von Southampton wartete. Und immer wieder erzählten sie sich von einer Landverteilung, durch die schließlich alle Gemeinsamkeiten der Friesen aufgehoben und zersplittert wurden auf fette und magere Böden, auf Nutzflächen von der Schmächtigkeit eines Waschlappens und anderer mit der Ausdehnung eines Binnensees. Aus diesen alten, anhaltenden, unendlichen Geschichten gewannen sie eine gewisse Gelassenheit, die sie der drückenden Gegenwart entrückte. Sie wußten in ihren Geschichten, daß es keine irdische Gerechtigkeit gäbe; daß auch die Utopie eines Lenin bloß die eines anderen Mörders wäre und sie nicht schüfe unter all den konkurrierenden Jägern und Sammlern und Wölfen und Mardern und Frettchen, die auch sie selbst waren. Sie wußten in ihren Geschichten, daß das halsstarrige, ja halsbrecherische Bemühen des Antrisa Cropp, das sie eine Weile verdutzt verfolgt hatten und das jetzt doch zu einem Überraschungssieg dieses Ritters der Legalität geführt zu haben schien: sie wußten, daß auch das nur eine Farce gewesen war. Die Gerechtigkeit war ein abgekartetes Spiel. Und so hielten selbst diese gebildeten und abgeklärten Mitglieder der Gemeinde, die sich mit den Lehrstücken ihrer Großeltern gegen Verzweiflungen aller Art wappneten, aber auch nicht mehr fähig waren, Hoffnungen gleich welcher Art nachzugehen, Levy für einen Verräter. Sie mieden ihn mit der Entschiedenheit jener, die eine letzte Überzeugung haben. Und sie erkannten sich untereinander auf der Straße an ihrer milden und gebildeten Form der Verachtung und grüßten sich mit einem leichten Nicken, dem aber nichts folgte. Sie hatten alles durchschaut, und es gab nichts mehr zu sagen, auch untereinander nicht.

Der Amtsgerichtsrat Cropp hatte mit einem scheuen Lächeln Mia die Rückkehr in Aussicht gestellt. Inzwischen wußte er selbst nicht mehr, ob er wirklich gesiegt hatte oder doch bloß der Mitwirkende an einer Farce gewesen war. Nur seine gesamte Familie war inzwischen sicher, daß er unwissentlich mit ihrer aller Köpfen gespielt hatte.

Diese scheue Mitteilung nahm Mia zum Anlaß, sich unsichtbar zu machen und dem Verdacht zu entgehen, sie hätte jemals mit einem Juden das Bett geteilt. Sie verstaute ihre siebzehn Wellensittiche in mehreren Einzelkäfigen auf dem kleinen Lastwagen Walter Kieslowskys. Sie schloß die Fensterläden ihres Gartenhauses, auf die ihr ein dankbarer Vater nach einer besonders schweren Geburt Feldhasen in allen Lebenslagen gemalt hatte: solche die sich im Mondenschein innig lieben, den Jäger necken, die Hunde täuschen und Salat und Möhren der Kleingärtner mit Messer und Gabel verzehren..., und sie quartierte sich im Moorhof ein. Denn wieder hatte sie die letzten Nächte nicht bloß Angst gehabt vor den Geräuschen der nachtaktiven Tiere, sondern auch vor allen Messern, Scheren und Tablettenröhrchen. Stündlich hatte sie Levys Pfiff vor der Haustür erwartet. Dann käme der Sturzbach seiner Anklage und das Eiswasser ihrer seit sechs Monaten anhaltenden Scham. Der Moorhof aber wurde bewacht von einem Boxerrüden und von einem Schwager, der selbst ein Wachhund war.

So war Levy schon nach nur sechs Monaten zwangsweiser Abwesenheit von allen verlassen. Mit seiner einst spitzen Zunge, seinem Witz und seiner Schlagfertigkeit, seinem Zelluloid-Charme eines Herzensbrechers war er allein. Dieses Mal zögerte er nicht lange. Von zwei Bauern, die noch zu ihm hielten; von dem Fuhrunternehmer Heino Lampe, mit dem er noch immer befreundet war; von dem Kellner Theo, der ihm nie seine Liebe gestanden hatte und der sich gerade durch die Arbeit in einer Hamburger Nachtbar schiefe Absätze geholt hatte, um endlich in Jever seine eigene Gastwirtschaft zu eröffnen, borgte er sich ein letztes Mal Geld. So kam der Kellner nie zu einer Gastwirtschaft, sondern mußte sich mit der Reinigung Theo & Paul begnügen, aber Levy konnte zahlen, was das Deutsche Reich für das Privileg forderte, es lebend verlassen zu dürfen. Auf dem Frachtdampfer ODER ergatterte er einen der letzten Plätze für Männer wie ihn. Hier ging er mit den erlaubten zehn Reichsmark (abzüglich der Bearbeitungsgebühr) an Bord, um nach Schanghai auszulaufen, die einzige von Fliegen, kolonialen Sünden und chinesischem Gewimmel angefüllte Hafenoase der Welt, die von Männern wie ihm weder Einreisevisum noch strafvermerkfreies Führungszeugnis verlangte. Abgang Levy Ende 3. Akt.

Wäre ihm dieser Abgang nicht gelungen, hätte er versucht, sich nach Lissabon durchzuschlagen und von hier aus in eine der afrikanischen Kolonien Portugals. Eine Anopheles-Mücke am Laufe des Kunene im Süden Angolas wäre er geworden. Die Zecke auf einem Zebu-Rind nördlich von Maputo/Moçambique. Oder die Schabe im Sockel eines Palastes am Tejo. Je knapper die Ware Leben wurde, umso hartnäckiger hielt er daran fest. Und lange schon achtete er die scheinbar würdelosesten der Insekten für ihre Fähigkeit, den Attacken der Menschen, ihren Giftspritzen, Fumigatorien und Fliegenklatschen zu widerstehen.

18

Egbert verharrte zunehmend häufiger in der Trance eines Perlenfischers, der von seinen Tauchgängen geschädigt ist.

Diese Zustände verwirrten Heribert sehr. Der Sohn, der sich völlig nach innen verzogen hatte und dabei ganze Wochenenden auf ein einzelnes Blatt, auf einen Fleck an der Wand zu blicken, im Schneidersitz auf einer nur von ihm bewohnten Insel zu sitzen schien, blieb ihm ein Rätsel. Wieder schnüffelte er mit seiner begabten Routine, fand aber weder neue Schriftstücke, mit denen ihm dieser Sohn in eine fremde Welt entflogen war, noch eine andere Erklärung für die Abwesenheiten, die Ruhe, die Zufriedenheit vielleicht, das nicht geäußerte Glück möglicherweise, das dieser Fremde gefunden haben mochte irgendwo - während er gleichzeitig korrekt und gleichmütig, ohne sichtbare Anstrengung die kleinen Stufen der Laufbahn eines preußischen Beamten erklomm, Postschaffner wurde und Postassistent und bald verbeamteter Postsekretär wäre und Postobersekretär und schließlich Posthauptsekretär und seinem Vater, der im einfachen Dienst des Zustellers verharrte, auf den Kopf spucken könnte, und das wäre dann schon eine Dienstanweisung.

Egbert hatte das dünne Haar eines sehr viel Älteren, eines Mannes etwa, der Bücher besitzt und sie abends zählt wie durchwanderte Länder. Wenn er sich frisch die Klinge über die Wangen gezogen hatte, was nur alle paar Tage nötig wurde, sah Heribert in dem dann geröteten Gesicht das Lächeln eines Mannes, der ihm völlig unbekannt war und über den er erschrak. Auch wußte er nicht, ob er es für das Lächeln eines Fremden halten sollte, der mitten im Krieg unerlaubt glücklich ist, oder ob es nicht doch die Regung eines Trottels war. Schließlich aber verunsicherte ihn mehr und mehr der Verdacht, es sei der Ausdruck eines jungen Mannes, der ihn auf feinsinnige Art tief in seiner Einfachheit und anhaltenden Geschlechtsnot verhöhnt. Mit diesem feinen Lächeln schaffte es der Fremde, ihn genauso zu quälen wie dieser Krieg, mit dem es längst nicht mehr voranging, sondern der nur noch kostete: viel Leben und viel Winterkleidung und viel Bedeutung. Und fast die ganzen kleinen Sicherheiten, die er sich auf dem Weg bis hierher doch mühsam erarbeitet, erdacht, ja auch e r f u n d e n hatte, um doch einmal ein beliebtes Wort dieses Fremden zu gebrauchen. Vorsichtig wie er war, dachte Heribert schon gelegentlich darüber nach, sich lieber eine andere Vergangenheit zu e r f i n d e n für den Fall, daß wirklich alles schief ginge, sich Raben auf das Dach des Hauses setzten, frühmorgens schon ganze Rudel von Hunden hinter ihm herhetzten und sich nachts, nachdem er wieder einmal zu lange am Obstler gehangen hatte, giftgrüne und zinnoberrote Racheengel auf ihn stürzten und ihm den auffälligen Adamsapfel krachend-knorpelig zerbissen. Nein, er war einfach in keiner guten Verfassung mit diesem feinen Lächeln des Fremden in seinem Haus.

Da kam ihm eine letzte Idee. Sie war so doppelbödig einfach wie sein Denken und so konkret wie sein tägliches Tun. Tagelang behielt er im Postamt zwei Beamte des mittleren Dienstes scharf im Auge (Rechnungswesen und Paketdienst). Sie waren als Schwule erkannt, die sich mit Ehefrauen und kleinen Einfamilienhäusern bloß getarnt hatten, und einer von ihnen (Rechnungswesen) pflegte sogar tageweise ein Dreirad im Vorgarten aufzustellen als Vortäuschung von Kindern, die zu zeugen er gar nicht gewillt war. Wenn Egbert, der keinem Mädchen nachstieg und keine Freundin mit nach Hause brachte, aufs Klo ging und auch nur einer der beiden an seinem Arbeitsplatz fehlte, lief er schnell seinem Sohn, der zum Fremden geworden war, nach - aber nur, um jedes Mal vor der Kabine festzustellen, daß der sie alleine bewohnte und unter Verstopfung litt. Wäre er fündig geworden, hätte ihm das, wenngleich auf bestürzende Art, diesen Fremden doch wieder etwas näher gebracht. Er hätte sich verantwortlich fühlen können für seine Rückführung auf den rechten Weg, auf jenen zu den Frauen. Er hätte wieder eine gewisse Macht über ihn gehabt und nicht mehr so gelitten unter dem frisch rasierten Gesicht, aus dem feinsinniger Hohn sprach. Das Schlimmste an diesem Hohn war für ihn, der unter einer Regung immer auch Eindeutigkeit und eine gewisse Derbheit verstand, gerade diese Feinsinnigkeit. Sie reizte ihn bis aufs Blut, weil sie so mehrdeutig war und er dann immer wieder seine Selbstzweifel im Obstler ertränken mußte.

- Hilf mir Gott. Hilf mir Führer und Gott und Fiddi Husmann. Soll ich denn ein Mann sein, der alles verliert: die Frau, den Sohn, das Leichtmotorrad, den Krieg, den letzten Rest an Dankbarkeit dem Leben gegenüber? Soll ich jetzt auch noch ein Mann sein, der seinen Sohn als Fremden erleiden muß? Aus dem vom Vater befruchteten Ei der Mutter schlüpft ein Fremder. Er wächst und wächst und macht den Vater zum Ei. Wir Väter verstehen diese Fremden nicht. Sie könnten auch mit einer doppelläufigen Flinte daherkommen und uns abschießen wie Karnickel. Zum Teufel mit den Fremden und den befruchteten Eiern der Mütter. Bloß gut, daß ich alleine geblieben bin. Wenigstens Heribert versteht den Heribert! sagte da Heribert in einem lauten, obstlergetränkten Selbstgespräch in seiner Küche und lief

wieder einmal zum Gartenhaus von Mia Geerdes, um sich von der weisen Frau einen Rat zu holen. Er stieß fast mit der Stirn an die geschlossenen Fensterläden (ein Hasenpaar, das in inniger Liebe versunken ist), als er sich erinnerte, daß auch sie für ihn verloren war, denn sie lebte doch zurückgezogen und bewacht im Moor, eine Fremde mehr.

Noch immer verfügte Egbert über ein beachtliches Gedächtnis, und weiterhin arbeitete es selektiv. Aber jetzt erschrak er nicht mehr darüber und wehrte sich durch ein gegenläufiges Training: längst war er doch geschädigt durch seine Tauchgänge eines Perlenfischers. Und verwöhnt und gesättigt war er so von seinen täglichen Funden allein im Postamt Jevers, daß er nicht länger an die Qual dachte, sich in Afrika und Australien auf der Suche nach der Welt der Menschen Blasen zu laufen, dabei Straßenräubern in Nigeria zum Opfer zu fallen, räuberischen Nomaden in Mauretanien, den Nachkommen der englischen Sträflinge in Sydney und nachts im Viertel Hillbrow von Johannesburg jenem besessenen Xhosa zu begegnen, der allen Weißen, die er zwischen 24 Uhr und 0.15 Uhr auf der linken Straßenseite antrifft, einen Hammer in den Schädel treibt.

Mitten im Krieg hatte Egbert einen frühen Frieden mit sich selbst und der Stadt gemacht und entwickelte prompt eine Neigung zu Übergewicht. Da ihm diese Stadt zur Welt geworden war, hatte er mit der ganzen Welt, die in miniaturisierter Form in der kleinen Stadt enthalten zu sein schien, seinen Frieden geschlossen. Und mit dem Frieden genoß er ein bescheidenes Glück. Und Ruhe vor seiner ausgeprägten Feigheit. Dabei störte ihn auch nicht im geringsten, daß er einst einen Teil der Lebenden (Mia Geerdes, Fritz Levy, den Vater Heribert und noch dieses und jenes Mitglied der Gemeinde mehr) bereits als Tote beschrieben hatte, die auf verzweifelte Art in die Dunkelheit gewechselt waren. Wenn er sie lebend antraf, lebten sie für ihn auf zweifache Art: eben als die vor sich hin Lebenden, als die sie durch Jever liefen und radelten oder in Schanghai Rikscha fuhren und Knickeier verkauften, und als die Toten, die er erfunden hatte und die ihm genauso gegenwärtig waren. Alles war Material. Die Toten waren eine andere Erscheinungsform der Lebenden, und gegenwärtig waren sie alle. Und Egbert genoß die Aussicht, alle diese Welt-Erscheinungsformen in der Stadt und ihren Menschen einmal aufzuschreiben in einer großen und lockeren und natürlich heiteren Bilderfolge, so wie ein Goethe angesichts einer blutigen Feldschlacht, die zu besichtigen er eingeladen war, den Entwurf zu einem Operettenlibretto zu schreiben begann, das ihm seit einigen Tagen munter im Kopf herumging.

Egbert war gerade auf dem Wege, ein Heimatschriftsteller zu werden von jener Art, wie sie sich später, als die Heimaten beweglich wurden und sich auf Länder und Kontinente zu spalten begannen, die Verteidiger der engen und alten Heimaten, der in die kleinen Geschichten und Broschüren und Wappen und Rüstungen und Kummetgeschirre und Dreschflegel und friesischen Sitzbetten und zum Museum umgewandelten Fischerkaten eingesperrten Heimaten wünschten und angemessen bezahlten: die Lohnschreiber der Heimeligkeit.

Da aber kam der Krieg, der natürlich umso gefräßiger wurde, je schlechter es ihm ging, und griff jetzt auch nach Poggenpohl, Egbert, Jahrgang 22.

In Oldenburg erhielt er eine verkürzte Grundausbildung, die er mühsam und mit dem üblichen Maß an Demütigungen überstand. Dann wurde er, wie ihm der rheinische Morphinist bereits vor Jahren angedroht hatte, zu einem Fallschirmpanzerkorps fünfundzwanzig Kilometer südlich der Abbazia di Montecassino verlegt in das Land, in dem vor dem Krieg die Zitronen geblüht hatten. Hier diente er zur Auffüllung einer Kompanie, die von einer Sollstärke von 120 auf 17 Mann geschrumpft war.

Egbert erwartete nichts, als Morgen schon getötet zu werden. Sobald er allein war, weinte er. Dann versuchte er, weil eine Handvoll Kerle es so wollten, sich auf diese Ungeheuerlichkeit vorzubereiten: auf den Tod eines jungen Erwachsenen, der ursprünglich nur aus Fahrlässigkeit und aus einer gewissen Nächstenliebe heraus zum Leben JA gesagt hatte, aber das gelang ihm nicht; denn inzwischen hatte er sich ja ganz gut mit dem Leben geeinigt.

Sein Glück war der Spieß dieser mit allerlei nur noch bedingt Tauglichen aufgefüllten Kompanie. Das war ausgerechnet ein Friese, der, ähnlich wie er selbst, schon als Siebzehnjähriger seinem Vater in den Hamburger Überseehafen entlaufen war, der aber, im Gegensatz zu ihm, gleich auf einem Asienfahrer hatte anheuern können. Dieser Mann war im Indischen Ozean vor Madagaskar gekentert. Im Chinesischen Meer hatten Piraten den Frachter gestürmt, den Kapitän erschossen, weil er den Schlüssel zum Tresor nicht herausgab, und ihm selbst eine Kugel in den Oberschenkel gejagt. Er hatte getan, was alle taten, sobald ihr Schiff festmachte: er war zu den Huren gegangen. Und hatte beim ersten Mal geweint vor Unbeholfenheit und Wut. Mit seinen vom wochenlangen Rostklopfen an Deck zerschundenen Händen hatte er bald darauf in Manila vierzehnjährige

Zwillinge gestreichelt. In Djakarta hatte er sich in eine Mulattin verliebt. Er hatte die Huren in vielen Farben und in vielen Häfen besucht. Er hatte sie gefickt und war ohne zu bezahlen auf schnellen Turnschuhen verschwunden. Er war auf einem anderen Schiff zurückgekehrt, war von den Zuhältern in Scheiben geschnitten worden, hatte bezahlt und hatte wieder, wie er gern sagte, gerammelt wie ein Karnickel. So hatte er seine Wut auf das enge Elternhaus eines Hilfsarbeiters in Emden, seine Kraft, seinen Kindertraum von Weite und seinen kindlichen Traum von einem freien Erwachsenen über die Meere gefahren, bis er ausgerechnet in Emden einem Mädchen begegnete, das ihm still und einfach innerhalb weniger Wochen, in denen er auf ein neues Schiff wartete, alle diese Träume von Gischt und Unbesiegbarkeit wegblies und ihn in eine Zwei-Zimmer-Wohnung mit Kochnische sperrte, in der er zur Ruhe kam.

- *Das ist eben DIE WAHRE LIEBE, sagte dieser Stabsfeldwebel, und so eine WAHRE LIEBE macht dich fertig und alle. Du flötest auf dem letzten Loch. Besser, du läßt dich nicht erst darauf ein. Wie ich dich kenne, würde sie dich in den Mülleimer fegen. Gerade als Seemann kommst du dagegen nicht an. Denn bei deiner ewigen Rostklopferei auf Deck, den betrügerischen Reedern und Kapitänen und den ewigen Versuchen des Ferkels aus der Kombüse, dich mit Olivenöl und Tomatentunke an den Fingern zu vernaschen, fährst du doch immer einer neuen Sehnsucht hinterher. Irgendwann aber hast du nur die Wahl, ob du zu deinen früheren Feinden gehst: das sind die von der Wasserschutzpolizei, oder ob du zu den Jungs von der Hafenfeuerwehr gehst, denn das waren immer deine Freunde. Als mich die WAHRE LIEBE so fertiggemacht hat, bin ich aufs Löschboot gegangen. Da steh ich am Ruder, wenn ich nicht gerade mit euch Krüppeln vor Montecassino liege und darauf warte, daß auch unser letzter Schuß ein Rohrkrepierer ist.*

Egbert verstand sich mit diesem Mann, weil er ein Leben auf den großen Abenteuerrouten geführt hatte, das ihm selbst verwehrt geblieben war. Und weil er ihm immer wieder schilderte, daß die Erfüllung seiner Sehnsucht stets irgendwo vor dem Schiffsbug gelegen, ja daß er dieses Ziel aber eigentlich regelmäßig schon beim Ablegen vom Kai verfehlt hatte, so daß es schließlich nur einer Kleinigkeit bedurfte, um ihn zu lähmen: des Leberfleckes über der dritten Rippe links an einem Mädchen in Emden.

Dieser Mann verstand sich mit Egbert, weil er genau zuhörte, wenn sein Gefreiter von den Nebelschwaden in sich zu reden begann, von den Schlachtrufen und elektroakustischen Terroranschlägen auf seine Innenwelt, aber auch von den überpräzisen Bildern, die eine Frau mit siebzehn Wellensittichen in ihm hinterlassen hatte; oder ein Mann mit Schnauzbart, der sich früh mit großen Mengen Kaffee fröhlich aufbaut und der gleich danach den ersten Morgenstrahl der Pferde mit Finger und Nase prüft, den Bären weckt und sein ganzes Volk aus den Träumen Indiens zum Training ruft; oder ein ganz anderer Mann, der in einer krümelfrei aufgeräumten Küche das Kinn in den Handteller stützt, dann mit dieser Hand eine Fliege fängt, ihr eine Weile im Gefängnis seiner Faust zuhört und ihr dann nach und nach die Beine ausreißt, wobei seine Lippen jedes Mal einen kleinen Schmatzer formen.

Dieser äußerlich grobe, ja scheinbar gewalttätige Spieß hatte schnell zu ahnen begonnen, daß sich in der von Nebelbänken durchzogenen Innenwelt Egberts als Echo, als Abbild, als durch Neigung und Sehnsucht erzeugter Abdruck auch ein Bild jener Frau mit dem Leberfleck fand, die er in Emden in einer Zwei-Zimmer-Wohnung mit Kochnische zurückgelassen hatte und die er möglicherweise nicht mehr wiedersehen würde. Und so machte er Egbert vor allen anderen, die sich um diesen Rettungsanker drängten, zum Kompanieschreiber und bewahrte ihn damit vor der Gefräßigkeit des Krieges.

Daraufhin pinkelten ihm diese anderen ins Kochgeschirr. Sie kackten ihm nachts ins Gesicht. Sie durchtrennten das Kabel des Feldtelefones 33 mit Kurbelinduktion, das er als einzig je vollbrachte Heldentat in diesem Krieg unter feindlichem Beschuß verlegt hatte, nachdem der Kompaniefernmelder gefallen war.

Die meisten von ihnen hatten ähnlich grausame Angst wie er. Sie hatten Angst vor den Schüssen von vorn und, nachdem sie immer besser gelernt hatten ihnen auszuweichen, auch vor den Schüssen von hinten. Die einzigen, die Egbert bewunderte, waren zwei Düsseldorfer, die flohen und nie mehr gesehen wurden. Einige gaben schlau vor, für eine Idee zu kämpfen. Einige wenige, die weniger schlau waren, kämpften tatsächlich für eine Idee. Und die wirklich Einfältigen - darunter ein Österreicher aus Salzburg, ein übergelaufener belgischer Händler von Gebrauchtmöbeln aus Lüttich, ein Kölner Radrennfahrer und ein friesischer Landmaschinenschlosser aus Aurich - kämpften verbissen, weil sie Männer waren. Je knapper die Munition wurde und umso deutlicher sich der logistische Vorsprung des Gegners auf die Marke 200 zubewegte und er die Überlegenheit seines Nachrichtensystems ausspielte, gegen die das Meldewesen der eigenen

Truppe jenem des Hofes in Marcardsmoor glich, umso verbitterter kämpften sie, denn es waren Männer. Und es waren schließlich tief verletzte Männer, als ihnen klar wurde, daß in den sie bedrängenden Stellungen neben Amerikanern und Engländern auch Marokkaner und sogar Inder lagen, die erst kürzlich ihre Nachthemden in Bombay ausgezogen und zum ersten Mal im Leben in Uniformen gestiegen waren, die ihnen im Schritt scheuerten.

Nach und nach aber gewann Egbert als Kompanieschreiber alle diese Männer für sich: die Schlauen, die weniger Schlauen und die Einfältigen, die nichts als Männer waren und immer noch kämpften wie Helden - nur jene beiden Düsseldorfer, die er still bewundert hatte, gewann er nicht, denn sie blieben ja verschwunden.

Einer aus der Untergruppe der Schlauen hatte Egbert, um ihn damit vor anderen lächerlich zu machen, den Entwurf zu einem Feldpostbrief an Mia Geerdes entwendet. Es war kein Liebesbrief, längst war Egbert doch dieser Liebe entwachsen, aber es war einer voller vorsichtig-schüchterner Ermahnungen. Und er war von einer besorgten Zärtlichkeit, wie sie dieser diebische Mitgefreite nie zuvor in einem Brief gefunden hatte. Auch war ihm unbekannt, daß ein guter Brief ein Stück Kunst und daß die Kunst immer auch ein gutes Stück Handwerk ist, und daß einem solchen Brief-Kunstwerk ein Briefentwurf vorausgeht wie einem Werkstück die Werkzeichnung. Anstatt jetzt selbst wieder einen ungelenken Feldpostbrief an sein Mädchen in Marktheidenfeld/Unterfranken abzufassen, das dort die Spargelfelder bestellte und, wie er längst fürchtete, auch die Begehrlichkeiten eines oberfränkischen Klempners; anstatt wieder einmal Hölzernes aneinanderzureihen, dabei über Gebühr zu schwitzen und sich anschließend über sich und über das noch immer nicht gewonnene Mädchen zu ärgern, ging er zu Egbert und bat um Hilfe.

So erhielt Egbert den ersten Auftrag seines Lebens. Als Lohn vereinbarte er Zigaretten für drei Tage und daß ihm das Mädchen, sofern er es für seinen Auftraggeber gewänne, einmal die linke Brust zeigte. Und Egbert genoß seine wiederentdeckte, weil erstmals gefragte Fähigkeit, Gefühle auszudrücken - und dabei natürlich auch schön und schlau und nahezu subkutan immer etwas zu lügen nach der bewährten Art der Schriftkundigen. Die Zeit des von seinen Tauchgängen geschädigten Perlenfischers von Jever schien vorbei, da er unfähig gewesen war, einen Schritt aus sich heraus zu tun - es sei denn diesen einen Krabbelschritt eines Insekts, das sofort danach auf den Rücken fällt, erstarrt und von dem ersten

Stiefel zertreten wird. Er begann wieder, sich und die Welt, wie er sie sah, auf Papier zu fixieren und sich damit von ihr zu befreien.

Jetzt war er im Krieg, und er hatte einen Auftrag. Er wehrte sich gegen den Krieg und erfüllte seinen Auftrag mit der einzigen Waffe, die er außer seiner immerwährenden Feigheit besaß: der Gewalt des Krieges, der um ihn herum tobte, erfand er die Gegengewalt der Zärtlichkeit seiner Briefe.

So wurde er der vielbeschäftigte Briefeschreiber zunächst seiner Kompanie und bald von Teilen des Regiments, zu dem sie gehörte. Die Soldaten kamen mit ihren schartig geäußerten Wünschen zu Fuß, auf Krädern, mit Beiwagengespannen und Kübelwagen durch die Gefährdungen des Frontverlaufes hindurch zur Schreibstube, in der Egbert saß und Sprechstunde hielt, und selbst die Angehörigen der 1. Fallschirmjäger-Division pfiffen jetzt darauf, daß sie die Elite aller Kämpfenden waren. Zunächst fragte Egbert sachlich wie ein Allgemeinmediziner, was er wohl für den Besucher tun könne. Dann ließ er sich das Krankheitsbild beschreiben. Die Wunde im Kopf des Besuchers dort, wo er die Liebe konserviert hatte. Das Ausmaß seiner Unfähigkeit, schriftlich seine Liebe, sein Zerwürfnis, den Kummer, seine stockenden Hoffnungen zu benennen. Und endlich ließ er sich den Adressaten schildern: den ratlosen Vater, der sich bereits im Vorgänger des jetzigen Krieges im Senfgas verloren hatte und erblindet war; die Mutter, die gerade vom Knochenkrebs verzehrt wurde; die untreue Geliebte; die von der Gewohnheit und Gewöhnlichkeit einer Ehe in Stuttgart-Degerloch enttäuschte Frau, die aber gerade jetzt gebraucht wurde; eine Tochter, die den Vater verachtete, weil er sie im Rausch mißbraucht hatte; und die Großmutter schließlich, die immer der einzige Halt dieses einen verwaisten Patienten im Ruhrgebiet gewesen war. Inzwischen hatte sie aber alle Zuversicht verloren und jedes Vertrauen in das Zusammenleben der Menschen, ja selbst ihre Wärme für den Enkel war erkaltet. Jetzt saß sie, auf einem Auge erblindet, unter der Portraitaufnahme des Großvaters auf dem Sofa und blickte auf den Förderturm der gegenüberliegenden Zeche, der ihren Mann vor zwei Jahrzehnten nicht mehr nach oben gehievt hatte. Ihrem Enkel hatte sie als einziges einen Fluch mit auf den Weg nach Italien gegeben, einen Fluch so unflätig und lang, daß er noch jetzt über die Alpen bis hierher nach Montecassino reichte und dem Enkel Tag um Tag in den Ohren lag als eine Verdammnis, die nicht aufhebbar war.

Je nach Lage des Falles, handwerklicher Neigung und auch in gewisser, aufrichtiger Abhängigkeit vom vereinbarten Lohn, dessen Währung immer Tabak war, schrieb Egbert mehrere Entwürfe und dann einen Brief. Er versuchte, aus jedem Brief ein sorgfältiges Einzelstück der Einfühlsamkeit und gleichzeitig der berechneten Wirkung zu machen. Das gelang ihm jetzt sehr viel besser als zu der Zeit, da er über Mia Geerdes, Fritz Levy und das Nichts eines Vaters geschrieben hatte, denn er schrieb nicht länger über Menschen, die ihm so verletzlich nahe waren. Er schrieb aber auch nicht über bloße Kunstfiguren oder für anonyme Leser, sondern über und für Personen, von denen er intime Details kannte - den unflätigen, nachhallenden Fluch dieser Großmutter etwa, die sich damit gegen einen Krieg wappnete, der gerade ihren einzigen Enkel verschlang: ihn hörte er nicht, aber er spürte ihn als schleimigen Auswurf im Gesicht; denn er wußte, daß diese alte, in Kroatien geborene Frau, die auf braunen Zahnstummeln Priem kaute, zwischen den einzelnen Flüchen immer noch spuckte wie jene junge Frau, die sie einst an der dalmatinischen Küste bei Trogir gewesen war und die sich hatte kaufen lassen für Wein, kandierte griechische Früchte und Brennholz für den Winter.

Schnell kam er dahinter, daß seine Sätze nur dann eine gewisse Gültigkeit besaßen, wenn er sie noch vor der Niederschrift in einem Probelauf durch sein eigenes kleines Leben schickte. Wer sich schon dort verirrte, der taugte nichts. Hatten sie diesen Weg aber erfolgreich hinter sich, kamen sie in eine kleine, mit Schleifhexen, Bohrmaschinen, Raspeln, Sticheln, Sägen und Hobeln bestückte Folterkammer. Hier wurden sie handwerklich getrimmt, bevor er aus dem Briefentwurf einen Brief machte, ihn in den vorläufigen Sarg eines Umschlages steckte und als Feldpost ohne Absender ins Gefecht schickte.

Rasch begriff er, daß zu seinem Handwerk neben einer gewissen natürlichen Begabung ein enormer Fleiß gehörte; daß seine mäßig entwickelte Aufrichtigkeit immer mit seiner Feigheit würde ringen müssen; daß andererseits aber Aufrichtigkeit oft nur über den Umweg einer gewissen Verschlagenheit als solche wirksam wurde; und daß es gelegentlich nötig war, selbst den doppelten Zigarettenlohn abzulehnen, um nicht in den Niederungen des gemeinen Betruges, der Zuhälterei, der Päderastie und des Kinderfickens zu landen. Solche abgelehnten Aufträge führte er dann zuweilen nur für sich selbst und probeweise aus, denn schließlich wollte er sich an allem üben, auch an den Niederungen und am Schmutz. Und außerdem hafteten doch selbst den reinsten Aufträgen immer auch letzte

Spuren von Schmutz an wie einem vollkommenen Hühnerei oft ein kleiner Rest an Hühnerkacke.

Und natürlich lernte er schnell, daß er als erstes dem vor ihm sitzenden Klienten nicht nur sorgsam zuhören und ihm die richtigen Fragen stellen mußte, und das noch dazu so, als sei er selbst in der Lage eines unmündig Wortlosen, sondern daß er dabei auch auf die scheinbar nebensächlichste Regung zu achten hatte: auf die Bewegungen des Adamsapfels, das Kollern im Gedärm, die feuchten Hände ebenso wie auf die Kälte der Verschlagenheit, die um eine Kleinigkeit höhere oder tiefere Stimme der Lüge, auf das Ausweichen und Sichwinden der Würmer, denn schließlich waren viele der vor ihm Sitzenden genauso feige wie er selbst.

Egbert saß mitten in einem verendenden Krieg und blühte auf. Im Auge des Wirbelsturmes fand er nicht bloß die längst pervers gewordene Möglichkeit, an sein Überleben zu glauben, sondern auch noch jene, sein Handwerk und sich selbst zu entwickeln. Er hatte fast ganz seine Schüchternheit verloren, nurmehr Erinnerungen daran belasteten ihn, wenn sie auf ihn fielen wie der Schatten eines hochfliegenden Vogels. Und er war insgesamt mutiger geworden, wobei freilich die Feigheit immer mit seiner nötigen Empfindsamkeit einherging, ja untrennbar mit ihr verbunden zu sein schien. Egbert trat jetzt manchmal mit einer Sicherheit auf, die seine Klienten schon befremdete. Er, der doch auf intimen Zugang zu seinen Kunden angewiesen war, drohte sich jetzt von ihnen zu entfernen, weil er den Allmächtigkeitswahn und die Arroganz eines Frühvollendeten kostete und sich in der Rolle eines winzig nachgewachsenen Däumling-Goethes sonnte, eben jenes Goethe, der am Rande einer Schlacht sitzt und den Entwurf zu einem Operettenlibretto notiert.

Noch immer war er kein fertiger Mensch. Auch ahnte er, daß er das nie würde, ja wohl nie werden dürfte. Gerade wegen seiner speziellen Handwerkelei müßte er wohl in Teilen ein kleines, schmollendes, vom Bettnässen bedrohtes, unendlich verletzliches Kind bleiben. Das sagte er sich. Aber gleichzeitig drohte er doch diesem Kind immer wieder mit dem Kollaps des Allmächtigkeitswahnes und der Arroganz dessen, der sich endlich doch für einen fertigen, ausgewachsenen Mann hält.

Im Frühjahr verschärfte sich die Lage am Frontabschnitt entscheidend. Die Kompanie wurde aus dem Tal von Liri an den Schlangenkopfkamm verlegt und rüstete mit schwindender Munition zum letzten Gefecht. Die

Mannschaftsstärke schrumpfte und die Stunde war abzusehen, in der Egbert allein und beschäftigungslos in seiner Schreibecke säße und einen letzten Besuch vom Stabsfeldwebel erhielte, der nichts mehr zu befehlen fand. Beide würden sich die letzte Eselswurst teilen, die weiße Fahne hissen und sich gefangennehmen lassen von einem halben Dutzend Indern, die ihre Uniformen inzwischen zu tragen versuchten wie einst ihre Nachthemden in Bombay, oder von marokkanischen Berbern, die sich natürlich die Lebern und Herzen ihrer Feinde brieten. Bei diesem Stand der Dinge entschied Egbert sich zu einem qualitativen Sprung in seinem Handwerk.

Jetzt schrieb er die Briefe bereits Gefallener, die zuvor seine Kunden gewesen waren. So erhielten Angehörige, die auch von einem Heribert Poggenpohl in Jever längst die wehramtliche Benachrichtigung über den Heldentod ihres Sohnes, Mannes, Bruders, Neffen... zugestellt bekommen hatten, von Egbert Briefe zugeschickt, in denen diese Toten ihre zwar kritische, aber nicht völlig aussichtslose Lage am Fuße des Berges schilderten. Und sie kündigten die Wiederaufnahme des Familienlebens in einem Frieden an, den sie urbar machen wollten wie einen gänzlich jungfräulichen Wald.

Bis auf einen einzigen Fall kam Egbert keine Beschwerde zu Gehör. Die Angehörigen schienen diese Briefe, die mit einer erst bewohnbar zu machenden Zukunft winkten, sogar mit großer Erleichterung aufzunehmen und zwischen der List seiner Zeilen gelesen zu haben, daß weder der Sieg im Krieg noch der Untergang in ihm schon zu einem Gewinn des Friedens führe. So stellten seine Zeilen ihnen sinnvolle Arbeit in Aussicht und auch die Möglichkeit, ihre Gefühle, mit denen sie die ganze Zeit doch nackt auf dem Markt herumgestanden waren, ausgesetzt Sonne und Wind und dem elektroakustischen Geprassel von Lautsprechern, wieder mit der einen und anderen Hoffnung zu bekleiden.

Nur ein einziges Mal schlug der Stabsfeldwebel Alarm, dem es ansonsten recht war, daß seine Kompanie Toter umgeschrieben wurde zu einer, die unbewohnte Wälder urbar machte. Er mahnte bei Egbert mehr Umsicht an, als ausgerechnet aus Sande bei Jever die bitterböse Klage eines Volksschullehrers kam. Dieser Kunde drohte mit allerlei unangenehmen Schritten, weil Egbert seinen Bruder unverhofft hatte wiederauferstehen lassen. Diskrete Nachforschungen aber ergaben, daß er schon seit zwei Jahren der Frau seines erst jetzt gefallenen Bruders beilag, und so kam Egbert mit einer milden Verwarnung davon.

Der Konjunktureinbruch brachte es mit sich, daß er endlich Zeit und Kraft für einen Brief in eigener Sache fand. Er schrieb seinem Vater Heribert. Dieses Schreiben begann er mit einem Zitat:

Also wenn der so wie ein Clown bleibt und noch dazu blau wie ein Karpfen, dann ist das nicht mein Sohn. Dann war das der alte Leander von nebenan, der gottverdammte Zirkuswichser, der nie genug Weiber haben kann und nie genug Kinder!

Egbert fing also mit dieser Blutspur an, die sein in diesem Bereich intakt gebliebenes Gedächtnis nie tilgen würde. Aber mit der Klugheit des jetzt handwerklich Erfahrenen beließ er es dabei und hielt dem Vater nicht ein weiteres Mal den Tod der Mutter vor. Er bezichtigte ihn nicht einmal mehr, mit seiner schäbigen Macht drei Männer im Kastenwagen auf das Nachbargrundstück gelotst zu haben, die dort Leo Leander bei seinem ersten Morgenstrahl überraschten, ihn traten, verluden und mit ihm abfuhren, ohne ein Datum der Rückgabe ihrer Kommissionsware zu benennen, so daß sich der ganze Clan der Leanders in die umlaufenden Winde verstreute.

Egbert, der jetzt seit Wochen für Leser arbeitete, hatte erkannt, daß er so seine Kunden nicht verprellen durfte. Inzwischen versuchte er sie dadurch zu gewinnen, daß er von sich selbst schrieb und ihnen nahelegte, sich mit Teilen seines Selbst zu verwechseln, so daß sie sein Herz eingehend betrachteten und sich dann an ihr eigenes griffen wie an ein fremdes und in ihrer Verwirrung zwischen diesen ganzen Herzen feststellten, daß es doch ihr ganz eigenes war, in dem der Wurm steckte und das faulte.

Auf diesen still und ziemlich sicher funktionierenden Mechanismus der Verwirrung war Egbert immer von neuem stolz.

So schrieb er jetzt wieder einmal von sich. Er schilderte dem Vater, durch welche Verkettungen er zum verlorenen Sohn geworden war: früher Tod der Mutter, Konkurrenz zwischen Vater und Sohn wegen der Hebamme, Amme, der möglichen Ersatzfrau Mia und der begehrten Kindheitsgeliebten eines Frühreifen mit hyperaktivem Genital..., von der sie schließlich beide verraten worden waren dadurch, daß sie sich zu einer kleinen Sozialheiligen mit Trippelschritten entwickelte. Sie lebte mit dem erfundenen Traum von einem Mann und mit einem inneren Traumgehäuse, das so viel Traum gar nicht aushielt, so daß sie sich in diese Hamburger Klinik zurückziehen mußte wie auf eine von Kolibris umschwirrte Insel. Er schilderte ihm, was die Totalbeschallung der Stadt anläßlich des Besuches des Großen Führers in der Landwirtschafts-Halle mit seinem einst so überragenden Gedächtnis und mit der Schärfe aller seiner Sinne angestellt hatte, die Trommelwirbel und formierten Schritte, die verschlossenen Türen und die unmöglichen Freunde, und warum er von alledem unter Wasser gedrückt worden war. An der Welt, so wie sie in Jever tönte, hatte er nicht mehr teilgenommen. Und das hatte er genossen, wenngleich immer auch mit Schrecken. Egbert schrieb dem Vater auf:

Hier, am Fuße des Berges Montecassino, auf dessen Spitze ein längst geräubertes und bald zerstörtes Kloster liegt, habe ich mir einen anderen Sohn erfunden. Erst habe ich gegen Lohn für jene Briefe geschrieben, die auf ihren Tod warteten. Dann habe ich ohne Lohn für die bereits Toten geschrieben, damit sie in ihren Angehörigen noch ein wenig weiterlebten. Mit ihnen habe ich mir ein Land erfunden, das nicht so tönt wie Friesland; ein Land ohne Uniformen und Reichsrundfunk, ein Land oder wenigstens eine Sandbank, auf der ich nicht wieder unter Wasser gedrückt werden kann. Ich habe hier nicht meine verlorene Kindheit und Jugend wiedergefunden: die ist weg. Unwiederbringlich. Ich werde immer ein Mann ohne die Geschichte seiner Anfänge bleiben. Aber ich habe verstanden, warum sie verlorengingen. Die Geschichte in Jever war zu laut für mich. Sie war ohne Freunde, denn auch die in Aussicht genommenen Freunde waren als mögliche Täter vereinnahmt worden. Ich war zu unreif. Wo ich frühreif genug gewesen wäre, da war ich zu schwach, um mich auf die Seite der Opfer zu stellen. Dort nämlich hätte ich auch in Jever botanisieren, zoologisieren und die Fährten von Menschen verfolgen können, wie ich es einst in Afrika und Australien tun wollte.

Heribert konnte beim Lesen dieser Zeilen eine gewisse Verwirrung und Rührung nicht verbergen. Der Sohn sprach mit ihm, er hörte zu. Der Sohn redete mit ihm wie mit einem Mann, den er ernst nahm. Immer hatte er geahnt, einen Zwitter gezeugt zu haben: halb einen Deppen und halb einen zeitweilig sehr Hellsichtigen. Je länger seine Verwirrung anhielt, umso gerührter wurde er, das wenigstens stand fest.

Dann aber, im letzten Absatz seines Briefes, machte Egbert einen entscheidenden Fehler. In einem nur flüchtigen, aber langen Nachsatz führte er noch aus, wie es zu seiner Sonderstellung bei dem friesischen Stabsfeldwebel und damit zur frühen Blüte seines Schreibhandwerkes gekommen war. Er erzählte von einem sardischen Eisenbieger, einer friesischen Kellnerin im Bahnhof Emden und beider Tochter. Diesem Mädchen war es innerhalb weniger Wochen gelungen, einen an die großen Abenteuerrouten und an die sie säumenden Bordelle gewöhnten Seemann umzutopfen in eine Zwei-Zimmer-Wohnung mit Kochnische, so daß er seinen bisherigen Mitverschwörern des nassen Abenteuers und der Fleischeslust glaubhaft versichern konnte: *Jawohl, es stimmt. Diese Frau hat mich plattgemacht. Aber es ist gut so. Manchmal bin ich glücklich mit ihr.*

In einer poetischen Anwandlung, in der er glaubte, von allen Menschen gleichermaßen verstanden zu werden, denn irgendwie und irgendwo seien doch alle Menschen ein Stück Poesie, schrieb Egbert dem Vater auf, daß dieser reuige Seemann ein Abbild, eine Ablichtung, einen Abdruck seiner Liebe zu dieser Frau, die ein Stück Land war, an dem als weitere Pachtflächen noch ein Eisenbieger aus Sardinien und die Kellnerin des Emdener Bahnhofes hingen - Egbert schrieb dem Vater auf:

... UND DASS DER SPIESS DESWEGEN NACH DEM ABBILD SEINER LIEBE TIEF IN MIR SUCHT.

Heribert aber war darauf trainiert, Briefe auf Eindeutigkeiten und auf Verwertbares hin zu lesen. Als er auf diesen Satz stieß, war die Rührung wie weggeblasen, lange bevor sie ihre heilsame Wirkung hätte entfalten können. Mit der Klarheit des Mannes, dem seit Jahrzehnten keine Frau mehr den Kopf verdreht, schloß er sofort daraus:

MEIN SOHN EGBERT IST EINER SCHWUCHTEL VON STABSFELDWEBEL ZUM OPFER GEFALLEN, DER ES ALS REUELOSER SEEMANN NICHT IN SEINER EMDENER KLEINWOHNUNG AUSHÄLT. MEIN SOHN WIRD VON SEINEM SPIESS IN DEN ARSCH GEFICKT.

Zunächst dachte er daran, den Amtsrichter Antrisa Cropp einzuschalten; der aber hatte den Juden Levy aus dem KZ Sachsenhausen befreit. Dann wollte er zu Fiddi Husmann laufen; von dem allerdings, fiel ihm wieder ein, wollte er seit gestern vorsichtigen Abstand nehmen, denn Windstärken und auch die Richtung der Winde schienen sich zu verändern, und Fiddi Husmann änderte sich nicht. Einen Nachmittag lang fühlte er sich alleingelassen und unbequem zwischen allen Stühlen. Dann aber hatte er eine Idee. Er leckte den Stummel eines Blaustiftes an, mit dem er ansonsten Zustellungsurkunden abzeichnete, und machte sich auf einem Brief, den er aufgrund einer tiefen persönlichen Abneigung gegen den Adressaten vorgezogen hatte nicht zuzustellen, Notizen zu einem Plan, der ihn in den nächsten Wochen und Monaten beflügeln sollte. Und Heribert lebte wieder auf.

19

Als allein wirtschaftender, Milch und Kälber produzierender, Schweine mästender, Karpfen und etwas Getreide erzeugender Moorbauer (und als ein an der Heimatfront unabkömmliches Mitglied der Jeverschen SA-Standarte, der vom Telefon des Sturmbannarztes Dr. Bode jederzeit aus dem Schlaf und in einen nationalen Einsatz geklingelt werden konnte) war Walter Kieslowsky vom Krieg verschont geblieben.

Er hatte aber seinen Lastwagen abgeben müssen, die Ackerraupe und seine zwei besten Pferde. Jetzt arbeitete er mit einer schmächtigen Fuchsstute, die zuvor morgens den Milchwagen gezogen hatte und auf der am Nachmittag ängstliche Kinder geritten waren. Mit ihr rückte er nach tagelangem Regen Pappelstämme, die er auf dem Hof klaftern und als Brennholz in die Stadt verkaufen wollte. Die Stute, zu schwach und nicht ans Holzrücken gewöhnt, knickte immer wieder mit der Hinterhand an einer Böschung ein. Kieslowsky hielt sie mit der Linken am Zaumzeug und zerschlug mit der Rechten einen Knüppel an ihrer Flanke, bis sie ihn tief in den Oberarm biß.

Die Wunde, die er aus anerzogener Sparsamkeit nicht fachgerecht behandeln ließ, entzündete sich und verdarb ihm das Blut. So lag Walter Kieslowsky mit vergifteten Säften auf seinem Totenbett und preßte die Lippen zusammen.

Gern hätte er jetzt seiner Frau Hiltrud ein erstes und letztes Wort des Dankes gesagt über ihr Leben hier im Moor. Auch hätte er gern seinen am Bett versammelten Töchtern Julia, Gerda, Emma und Vera, die alle ihre Haare zu züchtigen Dutts grafft trugen, aber einen gemeinsam genutzten Stummel von Lippenstift im Wäscheschrank verbargen, noch einen letzten Satz der Ordnung zugerufen. Dieses eine Mal sollte es ein mildherziger Satz sein, und das erste und letzte Dankeswort an seine Frau stellte er sich samtweich vor wie den Pelz des letzten Maulwurfs, den er mit der Forke aufgespießt und der jämmerlich geschrien hatte. Aber er hielt die Lippen bis zum Schluß zusammengepreßt und ließ keinen Luftzug entweichen. Er war sicher, daß wieder nur ein lästerlicher Fluch auf diese Mähre von Fuchsstute aus seinem Mund käme und ein ebensolcher Fluch auf den von Nazifliegen umschwirrten Scheißhaufen Fiddi Husmann, der ihm mit einer Hand die Ackerraupe genommen und ihm mit der anderen diese Stute besorgt hatte, die jetzt sein Tod würde.

Vor ihm auf dem Bett lag eine eisenbeschlagene kleine Holzkiste, die sein ganzes Leben barg:

- einen vergilbten Ausriß aus den Oppelner Nachrichten. Er berichtete von einem flüchtigen Rudolf Walter Kieseritzky, der auf dem Weg nach Australien oder dem kaiserlichen Palmengarten Papua-Neuguineas und den Suppentöpfen der dortigen Kannibalen sein soll. In der Grube "Glückauf" hat er seinen Steiger im Jähzorn erschlagen, weil der am Abend zuvor mit gezinkten Karten die Prämie beim Preisskat gewann - einen schwarz-weißen Ziegenbock. Der Nordamerika-Korrespondent dieser Zeitung, den der Lokalredakteur mit genüßlicher Weltläufigkeit erfunden hat, will diesen Kieseritzky aber unlängst erst als Fahnenträger auf dem internationalen Maifeiertag der Arbeit in Chicago/USA erkannt haben, neu eingekleidet und pausbäckig gefüttert von seinen amerikanischen Mitverschwörern, die stolz auf ihn sind;

- einen Kaufvertrag über den Hungerhof in Marcardsmoor, der auf einen Walter Rudolf Kieslowsky lautet, zu dem er sich inzwischen gefälscht hat;

- einen Stapel von Heftchen und Karten, die von einem Schnürsenkel gebündelt werden: das sind die Stationen der sehr unterschiedlichen Parteilichkeiten, die er in seinem Leben während verschiedener Anfälle von Rechtschaffenheit, Hoffnungsglauben, Wut und Jähzorn eingegangen ist sowie der Angst, völlig allein die ganze Welt verändern und widrigenfalls zusammenschlagen zu müssen. Immer sind ihm doch die Hoffnungen und selbst die Sehnsüchte nach Ruhe, Wohlstand und ein wenig Zärtlichkeit zu Gewalt geronnen. Und nie war sie ganz gedeckt durch die allgemeine Ungerechtigkeit des Lebens aller, die um ihn herum versammelt waren;

- ein Familienstammbuch mit gefälschter Geburtsurkunde, dem echten Trauschein mit einer Hiltrud Geerdes und den Geburtsurkunden jener Töchter, vor deren rätselhafter Geschlechtlichkeit er zwar immer eine gewisse Achtung, aber noch viel mehr Angst gehabt hat;

- ein Sparbuch, das er zusammen mit dem nach Schanghai gedampften Viehjuden Levy mit der schwarzen Lieferung von Schlachtvieh nach Köln und nach Niederösterreich gefüllt hat und vier weitere, nur spärlich gefüllte Bücher, die auf die Namen der Töchter lauten und ihre Mitgift darstellen, sollte sich jemals ein taubstummer und sehbehinderter Mann zu ihnen verirren, damit sie ihm den Buckel streicheln. Er zumindest würde als Mann, mit Ausnahme der zweitjüngsten Emma, um jeden dieser jungalten Vögel einen Bogen machen, denn sie sind nicht nur zänkisch und spitzknochig, sie haben auch Nasen wie Papageienschnäbel, was er auf einen unlauteren Defekt in Hiltruds Erbanlagen zurückführt und die Brut eigentlich unverkäuflich macht.

Er hielt die eisenbeschlagene Kiste mit beiden Händen umfaßt. Eine Weile schüttelte er sie hin und her, um ein letztes Mal den Nachhall seines Lebens in ihr zu hören. Dann versuchte er sie zu heben wie einen Vorschlaghammer, ließ sie aber schnell wieder fahren. Er wollte nicht mit einer weiteren Sünde sterben. Denn soeben hatte er sich vorgestellt, daß er diesem Fiddi Husmann, der an seinem Bett steht und einen allerletzten Gruß der Partei auf der Zunge trägt, mit einer der Kanten den Schädel einschlägt. Das schafft er mit einem Schlag, wie er mit einem Axthieb die Fuchsstute getötet hat. Und gleich darauf ist er nicht über den Schlag entsetzt, über das Blut, die hervorquellende Hirnmasse, er ist vielmehr darüber entsetzt, daß alle seine um das Bett herum versammelten Frauen völlig still bleiben. Sie schreien nicht auf, als seien sie selbst getroffen. Sie kreischen nicht. Sie beweinen nicht ihr kommendes Elend und das ihrer ungeborenen Kinder. Sie geben ihm mit ihren Schreien und Tränen nicht unrecht. Aber sie trampeln auch nicht mit ihren derben Schuhen freudig erregt auf die Holzbohlen und stimmen ihm zu, weil er doch auch sie in ihrem Elend von Frauen im Moor gerächt hat mit diesem zweiten großen Befreiungsschlag seines Lebens. Nein. Sie stehen nur da, still und verrätselt wie Heilige oder wie halb aufgetauchte U-Boote, die keine Fahrt mehr machen.

Es ist wahr, er hat diese ganzen Frauen nie verstanden. Sie lassen ihn auch jetzt allein, wie sie ihn immer alleingelassen haben. Und so stirbt er. Mit zusammengepreßten Lippen. Vor den versammelten Frauen. Allein.

Emma Poggenpohl sollte später sagen (sollte Egbert in seinem Buch über sich und Emma und den in die Welt verdampften und später als kondensierter Tropfen wieder aus der Welt aufgetauchten Fritz Levy festhalten):

Von allem, was er uns je angetan hat, sind mir diese zusammengepreßten Lippen des Sterbenden am deutlichsten in Erinnerung. Wir waren alle so erzogen, daß das letzte Wort eines Sterbenden ein besonderes Wort ist und daß unglücklich

*wird, wer es nicht befolgt. Aber wir standen um ihn herum und
warteten darauf, daß auch dieses letzte Wort ein Fluch wäre auf
sein Leben, das Moor, die Frau und die Kinder. Dann war er
tot. Jetzt war er ein Toter wie jeder andere. Wenn er wirklich
mit einem seiner fürchterlichen Flüche auf den Lippen gestorben
wäre, hätte ich wohl längere Zeit Schwierigkeiten mit Vätern,
Schwiegervätern, Großvätern, ja mit Männern überhaupt
gehabt, ob geträumt, erinnert oder neben mir in Küche und Bett.
Wie meine drei Schwestern hätte ich sie gesucht und gleichzeitig
gemieden. Und so kam es, daß Egbert mit seinen Werbebriefen
vom Fuße dieses Klosterberges in Italien nicht allzu lange
brauchte. Denn die Briefe zeigten mir, daß er entweder ein
großartiger Lügner oder ein sehr weicher Mann sein mußte. Als
sein siebter Brief kam, war ich schon fast gewonnen. Ich wollte
bloß noch sehen, was da auf mich zukäme: der aufregende
Lügner oder der butterweiche Mann. Oder beides in einem. Und
ich habe Glück gehabt: er ist beides in einem. Er kann lügen wie
einer, der aus der ganzen Welt kommt, und er kann weinen wie
ein anderer, der in Jever von der ganzen Welt verlassen worden
ist. Was will ich denn mehr!*

Hiltrud Kieslowsky kam der schnelle Abgang ihres Wüteriches durchaus
gelegen. Sie brauchte nur dem Schwager Sigi in Köln zu pfeifen, und schon
war er da. Gemeinsam machten sie Pläne für den sich anbahnenden Frieden.
Das erregte sie dermaßen, als stünden die Gewinne eines neuen Krieges
bevor. Mit dem Verkauf des Moorhofes, riet dieser Sigi, sollten sie noch
warten. Denn im zerbombten Frieden würden die Städte das Land
dringender brauchen als je zuvor, so daß selbst das karge Moorland noch zu
einer Goldgrube werden könnte. Er wiederholte hierbei nur die
Einschätzungen eines Geflügelhändlers vom Kölner Großmarkt, der nicht
nur den Frieden vorausgesehen hatte, sondern auch den Sieger. Da er einen
nach Texas ausgewanderten Neffen besaß, hatte er ihn früh schon als
Wirtschaftsspion im Staatenbund des Siegers eingesetzt und ihn
haufenweise Ablichtungen der Brat- und Verkaufsbuden von Kentucky
Fried Chicken anfertigen lassen. Wenn dieser Geflügelhändler jetzt den
Frieden um die Ecke biegen sah, dann erblickte er goldbraune, rotierende,
brutzelnde, fettriefende Hähnchen, die mit ihren hilflosen Bürzeln von
Kindermündern, durch die der Bratspieß läuft, nach Kunden schreien. Und
wenn Sigi auf den Frieden blickte, sah er das gleiche Bild.

Also würden sie den Hof nur verpachten, um ihn später in eine Hähnchenmanufaktur und, nach angemessener Lehrzeit, in eine Hähnchenfabrik umzugestalten. Den Ausstoß wollten sie in großen Mengen nach Köln schaffen. Hier sollte er sich in Buden und Büdchen auf den trümmergesäumten Plätzen der Stadt drehen, auf Neumarkt, Heumarkt, Alter Markt, Rudolfplatz, Chlodwigplatz, Bahnhofsvorplatz und Dom Nordseite über den Skeletten der in den Bombennächten Verschütteten und neben den Gebeinen aller Heiligen. Und hier auch sollte der letzten, in ihre Trauer versunkenen Kriegerwitwe so das Wasser im Munde zusammenlaufen, daß sie endlich ihren Ehering vom Finger zöge und gegen ein friesisches Brathähnchen tauschte.

Einer der wenigen, die jetzt noch Geld hatten, war ein Berufsoffizier aus Köln-Lindenthal, der auf wundersame Art im besetzten Flandern zu einem Vermögen gekommen war. Mit dem Frieden beendete dieser Saisonarbeiter logischerweise den aktiven Teil seiner Laufbahn. Außerdem sah er gute Gründe, das im Frieden des Siegers für ihn zunächst feindliche Köln eine Weile zu meiden. Dafür war ihm die Entlegenheit des friesischen Moores genauso recht, wie sie einst Walter Kieseritzky-Kieslowsky nach dem ersten großen Schlag seines Lebens recht gewesen war. Dieser Oberstleutnant verstand nichts vom Moor, den Schweinen und Karpfen. Er hatte Schwierigkeiten, Enten von Gänsen und Gänse von Trutern zu unterscheiden, und im Futter wildernde Ringeltauben brachten ihn vollends durcheinander, weil er sie mit Hühnern verwechselte. Er ging alles an wie einen neuen Krieg gegen das Land und gegen die Tiere, am Kartentisch geplant und siegesgewiß. Den Verpächtern freilich konnte es gleichgültig sein, wenn er mit seinem Monokel im Schweinekoben hinschlüge oder im Moor versänke, wie das Denkmal eines verdienten Kriegers im Schmutz einer neuen Zeit versinkt, solange er seine Kleinodien aus Flandern nicht aufgezehrt hatte und sie ihre Pacht erhielten.

So zog Hiltrud mit drei Töchtern nach Köln. Einzig Emma ließ sie bei Mia zurück. Das war für alle besser: die drei hageren Töchter waren froh, ihre mollige, aufgeblühte Schwester nicht länger als Gegenbild zu ihrer eigenen Spitzknochigkeit und Härte vor sich zu haben. Und Hiltrud selbst war froh, weil sie ein immer deutlicheres Interesse des neuen Vater-Freundes an Emma festgestellt hatte und zudem noch ihre eigene Lust, ihn dabei zu belauern. Wenn dieser Schrankkoffer von einem Mann, der im Kölner Schlachthof Pferde, Rinder und Schweine zerlegt hatte, hinter dem Duschvorhang in einen von Emmas Schlüpfern heulte, dann wurde sie heißer, als wenn er sie nachhaltig begehrte. Sie stellte sich vor, neben den beiden im Bett zu liegen, während der Schwager Sigi die Tochter nahm. Still wollte sie anwesend sein, wie die Bäuerin wortlos in der Stalltür gestanden hatte, wenn der Bauer seine Magd zwischen den Kühen nahm.

Und Mia war froh, denn sie mußte in ihrem Gartenhaus, das sie wieder mit ihren siebzehn Wellensittichen bewohnte, nicht allein sein mit sich, den Geräuschen der Nachttiere und ihrer noch immer andauernden Traumliebe zu dem Einhandsegler, der doch bloß ein weiterer Wegelagerer gewesen war. Und natürlich war Emma mit allem einverstanden, mußte sie doch nicht Angst haben vor einem Mann, der eine bloße Erfindung ihrer Tante war - ein Traum von Wasser und Wind, wie er älteren Küstenbewohnern gern eigen ist, leicht und luftig und doch mit der genügenden Wehmut belastet, die ihn vor dem Verwehtwerden bewahrt; ein Traum noch dazu, so schien ihr, den ihre Tante beherrschte und den sie ein- und ausschalten konnte wie ein Haushaltsgerät, ein Butterfässchen mit Motor etwa. Und nie ließ er sie so zerschlagen und streitsüchtig aufwachen wie ihre drei jetzt nach Köln abgewanderten Schwestern. Durch deren Nächte waren immer wieder Hengste galoppiert und hatten in den Morgenstunden ihre Betten mit Nüsternschaum gefleckt und mit dem Ammoniak ihres Urins.

Emma kannte die Geschichte der Lieben ihrer Tante ebenso wie jene ihrer Liebes-Lebenslüge. Sie hatte das Werben des Fritz Levy verfolgt und die Unentschiedenheit und schließlich den Nervenschmerz der Tante geteilt. So paßte sie in das Haus tatsächlich wie eine späte Tochter, und Mia paßte zu ihr wie eine Mutter, die mit ihrer Tochter Geheimnisse der Liebe einverständig und konkurrenzlos teilt.

Genau hier setzte Heribert Poggenpohls Idee an; schließlich regte ihn seit langem nichts so an wie der Gedanke, alleinstehenden Frauen eine gewisse förderliche Gewalt anzutun. Er glaubte, klug eingefädelt, leichtes Spiel zu haben, denn Mia mußte doch ständig geschwächt sein durch ihren Traum und verletzlich wegen seiner Lüge. Und ihre Nichte Emma mußte ähnlich labil sein, denn sie bewunderte doch ihre Tante wegen ihres Lügentraumes - eine junge, gerade aufgeblühte Halbwaise, die gerne schon einen eigenen Traum gehabt hätte, aber immer noch besenrein leergefegt war von Traum, welch eine Aussicht!

So wurde aus seiner Idee schnell etwas, das bald einer Schlachtordnung oder einer Unfallskizze ähnelte. Noch einmal leckte er den Stummel seines amtlichen Blaustiftes. Er gönnte sich das Papier eines weiteren Briefes, den er ebenfalls nicht zustellen, sondern als Steinbruch nutzen wollte, und verband auf ihm Vornamen mit durchgezogenen und gestrichelten Linien. Er malte vor- und rücklaufende Pfeile, Ausweichbuchten und gefährliche Kreuzungen, an denen Pfeile zusammenstießen. Diese Stellen markierte er mit dem Blitz von Trafohäuschen. Bald hatte er das sichere Gefühl, einen Sprengkörper zu basteln, der ihn weit in den kommenden Frieden hineinkatapultierte. Damit würde er seinen Sohn von der Arroganz und den Ausweichmanövern der Schreibkunst sowie aus der Finsternis der Schwuchteln erlösen und selbst endlich einmal als ein Mann dastehen, der nicht nur seine vielen kleinen Geschäftchen erledigt, sich täglich die Hacken abwetzt mit größtenteils nichtssagender Post, sondern der die Engpässe in seinem Leben mit einem einzigen kühnen Konstrukt wie dem Brückenschlag zwischen zwei Kontinenten überwindet.

Als er mit allem fertig war, gab er sich ehrlich-bescheiden Rechenschaft darüber, daß er ohne die Schulung der vergangenen Jahre nie einen derart genauen Plan zustande gebracht hätte. Seitdem Aufzucht und Nachzucht, das Erbgut und die Erbhöfe, die Körperchen im Blut und die Mineralien im Boden, die Menschenzeiten und die Maschinenzeiten, der natürliche und der beschleunigte Abgang, das Weinen weniger und das Lachen vieler, die Verdammnis einiger und das Glück aller anderen, die unerträglich vollgestopften Bücherregale des Hein ten Hoff am Kirchplatz, die wirren, immer sich widersprechenden, von Negermusik, Liedern französischer Damen und Dämchen und der Nölerei arabischer Derwische durchzogenen Programme seines Röhrenempfängers zu einem einzigen Reichsrundfunkprogramm und die angrenzenden Länder zu leicht überschaubaren Weizenfeldern und Gemüsegärten von höheren Stellen mit der Kälte der Weitsicht geplant worden waren: seitdem hatte er selbst doch viel von seiner früheren Tölpelhaftigkeit verloren. Er war viel geplanter geworden. Auch er in seiner Dienstkleidung, die zur Zeit freilich fadenscheiniger war als je zuvor und vor allem am Nachmittag, wenn er gen Westen ins Gegenlicht wanderte, am Hintern und den Oberschenkeln schimmerte wie Mäusespeck, auch er war schließlich Teil eines großdeutschen Planes. Das hatte ihn gewichtiger gemacht. Es hatte seine besten Mannesjahre gefüllt, auch wenn er Witwer geblieben war und weiter unter seinem beschäftigungslosen Glied litt. Diese innere Größe würde ihm kein Frieden je nehmen, den ein Sieger aus Übersee befahl.

Hier weinte Heribert ganz plötzlich. Die Tränen kamen so schnell über ihn wie eine fremde, feindliche Hand. Er erschrak und näßte den ganzen Plan; denn gleichzeitig wußte er doch, daß alles vergeblich und umsonst gewesen war, alle Glorie der Tage und sämtliche Tode in der Dunkelheit, und sein ganzes kümmerliches Leben noch dazu. Schließlich waren auch diese letzten Jahre seines Mannesalters, die er als Guthaben tief in sich bewahren wollte, nichts anderes gewesen als Jahre einer dumpfen und nie gestillten Sehnsucht nach Glück und ein klein wenig wirklicher Bedeutsamkeit.

Kaum aber hatte er sich trotzig wieder gefaßt, tätigte er auch schon die erste Investition in seinen Plan. Er opferte den einzigen Schreibblock, den er besaß. Mit Hilfe eines Zollstockes linierte er ihn, tankte seinen Füllfederhalter aus einem halb eingetrockneten Tintenfäßchen auf und verharrte dann eine ganze Weile reglos in der Annahme, die Gedanken zu ausführlicher Strategie und Taktik seines Vorhabens mitsamt der dazugehörenden Wörter überkämen ihn gleich als Donnerschlag. So mußte es doch Egbert geschehen, der schließlich ständig in einer Gewitterfront der Wörter lebte. Warum sollte dem Vater nicht widerfahren, was dem Sohn so reichlich geschah? Er wartete vergeblich. Dann aber tröpfelte es wenigstens, wobei sich seine Zunge im linken Mundwinkel verklemmte.

Als Egbert Jahre danach an diese Stelle seines jetzt fast fertigen Buches kam, wollte er zunächst die erhalten gebliebenen, vollgetröpfelten Seiten des Schreibblockes als Fußnote einrücken. So müßte er nicht lange von schamloser Schläue und niederträchtiger Kleinlichkeit schreiben und dies noch dazu aus der Sicht des enttäuschten, also selbst zur Kleinlichkeit neigenden Sohnes. Er ließ es dann aber schnell. Je länger der Leichnam des Vaters von Würmern durchpflügt wurde, je freier Egbert sich fühlte, sich an Heribert als an die bloße Möglichkeit eines Vaters zu erinnern wie bei einem Spiel Karten an die Möglichkeiten eines guten Blattes, umso mehr konnte er ihn auch für einen Mann halten, den er nur schlicht und nicht ganz ohne Schuld versäumt hatte. Es war ihm doch nicht gelungen, den Reichtum eines armen Mannes zu entdecken. So wurde Heribert erst Jahre nach seinem Tod im Herzen des Sohnes ein brauchbarer Vater, und Egbert fertigte aus den Seiten des Schreibblockes diese mildere Kompilation, eine Vater-und-Sohn-Fiktion:

> *1. Ich stelle fest: Sohn Egbert steckt im Sumpf der Schreibstuben-Deserteure und der Schwuchteln. Eine direkte Folge des Schweinkrams seiner ersten Gedichte. Der vielen*

Bücher, die er sich aus der buchverstopften Wohnung des Hein
ten Hoff geholt hat. Folge auch der eifersüchtigen Wettleserei
zwischen ihm und seinem genauso buchverdorbenen Freund
Piet, der sich lieber ein Buch vor die Eier hält als einem
Mädchen zwischen die Beine zu greifen. Folge endlich dieser
Geschichten auf Packpapier von liebeshungrigen Hebammen,
Null-und-Nichts-Vätern und der Briefe längst Gefallener an ihre
Angehörigen, die mir diese Nachrichten aus dem Jenseits aus
der Hand nehmen wie das letzte Abendmahl. Und immer warte
ich darauf, daß sie vor meiner Posttasche niederknien und sie
mit kleinen, hungrigen Küssen bedecken.

2. Mein Sohn Egbert muß sich selbst aus dem Sumpf ziehen wie
dieser Baron Münchhausen von der Oberweser sich an seinem
eigenen Schopf packte und sich aus dem Uferschlick und dem
Schilfgürtel des Flusses zog. Dieser Junge soll sich mit seinem
eigenen Handwerk aus den Fallen der Feigheit und der
Schwuchteligkeit der Literatur befreien, indem er Liebesbriefe
an eine ihm noch unbekannte Frau verfaßt, mit der ich ihn so
schnell und so Knall auf Fall verheiraten will, daß er im
kommenden Frieden in Jever geht wie ein Ochse unter dem
Joch.

3. Wenn sein Talent hält, was er in den Briefen längst
Gefallener den Angehörigen verspricht, dann wird diese Frau
von seinen Briefen entzündet werden und bald brennen wie der
Dornbusch und wie ein Autoreifen noch dazu. Ja wenn dieser
Junge aus dem Krieg als Mann zurückkommt und des Trostes
eines Besiegten bedarf; wenn er mit seinem leeren Tornister
eines Verlierers auf dem Bahnsteig steht und in der Uniform
eines Geschlagenen, von der alle Rangabzeichen entfernt sind,
dann soll gleich das Joch einer Ehe über ihn herfallen und kein
Buch soll groß genug sein, um sich wieder darin zu verstecken.
Denn so einen Dornbusch und so einen brennenden Autoreifen,
so eine gerade erst erblühte Schönheit wie Emma Kieslowsky
hätte es in normalen Zeiten nie für diesen Jungen gegeben: sie
wäre doch sofort unter der Hand weggegangen und mindestens
bis nach Oldenburg. Jetzt aber sind die Felder abgeerntet. Es
gibt keine Männer mehr, die ihr ins Herz sehen könnten, und nur

jetzt kann Egbert ihr noch ganz woandershin sehen. Welche
Aussicht. Mein Gott, solch eine Aussicht hatte ich nie!

4. *Sohn Egbert soll Werbe-, Schmacht- und Flammenwerfer-*
Briefe schreiben an eine Frau, die Emmas hungrige Augen,
Emmas Brüste reifer Boskop-Äpfel, Emmas Fesseln eines
Fohlens, Emmas kieselglatte Knie, Emmas Hintern eines
Hühnchens und ihren Schoß eines Vogelnestes hat, und
schreiben soll er sie in der Annahme, es ginge darum, mit
seinem Talent der Feigheit und der Schwuchtelei endlich für den
Vater Heribert eine Frau herbeizuschreiben und für sich selbst
die längst überfällige Stiefmutter - in Wirklichkeit aber natürlich
für den Vater eine Schwiegertochter und für sich selbst eine
Ehefrau, die schon bei seiner Ankunft auf dem Bahnhof von
Jever über ihn herfällt wie ein immerwährendes Joch über den
Ochsen.

5. *Mit seinen Briefen eines Flammenwerfers soll er sich ein*
Backsteinhaus für Emma und Egbert erschreiben, eben dieses
Haus des Kleinbauern Poggenpohl hier, dem der alte Leander
im Suff und mit gezinkten Karten den Acker genommen hat. Und
mit der Süße seiner Briefe soll er gleichzeitig dem Vater
Heribert ein Gartenhaus erschreiben, auf dessen Fensterläden
Hasen in den Vollmond gucken und sich innig lieben; denn
natürlich steht bei der ganzen schlauen Operation die
Sozialheilige und verhinderte Seefahrerin Mia als selbstlose
Kupplerin und besorgte Tante zur Verfügung, woraufhin
Heribert ihr zum Dank den Arm bietet. Er nimmt ihr künftig die
Angst vor den Nachttieren, und selbst ihre fürchterlichen
siebzehn Wellensittiche versorgt er anfänglich. Erst später wird
er sie töten, nach und nach, vielleicht jeden Tag einen, bis er
schließlich auch die leeren Käfige entsorgen kann, die jetzt
einzig noch zwischen Heribert und Mia stehen. Und dann
endlich werden sie sich begegnen. Nach Jahrzehnten der
Begehrlichkeit. Bevor ihre Herzen im Alter versteinern. Mia
kann endlich ihren längst verstaubten, von den Milben der
Wellensittiche und dem Kot der Seevögel zerfressenen Traum
fahren lassen. Und er die Trostlosigkeit des Witwers. Und die
tägliche Vernichtung in einer zwar laienhaft, aber immer
krümelfrei aufgeräumten Küche. Und so beginnt er noch einmal

*am Ende des besten Mannesalters das Liebesleben eines
Jünglings. Und Mia, befreit von ihrem Traum, in dem sie in
letzter Zeit erschreckend gealtert ist, kleine Hängebrücken unter
den Augen und die Backen eines grau gewordenen Hamsters -
auch Mia wird am Ende ihres besten Frauenalters noch einmal
zu einer neugierig Liebenden. Und so werden sie gemeinsam in
das Glück eines neuen Friedens gehen, den sie beide als
gänzlich Unschuldige betreten.*

*6. Was aber, wenn Mia sich sperrt mit der Reinheit der Heiligen
und der Borstigkeit der Jungfrau, die sie in ihrem bloßen Traum
von Mann wieder geworden sein will? Wenn sie wieder nur mit
ihrem Ringfinger, an dem seit zwei Jahrzehnten der
Verlobungsring des Elfenbein- und Waffenschiebers Heiko
Sievers steckt, auf den Mäusespeck an seinen Diensthosen zeigt
oder auf die Haare an seinem Adamsapfel, den er nie
auszurasieren wagt, weil der Kerl sofort hüpft wie ein
Tennisball? Wenn sie gar bloß verächtlich auf seinen Hosenlatz
zeigt in Erinnerung an jenen einen, doch vielfach verjährten
Augenblick im Hausflur, da seine blanke Geschlechtsnot eines
Ziegenbockes zur Lächerlichkeit des Mannes geworden ist?*

*7. Für diesen Fall will Heribert sein Gedächtnis eines Beamten
öffnen, dem vieles zugetragen wird, der sich noch viel mehr
zusammenreimt und alles miteinander, sorgfältig gebündelt und
beschriftet, wie ein Pfandleiher in sich verwahrt. Er weiß doch
sehr genau, mit welchen Summen aus ihren Ersparnissen sie
zunächst einem rechtskräftig zu Wasser und Brot verurteilten
tätlichen Beleidiger bei seinen verschiedenen Fluchten geholfen
und welche Summe sie schließlich einem davondampfenden
Juden mitgegeben hat. Das versteht er als Druckmittel für die
Zeit VOR dem Frieden. Und IM Frieden dürfte es jeder
Hebamme und vor allem einer kleinen Heiligen höchst
unangenehm sein von sich zu hören, daß sie sich einem
bedrängten Juden gegenüber verweigert, daß sie ihm den
Aufbau einer neuen Existenz im Paradies der Rinderzucht und
des Viehhandels in Argentinien zerstört und ihn in das faulige
Brackwasser des Hafens von Schanghai getrieben hat durch ihr
Zaudern, ihre hartherzige Ablehnung und ihre vorgetäuschten
Nervenkrisen. Und so ist er gleich nach Anlegen des Dampfers*

geschwächt ins Hafenbecken gefallen zwischen Köpfe und Eingeweide völlig fremder Fische, faulige Früchte, schimmlige Nudeln, Exkremente und grünschillernde Knickeier und muß bald sauber und bis zur völligen Unkenntlichkeit von den Ratten abgenagt gewesen sein, denn seit dem Auslaufen des Frachtdampfers ODER aus Hamburg hat niemand mehr etwas von diesem bemitleidenswerten Mann gehört.

8. Und was, wenn sie ihm eine gewisse Laschheit in Sachen Eigentum und körperlicher Unversehrtheit anderer vorwirft? Natürlich hat er ein wenig Bestecksilber an sich genommen, einige wenige Stücke Bernstein, etwas Gold auch und die Reste einer Uhrensammlung, als so viele Wohnungen plötzlich herrenlos dalagen wie Brieftaschen im Schloßpark. Aber hat er nicht andererseits das schwere BMW-Motorrad dieses Mannes, eingeölt und in allen seinen beweglichen Teilen teuer gefettet und mit Wachstuch abgedeckt, vor der Vernichtung in einem sinnlosen Krieg bewahrt? Es wäre doch bei den Kradmeldern eingesetzt worden, und der Fahrer wäre auf ihm weggeschossen worden wie ein Feldspatz.

9. Und jetzt zieht Heribert noch den Joker aus seinem Blatt und legt ihn Mia auf den Tisch.

Zwar stimmt es, daß sein SABA-Röhrenempfänger mit diesem Kasten aus kostbarem Macassar-Ebenholz einst von einem Adolf Hirche entlehnt worden ist. Aber hat dieser Mann nicht alle gegen sich aufgebracht dadurch, daß er sein Gerät für die Musik wilder Neger mißbrauchte und die halbe Stadt mit Aftergequietsche beschallte? Und gerade als sie gezwungen war, ganz anderes zu hören? Haben nicht längst Pflege und Gewohnheitsrecht auch in diesem Fall aus vorläufigem Besitz endgültiges Eigentum gemacht?

Hat er diesem Adolf Hirche später nicht mehrfach zu seinem Tüftlergeschick eines Elektrikers gratuliert, mit dem er trotz der kargen Zeiten die Projektoren des Kinos im Concerthaus in Gang hielt, so daß der Stadt nie das Bild ausging?

Gewiß ist dieser Mann inzwischen, wie alle Männer jüdischer Frauen, in ein Arbeitslager verbracht worden. Aber hat er nicht danach noch dem Kinopächter zu dem Geschick des auch Schreiners Adolf Hirche gratuliert, mit dem dieser auf dem Boden des Concerthauses einen verdeckten Verschlag errichtete? Können sich in diesem Verschlag nicht Frau Erna Hirche, geborene Schiff und ihre Tochter Eva unsichtbar machen und still vor sich hinsprechend den Satz widerrufen: DIESE STADT IST JUDENFREI? Gehört er neben Mia, die in diesen Verschlag Salben und Pillen für die Nerven der beiden liefert, nicht zu den wenigen, die wissen und schweigen? Ist er mit seinem Wissen und dem Schweigen darüber nicht eigentlich und strenggenommen ein Widerstandskämpfer, ein kleiner natürlich und folgerichtig ein stiller?

Dieser letzte Teil seiner Arbeitsnotizen, bei denen ganz zum Schluß noch ein gewichtiger Joker ins Spiel kommt, befriedigte Heribert besonders. Als er auch ihn mit eingeklemmter Zunge auf das linierte Papier gebracht hatte, sah er endlich hoch,

schreibt Egbert in seiner Kompilation, seiner Fiktion eines Beamten niederen Ranges und eines Zustellers, der erst, als die Würmer auf dem Jeverschen Friedhof begonnen hatten ihn zu durchpflügen, zu seinem Vater geworden war - und damit zur Erinnerung an einen Mann, den er zunächst achtete, dann liebte, ja mit dem er sich schließlich sogar hin und wieder verwechselte, weil er eingesehen hatte, daß dieser Vater zwar auf dem Friedhof verweste, aber in unbeobachteten Augenblicken doch immer wieder aus dem Sarg stieg, durch die Stadt ging, hier und da so unbeholfen und gleichzeitig so hintersinnig und fordernd grüßte wie eh und je, an verschiedene Haustüren klopfte, bis er endlich seinen einzigen Sohn gefunden hatte, dem bei seinem Erscheinen der Mund offen stehen blieb, obwohl er ihn doch längst schon erwartet hatte. So ein Vater ist schließlich nicht totzukriegen.

20

In der Schreibstube am Fuße des Montecassino, die immer wieder von fernen und nahen Granateinschlägen erschüttert wurde, tat Egbert sein Bestes. Schließlich hatte er eine zwar sehr reizvolle, aber nahezu unmöglich zu bewältigende Aufgabe: dem Vater Heribert in sein Bett eines verbitterten Witwers eine Frau zu schreiben, und dieser Vater verriet ihm nicht einmal den Namen und die Anschrift der Frau.

Egbert würde in eine Nebelbank schreiben müssen. Er verfügte nur über wenige Vorgaben, die Heribert wohl parfümierten Briefen der Werbung und der Liebe entnommen hatte, von denen er manche mit unstillbarer Sehnsucht öffnete, um sie dann, beschämt und gleichzeitig voller Neid auf das mögliche Glück anderer, nicht zuzustellen. Nur vereinzelte Details waren brauchbar, die Heribert offensichtlich schlau berechnet hatte. Aber an ihnen erkannte Egbert, wie weit der Krieg ihn bereits von Friesland entfernt hatte. Es schien auf einem anderen Kontinent zu liegen, besiedelt von Menschen, die seltsam aussahen und merkwürdige Sachen anstellten; ja fast schien es, Land und Menschen seien den flüchtigen Aufzeichnungen eines der frühen Welterkundler entnommen.

Immerhin wußte er jetzt, daß es sich um eine überraschend junge Frau handelte, die zur Molligkeit eines Kaninchens neigte. Sie hatte einen leicht vorstehenden Schneidezahn, der sie spöttisch wirken ließ, wenn sie lächelte; die schwarzen Haare des Südens, als sei sie von einem an der Küste Frieslands schiffbrüchig gewordenen Anrainer des Mittelmeeres oder der Ägäis gezeugt worden; und dunkle, sanfte Augen, die sich aber verengten, sobald sie gereizt wurde. Dann kündigten diese Augen einen Ausbruch an, der eher einer der Marktfrauen hier am Fuße des Montecassino denn einer Friesin zu entsprechen schien. Wenigstens das würde Egbert als Einstieg in eine Geschichte nutzen können. Er wußte jetzt, daß diese Frau, die mit ihrem leicht vorstehenden Zahn die Jeveraner zu verspotten schien, Gewalt erfahren und daraus Lehren gezogen hatte, denn ihre Augen konnten sich verengen.

Auch erfuhr er, daß sie Halbwaise war. Ihr Vater, kein Kleinbauer, aber auch kein reicher Mann, hatte sein Leben lang nur Töchter gezeugt, ohne freilich je etwas davon zu verstehen - weder von seiner monochromen Zeugungsart, noch von den Töchtern selbst. Und kürzlich erst war er durch den Biß einer gequälten Fuchsstute an seinen vergifteten Säften gestorben, weil er sich nie die Wohltat einer Tetanusspritze gegönnt hatte. Das sollte der Vater sein, erfuhr Egbert aus dem fremd gewordenen Kontinent, der einst Heimat gewesen war.

Dann erfuhr er, daß sie doch mehr eine Dreiviertel-Waise sei. Denn soeben, noch wären die Kränze auf dem Grabhügel des Bauern nicht verdorrt, sei die Mutter auf und davongeflogen nach Köln unter Mitnahme der Geschwister, die sie ratlos umflattert hätten, und unter Zurücklassung eben dieser einen jungen Frau, die das Zielobjekt sei. Das also sollten die Mutter sein, die Schwestern, die Frau.

Die längst fremd gewordene Heimat driftete noch weiter ab, als Heribert ihn mit seinen Ansichten vom Rheinland und besonders von Köln zu füttern begann, als stände er, ein anderer Columbus, mit einem einäugigen Glas auf Deck seiner Santa Maria und peile die verschwommenen Umrisse einer neuen Küste an.

Wie den meisten Friesen war Heribert dieses Köln als die Hochburg rheinischer Leichtlebigkeit und Fahrlässigkeit bekannt. Die Rheinländer gewannen kein neues Land, sie düngten es bloß immer wieder neu mit ihren Abwässern. Gegen die Frühjahrsfluten des Rheins errichteten sie keine

Deiche wie die Friesen gegen die See, sie riefen bloß regelmäßig und kläglich um Hilfe und sahen bestürzt ihrem davontreibenden Hausrat, ihren Tieren und dann und wann einem ertrunkenen Kleinkind hinterher. Sie bearbeiteten nicht den Boden, sie handelten bloß. Sie verteuerten die Waren in ihren Lagerhäusern am Strom durch bloßes Aufeinandertürmen. Sie schröpften durchziehende Holländer, Flamen, Wallonen, Engländer und Franzosen und warfen ihnen dann noch vor, Weibsgesindel in den Schatten des Domes gelockt zu haben, das sie freilich selbst zu Vorzugstarifen bestiegen. Das alles wußten die protestantischen Friesen von den katholischen Kölnern und rächten sich damit für jene billigen Witze, die diese für ihre Karnevalssitzungen über die Friesen drucken und sogar zu kleinen Bibeln der Heiterkeit hatten binden lassen. Sie achteten sie also wenig. Und doch sehnten sie sich immer nach der Leichtigkeit ihres Seins, die in den Pappnasen des Rosenmontags gipfelte, wenn alle Bewohner der Stadt in eine riesige Pauke fielen und mit dem Segen des Erzbischofs kunterbunt durcheinander neue Kölner zeugten.

Hier also, teilte Heribert seinem Sohn als Vorgabe mit, war eine liebestolle und stadtverrückte Witwe aus Friesland mit ihren Töchtern gelandet. Diese Töchter, hagere und spitzknochige Wesen, schwirrten übererregt am Rhein und in den engen Gassen der Altstadt herum, fühlten sich von der Mutter vernachlässigt, vom Freund mißachtet, stachen bald boshaft zu, wenn ein Kölner jovial den Arm um sie legen wollte, schlossen sich in eine Wohnung ein und lebten hier bald abgeschiedener als zuvor auf dem väterlichen Hof.

Egbert begann, sich das alles für eine weitere Geschichte vorzustellen. Schnell kam er in seinem ersten langen, den Umfang eines kleinen Romanes erreichenden Werbebrief dahinter, daß Köln wirklich nichts war für diese eine in Jever zurückgebliebene Frau. Nur hier, an der grauen Küste der Nordsee, die bloß im Frühjahr etwas Farbe gewinnt durch das Grün der Wiesen und im August noch einmal durch die Wogen der Getreidefelder, ist sie ein Tupfer Mittelmeer und Ägäis; denn natürlich haben sich die Kölner in der großen Pauke des Rosenmontags immer auch kreuz und quer mit allen Besuchern des Südens vergnügt und so getan, als sei ganz Europa ein einziges Land. Mit ihrem leicht vorstehenden Schneidezahn und ihrem Lachen voller Spott und Wärme zieht sie in Jever die Männer an. Aber sie beschämt sie damit auch sofort, wenn sie ihr breit und dampfend als Zuchtbullen entgegenkommen. Und mit allem ist sie hier konkurrenzlos, denn es gibt doch nichts Vergleichbares mehr, seitdem der alte Leander mitten in seinem ersten Morgenstrahl in den Hintern getreten, ohne die

Möglichkeit einer Wiederkehr abtransportiert worden ist und sich alle anderen Leanders und Nebenleanders und Mitleanders in die Richtungen der umlaufenden Winde zerstreut haben -

und außerdem, so konnte der Stabsfeldwebel bezeugen, der Egbert neuerdings gern über die Schulter sah, war doch längst die Leichtlebigkeit Kölns dem Elend einer Ruinenstadt gewichen. Der Dom warf keinen Schatten mehr. Der Erzbischof segnete nicht länger die fröhliche und allseitige Paarung in der großen Pauke des Rosenmontags, sondern hielt seine Gläubigen profan zum Ausharren an, damit ihm nicht die letzten Schäfchen ins Umland entkamen. Das leichte Geschwätz war auch hier zum harten Streit um die Kartoffelknolle und zum blechernen Klang der Eßgeschirre und der Löscheimer geworden. Und die Lockrufe der Huren, die aus den erhaltenen Kellergewölben rings um den Dom drangen, fanden nur selten noch ein Echo als Antwort.

Nach diesem ersten Mammutbrief von den Ausmaßen eines kleinen Romanes erfand Egbert der Frau, die er ins Witwerbett seines Vaters schreiben sollte, eine ganze Lebensgeschichte. Unweigerlich führte dieses Leben in das kleine Backsteinhaus der Poggenpohls, das zu einer Nisthöhle wurde und zu einer rosafarbenen Muschel, in der das Meer vor Swakopmund im Südwesten Afrikas und an der Nordküste des australischen Queensland rauschte. Schon vom dritten Brief an war ihm gleichgültig, ob es diese Frau mit dem leicht vorstehenden Schneidezahn in Jever wirklich gab oder ob er sie sich erfand. Für ihn war nur wichtig, daß er ihr eine Geschichte erzählte, die in sich stimmig war und auf die zur Bestätigung aus Jever kurze Antworten in etwas kindlicher Schrift kamen in Umschlägen, die sein Auftraggeber Heribert mit der Feldpostnummer versehen hatte. Dieser Auftraggeber behielt also alles in der Hand. Und so mußte Egbert die Geschichte weitererzählen.

Im vierten Brief schrieb er ihr die Romanze einer schwarzhaarigen, zur Molligkeit eines Kaninchens neigenden Frau und ihres Freundes auf, die beide nur einen kurzen Vogelflug von der See entfernt in Friesland leben. Sie haben sich vorgenommen wieder auseinanderzugehen, sobald sie zu dem stummen, zu lebenslangem Dienst bestimmten Paar Zugtiere ihrer Eltern, Großeltern und Nachbarn werden, ja sie werden verlöschen in dem Augenblick, in dem sie morgens aufwachen und ohne Wörter sind. Es wird sie nur so lange geben, wie die Wörter da sind und die Geschichte mit ihnen weitergeht, denn unaufhörlich erzählt einer den anderen und dieser andere den einen, und so erfinden sie sich ständig neu. Sobald aber das Erzählen abbricht, gibt es nichts mehr. Dann gibt es nicht mehr die Frau und nicht mehr den Mann. Es gibt noch das flache, von Entwässerungskanälen durchzogene Land, das die Vorfahren der See abgerungen haben. Es gibt noch die Grausamkeit der See. Und irgendwann, mit Vorliebe nachts und im Januar, kommt das Wasser und holt sich das wortlos und damit wehrlos gewordene Land zurück, in einer einzigen Januarnacht und mit einem großen, hungrigen Auflecken, denn das friesische Neuland ist nicht Köln mit seiner längst Geschichte gewordenen Geschwätzigkeit durchziehender römischer Legionäre und seinen Handel treibenden und Branntweinfäßchen schmuggelnden Holländern, Flamen, Wallonen, Franzosen und seinen ebenfalls schmuggelnden, feines Tuch aus Indien unter der Hand feilbietenden Engländern und jetzt dem Überlebensgeschrei um die Winterkohle und die Kartoffelknolle und den immerwährenden Lockrufen chromgelber und feuerroter Frauen aus den Kellergewölben, auch wenn sie kein Echo mehr haben und der Dom keinen Schatten mehr wirft: Friesland ist ein Land, das gegen die See und gegen das Vergessen lebt. Und wer sich gegen das Vergessen nicht mit Wörtern wehrt, der wird in einer einzigen Januarnacht mit einem großen Auflecken von der See geholt und in ihrer Umarmung ertränkt.

WIR LIEBEN UNS NUR SO LANGE, WIE WIR UNS GEGENSEITIG ERZÄHLEN, schloß Egbert seinen sechsten Brief mit einem etwas hohen Ton, aber auch das war ihm jetzt im Rausch des Schreibens gleichgültig, denn längst waren es doch die Briefe seiner eigenen Liebe zu dieser Frau.

Die Antwort auf diese sechste Lieferung seiner Briefromanze erreichte ihn wieder in einem vom Auftraggeber adressierten Umschlag. Auch dieses Mal war sie knapp, aber doch heller als je zuvor. Er schnüffelte lange an den Zeilen. Er beroch jeden Satz. Er trank sich die Schreiberin mit ihrer Schrift eines molligen Kaninchens ins Herz und stellte, als er endlich fertig getrunken hatte, ohne jede Überraschung, aber mit großer Befriedigung fest, daß alles zueinander paßte: diese Frau in Jever und seine Erfindung; seine Briefe und ihre Antworten darauf; ja längst waren sie für ihn eins, als seien auch ihre Antworten einer Leserin seine Imagination eines Schreibers.

Von jetzt ab nahm Egbert an, daß GLÜCK immer ein derart geschlossenes System sei, wie er es hier entdeckt hatte. Und von Stund an verehrte er Eier, vor allem angenehm in seiner Hand liegende Vogel- und Hühnereier. Er sollte sie nie mehr zu einer Mahlzeit mißbrauchen, weder hart noch weich gekocht, nicht geschlagen, gerührt, gebraten und ohnehin nicht roh, denn sie waren für ihn ein vollkommenes Abbild des geschlossenen Systems GLÜCK.

So beschloß Egbert, von dieser Liebe, die er mit seinem Schreibhandwerk in sich selbst geschaffen und durch den Feldpostversand in der Leserin entzündet hatte, nicht mehr zu lassen. Sein siebter Brief wurde der kürzeste aller Briefe, die er vom Fuße des Montecassino aus schickte. Aber es war auch der wichtigste und entscheidenste und einer, bei dem er noch sorgfältiger als je zuvor jedes Wort mit der Hand des inzwischen reichlich erfahrenen Handwerkers und mit den Gefühlen eines erstmals wirklich Liebenden und nicht bloß Begehrenden geprüft, verworfen, abgeändert, neugestaltet und endlich für passabel erachtet hatte.

Allein für diesen kurzen Brief verfaßte er neunundvierzig Entwürfe. Als er sich mit der Nr. 49 endlich zufriedengab, tat er es nur, weil die Feldpost drängte. Aber da war ihm auch bereits klar geworden, daß er sein ganzes Leben eines Schreibhandwerkers einzig mit diesen Entwürfen zubringen könnte: ein Entwurf verhindert den vorangegangenen in dem Maße, in dem er im Leben voranschreitet. Den letzten und immer noch provisorischen Entwurf eines Briefes, den er nie abschickt, wird ihm erst der Tod aus der Hand nehmen. Mit dieser Erkenntnis hatte Egbert auf erschreckende Weise einen seiner möglichen Wege als Schriftsteller bis zum kläglichen Ende hin überschaut. Und gleichzeitig hatte er den Höhepunkt seiner frühen Vollendung erreicht. Höher käme er in dieser Schreibstube am Fuße des Montecassino, den lüsternen Blick des Stabsfeldwebels über der Schulter, jetzt nicht mehr.

Von allen neunundvierzig Entwürfen waren schließlich nur zwei knappe Seiten übriggeblieben. Auf ihnen teilte er zunächst seinem Auftraggeber mit, daß er ihn ab sofort verraten und als möglichen Liebhaber dieser Frau in den Wind schießen würde. Da er mangels Mutter nie die Frau seines Vaters habe begehren können, sondern sich mit einer Amme begnügen mußte, die mit Flaschenmilch hantierte und fatalerweise zu einer kleinen Heiligen und großen Träumerin mutierte, raube er ihm jetzt diese für einen einfachen Zusteller ohnehin zu kostbare Frau. Der Vater habe ihm die Mutter geraubt und dem Raub des ganzen Clans der Leanders tatenlos zugesehen. In der Folge habe er noch Bestecksilber gestohlen, Bernstein, etwas Gold und eine schwere BMW, und auch deswegen nähme er sich jetzt ungeniert diese Frau

- ein Wesen überdies, so folgerte Egbert, das er vor ihm rette und ihn vor ihr, denn unstreitig sei doch

a) daß Heribert so eine Frau nicht verdiene mit seiner ärmlichen Gier eines Erotomanen - er mit der tückischen Folgsamkeit eines Lamas, das spuckt, wenn der Amtsvorsteher des Postamtes Jever oder wenn Fiddi Husmann es befiehlt - er mit seinem Innenleben einer abgeschabten Geldbörse, dem Terror seiner krümelfrei aufgeräumten Küche und der Wörtergewalt seines Radiogerätes, dem SABA-Empfänger aus Macassar-Ebenholz, und daß er

b) diese junge und kostbare Frau nicht nur unglücklich mache, sondern daß sie binnen kurzem auch ihre Schönheit, ihre verratene Zukunft und ihre mißbrauchte Liebe ins Wasser des Schloßgrabens trüge und damit alle Poggenpohls verdammte bis zurück ins vierte Glied, bis hin zu jenem Ururgroßvater Lienhard, der zu Fuß und mit nichts als einem Hammer im Schnupftuch mit dem Brandzeichen des Namens Pockenpfuhl aus Nordhessen zugewandert war, ein Kesselflicker und Hausierer, der eine Bleibe für den Winter suchte, eine Frau und einmal im Leben den Blick auf die See.

Und seiner Liebe selbst (oder seiner Imagination) schrieb Egbert kurz und entschieden:

Ich sehe Dich mit meinem Herzen. Am ersten Tag des neuen Friedens sitze ich im Zug Bremen-Oldenburg-Varel-Sande-Jever im Wagen hinter der Lok, der auf Bahnsteig 1 (von zweien) einläuft, um Dich zu umarmen und gestern schon zu heiraten, damit fortan der eine die andere erzählt und die andere den einen. Damit wir eine stille Insel der Wörter sind inmitten des Tumultes der Welt und so glücklich leben wie in dem Ei eines Vogels, das uns beide umschließt.

P.S.: Das Ei liegt im Nest eines Kiebitzes. In den Dünen. Bei Schillig. An der See.

Heribert war keineswegs unglücklich über diese Entwicklung, denn er fand sich doch am Ziel seines eigenen Betruges. Ganze sieben Briefe lang hatte er seinen Sohn, den Auftragschreiber, betrogen. Und noch immer hatte dieser

Depp in seinem Schreibwahn nicht gemerkt, daß er Betrüger und Betrogener in einer Person war.

Und die Schöne mit dem vorstehenden Zahn?

Der Tupfer des Mittelmeeres und der Ägäis?

Das Mädchen mit der immer drohenden Molligkeit eines Kaninchens?

Inzwischen hatte Emma Kieslowsky viel von ihrer Tante Mia gelernt. Die kränkelte neuerdings und fand auch in ihrem alten Traum keine neue Kraft mehr. Der Traum selbst kränkelte. Schon legte sie ganze Teile davon achtlos zur Seite. Mia war mit ihrem Traum alt geworden. Jetzt war ihm die Kraft ausgegangen, und dadurch war auch sie kraftlos geworden. Sie lebte nur auf, wenn Heribert mit einem dieser umfangreichen Briefe aus Italien kam, die sie ihrer Nichte, Blatt an Blatt, auf das Bett legte wie ein Laken zur Hochzeit. Sie erinnerte sich gut an das frühreife Kerlchen Egbert, der sie bereits in unerhört grünem Alter so heftig begehrt hatte. Jetzt, da sie müde geworden war und die Erinnerung an das Gestern nachließ, erinnerte sie sich an diese ferne Zeit immer noch so, als sei es heute Morgen gewesen. Die Erinnerung erregte sie. Das gab ihr Kraft, ihrer Nichte als Kupplerin zu einer ersten Liebe zuzureden. Egbert konnte begehren wie ein Seehund, aber schließlich war er ein Kerlchen, und noch war er fern. Kein Grund also, sich dieses Kerlchen nicht einmal probeweise zuzutrauen.

Emma selbst hatte erlebt, wie ein schöner Traum versiegt und bloß noch tröpfelt, wie erste Teile von ihm schon achtlos zur Seite gelegt werden und wie die Tante dabei schwächer wird. Sie hatte erfahren, daß selbst ein so gewaltiger und jugendlicher Traum verdirbt wie das Fleisch des Träumenden selbst. In den Briefen Egberts aber erlebte sie einen Phantasten und großartigen Lügner, wie er ihr weder irgendwann im Moor, noch in den eifersüchtigen Traumerzählungen ihrer Schwestern, noch jetzt in Jever je begegnet war. Egbert log, daß sich die Balken bogen. In seinen Briefen nahm er es mit allem auf und machte aus der Endlichkeit der Zeit die unendliche Zeit der Liebe. Wenn er schrieb und log, war er kein Träumer, sondern ein entschiedener Täter. Daher sagte sie im stillen bereits JA und wollte bei seiner Ankunft auf Bahnsteig 1 nur noch sehen, ob er auch ansonsten halbwegs ein Mann wäre.

Und so wurde aus der Intrige des Vaters, aus dem Betrug des Sohnes am Vater, aus der Briefromanze von Egbert und Emma, aus der Wirklichkeit der Briefe mit ihrem Umfang des norddeutschen Telefonbuches von 1944 die Wahrheit des Lebens von Emma und Egbert - ein wirkliches und wahres Märchen, das sie sich bis heute in Jever erzählen.

21

Kurze Zeit sonnte Egbert sich in der Erwartung eines reichen Lohnes. Sollte das Leben weiterhin dieser leichte Schwindel sein, den er sich erschrieben hatte, war er jetzt doch unbedingt für dieses Leben.

Er saß mitten in einem sterbenden Krieg, der jetzt noch gewalttätiger war als zuvor der frische und gesunde Krieg, und erledigte weiter seine tägliche Auftragsarbeit als Schreiber. Er schrieb und schien für die Zeit gestorben. So entgingen ihm die schrecklichsten Gesichter des Krieges oder zogen doch so schnell an ihm vorüber, daß sie ihn nur leicht beschädigten. Und so glaubte er nicht daran, daß der Frieden immer nur denkbar sei mit den Erfahrungen eines vorangegangenen Krieges im Kopf, ja daß der Krieg der siamesische Zwilling des Friedens sei, seine Bedrohung und sein Ende, aber auch sein Unterfutter und sein Anfang. Er glaubte noch an die Möglichkeit eines Dauerfriedens: ein Backsteinhaus für Emma und Egbert ohne die Gewalt von Röhrenempfängern und formierten Schritten auf Kopfsteinpflaster; ein Gartenhaus für Mia Geerdes und für einen Vater, der sorgenvoll die Mauser der Wellensittiche beobachtet und sich wieder mit Friedenspost die Hacken abläuft. Nur selten noch wird er einen Brief öffnen und dann auch strikt nur, um sein Erinnerungsvermögen an frühere Verfehlungen zu überprüfen. Und nichts mehr bringt er höheren Stellen zur Kenntnis, es sei denn gelegentlich den Fahrer eines Automobiles, der ihn mit tierischen Exkrementen besudelt oder ihm eine nun wirklich widerliche Geste gezeigt hat.

Als die Not sich noch weiter verschärfte, begann der Stabsfeldwebel aus Emden sich über die Ruhe Egberts und den Ausdruck gleichbleibender Unschuld in seinem Gesicht zu wundern. Dieser Schreiber schien alle seine Hoffnungen auf eine Zukunft zu setzen, die es doch gar nicht gab. Und ihm schwante, etwas grundlegend falsch gemacht zu haben mit ihm, wenn nicht sogar an seiner Brust einen Feind, vielleicht einen gut getarnten Spitzel genährt zu haben. Er kam aber nicht mehr dazu, Konsequenzen daraus zu ziehen und Egberts Privilegien zu beschneiden, denn er fiel unweit der Schreibstube durch den sauberen Schuß eines marokkanischen Scharfschützen ins Herz.

Egbert fand keine Gelegenheit mehr, darüber nachzugrübeln, in welche der Herzkammern die Kugel wohl eingedrungen sein mochte. In die linke, dunkle, aus schwarzem Leder genähte, in der dieser Mann das ganze

Gerümpel seines Lebens verstaut hatte: den Schiffbruch vor Madagaskar; die Tötung eines Piraten in der Chinesischen See mit einem Sichelmesser, mit dem er auch gern Haifischen die Flossen abtrennte; und seine Folgsamkeit natürlich, mit der er eine gerade wieder aufgefüllte Kompanie am Fuße des Montecassino in den Heldentod schickte - oder aber in die rechte Kammer, die sonnengeflutet und mit safranfarbigem Samt ausgeschlagen war? Hier wohnte diese eine Frau in Emden, und ein sardischer Eisenbieger sowie die Kellnerin des Bahnhofes gingen in ihr emsig ein- und aus.

Egbert kam nicht mehr dazu, denn als die einst hundertzwanzigköpfige Kompanie nur noch aus elf halbinvaliden Männern und einem gefechtsunkundigen Schreiber bestand, gerieten sie in amerikanische Gefangenschaft. Sie wurden den Engländern überstellt, nach Alexandria verschifft, auf Lastwagen verladen und in ein Zeltlager in der ägyptischen Wüste eingeschlossen.

Jetzt war auch Egbert, der es doch zu einer beachtlichen Form von früher Vollendung, zu einem gefährlichen Vorrat an Tabak und zu dem heißen Versprechen einer Frau in Jever gebracht hatte, die endlich als EMMA REHAUGE identifiziert war und deren keusches Foto (B. Lamprecht, Fotograf, Jever, Mühlenstraße) ihm als Wichsvorlage gestohlen wurde, die er aber sorgfältig in sich versenkt als Abbild bei sich trug - jetzt war auch er ein Gefangener unter vielen anderen, die von Siegern bewacht wurden.

Er mußte mit den anderen gegen die Sandflöhe kämpfen; gegen Läuse und Wanzen; gegen den Stachel des Skorpions; den Biß der Hornviper und Sandotter; die streunenden Hunde; die Geier, die besonders um den Küchen- und Latrinenkomplex herum zunehmend geübter ihre Angriffe flogen; gegen die Geschwader von Fliegen natürlich, die Feuchtigkeit aus den Augenwinkeln trinken und gleichzeitig ihre Eier in die Augäpfel, in die Körperöffnungen und noch so kleinen Wunden legen wollten; gegen diebische Mitgefangene und gegen solche, die ihm in ihrer frauenlosen Not an Hintern und Hoden wollten oder aber sich bemühten, ihm wenigstens im Schlaf tief ihre Zunge in den geöffneten Mund zu stecken, so daß er gurgelnd und halb erstickt auffuhr.

Das Elend eines Gefangenen, die Sehnsucht nach einer kleinen Stadt im Frieden, die immer die Welt gewesen war, und der Hunger nach einer Liebe, die wieder einmal nicht erfüllbar zu sein schien - alles das verursachte ihm oft tagelange Übelkeit. Er setzte sich in den Sand und erbrach sich. Vom Stuhl eines Privilegierten war er in das Nichts eines Gefangenen gestürzt. Auch wenn er zurückblickte, sah er sich selbst nur als Nichts. Ein Schreiber kannte keinen Ausweichberuf. Wenn er nicht schrieb, stürzte er kopfüber ins Dunkle. Er war ein Arbeitsloser, dessen Hintern von Ungeziefer zerbissen wurde und der ihm im Sand eines armseligen Landes glühte. Die Engländer schienen dieses Land so ausgeraubt zu haben, daß auch den Ägyptern, wie zuvor schon den Indern, nur zerrissene Nachthemden geblieben waren und die Geschichte ihrer zu Mumien verpackten früheren Herrscherräuber, deren Grabkammern sie freilich selbst längst geräubert hatten.

Gegen die Sonne dieses Wüstenlandes trug er ein viermal geknotetes Taschentuch Emmas auf dem Kopf, dessen einstiger Lavendelduft verströmt war. Zwischen seinen Beinen lagen die sauren Fladen erbrochener Suppe, die der Lagerkoch aus ungewässerten Erbsen, Yamswurzeln und den Kaldaunen eines verendeten Esels zusammengerührt hatte. Längst war auch der Lavendelduft ein Versprechen, das nicht mehr eingehalten wurde, und die sauren Reste des Erbrochenen zwischen seinen Beinen wurden bereits von einem großen Flugkäfer durchklettert, der bei seiner Landung gebrummt hatte wie ein feindlicher Bomber.

Hier war Egbert endlich aufrichtig genug sich einzugestehen, daß ihm die letzten zwölf Jahre in diesem auf tausend Jahre angelegten Reich nicht von fremder Hand geraubt worden waren, sondern daß er sie selbst vertan hatte. Auf seine aktive Lebenszeit gerechnet war das ein gutes Fünftel. Es war etwa die Hälfte seines ganzen bisherigen Lebens - eine Bilanz, die jeden Sparkassendirektor zum Revolver hätte greifen lassen. In diesen zwölf Jahren hatte er nicht mit und für die Menschen zu leben gelernt. Er hatte bloß seine Schlauheiten verfeinert, mit denen er ihrem Elend und ihrer Gewalt und damit freilich auch ihrer gelegentlichen Herrlichkeit ausgewichen war - Egbert als Grille, die einen ganzen Sommer lang Musik macht und im Herbst, wenn die Flügel zerstört sind, wehrlos im Schlupfloch ihrer Baumrinde sitzt und von einem Vogel zerpickt oder von den Ameisen zersägt und in kleinen Segmenten den Stamm herunter in ihre Speisekammer transportiert wird in einem Wunderwerk der Logistik, Alpinistik und der vieltausendfachen Minimuskelkraft.

Wenn Egbert schrieb, dann log er. Die Lüge des Trostes, die Verheißungen einer Liebe, das Versprechen auf den Frieden in einer kleinen Stadt an der See in einem winzigen, aber zu Eigentum überschriebenen Backsteinhaus kosteten ihn bereits so viel Kraft, daß keine weitere übrigblieb, um das Elend und die Gewalt (und die gelegentliche Herrlichkeit) anderer auszuhalten. Er war ein spezialbegabter Versager: ein Schriftsteller.

Den Angehörigen bereits Gefallener konnte er nicht wirklich die Trauer nehmen. Aber für die Dauer eines Briefes konnte er sie lindern und ein Lächeln wohltuenden Irrglaubens auf ihre Gesichter zaubern, die doch gerade eben leergeräumt worden waren durch die Wahrheit eines Todes, die der Postzusteller Heribert Poggenpohl ihnen gebracht hatte.

Zwar verstand er es, gegen ein Sondermaß an Tabak, einem Verräter an der Liebe ein wenig die Bitternis seines eigenen Verrates zu nehmen. Aber schon dem wirklich Liebenden gegenüber versagte er völlig. Der entbehrte zwar und verzehrte sich, aber gleichzeitig mehrte er doch unaufhörlich und auf völlig unfaßbare Art seine Liebe. Wenn Egbert sich ihm näherte auf der Suche nach einem weiteren Bedürftigen, der ihm einen Schreibauftrag gäbe und dafür etwas Tabak springen ließe, dann pfiff dieser Mann stolz auf ihn. Und Egbert begriff endlich: dieser Kerl ist der seltene Fall eines Herzaufessers. Der braucht mich nicht. Der hat tagsüber keinen Hunger, weil er sich nachts sein eigenes Herz aus dem Brustkasten nimmt und sich daran satt ißt wie an einem Laib Brot.

Es war nicht recht, was hier in diesem nackten Land Ägypten mit ihm geschah, aber so geschah es. Egbert deckte jetzt die ungewässerten und folglich unverdauten Erbsen, den Schleim seines Elends, die Fasern der Eselskaldaunen und den dazwischen herumkletternden Flugkäfer mit Sand ab. Wenigstens reich an Sand war dieses von den Engländern und zuvor schon den Pharaonen leergeplünderte Land. Es war reich an Sand wie die Dünen bei Schillig, in denen Mia Geerdes ihre zweite Unschuld gegen die Liebe eines Jahres eingetauscht hatte und dann gegen einen Traum, der ein Leben lang hatte vorhalten sollen, jetzt aber doch ermüdete und zerbröckelte, so daß ein bislang immer kühl zurückgewiesener, weil in seiner Erbärmlichkeit durchschauter Witwer und Postzusteller honigsüß säuseln konnte: laß mich ein in dein Garten-Schnecken-Liebeshaus mit den aufgemalten Hasen im Mondenschein, und ich kümmere mich sogar um alle siebzehn Wellensittiche deines Traumes. Und jetzt glaubte sie ihm in ihrer Traumschwäche; auch wenn völlig klar war, daß er nach und nach alle siebzehn Wellensittiche töten würde, jeden Tag einen mit einem kleinen Dreh des Köpfchens, bis der Wirbel knackte und bis Mia ganz entblößt wäre von Traum und völlig ausgeliefert diesem Vogelmörder und letztem Betrüger ihres Lebens.

Egbert spürte plötzlich einen stechenden Kopfschmerz. Es war die Sonne dieses Landes, dem die Engländer auch noch alle Wolken geraubt hatten. Und den Regen. Und die Kühle der Nacht. Hitzewellen seines Elendes stiegen in ihm hoch. Da begann er hektisch zwischen seinen Beinen zu graben. Er räumte Erbrochenes und Sand zur Seite, dann nur noch Sand, immer noch mehr Reichtum dieses armen Landes, bis es endlich kühler wurde, aber noch immer nicht feucht. Er grub weiter, ein blinder und hektischer Maulwurf. Er wollte auf Wasser stoßen, in dem er seinen Kopf kühlen könnte. Er wollte sich hinabgraben zur ersten Wasserader dieses ausgedörrten, leergeplünderten Landes. Er würde wieder ins Wasser tauchen, wie er in Friesland lange Jahre unter Wasser gelebt hatte gegen das Elend der Menschen und gegen die Gewalt ihrer Stiefel und Röhrenempfänger.

Er wollte die Schwimmrichtung der Schwanzlurche, Blindwühlen, Froschlurche und Fadenmolche erfühlen und mit ihnen nach Westen treiben in den Nil, um bei Alexandria ins Mittelmeer zu schlüpfen. Oder er würde mit den Lurchen und Molchen nach Osten schwimmen, mit einem kleinen Platscher in den Suezkanal fallen, bei Port Said einem auslaufenden englischen Versorgungsschiff durchs Mittelmeer folgen und mit den Makrelen und Thunfischen die Straße von Gibraltar durchpflügen, würde dann, immer natürlich unter Wasser, an Lissabon vorbeitreiben und staunen über eine Stadt, die verkehrt herum in den Strudeln ihres Flusses und vor den Wellenbergen des Atlantiks steht, kopfzuunterst, und der Kopf ist voller Algen und Fische schwimmen in die Augenhöhlen hinein und wieder heraus, gemächlich und unendlich traurig, und an der Küste Galiciens würde er vorbeitreiben, deren Bewohner schon seit langem vor den Winterregen, dem ganzjährigen Hunger sowie der Gewalt und der Rachsucht eines kleinwüchsigen Generals auf die Zuckerrohrfelder Kubas geflohen sind unter Zurücklassung ihrer katholischen Priester und einiger weniger Papageien, denen sie zuvor üble Sauereien beigebracht haben, und im Ärmelkanal nimmt er dann endlich gewohntes Nordsee-Wasser auf mit seinen Kiemen, gewinnt an Fahrt, zwischen Calais und Dover schießt er schon mit fünfundvierzig Knoten durchs Wasser und sieht nur im letzten Augenblick noch oben auf den Kreidefelsen seiner britischen Majestät diesen Mann, der ihm mit einer Melone winkt, ein Feldherr mit Zigarre im linken Mundwinkel, der immer noch betrunken ist vom Whisky der letzten

Nacht und schon wieder vom Gemetzel des heutigen Tages, und jetzt nimmt er Kurs OstnordOst auf Amsterdam, eine weitere Stadt, die im Wasser steht, aber dieses Mal kaufmännisch korrekt und stämmig auf den Füßen, während der Kopf frei bleibt für die Schiffahrtsrouten der Weltmeere und aus ihren Achseln der Duft von Gewürznelken, Kügelchen frischen Pfeffers, von Muskat und Zimtrinde strömt, und jetzt legt er in einer steifen Westbrise noch ein paar Knoten zu und muß schon auf der Höhe der ersten ostfriesischen Insel, vor Borkum schon muß er die Arme als Seitenruder und Bremshilfe verkanten, um vorbei an Juist und Norderney und Baltrum und Langeoog und Spiekeroog und Wangerooge auf die tschilpende Vogelinsel Mellum in der Einfahrt zum Jadebusen zuzuhalten und nicht achtlos und berauscht von überhöhter Geschwindigkeit an den Dünen bei Schillig vorbeizujagen, denn hier steht eine kleine und sehr nervöse Frau.

Mit der Linken beschattet sie die Augen gegen die See, die bei auflaufendem Wasser den Himmel stürmt. Mit der Rechten hält sie ihre Nichte zurück, damit sie nicht aufgeregt ins Wasser rennt und davongerissen wird, denn längst und schon, als er Spiekeroog passierte, haben ihn die beiden mit der Weitsicht sehnsüchtiger Frauen an seinem landwärtigen Ausleger erkannt, der wie die Kiemenflosse eines riesigen Fisches übers Wasser ragt.

Egbert hat sich jetzt alle Fahrt genommen. Er dümpelt mit den Wellen. Hier draußen wird er vor Anker liegenbleiben. Sie können ihn ja von Land aus sehen und sich mit ihm mittels allerlei Signalflaggen verständigen. Auch morsen können sie ihm mit ihren Gefühlen. Und notfalls werden sie ihm die eine oder andere Seeschwalbe schicken mit einer Nachricht: er jedenfalls will hier liegenbleiben, das Segelschiff eines frühen und vorsichtigen Entdeckers, eine schwimmende Insel auch, ein Sternenbewohner aus der Tiefsee, ein Meteorit, der auf- und abtauchen kann, der Schwanzlurch und der Liebhaber, der nur ein Versprechen sein will, mehr nicht, eine Lockung und eine Warnung zugleich, denn er weiß, daß er bei jedem Landemanöver Leck schlagen kann am dort versammelten Elend der Küstenbewohner, von denen selbstverständlich immer einige mit Steinäxten und Schleudern bewaffnet sind. Und wenn er kentert, reißt er im Strudel seines Unterganges seine Liebsten mit in die See.

Inzwischen hatte Egbert den Sand des englischen Lagers knietief ausgehoben. Mehrmals war er auf Ziegenköddel unterschiedlicher Konsistenz und Konservierung gestoßen, die Altertumsforscher allesamt numeriert und nach Europa entführt hätten. In ihm aber stiegen jetzt zwei weitere Hitzewellen hoch. Seine Magen-Darm-Peristaltik unternahm einen neuen Versuch, den letzten Rest unverdauter Erbsen und saurer Eselskaldaunen hervorzuwürgen. Dann endlich war Ruhe in ihm. Er atmete tief durch. Gewiß, er war ein notorischer Feigling. Das würde er wohl auch immer bleiben. Sobald eine Flut käme, die ihn hart an eine bewohnte Küste zu werfen drohte, würde er abtauchen ins ruhige Tiefenwasser und später, beim Wiederauftauchen, mitgenommen vom Tiefenrausch und der Last der Wassersäule über ihm, verwundert zunächst und dann mit wachsendem Entsetzen feststellen, daß die Küstenbewohner sich schon wieder auf andere Art und mit ganz neuen Waffen gegenseitig und reihum die Köpfe einschlugen und er auch dieses Mal nichts von ihrem zwischenzeitlichen Frieden erfahren hätte.

An diesem Punkt seiner Reue trat ihn ein englischer Wachsoldat schmerzhaft in den Hintern. Natürlich nahm er an, hier buddele sich ein alter Nazi in die Freiheit. Als er aber Egberts versammeltes Elend sah, legte er ihm brüderlich die Hand auf die Schulter und führte ihn zum Krankenzelt. Der Arzt, der in Londons Kensington Road eine Modepraxis betrieb, untersuchte Egbert flüchtig und stellte wieder einmal fest:

- Keine Frage, auch bei uns gibt es jede Menge Versager. Allein die heiligen Trinker Irlands. Die Betelkauer aus Indien. Die Analphabeten von den schottischen Hochmooren. Und natürlich die Stricher vom Piccadilly Circus. Aber was dieser Hitler alles in seinen sterbenden Krieg geschickt hat, das begreift selbst ein Wunderheiler wie ich nicht. Sag mir nur eins: wie denn wollt ihr so etwas Anstrengendes wie den Frieden in eurer Heimat überstehen, wenn ihr schon hier als unsere verwöhnten Gefangenen schlapp macht?

Er verabreichte Egbert ein paar Beruhigungstropfen. Der glaubte, damit Ruhe vor diesen Engländern zu haben. Aber er war nun einmal auffällig geworden, und das hatte administrative Folgen.

Mit der natürlichen Eitelkeit eines Jünglings hatte er am Fuße des Montecassino Kopien von allen Briefen gefertigt, die er schrieb. Als alles um ihn herum zusammenbrach und er drohte, nichts mehr zu sein als ein Haufen Elend, schlug die natürliche Eitelkeit noch um in die schwere Bedeutsamkeit eines Mannes, der sich im Glanz einer ersten Vollendung sonnen und sie schon für das Septemberlicht der Reife ausgeben kann. Und so hatte er alle diese Blätter, kleingefaltet in Uniform und Unterhose, in

Gefangenschaft getragen - halb wie ein Motorradfahrer, der sich mit Zellstoff gegen den Winter wappnet und halb wie ein Kleinkind, das die Mutter mit Windeln überversorgt hat. Und natürlich war ihm sein Frühwerk gleich bei der ersten Entlausungsaktion vollständig abgenommen worden.

Über verschiedene Klapptische landete es, mit der nackten Nummer des Gefangenen Poggenpohl versehen, in einem Sisalsack der westindischen Kolonie Grenada, in dem zuvor Muskatnüsse für die Offiziersmesse gesteckt hatten. Mit seiner nackten Nummer fiel Egbert in den Kontrollbereich eines Unteroffiziers, der nur über sehr geringe Deutschkenntnisse verfügte, dem die Mutter aber eingeschärft hatte, daß er zu allem berufen sei. Sie hatte ihn im Postwagen des Nachtzuges Edinburgh-London von einem namenlosen Briefsortierer empfangen, den sie gleich beim Einlaufen des Zuges in London aus den Augen verlor. Immer hatte dieser zufällige Sohn etwas Besonderes werden müssen: ein berühmter Kricketspieler, was aber schnell an seiner Kurzsichtigkeit scheiterte. Ein Dressurreiter dann. Ein die ganze Welt der englischen Kolonien bereisender Virtuose am Klavier schließlich, dem selbst die schwarzen Bergvölker Kenias und die Scheißeträger Indiens huldigen würden, obwohl sie selbstverständlich noch nie einen Konzertflügel gesehen hatten. Leider kam der Krieg dazwischen. Und so wurde er Angestellter eines schlecht gehenden Büros für Pferde- und Hundewetten in einem Londoner Vorort, der von Rentnern und Arbeitsinvaliden bewohnt war.

Dieser Unteroffizier öffnete jetzt den Muskatsack von neuem. Und stutzte sofort angesichts der vielen kleingefalteten Blätter des Gefangenen Poggenpohl, die einen sehr intensiven, ihn befremdenden, ja schnell in höchstem Maße alarmierenden Duft verströmten, denn er war nie auf der Zimt- und Muskatinsel Grenada gewesen. Und so begriff er das Wenige, das er beim Lesen verstand, als einen ganz neuen, subtilen, ja auch olfaktorischen Versuch der Propaganda und Wehrertüchtigung, der Feindzersetzung und Heimatvermutigung mittels pflanzlicher oder tierischer Reizstoffe oder wenigstens als einen verdeckten Anschlag auf die alten Sklavenplantagen der Westindischen Inseln, die zwar friedlich im Wasser der Karibik unter dem Schutz der britischen Krone dümpelten, aber doch auch, wie jeder wußte, von Hitlers letzten U-Booten umkreist wurden wie von einem Rudel hungriger Wölfe.

Die Gefangenen waren zu Beginn nicht nur gegen Läuse und Wanzen eingestäubt worden, sie wurden auch gegen die Schübe der Malaria behandelt, die Anfälle von Typhus und Hepatitis sowie gegen die tropfenden Andenken der Huren all jener Länder, die sie überfallen hatten. Und bei der Vielzahl der Länder war die Zahl der Huren beträchtlich, und jene ihrer tropfenden Opfer natürlich auch. Und sie sollten alle von jenem Virus entsorgt werden, den das Großdeutsche an ihrer Nation in sie implantiert hatte. Dazu wurden sie eingeteilt in die Gruppen

A = resistent, hat widerstanden, bald zu entlassen;

B = schwache Abwehr, leicht geschädigt, bedingt zu entlassen;

C = keine Abwehr, stark geschädigt, später zu entlassen;

C PLUS = hat willentlich sich und andere infiziert, Seuchengefahr, in Quarantäne zu halten für die Dauer von zwei Jahren, wobei ihm vor der Entlassung noch der Arsch auszukochen ist im Wüstensand.

Der Unteroffizier numerierte die Blätter von Egberts umfangreichem Frühwerk einzeln. Er untersuchte sie mit dünnen Medizinerhandschuhen und gegen die Sonne auf die Schatten geheimer Untiefen. Er zog Geruchsproben und verschloß sie in Röhrchen. Er stempelte und zeichnete sie ab und übergab sie schließlich einem Agenten der Marineabwehr in Alexandria, den er für besonders findig hielt, der ihn seinerseits aber lange schon als muttergeschädigten Hysteriker verachtete. So hätte Egberts Frühwerk völlig folgenlos für ihn in Vergessenheit geraten können, wie es eben landauf landab und auch in Ägypten mit bedeutenden Werken geschieht. Aber um sicher zu gehen, verfaßte dieser Mann noch auf einer erbeuteten Schreibmaschine ein Gutachten. Und das endete damit, daß er den einfachen Soldaten und Kompanieschreiber Poggenpohl, Egbert, Jahrgang 1922, geboren in Jever/Friesland, in die Gruppe C PLUS einordnete.

Es war wirklich nicht recht, was jetzt mit Egbert geschah, aber so geschah es.

Mit seiner Bildung eines friesischen Volksschülers sah er ohnehin keine Möglichkeit, auf einer Korrektur zu bestehen. Sollte er Beschwerde einlegen bei seiner britischen Majestät Georg VI? Die machte in London mit Elizabeth Angela Margaret ihm unverständliche Konversation und aß dazu Ingwerplätzchen, die er nie gekostet hatte. Sollte er sich an die Statthalter im leergeplünderten Ägypten wenden? Die regierten die Armut mit einem kleinen Stöckchen in der Hand und schienen allesamt noch unnahbarer als

Seine Majestät, obwohl sie ärmer waren als die Eseltreiber, die wenigstens den Reichtum und die Geheimnisse ihres kehligen Arabisch hatten.

Und nie hatte Egbert zu jenen gehört, die zu einem reinigenden Wutanfall fähig waren. Immer hatte er doch Anlässe in sich vergraben. Sie hatten ihm Pickel auf der Haut getrieben, der Urin war der eines kleinen Zirkusponys geworden und sein Stuhl hatte tagelang nach der hintersten Kammer der Hölle gerochen, während er allerlei Heimtückisches erwog, das er schließlich aber in seiner schüchternen Friedfertigkeit nicht ausführte. Er bliebe also für die unabsehbare Zeit von zwei Jahren in der Wüste, und zum Schluß würde ihm noch der Arsch im Sand ausgekocht. Jetzt weinte er nicht mehr oder erbrach sich von neuem, er träumte nächtelang Alb von sich als dem Flugkäfer, der kürzlich erst in den Eselskaldaunen herumgestiegen, dann aber in die Grube gefallen und auf dem Rücken liegengeblieben war. Schnell hatte die Sonne ihm die ungeschützte Bauchseite versengt. Und bald waren die ersten Ameisen gekommen, um das gestrandete Käferwrack mit ihren Schneidwerkzeugen in kleine, transportfähige Segmente zu zerlegen.

Mit seiner Feigheit, seiner Unterwassersucht und jetzt auch noch mit seinen Briefen einer doch immer nur fiktiven Liebe und eines immer nur vorgestellten Trostes, mit seinem Frühwerk eines Illusionisten und Jahrmarktzauberers war er genau dort gelandet, wo er mit einer gewissen Standhaftigkeit, etwas Beharrungsvermögen, einem durchschnittlichen Maß an Ehrlichkeit und ein wenig Mut in Jever nur vielleicht gelandet wäre: in einem Straflager.

Zunächst scheute er sich davor, das Wort WIDERSTAND auch nur zu denken. Dann dachte er es probeweise, legte es aber als viel zu groß für sich gleich wieder weg. Er war zu schwach und zu mutlos, er fühlte sich zu ungebildet, korrumpiert und käuflich, um mit diesem Wort zu denken. Aber er konnte zu denken beginnen, als er es endlich durch AUFMÜPFIGKEIT und schließlich durch WIDERSPRUCH ersetzte. Das war es doch, was sich Piet ten Hoff, sein bloß beurlaubter Freund fürs Leben und er selbst sich anfänglich in Jever zugetraut hatten: WIDERSPRUCH. Wenn zwei die Welt ausmessen, zwischen Steinen der Hochebenen und im Sand der Wüsten nach den Spuren der unterschiedlichen Menschen suchen; wenn sie mit ihrer Beute schließlich zurück nach Jever kommen, um die Goldkäfer, Tausendfüßler, Raupen, Ameisenbären, Leguane und die Fußabdrücke kleinwüchsiger Menschen mit sieben Zehen und einem Lexikon zwischen sechster und siebter Zehe den unverrückbar Hiergebliebenen in die Betten zu legen, dann ist das WIDERSPRUCH.

Wenn Piet ten Hoff in seiner blauen Uniform der Luftwaffe durch Jever ging, folgten ihm die Mädchen mit den Augen. Junge Witwen verharrten neben ihm und suchten nach einer Gelegenheit, ihn zu berühren in der Hoffnung, er mache einen Tod ungeschehen und brächte Licht in ihre Trauer. Manchmal auch bot ihm eines der Mädchen oder eine frische, noch ungläubige Witwe eine Vorspeise an. Die kostete er dann gern mit seiner anerzogenen Höflichkeit und dem Grundstock seiner Güte, aber natürlich auch mit der Unverbindlichkeit eines Fliegers, der sich morgen schon wieder über dem Atlantik in den Winden verliert.

Für sie war er ein Mann, der hinter die Sonne flog. Sie wußten nicht, daß er als Beobachter in einer viermotorigen Fokke-Wulff 200 Condor der Wettererkundungsstaffel saß und somit nicht viel anderes war als der Schaffner in einem Linienbus, der regelmäßig den östlichen Atlantik von Norwegen bis Gibraltar abklapperte auf jener Strecke, auf der für alle anderen Flieger erst das Wetter entstand. Schon gar nicht wußten sie, daß in ihm das Herz eines Feiglings schlug. Und mehr und mehr auch das eines Verräters. Denn er lieh sich vom Bordfunker die Kopfhörer, fing den Feind ein und hörte über Kurzwelle die Welt ab, die ihm von der Entvölkerung von Ghettos in Galizien erzählte, der Ukraine, im früheren Königreich Polen, in dem der ländliche Adel französische Couplets geträllert und immer schon auf die Polen und Juden geschimpft hatte, während die Polen den Landadel und die Juden verfluchten.

Solange Piet eine dieser Vorspeisen verzehrte, war Egbert nach wie vor abgemeldet. Sobald er aber seinen Imbiß beendet hatte, trafen sie sich in der elterlichen Wohnung am Kirchplatz wie einst zu Beginn ihrer Freundschaft. Dann räumten sie die Bücher der großen Seefahrer, Naturforscher und Vogelkundler, die russischen Sprachlehren und die Forschungsberichte über die Völker beiderseits der Beringstraße weg und stellten den Telefunken-Mehrbereichsempfänger ein, der dahinter verborgen war.

Mit seinen neu erworbenen Fähigkeiten eines Fliegers, der auf terrestrische und auf Funknavigation angewiesen ist, auf Höhenmesser, Variometer, verschiedene Kompasse und den Dreiecksrechner Knemeier, hatte Piet den Telefunken-Empfänger mit einer komplizierten Konstruktion aus Antennendraht hochgerüstet. Wenn sich nachts das jaulende Tageschaos der

Kurzwelle klärte, holte er ihnen und dem Vater Hein, besser noch als einst zur Stunde der Negermusik und der französischen Lieder, die inzwischen verbotene Welt der Feinde in die Wohnung.

> *"Drei kleine Meckerlein,*
> *Die hörten Radio.*
> *Der eine stellte England ein,*
> *da waren's nur noch zwo."*

Sie hörten Chinesen mit den Folgen einer Überschwemmung kämpfen, während die Nachkommen der englischen Sträflinge im Binnenland Australiens unter einer Dürre hechelten, vor der Küste Brasiliens eine bewaldete Insel vom Feuer verschlungen wurde, in einem Bergwerk bei Johannesburg eine Staubexplosion fünfundvierzig Neger und einen weißen Vorarbeiter zerfetzte. Sie hörten amerikanische Geleitzüge im Nordatlantik in Kürzeln stöhnen, weil sie von einem Wolfsrudel von U-Booten umkreist wurden. Sie fingen die Hilferufe von Ätherpiraten auf polnisch und russisch auf, deren Siedlungen gerade verbrannt und deren Mitbewohner erschossen wurden von Eindringlingen, die in Tigerpanzern reisten. Und sie hörten Lockrufe aus der Steinwüste Palästinas, die den wenigen Überlebenden galten.

Die Nachrichten aus einer zerfallenden Welt übersetzte der Fliegersohn aus dem Englischen, während der Vater und Vogelkundler ungläubig zwar, aber genau die Versprechen auf eine Neue Welt aus dem Russischen dolmetschte und die Mutter Hannelore in der Küche überlaut mit Tellern und Bestecken klapperte. Dennoch aber grüßte der im angrenzenden Haus wohnende Pastor am nächsten Morgen nicht. Die Trennwand war dünn und er hatte ohnehin die Ohren einer Fledermaus. Wenn er einen der ten Hoffs traf, sah er bloß vergeistigt auf zum Herrn. Erst am Tag darauf grüßte er wieder, weil der innere Aufruhr in ihm abgeklungen war. Dann war er wieder zu jener freundlichen Milde fähig, die sie bislang an ihrem Nachbarn geschätzt hatten und die sie jetzt als das bloße Gesicht seines Berufes erkannten.

Unter einem Vorwand entzog jetzt dieser Nachbar Hannelore die ehrenamtliche Aufgabe, die von der Zeit zernagten Totenbücher in neue Folianten zu übertragen. Er litt aber weiter unter seinem Gehör einer Fledermaus. Wenn er in seinem Gewissenskonflikt spät in der Nacht noch den Herrn anrief, dann hatte sich der Herr längst schlafen gelegt. Dafür aber antwortete ihm aus genau jener Wandvertiefung heraus, in der er den

Telefunken-Empfänger vermuten konnte, die klirrende und fiepende Kurzwelle, gestört durch ein Tief über den Azoren, zerhackt in einer Gewitterfront über dem nordrussischen Landrücken, unterbrochen von einem Schiffsdiesel und dem Feuer eines Leuchtturmes im Golf von Siam, und schilderte das von der Wehrmacht umstellte Dorf in Galizien, das gerade von seinen arbeitsfähigen Männern geräumt wird.

Kinder, Frauen und Gebrechliche erhalten gleich in ihren Tiefverschlägen, Erdlöchern und Betten die Gnade eines Schusses oder werden rasch erschlagen. In einer mehrlagig gefüllten Grube steht rotes Grundwasser. Eben wird sie zugeschaufelt von acht älteren Männern, barhäuptig und bärtig alle acht, und alle werden nach der letzten Schaufel mit aufgesetzten Pistolenschüssen in den obersten Halswirbel getötet, was für die Schützen den Vorteil hat, daß sie sich nicht mit zerplatzenden Schädeldecken und fliehender Hirnmasse die Uniformen bespritzen.

Hier schlug der Nachbar besonders heftig und sehr lange gegen die Stelle der Wand, an der in seiner Vertiefung das Telefunken-Gerät stand. Der Granatsplitter aber, der Hein ten Hoffs Hirn bereits seit dem letzten Krieg anlag, vertrug keine Erschütterungen. Bislang hatte der Invalide bei allem große Ruhe bewahrt. Er saß in dem nur zuweilen lärmgefüllten Jever, zählte an den verschiedenen kleinen Turbulenzen der Familie seine Tage wie an Fingern und suchte sich den Frieden, den er in der Stadt nicht mehr fand, in seinen Reisebüchern und Beschreibungen der Flugrouten von Vögeln. Am liebsten war er in den kalten Ländern hinter dem Sonnenaufgang. Hier lebte sein bester Brieffreund, der gebürtige Tschuktsche und gelernte Russe Ormol. Mit seinem Eisbrecher Waigatsch befuhr er die Beringstraße. Er zeichnete das Wetter an der Nahtstelle zwischen West und Ost auf und erkundete das Leben der Vögel, die in den warmen Sommern der Tundra aus West einfach Ost machten und aus Kalifornien herüberwechselten.

Wegen diesem Freund, der von seinem Eisbrecher aus nach Alaska spucken konnte, hatte er im Fernkurs aus Moskau Russisch gelernt. Längst schrieb er ihm im Herbst auf Russisch und wartete dann bis zum Frühjahr auf die Antwort, die eintraf, wenn auch über Jever der Himmel voller Zugvögel hing. Dann wollte er jedes Jahr mit ihnen ziehen dorthin, wo der Osten endete und der Westen begann - wobei für den Bewohner des Ostens der Westen im Osten lag und umgekehrt. Hier, in dieser Wirrnis der Richtungen, vermutete Hein die letzte Heimstatt des Friedens. Auf dem dauergefrorenen Boden und in der Luft aus Eis. Im Atem der Pelztiere und im Stöhnen der Robben. Und in den heißen Sommern der Tundra. Wenn es nirgends mehr Frieden gäbe, dann aber hier noch, in der verquirlten Wirrnis der Himmelsrichtungen, wo sich Menschen und Tiere einfach eine andere Orientierung gaben als Kartographen, Geologen und Regierungen ihnen bestimmt hatten. Außerdem verfügten sie über den unschätzbaren Vorteil, daß hier die Datumsgrenze zwischen Gestern und Heute verlief. Bei ruhigem Wetter konnten sie übersetzen und einen verschenkten Tag ein zweites Mal leben. Das Glück war für sie wiederholbar. Selbst zutiefst Depressive lernten wieder das Leben schätzen, wenn sie auf die windstille Seite des Gestern gerudert wurden. Und wenn dort schon Krieg war, hatten sie hier immer noch einen friedlichen Tag, um ihre Vorräte an Robbenfleisch und Salz zu schnüren.

Für sein vom Granatsplitter bedrohtes Leben hatte Hein sich diese Stütze gebastelt: wenn es in Jever am Ende dieses zweiten Krieges wirklich noch einmal zu einem Frieden reichte, dann wollte er zusammen mit seiner Frau Hannelore auf einer Reise zur Halbinsel der Tschuktschen und an die Beringstraße die Erfüllung seines bisher verhinderten Lebens suchen. Eingehüllt in Wolle und Fell - und nachdem er Reste von Robbenfleisch in seinen Backentaschen verstaut hätte - wollte er mit seinem Freund um die Wette nach Alaska spucken. Er würde von der Lende eines Rentieres kosten und von seiner Leber. Er wollte von Westen nach Osten reisen und vom äußersten Osten in den unterschiedslos beginnenden Westen sehen. Er würde sich auf den Längen- und Breitengraden der Kartographen, über dem Gefängnis-Gitterwerk der Regierungen bewegen wie die Zugvögel in der Luft. Und es wäre allein deswegen unabdingbar, daß Hannelore mitkäme, weil er, ein ansonsten bedächtiger Schweiger, auf der ganzen Reise von ähnlich schnatternder Mitteilungssucht erfüllt wäre wie diese Vögel selbst.

Aber der seinem Hirn anliegende Granatsplitter vertrug eben keine Erschütterungen. Weder die der großen Welt, noch auch nur die zwar unvergleichlich viel kleineren, aber dennoch nachhaltigen in der Mauer zum Nachbarn. Hein ten Hoff entwickelte jetzt Ängste vor dem Telefunken-Empfänger. Er wurde von motorischer Unruhe gepackt, sobald die Kurzwelle zu knistern begann und ihm mit Nachrichten vom Kap der Guten Hoffnung drohte von einem Sendemast aus, der von Pinguinen umlagert war und von Pavianen bestiegen wurde, von einem Schwimmdock vor der zerklüfteten Küste von Maine oder vom Boot eines dänischen Heringsfischers, und gleich darauf würde wieder der geistliche Nachbar seine zunehmend empörteren Klopfzeichen durch die Wand schicken. Da zählte er die ganzen Kriegsfronten, die ihn umgaben, und sah keinen Ausweg mehr. Nie würde er hinter die Wolga an die ostsibirische See reisen, um mit irgendjemandem um die Wette zu spucken. Dort war nicht Feindesland, dort lebten die kleingeduckten Völker im Niemandsland. Sollte er sich als Flüchtling durch die ganzen Länder bis zur Wolga schmuggeln, die Hitler gerade zum Feindesland und zur Wüste der Untermenschen machte, um sich dann östlich der Wolga durch ein Land zu schummeln, das Stalin gerade seinerseits zum Feindesland machte, um aus dem Nichts und aus dem kleingeduckten Niemand jenen Neuen Menschen zu schaffen, der als sein schnauzbärtiges Ebenbild geformt war? Und sollte er dann in dem trügerischen und bloß eigensüchtigen, in dem ganz und gar verblendeten Frieden von Ornithologen die Frühjahrsgelege der kalifornischen Gänse inspizieren und am Ende des kurzen Sommers die flugbereite Brut beringen?

Seine Liebe zu den Zugvögeln war bloß die inzwischen unsittlich gewordene Neigung eines Invaliden, mehr nicht. In einem ersten Krieg hatte er aufgehört zu leben. Zwischen zwei Kriegen hatte er in der Oase einer Kleinfamilie eine Art bedingten Friedens gekostet. Jetzt lebte er in einem zweiten Krieg, während sein Vogelfreund auf der Halbinsel der Tschuktschen gleichzeitig schon in einem dritten Krieg steckte. Und hier in seiner Wohnung, vor dem Telefunken-Empfänger, bereitete sich der vierte Krieg vor. Er träte ein ohne anzuklopfen, sobald der evangelische Nachbar mit dem Gehör einer Fledermaus nicht nur seinen Herrn anriefe, sondern zum Telefon griffe und es bei der Gestapo klingeln ließe.

Da tobte der innere Aufruhr so in Hein ten Hoff, daß er ein dickwandiges Wasserglas in einer Hand zerdrückte und sich die Sehne eines Fingers durchtrennte. Und so blieb der Röhrenempfänger fortan kalt. Mit Rücksicht auf das Zepter des Kaisers, das er in letzter ohnmächtiger Wut vierundzwanzig Jahre zuvor in den Kopf seines Untertanen gerammt hatte, wurde ab jetzt die Angst nicht mehr Angst genannt, das Wissen nicht mehr zwingend, die Lage nicht mehr vollständig aussichtslos. Als die letzten Mitglieder der jüdischen Gemeinde Jevers ihre Wohnungen zu räumen hatten, darunter auch Nanni Levy aus der Schlosserstraße mit allen ihren toten Männern, verhinderte dieser letzte Rest an Kaiser im Kopf des Vaters, daß sie auf dem umfangreichen Kartenmaterial Hein ten Hoffs den Weg der Bewohner über Sammelstellen Altenheime Beträume Keller Bahnsteige Gleisdreiecke bis an den Rand des nicht kartografierten Geländes verfolgten, auf dem alle aus dem vermessenen Raum gekippt wurden, hinderte der

Splitter im Kopf des Vaters sie daran, auf ihren Kalenderblättern die Tage zu zählen, so daß die Deportierten nicht nur aus dem Raum, sondern auch aus der Zeit und aus allen je erstellten Kalendern fielen, aus dem Julianischen Kalender der gemäßigten Breiten, aus den Glockenklängen des Gregorianischen Kalenders, dem Lunisolarjahr des chinesischen Kalenders, den Menstruationszyklen ihrer Frauen und den Wachstumsschüben ihrer Kinder und natürlich aus dem gebundenen Mondjahr des jüdischen Kalenders mit der Weltschöpfung von 3761 vor Christus – und der Splitter, der inzwischen in jedem der Köpfe war, verhinderte sogar, daß sie sahen und sich mitteilten, wie Passanten den Schritt auf Höhe einer der Wohnungen verhielten und mit der Lüsternheit der Verschonten aufschauten oder aber als fliehende Engel ihre Schritte beschleunigten.

Das war geblieben vom WIDERSPRUCH, den sie sich vorgenommen hatten.

22

- Du also bist Poggenpohl, Egbert, der Schreiber und der Tor, der als verstockter Nazi gilt. Du wirst lange leiden, bis du endlich begreifst: ERFOLG IST IMMER EIN MISSVERSTÄNDNIS.

Ich rede aus bitterer Erfahrung, wenn ich dir sage: das gilt für einen Heimat- und Briefschriftsteller ebenso wie für den Dichter, der gerade unter der Verstopfung durch ein großes Sonett leidet. Das gilt für... ach leck mich doch in die Täsch, wie ihr in Köln sagt: du bist wahrscheinlich schon als ein Mißverständnis auf die Welt gekommen. Jetzt sitzt du hier seit zwei Jahren als gefallene Begabung im Sand. Die versammelten Fliegen Ägyptens fressen dir jeden Morgen alles direkt von der Quelle. Die Geier und die Ziegenböcke spielen mit dir Fangmich. Und du begreifst noch immer nicht: UNSER ERFOLG IST IMMER NUR EIN MISSVERSTÄNDNIS.

Der am Ende des zweiten Jahres im Sand Ägyptens so mit Egbert schalt, war der neue stellvertretende Lagerkommandant, ein Lieutenant Thomas Pinchon. Dieser Mann hatte bei den Insassen gleich mit seiner Ankunft jede Autorität eingebüßt. Sie mußten für ihn drei schwere Seekisten entladen, von denen eine umstürzte und, wie tote Fische (Sardinen etwa oder Anchovis) nichts als Romanheftchen in den Sand erbrach, wie sie auf den Berliner Stiegen und in den Londoner Hinterhöfen an die Dienstmädchen für den Gegenwert einer Pfeife Tabak verkauft wurden. So kochte die Gerüchteküche diesem Mann, der als langbeiniges und sehr gebrechliches Insekt durch den Sand zu staksen, innezuhalten, sich mit winziger Schrift eine Notiz in ein Miniaturbuch zu machen pflegte, schnell eine Reihe von Legenden. Er war der amtliche stellvertretende Kommandant und gleichzeitig ein Mann, der aus einem unbekannten Flugobjekt heraus in den Sand gesetzt worden war, so daß Egbert schnell von der Gemeinschaft der Eingeschlossenen einen Notauftrag erhielt und dieser Zettel anonymer Hand an seinem Büro hing:

Der Brief der Außerirdischen war
derart höflich und in solch wohlgesetzten Worten
formuliert, daß Thomas P. innerlich schon bereit war,
ihnen für die fraglichen Tage sein Lager zur Verfügung zu
stellen.

Er war ein zerbrechliches Insekt und gleichzeitig ein Insektenforscher; ein Gelehrter, der sich dem Gegenstand seiner Forschung so weit angenähert hatte, daß er im Zwielicht mit ihm verwechselt werden konnte wie mancher Hundebesitzer mit seinem Hund. Er sprach ein nahezu akzentfreies Deutsch, das er freilich einer lange vergangenen, längst klassisch gewordenen Zeit entliehen zu haben schien. Jetzt bemühte er sich, es mit der häufig fehlerhaften Verwendung einer Reihe derber, wenn nicht unflätiger Ausdrücke zu modernisieren und der Rüpelhaftigkeit des Lagerlebens anzupassen.

Das Lagergerücht wollte aus gewöhnlich gut unterrichteter Quelle erfahren haben, daß er hierher aus dem Londoner Informationsministerium strafversetzt worden sei, weil er trotz wiederholter Abmahnungen immer wieder seiner Neigung zu weiblichen Putzhilfen und Schreibkräften nachgegangen wäre, bis auch der letzte seiner Vorgesetzten diesen Zug zum Niederen nicht mehr dulden mochte und ihn in die reine Männergesellschaft des Lagers und zu den Fliegenschwärmen Ägyptens schickte.

Er selbst überging alle diese Gerüchte ungerührt und mit einem gewissen Hochmut. Selbst die verschrobensten Engländer hatten bislang versucht, sich jene Autorität zu erzwingen, die ihnen die Lagerinsassen freiwillig nicht zugestanden. Dieser Mann aber schien das alles nicht zu brauchen. Das irritierte sie dermaßen, daß sie ihm schnell und unaufgefordert das nötige Maß einräumten, ja ihn zu achten begannen und bald zärtlich Pinchie nannten. Dafür behingen sie ihn mit einer Reihe weiterer Gerüchte, deren eines ihn zu einem begabten, aber glücklosen Studenten der Physik in Oxford machte. Von dieser ehrwürdigen Stätte des Geistes aber, sagte das Gerücht, war er hochkantig geflogen. Dieses Mal hatte es nicht an den Putzhilfen gelegen, sondern an einer schmalen, von ihm verfaßten Jubiläumsschrift. In ihr hatte er den zierlichen König Eduard VIII, der schon nach 326 Tagen seine schwere Krone in die Ecke warf, als sexuell von der geschiedenen Amerikanerin Wallis Simpson Abhängigen verleumdet, der vor ihr niederkniete und Feuer für seine einfache Selbstgedrehte erflehte. Und er hatte darin behauptet, dieser ohnmächtige Liebhaber und verwirrte Parteigänger Hitlers werde im Geheimen von der Masse des Inselvolkes heiß geliebt, weil er allen seinen Schwächen nachginge und weil es in ihm, wie in einem Schattenspiel, die eigenen Nachtseiten erkennen würde.

Dieser stellvertretende Kommandant, der mit den Beinen einer mutierten Libelle durch den Sand stakste, mittendrin verharrte, um mit kleiner Schrift winzige Seiten seines Notizbuches von der Größe einer Steichholzschachtel zu füllen, in dem er offensichtlich einen Roman in Fortsetzungen jeweils von der Dauer mehrerer Atemzüge schrieb -, dieser Lieutenant nun beorderte Egbert als einzigen in sein Büro. Natürlich hatte Egbert Angst. Er fürchtete, wieder ginge eines jener vernichtenden Urteile auf ihn nieder, an die er doch seit den ersten Minuten seiner Geburt gewöhnt war.

Lange betrachtete Lieutenant Pinchon diesen Gefangenen. Schließlich stand er auf, um ihn sich von der Seite und von hinten anzusehen, und Egbert hielt sich schon für einen fehlfarbig gesprenkelten Käfer, der sich besser gleich auf den Rücken legt und erstarrt mit allen seinen Beinchen eins bis sechs. Dann aber lächelte der Lieutenant anhaltend. Egbert hatte noch keinen Engländer so lange lächeln gesehen.

- Also wie Rodolfo di Valentino d'Antonguella, genannt Rudolph Valentino siehst du ja nun wirklich nicht aus. Um so erstaunlicher, daß du dir mit deinen Briefen diese wunderschöne Frau in Jever erschrieben hast. Halt sie fest. Sie ist das höchste Honorar, das du je bekommen wirst. Den Trottel, der dich vor zwei Jahren in C PLUS eingestuft hat, habe ich nach London zurückgeschickt. Auch im nüchternen Zustand und als Buchmacher kann er nicht Windhunde von Kojoten unterscheiden. Deine Briefe haben ihn rasend gemacht vor Liebesneid, denn natürlich hat er nicht verstanden, daß wir immer lügen wie gedruckt. Deine Briefe sind eben wirklich das Werk eines jungen Könners. Lern wenigstens daraus: IN UNSEREM HANDWERK IST ERFOLG IMMER EIN MISSVERSTÄNDNIS. Wenn du einmal daran gewöhnt bist, gehts dir besser. Die Frage eines Hundes, der an einem anderen Hund herumschnüffelt: an was schreibst du jetzt?

- An nichts. Ich kann nicht. Es steht mir bis hier.

- Verstehe. Schreibblockade, sagte der Lieutenant. Knapp und sachlich wie ein Facharzt.

- Das gibt sich wieder. Oder es gibt sich nicht mehr. Vielleicht bist du schon am Ende. Ich zum Beispiel bin immer am Ende. Aber dann entpuppt sich auch das wieder als ein Mißverständnis.

Nächste Woche geht von Alexandria aus ein Schiff nach Triest. Da bist du drauf. Vielleicht findest du mit dieser schönen Frau in Jever einen neuen Anfang. Du wirst auf eine Stadt treffen, in der es wimmelt von nicht

189

erzählten Geschichten. Es sind Geschichten vom Ende, Geschichten vom Anfang. Geschichten wie Regenwürmer. Die ganze Stadt ist ein Komposthaufen, der gelüftet werden will. Es könnte sein, daß du der Richtige dafür bist. Und jetzt mach dich auf die Socken. Und gib deiner schönen Frau Bescheid, sonst fliegt sie dir noch im letzten Augenblick mit diesem reuigen Wetterbeobachter Piet ten Hoff davon.

- *Ich brauche dafür aber ein paar Pennies. Oder blonden Tabak zum Tauschen,* sagte Egbert. Er war selbst erstaunt darüber, daß er in zwei Jahren Lagerleben etwas fürs Leben gelernt hatte.

- *Siehst du, schon gehts dir besser,* sagte der Lieutenant.

- *Unter uns wird gewettet. Ich habe auf Sie gesetzt.*

- *Verstehe. Das britische Laster. Meine Seekisten haben euch spitz gemacht.*

- *Nein. Die Bücher jucken hier niemanden. Die Wetten gehen um den Code der deutschen U-Boote. Die meisten von uns haben darauf gesetzt, daß er doch nie geknackt worden ist. Ein paar aber darauf, daß Lieutenant Pinchon beim Knacken geholfen hat. Und dann ist etwas schief gegangen. Und er ist zu uns strafversetzt worden.*

- *Schlaue Kerlchen. Auf was hast du gesetzt?*

- *Aufs Knacken natürlich.*

- *Quote?*

- *10:2.*

- *Verstehe. Treib die Quote noch höher. Kurz vor deiner Abfahrt erzähle ich dir eine Geschichte. Du wirst dann gerade noch Zeit haben, ein hübsches Geschäftchen damit zu machen. Im alten Hafen von Alexandria kaufst du deiner Schönen ein paar Ohrringe. Glücksbringer der Pharaonen war der Skarabäus. Und kauf nicht irgendeinen Plunder, leg ordentlich was hin!*

Und tatsächlich erzählte dieser Lieutenant Pinchie Pinchon kurz vor der Abfahrt Egbert eine Geschichte, die er gerade noch versilbern konnte. Natürlich war es dann höchste Zeit, aus dem Lager zu verschwinden, sonst hätten ihn die anderen tief in den Sand gemauert. Und natürlich war auch diese Geschichte eine des Mißverständnisses, eines der vielen, von denen sich der arme reiche Lieutenant umgeben sah.

An der Themse steht ein Mann, der stromabwärts blickt, hin zum Meer. In ihm geht die Angst um, der Krieg könne im Nordatlantik verlorengehen durch die Wolfsrudel der deutschen U-Boote, die einen um den anderen amerikanischen Geleitzug versenken mit Mann und Maus, Panzern, Flugzeugen, Munition, Treibstoff, Getreide, Kaffee und Whiskey aus Tennessee, den er in unbeobachteten Stunden dem irischen und schottischen Whisky vorzieht.

Der Mann ist ein starker Esser und ein harter Trinker. Er spielt mit dem Genuß und deswegen spielt er mit seinem Leben. Er ist ein Spieler. Aber wahrscheinlich hat er sich gerade so in der Dürre der Politik, in die er geraten ist, letzte Inseln jenes kreativen Triebes bewahrt, mit dem er geboren wurde. So befiehlt dieser Winston Churchill seinem Informationsminister eines morgens (es ist 6.12 Uhr Greenwich Zeit), im alten Herrensitz von Blechtley Park alles zusammenzukehren, was im Empire als besonders randständig gilt. Gewöhnlich wird alles das mit angelsächsischer Gelassenheit übergangen. Allenfalls werden Teile dieses ganzen Blütenmeeres zu manchen Varieté-Abenden entliehen, während die Schaumkronen ohnehin auf Dauer auf den vielen überschuldeten Landsitzen weggeschlossen bleiben. Es sind die spezialbegabten Verrückten der Hauptinsel, der irischen See, der Inselsprengel im Ärmelkanal und der ganzen Kolonien des herzkranken Empire, von denen einige bereits den Aufstand proben.

Der Informationsminister beeilte sich, Wissenschaftler zusammenzukehren, die auf gar nicht existierenden Gebieten forschten. Minderjährige Geisterseher. Esoteriker und Parapsychologen im Dutzend. Haufenweise Exzentriker, von denen es vor allem im zerklüfteten Norden nur so wimmelte. Siamesische Zwillinge, die ausschließlich in Primzahlen dachten. Eine Frau, die hatte glaubhaft machen können, Amelia Earhart zu sein, vor Jahren im Pazifik nordöstlich von Papua-Neuguinea verschollen auf ihrem Flug rund um die Welt. Musiker, die Lichtwellen hörten und nach ihrem Prinzip komponierten. Dichter natürlich und auch eine dreiköpfige Gruppe von Schriftstellern, die sich PYTHON nannte und an einem Gemeinschaftsroman arbeitete, der sich selbst erfindet, sich dreimal täglich um den Erdball windet und noch dazu sein eigener Leser ist. Und natürlich gehörten auch begabte Taschendiebe dazu, ausgewiesene Schnorrer, gewiefte Matronen: das Salz der britischen See, und vereinzelte Ideengeber der Großen der Unterwelt aus London, Neu Delhi, aus dem alten Hafen von Alexandria und aus Downtown Kingston/Jamaika.

Der Lieutenant Pinchon war das jüngste Mitglied der Gruppe PYTHON. Zwei Tage nach Bezug einer Baracke in Blechtley Park zerstritt er sich aber bereits heillos mit den beiden anderen über eine eher nebensächliche konzeptuelle Frage.

- *Ich bestand nämlich darauf, daß dieser sich selbst schreibende und sich selbst lesende, wie Amelia Earhart den Globus umrundende Roman jeden Mittag Punkt zwölf Uhr einen Fixpunkt hatte. Das sollte die Wetterstation am nordöstlichen Rand der Tschuktschen-Halbinsel sein, der Tschukotka, von wo aus am 3. November 1689, also ganze zweiundfünfzig Jahre vor Entdeckung der Beringstraße durch Bering, der gescheiterte portugiesische Polarforscher Mario de Oliveira versucht hatte, über die See auf die Landzunge im Osten zu spucken, was damals für ihn noch einwandfreier Osten und nicht Westen war. Dieser zwar etwas verlotterte, aber weitsichtige Mann war damals schon geplagt von einem Riß, der erst rund einhundertundfünfzig Jahre später durch die Welt gehen sollte. Mit seinem Ohr eines leicht Wahnsinnigen hörte er es damals schon im Eis und in den Grundspalten der Gebirge knacken. Und mit dem Wahn und der Vergeblichkeit des Einzelkämpfers versuchte er das Unheil einer Sezession der Welt zu verhindern,* sagte der Lieutenant Pinchon. Und Egbert konnte immer noch aus allem den Eifer eines Gekränkten heraushören, der ausgerechnet über dieser Frage selbst zum Sezessionisten geworden war.

Er schloß sich daher einem über neunzigjährigen Mathematiker an, einer aus Köln zugewanderten, naturalisierten, nymphomanischen Künstlerin, die mit Sperrholz und Fliegendraht höllisch-stumme Klangwelten erzeugte und einem Cellisten, der auf den Schwingen des Methylalkohols, der ihn gerade vernichtete, bereits durch das ganze kranke Empire geflogen war, immer wieder aufgescheucht und kränker gemacht vom tosenden Beifall der Konzertbesucher, denen er Orgasmen des Glücks verabreichte, bevor sie nach einer Reihe unerklärlicher Hörstürze in die tiefste Depression ihres Lebens glitten.

In ihrer Baracke arbeiteten sie Tag und Nacht an der größten Aufgabe, die Kryptologen je gestellt worden war. Dabei waren sie bedroht von den unberechenbaren Flugkörpern der Deutschen, geschädigt von den quietschenden Etagenbetten und vom Hunger nach Einsamkeit, denn Einsame waren sie doch immer gewesen. Aber sie arbeiteten wie Besessene, die sie auch immer gewesen waren - sofern der Mathematiker nicht im Stehen einschlief und in sich zusammenstürzte wie ein morscher Baum; die Nymphomanin nicht ihre Entzugserscheinungen trotz Dauerfrostes und Fliegerverdunkelung nachts im Freien bekämpfte und nackt bis zur völligen Erschöpfung unter einer Krüppelkiefer masturbierte; der fliegende Cellist nicht unter dem Fahrersitz eines Militärlasters lag und Batteriedämpfe schnüffelte; und der Lieutenant Pinchon sich nicht selbst zerstörte mit dem in ihm nagenden Verdacht, blanker Verrat habe ihn ausgeschlossen von der Erfindung eines Romans, der sich selbst erfindet und seine Leser noch dazu.

In den Morgenstunden einer Nacht, in der sich eine Reihe kreativer Zufälle gehäuft hatte, gelang es ihnen endlich, erstmals einen jener Funksprüche zu entziffern, die zuvor von der elektromechanischen Enigma der Deutschen verschlüsselt worden waren und die U-Boote im Atlantik steuerten. Die Rechenmaschinen aber, die ihnen in einer anderen Baracke für ihre kryptologische Schwerstarbeit zur Verfügung standen, waren noch auf dem Niveau von Nähmaschinen. So gelang es ihnen lange nicht immer, aber doch immer wieder, den täglich, zuweilen sogar stündlich gewechselten Code zu entschlüsseln, wobei jeder Code immer nur einer von Millionen war, die Enigma beherrschte.

> *Manchmal hatten wir Glück. Das lag an unserer brisanten Mischung aus Wissenschaft, Verrücktheit und Unterleib. Manchmal traf unsere eigene Besessenheit genau mit jener zusammen, die den deutschen Offizier in Berlin seine Code-Variante unter den möglichen Millionen hatte wählen lassen, und wir waren glücklich. Wir explodierten vor Glück. In einem sehr langen Schriftstellerleben gelingt dir vielleicht einmal ein Satz, mit dem du einen Menschen voll triffst. Er explodiert. Das ist ihm nie geschehen. Obwohl er seinerseits sein ganzes Leben nach diesem einen Satz gesucht hat. So war das. Und natürlich ging es bei uns noch um eine Menge von Leuten, die ohne diesen Satz im Atlantik abgesoffen wären.*

In der Euphorie der ersten Friedenstage (die in London noch dazu mit dem Fieber erster Frühlingsnächte zusammenfielen) setzte sich der Lieutenant erstmals wieder an seinen eigenen Schreibtisch, der klein war wie die

Arbeitsplatte eines Wanderarbeiters, eines Scherenschleifers etwa. Er hatte vor, eine Satire zu verfassen, die ihn aus einem jetzt schon lange anhaltenden Tief holen sollte. Das war sein erster Fehler; denn eigentlich und grundsätzlich war er ein sehr ernster Mensch. An einem kleinen, zur Satire zugespitzten Beispiel wollte er aufzeigen, wie der Krieg überall in den Frieden nachwirkt, ja auch diesen jungen Frieden schon wieder als alter Krebs durchzieht. Er schrieb also mit Absicht und Ziel, und nicht wie früher mit bloßer Neigung. Das war sein zweiter Fehler. Und prompt geriet ihm die gute Absicht zum Verrat.

Noch immer steckte ihm die Enigma im Kopf, die der begabte deutsche Bastler Arthur Scherbius entwickelt hatte, ohne freilich je etwas vom monströsen Erfolg seines Patentes zu erfahren, denn er wurde lange vor dem Krieg von einem durchgehenden Pferd getötet. So erfand er eine Gruppe britischer Agenten, die in den Resten des Deutschen Reiches, in den U-Boot-Bunkern von Wilhelmshaven und Kiel, in den Schächten von Mittelbau-Dora in Thüringen, in den Industrieruinen der großen Städte, ja selbst auf den Schiebermärkten der deutschen Not nach Enigmas suchten, die funktionsfähig überlebt hatten. Und sie wurden zahlreich fündig. Denn eines nur hatte ihnen ihr begabter Konstrukteur nicht beigebracht: sie konnten sich nicht selbst zerstören. Und der Lieutenant erfand andere Agenten, die gleichzeitig in Landrovern, Buschfliegern und auf schweren Norton-Maschinen in jenen Kolonien des kranken Empire unterwegs waren, die jetzt, im Aufwind des Friedens, verstärkt nach der Droge der Selbständigkeit riefen. Diese Agenten gaben sich als Waffenhändler aus und lehrten die kolonialen Führer als erstes: kein Freiheitsrausch ohne Code. Und kein Unabhängigkeitskampf ohne das Wunderwerk der Enigma. Und sie verkauften ihnen die in den Resten des Deutschen Reiches gesammelten Maschinen gegen Teile ihrer Kriegskassen. Und kurz darauf schon saßen in den bombensicheren Kellern am Ufer der Themse Hauptabteilungsleiter und Sekretäre und Direktoren der Ministerien und lauschten den codifiziert plappernden Enigmas in allen Teilen ihres zerfallenden Weltreiches. Bald feixten sie und schlugen sich auf die Schenkel, denn natürlich arbeiteten die Maschinen mit verminderter Leistung und ausschließlich mit jenen Codes, die in Blechtley Park von den dort versammelten Randständigen geknackt worden waren.

Es gab immer mindestens zwei Pfeifenraucher unter ihnen. Die Sätze, die sie aus Indien, Kenia, Ägypten, ja selbst von den Westindischen Inseln mit den trägen, rumgesättigten Wörtern der Karibik empfingen, waren so erheiternd und sie mußten so viel feixen, daß sie in dem Tabakrauch immer wieder reihum Hustenanfälle erlitten. Es war einfach so unsäglich komisch, weil so eindeutig kindisch, wie sich die geheim untereinander kommunizierenden Kolonien den Kampf um die Unabhängigkeit vorstellten. Da klopfte einer dem anderen auf den Rücken, wobei sie trotz aller gelösten Heiterkeit streng auf die Hierarchie achteten, und kleine Tränen rannen ihnen über die Wangen.

Dann aber schoß ihnen Eiswasser ins Blut. Ihr Gedärm füllte sich mit Donner. Denn jetzt plötzlich wurden sie mit völlig unverschlüsselten Sätzen überhäuft, aus denen eindeutig und mit zwingender Logik hervorging: wenn sie weiter so in ihren bombensicheren Kellern über die Kolonien feixten und anschließend husteten, sich gegenseitig auf die Rücken schlügen und sich kleine Tränen die Wangen herabkollern ließen, dann wäre es ihr Tod. Denn die Kolonien bereiteten sich darauf vor, alle diese alten, hustenden Männer in ihren Kellern am Ufer der Themse zu töten, alle und alle auf einen Schlag.

Eine erste Fassung dieser Satire ging mir in die Hose. Ich arbeitete mit Absicht und Ziel wie mit Nadel und Faden. Über dem Krieg hatte ich wohl verlernt, daß es darauf ankommt, scheinbar absichtslos das Leben der Menschen zu beschreiben, womit ich keineswegs einer bloßen Abbildung ihrer Leben das Wort rede. In einer zweiten Fassung konzentrierte ich mich daher auf zweierlei: auf den Pfeifenrauch in den Kellern an der Themse und die Hustenanfälle der Feixenden - und dann auf das Eiswasser, das ihnen in ihr Blut alter Männer schießt, als sie zum ersten Mal ihre eigenen Kolonien ernst nehmen müssen und feststellen, daß in Indien, Ägypten, in Ostafrika, selbst auf den Westindischen Inseln mit der Trägheit der Kariben ihr eigener Tod verhandelt wird.

Schließlich war ich mit dem Text ganz zufrieden. Ich gab ihn einem Freund, der ihn in seiner kleinen Zeitschrift veröffentlichte: Handpressendruck, einhundertneunundneunzig Exemplare, graphisch ansprechend, gutes Papier aus alten Beständen.

Drei Tage lag die Zeitschrift in den besseren Buchhandlungen Londons aus. Dann ging eine Lawine über den Lieutenant nieder, deren letzte Ausläufer ihn in das Lager in Ägypten schwemmten, in dem er nichts als sich selbst und sein Verräterherz zu bewachen hatte. Agenten schwärmten aus und beschlagnahmten einhundertdreiundneunzig Exemplare des Handpressendruckes. Sechs Exemplare blieben unauffindbar und sorgten weiterhin für helle Aufregung, denn dieser Lieutenant hatte etwas als Satire in die Zukunft projiziert, das sich gerade als Geschichte, wie sie Geheimdienste schreiben, in der Gegenwart ereignete.

Tatsächlich waren, noch bevor er seine Satire konzipierte, die Schutthalden des Deutschen Reiches nach den Enigmas durchsucht worden. Und Agenten, die sich als Waffenhändler ausgaben, bereisten mit ihnen in Landrovern, Buschfliegern und auf schweren Norton-Maschinen jene Kolonien, in denen die Winde umzuschlagen drohten. Und gerade am Nachmittag des Tages, an dem in den besseren Buchhandlungen Londons dieser Handpressendruck auslag, saßen in den Kellerräumen an der Themse Herren in Anzügen zusammen und begannen, im Tabakrauch zu husten. Sie erfreuten sich der Komik aufgefangener und sofort mühelos entschlüsselter Signale aus ihren Kolonien. Sie feixten dabei derart, daß ihnen bald kleine Tränen die Wangen herabkullerten und sie sich unter Beachtung der Hierarchie zwanglos die Rückenpartien klopfen mußten.

- *Na ja*, sagte der Lieutenant Thomas Pinchon zum Schluß, *die Wirklichkeit hatte mir ein Bein gestellt. Keiner begriff mich als Satiriker. Alle mißverstanden mich als Verräter. Selbst das Mädchen, dem ich damals hinterherlief, wollte nichts mehr von mir wissen. Und der Verband britischer Schriftsteller, eine Ansammlung von Hornissen und Skorpionen, beeilte sich, zu mir auf Distanz zu gehen. Somit war es eine etwas prekäre Lage, in die ich mich manövriert hatte.*

So. Aber jetzt geh schnell und mach Kasse. Und verschwinde, bevor die anderen dich als Wettbetrüger rösten. Im alten Hafen von Alexandria fragst du nach dem Laden von Mohammed Kamil. Sag ihm ein Wort, und er wird dich nicht mit den Ohrringen hintergehen. Das Codewort für ihn lautet natürlich FIXPUNKT TSCHUKOTKA.

II. Teil

(„Ich war es nicht. Fiddi ist es gewesen. Flügel. Wilken. Förster. Janssen. Liebenow. Und Adolf Hitler.")

1

Nur die Älteren erinnerten sich noch an diese Rausch-und-Höhenflug-Stimme, die zu Beginn des Silvesterabends 1950 gewaltig und himmelsüß zugleich aus der ten Hoffschen Wohnung über den Kirchplatz schallte, bewegt von der Inbrunst der Liebe und dem Kniefall liebender Hingabe, dem melodischen Schmelz, der natürlichen Gabe und der sorgfältigen Schulung eines lyrischen Tenors, der sich aus den goldenen Zwanzigern Berlins zu Weltruhm erhoben hatte und mit wehenden Frackschössen sowie einem Monokel im rechten Auge auf den Pfauenaugen-Flügeln der Opern Mozarts und schneller noch auf den geflügelten Operetten Franz Lehárs durch die Musiktheater Mitteleuropas gesegelt war, während gleichzeitig seine Stimme in den knisternden Darbietungen des Rundfunks und auf den Schellack-Platten der Grammophone in die Kleinstwohnungen der Jungvermählten und in die Wohnküchen einsam Sehnender drang, die noch immer auf das ihnen versprochene Glück warteten, Heribert Poggenpohl, Fritz Levy, Mia Geerdes oder Hiltrud Kieslowsky heißen mochten und allesamt Jahrgänge von der Wende des Jahrhunderts waren -

hier drang dieser lyrische Tenor ein in runder, glänzender, verletzlicher, aber in die Unendlichkeit einer technischen Reproduktion hinein vervielfältigten Form, so daß mit ihm auch das Gold der Zwanziger unendlich schien, noch dazu es das Gold ihrer Jugendliebe war, die doch selbst als unerfüllte Liebe ewig währt, und so hatte auch niemand von diesem frei Haus gelieferten Gold erwartet, daß es von einem auf den anderen Tag matt und glanzlos würde, schwarz anliefe und nicht bloß zur völligen Wertlosigkeit herabsänke, sondern sogar als volksschädlich erkannt und verbannt würde aus den Darbietungen des Rundfunks, dem Sortiment der Musikalienhändler, dem Repertoire der großen Musiktheater und jenem nachahmenden der kleinstädtischen Bühnen Ostpreußens, Schlesiens und Niederbayerns, an denen der Intendant gleichzeitig Platzanweiser, Erster Intrigant und Oberster Schwuler war, so daß Verehrer wie Heribert Poggenpohl oder Hiltrud Kieslowsky in vorauseilendem Gehorsam ihre Schellack-Platte mit dem Orchester der Staatsoper Berlin oder dem Deutschen Künstlertheater Berlin und diesem einen gewaltigen und zugleich himmelsüßen Tenor in eine Schublade entsorgten, in der bereits vergilbende Briefe, gezackte, in die Unwiederbringlichkeit versunkene Portraitaufnahmen, dunkel angelaufene kaiserliche Münzen und im Schlaf geraubte Haarlocken lagen, die Pfänder ihrer ersten Liebesversuche, und dieser lyrische Tenor, der bereits in den Morgenstunden des ersten Tages als Jude erkannt war, nutzte schon eilig den Vormittag des zweiten Tages, um auf den Schwingen seines Weltruhmes und mit dem Rückstoß seines Organs den Ärmelkanal zu queren und sich nach London in Sicherheit zu bringen, wo ihn freilich nur wenige kannten und noch weniger hören wollten mit der Stimme des Landes, das sich zum Feind rüstete, ausgenommen ein paar andere Emigranten, die ihn gelegentlich in einem bitteren Halbkreis Wartender umstanden, und so wurde er bald besiegt von einem alten Rheumaleiden, das er sich auf den zugigen Bühnen Siebenbürgens und der Walachei geholt hatte und das ihm die Stimme veränderte und das Leben weiter verdunkelte, und so starb er zwei Jahre vor diesem Silvesterabend 1950, an dem er noch einmal aus der ten Hoffschen Wohnung über den Kirchplatz schallte, vergessen und verarmt, nur noch von Mäusen heimgesucht und vom Londoner Regen, genährt bloß noch von Kohl und Buchweizengrütze, und durch ein undichtes Dach kackten die Tauben auf seinen letzten Notenständer und bedeckten ihn nach und nach mit abgestoßenen Federn, Milben und Läusen -

> Dein ist mein ganzes Herz
> Wo Du nicht bist
> Kann ich nicht sein
>
> So wie die Blume welkt
> Wenn sie nicht küßt
> Der Sonnenschein
>
> Dein ist mein schönstes Lied
> Weil es allein
> Aus der Liebe erblüht
>
> Sag mir noch einmal
> Mein einzig Lieb
> O sag noch einmal mir:
> Ich hab Dich lieb,

tönte der lyrische Tenor Richard Tauber himmelsüß aus Lehárs Operette DAS LAND DES LÄCHELNS, sang ihm der seinen Polterabend vorbereitende Ex-Flieger, Noch-immer-Dichter-Aspirant, der Schreibwaren- und Jungbuchhändler Piet ten Hoff hinterher, hob er von neuem an mit der Zeile DEIN IST ..., während die neugepreßte Schallplatte mit den wieder ausgegrabenen Juwelen Richard Taubers bereits sprang zu VON APFELBLÜTEN EINEN KRANZ und zu HABE EIN BLAUES HIMMELBETT, denn immer brauchte die Mutter Hannelore in der Wohnung zwei, drei Versuche, um den Tonarm zurück auf die Rille von DEIN IST ... zu senken, schließlich war sie zwar willig wie eine Mutter, aber auch aufgeregt und besorgt und uneingestanden zutiefst beleidigt wie eine Mutter, deren einziger Sohn sich gerade in eine Ehe hinein verabschiedet wie in einen weiteren Krieg, in dem tagsüber die Mütter verleugnet werden, und nachts wird nach ihnen geweint, so daß Richard Tauber immer nur verzögert mit dem himmelsüßen DEIN IST ... über den Kirchplatz schallte, über die Tische und Bänke des Polterabends, die Bierfäßchen, das Spanferkel und den wieder nackten, aufgebrauchten Weihnachtsbaum mit seinen Resten von Lametta und Kerzenwachs, den Piet auf der Höhe des Festes neu schmücken und abzubrennen gedachte mit dem ganzen Tand seines Junggesellenlebens, und jede dieser Verzögerungen in der Modulation nutzte die Braut Renate Schmitz für sich aus, denn sie war eine leidenschaftliche Spielerin des Knopfgriffakkordeons, das sie zärtlich Quetschkommode nannte und gerne auch gegen ein Bandoneon und selbst eine Mundharmonika tauschte.

Dann nahm sie den Melodienstrauß mit ihrem Instrument auf, mit dem sie schon als Kinderstar im Kölner Theater und als Nachwuchstalent auf den Sitzungen der Kölner Karnevalsgesellschaften Blau-Gold und Rote Funken geglänzt hatte, bis Körper und Stimme und der aufmüpfige Geist des Eigelstein-Viertels zwischen Hauptbahnhof und Nordtor so in ihr ausreiften, daß das Festkomitee des Kölner Karnevals von 1823 e.V. sie nach beiläufigem Wink aus dem Himmel der Partei nicht mehr auftreten ließ. Da hatte Renate, die jetzt neunzehn war und von einer Tournee träumte, immer öfter zur Flasche gegriffen. Frühmorgens war sie den Kieslowsky-Schwestern Julia, Gerda und Vera begegnet, die das Nachbarhaus am Thürmchenswall bewohnten und besetzt hielten mit ihrer männerlosen Dreieinigkeit und ihren dunklen, geschlossenen Kleidern von Ordensschwestern und hatte sie zerstört angeweht mit ihrer schweren Rotweinfahne der letzten Nacht.

Im Viertel waren die Schwestern als hartherzige Vertreter der Ordnung bekannt. Auf ihrem frühmorgendlichen Gang zu St. Kunibert, wo sie als protestantische Friesinnen in die Strenge der ihnen unverständlichen lateinischen Liturgie eintauchten und sich mit dem rheinischen Katholizismus gegen den Schmutz des Tages und der großen Stadt wappneten, fegten sie mit ihren Stockschirmen gewissenhaft Schnapsfläschchen, Kippen und Präservative weg, die nachts die Damen des Eigelstein und ihre Freier hinterlassen hatten. Aber gerade sie schlossen Renate ins Herz, als sei es ein gemeinsames, das in ihnen schlüge. So verbargen sie das Mädchen vor ihren Eltern, füllten sie vorsichtig mit Hühnerbrühe und redeten ihr zu wie Mitglieder eines Ordens einer gefallenen Schwester. Sie auch waren es, die Renate schließlich retteten, als sich ein letzter gewaltiger Bombenteppich auf die Stadt legte, das Haus ihrer Eltern zerstörte, alle seine toten Bewohner mit Schildern des Fundortes in eine Reihe auf die Straße gebettet wurden und nur Renate mit ihrem Hund, ihrem handzahmen Hermelin und ihrer ewigen Quetschkommode fehlte. Es waren die dreieinigen Schwestern, die sie am fünften Tag noch unter den Trümmern des Hauses entdeckten, in denen sie mit ihren Stockschirmen nach Beute stocherten. Sie ließen sie bergen wie ihr wertvollstes Kleinod, flößten ihr wiederum Hühnerbrühe ein, gossen dieses Mal etwas Rotwein hinterher, fuhren sie bald in einem Handwagen zu St. Kunibert dicht vor den Altar und warteten darauf, daß ihr Findelkind endlich etwas sagte und sich laut bei dem Himmel bedankte. Aber Renate dankte nicht, sie blieb stumm. In der fünftägigen Finsternis hatte sie die Stimme verloren.

Jetzt kümmerten sich die Schwestern um sie mit ähnlicher Verbissenheit und Disziplin, wie sie voher Ball spielende Kinder und sich vor dem Haus entleerende Säufer bis hoch zum Eigelsteintor verfolgt hatten, wo sie erst atemlos einhielten und sich die dunklen Kleider neu ordneten; das freilich nur, um bei ihrer Rückkehr über einen ausgebombten Mann außer sich zu geraten, der sich im Hausflur in den Trümmern seiner Habe niedergelassen hatte oder über einen im benachbarten Zoo heimatlos gewordenen Papagei, der auf dem Balkon wirres Zeug krächzte und nach allen anderen verstörten Vögeln Kölns schrie. Sie nutzten jetzt die stumme Renate, wie sie einen Hund mit bandagierter Pfote genutzt hätten, denn nur diese Art der Kümmernis und der Liebe gab ihnen jene Kraft, die sie für ihre tägliche wütende Ordnung in dem gänzlich aus der Ordnung geratenen Viertel brauchten.

In seinem Buch sollte Egbert später folgerichtig behaupten, daß die Schwestern den gesamten Krieg nicht nur unbeschadet, sondern glänzend und fast mit einer gewissen Heiterkeit überlebten, weil sie seine Unordnung und seine Zerstörungen brauchten; denn nur die hätten ihnen das nötige Maß an innerer Ordnung gebracht sowie Anlässe die Fülle, vor dem Haus am Thürmchenswall und bis zu St. Kunibert einen begehbaren Trampelpfad anzulegen und stets eine saubere, an der Teppichklopfstange ausgeschlagene Matte vor der Tür liegen zu haben, auf der sich jeder schmutzige Fuß eines Fremden verriet.

Wie selbstverständlich waren die Schwestern davon ausgegangen, ihre Pflege und die unablässige Liebe ihrer drei Herzen gäben Renate nach angemessener Frist die Sprache wieder, und eines Morgens würde sie unaufgefordert, laut und voller Inbrunst dem Himmel in St. Kunibert für ihre Rettung und ihr neues Heim danken. Als sie aber in den ersten Monaten des neuen Friedens, in denen Lebensmittel und Kohlen besonders knapp waren, erstmals Bilanz zogen, sahen sie sich bitter getäuscht. Renate blieb stumm und abweisend. Sie lebte nur auf, wenn sie allein mit der Quetschkommode in ihrem Zimmer war. Leise, aber unüberhörbar vernahmen die Schwestern dann jene Melodien von einst, die immer schon auf eine so unanständige Art fröhlich gewesen waren, daß sie das Festkomitee des Kölner Karnevals von allen öffentlichen Darbietungen gestrichen hatte. Da schlugen sich die Schwestern an die Stirnen und schalten sich, blind in ihrer Liebe von Müttern gewesen zu sein. Einmal hatten sie lieben wollen. Sie hatten geliebt und doch nur eine unverbesserliche Musikantin und eine dauerhaft Behinderte genährt. Und sie sannen darauf, das Findelkind, das inzwischen eine ausgewachsene junge Frau war, wieder loszuwerden.

In langen Ferngesprächen mit Jever zum Nachttarif suchten sie für Renate ein Quartier. Immer wieder führten sie die im Krieg ausgelöschte Großstadt mit den schwarzgefaulten Eckzähnen des Kölner Doms gegen das unversehrt gebliebene Jever mit seiner Glucke von Schloß an; die Wand von Renates Zimmer, die doch gleichzeitig die Brandmauer zum schrecklichen Trümmergrundstück aller ihrer Toten, ihres Hundes und ihres handzahmen Hermelins war; die Erinnerung des stummen Kindes an das Gebell der Flakgeschütze nachts, die mit letzter Munition und dem Irrsinn 15jähriger Schützen schon auf die Fledermäuse und die aus den Volièren des Zoos geflatterten Exoten ballerten, und jetzt, im knappen Frieden, wieder verstärkt die Schreie Überfallener nachts im Eigelsteinviertel und das Gekeife von Huren, die sich ebenfalls um alles beraubt fühlten. Und sie schworen immer wieder, daß es ein Akt höherer Liebe sei, wenn sie auf ihr Findelkind verzichteten und hofften, daß es im stillen Jever, im Umgang mit den vielen Tieren des Landes und im Anblick von Ebbe und Flut, von Mond und Sternen die Sprache wieder gewänne.

Der Oberstleutnant auf dem angepachteten Moorhof lehnte sofort ab mit der Begründung, er habe schließlich mit dem vorzeitigen Ende seiner Berufslaufbahn mehr als genug für diesen Krieg gezahlt; und natürlich wollte er nicht einmal einen stummen Zeugen dafür haben, daß er noch immer zwischen dem Sein und dem Schein von Hühnern, Gänsen, Trutern und Tauben ratlos herumirrte und sein Monokel längst im Schweinekoben zerschellt war. Mia ängstigte sich vor der Aufnahme einer stummen Großstädterin in ihr Gartenhaus, denn sie nahm an, mit ihr ganz neue und sehr unheimliche Träume teilen zu müssen. Heribert in seinem einsamen Backsteinhaus kam aus Gründen der Sittsamkeit nicht in Frage. Und so gelang es endlich, Renate in der Wohnung der ten Hoffs unterzubringen in jenem Zimmer, das der Sohn mit Flugmodellen vollgehangen hatte. Hier lag sie, mühte sich mit dem Entzug, mit den Nachwirkungen der Schrecken Kölns und mit der schrecklichen, allgegenwärtigen Nähe einer kleinen Stadt. Noch immer bekam sie Rotwein zugeführt, den Hannelore aus alten Beständen zu besorgen verstand, aber immer weniger und immer stärker versetzt mit Wasser. Sie begann Mundharmonika zu spielen und dann wieder auf einem geliehenen Bandoneon, das ein Koch des versenkten Kreuzers Graf Spee aus Uruguay mitgebracht hatte. Als der Sohn Piet aus der kurzen Gefangenschaft eines privilegierten Fliegers zurückkehrte und seine letzte Fliegerjacke mit den aufgemalten Buchstaben PW-*prisoner of war* an die Garderobe hing, erblickte er ein Mädchen, das zwar stumm war, aber mit den Augen sprach. Und Piet, früher ein eher schüchterner Junge, der auch in seiner blauen Uniform eines Fliegers überwiegend nur Vorspeisen gekostet hatte, war jetzt noch so von der Dynamik von Start und Landung erfüllt, von der Vollbremsung des Fliegerlebens im amerikanischen Lager dann, von der Hoffnung auf ein Leben jetzt, bei dem eine Kleinigkeit schon eines in Saus und Braus ist, daß er noch an diesem ersten Abend in seinem Zimmer mit den verjährten und ziemlich klapprigen Flugmodellen sagte: Komm, zieh dich aus. Und sie sollen zwischen den Modellen gerammelt haben wie junge Kaninchen, achtmal hintereinander, und geschlafen haben sollen sie am nächsten Tag wie die Murmeltiere. Schrieb Egbert. Und so hatten die drei Kieslowsky-Schwestern dieser Renate nicht nur mit ihren Stockschirmen das Leben unter den Trümmern gerettet, sondern mit ihrer Weigerung, einer Stummen die Liebe zu schenken, hatten sie ihr auch einen Geliebten verschafft, mit dem sie am Silvesterabend 1950 in die Ehe polterte.

2

Während der Hochzeitsvorbereitungen hatte Egbert mehrfach eine Katastrophe für sich befürchtet. Schließlich war er selbst jetzt schon seit zwei Jahren mit Emma, zärtlich Rehauge genannt, amtlich geborene Kieslowsky, verheiratet. Und wie ein gewaltiger, übermäßig gedüngter Kürbis war in ihm die Gewißheit gewachsen, immer ein Versager in der Ehe zu bleiben, gleichzeitig aber in dieser Ehe ein Glück zu genießen, für das er mit nichts je würde bezahlen können.

Auf dem Standesamt, in der Kirche, an der Festtafel im Schützenhof, zwischen Blumeninseln, unbrauchbaren Geschenken, Beinahe-Ohnmachten, den spitzen Begrüßungsküssen entfernter Verwandter von den vorgelagerten Inseln, die eher wie Schiffbrüchige gehandelt und nur zu Hochzeiten und Begräbnissen, nie aber zum gewöhnlichen Leben und seinen Freuden eingeladen wurden, zwischen den geäußerten Glückwünschen und den verheimlichten Erwartungen von Untergängen und den freigiebigen Tränen auch völlig fremder Frauen, die an all ihre grausamen Enttäuschungen dachten und daran, daß sie bald völlig glücklos sterben würden - bei alledem müßte Egbert einen glücklichen Mann unter lauter glücklichen Männern und Frauen spielen und käme noch dazu unweigerlich neben die dreieinigen Schwestern aus Köln zu sitzen. Mit ihren wirklich nach dem Modell von Papageienschnäbeln geformten Nasen würden sie jedes Gericht auf den Tellern vor ihnen daraufhin beriechen, was es den Bräutigam gekostet hätte und ob sie sich nicht auch so ein Exemplar von Mann einfach kaufen könnten. Mit ihren sechs Augen von nervösem, blitzschnell zupickenden Federvieh würden sie alle Regungen von Braut und Bräutigam, von Emma und Egbert an der Festtafel beobachten, auf Fehler und Verletzbarkeiten lauern, und natürlich würde ohnehin jeder an dieser Tafel erwarten, daß wenigstens einer über dem Nachtisch, dem Kaffee, wenigstens aber über dem einen Weinbrand zuviel nach dem Kaffee innerlich zusammenbräche und zu schluchzen begänne, weil er gerade jetzt und völlig klar und unausweichlich erkannt hätte: in allem hast du versagt. Vor deinem Ehepartner. Den Schwiegereltern. Den eigenen Eltern und Großeltern und Urgroßeltern bis hin zu jenem Paar vor der Erfindung der Fotografie, das hier als erstes fünf Schafe in den Polder trieb und junge Robben schlachtete. Vor deinen ungeborenen Kindern. Deinem ganzen Leben. Und selbst vor deinem Tod hast du jetzt schon versagt, Egbert Poggenpohl, auch wenn er statistisch erst in gut vierzig Jahren ansteht.

Später notierte Egbert für sein Buch:

Seit meiner eigenen Hochzeit gab es für mich keine größere Seelenpein als eine Hochzeit auf dem Lande. Auch vermochte ich nicht immer den nur sehr feinen Unterschied zwischen einer Hochzeit und einer Beerdigung zu erkennen. Lange schon hatte mich nachdenklich gestimmt, daß die rituellen Farben der Festlichkeiten, weiß und schwarz, zwischen den Kontinenten und Kulturen abrupt wechseln, die Männer bei uns aber immer in der Arbeitskluft von Totengräbern erscheinen. Hier und da duften, leichenschwer und hochzeitstortensüß, die Chrysanthemen, und mit ihrer Angst vor dem künftigen Leben riechen die Achseln der Braut und das Hemd des Bräutigams nach gerade eingetretenem Tod.

Seine Ängste vor dieser Hochzeit wurden aber dadurch gemindert, daß die dreieinigen Schwestern überraschend erklärten, zur Zeit völlig unabkömmlich in Köln zu sein.

Schon bald nach der Entsorgung ihres stummen Findelkindes aufs Land hatten sie über Ersatz nachgedacht. Nie war es auch nur einer von ihnen gelungen, einen geeigneten Mann für sich zu interessieren. Oft genug waren alle drei zusammen wegen der gleichförmigen Papageienschnäbel ihrer Nasen und ihrer Spitzknochigkeit, ihrer zunehmenden Härte und ihrem schamlosen öffentlichen Ordnungswahn verspottet worden. Die Männer in Köln riefen ihnen Zoten hinterher oder lauerten ihnen mit höchst merkwürdigen Handzeichen in Toreinfahrten auf. Jetzt beschlossen sie, alle diese feindlichen Männer auf einen einzigen Mann zu reduzieren, und diesen einen Mann noch einmal auf sein Glied und seine Eier. Sie wählten die zweitjüngste unter sich aus, bestimmten Gerda als Opfer für eine bestellte Schwangerschaft und entschieden, daß die Frucht für alle Zeiten ein Kind aller drei würde. Sie würden es an sechs Brüsten nähren und mit der Liebe von drei Übermüttern zu einem Genie erziehen, das spätestens zur Einschulung ganz allein in einem riesigen Fesselballon in Form einer Zuckertüte über die Stadt Köln triebe.

Inzwischen war das Genie Rüdiger Kieslowsky vier Jahre alt und bekam gerade noch einen verspäteten Milchzahn. Er klopfte oben links hinten im Kiefer, was natürlich alle drei Mütter unabkömmlich machte.

In puncto Vaterschaft wichen die Geschichten, die Emma und Egbert sich über die Schwestern erzählten, voneinander ab. Emma glaubte ihre Familie noch gut genug zu kennen, um in Sigi Kieslowsky den Vater des kleinen Genies zu vermuten. Ersatzweise bot sie den Postzusteller, Bezirk Innenstadt Nord an, der es für ein Handgeld erledigt hätte und hinter dem schnell wieder die Tür verschlossen worden wäre. Das hätte gerade dem Postbeamten Egbert einleuchten sollen, er lehnte es aber aufgrund einer bereits verinnerlichten, postinternen Ethik entschieden ab. So bot Emma noch einen Tapezierer an, den Bezirksschornsteinfegermeister und den Hauswart der benachbarten Krankenkasse, aber jetzt bestand Egbert mit der Störrischkeit eines Mannes, der eine Eingebung hat, darauf: es war in einer Parkanlage geschehen. Im Herbst. Nach den ersten Stürmen. Haselnüsse liegen auf den Wegen der Kölner Flora. Gerda bückt sich, um sie mit ihrer ewigen Sparsamkeit und der Emsigkeit eines Eichhörnchens aufzusammeln. Der Wind weht ihr den leichten Mantel und das Kleid hoch, und da geschieht es: schnell und zärtlich wie ein schillerndes Insekt wird sie im Vorübergehen befruchtet, und der Täter, kein Mann im herkömmlichen Sinn, sondern eben ein flüchtig Vorübergehender, einer, der auch den botanischen Garten genießt und die fallenden Fruchtbarkeiten des Herbstes, lüftet noch den Hut, bevor er weiterschlendert und Gerda, angefüllt mit einer guten Ladung seines Samens, zurückläßt, etwas bestürzt, aber auch sehr erleichtert, denn sie hat sich das alles anders vorgestellt, lange nicht so luftig, wie es die durchsichtige Herbstluft macht und die Flüchtigkeit der Bekanntschaft, die noch ein zweites Mal den Hut lüftet, bevor sie um eine Wegbiegung verschwindet.

Dieses letzte Detail, das mit dem zweiten Lüften des Hutes, hatte Emma schließlich überzeugt. Es gefiel auch ihr. So einigten sie sich auf diese Version der Zeugungsgeschichte des künftigen Genies Rüdiger Kieslowsky, auch wenn Emma tief im Inneren immer wieder an Sigi Kieslowsky dachte, der bereits auf dem Moorhof in ihren Schlüpfer eines Mädchens geschluchzt hatte.

3

Für den Polterabend hatte das Brautpaar Renate die Stumme und Piet alle Gäste gebeten, auf den gewohnten Brauch zu verzichten und kein Geschirr zu Füßen ihres Glücks zu zerschlagen. Das wollten sie an die zahlreichen Zugeflüchteten verteilen, die mit nichts als ihren nackten Hintern aus den Ostgebieten des untergegangenen Reiches nach Friesland gekommen waren und auch in Jever notquartierten.

So lange diese Flüchtlinge von geborgten Tellern und aus eingedelltem Blech aßen, so argumentierten beide Liebesleute, würden sie weiter als bloße Vaganten und unziemlich verspätete Teile einer Völkerwanderung angesehen, die doch seit Jahrhunderten Geschichte war. Immer wieder war ihnen aufgefallen, wie argwöhnisch die Jeveraner ihre verborgten Teller und Kasserollen im Auge behielten. Allein wegen der vielen fremden Kraut- und Kartoffelgerichte auf diesen Tellern, wegen der Pferdegraupen und Krautrouladen, sonntags der Königsberger Klopse, montags bis zum nächsten Sonntag wieder der Seen von Wurstsuppe, der Buttermilch mit Kartoffelmus, der schlesischen Klöße aus Wasser und Mehl und drei Grieben Speck, der Schweinspfoten und Schweineschwänze und Schweineöhrchen und Hühnerklauen der Landarbeiter Ostpreußens, der ausgekochten Ziegenköpfe der Siebenbürger Sachsen und ihrer gespickten Rücken kleiner Katzen, der Pferdebohnen und des gelben Steckrübenmuses, des Rübensirups und Kunsthonigs, des Hundegulasch und der nassen, rindenlosen Brotwürfel der Zahnlosen auf diesen an sie verliehenen Tellern zweifelten viele der Jeveraner doch daran, daß es sinnvoll sei, wenn diese Menschen hier je heimisch würden. Und nicht wenige fragten sich, ob sie ihre künftigen Kinder anständig in Rückenlage zu gebären gedachten oder nicht doch aus der Hocke achtlos auf ein riesiges Blatt plumpsen ließen wie die erschreckenden, zum Kannibalismus neigenden Bewohner der Südsee, von denen sie als den fremdesten Siedlern der Fremde gehört hatten.

So half Egbert seinem Freund, der jetzt nicht länger DEIN IST ... nachsang, sondern nur noch heiser VON APFELBLÜTEN EINEN KRANZ summte, den bereits nadelnden Weihnachtsbaum im Pflaster des Kirchplatzes zu verankern. Er rührte Nelkenwurzeln in den Glühwein, kühlte sich am Bierfäßchen, schleppte mit ihm aus dem Liebesnest der ersten Nacht alle jemals gebauten Flugmodelle von Fokke-Wulf, Heinkel und Messerschmidt; die Ausgehuniform eines blaugewandeten Fliegers mit den silbernen

Schulterstücken des Leutnants; die heizbare, ans Bordnetz der Condor anschließbare Hose, die Piet bei seiner Gefangennahme getragen hatte; die letzte khakifarbene Fliegerjacke mit den Großbuchstaben einer Reklamewand auf dem Rücken PW-*prisoner of war*; seinen Fliegerdolch mit Knauf und Hakenkreuz; die ovale Brosche des Beobachterabzeichens, bei dem der Reichsadler auf dem Hakenkreuz wie auf einem Futternapf steht; und die silberne Frontflugspange für alle himmelstürmenden Heldentaten, die Piet nie vollbringen konnte, denn schließlich versah er doch als Wetterbeobachter nichts anderes als den Liniendienst eines Busschaffners. Mit allen diesen Stücken garnierten sie den Baum, wie er zuvor mit Lametta, Kerzen, kleinen Lebkuchenherzen und einem Engelchen auf seiner Spitze geschmückt gewesen war, als die Familie der ten Hoffs die Heilige Nacht des Jahres 1949 beging und gemeinsam drei Karpfen von insgesamt vierzehn Kilo Lebendgewicht verschlang, fünf Weckgläser Kraut, sechsunddreißig Knödel groß wie Katzenköpfe sowie sieben Bratäpfel und neun Schüsseln roter Grütze. Das war der Auftakt zu einer landesweiten Freßorgie gewesen, die von hier ab ganze sieben Jahre dauern sollte.

Dem Weihnachtsbaum, der mit seinen fallenden Nadeln bereits nackt zu werden drohte, zogen sie jene Ausgehuniform des Fliegers an, die einst Mädchen und frische Witwen in Jever versucht hatten zu berühren. Sie streiften ihm die Fliegerjacke über, zogen die heizbare Hose über die Spitze und brachten dort, wo eben noch das kecke Engelchen geschaukelt hatte, die Frontflugspange an. Sie behingen ihn mit allen Flugmodellen und Bauanweisungen und vergaßen selbst die Laubsäge nicht. Sie schufen dem Feuer Ermunterung mit Petroleum, und dann war es Aufgabe von Renate der Stummen, das Streichholz zu werfen und alles abzubrennen: den schon nadelnden Baum eines abgefeierten Weihnachten, das in einer unbequemen Fresserei geendet war, und die ganze Vergangenheit eines Jungen und ledigen Mannes, der sich zu den Fliegern hatte verführen lassen. Eine Schraube in jener Maschinerie war er gewesen, mit der Männer privilegiert aus der Luft und berauscht von der Fortschrittlichkeit ihrer Technik Menschen getötet und Gemeinschaften ausgelöscht hatten, wie die alliierten Bomber die Stadt Köln und das Haus am Thürmchenswall auslöschten und so aus der heiteren Spielerin einer Quetschkommode eine Waise machten, und nach fünftägiger Dunkelheit Renate die Stumme.

Wieder hob jetzt Richard Tauber an, über den Kirchplatz zu schallen. Es war eine Wiederauferstehung dieses Mannes, der am Vormittag des zweiten Tages mit den Flügeln seines Ruhmes über den Ärmelkanal geflattert und am Ende aller Zeiten vergessen in einer Londoner Mansarde das Leben beendet hatte, während für Piet ten Hoff alles in sich niedersank, was ihn einst verführt hatte: die Herrlichkeit der Instrumente und Triebwerke; der Rausch von Navigation und Bewegung; die Befriedigung durch punktgenaue Erkenntnis und Zerstörung; der Triumph einer Landung nach Bedrohung in der Luft; der Kick eines neuen Startes in einer aufgetankten Viermotorigen mit frischen Triebwerken; der Versuch, beim Nachtflug an die Sterne zu klopfen und dabei schräg unter sich das abgedunkelte London zu sehen, aber aus seinen Kopfhörern auch zu wissen, daß dort im Gebäude der BBC einer allen Hörern der heimischen Nacht schildert, zur Vorbereitung welchen Schreckens auch dieser Flug des Wetterbeobachters Piet ten Hoff dient, während ein paar Straßenzüge weiter in einer tropfenden Mansarde die Besucher einen bitteren Halbkreis um einen Mann vor einem Notenständer bilden, der mit einer vom Rheuma zerstörten Stimme seine Lieder von einst singt.

Die Stimme ist eine Ruine. Eine bloße Erinnerungsstütze an jene Zeit, da sie um die Welt zog und bis auf die knarrenden Bühnen Siebenbürgens und der Walachei vordrang. Den Besuchern aber ist es recht. Denn es ist diese Erinnerung, die ihnen die Ohren füllen soll. Und so werden sie nicht einmal das kurze, vorwarnende Geräusch einer dieser unberechenbaren, aus den Sternen anfliegenden und ihr Haus zerfetzenden Raketen hören, die so unbemannt sind wie der Mond und für deren Abschuß genau jene Wettererkundung, die Piet ten Hoff in der viermotorigen Condor mit der Regelmäßigkeit eines Busschaffners vornimmt, absolut unerläßlich ist.

So war Piets Vergangenheit dabei, zu schmelzen und zu verkohlen. Während ein neuer Pastor die Glocken der Stadtkirche anhaltend und heiter, nachdenklich und fröhlich: angemessen also läutete, verdampfte sie, schickte blau und grün züngelnde Metallflämmchen in den Nachthimmel, zischte auf mit der Beimengung einer hochgiftigen Legierung, würzte sich mit dem Duft brennenden Harzes und Tischlerleimes, schlugen erste Fenster am Kirchplatz empört zu, die sich vor kurzem noch begierig auf jedes öffentliche Geräusch geöffnet hatten und flogen erst da verschreckt die Dohlen auf, und übrigbleiben sollte ein Eimer Asche und ein paar metallene Reste, Zeugen einer friedlichen Brandkatastrophe, in der ein neuer Mensch geboren war, ein Mann, der jetzt die Hand auf das Viermonats-Bäuchlein seiner Braut Renate der Stummen legte. Da bog der erste Einsatzwagen der Polizeiwache Jever auf den Platz. Mit ähnlichem Getöse kam die Feuerwehr mit zwei ihrer betagten Wagen hinterher. Ein Krankenwagen fuhr auf. Ein

Lautsprecher knackte und übertönte mit Weisung und Zurechtweisung das Prasseln des Feuers, in dem gerade ein Krieger umgeschmolzen wurde zu einem Bürger.

Die Stöße aus zwei Wasserrohren machten aus allem eine Wolke bitteren Dampfes: aus den Insignien des Krieges und dem Zynismus seiner Ehrenzeichen ebenso wie aus den Melodien Richard Taubers. Und schon begannen die Beamten, die Personalien aller festzustellen, die an einer amtlich nicht genehmigten, öffentlich vollzogenen Geburt teilgenommen hatten, als seien sie soeben mit Schwefeldampf und unter außerirdischem Getöse aus der Hölle aufgestiegen.

Und schon geht in einem Dienstraum des Gerichtsgebäudes, das nur wenige Steinwürfe und hundert Flügelschläge verschreckter Dohlen vom Tatort entfernt liegt, das Licht an. Der beamtete Widerpart des milden Amtsrichters Antrisa Cropp, der öffentliche Ankläger beugt sich hier zunächst über einen Schreibblock, dann gleich über ein gerade erst der niedersächsischen Justizverwaltung abgerungenes Diktaphon zwecks Abfassung eines längeren Schriftsatzes am nächsten Morgen. Auf Anhieb kommt er auf vieles, und das reicht von Verkehrsgefährdung, Ruhestörung, öffentlichem Ärgernis, Schändung christlicher Symbole bis hin zur Schändung des Andenkens Verstorbener (alle in diesen Uniformen und heizbaren Hosen abgestürzten, vermißten, bereits für tot erklärten oder noch als tot zu erklärenden Flieger) und zur Verächtlichmachung staatlicher Symbole (Orden und Ehrenzeichen, Fliegerdolch, Hoheitszeichen der Luftwaffe) oder aber ersatzweise öffentliche Zurschaustellung inzwischen verbotener staatlicher Symbole (Hakenkreuze auf Orden und Ehrenzeichen, Fliegerdolch ...) sowie natürlich öffentliche und massenweise Schmähkritik an der Justiz, denn nicht einmal ein Blinder, folgert der Widerpart des milden Richters Antrisa Cropp, kann hier den inneren Zusammenhang übersehen:

überhastet und mit der Kurzsichtigkeit von Siegern haben die Engländer die Synagogen-Brandstifter Husmann, Flügel, Wilken, Förster, Janssen, Liebenow u.a. in Haft genommen. Erst die Schwurgerichtskammer beim Landgericht Oldenburg verschafft ihnen wieder die nötige Bewegungsfreiheit und spricht sie WEGEN ERWIESENEN BEFEHLSNOTSTANDES frei von aller Schuld. Und schon setzen die jetzt erneut auffällig gewordenen Brautleute in Umlauf, der Berg der Gerechtigkeit sei nicht einmal ein Maulwurfshügel; ja in öffentlicher Rede vergleichen sie ihn mit dem rückwärtigen Auswurf eines Hundes (... „nichts als ein elender Haufen Hundescheiße", siehe Zeugnis der Roswitha R., hier aktenkundig, und des Lothar B.).

In einem letzten atemlosen Absatz wirft der beamtete Widerpart des Antrisa Cropp schließlich noch allen diesen Protestierern und Protestanten die Nötigung des neuen Pfarrers zum Glockenläuten vor und mittels der ohrenbetäubend läutenden Glocken die Nötigung der Einsatzkräfte (Polizei und Feuerwehr), mit ihren kriegsbedingt klapprigen Fahrzeugen unter Gefahr für Leben und Material auf den Kirchplatz zu rasen; denn gilt das Glockenläuten auf dem Geesthügel der Stadt nicht von alters her als das Zeichen für den roten Hahn? Hat der Pfarrer nicht um Hilfe geschrien mit seinen Glocken wie bei Springfluten, Orkanen, mit finsterer Absicht anrückenden Stämmen, bei Pest, spanischer Krankheit, einem Kometen über dem Land und dem bösen Blick eines Fremden in den Gassen der Altstadt? Und abschließend weist er den Richter noch einmal darauf hin, daß er ihm mit den Orden und Ehrenzeichen, den Reichsadlern und Hakenkreuzen, entweder per Verächtlichmachung staatlicher Symbole oder aber per Zurschaustellung inzwischen verbotener Symbole einen doppelseitig geschmiedeten Schraubenschlüssel an die Hand gegeben hat. Und nennt diesen Schraubenschlüssel mit dem Stolz eines in die Provinz versetzten Akademikers die höhere Mathematik der Gerechtigkeit.

Als der Richter Antrisa Cropp sich am nächsten Morgen die gesamte Magnetaufzeichnung anhörte und an diese Stelle gelangte, nahm er endlich seinen eigenen Schraubenschlüssel zur Hand. Es war nicht jener der höheren Mathematik, sondern einer der Milde und des Überdrusses an einer Unbelehrbarkeit, die jetzt schon ein ganzes Jahrtausend dauerte. Mit seinem stumpfen Ende fegte er alles in seine Aktentasche und verließ für diesen Tag sein Büro. Vorzeitig erschöpft ging er nach Hause, um ein frühes Mittagsschläfchen zu halten. Wieder erfrischt, nahm er das Tonband seines Widerparts noch einmal mit zwei spitzen Fingern auf. Er wendete es hin und her und versenkte es schließlich in der kleinen Kiste, die ihm als sein privates Archiv der Niedertrachten diente. Mit ihm gedachte er, einmal die öden Jahre seiner Pensionierung bis zum Tod zu überbrücken. Jetzt schon ließ er gelegentlich, um die Bestände zu lüften, einen Wurm in ihm wohnen, der auf den Namen Egbert hörte, und der später einmal, nachdem er sich durch alles hindurchgefressen, Appetitanreger und Rachenputzer, Kräuter zur Förderung der Peristaltik und Tropfen zur Stärkung der Enzyme zu sich genommen hätte, alles wieder ausscheiden wollte als Geschichten von der Heimat - traurige und wahre, niederfahrende und erhebende, bestreut mit

Zimtpulver von einer der glücklichen Inseln Ozeaniens und garniert mit Rosenblättern aus dem kehligen Schatten einer Oase Arabiens, denn so vernichtend wahr und so niederschmetternd aussichtslos auch manche dieser Geschichten Frieslands wären, sollten sie doch mit dem Griffel der Zuneigung geschrieben und nicht schwarzverkohlt sein, sondern noch im bengalischen Licht einer allerletzten Hoffnung leuchten. Stellte sich der milde Richter Antrisa Cropp vor. Hatte Egbert ihm beflissen versichert.

4

Am Neujahrsmorgen um 8.30 Uhr sah Egbert zum zweiten Mal in seiner noch kurzen Ehe, wie eine schwarze, zähflüssige Träne aus Emma Rehauge lief und, einem rätselhaften, erschreckenden Insekt gleich, auf der linken Wange verharrte.

Sie lagen beide noch in dem kastenförmigen Ehebett: Hartholz der Kirsche gegen den Holzwurm und die Flüchtigkeit aller Paarungen, hochbeinig gegen die Flut und die nachtaktiven Tiere wie die Sitzbetten der einst kriegerischen Stämme. Es war die frühere Bettstadt von Hiltrud und Walter Kieslowsky, das Zeugungsbett der toten und überlebenden Töchter, das Wöchnerinnenbett einer Frau von sieben Geburten, das Sterbebett auch eines Bauern, der mit zusammengepreßten Lippen und einer eisenbeschlagenen Kiste auf dem Bauch sich vergeblich nach einem letzten Wort sehnte, mit dem er alle seine Frauen um Verzeihung hätte bitten können. Für Egbert war es jetzt das geborgte Bett einer Liebe, die für die unvorstellbare Zeit eines ganzen Lebens halten sollte, für die er aber noch immer nicht den richtigen, schwungvollen Anfang gefunden hatte.

Wie schon beim ersten Mal erschrak er und erstarrte beim Anblick dieser schwarzen Träne. Sie war für ihn nicht nur das Zeichen allerhöchster Not Emmas, sondern zugleich ihre schärfste Waffe und ein Beweis dafür, daß sie alle seine geheimen Gedanken, auch jene, still im Morgengrauen fortzugehen und sich zu ertränken oder aber sie nachts im Schlaf zu töten, erraten hatte. Emma sendete nicht nur Duftstoffe aus, die ihn zu Tarzan machten, sondern lud auch elektrische Felder um sich auf, in denen er zu einem bewegungslosen Insekt verkümmerte. Sie funktionierte nach einem ganz anderen, außerplanetarischen System, das wurde ihm immer klarer. Und bald flüchtete er sich in die Behauptung, das größte Geheimnis älterer Männer müsse sein, daß sie alle mehr als einmal vorgehabt hätten, ihre Frauen zu töten. Und genau dieser Tötungsdrang und der Sieg über ihn sei eines der zähesten Bänder der Paare, denn natürlich würden die Frauen dieses Geheimnis kennen, dem Mann immer wieder stumm bedeuten, daß sie alles durchschaut hätten und so ihre einzige Lebensversicherung streng hüten.

Wie in seinem letzten Brief aus der Sandkiste Ägyptens angekündigt, hatte er tatsächlich an diesem einen Tag nach dem Krieg im ersten Wagen hinter der Lok gesessen, die auf Bahnsteig Eins (von zweien) in Jever einlief. Er stieg aus und zog hinter sich einen verschmutzten Rucksack aus dem Abteil, den ihm der umsichtige Lieutenant Pinchon noch besorgt hatte; freilich nicht, ohne eine seiner kleinen, in Londoner Pressen erschienenen Schriften der Mißverständnisse darin zu versenken. Mit dem im Lager erlernten Englisch gelang es Egbert immerhin, während der Schienenstöße zwischen Triest und Bremen festzustellen, daß dieses kleine Buch auf unheimliche Art genau dem Fortschreiten seiner Reise von Triest nach Bremen folgte, als sei es ihr Spiegel mit den national unterschiedlichen Telegrafenmasten, der verschiedenen Konsistenz des Lokomotivendampfes, den Voralpen, dem tropfenden Gotthard-Tunnel, den sich wieder in liebliche Seen und die Banktresore Zürichs hinein verflachenden Alpen, und bald stellte er fest, daß es auch ein Abbild seiner selbst war. Punkt zwölf Uhr mittags schlug er es wieder auf, als der Zug gerade in Brunnen am Vierwaldstätter See hielt. Er war jetzt völlig sicher, daß auch das Buch gerade in Brunnen am Vierwaldstätter See Rast machte. Mit großer Bestürzung fand er sich Punkt zwölf Uhr mittags aber an dem einst vorgesehenen, täglichen Fixpunkt des geplanten, sich selbst schreibenden und seinen eigenen Leser erfindenden Buches wieder: in der Wetterstation am nordöstlichen Rand der Tschukotka. Mit schweißfeuchter Hand und mäßigem Englisch suchte er nach dem Eisbrecher Waigatsch und seinem Kapitän Ormol. Er fand ihn nicht, denn der Zug verließ Brunnen am See, und der Text veränderte sich wieder wie seine Reise und wie er selbst. Da schlug ihm das Herz im Hals. Was war nicht alles möglich zwischen den schmalen Deckeln eines Buches. Was würde er den ten Hoffs, dem sich die Flugrouten der Vögel erlesenden Vater und dem fliegenden Sohn, nicht alles erzählen können von Bahnhofsuhren und heißen Würstchen in Brunnen am See und von der Unruh eines Buches, das sich gemäß der Weltzeit bewegt. Und was, folgerte er atemlos in seinem verrauchten, nach saurer Kleidung und Urin riechendem Abteil, wäre folglich nicht alles möglich an Bewegung in Geschichten, die stämmig mit beiden Beinen in Jever stehen, sich aber dann doch alle zusammen in die Luft erheben wie ein Schwarm Spatzen, um lärmend in die Welt zu schwirren?

Natürlich war es auch der Rucksack mit diesem Buch des offensichtlich nachhaltig wirksamen Lieutenants, über den Egbert auf dem Bahnsteig in Jever fiel, noch bevor er Emma Rehauge begrüßen, geschweige denn sie umarmen konnte. So war das erste, was sie von ihrer bislang nur brieflich gezündeten Liebe leibhaftig sah, das Bild eines Strauchelnden. Und das erste, was sie für ihn tun mußte, war, ihn aufzufangen, damit er nicht kläglich fiel und sich das Gesicht zerschlug. Und da, plötzlich, tropfte aus Emmas linkem Auge diese erste schwarze, zähflüssige Träne. Sie rann ihr bis zur Wangenmitte und verharrte dort, als habe diese Träne selbst gemerkt, daß sie eine völlig unangebrachte, nur ein Höchstmaß an Verwirrung stiftende Erscheinung sei; denn das wenige an Selbstbewußtsein, das ein von der Reise zermürbter, aus dem Sand Ägyptens rückkehrender Egbert noch bis zu dieser Bahnsteigkante gerettet hatte, zerstob jetzt. Er fühlte sich vernichtet für diesen Tag und verwechselte ihn gleich mit allen weiteren Tagen einer Ehe mit dieser Frau, die erst noch kämen. Und dabei war diese erste schwarze Träne doch nichts anderes als eine Art energischer Schlußpunkt unter das Für und Wider, das Emma oft genug abgewogen hatte und bedeutete nicht mehr als: Na gut, so ist er wohl. Ein bißchen erbärmlich und ein wenig abgerissen. Etwas verstunken und mit den Augen eines fliehenden kleinen Pferdes, eines Ponys etwa oder eines Maultiers: mein Mann. Aber mal sehen, was sich draus machen läßt!

Gewiß steckte in dieser Träne auch etwas Erinnerungsflüssigkeit, also Erinnerung, die sich gerade jetzt verflüssigt hatte. Das war die Zuneigung zum Sohn des Schreibwarenhändlers vom Kirchplatz, dem sie im letzten Kriegsjahr in seiner Uniform eines blaugewandeten Fliegers hin und wieder eine Vorspeise zu kosten gegeben hatte. Jedes Mal hatte er ihr anschließend von einer Stadt erzählt, die verkehrt herum, also mit dem Kopf zuunterst, im Bett ihres Flusses und im Meer steht. Dort wollte er nach dem Krieg leben, mit ihr. Als Händler alter Bücher und der Erinnerungen an Länder, in denen diese Stadt einst die Peitsche des Herrn geschwungen hatte.

Es ist eine Stadt, die von der Welt bloß noch träumt, die sie einst gewesen ist. Traurig redet sie dabei vor sich hin, etwas wirr gelegentlich in der Art sehr alter Menschen, aber immer zärtlich und so voller unstillbarer Sehnsucht und am Schluß so leise, daß nur die in sich versunkenen Liebenden sie noch verstehen. Am Sonntag wandern alle ihre Bewohner stromabwärts gen Westen zum Meer. Dabei blicken sie nicht ein einziges Mal zurück nach Osten, wo ihre einst mächtigen und jetzt ähnlich bitter verarmten Nachbarn siedeln. Früher haben diese spanischen Hitzköpfe gedroht, sie alle ins Meer zu werfen. Jetzt wollen sie ihnen mit der Verzweiflung von Absteigern sogar noch die eigene Sprache nehmen und behaupten, sie sei nur ein verrutschter Dialekt ihrer eigenen. Aber sie verachten diese Nachbarn nicht, sie blicken einfach nicht mehr hin. Und wenn nicht gerade ein Geheimdienstler aus den eigenen Reihen unter ihnen steht und mit Verrat droht, stellen sie sich am Meer auf die Fußspitzen und winken mit winzigen, frischgebügelten Spitzentüchern ihren Verwandten in Brasilien zu. Und bedeuten ihnen damit, daß sie froh sind, auch dieses gewaltige Land und alles mit seinem Besitz verbundene Unrecht los zu sein, die einst sprichwörtliche Grausamkeit der Portugiesen ebenso wie die Rache der Versklavten, und es sich nur noch in der Erinnerung bewahren zu wollen. Und gern hätte Emma hier zu diesem Märchenerzähler JA gesagt und wäre mit ihm aus Mias Gartenhäuschen davongeflogen in die Welt, die das Glück sein sollte und Lissabon hieß, wie Mia selbst einst gern ins Glück an den südwestlichen Zipfel Afrikas geflogen wäre. Aber dann hatte sich dieser Flieger doch wieder allein davongemacht mit den letzten Fässern Leichtbenzin seiner Staffel, und ihr war wenigstens dieser brieflich versprochene Spatz in der Hand geblieben, der jetzt auf dem Bahnsteig vor ihr stand.

Sie würde ihn erst einmal baden und dann langsam, Tag um Tag, etwas rund füttern müssen. Natürlich nicht gleich fett, sie wollte keinen Kapaun, aber doch etwas rund wie sie selbst, damit er irgendwann zu ihr paßte wie ein Handschuh oder ein Hut.

Erst sehr viel später, nachdem sie sich Tag um Tag umrundet, von kleinlichen Kinderstreits junger Erwachsener verbittert, stur aneinander vorbeigegangen waren und dann erneut kleine Portionen an Vertrauen aufgehäuft hatten auf die stille Art von Hamstern und sich eine Art lockerer Zärtlichkeit im Umgang miteinander zu bilden begann, die fast schon der Patina eines sehr viel älteren Paares glich - erst da verriet Emma ihm diese ersten beiden Bestandteile ihrer schwarzen Träne. Und stellte mit noch wachsendem Vertrauen fest, daß ihm ihr Beinahe-Ausflug in das portugiesische Märchen mit seinem Freund, dem Flieger, längst geläufig war. Nur die dritte Ingredienz, deren chemische Zusammensetzung doch die einfachste von allen war, behielt sie weiterhin für sich: noch immer war sie schlicht unfähig, mit Lidschatten und Wimperntusche so umzugehen, daß die kosmetische Chemie eine Träne überstand. Sie brauchte Altbestände von Mia aus der Zeit auf, da ihre Verwendung als unsittlich für die deutschen Frauen gegolten hatte und sich überdies die chemische Industrie auf wehrwirtschaftlich und rassenhygienisch lohnendere Produkte als auf einfache Schminke in kleinen Dosen und winzigen Tiegeln konzentrieren konnte.

Um dem Heimkehrer jede mögliche Flucht zu verlegen, hatte Heribert das Backsteinhaus bereits geräumt und war zu Mia gezogen. Die mußte bald feststellen, daß eine unbekannte Vogelseuche unter den Beständen ihrer Wellensittiche wütete und schnell ihre magische Zahl 17 erst auf 5, dann auf 0 reduzierte; und dies nicht etwa, weil Heribert ihnen nach und nach mit zwei Fingern seiner Rechten das Köpfchen drehte, bis der Wirbel knackte, sondern weil sie, welken Blättern ähnlich, immer gegen Morgen klaglos auf der Stange nach hinten kippten und in den Sand fielen zwischen Körnerspreu, Kot und Muschelkalk. Hier blieben sie mit symmetrisch nach oben ausgerichteten Beinchen liegen, kaputte Spielzeugvögel in einem Haus, das die Kinder verlassen hatten, weil die Eltern böse waren.

Das Backsteinhaus hatte Emma mit Möbeln eingerichtet, die in der Scheune des Moorhofes zurückgeblieben waren und Spinnen, Asseln und Mäusen als Quartier gedient hatten. So begann dieses neue Leben für Egbert in Möbeln, deren abgestoßene Ecken und Schrammen von fremdem und gewalttätigem Vorleben zeugten. Er bewegte sich zwischen ihnen zunächst ähnlich steif wie in der gesamten Gemeinde, die eine fremde Stadt geworden war. Nie schien Gewalt an diesem fremden Ort irgendeine Rolle gespielt zu haben. Die wenigen Spuren, die er noch fand, wurden ihm mit einer Katastrophe erklärt, die von außen eingebrochen war. Aber sie lag so weit zurück und war so unbegreiflich geblieben, daß sie nicht genau erinnert werden konnte.

Er klopfte die Möbel nach geheimen Mitbewohnern ab. Er beging und beroch die Stadt, wie er immer wieder den Sand des fremden Ägypten auf Ausspülungen und Tiefseen eines weggestorbenen Meeres geprüft hatte. Und er war erstaunt, wenn er einen anderen schnell, wendig und mit der Zielgerichtetheit eines Lafettenfahrzeugs durch die Gemeinde schnüren sah. Bald fühlte er sich im falschen Land angekommen, und schließlich fürchtete er sogar, rückwärts in der falschen Zeit gelandet zu sein durch einen Irrtum der höheren Lebensführung und der allgemeinverbindlichen Chronometrie, als er abends auf eine Gruppe stieß, die gerade den Schwarzen Adler verließ und die vom Schnaps verstümmelten, durch jene von außen eingebrochene Katastrophe beschädigten Lieder von einst sang und versuchte, das Kopfsteinpflaster rhythmisch zu schlagen, es aber bald aufgab, weil die Blasen bis zum Platzen voll waren und die Koordination aller beweglichen Teile durch den Suff längst dahin.

Als er die Treppe im Schneckenhaus des Vaters hochstieg, um einen ersten Blick in die Mansarde seiner Kinderzeit zu werfen und sich wenigstens so zu vergewissern, daß wirklich viel Zeit verstrichen war, einen jener langen, zwar angerührten, aber doch auch vom Alter verdorbenen Blicke, die einen jungen Mann für die Spanne zwischen zwei Lidschlägen zum befreiten Greis machen, der endlich alles hinter sich hat, da knickte er vor Schreck auf der letzten Stufe ein. Mittendrin stand das längst auf dem Speicher verstaubte und mit zerbrochenem Spielzeug gefüllte Folterwerkzeug seiner eigenen, doch wohlweislich schon um sieben Wochen hinausgezögerten Geburt. Hier stand, mit frischer rosenfarbiger Wäsche hochgerüstet, das hölzerne Schaukelbettchen und lachte ihn an. Auf Kopf- und Fußteil waren ihm wiederum kleine und kleinste Schaukelbettchen aufgemalt, als sei es selbstverständliche Übereinkunft zwischen den künftigen Nutzern, sich nicht mit einem Einzelkind zu begnügen, sondern gleich den ganzen Küstenstrich Frieslands neu mit Poggenpohls zu besiedeln.

Auf die linke Wandschräge hatte er einst mit dickem Stift Filmtitel aus dem Concerthaus geschrieben. Das linderte die Enttäuschung über diese unerreichbaren Frauen aus Zelluloid, die ihm Leistenschmerzen verursachten, aber bald hatte er doch Flüche auf Friesisch dazugeschrieben aus jener Zeit, da die Friesen in ihren Sitzbetten von Ungeziefer geplagt wurden und sich, hintereinander hockend, mit einer äußerst beengten Kopulation um Nachwuchs mühten. Jetzt war alles überklebt mit ersten Werbeaufnahmen von Modellen der Automobilindustrie. Das waren trotzig auf die neue Enge Europas verkleinerte Ausgaben der Straßenkreuzer Detroits, die sich Eifel, Goliath oder Olympia nannten. Es waren mobile Notquartiere wie Lloyd, Goggo und Zündapp Janus, oder sie schnurrten keck aus der eben noch "Stadt des Führers" genannten, einst rübenträchtigen Ebene Niedersachsens mit jenem fleißigen Heckmotor, mit dem gerade erst die Eroberer in ihren Kübelwagen am Schnee des Slawenreiches gescheitert oder in der Sahara verdurstet waren.

Egbert war zunächst platt angesichts dieser Eile und hätte im Stehen angezählt werden können. Später verstand er sehr wohl die Freude am Aufbruch und teilte sie, weil doch alles wieder einmal auch eine Frage von Erfindern und der Neuerfindung von Leben war. Gleichzeitig vermißte er aber jede Scheu. Und von jenem Anstand, der üblicherweise auf ein gewisses nachdenkliches Einhalten nach einem pfeifenden Absturz schließen läßt, fand er nirgends eine Spur. Und schon sah er sich Nacht um Nacht gemartert von der puren Mechanik der Befruchtung und dem quietschenden Hochbett aus Kirsche, bis Emma endlich gnädig abwinken würde, denn ihnen würde ein Sohn mit dem Herzen eines luftgekühlten Heckmotors geboren und mit der furchterregenden Muskelkraft von 34 PS. Und während die Erzeuger erschöpft zu Boden sänken und vergingen, begänne er erneut, die Welt zu erobern, dieses Mal mit Hilfe der bissigen und lärmenden Verladekräne in den Überseehäfen.

An der rechten Wand waren frische Fichtenbretter verschraubt. Hier träumten im Schneidersitz, hockten auf zierlichen Sitzbeinen, standen mit abgewinkeltem Spielbein wie Tänzerinnen und grazile Stripperinnen, manche groß wie ein Unterarm, andere klein wie ein Daumen, nackt die einen und mit schadhaft verrenkten Gliedern, andere verkleidet als Bäuerin, Gänseliesel, Kammerzofe, höhere Tochter, Lehrerin einer Zwergenschule, als Großmutter und Mutter die anderen alle jene Puppen, die Emma jemals geschenkt bekommen und mit dem Eifer eines harmlosen Wahns gesammelt hatte. Bislang hatte Egbert nicht gewußt, was für eine Närrin der Puppen Emma gewesen war. Und er ahnte, daß es diese rund dreißig hellhäutigen Puppen und Püppchen und diese eine Negerin dazwischen waren, die Emma davor bewahrt haben mochten, so eckig und sperrig, so grob und unerbittlich, so lebenshungrig und gleichzeitig so lebensabweisend zu werden wie ihre drei Schwestern. Emma war mit ihren Gedanken und ihrem flauschigen Herzen in einem Traum von unbeschädigtem Leben versunken geblieben, und Schaden genommen hatte dieser Traum weder durch die hart pochenden Knöchel ihrer Schwestern, die nach einem Leben außerhalb des Moores schrien und nach einem Mann, notfalls einem für alle drei, noch durch den Jähzorn des Vaters, der Männer und Waffen um sich herum versammelte, um wenigstens so eine Spur seines Tuns - außer jener seines eigenen Leichenwagens - in diesem unbesiegbaren Moor zu hinterlassen. Und Egbert verstand, daß sich jetzt der Traum in leiblichen Kindern fortsetzen wollte.

Das Negerpüppchen trug das geschlossene Kleid der Frauen der rheinischen Mission aus Deutsch Südwest, die sich zusätzlich mit sieben Unterröcken gegen jeden unzüchtigen Wind aus dem Buschland schützten und eine Kopfbedeckung, die jenen gewaltigen Bügeleisen nachgeformt war, mit denen sie sonntags ihre Christenkinder zur Messe plätteten. Der Traum Mias von einem Leben am Wadenbein Afrikas war in die Träume ihrer Nichte gewachsen und hatte sein Abbild in diesem Püppchen gefunden. Ein Traum von Frauenleben hatte den nächsten Traum gezeugt und die Wirklichkeit besiegt und die Empfindsamkeit bewahrt. Jetzt sollten daraus wirkliche Ärmchen und Beinchen wachsen und auf Kosenamen hören und wieder eine ganz eigene Wirklichkeit schaffen und noch einmal und bis zum Tod alle Träume bewahren. Das war eine Welt. Aber Egbert lebte in einer anderen. Vorbeitreibende, aufgequollene Schuhe eines Wanderers. Ein Strohhut, der sich in einem Strudel dreht. Flaschenposten. Geborstene Schiffsplanken mit Muschelbesatz. Ein zersplissenes Tau, verfaulte tropische Früchte, der Bauch eines toten Fisches, in dem ein Krebs lebt und weiter draußen auf dem Meer überall Arme von Schiffbrüchigen, die gerade ertrinken. Er wollte kein Vater sein. Er hatte nicht gelebt. Er war nicht gereift, er war doch bloß gealtert. Und es fehlten ihm all die zugedröhnten Jahre, in denen er mit dem Herzen eines Hasen gelebt hatte und das Gedächtnis vorsorglich ein Klo gewesen war.

Da rief er alle Scheinheiligen an. Er rief die Pillendreher, die Hausierer mit Fruchtbarkeitssalben, die Verfasser fruchtbarkeitsfördernder Traktate und natürlich alle Strategen künftiger Landnahmen zu Zeugen auf: hatten sie nicht immer schon die friesischen Populationen an der Küste und auf den vorgelagerten Inseln wie die Bestände der Robben auf den Sandbänken gehandelt, die Gelege der Kiebitze und die Schwärme des Herings? Hatten sie nicht immer schon das nach einer Niederlage nur zögerliche Leben wieder beschleunigt durch Rituale der Fruchtbarkeit? Hatten sie nicht auch früher behauptet, die Erinnerung an eine Niederlage ließe auch den besten Rammler ins Stottern geraten und die Scham sei nichts als ein Gift, das aus dem Nachwuchs stolzer Zweibeiner nur Erdhörnchen und Pierwürmer macht?

Und doch hatte er wenigstens dies im Krieg und im Sand Ägyptens gelernt: Pardon wird auch nachher nicht gegeben. Eine Herrschaft vergeht, und um so unerbittlicher setzt dann die Herrschaft der einfachen Träume und der Fruchtbarkeiten und der Kreisläufe von Leben wieder ein. Da wollte er mit seinen unwilligen Lenden die Flucht ergreifen. Aber er war mittellos. Er hatte keine Kopfbedeckung für seine dünnen Haare und keine festen Schuhe. Und der lange Winter stand bevor in der Stadt, die fremd geworden war.

So mußte Emma die Tage und Nächte zählen. Sie kam auf ganze dreiundzwanzig, und noch immer war ihr Mann bloß zärtlich, aber machte keinerlei Anstalten, hungrig über das Hauptgericht herzufallen.

Sie kaufte dunkelrot gebrochene Unterwäsche, durch die ihr Fleisch einer molligen Jungfrau leuchtete und sich brach wie auf dem Bild eines alten, vielleicht buckligen und knollennasigen, in der Lust aber ungemein erfahrenen Meisters der Malkunst, vor dessen Staffelei einst die Schönen der ganzen Niederlande Schlange gestanden und sich mit den Ellenbogen zur Seite geschubst hatten. Für die Nacht stach sie sich eigens die schweren

Ringe mit dem Skarabäus durch die Ohrläppchen und achtete darauf, daß weder ihr Nachthemd noch die Fülle des schwarzen Haares den Glücksbringer aus dem alten Hafen von Alexandria verdeckte. Sie probierte unterschiedliche Duftstoffe aus, manche schwer wie Samtvorhänge, andere betörend leicht wie ein Frühlingswind. Sie suchte Rat bei einem alten Taubenzüchter. Der stäubte seinen Hennen die Flügel mit einer Anislösung ein, und schon hatte er den Schlag voller fremder Täuberiche. Manche waren dem Botenstoff und konkurrierenden Fliegern quer durch Friesland gefolgt. Er schlachtete sie mit gebührender Achtung und hatte so auch in der Zeit der größten Nahrungsmittelnot seinen Bräter immer voll. Emma betupfte sich die Brüste und die Innenseite der Schenkel mit Anis, aber zu mehr als Zärtlichkeiten kam es auch dann nicht in dem Kirschbaumbett, wenngleich diese sehr ausgiebig waren und ihr einen Mann versprachen, der es wirklich ernst mit der Liebe meinte. Aber vögeln tat er eben nicht.

Selbst die erfahrene Tante Mia wußte in dieser Angelegenheit nur einen sehr allgemeinen Rat, indem sie auf ähnliche Enthaltsamkeiten bei anderen Männern verwies, die aus den eroberten und wieder entglittenen Teilen der Welt zurückgekommen waren, und empfahl Geduld mit diesem besonderen Spätheimkehrer. Wenigstens hellte sie jetzt Emmas Finsternis dadurch auf, daß sie ihr die blanke Lust in seinen Augen von einst schilderte, als er noch nicht einmal ein Knabe gewesen war und sie doch schon begehrt hatte wie ein Jüngling. Jetzt scheute sie sich auch nicht mehr, ihrer Nichte zu erläutern, wie sie das damals erregt hatte, ja daß es die Erinnerung einer Stimulation aller ihrer Sinne war, die sie bis heute pflegte - denn sie, die Sozialheilige der Stadt und die Amme mit der Flasche hatte sich so von einem Kind mit dem Schnippel eines Regenwurmes, aber den Augen eines Mannes hinreißen lassen, daß sie alle Gewohnheiten und Zollschranken ihres bisherigen Lebens außer Kraft setzte und sich, in ihr Gartenhaus zurückgekehrt, den Rock hochschlug und sich mit nassem Mittelfinger den zweitgrößten Orgasmus ihres ganzen Lebens herbeizauberte. So hatte der nachts untätige Egbert jetzt wenigstens zustande gebracht, daß Tante und Nichte noch ein wesentliches Stück Intimität mehr teilten zu einer Zeit, da alle Menschen bloß körperlose Wesen ohne Sekrete zu sein pflegten und die Liebe rein von Schmutz.

Manchmal stand Emma vor dem Kastenbett und schloß die Augen einer Träumerin. Sie blickte gegen das Innere der Lider, aber sah keinen weiteren Traum. Wenn sie ihren Puppen die Hand über die offenen Augen legte, sahen sie das Innere einer Saurierpfote, und die Lebenslinien mit ihren

Hoffnungen waren nichts als Krater, Schluchten und unbegehbare Pfade. Sobald sie länger gegen ihre Lider sah, erkannte sie den Schemen Walter Kieslowskys, der auf diesem Bett gestorben war, umstanden von allen seinen Frauen. Sie warteten auf ein letztes Wort der Milde und Versöhnung. Er aber umklammerte nur die eisenbeschlagene Kiste, damit ihm nicht doch noch ein letzter Fluch entweiche. Sie warteten so lange, bis sie ihm schließlich gewaltsam die Hände von der Kiste lösen mußten und die Finger zu brechen drohten. Und schon lag der fidele Bruder Sigi in dem neu bezogenen Bett. Er schickte Emmas Schwestern weg, weil er mit der Witwe und Schwägerin allein sein wollte. Nur Emma sollte bleiben, ein Kaninchen, das er zwischendurch im Bett zu streicheln und zu füttern gedachte. Da war sie zu ihren Schwestern in die Küche gelaufen, die lachten, und immer wieder schnellten ihre Zungen aus den Mündern, vor und zurück, vor und zurück, vor und zurück ... undsoweiter.

Jetzt begann Emma zu verstehen, daß sie bislang wie ihre Puppen gelebt und wie diese mit offenen Augen geträumt hatte. Eine schriftlich gezündete Liebe war nichts weiter als ein Traum. Sie hegte den Verdacht, daß ihrem Mann deswegen der Vollzug der Liebe zu intim, ja sie mit ihrem ganzen Körper eigentlich zuwider wäre und er nichts anderes gesucht hätte als eine Herberge, in der er nicht allein sein müßte. Und die herkömmlichste Form, Einsamkeit zu teilen, war nun einmal die Ehe, das sah sie überall. So verfiel sie darauf, daß auch die Liebe etwas sei, das erst einmal kräftig in die Hand genommen, getränkt und gefüttert, auch an Halbgares und an fast verdorbene Speise sowie an jede Menge Schmutz gewöhnt werden müßte. Und sie fing damit an, Egbert in der Stadt herumzuführen wie einen Fremden oder einen früheren Bewohner, der das Gedächtnis an sie verloren hat.

Zumeist lief er unwillig neben ihr her. Sie lachte darüber, daß er sich anstellte wie ein junger Hund, der gerade an die Leine gewöhnt wird. Auf dem Nachbargrundstück, wo einst die Kinder und Kindeskinder der Leanders mit ihren Gerätschaften getobt hatten, zog er rostiges Metall aus dem Boden, erkannte aber nicht, zu was es einmal gedient hatte, und ließ es wieder fallen. Länger beschäftigte ihn der Eingang der Reichspost, die jetzt als Bundespost frei von Vergangenheit tat. Er prüfte die ausgetretenen Stufen und die dunklen Spuren von Händen, Körpern und sperrigem Gut am Backstein der Wände und war schnell sicher, dieser Stein könne eine verläßlichere Geschichte der Stadt erzählen als die Bewohner, denen er begegnete. Das Problem mit dem Backstein war, daß er sich nicht herauslösen und zu Hause sorgfältig beriechen, mit der Lupe betrachten und schließlich belauschen ließ. Das Problem mit den Bewohnern war neben ihrer flüchtigen Erscheinungsweise, daß sie ihm mehrheitlich als Darsteller erschienen, die sich gegenseitig die selbstverständliche Wiederaufnahme von Leben in einer doch tatsächlich untergegangenen Stadt vorspielten. Sie waren wie früher zu leben bemüht, aber dabei schlichen sich immer wieder Fehler in ihr Spiel von Laien. Sie verhaspelten sich im Text und sprachen längst gestrichene Wörter mit. Anderen, einst gestrichenen und jetzt wieder eingefügten Wörtern trauten sie nicht und nahmen größere Wort-Umwege in Kauf. Sie traten von der falschen Seite auf, stolperten wie vorgesehen über einen Stuhl auf der Bühne, den der Inspizient aber vergessen hatte, auf der Bühne zu plazieren, fingen sich zu spät und fielen tatsächlich und gänzlich unpassend um. Bald vermutete Egbert bei seinen Gängen, daß die Verläßlicheren von ihnen nicht die ursprünglichen Bewohner, sondern die gerade erst Zugeflüchteten und der Stadt Zugeteilten waren. Sie gingen neugierig und bedürftig nach allem in der Stadt herum und versuchten, sie sich anzueignen. Das nötigte die bisherigen Alleinbewohner freilich nur zu einem noch bemühteren Spiel, mußten sie jetzt auch noch überzeugend darstellen, daß sie immer und ununterbrochen die einzigen Bewohner gewesen waren, und daß sie es auch in Zukunft zu sein gedachten. Und es war deutlich, daß sie allein schon wegen dieser ständigen Überforderung die Zugeflüchteten und ihnen Zugeteilten haßten, die sie ohnehin bereits ablehnten, weil in ihren Dialekten eine fremde See plätscherte, Webstühle ratterten, Glas kunstvoll geblasen wurde, sich ganze Gebirge mit Braunbären und Wölfen in das flache, sich zum Meer hin neigende Friesland schoben und sie ihre Quartiere, die Kleidung, das Holz, die Nahrung und bald auch die Frauen mit ihnen teilen sollten.

Als sie durch die Schlosserstraße gingen, deren Häuser mit ihren Giebeln und Erkern, den Wintergärten und immergrünen Gewächsen selbst in den Jahren ihrer Errichtung nicht an der Zeit teilgenommen zu haben schienen, sondern immer die Kunstform außerzeitlicher Residenzen in einer Stadt des gemeinen Viehhandels gewesen waren, lief Egbert ein Stück voraus. Er blieb vor dem Holztor der früheren Viehhandlung und Schlachterei, dem Wohnhaus und dem Stallgebäude der Levys stehen. Immer war dieses Tor, neben einem flüchtigen Vogelnest, dem ovalen Loch einer Wühlmaus und einem dampfenden, frisch gekalkten Komposthaufen, der einzige Punkt in der Straße gewesen, an dem sich Spuren von verstreichender Zeit, von Arbeit und von Tieren gezeigt hatten.

VORSICHT VOR DEM BISSCHEN HUND stand inzwischen am Tor mit einer Art von Humor, den Egbert hier ernst zu nehmen beschloß. Astlöcher und Fugen waren sorgfältig vom derzeitigen Okkupanten, dem Einsiedlerkrebs und Schnäppchenjäger, dem besitzenden Besetzer, dem Käufer für nen Appel und nen Ei, dem Pächter oder Mieter verspachtelt und frisch überstrichen worden. Weder zeigte das Tor, zu was es früher gedient hatte, noch, wen es jetzt verschloß. Das Leben, sofern es denn Leben gab und es wirklich verstreichende Zeit maß, fand hinter dieser Blende statt. Egbert bückte sich und pulte am unteren Rand des Tores, dort, wo früher das Holz von der ausfließenden Schweinegülle, der Rinderpisse, dem Ammoniak der zum Verkauf stehenden Pferde zerfressen worden war. Der Fraß des Urins und des Kotes der Tiere zeigte ihm verstrichene Zeit an. Er versuchte, für sich ein Erinnerungsstück aus dem brüchigen Holz zu lösen, als sich das Tor einen vorsichtigen Spalt weit öffnete. Es reichte gerade, um das Dreirad eines Kindes durchzulassen, den Lenker, den Rahmen, das darauf sitzende Mädchen, das ein Pflaster auf der Stirn trug und die Brille einer sehr viel Älteren. Hinter sich zog das Mädchen wortlos das Tor zu, bis das Schloß schnappte. Es prüfte zweimal, ob das Schloß geschnappt hatte. Das Schloß hatte geschnappt. Wortlos umkurvte es die Besucher, fuhr bis zur Straßenecke und begann die Eindringlinge in die Straße zu beobachten, unbeweglich und sehr aufmerksam. Es war ein Kind, geboren während Egberts Abwesenheiten, und doch schien es bereits als junge Erwachsene betraut zu sein mit den Aufgaben einer Wachhabenden für Haus und Hof und für das sorgfältig verspachtelte, frisch gestrichene Tor eines Anwesens, das als ein Schnäppchen unter dem Ladentisch weggegangen war.

Im Weitergehen vermutete Egbert, daß jetzt im Theaterstück dieser Straße gerade eine doppelläufige Flinte von hinten auf ihn angelegt würde. Wie immer an dieser Stelle der Aufführung fiele gleich der Schuß, der ihn den Überschlag eines Karnickels machen ließe.

Da pfiff er eine Melodie vor sich hin. Es war ein Tango. Ohne Worte. Seit Tagen ging er ihm jetzt schon im Kopf herum.

5

Als Emma mit der Reißleine am Kopfende des Kastenbettes das Licht zur dreiundzwanzigsten Nacht einer nicht vollzogenen Ehe löschte, behauptete Egbert gleich, diese Nacht in diesem Kirschbaumbett neben dieser Frau überhaupt nicht einschlafen zu können, ja sich am nächsten Morgen als ein bis in die Zehenspitzen Zerschlagener zu erheben, sofern nicht noch weit Schlimmeres geschähe und er sich beispielsweise von Nachtstunde zu Morgenstunde mit den Qualen, den Einsamkeiten und dem inneren Selbstfraß eines Nichtschläfers in einen Zustand verstrickte, der bei Sonnenaufgang, mit dem Krähen dreier Hähne, knapp, einfach und klinisch exakt Tod durch einen Schrotschuß in den Rücken hieße.

Emma, inzwischen an gewisse eigenwillige Exkursionen ihres Mannes gewöhnt, brummte nur kurz. Wie sie nach Ablauf von weiteren fünfzig Jahren zu Beginn einer Nacht mit dem Löschen des Lichtes wohl nur kurz und zahnlos brummen würde, sofern es dann die Erfindung der Ehe und das Konstrukt herausnehmbarer Zähne immer noch gäbe, dachte sie. Dachte Egbert von ihr, als er sie bloß brummen hörte. Denn natürlich schlug längst das Gewissen in ihm und dieVorstellung, ab jetzt fünfzig Jahre lang Angst davor haben zu müssen, diese Frau zu verlieren oder aber sie töten zu wollen, und vernichtete ihn jede Nacht ein Stück mehr.

Eine Stunde später, die er flach atmend auf dem Rücken verbracht hatte, behauptete er, bei diesen anhaltend schrillen Geräuschen einer Handsäge, die durch hartes Kirschholz geführt wird, sich in der Stammitte festbeißt, herausgezogen und neu in die schon tiefe Schnittwunde eingeführt wird, nicht einmal dösen zu können. Denn vor einem ganz und gar irrsinnigen Vater von vier lebenden Töchtern und dem Erzeuger einer unbekannten Zahl von Tot- und Fehlgeburten, der Schaum vor dem Mund hat und mit einer Handsäge bewaffnet ist, war er auf den Kirschbaum des Hofes in Marcardsmoor geflüchtet. Und jetzt begann der Baumriese zu wanken und drohte ihn ins Moor zu kippen, das ihn verschlänge ratzeputz wie ein prähistorisches Reptil.

Wieder brummte Emma. Wie in einer Nacht nach Löschen des Lichtes fünfzig Jahre später, wenn der kahlköpfig gewordene Mann nicht schlafen kann, weil er unter Blasenschwäche und Harndrang leidet, dachte Emma. Dachte Egbert von Emma, der jetzt schon unter dem trockenen Mund des

Schlaflosen litt wie dieser alte, schlaflos mit offenem Mund im Bett liegende Mann, der auf das hohle Tröpfeln in seiner Blase wartet.

Wenig später, kaum hatte die Stunde der Geister vom Kirchturm geschlagen, lag der tote Schwiegervater neben ihm im Bett. Mit weißen Fingern umklammerte er die Kiste auf seinem Bauch. Die Backen waren gebläht. Wie ein Dudelsack hat er in seinen Backen noch die Luft für Wörter, dachte Egbert. Wenn ich ihm jetzt mit Daumen und Zeigefinger die Backen zusammendrücke, öffnen sich ein letztes Mal die Lippen und es geschieht: entweder läßt er seinen letzten Fluch auf alle vor ihm im Moor zugrunde Gegangenen los und auf die Frau, die Kinder, auf mich als unmöglichen Schwiegersohn mit seiner Angst vor dem Versagen und seiner Furcht vor Kindern, die so werden wie er selbst: Tiefseefische, Seeschildkröten - , oder aber es ist doch noch jenes letzte Wort der Milde, das er immer gesucht und nie mehr gefunden hat. Und wenn das kommt, vernichtet es uns. Dachte Egbert. Dachte Egbert, daß Emma denken würde, denn auch sie mußte doch den kalten Luftzug des Toten neben sich spüren, auch wenn sie so tat, als schliefe sie und mit den Geräuschen platzender Blasen die Luft ausstieß, um gleich darauf mit der Nase wieder einen Teil der eben ausgestoßenen Luft und neue Schlafzimmerluft einzuziehen -

- *Hör mal. Das ist kein Bett der Liebe. Das ist ein Folterwerkzeug. In so einem Bett kann ich nicht. Wie soll ich je in so einem Bett können, in dem mich die Geschichte foltert und erdrückt?*

- *Morgen gehen wir zum Möbellager Drebing und holen ein anderes gebrauchtes Ehebett. Wenn du die Geschichte eines Bettes nicht kennst, kann sie dich auch nicht erdrücken,* sagte Emma aus den Kissen.

- *Geht nicht,* sagte Egbert. *Jeder weiß, wie Drebing zu einem Möbellager gekommen ist. Früher war er bloß ein kleiner Schreiner. Jetzt hat er ein großes Möbellager. Da stehen Schränke, Küchen, Anrichten, Vitrinen, Nachtschränkchen mit ihrer kleinen Tür für den Pißpott, Ausziehtische, Sofas, Sessel, Stühle, Hocker ...*

- *Und Ehebetten,* sagte Emma aus ihren Kissen ...

- *Küchenhängeschränke, Besenschränke, Nähtischchen und ein Klavier. Wie folgsame Hunde hören sie alle noch auf die Namen von Biberfeld und Cohn, Feilmann, Gröschler, Grünberg, Josephs, Katz, Nanni und Fritz Levy, de*

Levie, Saulmann, Weinberg, Weinstein und Wolff. Es braucht nur ein einziger von ihnen zurückzukommen, vielleicht hat einer als Leberfleck in einer Hautfalte der Weltgeschichte überlebt, vielleicht ein Flötenspieler oder einer, der seiner Maultrommel vor dem Möbellager Drebing ein paar Töne entlockt wie einst der Rattenfänger von Hameln in Hameln, und schon kriegt das ganze Möbellager Drebing eilige Beine, alle Stühle und Tische und Schränke und selbst das gemächliche Klavier ...

- *Und das Ehebett und das Nachtschränkchen mit der kleinen Tür für den Topf*, führte Emma eine Geschichte fort, die jetzt nicht mehr aufzuhalten war ...

- *Und wie einst dem Rattenfänger von Hameln in Hameln die Kinder, ziehen ihm in Jever alle aus den Fenstern gestürzten, geraubten und geschändeten Möbel hinterher, wobei natürlich viele stark lahmen, denn sie sind beschädigt von den Stürzen, den Schneeschmelzen und Frühjahrsregen, die Gelenke sind verquollen und alle Schlösser erbrochen*, sagte Egbert zu Emma, die sich jetzt in den Kissen aufgerichtet hatte und ihre Brüste in das Licht eines Sternes reckte, der ihr nie zuvor durch seine Leuchtkraft aufgefallen war, *und sie ziehen auf den Markt vor den Schwarzen Adler und bilden um den Maultrommler eine Wagenburg wie die nach Texas eingewanderten Schwaben und ausgebüchsten Bediensteten des Mainzer Adelsvereins, die Hungerleider aus Eifel, Hunsrück, Westerwald und den kargen Böden Nordhessens, die sich gerade durch die Sümpfe Floridas bis ins Grasland durchgefiebert haben*, sagte Egbert, der jetzt weder an seine Schlaflosigkeit noch an Schlaf dachte, sondern sprudelte wie ein Geschichtenerzähler auf einem Markt Arabiens zwischen Backwaren, Feigen und Datteln, getrocknetem Dung, lebenden Hühnern, Schlangenhäuten, Katzengedärm und winzigen, so kitschig süßen Bildchen für allerlei heimischen Zauber, daß ihre unerträgliche Süße den Kitsch ganz vergessen und den Zauber sofort wirksam macht, *hier bilden sie ihre Wagenburg um den Maultrommler, der natürlich, sagen wir es jetzt, Levy heißt und Fritz gerufen wird, natürlich ist es der Fritz Levy, der maultrommeln konnte wie keiner, und sie nehmen auch den wieder ruinierten Schreiner Drebing in die Mitte, der sich doch mit dem Gewinn aus dem ganzen Plunder bald ein richtiges Möbelhaus einzurichten gedachte und ein Vermögen machen wollte mit Betten dieser neuen amerikanischen Art, in denen auf Knopfdruck die Sterne leuchten, die Erde bebt, vollautomatisch die Ehen vollzogen werden und gleich auch schon die ersten Kinder klaglos herausfallen wie fertig gerösteter Mais, jetzt nehmen*

sie den ruinierten Drebing in die Mitte, schließlich haben sie
Reparaturarbeiten für ihn, denn sie richten sich auf Dauer hier ein,
Umherziehende, die zur Ruhe kommen, hier werden sie stehen, Nistplätze
für die Vögel und Klettergerüste für die Kinder, verschneit und verquollen
im Winter und wieder getrocknet und wohlig gestreckt in der Sonne des
August, ein Mahnmal der Dinge, eine Landschaft aus Möbeln Deportierter
...

- Egbert, es reicht. Nimm mich ernst. Immer zählt für dich bloß die
Vergangenheit, sagte Emma. *Laß uns mit Piets Auto ins Oldenburgische*
fahren. Ich pumpe Mia an. Wir kaufen ein Schlafzimmer in einer dieser
neuen Fabriken, die wegen der Flüchtlinge wie Pilze aus dem Boden
schießen. Wir kaufen bei deinem Namensvetter, der Firma Poggenpohl, die
geben uns Rabatt.

- Geht nicht, sagte Egbert. *Dieser Zweig der Poggenpohls hat sich ganz auf*
Einbauküchen geworfen. Diese Dinger, die weder Vergangenheit noch
Gegenwart, sondern blanke und brutale Zukunft sind. Du berührst eine
Lichtschranke, und schon fängt die Küche an zu brodeln und zu zischen,
wendet und würzt sich selbst, stellt sich an und ab, verdaut, scheidet aus
und hat sich auch schon selbst gereinigt, bevor du in der Wolke des letzten,
gigantischen Furzes ihrer Betriebsamkeit merkst, was für ein überflüssiger
Mensch und welch überholte Erfindung du schon seit langem bist.

- Ach Ecki, sagte die junge Frau Emma Poggenpohl, wie sie es von da ab
einundvierzig Jahre lang tun sollte in Augenblicken besonderer, zumeist
sorgenvoller Zärtlichkeit. Und dann tat sie etwas, was sie ebenfalls
einundvierzig Jahre lang üben sollte: entweder mußte sie ihren Mann
beschleunigen, weil er oft den Lauf seines Lebens so verlangsamte, daß er
ganz innezuhalten schien, oder aber sie gab ihm eine andere Richtung. Denn
zuweilen, einmal in Hanglage in Bewegung geraten, rollte er mit immer
schnellerer Schnelligkeit talwärts ungeachtet aller ihm begegnenden
Krüppelkiefern, Almhütten, Strommasten, vom Wintereinbruch
überraschten und im Stehen steif gefrorenen Kühe und ihm noch völlig
ahnungslos und fröhlich entgegenwinkenden Wanderern auf Schneebrettern,
die Sekunden später schon böse von ihm zugerichtete Unfallopfer waren.

Jetzt beschleunigte sie ihn. Sie räumte den toten Walter Kieslowsky mit
seiner eisenbeschlagenen Kiste und den noch immer geblähten Backen zur
Seite. Sie warf die Möbel aller Deportierten mit ihren gelösten Furnieren,

gequollenen Gelenken und aufgebrochenen Schlössern aus dem Bett. Sie zog ihm die Decke zur Seite und griff im Latz seines Schlafanzuges nach einem Schnippel, der schnell in ihrer Hand wuchs. Und so vollzog in dieser dreiundzwanzigsten Nacht nicht etwa Egbert eine Ehe, sondern Emma und Egbert schlossen das erste Kapitel einer langen Geschichte, auf das sie sich seit dem ersten Brief vom Montecassino zubewegt hatten getreu dem Satz WIR LIEBEN UNS NUR SO LANGE, WIE WIR UNS GEGENSEITIG ERZÄHLEN.

Auch wenn Emma die Aktivere schien, weil sie mit Daumen und Zeigefinger aus seinem Schnippel ein Werkzeug gemacht hatte, weil sie auf ihm saß und ritt, so war doch Egbert nicht unbeteiligt und vor allem glücklich darüber, wie schnell sich eine Entfernung, die jetzt zweiundzwanzig Nächte lang gewachsen war, mit dieser uralten und sehr einfachen Bewegungsart, die sowohl dem Butterfäßchen als auch der Draisine, der Nähmaschine und dem Verbrennungsmotor als Vorlage gedient hat, fast auf null verkürzte. Als Emma schließlich, die zu Mittag Linsen mit Rauchfleisch auf die Teller geschöpft hatte, eine nicht abreißende Reihe kleiner, erregter Pupse ertönen ließ, lachte er vergnügt und atemlos, denn auf der Wolke dieser Pupse hob er sich mit ihr über das Kastenbett mit seinen ganzen Geschichten von Jähzorn und Verklemmnis und dem ewigen Bemühen, neben den Radfurchen des eigenen Leichenwagens noch eine unverwechselbare Spur von sich auf dem neu besiedelten Land zu hinterlassen, und fast immer war es doch der Einfachheit halber eine Spur der Gewalt geworden.

Schon am nächsten Tag sagte Egbert zu seinem Freund, der zu diesem Zeitpunkt die Auffahrt seiner Eheschließung erst noch vor sich hatte sowie die kurz davor liegende Niederfahrt des Polizeieinsatzes am Polterabend und die drohenden Strafverfahren wegen öffentlichen Umschmelzens der Biographie eines Kriegers in die eines Bürgers:

- Und merk dir für deine Zukunft mit Renate vor allem eines: ein guter Fick ist nun einmal das A und O einer jungen Ehe. Denn schließlich gehen die meisten Ehen im Bett kaputt.

Und doch fiel gerade, als Piet sich anschickte, Renate die Stumme zu heiraten, diese zweite schwarze Träne aus Emma als Zeichen ihrer Not und verharrte auf der Wange.

Angeheitert vom Glühwein des Polterabends und den Melodien Richard Taubers waren sie gegen Morgen in ihr Backsteinhaus zurückgekehrt. Egbert freute sich auf das Bett aus Birke, das nächste Woche endlich fabrikneu und bar im voraus bezahlt käme. Beim Aufstellen würden sie sich gegenseitig die noch frischen Nester von Sägespänen in die Gesichter blasen. Der Duft der blühenden Lüneburger Heide würde ihnen in die Nasen steigen, in der es Birken ohne Ende gibt, und Heidschnucken gibt es, die so einfach fühlen mögen, wie sie glücklich scheinen, und Bienen, die befreit summen, weil die Imker aus Hannover und Braunschweig, Hildesheim und Celle sie in Urlaubstage geschickt haben, deren Abende alle mit einem Honigbad enden. Aber jetzt wieder einmal diese schwarze Träne.

Zwar kannte er inzwischen die tückische Chemie von Mias noch immer nicht aufgebrauchten Altbeständen. Aber er hatte doch selbst die ganze Nacht immer wieder auf Renates Viermonats-Bäuchlein gesehen, auf dem sie vorsichtig ihr Bandoneon abstützte, um den Tenor zu begleiten und, kaum waren die altersschwachen Einsatzwagen wieder in ihr Depot gerasselt, jene so fröhlichen wie frechen Lieder zu spielen, die bereits das Festkomitee des Kölner Karnevals entrüstet zurückgewiesen hatte. Sicher hatte er die meisten Tage dieser letzten zwei Jahre mit Emma gemeinsam verbracht, aber immer deutlicher hatten sie in verschiedenen Sprachen geredet. Immer öfter war ein Satz Emmas in die Forderung übergegangen:

ICH WILL EIN KIND,

und immer deutlicher hatten sich ihre Forderungen zu der Drohung verhärtet:

ICH GEHE OHNE KIND,

so daß Egbert bald die Versuche aufgab, sich mit seiner Liebsten gegenseitig zu erzählen, wie er doch mit dem Schwung, dem Operettenzauber und der Zirkusartistik seiner Briefe angekündigt hatte. Jetzt war diese zweite Träne eher ein häßlicher Tintenfleck auf einem Abschiedsbrief, wo doch wenigstens die hingehauchten Konturen eines letzten Kusses hätten leuchten sollen. Es schien das Ende von Emma und Egbert, das war es. Der nackte Arsch einer Illusion, der vor zwei Jahren erst noch mit einem von Mia geschneiderten Hochzeitskleid festlich drapiert worden war.

Für einen letzten Versuch holte er vom Speicher ein überzähliges Türblatt und zwei Böcke. Daran saß er in der Mansarde seiner Knabenzeit, die jetzt mit den Automobilen an der einen und den liebesgierigen Lockrufen der Puppen an der anderen Wand danach verlangte, erneut zum Kinderzimmer zu werden. Er wollte für sich aufschreiben, was Emma so deutlich für sie beide als Freude reklamierte. Immer hatte er allein mit den Wörtern Ball gespielt. Daraus hatten sich Geschichten ergeben. Die Geschichten waren ausgehärtete Splitter von Welt gewesen. So hatte er mikroskopische Teile der Welt verstanden und ihren Reichtum genossen. Und folglich wollte er sich jetzt wenigstens einmal probeweise Kindergebrabbel und Vaterfreude herbeischreiben.

Schon aber hupten, während er schrieb, die neuen Automobile und fuhren in immer größerer Zahl kreischende Rennen durch die fremd gewordene Stadt, in der ein ganz neuer Bund der Länder die Fahne hißte. Aber er sah keinen Bund der Länder. Er sah Jever mit Bewohnern, die immer hier schon Seßhafte darstellten und ihren Wohnraum, ihre Honigtöpfe und das Eingelegte mit Schweinefleisch und Schattenmorellen verteidigten, während sich die Zugeflüchteten in neu geschneiderte Trachten kleideten, die sie in ihren untergegangenen Heimaten gar nicht getragen hatten. Und bald lockten die Puppen nicht mehr nur, sondern schrien laut und fordernd mit ihren Plastikorganen Kriegsverletzter. Mit jedem Satz, den er schrieb, kam die erwartete Freude nur als bemitleidenswerte Frühgeburt auf die Welt und als dauerndes Elend einer Behinderung. Je mehr Sätze es wurden, um so verdächtiger erschien ihm, was sich so einfach organisch und echsenhaft vorwärtsbewegte, ohne sich eines Rückwärts zu vergewissern. Wegen der Unterbrechungen, Ausfälle, der Zerschlagung von Ländern und der Verschiebung von Kontinenten, der Aufkündigung von Maßeinheiten für Zeit und Raum, Geschichte und Gegenwart und der Unwägbarkeit von Schuld und Sühne waren doch die bereits geborenen Kinder, wie er selbst auch, noch gar nicht fertig geworden, ja mußten neu vermessen, wenn nicht gänzlich neu hochgezogen werden.

Mit dem letzten Satz, den er auf diesem Türblatt und für lange Zeit notierte, stellte er endlich nüchtern fest, daß er sich nicht Zuversicht und Freude am Leben herbeischrieb, sondern daß er sein schönes Handwerk zu dem Versuch mißbrauchte, Leben zu verhindern. So nüchtern diese Feststellung war, so grausam traf sie ihn. Hatte der Lieutenant im Sande Ägyptens zunächst bloß eine gewöhnliche Schreibblockade diagnostiziert, alltäglich und vorübergehend wie Hautausschlag und Pilzbefall, so empfand er dieses Mal bereits tiefen Ekel, wenn er auch nur ein Schreibwerkzeug befingerte, und sein Mund füllte sich mit Gallensaft statt dem Nektar süßer Worte. Noch immer fühlte er sich im Recht, verachtete sich aber gleichzeitig dafür. In seiner Ohnmacht sprach er mit Emma nur noch wenig. Bald schienen die beiden vor der Küste auf getrennten Inseln zu leben und sich nur gelegentlich mit Flaggen über einen vorbeiziehenden Heringsschwarm zu verständigen oder über die Richtung einer drohenden Sturmspitze in diesem Januar, der ohnedies sehr stürmisch war und reich an Winden Stärke Zwölf.

Eingeklemmt in seinem Mansardenzimmer der nicht gezeugten Kinder hinter diesem jetzt nutzlosen Türbrett, an dem es ihn selbst ekelte, ein Weckglas mit Eingepökeltem (Bauchfleisch und Rippchen) neu zu beschriften, geriet er doch selbst mit seinem einzigen Freund in heftige Turbulenzen.

Eben noch hatte er mit allen anderen die Fröhlichkeit eines Polterabends genossen, das Ohrenschmalz eines von seinem jämmerlichen Tod wieder auferstandenen Tenors und hatte sich laut empört über den Eifer der Brandschützer und Ordnungshüter, die mit den selben, jetzt nur sehr viel klapprigeren Fahrzeugen zu einem Grillfeuer rasten, mit denen sie zum Großbrand der Synagoge in der Großen Wasserpfortstraße sorgfältig zu spät gekommen waren. Jetzt aber hatten ihn Emmas schwarze Träne, alle seine Unfähigkeiten und seine Gewissenhaftigkeit derart verändert, daß er zu einem tückischen Wadenbeißer wurde. Denn inzwischen warf er seinem Freund vor, mit dem lächerlichen Feuer eines Schrebergärtners, in dem ein paar Lumpen verglüht und etwas Blech geschmolzen war, das auch gut Kondensmilch oder Kaffeepulver hätte umschließen können, für sich selbst das Elend und die Verbrechen aller Einsätze in der Luft entschuldet zu haben.

Egbert wollte verletzen, wie ihn Emmas schwarze Träne und seine eigene Ohnmacht verletzt hatten. Er genoß es, schämte sich für den Genuß und verletzte weiter. Und machte diesen einzigen Freund zu einem, der mit der

Naivität eines morgen schon Gehörnten an die Heilkraft der Liebe glaubt. Denn was anderes tat dieser Piet jeden Abend mit einem hochempfindlichen, aus einem seiner Flugapparate geborgenen Mikrofon auf dem inzwischen Siebenmonats-Bäuchlein der stummen Renate? Er horchte Herztöne und Bewegungen ab. Er hatte das Mikro mit einem Verstärker und zwei Lautsprechern gekoppelt und beschallte das Zimmer, in dem Renates Bäuchlein wuchs, mit den Lebenszeichen des Nachwuchses und mit dem Gluckern aller Säfte und Gase der Mutter. Er lautmalte die Geräusche nach, damit Renate die Stumme sie endlich wiederhole mit neu gewonnener Stimmkraft, wie der lyrische Tenor Richard Tauber seine Stimme wiedergewonnen hatte durch die Kraft der Liebe und der Fröhlichkeit. Zum Dichten zog er sich auf den Gästelokus zurück als einzigen Ort der Ruhe in der durch eine zugewiesene Jungfer aus Pommern besonders eng gewordenen Wohnung. Und während die Jungfer sich mit Knoblauchkuren, völkischen Liedern und schmerzenden, aber zauberkräftigen Kieselsteinen aus dem Stettiner Haff unter der Matratze um ewige Jugend und um einen Rentner unter den Vertriebenen mühte, saß er auf der Lokusbrille und sonderte gelegentlich, nach Art eines unter Verstopfung Leidenden, eines seiner kleinen Gedichte in niederdeutscher Ursprache ab, das natürlich wieder von einer Renate handelte, die stumm war, aber durch die Kraft seiner Liebe und seiner ihr vorsagenden Lippen die Sprache wieder gewann und die Fähigkeit, tagsüber laut zu lachen und ihm nachts heiser ins Ohr zu flüstern, damit weder die Eltern, noch die alte, wohl ewig jung bleibende Jungfer auf ihren verzauberten Kieseln die intimsten Schwüre hörten - er tat alles, was ein blind liebender Mann und ein im vorhinein gehörnter Ochse tut, sagte Egbert, um seiner Renate die Sprache wiederzugeben, die sie in der Nacht der Flieger und in der sich anschließenden fünftägigen Finsternis am Kölner Thürmchenswall verloren hatte. Er tat es mit der Verschlagenheit eines Schuldigen, der sich an Görings Luftwaffe besoffen hatte. Und er tat es mit der Blindheit eines im vorhinein Gehörnten, der bei dieser Frau nichts, aber auch nicht einmal mehr einen Pieps zu sagen hätte in dem Augenblick, in dem sie wirklich die Sprache wiedergewänne, denn dann flöge sie ihm sofort zu den Karnevalisten nach Köln davon, bei denen sie ihr Herz und alle ihre Lieder gelassen hatte. Sagte Egbert. Schämte Egbert sich und zerbiß sich die Haut an den Nägeln, ein junger Mann, der fertig war und der sich nach seiner Frau sehnte, die er gerade verlor.

Emma hatte Arbeit in der Bäckerei von Dirk Janssen angenommen. Sie hatte das eigene Geld entdeckt und daß sie sich zwischen den Brotlaiben, den

Törtchen, Teilen und Kuchenblechen freundlich auf die Kunden verteilen konnte. Wenn sie nach Hause kam, war sie eingehüllt in den Duft der Backwaren und den ihres eigenen, verlangenden Körpers und erzählte Geschichten aus einer Stadt, von der sie ein Teil geworden war.

Egbert warf allen diesen Geschichten immer noch vor, daß sie von Menschen handelten, die scheinbar ungerührt und mit bestürzender Emsigkeit weiterlebten, sich neue Nisthöhlen auspolsterten, neue Kinder zeugten, ihre Eltern und Großeltern nach wie vor in die Hühnerställe ausquartierten, die sie kurz mit Wasser ausspritzten und mit dem Altöl der Traktoren tränkten. Nur gelegentlich und verstohlen blickten sie mit Nachtgläsern aus Beständen der Wehrmacht über die See dorthin, wo wieder der Leuchtturm des Feindes blinkte, der ihren letzten Angriff abgewiesen hatte. So schloß Egbert sich weiter von ihrem Leben aus, ohne daß sie auch nur hätten aufmerken, mit einem Finger auf ihn zeigen oder ihn mit geheuchelter Hilfsbereitschaft in eine Gasse weisen müssen, die über keinen Ausgang verfügte. Sie bedienten sich seiner vielmehr als Nachbar, Schalterbeamter der zur Bundespost mutierten Post des Reiches, als Einkäufer und als netten jungen Mann, der sich mit der Erschöpfung eines Rentners neben ihnen auf der Bank im Schloßpark ausruht und das unverändert täglich erscheinende Jeversche Wochenblatt liest, das jetzt ebenso selbstverständlich vom neuen Bund der Länder berichtet, wie es zuvor das Reich mit Blut und Boden getränkt hat.

Bei Piet ten Hoff dagegen, der sich von einer beständigen Sonne beschienen fühlte und der unter der Sorge für eine Stumme beschleunigt reifte, hatte sich die natürliche Gutmütigkeit schon zum Beginn jener Güte gewandelt, die ihn später auszeichnen sollte. Er mied vorübergehend einfach seinen Freund, den Wadenbeißer. Und tröstete Emma, wann immer er sie traf; denn er fürchtete, daß Egbert ohne sie in Kürze verlorenginge: eines nachts setzte zum Beispiel einfach die Atmung aus. Es wäre ein purer Überdruß an den immer ähnlichen Katastrophen. Mit einem Rest an Leben wird die letzte überwunden und sich gleichzeitig auf die nächste vorbereitet, die bloß einen anderen Namen trägt, und die Form der Boote, mit denen alle dem Leuchtturm des Feindes entgegenrudern, hat dieses Mal eine etwas strömungsgünstigere Form.

Oder aber sein Freund würde zu einem bitteren Querulanten. Der verjagte Kinder von seinem Zaun, pflanzte giftigen Goldregen dahinter, schlösse eine Rechtsschutzversicherung ab und prozessierte wegen jeden Hagelkornes, schriebe erstaunlich gut formulierte Leserbriefe an das Wochenblatt, die mit erlesenen Bosheiten gespickt wären und stände endlich mit einem handgemalten Schild auf dem Wochenmarkt, das einen stillen, aber völlig grundsätzlichen und unabweisbaren Vorwurf behauptete wie den, daß alles Scheiße sei, so daß die Bundespost ihn in einen Raum neben den Heizungskeller versetzte und ihn hier bis zu seiner Pensionierung als einen unangenehmen kleinen Kläffer hielte, der aus seiner Veilchendrüse unterhalb der Schwanzwurzel ein unerträgliches, lange haftendes und kaum abwaschbares Duftgemisch verspritzt.

Emma aber war müde geworden in diesen zwei Jahren, die neben anderem Glück auch das eines Kindes hätten bringen sollen, und zuckte zumeist nur mit den Schultern.

Als sie mit ihrem Verkauf von Backwaren und der Aufteilung ihrer Freundlichkeit und Wärme auf die Kunden ein kleines Sümmchen zusammen hatte, kaufte sie einen roten Koffer. Sie erstand ein rotes Schminkköfferchen, das sie mit den metallbeschlagenen Ecken an jene Kiste erinnerte, die ihr Vater bei seinem Tod umklammert hatte. In ihm sortierte sie alle Kosmetika, die sie künftig in der Fremde nutzen wollte. Sie kaufte einen roten Taschenschirm, ein paar halbhoher roter Winterstiefel, ein burgunderrotes Filzhütchen, eine Fernfahrkarte der Bundesbahn, nahm einen nicht unfreundlichen, aber trockenen Abschied und verließ ihren Mann mit dem Frühzug. Erst nach einer langen Fahrt gen Süden stellte sie fest, daß sie wie ein gewaltiger Ara wirkte, denn die Frauen am Zielbahnhof musterten sie spöttisch als einen der letzten, in den Kriegswirren dem Zoo entflohenen Großvögel, während die üblichen Flegel des Hauptbahnhofes ihr Pfiffe hinterherschickten und ein Penner vor der Katholischen Bahnhofsmission mit rauher, vom Schnaps zerstörter Stimme fragte: Wieviel?

Von Beamter zu Beamter nahm Egbert als ersten den Mann im Bahnhof ins Verhör. Der erinnerte sich noch gut an die schwarzgelockte, leuchtend rot wie ein tropischer Riesenvogel gekleidete Frau, und da er so selten Fernfahrkarten verkaufte, regte ihn allein die Erinnerung daran wieder an. Schließlich konnte er mit äußerster Bestimmtheit sagen, daß diese junge Frau, die ihm nachträglich den Eindruck machte, gerade ihr Kind im fünften oder sechsten Monat verloren zu haben, eine Rückfahrkarte nach Köln gelöst hatte. Egbert verabschiedete sich locker von dem Mann wie von einem Freund. Gern hätte er ihn auf die Stirn geküßt. Da aber saß die rote Schirmmütze des Bahnhofsvorstehers und schützte ihn mit Amtlichkeit.

Egbert hatte sich keinen dieser schwarzen Apparate gewünscht, die schrill klingeln und ihre Besitzer zum Herbeigaloppieren aus den Geruchswolken intimster Verrichtungen nötigen, und er hatte auch nicht den Anschluß eines Fernsprechers in Auftrag gegeben. Als er aber wie von Geisterhand eingerichtet wurde und abends Frau Emma Rehauge die erste Anruferin aus der rheinischen Metropole war, da merkte er, daß er nicht gänzlich aufgegeben, sondern nur zwecks Bewährung auf dem Land in dem Backstein-Schneckenhaus ausgesetzt worden war. Er atmete tief durch und bescheinigte sich, knapp noch einmal Schwein gehabt zu haben. Er schöpfte Hoffnung. Für sich. Für Emma. Für die Stadt und alle ihre Bewohner. Für den neuen Bund der Länder und seine Vertreter, deren Magerkeit ein asketisches Vergeistigtsein vortäuschen mochte, aber doch eine gewisse Nähe zum noch hungernden Volk vermuten ließ. Denn gerade begann er, die Welt mit anderen Augen zu sehen. Und er lachte an diesem Abend. Immer wieder lachte er wie ein beschenktes Kind.

Gleich nach Emmas Abreise hatte er sich zunächst mit eigenen Fluchtgedanken abgegeben und sich bereits seinen alten Leinenrucksack zurechtgelegt, der inzwischen fleckig von den Hamstertouren Heriberts über Land war, bei denen er Speck, Butter, Federvieh und gewilderte Hasen mitgebracht und Eier zerdrückt hatte.

In der ersten Verzweiflung eines so früh und mit einem so heimtückisch freundlichen Abschied Verlassenen wollte er schnell alles an einen der vielen Zugeflüchteten aus Pommern, Ostpreußen, Schlesien ... undsoweiter verkaufen und verschenken: das Schneckenhaus, das neue Bett aus Birkenholz der Lüneburger Heide, alle Trockenblumen, Topfblumen, Puppen und alle seine Träume von einem Leben, in dem einer dem anderen einen Sinn gibt. Einer der Dienstboten-Groschenromane, die der Lieutenant (Pinchie) Pinchon in drei Seekisten mit in den Sand Ägyptens geschleppt hatte als sein Planetarium menschlicher Leidenschaften, Irrungen und Erlösungen wurde ihm dabei in einem der Meere dieser Welt, die ihm jetzt zur Auswahl standen, zum Notanker:

Egbert wollte nach Lissabon, in diese Stadt, in die Emma fast entführt worden wäre und die faulig und verkehrt herum, kopfzuunterst und mit zerschlissenen Bastschuhen, die in einen nackten Himmel ragen, an ihrem Tejo, am Bauch seines Strohmeeres und am Atlantik steht. Ein Zimmer wollte er mieten in einer Pension, die über dem Tejo in den Winterregen schwankt und deren Gebälk unter der Hitze der Sommer explodiert. Hier in der Alfama unterhalb des Castelo San Jorge wollte er in dem Dienstboten-Roman aus der Sammlung des Pinchie Pinchon an dem halb blinden Fenster sitzen, die Tage an den erschlagenen Fliegen und zertretenen Kakerlaken zählen und darauf warten, daß auf der gegenüberliegenden Seite des hier nur handtuchbreiten Beco do Alfáro de Campos sich das genauso blinde Fenster öffnet und eine Frau, schön wie ein Wunder, auf den winzigen Balkon tritt.

Die Jahre vergehen, die Zeit verstreicht, in den Wintern schwankt das Haus und neigt sich zum Fluß, in den Hitzewellen der Sommer schlagen die Rufe der einst in Afrika Geraubten ans Fenster, und wenn jetzt das Gebälk knackt und explodiert, ist es noch immer das Echo auf die Schüsse aus den Vorderladern, mit denen sich Brasilien befreit hat und ist es schon eine Ankündigung der Kalaschnikow-Salven, mit denen sich Sao Tomé &

Principe, Guinea-Bissau, der Archipel Cabo Verde, Angola und Moçambique erst noch befreien werden, und wieder im Winter, wenn die Nässe regenschwere Wolken an die Zimmerdecke malt und der letzte Putz von der Wand fällt, zieht auch wieder die Traurigkeit über die ganzen verlorenen und noch zu verlierenden Reichtümer in die Gasse ein und die Gewißheit bei den Bewohnern, daß sie doch genau das sind, was die Spanier ihnen immer schon unterstellten, wenn sie alle Portugiesen wie verdorbene Fische ins Meer werfen wollten: geborene Verlierer; denn trotz aller grausamen Griffe, die sie den Arabern, den afrikanischen Königen und Stammesfürsten, den brasilianischen Häuptlingen und indischen Radschas und schließlich den Spaniern selbst abgesehen haben, entgleiten ihnen alle Inseln und Küsten und Häfen, die Gewürze Indiens ebenso wie die Diamanten und das Öl Angolas, die Kopra und das Eisenerz Moçambiques, es verfallen die dreitausend Paläste und Kirchen der Hauptstadt, deren Fundamente sie allein mit dem Verkauf der Sklaven mühelos gelegt haben, und schon pissen in die geometrischen Parks, mit denen sie die Glut der Tropen gezähmt und ihre Trostlosigkeit gemildert haben, die Hyänen. Und da lacht am Ende dieses langen Winters der erste. Er hat genug von der sprichwörtlichen und endemischen Traurigkeit seiner Landsleute. Ein Zweiter und ein Dritter lachen. Und es klingt, als seien sie froh, daß fast alles verloren ist und der Rest verloren geht und als seien sie frei. Und auf der Stelle wird mit der fossilen Strenge der Diktatur der erste, dann auch der zweite und dritte von der Pide verhaftet, die sich die Folterkeller mit den Schwarzgeschäfteten aus dem Norden teilt. Und sie werden gefoltert wie in jeder Diktatur, über die nacheinander gleich drei frei heraus gelacht haben. Und also scheint es nicht bloß angemessener, sondern auch vernünftiger und lebenserhaltender, tieftraurig zu sein und langsam im Winterregen durch die Gassen zu gehen und lässig und in gewisser verarmter Sorglosigkeit auch, denn natürlich macht so eine tiefe Traurigkeit auch sorglos, wo sie doch vor der Folter schützt und wo ohnehin alles verlorengeht. Und sie macht zunehmend frei, denn es gibt ja immer weniger zu verlieren. Und sie macht warmherzig, denn das ist das letzte Guthaben. Wenn auch das verloren geht, ist wirklich alles verloren. Und so stauen sich in den Gassen der Alfama unterhalb des Castelo San Jorge, so birgt diese Stadt, die mit dem Kopf im Wasser steckt, Schwarzhäutige und Gelbgesichtige, deren Dokumente längst abgelaufen sind, Verschwörer und Banditen, Seeräuber und Folterer, die Enkel von Sklavenhändlern, die verleugneten Söhne von Missionaren und Männer mit den steifen, skrofulösen Nacken letzter Statthalter, um die bereits brennende Autoreifen hingen, und überall dazwischen wächserne, fast durchscheinende, vom eintausendjährigen Warten auf ihre

Schiffspassagen verbrauchte Emigranten, deren letzter abgelehnter Antrag, zwischen den Pobacken der Freiheitsstatue in New York landen und sich auf Ellis Island einer ersten entwürdigenden Untersuchung stellen zu dürfen, längst von den Mäusen zerfressen ist ebenso wie die fotografische Ablichtung des Ladens von Ruzena Mendelsohn in Jevers Wasserpfortstraße 13, die im Zuge ihrer Geschäftsauflösung Mützen, Haarbänder, Korsetts, Strümpfe, Handschuhe, Schirme mit 10 Prozent Ermäßigung anbot, Büstenhalter für 45 Groschen und Schlüpfer für 1 Mark 25, und so heben sie mit Fingern, deren Nägel zu lang sind, brüchig und weißgefleckt, in der Bar von Ophélia Queiroz ein Glas Madeira, in dem eine tote Sommerfliege schwimmt, und wenn sie von Ophélia nach ihrem Befinden gefragt werden, und gefragt werden sie von der ungemein höflichen Ophélia immer, sagen sie jedes Mal: Es geht. Wir leben. Es ist doch immer wieder diese Traurigkeit und Schönheit zerfallender Größe, die uns leben läßt. Je mehr die Stadt zerfällt, um so vertrauter wird sie uns.

Überall in Jever wurden jetzt undichte Schornsteinkronen frisch gemauert, und je länger Egbert allein blieb, umso deutlicher und ihn zermürbender hörte er die Hammerschläge und Stichsägen der Heimwerker.

Die in den vergangenen tausend Jahren schadhaft gewordenen Dächer wurden neu gedeckt, feucht gewordene Mauern trockengelegt und vor allem alte Zäune neu gerichtet sowie die Grenzsteine von Moos und Unkraut befreit und auffällig geweißelt, denn gegen die alten Grenzen wuchsen jetzt die ersten Reihen von Siedlungshäusern, die sich die übers Meer Geflüchteten aus Königsberg und Danzig, aus Ostpreußen und Pommern und die mit zögerlichen Viehwaggons und Pferdetrecks nach Westen verschubten Schlesier in Eigenhilfe und mit dem warmen Rückenwind des Lastenausgleichsgesetzes bauten, wobei die früheren Landwirte und Landarbeiter gern noch im Keller zwei Schweine hielten, die nie ans Tageslicht kamen, in deren roten Äuglein die Halter aber doch einen letzten Abglanz des Sonnenuntergangs an der Danziger Bucht zu sehen glaubten.

Auch Heribert Poggenpohl hatte in Mias Gartenhaus tapeziert und Linoleum verlegt. Er hatte Dachpappe geklebt und Schindeln gehämmert, bis ihn diese Flüchtlinge, die eben noch aus nichts als ihren nackten Hintern bestanden hatten, wortlos überholten und in neue Reihenhäuser zogen, deren Straßen sie trotzig, selbstherrlich und ohne jede Rücksicht auf die Empfindlichkeiten ihrer friesischen Gastgeber nach den alten Heimaten benannten. Da hatte er den warmen Wind des Lastenausgleichs verflucht und ihn für nichts weniger als eine gigantische Hochstapelei gehalten, mit der sich der Besitzer eines Karnickelbockes in Ostpreußen zu einem mittelständischen Bauern veredelte und sich auch von ihm, Heribert Poggenpohl, für alles entschädigen ließ, das er nie wirklich besessen hatte. Als er so einhielt in seiner Handwerkelei eines späten Nestbaues, erkannte er, daß er sich hier keine neue Heimat schaffen würde, sondern immer der Gast bliebe in einem verwinkelten und traumlastigen Gartenhaus bei einer Frau, die vom ersten Tag an auf getrennten Schlafkammern bestanden hatte und die ihn nur einmal im Jahr zu sich ließ. Immer war es dasselbe Datum im Jahr, der 17. August, und nie erfuhr er die Bewandtnis. Immer sollte er das Licht an der Tür löschen. Und immer löschte er das Licht und fragte nicht weiter, um nicht auch diese Möglichkeit zu einem lange ersehnten, späten und heftigen Akt tätiger Liebe zu verschenken.

Heribert ahnte, daß er in seiner Geschlechtsnot benutzt wurde. Aber er wußte nicht, daß er ein bloßes mechanisches Stimulans war, um den 17. August 1926 zu evozieren, an dem Mia in den Dünen bei Schillig die wiedererlangte Unschuld verloren und in den 13. Himmel einer immer noch anhaltenden Liebe katapultiert worden war. Sie schloß die Augen und war auch schon in den Dünen, während Heribert ungelenk und viel zu hastig in Fahrt geriet. Einzig am 17. August 1961 sollte sie ihn nicht zu sich rufen. Auf Nachfrage reagierte sie empört mit dem Hinweis darauf, daß erst vor fünf Tagen die Berliner Mauer durch die Herzen und Köpfe und Bäuche aller Deutschen gezogen worden sei. Heribert war erstaunt zu hören, wie sehr sich seine Partnerin neuerdings für die Politik der Welt interessierte. Bislang hatte sie mit ihm zusammen weder jemals auf den verlorenen Osten der Flüchtlinge geschimpft noch auf den jetzigen Ostblock der Kommunisten. Und neuerdings berührte sie die Berliner Mauer bis in die Lust hinein, und sie machte eine Frage der Pietät daraus. Da glaubte er, endlich ihre jahrelange Enthaltsamkeit zu verstehen, und achtete seine Partnerin nur noch mehr.

Er strich die Fensterläden am Gartenhaus und erstickte alle Hasen unter drei Schichten Farbe. Und entschloß sich, eine Filiale zu gründen wie ein selbstbewußter Mann und seine wieder aufgelebten Geschäfte, seine kleinen, gesammelten Reichtümer, seine Schnapsbrennerei und seine heimliche Trinkerei in den Anbau des Backsteinhauses zu verlegen, in dem einst sein Vater die zwei Kühe gehalten hatte, die vom Pflügen und Ziehen magersüchtig geworden waren.

Egbert nannte den bislang nicht genutzten Anbau bald Heriberts WERK II. Hier hörte er ihn abends seine kleinen Reichtümer renovieren, die auf seinen Gängen eines Zustellers zusammengetragenen Orden und Ehrenzeichen, Koppelschlösser, Dolche, Fliegeruhren auch und Kompasse, den ganzen, mit den geheiligten Kreuzzeichen versehenen Tand, den er gegen den Rost verteidigte wie ein Schamane sein Katzengedärm, die Schweinepfoten und den Kot des Feindes gegen die Würmer, und er verkaufte ihn nach und nach, einzeln und meistbietend, an die Engländer, die ihn ihrerseits an die Amerikaner in Bremerhaven versteigerten, die ihn wiederum bis in die Bucht von San Francisco schleppten, wo frühmorgens bei der Landung an Pier 5 ein kleingewachsener, unablässig zeternder Mann, der ein Vogelnest zwischen den Schulterblättern trug, darüber stolperte und sich den Rest des Tages mit dem Englisch eines deutschen Oberschülers und den kräftigen

Fehlzündungen bayrischer Flüche dazwischen über die rückgekehrten Befreier ereiferte, die seine neuen Landsleute waren und die er als Kinder mit Kurzhaarschnitt beschimpfte.

Einmal im Monat, wenn das Beerenobst in den Kolben die Tonleiter der Chemie erklomm und sich in Alkohol löste, zogen scharf die Schwaden des tröpfelnden und gluckernden Selbstgebrannten bis in das Backsteinhaus nebenan. Dann wußten Emma und Egbert: heute abend feiert Heribert seine Ernte und zieht Bilanz. Wie einst in der krümelfrei aufgeräumten Küche saß er im Anbau und rechnete, was ihm der Monat gebracht hatte. Die Geschäfte gingen jetzt sogar besser als damals, als sich die Jeveraner gründlich von allem Überkommenen entsorgen mußten, bis sie sich nackt in der Schönheit ihrer Blöße auf dem Markt ausstellen konnten. Jetzt handelte Heribert mit falsch deklariertem, unbefugt genutzten Wohnraum. Er wußte, wer Lebensmittelmarken, Zuzugs- und Berechtigungsscheine aller Art fälschte und Hausschlachtungen nach Mitternacht vornahm. Er kannte das Depot verlorener Pakete und Wertsendungen auf einer der vorgelagerten Inseln, die erbrochenen Schlösser und das Rasiermesser, das lautlos die Brieftaschen aus den Mänteln Wartender zu schneiden versteht, und als Beamter, der von einer anerkannten Hebamme und Sozialheiligen sogar von aller Schuld eines Mitläufers reingewaschen war, verstand er auch die eine und andere Entschuldung für gutes Geld zu verkaufen. So flüssig wie in dieser Zeit war er auch bei der früheren Umstellung der Zeit nicht gewesen. Es ging ihm so gut, daß er sich zu einer ganz neuen Qualität seines Lebens entschloß.

In seinem noch immer nicht völlig, aber doch fast fertigen Buch ANKUNFT EINES SCHÜCHTERNEN IM HIMMEL notierte Egbert dazu:

> *Eingefettet, durch Plane und Stroh abgedeckt, hatte die gestohlene BMW die ganzen Jahre hindurch hinter der Futtertraufe gestanden. Als es endlich wieder Treibstoff ohne Berechtigungsschein gab und die Wirrnis des Nachkrieges mit wundersamer Hand aus dem Diebesgut ein mit amtlichen Papieren versehenes Eigentum des Heribert Poggenpohl gemacht hatte, reinigte mein Vater die Maschine. Er flickte und erneuerte, beschäftigte einen Mechaniker, den er mit einigen seiner kleinen Reichtümer entlohnte, und versuchte endlich, sie zu starten.*

Schon dabei holte er sich eine Sehnenzerrung, und sein Hüftgelenk knackte. Er hätte den schwergängigen Kickanlasser gar nicht weiter getreten, wenn es nicht um dieses Beutestück gegangen wäre, das er einem Mann abgenommen hatte, der Frauen umlegte wie der Schnitter den Augustweizen und der ihn mit dieser Maschine auf den Landstraßen überholt und mit Schlamm und dem Kot der Viehauftriebe bespritzt hatte, sofern er nicht gerade über den Friedhof der reformierten Christen brauste oder den Totenacker seines eigenen Judentums schändete.

Die Maschine blubberte eine Weile unregelmäßig, dann tötete sie sich selbst mit einem Schuß, der mich zusammenfahren ließ. Wieder turnte mein Vater wütend und zerbrechlich auf dem Anlasser herum, bis sie erneut lief und nach und nach in den regelmäßigen Trott eines Arbeitspferdes verfiel. Und er strahlte, als sei heute einer jener seltenen Feiertage, an denen Mia ihn ohne Höschen und im kurzen Hemd einer Braut empfing.

Unter seinem Hintern erwies sich diese Maschine schon bei der ersten Probefahrt als zu schwer und zu schnell. Ich sah, daß sie ihm Angst einflößte. Verglichen mit den Geschossen von heute, den HONDAs, KAWASAKIs und wiederum BMWs, die dicht übers Wasser fliegen und zusammen mit ihren raumfahrtgeübten Astronauten mit einem Satz von Friesland auf einer der Westindischen Inseln sind (Jamaica etwa, Ostküste, im seichten Wasser der Long Bay, wo die verschweißten Heroinpakete aus Kolumbien angeschwemmt werden und müde und todbringend dümpeln - s. Kurztext von Thomas Pinchon in der Anthologie angloamerikanischer Science fiction, S. 17 ff, verlegt von Mohammed Kamil, Alexandria 1967), war diese BMW eher noch ein Traktor auf zwei Rädern. Mein Vater aber begriff auch diese Maschine schon nicht mehr. Er verstand nicht, daß sie mit ihrer soliden Eleganz bereits eine Konstruktion für die aufmüpfige Jugend war, gebaut für die Freude am Fahren und für den Rausch, für den Sieg über Flieh- und Schwerkraft und den Verlust des Lebens, ein motorisiertes russisches Roulette, das den Jungen die Leere nimmt und den bereits zu alt Gewordenen die Bitternis ihres kläglichen Versagens vor dem baldigen Tod.

Er begriff von ihr nur die Transportmöglichkeit wie bei einem Fahrrad oder einem mechanischen Ochsen. Und so lief die Maschine ganz ohne ihn, wie ein edler Hengst oder ein Rennkamel ohne ihn gelaufen wäre. Er saß nur auf ihr als eine unnötige und hilflose Zugabe, die strahlte, aber Angst hatte.

Unstrittig ist doch, daß viele Teile von uns in Bereichen siedeln, die wir noch nie betreten haben. Daher halte ich es nicht für abwegig, hier zu sagen: irgendwo mitten in seiner Verklemmnis, mit der er sich diese Maschine nahm wie eine gefesselte Frau, wußte mein Vater, daß der Eigentümer dieser BMW am nächsten Tag zurückkäme, ja daß Fritz Levy an diesem Tag bereits mit seinem Pappkoffer im Hafen von Amsterdam gelandet war und schon den Fahrplan der königlich niederländischen Eisenbahn für die Weiterreise studierte. Auf diese noch unerforschte Art hatte es ihm ein Zellknoten seines Hirns gemeldet. Oder eine Innenfalte seines Darmes. Oder seine Hoden, die sich noch immer von seiner toten Frau verraten fühlten und nur einmal im Jahr heftig klingelnd in Bewegung gerieten, wenn jene Frau ihn beiwohnen ließ, die Levys Geliebte hätte werden sollen. So hatte er nicht nur Angst vor der Maschine, er hatte als jetziger Besitzer auch Angst vor der Rückkehr des tatsächlichen Eigentümers. Und beide Ängste erhöhten derart seinen Augendruck, daß er nahezu blind die Straße nach Wittmund befuhr bis zu Kilometer sechs.

Hier nämlich kam ihm der Wagen des Doppeldoktors Dr.med.Dr.phil. Robert Godelke entgegen, ein alter Mercedes, der noch den Ofen eines Holzvergasers vor den Kühler montiert trug. Noch immer wartete dieser Mann darauf, als Jünger des Paracelsus wieder in sein altes Amt eingesetzt zu werden. Oder besser in ein neues, etwas höheres Amt, waren ihm doch dank Fügung und ländlicher Abgeschiedenheit alle reichen, wenn auch jetzt gescholtenen Forschungen der Vergangenheit entgangen wie Tbc-Versuche, Meerwasser-Versuche, Höhentod-Versuche, Unterdruck-Versuche mit Kindern, Fleckfieber- und Malaria-Versuche, Lost-Versuche, die versuchsweise Einsetzung lebender Meerschweinchen in weibliche Bauchhöhlen, die operationslose Unfruchtbarmachung von Frauen in großer Zahl

245

mittels Röntgenstrahlen oder mit dem Saft des Schweigrohrs (Lakadium seguinum) aus dem Hause Madaus "Gesundheit durch Frischpflanzen", und erschien es ihm in hohem Maße unangebracht, jetzt alle Sterilisationen, Einweisungen, Sicherungsverwahrungen, empfohlene Deportationen und Totenscheine neu zu bewerten, über die er einst sorgfältig unter dem Zwang der Zeit entschieden hatte.

Da ihm die Engländer nicht nur die Würde des Amtes, sondern auch die Villa in der Stadt seines Amtssitzes genommen hatten und sich jetzt die beiden Möpse eines Offiziers in die Blumenrabatten entleerten, schmollte und zürnte er im Hause seines Sohnes. Das war jener Tierarzt, den Levy später als den Schließer der vergitterten Vögel, der in Glas eingeschlossenen Reptilien und Fische, der bis zur Geschlechtslosigkeit verkleinerten Zwerghunde und angeleinten Igel, der modisch grün eingefärbten Ratten und gelb angestrichenen Mäuse, ja aller im Gefängnis der Tierliebe Einsitzenden verleumden und immer aufs neue reizen sollte.

Als einziger in der Stadt verzichtete er auf inzwischen frei verkäufliches Benzin und tuckerte mit seinem Holzvergaser durch die Straßen. Es war ein weiterer Protest gegen seine Entehrung. Jeden Morgen stapelte er den Ofen vor dem Kühler voll mit Buche und Eiche, um sich bei einer Fahrt über Land von den Qualen der Nacht zu erholen, die er wieder schlaflos und mit abgeschnittener Ehre verbracht hatte, wobei er den süßlichen und ärmlichen Geruch des Holzgases hinter sich herzog als eine letzte Fahne des unbeugsamen Stolzes und der aufrichtigen Unbelehrbarkeit.

Bei Kilometer sechs brachte ihm diese Beharrlichkeit den Tod. Blind vor Angst und mit nassen Augen von dem ungewohnt heftigen Fahrtwind prallte hier mein Vater auf ihn. Der Holzvergaser barst und brannte den Mercedes ab, in dem Dr.med.Dr.phil. Robert Godelke festgeklemmt war mit seiner abgeschnittenen Ehre und seinem Verlangen nach Wiedergutmachung und neuer Würde, während Heribert erst im Krankenhaus wieder zur Besinnung kam, in dem er eine gequetschte Leber, eine Hirnblutung, drei gebrochene Rippen und einen komplizierten Knöchelbruch kurierte, der zu einem verkürzten Bein führen sollte.

11

Emma kehrte gleich am Tag nach dem Unfall aus Köln zurück. Ihre Schwestern hatten sie mit großer Nachsicht am Hauptbahnhof in den Zug nach Norden gesetzt. Sie wußten: bald würde aus dem zerbombten Köln wieder eine Metropole, und der Gehsteig vom Thürmchenswall bis St. Kunibert wäre erneut stolperfrei mit Platten belegt. Und sie wußten: zwar gehen die kleinen Städte auf dem Land in einem Krieg nicht unter, aber sie stehen im Frieden auch nicht neu auf, das ist doch völlig logisch. Das Land bleibt, wie wir es schon vor Jahren verlassen haben. Unsere Schwester kehrt also in die Vergangenheit zurück. Rückwärts in der Zeit fährt sie zu einem Mann, der ihr vielleicht nach Jahren des Flehens mit seinem kargen Klingelbeutel ein einziges Kind macht, aber an dem wird sie, wie jede vereinzelte Mutter eines Einzelkindes, mit allen ihren heißen Wünschen und ihrem Hunger einer Löwin vertrocknen zu einer Rosine.

Emma dagegen hatte sich von ihren Schwestern verabschiedet als eine arme Verwandte, die wieder zurück in die Ödnis fährt. Die einzige Kuh hat die Maul- und Klauenseuche. Über die Wintersaat haben sich die versammelten Mäuse der Küste hergemacht. Das Pferd lahmt. Die Raiffeisenkasse mahnt und schon weiß der Bauer nicht mehr ein und aus. Das Gewissen drückt sie. Schließlich hat sie ihn sitzengelassen und ist mit einem roten Koffer und einem burgunderroten Filzhütchen durchgebrannt. Da weint sie schon lange vor Friesland, gerade hat der Zug bei Dortmund die letzte Kohlenzeche passiert und schlingert durch das Münsterland. Die Wiesen und Kühe des Münsterlandes sind wie die Frieslands: sie laden zum Weinen ein, das ist ihre Kindheit auf dem Land. Es ist schön, dieses Land. Und tieftraurig ist es. Die Erinnerung tut weh, und sie wird es nicht los. Und ein Kind wird sie nicht kriegen, aber jetzt eine Tante, die sich mit einem Krüppel durch eine Onkelehe quält, und wieder wird sie einen Mann haben, der tödlich beleidigt ist und drei Tage nicht mit ihr spricht, wenn sie ihn an die Hand zu nehmen versucht. Aber ohne Mann geht es auch nicht. Sie ist ja nicht zu dritt wie die Schwestern, die Mann und Frau in einem sind. Aber die Schwestern sind böse. Mit ihren sechs Brüsten, ihrer Ovomaltine, ihrem amerikanischen Kraftmais und dem dänischen Schmelzkäse überfüttern sie den Jungen bis er platzt. Oder er haut ihnen ab. Springt nackt in den Rhein. Schließt sich den jungen Aalen an und schwimmt bei Amsterdam ins offene Meer. Einen anderen Mann in Jever kennt sie nicht und will sie nicht. Sie will diesen Mann, der jetzt schon Teil meiner Vergangenheit ist wie die Wiesen und

Kühe, von denen ich nicht loskomme. Nie mehr. Und nie mehr Köln. Das ist nichts für mich. Halt mich fest, Egbert, halt mich fest, ich liebe dich.

Als sie in Jever aus dem 18.10 UHR-Zug auf den Bahnsteig hüpfte, ihren roten Koffer aus dem Abteil zog, das burgunderrote Filzhütchen richtete und dabei dicht neben sich den großgewachsenen Mann mit dem abgestoßenen, bunt beklebten Koffer eines gerade hier gestrandeten Zauberkünstlers erkannte, wollte sie erst aufschluchzen. Dann wollte sie empört zurück in den Zug steigen und wieder abfahren, wie es früher so viele der Besucherinnen im Backsteinhaus der Poggenpohls getan hatten. Und die ersten Berufspendler schimpften über den Koffer des Mannes und über den Mann selbst. Sie kamen von der Arbeit. Ihnen war es egal, ob es sich um einen Zauberkünstler, einen Hausierer handelte oder ob er volltrunken vom Mond gefallen war: dieser Mann stand im Wege.

Der Bahnhofsvorsteher hing seine rote Mütze an den Haken. Für heute gab es auf dieser eingleisigen Strecke nichts mehr zu tun. Er strich sich über die schütteren Haare und winkte Emma zu wie einem Flittchen, das ihm den Feierabend verschönen könnte. Da verschwand sie schnell vom Bahnsteig in die Stadt, die sie als größer in Erinnerung hatte.

Abends mußte sich Egbert Mühe geben, ihr alle Verletzungen des Schwiegervaters glaubhaft zu machen: die Hirnblutung, die Leberquetschung, drei gebrochene Rippen, ein komplizierter Knöchelbruch - Emma war davon überzeugt, daß er sie in eine Falle gelockt hatte und daß sie nur dazu dienen sollte, dem aus einem überseeischen Himmel gefallenen Levy mit seinem Pappkoffer, in dem Dutzende von Strumpfbändern und Rasierpinsel stecken mochten oder weiße Kaninchen und ein Frack, jenes Bett bei ihrer Tante Mia zu bereiten, das gerade frei geworden war.

Das war das erste Mißverständnis von insgesamt eintausendundeinem, das der einzige Emigrant auslöste, der je nach Jever zurückkehrte.

12

JEVER, 1951 (nach Ankunft des 18.10 Uhr-Pendlerzuges aus Bremen)

Mia Geerdes beauftragt ihre Nichte Emma mit dem Kauf eines bunten Straußes.

Emma vergewissert sich bei Egbert, ob recht sei, was sie tun soll.

Egbert, der wegen des vorangegangenen Mißverständnisses zwei Tage lang nicht mit ihr gesprochen hat und jetzt seit Stunden vor seiner davongeflogenen und verunsichert rückgekehrten Frau nicht den ersten Satz findet, hat nichts dagegen. Er spricht also wieder.

Emma kauft den bunten Strauß und trägt ihn in die Schlosserstraße, wo die amtliche Wohnraumbewirtschaftung zum Unwillen und gegen den Widerstand der jetzigen Besitzer dem Alteigentümer Levy ein Zimmer verschafft und die Nutzung von Küche, Bad und Klo zugesichert hat.

Levy bittet sie, Egbert mit dem Kauf eines bunten Straußes zu beauftragen und ihn Mia Geerdes zu überbringen. Emma sichert zu, ihren Mann darum zu bitten. Levy küßt sie zum Abschied auf die Wange und schenkt ihr Streichhölzer, die sich auf jeder rauhen Fläche anreißen lassen. Er ist seit Tagen nicht rasiert. Er reißt sich ein Streichholz am Kinn an. Levy knistert elektrisch aufgeladen-entladen. Emma denkt an den Koffer eines Zauberkünstlers. Den Sturz aus einem überseeischen Himmel. An einen Zylinder mit sieben weißen Kaninchen. An Schiffe, Flugzeuge, Flugboote und Eisenbahnen. San Francisco ist weit hinter dem Meer. Es ist die Welt der reichen Onkel und der Zauberei.

Egbert kauft einen bunten Strauß und überbringt ihn Mia in das Gartenhaus, in dem die Fensterläden mit allen Hasenmotiven überstrichen sind und aus dem das Geschnatter der Wellensittiche und der Geruch nach Hirsekörnern und Milben verschwunden ist.

Mia, Emma und Egbert haben ein gutes Gefühl und bestätigen es sich gegenseitig. Sie haben freundliche Noten getauscht von Insel zu Insel wie in jenen Teilen der Weltmeere, in denen die Korallenriffe und Sandnester aufsteigen und wieder versinken, mehr wissen sie zur Zeit nicht zu tun. Sie rechnen damit, daß die Zeit zeigen wird, was weiter zu tun ist. Wie immer ist es schwierig, die Zeichen der Zeit zu lesen und sich dann noch mit mehreren darauf zu verständigen, was die Stunde geschlagen hat. Eigentlich ist es unmöglich. Auch deswegen haben sie ein gutes Gefühl. Beide Sträuße hatten den richtigen Umfang, und die Richtungen, in denen sie getauscht wurden, stimmten auch. Das ist keineswegs selbstverständlich, ja eigentlich und strenggenommen ebenfalls schon unmöglich.

Der ganze Levy war elektrisch geladen. Unrasiert und elektrisch geladen.

Emma besucht Mia, die sofort weint.

Egbert sitzt zu Hause und weiß, daß Emma zu Mia geht, um mit ihr zu weinen. Das sind die Frauen. Sie verlassen die Männer, um gemeinsam zu weinen. Sie kehren zurück und nehmen das Leben mit dem Mann wieder für eine Weile auf, wenn der nicht inzwischen in einen neuen Krieg gezogen oder auf Nimmerwiedersehen Zigaretten holen gegangen ist.

JEVER, 1951 (nach Ankunft des 18.10 Uhr ... undsoweiter)

Kommt einer aus Downtown SAN FRANCISCO nach JEVER, der zuvor mit dem früheren Truppentransporter MARINE LYNX aus SCHANGHAI ausgelaufen ist und den nördlichen Pazifik gequert hat, wo er auf dem Frachtdampfer ODER aus HAMBURG kommend nach einer Fahrt durch den Ärmelkanal, das Mittelmeer, den Suezkanal, das Rote Meer, den Indischen Ozean, den Golf von Bengalen, die Straße von Malakka, das Südchinesische Meer gelandet ist und ihm bald darauf durch die reichsdeutsche Gesandtschaft SCHANGHAI die Staatsbürgerschaft des Deutschen Reiches aberkannt wurde und die mit dem Deutschen Reich verbündeten Japaner nach erfolgter Besetzung SCHANGHAIS ihn in das Ghetto HONGKEW einwiesen, in dem er weiter auf beengtem Gemeinschaftsraum von öffentlichen Suppenküchen und vom Gelegenheitsverkauf von Knickeiern lebte -

ist dem so und macht er hier Ansprüche auf Entschädigung geltend aus dem Portefeuille von ENTSCHÄDIGUNG & WIEDERGUTMACHUNG, dann sind die Haftzeiten und Haftgründe nachzuweisen, der Stadtteil HONGKEW in SCHANGHAI als Ghetto mit Zwangscharakter darzulegen etwa durch dienstliche Stellungnahmen früherer Beamter der reichsdeutschen Gesandtschaft SCHANGHAI, die auch auszuschließen haben, daß besagte Einrichtung von den Japanern nicht etwa zum Schutz der Emigranten vor inlandschinesischen Syndikaten und auslandsjapanischen Triaden eingerichtet wurde und macht er überdies Ansprüche auf Rückübertragung einstigen Miteigentums geltend an unbebauten und bebauten Flächen in Schlosserstraße und Bismarckstraße, so ist die Berechtigung hierzu geltend zu machen durch Grundbuchauszüge sowie testamentarische Verfügung und Totenschein des Erblassers sowie durch Verzichtserklärungen aller anderen Erbberechtigten bzw. deren Erben, so daß der gesamte Regelungsbedarf jeden Tag einen Gang auf mehrere Amtsstuben Jevers nötig macht sowie Gänge des jeweiligen Amtsstelleninhabers in andere befreundete Amtsstuben, wobei das Schwierigste für alle Beteiligten und zu Beteiligenden die Einengung des Bedarfes nach Regularien auf das überhaupt Regelbare ist, denn erst dann kann sinnvollerweise und mit gewisser Ökonomie nach Regeln für den Regelungsbedarf geforscht werden, die selbstverständlich nicht in der alles in allem doch eher bescheidenen Schreibwarenhandlung der ten Hoffs herumliegen, sondern als ganz junge Regularien erst noch wachsen und erprobt werden müssen, und genau in diesen Frühbeeten trampelt dieser Mann herum mit seinem Ohne-Anklopfen-Eintreten, seinem Türenschlagen, seiner Pampigkeit und Dreistigkeit, seinem Atem eines schweren Zigarrenrauchers, seinem strengen Geruch und seinem losen Maul eines einst Besitzenden, unter dem schon der Vater des jetzigen Amtsstelleninhabers gelitten hat.

- *Schön, fangen wir noch einmal an. Nanni Levy, geborene Emanuel, verschieden am 8. Mai 1945 in Maly Trostenez*, sagt der Amtstelleninhaber.

- *Einspruch*, sagt der Besucher. *Hiermit lege ich Einspruch gegen ihren Tod ein. Am 8. Mai hat das Deutsche Reich kapituliert. An diesem Tag hat selbst die Nichttänzerin Nanni Levy getanzt.*

- *Verwaltungstechnisch und juristisch, rentenrechnerisch, bevölkerungsstatistisch und erbbezogen braucht jedes Leben seinen Tod. Keine Verwaltung hält das Leben aus. Verwaltet werden kann nur mit dem Tod als Ende des Lebens. Wo kein Tod ist, da war auch kein Leben, das beerbt werden kann. Wo weder ein natürlicher Tod feststellbar eintritt noch ein unnatürlicher sich nachvollziehbar ereignet, legen wir einen amtlichen Tod fest, können Sie mir folgen?*

- Ihr habt sechs Millionen Leben verwaltungstechnisch erledigt eins zwei drei wie die Hühnerfickerei. Jetzt kommt ein einzelner wie ich aus dem Wartesaal der Scheintoten, und schon steht euer ganzes Regelwerk still.

- Schön, fangen wir noch einmal an. Haben wir den Fall eines Lebens ohne ordnungsgemäß datierten Tod, müssen wir uns auf ein fiktives Datum einigen. Ohne Fiktion keine Verwaltung.

- Stadt oder Lagerstadt?

- Bitte?

- War Maly Trostenez Stadt oder Lagerstadt? Oder Stadt und Lagerstadt? War es Arbeitslager, Sammellager, Außenlager oder Vernichtungslager? Oder Arbeitslager/ Sammellager/ Außenlager mit gelegentlicher oder ständiger Vernichtung? Wurde durch Arbeit vernichtet, durch Hunger, Typhus, Forschung, durch Gas oder durch Schüsse ins Genick?

- Hier steht: Maly Trostenez.

- Hab ich mir doch gedacht. Es war kein Arbeitslager, kein Sammellager, kein Vernichtungslager, es war eine bloße Siedlung. Irgendwo im abgebrannten Russland. Alles wird zur Fiktion. Meine Schwestern Helene und Rebecca sind auch fiktive Tote. Ich hatte gehofft, ihre beiden Töchter hier zu treffen. Aber eine soll irgendwo in Bolivien leben, die andere im Nirgendwo Englands. Fiktive Lebende in erfundenen Ländern.

- Ohne Erbschein und ohne Verzichtserklärung der Nichten kein Erbe. Es sei denn, das Leben dieser Nichten wäre bereits mit einem fiktiven Todesdatum versehen.

- Nein. Sie leben ja weiter in erfundenen Ländern. Die eine irgendwo in Bolivien, die andere im Nirgendwo Englands. Es wird alles zur Fiktion. Vielleicht sollten wir alle zusammen in einem Film auftreten. Dann hätten wir die einzige Wirklichkeit, die es noch für uns zu geben scheint, immerhin mal gespielt. He, du junger Eierdieb! Hör doch einem alten Mann wenigstens zu, wenn er von früher erzählt, ruft der Besucher noch in den Gang des Rathauses, als er feststellt, daß der Amtsstelleninhaber längst das Zimmer geräumt hat. Auch hat er den Rolladen diebessicher über seinen Schreibtisch gezogen, so daß weder eine Notiz auf seinem Kalender, noch

ein kleines Blankoformular für den Besucher abfällt, kein Stempel, kein Bleistift und kein Radiergummi, nicht einmal ein paar Blatt Schreibpapier.

Und schon legen die Behörden aus Gründen amtsinterner Sicherheit und extern vorzeigbarem Willen zur Beschleunigung Zweit- und Drittakten zum Fall des unerwartet rückgekehrten Levy an und beschäftigen sich auf so nachhaltige Weise mit ihm, daß es zwar nirgends zu Verzögerungen kommt, die als willentlich und boshaft zu ahnden wären, aber doch verfallen sie über der Fülle seiner Bedürfnisse in den Kriechgang einer Schnecke, und der dauert nicht weniger lang als eine willentliche und boshafte Verzögerung, die zu ahnden wäre.

Natürlich ist die Liste der Bedürfnisse eines nackten Mannes wie Levy lang. Sie beginnt mit der Staatsbürgerschaft, die ihm die Gesandtschaft des Deutschen Reiches in Schanghai gestohlen hat und mit der er neu beliehen werden muß. Der Führerschein, der nach zwölf Jahren und einem Leben auf zwei Kontinenten nicht mehr gültig sein soll. Der Wohnberechtigungsschein für ein Zimmer in einem der beiden Häuser, deren Miteigentümer er war, die er aber nicht mehr besitzt. Die Gewerbeerlaubnis für einen Mann, der ohne ihm voraus eilenden Leumund und ohne den Widerhall seiner Schritte aus dem Nichts hervorgetreten ist und jetzt mit lebenden Tieren handeln will, die das gesamte friesische Zuchtbuch ruinieren könnten.

So lebt dieser nackte, nach und nach erst notdürftig mit ersten Papieren bedeckte Mann noch lange Zeit aus dem Pappkoffer, mit dem er auf dem Bahnhof angekommen ist und über den die Berufspendler des letzten Zuges als über den eines Hausierers mit Strumpfbändern und Rasierpinseln gestolpert sind. Nur Emma Poggenpohl hat ihn vorübergehend für den eines Zauberkünstlers gehalten, ja sie meinte sogar, ein Kaninchen in ihm fiepen zu hören.

JEVER, 1951

Sein früheres Anwesen, das aus einem mittelgroßen Backsteinhaus sowie aus einer ansehnlichen, hell verputzten Villa bestand, aus Hof, Stallung und Schlachterei und in zwei Straßen reichte: Schlosserstraße und Bismarckstraße, ist für ihn auf ein Zimmer geschrumpft, das in seiner Kahlheit jenem in Downtown San Francisco ähnelt.

Vom letzten Quartier in Schanghai-Hongkew unterscheidet es sich dadurch, daß er es nicht mit dem Pelzhändler aus Leipzig und dem Österreicher teilen muß, der sich tagsüber für den Philosophen Wittgenstein ausgibt, aber sich nachts mit seinen zuckenden Beinen als Caféhaus-Kellner aus Linz verrät. So gesehen, hat Levy sich dank der amtlichen Wohnraumbewirtschaftung Jevers schon stark verbessert.

Neuerdings erhält er zahlreichen Besuch. Es sind einzelne Männer. Wenn es diesen Männern gelingt, den weißen Mischlingshund, der ihm inzwischen zugelaufen ist, aus dem einzigen Sessel hervorzulocken durch Schnalzen der Finger und ein Schmatzen der Lippen, dann nehmen sie hier auf dem verhaarten Polster Platz. Wenn sie bald darauf wieder gehen, hängen ihnen kurze, weiße Hundehaare an den Hosen, und sie nehmen den Rauch einer fehlfarbigen Zigarre in den Kleidern mit, den scharfen Geruch eines länger nicht mehr gewaschenen Körpers und den säuerlicher Wäsche und kalter Asche, die in dem Zimmer verstreut sind.

Zwischendurch, auf dem Polster, haben die meisten dieser Männer etwas hastig, aber gründlich vorbereitet eine Geschichte erzählt. Da sie wissen, wann der Mann mit dem Frachtdampfer ODER ausgelaufen ist, lassen sie ihre Geschichte in den Jahren danach in Jever spielen. In der Regel bescheidet sich diese Geschichte mit der Verweigerung einer Auskunft, der Bereitstellung von Brot, dem Anlegen eines Verbandes, der Beruhigung, Beköstigung und Beherbergung eines Kindes, der treuhänderischen Verwahrung von Bestecksilber. Und tatsächlich wickeln einige dieser Männer jetzt Bestecksilber aus einem Handtuch oder ziehen eine goldene Taschenuhr aus der Hose, eine Brosche, zwei Halsketten, ein Armband mit dem großen Tropfen eines Bernsteines, in den ein urtümliches Insekt aus der Vorgeschichte der Menschheit eingeschlossen ist, wie sie sich selbst jetzt eingeschlossen wähnen in Anklagen und in den längst eingetrockneten, aber erst jetzt denunzierten Speichel von Bruderküssen, die ihnen einst Verführer mit Zyankalikapseln in den aufgebohrten Zähnen gegeben haben.

Unter beständigem Gemurmel reicht der Besucher die Opfergabe dar. Jetzt erhebt sich der Besucher aus dem hundeverhaarten Sessel. Er beugt sich vor, droht in die Knie zu gehen unter der Last abhängiger Arbeit von einst und jetzt, dem Knebel des Mietvertrages von Wohnung und Laden, der Pacht des Ackers, dem Lebenszeitvertrag mit dem Staat in Schule, Verwaltung, Amtsgericht, Forstamt, Postamt und noch mehr Amt, dem Drängen der Schwiegereltern, den Tränen der Frau mit ihren Augensäcken einer vielfach

Betrogenen, bald noch dem Hunger der Kinder, der Folter der Arbeitslosigkeit, der Schande des Davongejagten und Geächteten, und da weist der vor ihnen sitzende Levy alles zurück: die Taschenuhr und das Armband mit dem Tropfen eines Bernsteines, der ein Stück Vorgeschichte der Menschheit umschließt. Er weist die Unausweichlichkeit zurück und alle ertragenen Lasten, die ihnen jetzt noch die Knie zu beugen drohen angesichts eines rückgekehrten Juden, der plötzlich ein Heiliger ist. Und er unterschreibt ihnen das Schriftstück, das sie für ihn vorbereitet haben, damit es sie entschuldet.

Er unterschreibt, weil er allein ist. Weil auch er dafür ist, daß ein neuer Anfang gemacht wird, irgendwie. Obwohl er dagegen ist, daß dieser Anfang aus der Fortsetzung der alten, bloß gewendeten Lügen besteht. Er unterschreibt, weil er dazugehören will. Und weil er befürchtet, daß im Falle einer Weigerung dieser oder jener, die sich in solch einem Fall zu diesem und jenem zu verbünden pflegen, nachts ein rein zufällig in seinem Hausflur entstandenes Feuer entdecken und aus bloßer Unachtsamkeit auch noch hineinblasen könnten.

Wenn die Besucher gegangen sind, staunt er lange darüber, wie nah sie ihm in ihrer Schamlosigkeit waren. Das ist die heiße Seite der Schamlosigkeit. Daß sie so sein können, ist aber auch folgerichtig und liefert Erklärungen für das, was war. Das ist die kalte Seite der Schamlosigkeit. Er wünscht sich von Egbert, daß der einmal die ganze Geschichte als die einer fortgesetzten und allgemeinen, einer heißen und kalten Schamlosigkeit schreibt. Außerdem wären in dieser Geschichte alle vereint. Ein furchtsamer und gleichzeitig liebeshungriger Mensch wie Egbert ist in seinen Augen ohnehin schamlos. Und er selbst ist es auch. Schamlos unterschreibt er und ist da. Also unterschreibt er immer wieder, als könnte aus dieser schamlosen Aneinanderreihung von Da-Sein ein endgültiges Ankommen werden:

ein zweites Einlaufen und quietschendes, Funken stiebendes Abbremsen des 18.10 Uhr-Pendlerzuges, ein dreistufiges Treppchen vor der Abteiltür, der vom Küstenwind verwehte Tusch einer Blaskapelle, das erste Gläschen Genever und der gewagte Ausschnitt einer jungen Frau, in den er die erste Träne fallen läßt, die er sich seit Jahren gönnt. Ein Duft von Hefeteig und Mandelhörnchen steigt ihm aus dem Ausschnitt entgegen. Und schon härtet seine Träne auf der Haut dieser Frau zu einem Pfand der Liebe zu ihr aus.

Wenn er seinen kleinen, im Englisch eines Oberschülers und im Bayrisch des Gepäckträgers Nr. 1 vom Münchener Hauptbahnhof zeternden Freund in San Francisco besuchen ging, der auf einer Bahre aus den Deutschen herausgetragen worden war, hat er sich oft gefragt, wie es sein mag, ein Heiliger zu sein. Jetzt weiß er es. Das ist eine Arbeit, die keiner freiwillig übernimmt. Und dennoch, wenn die Besucher sein kahles Zimmer mit einem weiteren, dieses Mal sehr flüchtigen Schnalzen der Finger zum verflohten Hund und einem letzten, nur noch sehr dünnen Schmatz der Lippen verlassen, und beides zeigt ihm, daß es keine Wiederkehr geben wird, hat er eine letzte Genugtuung. Denn in ihren Brusttaschen tragen sie einen Persilschein, den er als eine Autorität der Entschuldung gezeichnet hat, die er gar nicht ist. Schließlich haben sie glatt übersehen, daß er der einzige Bewohner Jevers ist, der zwölf Jahre des Lebens in dieser Stadt einfach geschwänzt hat.

Gern und auch um etwas zu fachsimpeln, trug er diese Genugtuung dann zum neuen Pastor der Stadtkirche, der auf einen mahnenden Wink aus dem Himmel den alten mit den Ohren einer Fledermaus ersetzt hatte. Levy ahnte, daß in seiner Genugtuung etwas Ausbaufähiges steckte. Wenn es neuerdings in der Stadt wirklich Platz für einen Eulenspiegel gäbe, wollte er es sein. Besser ein Narr, der Arbeit und Leben findet, als ein Heiliger mit seinen nur gelegentlichen Auftritten und dem schmählichen Tod am Kreuz, in der Wüste der Heuschrecken oder auf der Spitze eines kahlen Baumes, der seiner Laufbahn von Beginn an eingezeichnet ist. Schon hatte er sich mit seiner noch immer scharfen Zunge, seiner Polterei und Direktheit die Androhung eines Hausverbotes im Rathaus und auf der Wache der Ordnungshüter eingehandelt. Eine erste Anzeige wegen Verleumdung hatte er mit einer Gegenanzeige beantwortet, eine zweite war gefolgt. Besser, er stülpte sich beizeiten die Kappe des Narren über, die würde ihn wenigstens immer vor dem Verlust der Selbstachtung schützen.

Dieser neue Pastor hatte früher selbst mit seinem Blaupunkt-Empfänger, den er hinter der schönen Grablegung des Jacopo Pontormo aus S. Felicità in Florenz verbarg, Nachrichten aus London gehört. So war er dem Geiste seines Herrn nahegeblieben und manchen Seelen seiner Gemeinde. Und so fand er jetzt das Ohr des ungläubigen Levy.

Bei ihrer Fachsimpelei tauschten sie Namen und Lebensläufe der Bittsteller aus. Sie verglichen, wie kleine Handreichungen im Verlaufe bloßer sechs Jahre zu großen Taten angewachsen waren. Oft schüttelten sie ungläubig den Kopf, schnalzten mit den Zungen, denn manche dieser wirklich kleinen Handreichungen wollten doch schon der Befreiung von Sklaven auf hoher See gleichkommen - so etwa 1782 fünfzehn Seemeilen südlich von Santiago de Cuba, wo es den englischen Sklavensegler Kitty Sark erwischte, oder erst noch 1911 die englische Barkasse Hamilton in der Princess Christie Bucht Australiens, die ein vollständig geraubtes Dorf der Salomonen an Bord hatte. Der Pastor, ein verhinderter Missionar, kannte sich hier aus. Sie verglichen und zählten. Allein die Kopien der Persilscheine, die er bislang ausgestellt hatte, füllten einen umfangreichen Aktenordner. Und Levy rechnete hoch, daß die Jeveraner folglich nicht nur alle Juden der eigenen Stadt gerettet hatten, sondern die ganz Frieslands einschließlich jener, die in friesischen Enklaven in den königlichen Niederlanden verstreut gewesen waren, und alle Juden der Hansestadt Bremen noch dazu. Offensichtlich gab es nur einen in der Gemeinde, der ganz ohne Heldentat geblieben war, und das war er selbst.

Wo aber steckten dann alle die Geretteten? Und wenn sie alle glücklich gerettet waren, wer schrie dann jetzt so beutelschneiderisch nach dem Portefeuille von Entschädigung & Wiedergutmachung? fragte da Levy den Pfarrer, der aber abwinkte. Er hielt nichts von bitterer Polemik, und gar nichts von Witzen zum Thema, nicht heute und nicht in den nächsten fünfzig Jahren, sagte er, schon jetzt mit dem gewichtigen Ernst einer Ansprache, wie er sie anläßlich der nächsten fünfzig Jahrestage halten würde, Orgelspiel schwingt mit und der schwere Duft von Gestecken, der satte Wagenschlag schwarzer Limousinen, ungemein dezent nur angedeutete weibliche Reize, der Botenstoff der Betroffenheit und das Barbiturat rechtzeitig eingenommener Trauer. - *Papperlapapp*, sagte da Levy und schlug dem neuen Pfarrer vor, der ganzen Gemeinde vorzuschlagen, gemeinsam auf die Suche nach allen diesen von ihr Geretteten zu gehen. Gemeinsam sollten sie in den biblischen Felshöhlen am Westhang des Toten Meeres suchen, wo sich schon irre Gottessucher aus Missouri einzunisten begannen und an beiden Ufern von Euphrat und Tigris. Die Steine des Negev sollten sie umdrehen, unter denen sich tagsüber die Geretteten verborgen hielten und nur nachts auf scheue Wanderschaft und auf die Suche nach Wasser gingen. An den obersten Stockwerken von Manhattan sollten sie klingeln, in denen sie sich in den Wolken verbergen, und rütteln sollten sie an den letzten Palmen auf Madagaskar, denn in ihren Kronen säßen sie, als Kokosnüsse getarnt, während ihre Kinder aus Strandapartments in Tel Aviv, dem grünen Gürtel New Yorks und aus dem bequemen Rest der Welt laut die Totengelder in Jever einklagten.

Da aber mahnte ihn der neue Pastor noch einmal und nachdrücklicher zu Mäßigung, ja hatte dieses Mal sogar eine Falte des Tadels zwischen den Augen stehen; denn schließlich habe er ja die schlimmsten Jahre im Tollhaus Jever gar nicht erlebt.

Erschrocken mußte Levy feststellen, daß er sich selbst ins Bein geschossen hatte. Sogar der Pastor, ein weichherziger und offener, auf gediegene und natürliche Weise bekümmerter Mann, schien von ihm als Emigranten und Rückkehrer wenigstens das schlechte Gewissen eines Schulschwänzers zu erwarten. Das machte ihn nachdenklich. Wie immer, wenn er nachdachte, zog er sich für eine Weile zurück. Nachdem er lange genug nachgedacht hatte, wie ein anderer über ein Buch nachdenkt, das ihm auf die Leber drückt, ging er in die Schreibwarenhandlung von Piet ten Hoff. Gegen eine Rechnung, die er nie bezahlte, ließ er sich hier die ersten Briefbögen eines berufsmäßigen Narren drucken und erklärte auf dem ersten Flugblatt, das er nach Art eines Hausierers in der Stadt verteilte, wer er war:

> *Fritz Levy. Berufsverbrecher und Viehlosoph.*
> *Jever. Schlosserstraße 25. Telefon 6656.*
>
> *Da es keiner von Euch gewesen sein will, muß ich es wohl allein gewesen sein. Ich selbst bin der Beweis. Denn ich bin der einzige aus Jever, den Hitler verschont hat. Also bin ich der Berufsverbrecher.*
> *Und weil ich ein nachdenklicher Mensch und Viehhändler bin, bin ich der Viehlosoph.*

Zur bevorstehenden Wahl des Bürgermeisters nutzte er bereits die fortschrittliche Technologie des Kopierers im evangelischen Gemeindebüro. Levy kandidierte. Jetzt versorgte er die Beschicker und Kunden des Wochenmarktes, die Amtsstuben des Rathauses, das er nach wie vor nicht für eine geschlossene Anstalt halten wollte, das Lehrerzimmer des Mariengymnasiums, den Speisesaal des Altenheimes, diesen und jenen Freund, auf den er zählte, ob der wollte oder nicht, und alle Briefkästen, die er nach Art eines ruhelos umherwandernden Verkünders erreichte, mit seiner Botschaft: diese Stadt braucht als Bürgermeister endlich den Mann, den sie verdient hat.

Am Abend der Wahl ging seine Kandidatur in einem befreiten Gelächter unter. Am lautesten und befreitesten lachten jene, denen er ein sauber getipptes Schriftstück der Entschuldung unterschrieben hatte. Nur der neue Stadtpfarrer lächelte etwas nachdenklich und nahm sich vor, diesen Mann genau in seinem seelsorgerischen Auge zu behalten. Er hatte sieben Jahre lang, zuletzt in Florenz, die Geschichte aller Heiligen studiert, die der Seligen, jene der Richter der Stämme Israels und der Gesandten Allahs, und er wußte, daß alle, die in der Geschichte des Glaubens als bedeutend erinnert werden, irgendwo Narren gewesen sind.

JEVER, 1951

Außer dem Stall für das Großvieh, der Schlachterei, dem Anbau für Gerätschaften und Kleinvieh, der Hütte für den Wachhund, Speicher und Keller hatte die Vieh- und Fleischhandlung Nanni & Fritz Levy über elf Räume in zwei Häusern verfügt.

Inzwischen hat sich der wohnraumbewirtschaftete, in Schanghai zur Staatenlosigkeit entzogene und jetzt mit neuer Bürgerschaft beliehene Levy, dem aber weiter die Gültigkeit seines alten Führerscheines streitig gemacht wird sowie die räumlichen, hygienischen, finanziellen und unausgesprochen auch moralischen Voraussetzungen für die Wiederaufnahme eines Handels mit lebendem Großvieh, wieder auf zwei Räume verbessert.

Ausgezogen sind die frühere Hauswirtschafterin Gesine Nowinsky und der verrentete Melker Malte Boeker. Das ist ein Greisenpaar aus dem Mündungsgebiet der Weichsel dort, wo der Strom durch Feuchtgebiet in die Danziger Bucht fließt, sie aus Kasemark, er aus Ladekopp. Sie hat einen von der Herrschaft des Landadels gebeugten Rücken, ihm hat der Tritt eines Bullen das linke Innenohr zertrümmert. Auf der Flucht über die Ostsee und der anschließenden Wanderung von Kiel nach Jever sind sie ineinandergefallen wie zwei morsche Vogelbäume, die als einzige von den Holzfällern stehengelassen wurden. Schon auf dem überladenen Ausflugsdampfer haben sie aus Angst vor dem Flieger- und Marinebeschuß zu turteln und sich zu umsummen begonnen. Malte hat seine Gesine umsummt wie der Wind die Landzunge der Frischen Nehrung und hat die dünnen Schenkel erforscht und die Brüste, die längst nur noch Hautfalten sind und Rosinen. Je höher die Angst in den beiden Greisen schlug, um so größer wurde ihr Liebeshunger aufeinander. Da sind die Verwandten aus

Kasemark und Ladekopp auf dem engen Kahn von ihnen abgerückt. Sie haben Gepäckstücke zwischen sich und die beiden unwürdig sich Liebenden gestapelt, von denen die Kinder wissen wollten: *Mama, was machen die da? - Sieh nicht hin, das ist bäh! Es ist pfui und bäh!* - Und die Herzen von Gesine und Malte, einfache, schlaffe und müde Herzen, jetzt aber vor Angst und Liebesnot entzündete Herzen, sind hart geworden, ichbezogen, ziemlich heimtückisch auch, und als ihre Verwandten bei der Landung in Kiel sie vor den Behörden schlicht verleugneten, haben sie sich geschworen, ab jetzt wie Hornissen zu leben: einverständig miteinander und auf alles sofort zu stechen, was von außen kommt.

So sind sie, summend und ineinandergestürzt, allein geblieben. Hungrig aufeinander. Einer der letzte Anker des anderen und so frei von Scham, wie sie es in Kasemark und Ladekopp nie waren, was ihre Verwandten gerade eben als äußerste Schamlosigkeit abgestraft haben. Allein sind sie nach Jever gekommen und nur, weil der Melker Malte eine Stadt des Viehhandels erinnerte, aus der sein Gutsherr (sofern er sich nicht in Berlin an der Roulettekugel schwindlig drehte oder sich in Nizza die Bügelfalten einer weißen Hose zupfte und englischen Witwen nachstieg) alles Zuchtvieh bezog.

Ihnen legt Levy Blumen vor die Tür. Schokolade. Mehrere seiner fehlfarbenen Zigarren, denn Malte Boeker raucht Rippentabak in einer durchgebissenen Pfeife, in der Saft schmirgelt. Immer verschwinden die freundlichen Gaben über Nacht und unbedankt wie in einem Winterversteck von Nagern. Das Paar traut nur noch dem eigenen, abgeschlossenen Zimmer und den eigenen, altersmüden Körpern, und auch das nur, wenn sie lüstern ineinandergesunken sind. Kaum geht Malte mit der Milchkanne auf die Straße, ruft Gesine ihn mit einem Brandungs-R zurück, denn schon ist sie in Seenot. Bürstet Gesine ihr einziges Kostüm und rüstet sich zu einem Termin beim Frauenarzt, steht Malte schon auf dem Gehsteig Wache, um den dichten Autoverkehr zu regeln, den es in der Schlosserstraße noch gar nicht gibt. Gehen sie zusammen aus, häufen sich obszöne Gesten hinter ihnen. Sie gelten als unwürdiges, verdorbenes Paar, und Mütter haben ein scharfes Auge auf ihre Kinder.

So alt und so abhängig, so verkannt in seiner letzten Liebeskraft möchte Levy nicht werden. Aber so liebeshungrig ist Levy auch.

Er ist neidisch auf ihre summende, ineinandergestürzte Liebe. Er hört das Gesumm durch die Zimmerwand und stellt sich vor, wie die beiden, großen, halb erstarrten Leguanen gleich, miteinander zu schlafen versuchen, voneinander abrutschen, es wieder versuchen. Er fragt sich, ob auch er in so hohem Alter noch wird lieben können. Es dauert lange mit den beiden. Es geht hörbar schief. Aus dem Gesumm wird Gezeter. Noch ein Versuch. Warum nicht. Sie haben doch nichts mehr außer dieser Liebe. Vielleicht hatten sie nie zuvor eine Liebe. Der Verlust von Jugend, ihrer kümmerlichen Habe in Kasemark und Ladekopp und bald auch der Erinnerungen an die Mündung der Weichsel, die Frische Nehrung und die Bernsteinküste. Und so küssen sie sich noch spät in der Nacht mit spröden Lippen und mit hohlen Mündern, aus denen sie die klobigen Zahnprothesen geräumt haben, und der Mund von Malte ist gegerbt von Rippentabak-Saft, und Gesine hat eine schwarzbelegte Zunge von den Karos der Lakritzpastillen, die sie unablässig lutscht.

In ihrer Abgeschiedenheit sich Liebender und in ihrer lüsternen Versunkenheit merken sie erst spät, daß Levy nicht ein anderer wohnraumbewirtschafteter Flüchtling ist, sondern ein rückgekehrter, hier heimischer Jude, der in einem Notquartier die Rückübertragung seiner Häuser betreibt. Frühmorgens erfahren sie es, weil sie ihn auf Niederdeutsch, das sie für Friesisch halten, mit dem bisher unauffälligen Postbeamten Poggenpohl über die künftigen Aussichten des Viehhandels streiten hören. Mittags schon sind sie mit scharfen Stimmen, aus denen aller Singsang des Windes an der Frischen Nehrung verschwunden ist, beim Rechtsanwalt. Levy horcht an ihrer Tür, wenn sie sich lieben und behauptet dem Postbeamten Poggenpohl gegenüber, immer geschähe es auf die lächerliche und sinnlose Art kältestarrer Leguane. Levy beschallt sie mit dem Landfunk und den Preisen für Schweine und niedertragende Rinder aus seinem Kofferradio, wenn sie sich lieben. Levy hat versucht, ihnen alle Geschlechtlichkeit zu nehmen mit vergifteter Schokolade und präpariertem Zigarrenrauch, den er unter der Tür einleitet, denn Malte hat eine Geschwulst am linken Ei und Gesine einen Pickel an der Scheide. Levy breitet sich im Haus wie ein Fettfleck aus und zieht Ungeziefer an, sagen sie dem Anwalt. Inzwischen haben sie aus dem Vorwurf, ein schamloses Paar zu sein, mit ihren einfachen, aber entzündeten Herzen selbst ein schamloses Denken gemacht, und der Anwalt schreibt mit der ihm eigenen Schamlosigkeit alles auf, da sie ihn dafür bezahlen.

Levy läßt einen Anwalt gegenschreiben. Wenn beide Anwälte sich treffen, schütteln sie sich vor Lachen über ihre Schriftsätze und Mandanten aus, bevor sie sich nach Art von ernsthaften Spielern an den Schultern berühren und auseinandergehen. So beginnt Levy, die Anwälte von Jever und Umgebung zu beschäftigen, ohne sie freilich je zu bezahlen. Immer macht er die Unsummen geltend, die der Stand der Anwälte und Notare durch die Auslegung und Beurkundung von Unrecht eingestrichen hat, das zu Recht wurde: Notverkäufe, Zwangsverkäufe, Enteignungen, Übereignungen, Schenkungen, Transfers, Depots, deren Halter in die Namenlosigkeit sanken ... Bald beschäftigt er neue Anwälte gegen die Honorarforderungen alter Anwälte. Schließlich wechselt er die Anwälte wie die Hemden. Zu manchen Zeiten wechselt er sie öfter als sein Hemd.

Das Wohnungsamt weist dem unwürdigen Liebespaar ein anderes Zimmer zu. Das Paar verklagt das Wohnungsamt und Levy.

Das Wohnungsamt, das sowohl Levy als auch Gesine und Malte eingewiesen hat, verklagt Levy auf Grund des Kuppeleiparagraphen, weil er in seinem ihm zwar noch nicht rückübertragenen, aber als Eigentum erkannten Haus ein unverheiratetes Paar unwürdig wohnen läßt. Es ist eine prinzipielle Klage. Über der Dringlichkeit des Prinzips von Würde und Anstand übersieht das Amt, daß es sich selbst verklagt.

Levy verklagt das Amt.

Das Paar verklagt Levy wegen Erstattung der Umzugskosten. Levy verklagt das Paar wegen Mitnahme eines Teegeschirrs und Diebstahls einer silbernen Taschenuhr aus San Francisco. Noch immer beneidet er sie ob ihrer Lüsternheit und daß sie frei sind von Scham, was ihre Verwandten bereitwillig mit Schamlosigkeit verwechselt haben, um sie bei der Landung in Kiel endlich loszuwerden. Er versteht auch, daß sie dieses späte Glück, das noch dazu Ersatz ist für Arbeit, die kümmerliche Habe von Kasemark und Ladekopp und ein untergegangenes Land, geizig und habgierig gemacht hat; diebisch auch; zärtlich nach innen und aggressiv nach außen wie Hornissen; und daß sie, um ihr Liebesnest zu verteidigen, zu genau den Waffen ihrer Verwandten greifen, von denen sie bei der Landung in Kiel verleugnet worden sind. Aber er hängt nun einmal an dieser Taschenuhr. Sie ist ein Geschenk seines ewig zeternden Freundes aus San Francisco. Mit der einen Hand hat er ihm diese Uhr geschenkt, mit der anderen hat er allen, die noch an die Verläßlichkeit von Zeiten glauben, einen Vogel gezeigt. So war er.

Wenn Levy so weiterwirtschaftet, hat er bald nichts mehr auf dem Konto als Verluste. Dann steht er nicht nur alleine da, sondern auch als nackter Mann. Und also prozessiert er weiter. Im Nebel der Prozesse, im Müll des prozessualen Kleinkleins ist nichts mehr zu sehen: nicht das neue Land des Bundes der Länder, und auch nicht, daß sich einer erinnert. Selbst die eigene Erinnerung verschwindet im Nebel. Und mit ihr selbst der 18.10 Uhr-Pendlerzug, mit dem er gerade angekommen ist.

Aber was immer er während der zwölf Jahre seines Exils auf zwei Kontinenten gelernt hatte: Bescheidenheit und Zurückhaltung gehörten nach wie vor nicht zu seinem Repertoire. Noch immer pflegte er andere überfallartig für sich einzuspannen und das Büro des Pastors einen Vormittag lang mit Schreib- und Kopierarbeiten zu blockieren. Das tat er mit der Selbstverständlichkeit eines Mannes, bei dem alle Schulden haben, aber auch mit der Gelassenheit jener, die gewohnt sind, eine Spur schneller zu denken als andere. Noch immer war er der beste Skatspieler der Stadt, aber auch der Mann, der sich vor dem Alleinsein nachts fürchtete wie ein Kind. Wenn er nachts niemanden mehr hatte, vor dem er schneller denken konnte, taugte auch das schnellste Denken nichts, dann war er nur noch ein Mann in aussichtsloser Lage. Selbst wenn nach zwei Stunden ununterbrochenen Belichtens, Beladens, Ausspuckens, Nachladens, Belichtens der Kopierer im Gemeindebüro nur noch kryptisch brummte, konnte es ihn erwischen. Der Pastor überraschte ihn, wie er ins Leere starrte. Da gab es nichts außer einem Tod, der keinen Notausgang hatte. Jetzt war er der Mann, dessen Befehlsleitungen zwischen Kopf und Gliedern gestört sind. Er ist Pinkeln gegangen und hat alles Zubehör ordnungsgemäß wieder weggesteckt. Bevor er jetzt aber vom Becken zurücktritt und die Wolke aus Urin und Chlorstein verläßt, muß sein Willenskopf dem Sprechkopf sagen: LOS, und der Sprechkopf sagt dem Sprechapparat: LOS, und die Ohren sagen dem Bewegungskopf, daß der Sprechkopf nach Intervention des Willenskopfes dem Sprechapparat erfolgreich LOS gesagt und der es tatsächlich gesagt hat, so daß seit langem ein gewisser Erfolg da ist und die Befehlsleitungen zwischen Kopf und Gliedern freudig irritiert vibrieren und Reste eines LOS in die Beine melden und diese einen ersten Schritt tun, dem ein zweiter und dritter einer noch fremden Puppe folgen, die nach keinem Sinn fragt, sondern nur nach den Trümmern eines LOS.

Bei den meisten seiner zahlreichen Eingaben, Klagen und Klageerwiderungen verließ er sich längst auf die Wortwendigkeit Egberts. Er hatte die schönsten seiner aus dem Sand Ägyptens an Emma geschickten Briefe gelesen. Und er hatte sofort gefolgert: wer sich einst als ein Poggenpohl die Liebe einer so schönen Frau herbeigeschrieben hat, dem muß es jetzt auch gelingen, dem Unrecht aller dieser Schriftsätze die Hosen auszuziehen. So begann Egbert wieder, wenigstens mit fremdem Wörtergut zu handeln wie andere mit Frischgemüse auf dem Markt.

Aber noch immer sammelte Egbert bloß, was ihm an Geschichten in der Stadt, auf dem Postamt, in der gläsernen Chemie von Heriberts Destillierapparat oder im birkenfurnierten Bett der Poggenpohls selbst begegnete. Er litt nach wie vor unter dem, was der Lieutenant Pinchon als Schreibhemmung diagnostiziert hatte. Und das war nicht weniger als eine freundliche Untertreibung des ganz und gar jämmerlichen Unvermögens, sich stärker zu fühlen als jener einzige knappe Satz es ist, der den Schreiber selbst umschließt, und zwar sowohl mit seiner auffahrenden Schönheit und Pracht eines Pfaus als auch mit dem Scheißhaufen, der er stets gleichzeitig ist.

Ein Meteorit war in seine ganze Vergangenheit eingeschlagen und hatte, wie einst jener vor der Halbinsel Yucatán, der Klima, Flora und Fauna der Erde nachhaltig veränderte, Jever und Friesland zerstört. Er hatte die Krüppel mit ihren Kehlkopf-Membranen im Schloßpark gezeugt, den einzigen rückgekehrten Emigranten sechsmillionenmal vernichtet, Mia Geerdes in eine beängstigende Tablettensucht gedrängt und die leicht Davongekommenen wie Heribert zu noch eigensüchtigeren Nagern gemacht, die ihre Nisthöhlen mit Glasscherben und scharfkantigen Muscheln bewehrten, mit ihren Hinterläufen aufgeregt trommelten und sich auf die grundsätzliche Unschuld alles einfach Kreatürlichen und aller Sammler und Jäger aller Zeiten und Kulturen beriefen.

In jedem Eckzahn steckt noch die Erfahrung des Reißzahns. Jeder Kiefer erinnert noch die Kaubewegung des Kannibalen. Wo die jeweils modernere Moderne auf die alten Fleischfresser trifft, platzt der Lack ab, der dem Tötungswillen in der entbehrungsreichen Arbeit von Grundierern und Pinselschwingern einen dünnen Anstrich von Menschlichkeit verpaßt hat. Wörter. Aber das läuft durch alle Wörtergeschichten hindurch, die Egbert gesammelt hat: einer zieht aus Jever aus, stößt auf den zweiten und dritten, bildet ein Rudel, tötet im Rudel, kehrt allein zurück und richtet sich neu im

Alten ein. Versteh das mal, wenn du nicht dabei warst. Das ist Heimatgeschichte. Was du nicht verstehst, kannst du nicht aufschreiben. Der Ekel an den Wörtern kommt vom Nichtverstehen. Such einen Anfang. Bei deiner eigenen Bereitschaft eines Feiglings, im Rudel auf der Jagd zu töten. Wörter. Such den Anfang bei dem Überlebenden der Jagd. Er ist für dich das Geschenk des Himmels. Keiner kennt den Jäger besser als der Gejagte. Wörter. Sieh ihm ins Auge, bis du dich in seinem Auge als Jäger gespiegelt findest. Wörter. Aber das ist es, Egbert. Tu es. Oder gib dich auf.

13

Ein Scharfschütze, der Feinden den Kopf weggeblasen hat wie Karnickeln, schwört sich, kein scharfes Gewehr mehr anzufassen. Auf jeder Kirmes aber macht er sich hungrig über den Stand der Luftgewehre her und schießt auf Anhieb die Prämie des größten Teddybären.

Egbert fragte an seinem Postschalter geduldig nach, füllte den Schreibschwachen, den Invaliden und Rentnern Anträge und Postanweisungen aus, bis die Schlange murrte. Er fragte ungerührt weiter und vervollständigte ihnen auch die letzte Rubrik. Er lachte und dachte an den Scharfschützen, der wieder unauffällig neben Erika Drüke in einem der Pygmäenhäuser lebte und daran, was für ein Unsinn es ist, einen Unterschied zwischen einem Schrift-Steller und einem Schrift-Helfer zu machen, wenn die ersten in der Schlange begannen, mit Beschwerden höheren Ortes zu drohen.

Levy kriegte schnell spitz, in welchen Zustand der Nostalgie Egbert versank und daß diese milden, karitativen Taten bloß noch eine Erinnerung an seine frühere Begabung waren. Da wollte er ihn gleich zu seinem Generalsekretär, Kassenwart, Schriftführer, Türsteher, Koch und Boten machen. Egbert protestierte. Er drohte mit der sanften Militanz der Postgewerkschaft und mit Streik. Fortan saßen die beiden einträchtig und gleichberechtigt in der Schlosserstraße nebeneinander. Levy brachte Einwände gegen eine Klage vor, die Egbert formulierte und dem Undeutsch von Juristen anzunähern suchte, das sie einzig zu verstehen schienen. Er hütete sich vor kreativem Beiwerk und jeglicher Schönheit, denn schnell hatte er gelernt, daß Juristen nichts mehr haßten als das. Sie füllten sich mit Neid und erklärten im nächsten Schriftsatz bloß alle Schönheit als voll neben der Sache. Und tatsächlich verbuchten die beiden so auch anfängliche Erfolge.

Sie saßen in der Rumpelkammer der Schlosserstraße, die vom Zigarrenrauch und dem ewigen Muffeln des Hundes angefüllt war, der mit Pansen und Niere gefüttert wurde, tranken süße Friesenmischung, zwei Dominospieler in einer Teestube in Diyarbakir/Ostanatolien, knackten Pistazienkerne, scheuchten eine Maus, schlugen eine Sommerfliege tot, kauften dem blinden, inzuchtgeschädigten Mehmet ein Los ab, schoben auf dem Brett ihre Steine hin und her, einer würde gewinnen, natürlich, aber es gäbe keinen Verlierer, denn den Gewinn würden sie sich teilen, und ohnehin waren die wirklichen Verlierer immer nur die Türken, die gerade den ersten Völkermord des 20. Jahrhunderts an den Armeniern hinter sich hatten und jetzt die Kurden umschlichen, und so wuchsen die Schriftsätze in der Teestube Schlosserstraße/ Ostanatolien hin und her wie Stalaktiten und Stalagmiten, und beide stellten bald fest, daß sie in ihrer spielerischen Arbeitsteilung den Anwälten Jevers mindestens ebenbürtig, wenn nicht sogar leicht überlegen waren. Sie erreichten, daß aussichtslos erscheinende Klagen zur Verhandlung angenommen wurden. Sie schmetterten Gegenklagen kühl ab. Sie gewannen Revisionsverhandlungen. Sie erreichten Zahlungsaufschub und verhinderten Pfändungen, wo ohnehin nichts zu holen war außer dem bunt beklebten Koffer eines Zauberkünstlers.

Egbert und Levy waren so lange auf Erfolgskurs, wie sie in ihrer rauchgeschwängerten, von Pansen- und Nierenfürzen angefüllten Teestube spielerisch die Dominosteine hin und her schoben. Sie spielten Juristen, und sie gewannen, weil sie als spielende Juristen freier und wirkungsvoller mit den Wörtern umgingen als Anwälte und Richter, von den Staatsanwälten ganz zu schweigen, den ewigen Gefangenen ihrer eigenen Anklagen. Wenn Levy polterte und Züge zu überhasten drohte, sorgte Egbert dafür, daß ihr Spiel frei von Emotionen blieb, und so gewannen sie vor den niederen friesischen Instanzen manchen Zug. Wieder war Egbert so kühl wie in seiner Schreibstube am Fuße des Montecassino, nachdem alle heiße Rührung und alles Entsetzen durch ihn hindurchgegangen war und er sich auf ein Handwerk konzentrierte, mit dem er rührte und entsetzte. Hatte er früher die bereits Gefallenen als noch Lebende erfunden, um den Angehörigen die Gewöhnung an ihren Tod zu erleichtern, so boten die beiden Dominospieler jetzt Zeugen auf, wo es um die Ersterteilung, den Entzug, die Wiedererlangung der Gewerbeerlaubnis ging, um die Finanzgerichtsbarkeit, um Entschädigung & Wiedergutmachung, die Geschäftsfähigkeit und Kreditwürdigkeit, die von Levy im Rathaus geschmähte Stadt, das von ihm geschändete Andenken des toten Dr.med. Dr.phil. Robert Godelke, den von seinem Hund beleidigten Nachbarn, die von einem fliegenden Kuß vergewaltigte Frau, das von seinem bloßen Besuch verleumdete Jeversche Wochenblatt..

Nach und nach aber lud die Justiz sich mit Levy auf und mit dem Charakterbild eines Mannes, der in der kürzestmöglichen Zeit die meisten Verfahren in der Stadt in Gang gesetzt und die meisten Prozesse geführt hatte oder in sie verwickelt gewesen war. Auch nahmen neue Schriftsätze von Beklagten bald auf frühere Schriftsätze von Klägern Bezug, als sei die

Gerechtigkeit nichts als eine Miste, auf der aller Dung ineinander geflochten wird. Bald war der Tenor neuer Urteile nur noch eine flüchtige und gelangweilte Übermalung früherer Urteile, die der Gerichtsbote noch einmal aus dem trüben Wasser des Aktenkellers gefischt hatte, in dem tote Mäuse kreisten und eine Familie von Molchen lebte. Die anfangs bloß erstaunte, zwischendurch angesichts des einzigen Rückkehrers im flachen Land weit und breit durchaus aufmerksame Justiz erlahmte vollends, als Levy sich anschickte, alle verklagen zu wollen: die Politiker, die eine Wiederbewaffnung betrieben und die Juristen, die das eben noch Unvorstellbare in die immer schon gängigen Wörter kleideten, den Oberstleutnant vom Moorhof, der in einen Planungsstab berufen wurde und unter Bruch des Pachtvertrages aus dem Moor floh, wobei er nichts außer einem Huhn in der Mauser zurückließ, das von Fuchs und Marder, Habicht und Bussard bedroht war sowie die Reifenspuren eines dreiachsigen Möbelwagens, in den er mit geputzten Schuhen stieg, und selbst den Kapitän der englischen Barkasse Hamilton gedachte er noch zu verklagen, wobei das gesamte Dorf der Salomonen in den Zeugenstand treten sollte.

Levy war durch keinen freundschaftlichen Einspruch davon abzuhalten, immer wieder als Außenseiter, auf den niemand setzte, mit der Justiz in den Ring zu steigen. Das tat er, bis ihm nur noch ein einziger Anwalt geblieben war.

Dieser Mann hatte zuvor während der langen Laufbahn eines aktiven Alkoholikers alles verloren: seine Führungsposition als politischer Beamter Frieslands, seine Villa, seine Frau und die Achtung vor sich selbst. Die Einblicke in das Leben und in die Schluchten der Gerechtigkeit hatte er teuer bezahlt. Als jetzt trockener Alkoholiker aber konnte er mit seinem geschundenen Gesicht und seinen Alpträumen, in denen er volltrunken ins Watt lief und sich von den Möwen zerhacken ließ, mit seiner Stimme eines geborstenen Kontrabasses und seinen noch immer hellwachen Augen, die durch eine lange Finsternis gegangen waren, Levy endlich von der Aussichtslosigkeit und auch Gefährlichkeit seines Tuns überzeugen. Er führte ihm vor, wie sich das helle Mittagslicht in der Schlosserstraße verdunkeln würde durch die Schwärme der Dohlen und Saatkrähen, die sich auf ihn stürzten, gefolgt von Stechmücken und Pferdebremsen. Selbst die Schwalben würden Angriffe fliegen und die Feldspatzen. Die Amseln würden ihm die Scheiben zerhämmern und gleich darauf das Hirn, wenn er so weitermachte, denn dieser Aufstand der gesamten Natur, die er doch so liebte und die Verschwörung aller Tiere gegen ihn würden schließlich koordiniert aus einem der auffällig-unauffälligen, großhubigen Wagen mit Kennzeichen der Landeshauptstadt, die er doch jetzt schon oft und sehr langsam durch die Schlosserstraße fahren sah. Immer sitzen zwei vereinzelte Herren drin. Unscheinbar sind sie wie du und ich. Und ich sage vereinzelt, weil sie sich offenbar nichts zu sagen haben. Außengerichtet sind sie wie Antennen, aber in die Antennen sind wiederum ganz kleine Antennen versenkt, die sie leiten und lenken, und in den kleinen Antennen steckt jeweils eine ganz winzige, die immer alles weiß.

Auf Egberts ermüdete Einsprüche hatte Levy nicht gehört. So hatte Egbert weiter mit ihm in dieser Teestube der in Ostanatolien Verfemten gesessen und Steine auf dem Spielbrett verschoben. Levy hatte weiter polternd argumentiert, und wieder hatte Egbert still und umsichtig an der Schreibmaschine von Olympia formuliert - ein Schreiber längst ohne anderes Echo in den Gewölben der Justiz als das einer weiteren gelangweilten Übermalung auf jenem Bildnis eines haftgeschädigten Querulanten und notorischen Wichtigtuers, das sie sich gleich nach dem ersten Prozeß von ihm gemacht hatte. Ein Teil dieser Kraft hätte ausgereicht, um einige der in ihm gespeicherten Geschichten in der Mansarde aufzuschreiben, aus der inzwischen die Puppen verschwunden waren. Sie hätten wenigstens ein Echo in ihm selbst erzeugt, auch wenn es immer noch das eines Steins in einem wasserlosen Brunnenschacht gewesen wäre. Aber vielleicht hätte Emma doch bei dieser oder jener Geschichte gesagt: *Sieh mal, da sind wir. Ecki, ich sehe uns. Zum ersten Mal seit Ägypten hast du etwas geschrieben, und ich gucke uns beiden ins Herz.*

Jetzt aber gelang dem Alkoholiker mit seinem geschundenen Gesicht, was Egbert mit seinen müden Einsprüchen nicht geschafft hatte: Levy ließ die Justiz, aber nicht die Ungerechten in Ruhe. Und behauptete fortan, ohnehin alle Prozesse, unabhängig vom Tenor des Urteils und seinen Kernsätzen, allein dadurch gewonnen zu haben, daß er sie angestrengt hatte. Und sagte immer wieder:

> *Alle Prozesse gewonnen - und totgesiegt. So ist das. Und so bleibt das, bis wir endlich mal aus unserem Land ein Nest für junge Vögel gemacht haben.*

14

Vor der Schreibwarenhandlung knipste sich Egbert die stählerne Hosenklammer ab. Mit ihr war schon der Vater Heribert, der noch immer das Gehen in einem niedersächsischen Kurort wieder lernte, als Schutz gegen die Kette seines Leichmotorrades über Land gefahren. Zusammen mit dem dienstlichen, genoppten Gummiüberzug über dem rechten Daumen, der Briefe und ihre Marken, Anträge und Anweisungen und die Leistungsbelege seiner eigenen Rentenkasse griffig machte, war für Egbert diese Klammer mit ihrem Klickgeräusch das Zeichen seines unaufhebbaren Verrates.

Er war kein Wanderer durch Afrika und Australien geworden. Nie würde er den Gambia River mit einer Piroge abfahren, um auf einer Sandbank stromabwärts von Mansa Konko den durchschossenen Oberschenkelknochen eines Mannes vom Stamme der Wolof zu finden, der während der Regenzeit von 1802 von einem englischen Sklavenhändlerkahn gesprungen, vor den Kugeln der Gewehre weggetaucht, vor den Krokodilen abgewinkelt und von sieben Delphinen hierhergeleitet, dann aber leider von einem Seeadler getötet worden war, der ihn für einen Nesträuber hielt und ganz nebenbei noch an seine Leber wollte. Er würde nie nach Jever zurückkehren und wäre reich beladen mit den Qualen, aber auch den Schönheiten und dem Überlebenstrotz der Ferne, um alles den Jeveranern vorzuführen als ein Zauberkünstler, der immer wieder eine neue Erfindung aus dem Repertoire der menschlichen Erniedrigungen aus seinem Hut zieht, immer aber auch eine weitere Variante der von Menschen geschaffenen oder gefundenen Schönheiten der Dinge und der Seele, bis auch der letzte Jeveraner merkt, daß dies allesamt Variationen ihrer ureigenen Niedrigkeiten und Erfindungen und Schönheiten sind - nein, mit seinem Verrat an die Post bliebe er wohl hier und hätte nichts zu erwarten als fünfunddreißig gleichförmige Dienstjahre, sieben Monate und neun Arbeitstage bis zu seiner Pensionierung.

Heute machte ihn das ganz besonders bitter, es war so ein Tag. Schon früh hatte er in sich reingesehen und nichts als ein leeres Gewölbe und einen wasserlosen Brunnenschacht entdeckt, genau besehen ein Kloakenrohr, das bald zugeschissen wäre. Auf dem kalten Klosett dann war sein Stuhl der eines Karnickels gewesen, während sich Emma fröhlich pfeifend wusch, um cremig und duftend in die Bäckerei zu gehen, wo sie inmitten der

Backwarendüfte die Kunden mit ihrem Lachen einer Verkäuferin beschenkte, die jeder zweite Mann begehrte und jede dritte Frau.

Sein Freund in der Schreibwarenhandlung dagegen war seit der vergangenene Nacht trunken vor Freude und umarmte Egbert immer wieder aufs Neue: Renate hatt die Sprache wiedergefunden. Der Anlaß dazu war ausgerechnet Egbert in einer seiner düstersten Phasen. Wegen einer rauschenden Klospülung konnten sie nicht schlafen. Daher hatte Piet ihr erzählt und ihr seinen Freund in den Abwasserkanälen der Stadt geschildert, den Vater Heribert auch, der sich schnell mit den Füßen im Hauptkanal verfing und hilflos blubbernde Blasen nach oben schickte, während sein Sohn ihn gelassen überholte, um eine Ecke bog, hier über den Entsorgungsreichtum und die Enlastungslust der Post staunte und auf der Stelle beschloß, Postbeamter zu werden.

Da lachte Renate, hell und stimmhaft. Sie saß aufrecht im Bett und schüttelte sich in einem hellen Kochtopf-Lachen. Sie zeigte auf ihn und rief ihm etwas zu, und keiner von ihnen wußte später, was nun die ersten Wörter gewesen waren: solche der fröhlichen Zärtlichkeit oder doch jene, die von den Damen des Kölner Eigelstein-Viertels für ihre Freier reserviert sind, wenn die ihr trauriges Zubehör aus der Hose holen. Piet hatte Laute gehört, aber nicht ihren Sinn verstanden. Renate hatte Wörter geformt, wußte aber nicht mehr, was sie mit ihnen gemeint hatte. Es waren die ersten Wörter, seitdem sie alle in der fünftägigen Finsternis des Thürmchenswalles verloren hatte. Den ganzen Vormittag formte sie weitere unverständliche und bald einzelne verständliche Wörter. Sie hatte Schwierigkeiten, das, was sie sagen wollte, mit den dafür verabredeten Lautzeichen in Übereinstimmung zu bringen und nahm noch die Handzeichen zu Hilfe. Gegen Mittag schon hatte sie zwei vollständige und schöne Sprachen: die in vereinbarten Wörtern, die sich zu Sätzen reihen und die Welt als Liebkosung und als Fluch nachbilden, und die später gelernte der Zeichen, mit denen sie sich die Zärtlichkeit und Bitternis der Behinderten erschlossen hatte. Sie sprach und zeichnete gleichzeitig mit den Händen nach. Wo die Wörter noch nicht glatt und geschmeidig genug waren, bildeten die Hände sie ab und schliffen sie nach, und am Abend begriff Piet, daß sie mit ihren zwei Sprachen, die ihr zwei unterschiedliche Welten erschlossen, jetzt viel reicher war als er selbst. Er hatte eine reiche Frau geheiratet und war dadurch ein vermögender Mann.

Mit Vertrauen in die Zukunft ordnete Piet in den nächsten Wochen sein Leben neu. Als erstes warf er die Mühle der mohnsüchtigen Schlesier aus dem Laden und stieß alle Hamstervorräte für jene Kunden ab, die immer noch befürchteten, gleich wieder auf die See getrieben und dabei vom Angstdurchfall befallen zu werden. Er hatte für sich beschlossen, daß endgültig Frieden sei, also sei auch Schluß mit der Nachkriegszeit, und das Geschenk von Renates wiedergefundener Sprache hatte ihm dermaßen Auftrieb gegeben, daß er seine Wärmestube für Flüchtlinge zu einer mustergültigen Schreib- und Spielwarenhandlung umbaute. Er pachtete den Nachbarladen dazu. Hier stellte er alle Bücher seines Vaters Hein sauber in Regale bis auf die wenigen, von denen sich dessen krankes Herz nicht trennen wollte, und nannte diese Abteilung seines neuen Lebens mit großen Buchstaben über dem Eingang

ANTIQUARIAT TIGER, PANTER & Co.

Diese für das Jeverland ungewöhnliche, tropisch-verwegene Namensgebung war ein Einfall Renates. Einen Teil ihrer aufmüpfigen Lieder von einst hatte sie bei dem Spötter Kurt Tucholsky entlehnt, der auch unter den Pseudonymen Peter Panter, Theobald Tiger, Ignaz Wrobel und Kaspar Hauser die Nazis zu narren pflegte, bis sie ihn in den Freitod nach Schweden ausbürgerten. An ihn wollte sie damit erinnern. Piet fürchtete zunächst um die wenigen Kunden und um das Glas seiner beiden Schaufenster. Er beruhigte sich aber, als sich diese Namensgebung in doppelter Hinsicht als glücklich erwies: die wenigen Freunde der Bücher in Jever und im Jeverland, die auch während der vergangenen Eiszeit still ihren Freundschaften treu geblieben waren, ließen sich sofort von TIGER, PANTER & Co. anlocken. Sie folgten ihrer Erinnerung an untergegangene Bücher, betraten den Laden nach Art von Höhlenforschern und waren bald so gerührt, als seien sie auf totgesagte Verwandte gestoßen oder auf verlorene Gedenkmünzen ihrer selbst. Andere dagegen ließen sich von ihrer Liebe für Haustiere anlocken, mit denen sie gerade ihr neues Eigenheim bevölkerten, und natürlich hielt jeder Besitzer eines Pudels seinen Liebling innerlich für einen Tiger oder Panter. Waren sie aber erst einmal im Laden, staunten sie schnell über die Weite und Vielgestaltigkeit der Welt und daß sie sich ihnen hier so frei und preisgünstig gebraucht darbot. Und sie kauften und stellten sich als neue Welt in die Regale, was Hein ten Hoff schon vor drei Jahrzehnten entdeckt und Heribert Poggenpohl ihm nach und nach mit stillen Verwünschungen und unter Anfertigung kleiner Notate in die Wohnung am Kirchplatz getragen hatte.

Das Straußenei fuhr Piet bei Schillig an die See. Es war der Vorläufer jenes immer noch eierförmigen Wohnwagens, in dem Egbert später seine ersten Trainingseinheiten erhielt. Damals nutzte Piet das Straußenei, um Renate zwischendurch immer wieder "aufzuladen", wie er es nannte: mit den Schreien der Wasservögel, dem Klicken und Schmatzen der Würmer im Watt, der Brandung und nachts dem Hagelschauer der Sterne, den sie als Liebende natürlich auf der nackten Haut spürten und der sie verrückt machte wie auf der Felsklippe Siziliens. Diese Aufladungen wurden nötig, weil Renate in der engen Wohnung litt. Aus dem Schlafzimmer drang die Kälte des Nordmeeres. Tagsüber lag Hein jetzt auf einer raffiniert und zentimetergenau gerichteten Sammlung von Kissen, die aufgetürmtes Treibeis nachbildeten, und blickte auf die leergeräumten Bücherregale. Er schien den Erzählungen der Bücher nachzulauschen, die er gern für seinen Sohn hergegeben hatte und die er dennoch vermißte wie sein ganzes nicht gelebtes Leben. Jedesmal zog er, ohne es zu wollen, Renate in das Vakuum hinein, das um ihn herum entstand. Und wenn sie länger neben ihm saß, weil sie auf eine Regung in seinem Gesicht hoffte, auch wenn sie immer fürchtete, es wäre dann die erste Bewegungsmeldung des Splitters an seinem Hirn, fand sie sich bald in der fünftägigen Finsternis am Kölner Thürmchenswall wieder, und da hatte sie die Sprache verloren.

Dann fuhr Piet gleich am nächsten Morgen mit ihr an die See. So gewöhnte er sich früh schon an, Auszeiten zu nehmen, nicht jeden Tag in seinen Läden zu sein ("wegen vorübergehendem Todesfall geschlossen") und als seine wichtigste Tageseinnahme nicht jene der Kassen zu betrachten, sondern die gewonnene Lebenszeit. Nicht jeder mußte jeden Tag emsig sein wie ein Biber. Vor allem das Antiquariat sollte eine Quelle für Liebhaber bleiben, und auch die Entspannung an der See war Arbeit genug. Die genaue Beobachtung eines Sonnenunterganges konnte am Ende eines genau beobachteten Tages zu restloser Erschöpfung führen. Und Renate formte zwischendurch immer wieder neu die Wörter, die sie in der Nordmeer-Kälte und im Vakuum der Wohnung zu verlieren drohte. So lernte Piet, sehr genau mit den Wörtern umzugehen. Da jedes Wort für Renate so schwer wog und so viel Reichtum darstellte, war es auch nicht verwunderlich, wenn er später immer nur mit kleinen Versen umging, die geschoren waren und kupierte Ohren hatten, und nie mit jenen Wortkaskaden von Geschichten, die Egbert in sich stapelte bis zur Atemnot.

Damals waren Piet und Renate glückliche Menschen. Dieses Glück, das bei Piet mit einem guten Maß an Konfliktscheu einherging, bildete den Grundstock für seine spätere Güte.

Neugierig und oft neidisch beobachtete Egbert, wie Güte entstand. Er verglich sie mit dem Reifungsprozeß eines Käses. Bald würden seinem Freund die Haare ausgehen. Lange vor der Zeit würde sein verbliebener Haarkranz weiß, das Hermelinkäppchen auf einem Gesicht, das eine Schale frischer Milch war. Eben war er noch der entlassene Krieger gewesen, der seine Modellflugzeuge sowie alle Orden und Ehrenzeichen verbrannte. Jetzt war er solch ein reifer, alt gewordener Mann. Die Güte rast mit ihm dahin, sieht Egbert. Erst in ein ruhiges, kurzes Glück, dann in einen stillen Tod.

Manchmal suchte Egbert ihn in der ganzen Stadt und fand ihn nicht. Oder er traf ihn, erkannte ihn aber nur sehr undeutlich: die Güte hatte ihn dann so offen gemacht für alles und jeden, daß er sich zwischen allem und jedem verlor. Zwischen den Büchern in seinem Antiquariat, die erst die ganze Welt in Segmente zerschnitten und ihr dann in sich eine ganz eigene Ordnung gaben, verlor er sich ohnehin immer. Dann hatte er sich in Segmente aufgelöst und sich die Ordnung eines bestimmten Buches gegeben, und nur zwischen zwei Regalen leuchtete still der Haarkranz eines Mannes, der Piet zu sein schien.

Die wachsende Güte machte ihn so offen und empfänglich, daß er schnell und zumeist vorübergehend die Eigenarten anderer annahm und wieder ablegte. Eine Weile äußerte er sich wie sein Vater: er schwieg. Zwischen zwei Sätze legte er eine lange, unvermittelte Pause. Erst später verstand der Zuhörer, was in der Pause wortlos gesagt worden war und daß es stimmte. Eine andere Weile äußerte er sich wie Renate. Er hatte etwas gedacht, aber noch nicht die passenden Wörter für das Gedachte vorrätig. Er formte die Wörter mit den Händen und vergaß, später die Wörter in die Rede einzufügen: er hatte doch schon alles mit den Händen gesagt. Er war nicht wundersam, aber so offen, daß er von jedem übers Ohr gehauen und noch dazu übers Knie gelegt werden konnte, sah Egbert. Die Güte ist mit ihm so schnell durch die Zeit gerast, daß er noch ein Junge und gleichzeitig schon ein alter Mann ist.

Das ist schön. Er ist mein Freund. Gelegentlich riecht er auch schon kostbar und abgehangen und mit Bienenwachs bestrichen wie die Figur eines kleinen Heiligen, der freilich ein wenig deppert ist. Aber so kann ich nicht werden. Ich bin abgrundtief feige und schlecht. Besser, ich behalte etwas von der Bissigkeit eines Frettchens bei, da bin ich sicherer.

Sagte Egbert für sich. Notierte er in seinem Buch und strich es wieder. Es war gesagt und doch nicht gesagt. Es war die Aufrichtigkeit des kleinen Mannes.

15

Sagt Egbert zu Emma:

- *Wenn ich dich wirklich mit diesem roten Hütchen an Köln verloren hätte, wäre ich ins Wasser gegangen.*

Sagt Emma zu Egbert:

- *Ach, Ecki.*

Sagt Egbert zu Emma:

- *Kein Hütchen, keine Titten, keine Muschi, keine Emma, das macht unterm Strich: kein Egbert.*

Sagt Emma zu Egbert:

- *Das war doch bloß eine Irrfahrt. Aber du hättest dich schon auf dem Weg zur See verloren. Mit deiner Wanderdüne im rechten Auge wärst du in Oldorf nach Tettens abgebogen und hier nicht nach Altgarmssiel, sondern nach Wiefels. Und schon wärst du wieder in Jever gewesen und hättest darauf gewartet, daß ein Anruf aus Köln kommt.*

Sagt Egbert zu Emma:

- *Ich kenne das Jeverland wie die Wüste Ägyptens. Ich war in der Welt. Und ich rieche die See.*

Sagt Emma zu Egbert:

- *Es gibt jetzt überall verlorene Kinder. Im Radio sind die Suchmeldungen vom Roten Kreuz voll davon. Mal tauchen sie an der Küste auf, dann sind sie wieder mitten im Land. Sie ziehen herum wie Schwärme von Vögeln. Wenn wir nicht so ein Schneckenhaus hätten, würde ich sie aufnehmen und ein Kinderheim draus machen.*

Sagt Egbert vorsichtig zu Emma:

- Na ja.

Sagt Mia, die zur Zeit arbeitslos ist, denn mehr und mehr auch fruchtbare Paare erfreuen sich der Liebe ohne Folgen und handhaben ihr Automobil wie ein Kind, das aufgezogen und betreut, gebadet, eingecremt und mit Spielsachen verwöhnt werden will, zu ihrer Nichte Emma:

- Vielleicht ist es unrecht, aber so ist es: den Heribert habe ich ganz aus den Augen verloren. Als hätte ihn nachträglich der Krieg verschluckt. Er hat keine Lücke hinterlassen. Er ist bloß weg wie ein Schatten, der auf mich gefallen war.

Sagt Emma zu ihrer Tante Mia:

- Mit deinen vielen Tabletten machst du aus allem einen Schatten. Wenn ein Schatten verschwindet, nimmst du eine neue Tablette, und schon liegst du wieder im Schatten. Wir haben Angst, daß du dich verlierst. Geh doch zu Levy. Der braucht dich.

- Der hat längst, was er immer braucht.

- Nein.

- Doch.

- Wer ist es?

- Du kennst sie nicht. Sie will auch nicht, daß jemand sie kennt. Ich weiß es nur, weil sie in Schwierigkeiten war. Es bleibt unter uns. Strikt.

Sagt Emma zu Egbert:

- Jetzt sag ich dir etwas, das strikt unter uns bleibt.

Sagt Egbert zu Piet:

- Levy hat nicht nur längst eine heimliche Geliebte in der Stadt, sie hat auch schon einen dicken Bauch.

Sagt Piet zu Renate:

- Levy wird Vater. Er ist wieder da und ganz der Alte.

Sagt Renate zu Piet:

- Abwarten. Bisher ist ihm noch immer etwas dazwischengekommen.

Sagt Egbert zu Fritz Levy:

- Und?

Sagt Fritz Levy zu Egbert:

- Es war ein schöner Komet. Aber erst in dreihundert Jahren kommt er wieder.

Sagt Egbert zu Fritz Levy:

- Was nicht so alles geredet wird bei uns.

- Sie reden, aber sagen tun sie nichts. Außer mir waren hier immer alle große Schweiger. Jetzt schweigen sie bloß anders als früher. Nach dem Schweigen kommt das Vergessen. Nach dem Vergessen werden sie sagen: der da in der Schlosserstraße, das ist ein kranker Mann. Er kann nicht vergessen. Und sie nageln mir ein neues Schild ans Tor: VORSICHT VOR DEM BISSCHEN MANN, DER NICHT VERGESSEN KANN!

- Du machst es ihnen nicht leicht.

- Mir macht es jeder schwer. Unter den Exilanten gab es Heilige und Asketen, Verkünder, Märtyrer, Gerechte und Selbstgerechte, etliche angenehme Typen und ein paar der größten Arschlöcher, die mir je begegnet sind. Als ich sagte, ich gehe zurück zu den Deutschen, haben sie mich verachtet. Das war Verrat. Hier wurde immer der Ziegenbock-Krüger verachtet, weil er im scharfen Gestank seines Bockes von Haus zu Haus zog. Heute werde ich verachtet wie früher dieser Krüger. Oder stinke ich wie ein Selbstgerechter, der in eine Stadt reitet und alle Lügner über den Haufen schießt?

279

Was soll ich machen? Meine Nichte lebt in Bolivien. Wie aber komme ich ohne Geld nach Bolivien? Und was soll ich da? Mit einem Ziegenbock über die Dörfer ziehen? Ich brauche eine Frau. Das Leben allein halte ich nicht aus.

- Und Mia?

- Nein. Du mußt mir mit ein paar Briefen helfen. Die Frauen werden schon von meinen Wohnverhältnissen abgeschreckt. Und sobald sie erfahren, daß ich Rückkehrer bin, rennen sie wieder zum Bahnhof.

- Geh doch mal zu Mia.

- In dem Bett liegt schon dein Alter. Ich lege mich nicht neben einen Dieb.

- Die geklaute BMW hat er teuer bezahlt.

- Ich werfe ihm nicht mehr die geklaute Maschine vor. Aber daß er zu dämlich war, sie zu fahren.

Sagt das stationäre Unfallopfer Poggenpohl, Heribert, der zwar ein niederster Beamter ist, aber als beamteter Postler so in verschiedenen Kliniken zusatzversichert umhegt wird, daß ihn wenig in Mias Gartenhaus zieht, wo er wieder eine Frau vorfindet, die er zwar einst heiß begehrte, aber längst als unwillige Gesellschafterin erfahren hat, die nur einmal im Jahr auf ihn wartet, wodurch ihm seine Bedürftigkeit und seine ganze Männlichkeit als ein bloßes Instrument erscheinen, ein Wagenheber etwa oder eine Luftpumpe bloß:

- Auf dem WANDERER Leichtmotorrad, das du mir geklaut hast, war ich der beste Motorradfahrer von ganz Jever. Ich fuhr wie ein junger Gott. Auch mit der BMW bin ich wie ein junger Gott gefahren.

- Ganze sechs Kilometer. Da hast du diesen Doktor in seinem alten Mercedes gerammt. Ich sage ja nicht, daß er keinen Denkzettel verdient hätte. Aber du hättest ihn wenigstens fragen können, ob er an diesem Tag sterben will.

- Aus der Linkskurve schoß er auf mich zu.

- Die Straße ist schnurgerade.

- Leicht gekurvt. Bis dahin bin ich mühelos gefahren wie ein junger Gott. Dann aber reagierte die Maschine nicht mehr. Denn sie war manipuliert. Die Bremsen versagten, der Lenker war eingerastet, der Gaszug klemmte, die Kupplung gab nichts mehr her, ich wollte abspringen, hing aber mit dem Hosenbein fest, habe dann noch versucht, mich an Godelke vorbeizudrücken wie eine Schwalbe, denn ich fuhr wie ein junger Gott, aber da habe ich den Holzvergaser mit der Fußraste erwischt, eine Sache von Zentimetern. Es fehlten diese paar Zentimeter, und die ganze Manipulation wäre nicht geglückt.

- Welche Manipulation?

- Du bist so klug, daß du bald Posthauptsekretär wirst. Aber als Sohn bist du eine Null. Ein richtiger Sohn kommt auf den Vater raus. Der macht sich in seiner vielen Freizeit als Postler doch mal Gedanken darüber, wer die Maschine des Vaters so manipuliert, daß er sie nicht mehr beherrscht.

- Es war ja auch nicht deine.

- Zwölf Jahre lang hab ich sie als herrenloses Gut gehütet und gefettet, dann amtlich übertragen, versteuert und versichert, verkehrstauglich gemacht, zugelassen, und drauf gefahren bin ich wie ein junger Gott. Sie war mein wie mein Leben und meine verstorbene Frau.

- Laß meine Mutter in Ruh.

Und jetzt folgte eine lange Geschichte aus dem Mangrovensumpf der Niedrigkeiten. Bereits der frisch eingegipste Heribert hatte aus seinem Krankenbett ein erstes Samenkorn in den Sumpf geworfen. Da teilte er sich das Zimmer noch mit einem Gastwirt aus Sande, dessen Leber hart wie ein Handball war und der sich anschickte, daran zu sterben. Nachts klingelte er sechsmal nach der Schwester und schrie achtmal nach dem Schieber. Tagsüber schlief er. Gegen Abend versammelten sich seine Angehörigen am Bett und stritten laut über die Aufteilung des Nachlasses. Dann stellte er sich schlafend oder gab vor, gerade jetzt zu sterben. Er war aber sofort hellwach, wenn Heribert den hohen Bierpreis reklamierte und die noch immer nicht wieder erreichte Süffigkeit des Vorkriegsbieres. Und er machte Anstalten, munter sein Totenlager zu verlassen und wieder gesund zu werden, als Heribert ihm dieses erste Samenkorn zuwarf.

Von Krankenbett zu Totenbett bastelten die beiden an einer Erklärung: wieso ereignet sich bei Kilometer sechs auf der Straße nach Wittmund heute ein Unfall, bei dem ein doppelter Doktor der Medizin getötet wird, dem die Engländer die Würde eines langen Lebens vorenthalten und das Amt - und wieso ist der Verursacher ein Mann, der wie ein junger Gott fährt und die Maschine das frühere Eigentum eines Hals über Kopf Geflüchteten, der genau siebzehn Stunden später mit einem Pappkoffer vor dem 18.10 UHR-Zug steht, von niemandem erwartet und von keinem gewünscht und rückgekehrt aus einer Fremde, die an sich schon völlig unheimlich ist? Soviel Zahlenmagie ist kein Zufall, soufflierte Heribert und erkannte auch der Gastwirt völlig klar: siebzehn Stunden später kehrt der Mann zurück. Das amtliche Kennzeichen der Maschine endet mit -178. Das sind siebzehn Tage im achten Monat des Jahres. Das ist mit dem siebzehnten August der Tag, an dem die verhinderte Geliebte dieses Mannes kniefrei und ohne Höschen im Bett zu liegen pflegt. Und das ist ein klares Indiz für eine Verschwörung, wie es sie immer schon gab. Ausländisch-unzüchtig und geschlechtlich schamlos reichte sie immer schon aus der Wüste Palästinas kommend bis in die Betten Jevers, und dieses Mal hat sie noch einen Umweg zu Kilometer sechs auf der Straße nach Wittmund gemacht.

Das ist schlüssig, erkannte auch der Gastwirt völlig klar. Heribert griff sich erschrocken unter der Decke ans Glied und nahm sich vor, niemals mehr mit Mia zu schlafen; jedenfalls nie mehr an einem siebzehnten August.

Weder der Gastwirt noch Heribert wollten jetzt noch an die bloße Sehnsucht dieses Mannes glauben und sie als einzigen Grund für seine Rückkehr gelten lassen. So eine starke Sehnsucht erschien ihnen genauso unheimlich wie die Fremde in Übersee. Nie hatten sie diesen Mann geliebt. Wieso hatte er plötzlich Sehnsucht nach ihnen?

Es war die Magie der Zahlen, der alten, im Salz des Toten Meeres gelagerten Schriften, es war die Kraft des geheimen Wissens und des auswendig Gelernten, das von schlichtem Fichtensarg zu Fichtensarg weitergeflüstert wird, es war die Kraft der bösen Herzen, die voller dreitausendjähriger Verwünschungen stecken und es war die Tücke einer Technik, die Strahlen des Radar und der Totentanz von Fernbedienung und Fernzündung, die sich dieser Mann bei den naiven Amerikanern in Übersee ausgeliehen hatte, die bekanntlich alles wissen über Tabletten zur Entkeimung des Wassers und die Innenwelt der Atome, aber nichts von der Verschwörungssucht und dem Verschwörungstalent von Männern wie diesem, die auf Rachekurs segeln.

So war dieses erste Samenkorn, das Heribert aus seinem Krankenbett geworfen hatte, voll aufgegangen. Die beiden beschäftigten sich so intensiv mit der Magie der Zahlen, der Verruchtheit der im Salz des Toten Meeres gelagerten Schriften und der Wirksamkeit amerikanischer Elektronik, die sie zwar nach Art einfacher Menschen noch Strom nannten, aber sich doch schon mit Transistoren, quecksilberdampfgefüllten Gleichrichtern und Photozellen vorstellten, daß es lebensverlängernd auf den Gastwirt wirkte und die Nachtschwester schier über seiner Ausdauer verzweifelte. Dann endlich wurde der Gastwirt zum Sterben ins Bad gerollt. Er war friedlich. Sechs Jahre lang hatte er alles, was ihm dieser Frieden antat, die Abwesenheit von Gegnern und die Seligsprechung von Feinden, im Schnaps ertränkt, und der Schnaps hatte ihm die Leber zum Tode gehärtet. Jetzt aber war ihm, als hätte er diesen einen Mann, dem er nie begegnet war, immer schon gekannt. Und er hätte ihn vernichtet.

Nach diesem erfolgreichen Testlauf ließ Heribert das Gerücht in seine Dienststelle springen. Hier schlich es sich zwischen die Briefverteilung und wurde von den Zustellern in die Häuser getragen. Zum Mithören lag es an den Schaltern aus, wo Egbert es zunächst als den Schmutz eines Tages zur Seite kehrte, bis es ihm wieder beim Bier im Schwarzen Adler begegnete und schließlich in eine Reihe bohrender Leserbriefe ans Jeversche Wochenblatt mündete, die ihm ein neuer Redakteur zugänglich machte. Dieser junge Mann war weder mit der Stadt noch mit der Vergangenheit ihrer Zeitung vertraut. Er fürchtete alles zu verlieren, was er sich bislang über die Menschen angeeignet hatte und weigerte sich schlicht zu begreifen, was er da alles ins Blatt rücken sollte.

Aus dem einen Samenkorn, das Heribert aus seinem Krankenbett hatte fallengelassen, waren Spekulationen gewachsen, die sich seherisch und wissenschaftlich zugleich gaben. Mit der Eindringlichkeit des Schriftlichen handelten sie von Erdmagnetismen und elektrischen Kraftfeldern, von Morsezeichen, Schiffsbewegungen, Fernsteuerungen auf der Straße nach Wittmund, drahtgebundenen Signalen bei Kilometer Sechs und der Nutzung parapsychologischer Phänomene durch die geheimen Dienste eines frischgegründeten Staates, der aus ganz neuen Wüstenbewohnern bestand.

Mitten in den Steinfeldern Palästinas trugen sie noch Weste und Hut. Sie ackerten nicht mit Maultier und Kamel, sondern mit amerikanischen Jeeps. Sie tranken den Kaffee mit Sahne. Sie aßen Torten nach Wiener Art. Sie liebten sich verkehrt wie Franzosen, befruchteten sich von hinten wie Neger und tanzten gleich hinterher noch wie Slawen. Da sie hierher aus der ganzen Welt zusammengeschwirrt waren, besaßen sie auch logisch und logistisch die Fähigkeit, wieder in verdeckter Mission auf alle Kontinente auszuschwärmen, sofern sie nicht gerade im heißen Wüstensand hockten und Plutonium bebrüteten für ihre erste Bombe des Atoms.

Sagt der Rentner Immo Bühren beim Preisskat, den Levy als noch immer bester Spieler der Stadt gewinnt, und vor dem Nachhauseweg, auf dem er erstmals überfallen und ihm ein Arm gebrochen wird:

- *Levy, dich haben sie vergessen zu vergasen. Un din Rent betalen wi! De Zigar un all wat du anhess, möt wi betalen!*

Sagt der 2. Strafsenat des Bundesgerichtshofes im Namen des Volkes allen bisher wegen „Verbrechen gegen die Menschlichkeit" Verurteilten und explizit den Herren Husmann, Flügel, Wilken, Förster, Janssen, Liebenow ... undsoweiter, die zwischendurch in einem Revisionsverfahren ihrer Freisprüche zu geringfügigen Gefängnisstrafen verurteilt worden waren:

- *daß das Kontrollrats-Delikt „Verbrechen gegen die Menschlichkeit" geschaffen worden war, um die Verbrechen der NS-Zeit erstmals begrifflich zu fassen, nach bundesrepublikanischer Rechtsprechung aber nicht mehr existiert. Das Gericht in Jever ist daher von einem zu hohen Strafzumessungsrahmen ausgegangen.*

Sagt Fritz Levy zum neuen Pastor:

- *Da es nach Auffassung des höchsten Gerichtes keine „Verbrechen gegen die Menschlichkeit" mehr gibt, steht zu vermuten, daß alle meine Angehörigen wieder auferstanden sind. Es ist mein Versäumnis, sie bisher nicht ausfindig gemacht zu haben. Ich reise wieder in die Welt. Ich sehe auf den fruchtbaren Feldern in den Tälern nach, und in den Gebirgen drehe ich jeden Stein um für den Fall, daß sie die Gestalt von Feuersalamandern angenommen haben.*

Sagt der Pastor zu Levy:

- Hüte dich vor dem Gift der Bitternis, mein Sohn.

16

In einem Laufstall mitten im Laden sitzt Monika Ursula. Ihr sind beide Hände verbunden, damit sie sich nicht die gerade abheilenden Windpocken aufkratzt. Daher schrillt sie wie eine Luftschutzsirene. Ihr rosiges Zäpfchen flattert im Atemwind, und sie lockt besorgte Mütter von der Straße. Kaum haben die Mütter die Schwelle übertreten, versucht der Vater ihnen Schreibwaren und Spielzeug zu verkaufen, linkisch aber beflissen, denn er übt sich in Geschäftigkeit.

- *Ein besseres Kind gibt es nicht*, sagt Piet. *Sie hat Löchelchen und Nippelchen und Henkelchen überall da, wo sie sein müssen. Das Herz einer Tigerin. Den Mut eines Panters. Sie macht die Ausbruchsversuche einer jungen Wilden, und ein Organ hat sie, du hörst es ja: Alarm. Ab in den Bunker, die Flieger kommen.*

- *Na ja*, sagt Egbert vorsichtig.

- *Als Renate mit ihr schwanger war, hat sie schon längst keinen Rotwein mehr angerührt. Aber sobald Monika Ursula das Quietschplop eines Weinkorkens hört, wirft sie die Sirene an. Und wenn sie Rotwein auf dem Tisch sieht, zieht sie an der Decke wie an einer Reißleine. Ich bin sicher, sie hat vorgeburtliche und präfötale Erinnerungen. Ein Rotweintrauma. Wenn sie erst anfängt zu plappern, werde ich alles über das Trauma von Renates Vergangenheit hören. Ihr Leben auf diesem Kölner Eigelstein. Ihre Auftritte im Karneval, die ihr dieses Festkomitee alter Männer untersagt hat. Ihre Trinkerei dann. Die Kölner Bombennächte. Die dreieinigen Schwestern im Nachbarhaus mit ihrer Liebe von Blutsaugern. Um Renate muß ich mir keine Sorgen machen: die Tochter wird mir bald ihr ganzes Leben erzählen. Ihre Sirene jetzt ist nur der Anfang einer begnadeten Erzählerin.*

- *Na ja*, sagte Egbert wieder und ahnte jetzt, wie junge Väter werden, wenn sie gleichzeitig junge und ziemlich mäßige Dichter sind: sie stehlen das vorgeburtliche Gedächtnis ihres besten Freundes und statten damit die eigene Tochter aus. Und er lachte unbeholfen als ein Kinderloser, der sich von dieser Art von Vätern immer alles wird gefallen lassen müssen.

Heute sind Monika Ursulas Windpocken abgeheilt. Sie sitzt in einem der tiefen Bücherregale von TIGER, PANTER & CO., räumt zwischen verschiedenen Reisebeschreibungen auf und wirft Egbert das 5. Buch der REISE NACH TIMBUKTU 1879-1880 von Dr. O. Lenz vor die Füße. Sie sitzt zwischen den toten Büchern und spielt mit den längst skelettierten Reisenden wie mit Lebenden. Neben Egbert fährt sie dann mit dem Finger die Reiseroute des Dr. O. Lenz nach quer durch die Sahara vom marokkanischen Anti-Atlas über Hamada – El Aglab – Areg el Aschmer zu den Ruinen von Taudeni, von Hamada Tuman durch die Ebene Meraia in den Mimosenwald vor Timbuktu –

> *Die zahlreichen Eroberungen der Stadt durch die verschiedensten Völker haben viel zerstört; gegenwärtig ist Timbuktu vollkommen offene Stadt, ohne Qasbah (Zitadelle), ohne Mauern, und jedermann kann die Stadt betreten; die Einwohner sind ganz passiv und zahlen bald den Fulbe, bald den Tuarik, je nachdem, wer gerade von diesen beiden die Oberhand hat.*
>
> *Die Bevölkerung von Timbuktu ist keine eigene, sondern besteht aus den verschiedensten Elementen. Marokkanische Araber bilden den wesentlichsten und besseren Teil; sie sind größtenteils von dunkler Hautfarbe infolge der durch Generationen fortgesetzten Verheiratungen mit Negerinnen; aber es gibt noch solche, die ebenso licht von Farbe sind, wie die Mauren von Fâs oder Marrakesch. Weiße Frauen dagegen sind äußerst selten und, wenn es echte Maurinnen sind, für niemand sichtbar. Daneben wohnen noch zahlreiche Nachkommen der alten Sonrhayneger in der Stadt und eine Menge Negersklaven aus den entlegensten Teilen des Sudan. Wangaraua-(Mandingo)Neger, Assuanik-Fulbe, Tuarik, Leute aus Bornu und Sokoto, Araber von den Kabylen der westlichen Sahara, aus Algier, Tunis und Tripolis, Neger aus den Bambaraländern, Futa, alles das trifft man hier zur Zeit der Karawanen -*

An Monika Ursulas Finger entlang versucht Egbert, ein Stück zurück in die eigene Kindheit in Jever zu reisen, in die Jugend dann, das fällt dem Reisenden leichter, in jene Zeit, die er zwischen den Fischen der Tiefsee und in den trägen Abwässern der Stadt verbracht hat – die Möglichkeit begeistert und erregt ihn, wie ihn die ausgeborgte Monika Ursula mit ihren jetzt vollständig abgeheilten Windpocken, ihrem Geruch nach lauem Badewasser und Penatencrème, ihrem gleich wieder im Atemwind flatternden, rosafarbigen Zäpfchen, ihrem Spieltrieb, ihrer Entdeckerfreude und ihrer Luftschutzsirene begeistert und erregt, die losbricht, sobald ihr etwas nicht gefällt. Und gleichzeitig bleibt doch alles fremd, und er versteift sich wie ein überforderter Tölpel: die Kindheit und Jugend bleiben verschlossen. Timbuktu liegt in einer nie erreichbaren, fremden Welt. Und Monika Ursula ist ein ausgeborgtes Kind, dessen Wunder und schon ausgewachsene Egoismen er erahnt, aber nicht begreift.

Da gerät Egbert im Antiquariat TIGER, PANTER & CO. in leichte Panik. Er lebt nur auf einem Bein; ein Invalide, der nicht einmal Anspruch auf eine Versehrtenrente erheben kann, aber tunlichst gehalten ist, allen Kindern gegenüber, dem Freund und dessen Frau, der kränkelnden Mia, der eigenen Frau gegenüber, die ihm schon einmal mit einem roten Hütchen auf dem Kopf davonzufliegen drohte, so zu tun, als sei er gänzlich intakt und ein vollständiger Mensch. Und so beschließt er hier im Antiquariat TIGER, PANTER & CO. inmitten der toten Bücher und der Reisen Toter, zu erlernen, was er nicht erlebt und nicht durchschaut hat -

> *Timbuktu ist eigentlich ein großer Markt, ein Sammelpunkt von Händlern, die die Erzeugnisse des Nordens gegen die Produkte des Südens austauschen. Es gehört eigentlich keinem Staate an, denn zu Moassina, dem großen Fulbestaat kann man es doch nicht rechnen. Es ist ein Entrepôt für Waren, und Tuarik und Fulani streiten sich immer nur um das Recht, Steuern zu erheben, ohne die Stadt zu regieren. - Wenn nun Timbuktu auch nicht mehr der Sitz großer Gelehrsamkeit ist, so ist doch die Bevölkerung gebildet, d.h. die große Mehrzahl derselben kann lesen und schreiben. Es gibt einige Leute dort, die im Rufe besonderer Gelehrsamkeit stehen, und einer derselben war unser stehender Gast. Hadesch Ali hat von ihm ein Manuskript erhalten juristischen Inhalts und ihm versprochen, dasselbe in Kairo drucken zu lassen! Hätte ich Mittel gehabt, so würde ich vielleicht verschiedene Manuskripte haben erwerben können; aber unter den gegebenen Verhältnissen mußte ich für mein Weiterkommen bedacht sein und konnte an solche Ausgaben nicht denken -*

Und Egbert beschließt, sich am Rande seiner Ehe, dicht an ihrem drohenden Abgrund anzusiedeln und hier als ein Eremit des Lernens zu leben. Mit dem linken Auge will er sich durch alle toten Bücher von TIGER, PANTER & CO. lesen und sehen, was er von ihnen wieder für sich zum Leben erwecken kann. Es wird ihm dann gelungen sein, wenn er das von der vorrückenden Wüste bedrohte Timbuktu in den Straßen von Jever entdeckt, und wenn er die Fehden und Neigungen, den Haß und die Zärtlichkeit der Bambaras und Fulbes, der Mandingas, der Berber und Araber in sich und Emma, in der kränkelnden Mia, in Piet und Renate, in dem unter die Ziegen und Schafe gefallenen Fritz Levy und auch in Heribert Poggenpohl wiederfindet, der bald erneut seinen Handel mit den Reliquien der vergangenen Größe und mit den verdeckten Nachrichten des Tages mit einem verkürzten Bein aufnehmen wird.

Er wird dann ein Stück seines versunkenen, bei den Fischen der Tiefsee und in den trägen Abwässern der Stadt vergeudeten Lebens zurückgewonnen haben, wenn Monika Ursula ihm eines ihrer Fingerchen ins Ohr steckt und ihm ins andere Ohr kräht, daß sie niemanden anderen heiraten will als den Onkel Egbert.

Und mit dem rechten Auge will er, sofern es nicht gerade bei Ostwind von einer seiner Wanderdünen getrübt ist, genau das rote Hütchen Emmas im Licht behalten, ihr Schminkköfferchen, die Stiefel, denn er weiß: wenn ich diese eine Frau verliere, hier, am Abgrund des Autodidakten und Eremiten, der Lernen und Leben nachholen will und somit in kalkulierter Fremde lebt, dann stürze ich endgültig ab.

Er packt sich den gesammelten, auf schweres und fleckiges Papier gedruckten Dr. O. Lenz in den Rucksack. Und holt sich bald bei Tiger, Panter & Co., greift aus seinem Briefkasten schon die ersten, ins Dunkel des Landlebens versendeten wissenschaftlichen Arbeiten, die Licht zu bringen versuchen in seine Kindheit, die nur in die zwölfjährige Nacht seiner Jugend mündete und schließlich dazu führte, daß er zwar ein ausgewachsener, aber bloß ein halber, amputierter, quergeschnittener und seinem eigenen inneren Gelächter preisgegebener Mann wurde. Er korrespondiert mit ähnlich Versehrten aus der großen Familie der Post. Gegenseitig liefern sie sich Hinweise darauf, was sie zu Invaliden gemacht hat, obwohl sie weder als gehorsame Helden vom Sternenglanz der Orden beschienen wurden, noch als Widerstandskämpfer das Lachen der Befreiten genossen, ja nicht einmal gelegentliche Austräger von Kurierpost waren, sondern nichts als durchschnittliche Versager. Sobald sich die Korrespondenz diesem Punkt nähert: dem durchschnittlichen Versagen als Grund dafür, daß sie jetzt jugendliche Invaliden sind, bricht sie ab. Und alles ist doch nichts als der Beginn des zaghaften, auf wenigstens ein halbes Jahrhundert angelegten Versuches, eine Antwort auf die Frage zu finden, warum sich hochgerüstete Bewohner einer einzigen Insel anschickten, ein bei sich und auf den anderen Inseln des Archipels siedelndes Volk ausnahmslos zu töten, an seiner Vernichtung mitzuwirken durch Tat oder Untätigkeit zum Zeitpunkt der Tat oder durch nachgereichtes Verkleinern, Bestreiten, Verschweigen der eigenen oder fremden Tat oder deren untätiger, nicht eingreifender Beobachtung, und wie ist ihnen alles das fast gelungen als jene unscheinbaren, weder besonders schlecht ausgebildeten noch auffällig mißgebildeten, mit durchschnittlich mitteleuropäischen Lebensgewohnheiten durchaus Vertrauten, die vor zweitausend Jahren schon den Kannibalismus zum Abendmahl verfeinert haben, mit der Blutrache nie richtig vertraut wurden, sich kürzlich sogar das Duell verkniffen haben und auch jetzt wieder sittsam auf ihrer von den Stürmen zerzausten Insel siedeln, wo sie sich im großen und ganzen als verträglich einschätzen und dafür anerkannt werden wollen von allen, selbst noch von den Toten?

Die Fragen, die von den Freitoden Überlebender in Hotelzimmern Zürichs oder in Mansarden Lissabons gestellt werden, bleiben ohne Antwort.

Die Ankunft Levys mit dem 18.10 UHR-Zug und seinem Koffer eines Zauberkünstlers oder Reisenden in Kurzwaren war eine Antwort, die niemand abgefragt hatte. Inzwischen stellt er selbst nur noch Fragen, auf die keine Antworten kommen.

Wenn sich alle Teilantworten der wiedererwachten Wissenschaften, die mir Tiger, Panter & Co., mein Briefkasten, die korrespondierenden Mitglieder der gelben Familie, mein neues GRUNDIG-Radio mit dem UKW-Teil und den Hörbildern des Nachtprogrammes aus Hamburg und Köln zu einer großen, gültigen Antwort zusammensetzen ließen, müßte ich mich doch selbst auf dem Grund dieser Antwort sehen, sagt Egbert. *Denn so weit bin ich schon: daß ich selbst Teil dieser Antwort bin; schließlich bin ich nur zufällig der Karriere eines Täters entgangen. Wenn ich mich endlich auf dem Grund dieser Antwort sehen würde, dann wäre es geschafft: ich wäre ein vollständiger Mensch aus Schuld und Versagen, Verklemmnis, ein wenig Glück und einer Prise Begabung. Ich wäre ein aus Kindheit und Jugend und Mannesalter bestehender Mensch, und das Mannesalter blickt gelassen und etwas erleichtert Richtung Tod. Seine Ziellinie würde mir signalisieren:*

Egbert, alles in allem hast du noch Schwein gehabt. Und das müßte ich auf
der Ziellinie dann noch einem erzählen, der es weitersagt. Denn das ist die
Geschichte fast aller in Jever, die wahre Heimatgeschichte.

Jeder von Egbert in dem kleinen Backsteinhaus installierte
Beleuchtungskörper hatte wenigstens zweimal die Sicherung
herausgeschlagen und aus dem hellen Tag finstere Nacht gemacht. Dennoch
modernisierte Egbert sich jetzt elektromechanisch und elektromagnetisch,
denn er ahnte, daß bald jedes Lernen und jede Erkenntnis einschließlich des
Säuselns der Liebe technisch vermittelt daherkäme und am Ende seines
Lebens die ersten Kinder mit erogenen Schaltkreisen sowie Mikrochips an
Stelle zellulärer Geschlechtsteile geboren würden. Mit Piets Hilfe koppelte
er seinen kleinen Grundig-Empfänger mit dem Plattenspieler eines Schülers
und mit einem gebrauchten Tonbandgerät, das den Umfang einer
Wäschetruhe hatte, denn es stammte aus der Urzeit der Magnetaufzeichnung
und bildete noch den schweren Körper seines Erfinders nach.

So konnte er jetzt links von Max Grundig den Tonarm auf Richard Tauber
schwenken, und wieder drang, wie einst auf dem Kirchplatz, der lyrische
Tenor mit DEIN IST MEIN GANZES HERZ gewaltig und himmelsüß
zugleich durch das Haus. Der erste postgelbe Kanarienvogel, den die
Poggenpohls im Wohnzimmer hüteten, prallte gegen die Gitterstäbe und
landete im Vogelsand. Für heute war er erledigt von der Gewalt der Kunst
und aller technisch vermittelten Kommunikation.

Emma und Egbert aber konnten mit der Musik träumen. Sie träumten sich
zum Polterabend auf dem Kirchplatz zurück und zu den schwarzen Tränen
von einst. Zwischen damals und jetzt schien bereits die ganze Spanne eines
Lebens zu liegen, in der die unglücklichen Tage zu Lidschlägen
schrumpften, Unterwasserriffs bloß, und die Oberfläche war glatt und
sonnenbeschienen. Auch träumten sie sich auf den Schwingen Richard
Taubers nach vorn: hier lag der Moorhof, von dem Emma immerhin ein
ganzes Viertel erben würde. Seit dem Auszug des Oberstleutnants, der
nichts als ein nacktes Huhn zurückgelassen hatte und die Reifenspuren eines
Möbelwagens mit Bonner Kennzeichen, träumte sie davon, sich mit den
dreieinigen Schwestern und mit Hiltrud, die in Köln ganz mit ihrem sich
mehrenden Reichtum beschäftigt war, über die Nutzung zu einigen: das
Land zu verkaufen, die Stallungen von Levy nutzen zu lassen und so seinem
Viehhandel einen entscheidenden Auftrieb zu geben, und das geräumige
Haus mit Egbert und mit genau einem Dutzend heimatloser Kinder zu

bewohnen, denen sie Ersatzeltern und Jugendpfleger wären. Sie würden ein Kinderbiotop im Moor einrichten, in dem die bereits einmal von der Zeit Verratenen heranwachsen könnten. Was gibt es Schöneres als solch einen Traum. In den Sommerwochen sitzt Egbert unter seinem Kirschbaum und verbindet das Lernen und das Nachholen von Leben mit der Betrachtung der Natur. Aus den Augenwinkeln heraus verfolgt er die Arbeit der wilden Bienen und lernt den Tanz ihrer Sprache. Und er sieht den Ameisen zu, die den rissigen Stamm auf und absteigen, und jede Ameise, die aufsteigt, küßt jede der Absteigenden und teilt ihr etwas mit, das unter keinen Umständen verlorengehen soll.

An solchen Abenden kam es vor, daß Egbert sehr kleine und ganz helle Tränen in Emmas Augen sah, einen Schimmer von Tränen nur. Da war er sicher, daß sie das Leben mit ihm auch weiterhin aushielte. Und er fühlte sich gewaltig wie ein Bär, ein kanadischer Holzfäller, ein Varietékünstler mit zweitem Wohnsitz am Genfer See und überlegen, berauscht und luftig wie ein russischer Artist am Trapez.

Die neuen Kunststoff-Platten, mit denen Richard Tauber wieder aus seinem Londoner Grab stieg, hatten außerdem noch den Vorteil, daß Emma bald glücklich summend in die Schlafkammer ging, sich hier an einer Ecke stieß, barsch fluchte, weil Egbert noch immer keine Lampe installiert hatte, und krachend mit ihrer molligen Fülle ins Bett sank. Dann konnte er sich noch ungestört übers Nachtprogramm aus Hamburg und Köln hermachen wie über ein letztes Naschwerk.

Dieser Max Grundig, mit dessen UKW-Empfänger sich Egbert ans technische Zeitalter angekoppelt hatte, war ganz offensichtlich ein Berserker von Mann. Aus zerstörten Produktionsanlagen der Rundfunkindustrie, aus den Kellern von Bastlern und den dunklen Toreinfahrten von Schwarzhändlern sah er nur nach vorn ins Licht. Wenn er vorn jemanden im Licht stehen sah, fiel er ihn sofort an und aß ihn auf der Stelle auf. Er war ein Kannibale, dessen Appetit selbst vom Jeverschen Wochenblatt bald gerühmt wurde. Und schon ging er in Villingen vor der traditionsreichen Schwarzwälder Apparate-Bau-Anstalt August Schwer Söhne G.m.b.H. auf und ab, die einst jenes SABA-Gerät mit dem Kasten aus Macassar-Ebenholz hergestellt hatte, das Heribert noch immer pflegte, und drohte ihr mit Übernahme.

Gewiß war es nicht im Sinn von Max Grundig, der doch hungrig nach vorn ins Licht drängte, aber mit diesem Max Grundig hörte Egbert in der Zeit zurück. An diesem kleinen UKW-Empfänger hörte er erstmals, was der zeternde Freund Levys mit dem Vogelnest zwischen den Schulterblättern wohl immer versucht, aber nie geschafft hatte seinen neuen Mitbürgern in San Francisco zu erzählen, bis er ohnehin niemanden mehr fand, der ihm zugehört hätte und sein Kopf im Erinnerungswahn versank. Hier hörte er die ersten vorsichtigen und bruchstückhaften Erinnerungen von Menschen, die eines der Vernichtungslager überlebt hatten. Sie sprachen tastend, gingen sprechend in Geröllfeldern, trauten ihren eigenen Schritten nicht, glaubten nicht ihren eigenen Worten und schienen nur eines zu wissen: es konnte nicht sein, was sie erlebt, noch daß sie es überlebt, und auch nicht, daß ihnen je einer der Zuhörer das Erleben und Überleben und das jetzige Erzählen glauben würde. Aber sie sprachen im Radio, und es war die wahre Stunde des Radios: sie mußten die Zweifel am eigenen Überleben und wieder Erzählenkönnen nicht gespiegelt sehen im Gesicht des ungläubigen Zuhörers, und sein Entsetzen oder seine Entsetzensleere fiel nicht auf sie zurück und bestätigte ihnen erneut, daß es sie wirklich nicht mehr gab. In dieser wahren Stunde des Radios konnten sie ganz für sich erzählen und doch allen nachts Wachenden zwischen Hamburg und Köln. Dem Mörder konnten sie den Mörder beschreiben, dem Helfer die Hand, und sich selbst, redend, konnten sie eine Hoffnung beschreiben und einen Tag, an dem alles zu erzählen sein würde, immer wieder zu erzählen bis hinter das Ende der Zeit.

In diesen Stunden des Radios hielt Egbert das Radio für den wahrhaftigsten Erzähler der Welt.

17

Wenn Heribert Poggenpohl jetzt wieder die Szene betritt, tut er dies mit verschiedenen, in ihn eingefügten, aus Amerika importierten Ersatzteilen, einem verkürzten Bein und einem klobigen, aber handgenähten Schuh am rechten Fuß.

Tief in seinem eigenen Fleisch und Blut hatte er den Nutzen erfahren, den die Ärzte aus dem so überreichen Erfahrungsmaterial des Krieges und seiner Verletzten zogen. Was jetzt an ausgetüftelten Apparaturen und miniaturisierten Nachahmungen von Leben über den Nordatlantik geflogen und auch in ihm versenkt wurde, lehnte er keineswegs ab, sondern billigte es als Wiedergutmachung eines Schadens, der ihm ohnehin durch eine ausländische Macht entstanden war. Mit einer der Gewitterwolken der Justiz, in denen Levy gelegentlich über die Stadt hinwegtrieb, war er auch gegen jenes Gerücht vorgegangen, das Heribert als Samenkorn aus seinem Krankenbett geworfen hatte. Da jetzt mit Strafe bedroht war, wer es weiter nährte, redete Heribert mit der Unangreifbarkeit eines Diplomaten von einer ausländischen Macht, die ihm und dem amtsenthobenen Doppeldoktor Godelke bei Kilometer sechs auf der Straße nach Wittmund den Krieg erklärt und sofort scharf geschossen hatte.

Bei seinem ersten Besuch im Postamt, in dem er künftig sitzend beschäftigt wäre, hörte Egbert ihn tatsächlich von den Operationen, der Implementierung von Ersatzteilen und den Übungen der Krankengymnastik reden wie von Kriegsverläufen. Die Front zeichnete er ins postalische Gedächtnis seiner Zuhörer ein von Kilometer sechs über die Notaufnahme in Wilhelmshaven in die Kliniken von Oldenburg und Hannover bis in die Kurorte an der Weser, deren schwefelhaltiges Wasser ihn dem Vaterland und der Mutter Post und allen seinen Kunden in Jever zurückgegeben hatte, ja er sagte: das war mein Krieg. Das hörte Egbert ihn im Postamt mit ähnlich verhaltener Stimme sagen wie manche Teilnehmer am wirklichen Krieg, die auch erst zu vorgerückter Stunde mehr von ihren Reichtümern preiszugeben bereit sind, und so beschränkte Heribert sich hier auf seiner Dienststelle auf eine der gelassenen Zoten des Veteranen und sagte:

- Die Nachtschwestern sind von allem das Schärfste. Du holst dir unter der Bettdecke einen runter und ziehst mittendrin die Reißleine der Klingel. Und

wenn sie sich über dich beugt, spritzt du ihr zwischen die Titten oder mitten
ins Gesicht, das mögen sie.

Mit Erstaunen beobachtete der kürzlich erst verbeamtete Postassistent Egbert, der auf den entscheidenden Beförderungsschub zum Postsekretär der mittleren Laufbahn wartete - und weit vor sich, hinter der Gebirgskette aus Geduld, Botmäßigkeit, Intrigen und Prüfungen lagen im milchigen Blau des Lebenszieles die Gipfel des Postobersekretärs und Posthauptsekretärs - wo jetzt der einfache Zusteller Heribert mit seiner sitzenden Tätigkeit eines Schwerbeschädigten in der Behörde angesiedelt wurde. Er nahm Platz neben dem Sicherheitsbeauftragten, von dem die wenigsten wußten, welche Dossiers er führte und zu welchen Schreibtischen seine Schlüssel paßten. Wer das größte Schlüsselbund des Amtes hütete, wer dienstlich verreiste, ohne sich auf neunundachtzig Formularen abzumelden, und wer einem dann noch vor erwarteter Rückkehr wieder im Dienstgebäude begegnete, der war trotz aller Kumpanei nicht zu durchschauen, und niemand wollte von ihm im Vollrausch einer Samstagnacht gesehen werden, ja nicht einmal beim Kauf einer kleinen Flasche HANSEN-Rum.

Mia fühlte sich bald von ihren medizinischen Grundkenntnissen verraten, schien Heribert doch seine ganze Pfennigfuchserei in einem der Operationssäle oder im schwefelhaltigen Wasser der Kurorte an der Weser gelassen zu haben. Er ließ das Dach neu decken, in dem wilde Bienen gebaut, Fledermäuse genistet hatten und das von Moosflechten bedeckt war, die ihm ewig sickernde Feuchtigkeit spendeten. Er ließ die Schornsteinkrone neu mauern, den Zaun richten und die alten Kohleöfen gegen Gasbrenner austauschen und machte nicht einmal eine Andeutung zur Teilung der Kosten. Das war nicht mehr der Heribert ihrer bisherigen Qual. Und schon sah sie sich genötigt, ihn außerhalb der Reihe kniefrei und ohne Höschen zu empfangen. Er näherte sich in seinem klobigen, wenn auch handgenähten Schuh dem Bett, klopfend wie der Leibhaftige und wie einst der Reichspropagandaminister seinen Gespielinnen des Zelluloids am Wannsee („Dr. Kaulquappe - nur Fresse und Schwanz"), und Mia, still und von einer Tablette entrückt, erwartete den Untergang in Schwefeldampf. Aber dann war er ein ganz gewöhnlicher, schließlich sogar sehr zärtlicher Mann.

Vor dem Unfall hatte sich Heribert alle paar Abende im Anbau des Schneckenhauses eingeschlossen und die Reichtümer seiner Reliquien sortiert. Hier hing eine Schinkenkeule, die Egbert zuweilen mit einem Nachschlüssel besuchte. Hier tröpfelte der Selbstgebrannte, mit dem er sich seine Räusche trank. Hier auch hatte er Dosen aus Übersee aufgereiht, die für die Post Irrläufer und Verlustmeldung waren, deren Beschriftung bereits nach Pulverkaffee von Maxwell duftete und aus denen texanische Rinderherden, die gerade in die Schlachthöfe Chicagos getrieben wurden, nach Wasser brüllten. Jetzt aber löste er seine Höhle auf. Er schenkte Emma und Egbert Dosen, bis sie die Stampede halbwilder Rinder in ihrem kleinen Haus wirklich nicht mehr wollten und Pulverkaffee durch die Küche stob, sobald einer von ihnen nieste. Er wrackte seine Destillieranlage ab und schwor fortan auf Kirschwasser, Himbeergeist und Wacholder aus lizensierten Quellen. Aus Oldenburg ließ er einen Trophäenjäger kommen und mit seinen ganzen Reliquien der vergangenen Größe wieder abfahren, mit denen er doch vor dem Unfall gehandelt hatte wie die Schamanen mit den Vorhäuten und Steißknochen ihrer Feinde, der Haut giftiger Schlangen, dem Horn großer Vierbeiner, den Mittelzehen von Waldelefanten, den Reißzähnen menschenfressender Großkatzen, den Planken Schiffbrüchiger und den Nägeln von Männern am Kreuz, und er schaffte sich einen Kleinstwagen der Firma Zündapp an, der Janus hieß: zwei Personen vorne in Fahrtrichtung, zwei Personen hinten mit Blick auf die eben noch durchfahrenen Dörfer, und betrieb ihn steuergemindert, versicherungsermäßigt und versehen mit einer großen, Nachsicht und freie Fahrt fordernden Plakette wie jeder wirkliche Invalide des wirklichen Krieges. Da wußten alle, daß Heribert in den Operationssälen und Kurheimen ein anderes Leben begonnen hatte. Sie fragten sich nur, wie er das bezahlte.

Wenn dieser Kleinstwagen eng mit vier Personen besetzt war, sahen die beiden vorderen die Welt so, wie sie sich in die Zukunft der Stadt und des Landes hinein entwickelte. Ihnen konnte eine halbwegs normale Perspektive unterstellt werden. Die beiden hinteren aber saßen mit dem Rücken zur Fahrtrichtung und sahen vor sich immer nur die fliehende Rückseite der Zukunft. Ein Fahrer, der ihnen dicht folgte, verstand bald überhaupt nichts mehr, weder seine eigene Zukunftsperspektive noch die der anderen. Er sah vor sich rückwärts in die Zukunft fahrende Mitmenschen, die von dieser Fahrt genauso verwirrt schienen wie er selbst, ihr bloßer Betrachter, und obendrein schienen sie noch peinlich berührt zu sein, weil sie dabei beobachtet wurden, wie sie in allem versagten. Sie erlebten die Zukunft, die zu erreichen sie sich mit diesem mobilen Notbehelf vorgenommen hatten, nur als von diesem Fahrzeug getötete und verschlungene und wieder ausgeschiedene Gegenwart, und statt sich in einer Zukunft wiederzufinden, landeten sie unweigerlich in der eigenen Vergangenheit.

- Mit diesem Janus macht er mich noch verrückt, sagte Levy. *Wenigstens zweimal am Tag rumpelt er damit durch die Schlosserstraße und hält bei mir an. Ich begrüße ja, daß mir die Schlapphüte in Hannover neuerdings Personenschutz gewähren und ihn dafür bezahlen. Aber ich hätte nie gedacht, daß ich dem Verfassungsschutz so viel wert bin.*

Dieses Doppelauto paßt zu ihm wie der Tritt in den Arsch der Kuh. Nie weiß ich, ob ich noch meine Vergangenheit oder schon meine Zukunft vor ihm verstecken soll. Immer rätsele ich, ob er mich gerade bespitzelt hat, oder ob er erst auf mich zukommt, um mich zu bespitzeln. Auch weiß ich nicht, ob er mit diesem Ding nicht gerade seine Vergangenheit in unsere Zukunft fährt. Denn wenn er mit der Vergangenheit nicht schon in der Zukunft wäre, müßte man doch heute in der Gegenwart das Rücklicht der Vergangenheit sehen, hinten an seinem Auto, oder?

In all dieser Wirrnis der neuen Mobilität schien allein Heribert selbst einen klaren Kopf zu behalten. Er nämlich meldete als erster, und legte allen seinen zunächst völlig ungläubigen Zuhörern handfeste Indizien vor:

daß Levy sich anschickte, Hals über Kopf die einzige Frau Jevers zu heiraten, mit der kein einziger Mann der Stadt bei anhaltend klarem Bewußtsein jemals den Bund fürs Leben eingegangen wäre - nicht einmal ein schiffbrüchiger Karibe hätte es getan, der eben noch in der Weite der Nordsee von seinem Bananenfrachter gestoßen worden war und dem diese Frau von einem Ausflugsschiff vor Helgoland freundlich und lebensrettend zuwinkte, und auch kein Bantuneger, geflohen aus einem Arbeitslager Südafrikas vor den Schrecken der weißen Folter. Am nördlichen Rande von Johannesburg hatte er angefangen zu laufen, hatte die Wälder und Savannen Botswanas, Zentralafrika und die Sahara auf den Spuren einer Salzkarawane gequert, die Enge von Gibraltar durchschwommen, war durch die Trockenheit Andalusiens und die Orangenhaine Valencias gerannt, durch die Aprikosenpflanzungen Südfrankreichs und alle Weine Burgunds, war über die Kohlenhalden des Ruhrgebietes geklettert, die Pferdekoppeln des Münsterlandes und die Viehweiden südlich von Jever, bis er im Schloßpark vor dieser Frau restlos erschöpft zusammenbrach, die ihm sofort die Schrotflinte einer Ehe an die Schläfe hielt, und dennoch sagte er mit allerletzter Kraft, aber großer Bestimmtheit *no, I wont fuck you and I wont marry you I wanna be alone.*

Manche der Zuhörer frohlockten. Sie nahmen an, auf diese Art würde sich das Problem Levy so oder so ganz von alleine regeln. Mit SO meinten sie: nach wenigen Wochen schon bringt er sie um wegen ihrer ganzen Männergeschichten, die noch ausdauernder sind, als es seine ganzen Frauengeschichten früher waren, und welcher Mann hält das aus. Er bringt sie um und verschwindet mit ihrem Kind in die Steinwüste Palästinas oder in irgendeine der Felshöhlen, die er sich bei seiner Flucht in den Steilhang der Erde gegraben hat, dort, wo sie nach Süden zu schroff ins Nichts hin abfällt. ODER SO bedeutete: nach wenigen Wochen schon bringt sie ihn um, weil sie sich mit ihren ganzen Männern in die beiden Häuser Schlosserstraße/Bismarckstraße setzen will, die ihr doch zufallen, sobald sich die gewaltige Staubwolke aus pochendem Recht und gewaltsam verlangter Rückübertragung nur einmal verzogen hat und ein feiner Goldregen aus der Kasse von Entschädigung & Wiedergutmachung über den Häusern niedergeht.

Emma aber warf ihrem Mann vor, nicht genug für den schwierigen Freund getan zu haben. Da rekapitulierte Egbert alle einhundertundein Briefe, mit denen er vergeblich versucht hatte, Levy eine Frau zu erschreiben. Bei dem kriegsbedingten Überschuß hatten achtunddreißig auf den Köder gebissen. Davon nibbelten aber dreißig nur daran herum und zwei mußten noch vor Beginn des Rennens disqualifiziert werden. Es war die letzte Geliebte des Oberstleutnants vom Moorhof, eine Kölnerin, die ihre Liebe zum Land entdeckt hatte und von Levy erwartete, daß er, der doch längst den Nektar von Entschädigung & Wiedergutmachung tränke, sie mit einer goldenen Kutsche aus jener einfachen Pension abholte, in der sie Unterschlupf gefunden hatte; und es war eine fünfzehnjährige Hochschwangere, die mit der Fähre von Langeoog übersetzte, bereits im Hafen von Bensersiel von Egbert abgefangen wurde und sich bis zum Auslaufen der Gegenfähre mit kleinen, trockenen Tränen an seiner Schulter ausweinte. Die verbliebenen sechs Frauen waren Reisende, erfahren in den Beschädigungen der Männer, die sie vom Frühjahr bis zum Herbst testeten, um mit einem von ihnen den langen Winter zu verbringen, und mit Spott, aber auch zärtlicher Wehmut und etwas Neid dachten sie dabei an jene häuslichen Dummchen, die weder ihre einfachen Bedürfnisse noch gar ihre komplizierten Sehnsüchte einem kurzen Ausflug anzuvertrauen wagten.

So hatten alle sechs Frauen einen scharfen Blick für das Mögliche entwickelt und dafür, was die Zeit jeweils mit Frauen und Männern macht. Alle sechs erkannten schon auf dem Bahnhof Jevers, was für eine

Gewitterwolke über dem Mann dräute, der sie hier mit dem Charme eines
Kinohelden aus der Frühzeit des Kinematographen erwartete - eine Wolke
aus Recht und Rechthaberei, aus getarnter Vergeltungssucht und abgelehnter
Reue, aus uneingestandener Scham und offenem Trotz, aus
Wiederholungsängsten auch und dagegen erlassenen Gesetzen und
errichteten Tabus, aus verbotenen Wörtern und falschen toten Helden und
aus Opfern, die mit dem Gift der Unberührbaren gesalbt waren und
deswegen allen mehr und mehr zum Halse heraus hingen, und sie sahen, daß
sich diese schwere Wolke vom Bahnhof bis zur Schlosserstraße erstreckte
und sich jeden Augenblick mit der Wucht eines tropischen Unwetters
entladen konnte. So entwanden sich alle sechs noch am ersten Tag der Lage,
in die sie das Gesäusel von Egberts Briefen gebracht hatte. Keine von ihnen
blieb über Nacht oder hinterließ auch nur das kleine Pfand eines Schlüpfers
oder Strumpfes außer dem eines letzten schönen Lächelns, denn sie hatten
einen Mann erlebt, der immer noch fröhlich und geistreich sein konnte, auch
wenn er bald untergehen würde. Zwei von ihnen deuteten zum Abschied
einen Knicks an. Damit wollten sie ihm sagen, daß sie den Prinzen vor
zwanzig Jahren gern genommen hätten, damals, als sie noch keine
erfahrenen und wählerischen Reisenden waren und er noch kein Exilant, der
jetzt unter der schweren Wolke des Rückkehrers lebte.

Und wieder einmal schneuzte sich der Mann, der sich jede Nacht vor sich
selbst zu fürchten begann, mit den letzten amtlichen Verfügungen und
Klageandrohungen die Nase, denn sie waren auch in dieser Nacht seine
einzigen Gesellschafter: Rückbau von Zimmer Nr. 3, dessen Fenster er im
Vorgriff auf bessere Geschäfte zu einem Schaufenster erweitert hatte/
Stillegung eines gebrauchten Pkw Ford, den er zum Transport von
Schweinen und Kälbern, aber auch Möbeln vom Sperrmüll mit einem
sinnvollen, wenn auch alle Eleganz des Designs zerstörenden Anbau aus
Holz und Pappe versehen hatte/ Klage des Nachbarn wegen freilaufender
Hühner, von denen eines unzüchtig nackt war/ Klage des Kleintierarztes Dr.
Thomas Godelke Junior wegen eines weiteren, wenn auch flüchtigen
Vergleiches mit dem in Südamerika flüchtigen Dr. Josef Mengele und
wegen eines neuen Wurfs von Mischlingshunden, die jedes Zuchtbuch
ruinieren würden ... und wenn auch in dieser Nacht die letzten Haustüren der
Schlosserstraße hinter Katze und Hund und unruhiger Tochter und den zwei
nachtschwärmenden Saufbrüdern von Vätern zugefallen waren, verschwand
auch diese Straße wie die ganze Stadt mit einem letzten Ausatmer, der
nichts als ein gemeiner Rülpser war, in ihrer eigenen Kanalisation und ließ
an der Oberfläche nur vereinzelte Spuren von sich zurück, Hautflechten und

eingetrocknetes Blut und einzelne Beleuchtungskörper, die mit der Unkündbarkeit städtischer Bediensteter ein schlummerndes Weiterleben und die Wiederauferstehung am nächsten Tag behaupteten. Dann stand Levy auf und begann, Gegenstände aus Zimmer Nr. 1 in Zimmer Nr. 3 zu räumen und alles aus Nummer 3 in Nummer 2, bis er vor Übermüdung strauchelte und sich wieder aufs Bett setzte, um auf die Flügelgeräusche und den Luftzug und die Bruchlandung auf seinem Bett dieser ganzen toten Männer zu warten, die in seiner Mutter gewohnt hatten. Und schon hörte er seinen kleinen Freund in Frisco nacheinander über alle Nationen, Rassen, Völker, Stämme, Religionen, Sekten dieser Welt zetern, Spucke kochte in der Gebetsmühle seines Mundes, und nur er wußte, daß alles das bloß Versuche waren, endlich jenes eine Wort zu finden, mit dem er seine Vergangenheit eines Überlebenden hätte benennen können, so daß er endlich als friedlicher Engel mit den Möwen über die Bay hätte streichen und für immer auf und davonfliegen können. Und wieder war er in Greyhound-Bussen Kaliforniens und in früheren, zur Unkenntlichkeit zerschlagenen Greyhound-Bussen Mexikos und Mittelamerikas und Kolumbiens und Ecuadors und Perus unterwegs, deren Fahrer das Lenkgestänge festhielten und er selbst pumpte unablässig Luft aus dem Bremszylinder, unterwegs war er auf seiner fehlgeschlagenen Reise nach Argentinien, auf der sich Paraguay als die letzte schwüle Sackgasse erwies, bewacht von neuen deutschen Grundbesitzern, die mit Pässen des Vatikans wedelten, und überall auf den Zocalos und Plazas de Armas, die abwechselnd nach ihren größten Befreiern und ihren blutigsten Schlächtern hießen, saßen im Schatten staubiger Tamarinden und verkümmerter Flamboyants diese ausgebrannten Männer, deren Frauen sich tief in die Schatten ihres Wahns verkrochen hatten, Leuchtbojen aus Europa, im Sturm losgerissen und abgedriftet und nach Schiffsmeldung erloschen, und er hatte sich vorgenommen, alles zu werden, die Leiche eines Verdursteten im Llano Paraguays, die von hinkenden und jaulenden Hunden zerrissen wird oder dieVogelscheuche eines Gekreuzigten, den die Wegelagerer Perus an das einzige Verkehrsschild im Umkreis von 230 Streckenkilometern genagelt haben, aber nicht das: einer dieser ausgebrannten, an die Küste Südamerikas gespülten Überlebenden, die Leuchtboje 10100 oder die Leuchtboje 10101 oder die Leuchtboje 10102 oder die Leuchtboje 10103 oder die Leuchtboje 10104, die nach Schiffsmeldung erloschen ist.

Wieder hörte er den einzelnen Wagen, der sich langsam dem Haus näherte, kurz anhielt und schnell wieder abfuhr, kaum war die Fensterscheibe von Zimmer Nr. 1 unter dem Stein zerbrochen, der auch der Brandsatz in einer

Bierflasche sein konnte. Kurz bevor sich mit dem Sonnenaufgang die Stadt wieder aus ihrer eigenen Kanalisation schälte und das Schloß aus dem Nebel des Schloßgrabens aufstieg, zögerlich erst und dann mit dem Geräusch eines gezogenen Korkens, sah er im ersten Licht die ganze Bescherung dieser Nacht. Erst waren die toten Männer aus dem Bauch seiner Mutter gestiegen und hatten alles von Zimmer zu Zimmer gekickt, was er liebte: seine Papiere und Bücher, die Teetassen und Zigarren und die Fotos seines kleinen Freundes aus San Francisco, dann war das Feuer durch die drei Zimmer gelaufen und hatte alles versengt, und schließlich war jenes Meer gekommen, in das ihn schon 1936 der damals noch pubertierende Heimatschriftsteller Poggenpohl hatte steigen gesehen und mit seiner großen, gemächlichen Lästerzunge hatte es alles gelöscht, so daß seine Wohnung wieder einmal nichts als Strandgut war und er selbst nun doch die losgerissene, abgedriftete, nach Schiffsmeldung erloschene Boje.

Noch am Vormittag ging er los, blumenbewaffnet und cognacgerüstet. Der Kindernarr Levy spielte mit der unehelichen Tochter Dorte, und der Mann Levy schlief mit der Mutter Verena. Diese Frau, die tagsüber von jedem Mann gemieden wurde, der etwas auf sich hielt, aber nachts von allen begehrt wurde, die sich tagsüber so angestrengt hatten, war nicht einmal sonderlich erstaunt, daß er sie auf der Stelle heiraten wollte. Sie hatte sich daran gewöhnt, daß das meiste im Leben schief geht und daß es darauf ankommt, nie und nimmer den Mund zu halten. Und sagte auf der Stelle Ja.

- *Die Hure und der Jude*, sagt Heribert.

- *Die Hure und der Pole und der Jude. Also wirklich. Die leben wie die Hottentotten im Kral*, sagt Heribert.

Im Schloßpark sieht Egbert eine Frau mit ihrer kleinen Tochter sitzen. Diese Frau nennt er heute Verena, morgen Gundula, dann Elfriede, Melanie, Nina, Peggi, Sabine, Tanja, Viletta, nie aber Erna. Er fürchtet ihre schnell geblähten Backen, das flatternde Zäpfchen und die Zunge, die vor keinem Unwort versagt. Manchmal bewundert er das Getöse, das sie aus ihrem Leben macht. Dann ist sie Dreschmaschine, Silvesterkracher und Kettenkarussell in einem. Immer aber fürchtet er es auch. Und jetzt fürchtet er noch, daß sich bald ihre Anwälte des Armenrechts honorarhungrig auf jedes seiner Wörter stürzen, das sich auch nur von Ferne zu einem Mißverständnis eignet. Er fürchtet es, obwohl er natürlich überhaupt nichts zu befürchten hat bei seiner stillen Art, mit der er diese Frau mit ihren vielen möglichen Namen im Schloßpark betrachtet.

Mit der ihr eigenen Unerschrockenheit hat sie sich auf die jungen Mütter im Park eingelassen. Sie unterhalten sich über ihre Kinderwagen, kleinen Hunde und verstreuten hölzernen Enten hinweg, denen Räder fehlen. Sie zeigen vor, weisen zurück, bauen sich voreinander auf als konkurrierende Kleingewerbetreibende, die gerade neu in ihre Zwergenfirma EinManneineFraueinKind investiert haben, Umsatz und Verlust machen und noch immer keinerlei Gewinn bis auf jenen, sich hier im Park ein paar Sonnenstrahlen einzufangen, zu vergleichen, zu verwerfen, besser zu wissen, aber gleichzeitig zu spüren, daß eine die andere betrügt und immer deutlicher und bedrückender zu ahnen, daß sie außerdem noch alle zusammen gewaltig übers Ohr gehauen werden.

Jetzt sieht Egbert diese Frau, die alle Namen gleichzeitig trägt, also Verena und Gundula gerufen werden kann, Elfriede und Melanie, Nina, Peggi, Sabine, Tanja, Viletta aufstehen und die Backen blähen. Im Fortgehen stößt ihre Zunge einen Schwall von Unworten vor sich her, während ihr eine der Kleingewerbetreibenden, die sich eben noch konkurrierend voreinander aufgebaut haben, den nackten Mittelfinger hinterherschickt. Sie hält ihn sich unter die Nase und zieht eine Grimasse, als sei sie mit dem Gesicht in frischen Hundekot gefallen. Dann sinkt sie wieder zurück, ohnmächtig und mutlos und ist von Egbert nicht mehr zu unterscheiden von den anderen gerupften, abgehangenen Wachteln, die das Blau der Leichenblässe und die Brandflecken unvorsichtigen Flämmens angezogen haben, mit Pfefferkörnern, Lorbeerblättern und Waldfrüchten garniert sind, die erneut ausgenommen und wieder frisch gefüllt werden noch einmal und noch ein letztes Mal, obwohl sie doch die Füllung bereits verlieren und mit suchenden Stichen vernäht werden müssen.

Auch dieser Frau, die Egbert mit den Vornamen aller Frauen schmückte, unterstellte er, wie sich selbst, reichliche vorgeburtliche Erfahrungen. Nur hatte sie schon als Kleinstkind die Backen gebläht und das Zäpfchen flattern lassen. Immer hatte sie alle Rechte für sich reklamiert, die ihr vorenthalten wurden, und es mochten viele gewesen sein. Immer aber auch hatte sie im Getöse ihres Lebens Rechte wahrzunehmen versäumt, die ihr ohne diesen Lärm still zugewachsen wären. Bald war sie nichts mehr als die Lärmmaschine ihres eigenen Lebens, hungrig auf Leben und mit ihrem Hunger auch Leben vernichtend oder beschädigend oder in die Flucht schlagend, biß nur noch auf ihrem eigenen Hunger herum, hatte nichts als das eigene Getöse im Ohr und sah und hörte so nicht einmal, wenn sie am Pygmäenhaus An der Schlachte vorbeiging, daß ihr hier Erika Drüke scheu zuwinkt und ein Wort gegen die Scheibe flüstert, das ein Atemfleck bleibt, sah und hörte nicht im Getöse ihres Hungers auf Leben, daß sie auf dem Weg zum Schloß die Vornamen aller Frauen, die Egbert ihr gab, um sich herum hätte versammeln und sie auf die Beine stellen können, um das Schloß zu besetzen, den ganzen Plunder des Heimatmuseums in den Innenhof zu werfen, wo die Sitz- und Zeugungsbetten der Ahnen, ihre sandbestreuten guten Stuben, die handgeschmiedeten Waffen der Krieger, die stockfleckigen Akten der Schuldner, die Kummetgeschirre der Zugtiere, die Folterinstrumente aller früheren Zurichtungen zu Staub zerbröselt wären, und mit den Glockenschlägen des Sonnenaufgangs wäre eine erste Prozession von Männern aus der Stadt Jever gekommen mit Most und Getreide, Salz, geräuchertem Fisch, Hammelkeulen und Entenbrust, um das Frühstück zu richten und natürlich auch, um die Abtritte der Nacht zu säubern, das blutige Linnen der Menstruierenden zu waschen und später auf einem dreisaitigen Kürbis ein Lied zu spielen, das lange verschollen gewesen war: das alles sah und hörte sie nicht im Getöse ihres Lebens.

Das war Levys Frau, die in Jever zu einem Weib verbrannt war.

18

Alles rennt.

Levy war in die Spielecke einer unehelichen Tochter zu ihren zerrupften Teddybären und Kaninchen gerannt und ins Bett ihrer Mutter, das noch zwei Tage später nach Fisch und Molke gerochen haben soll.

Heribert rannte frühmorgens schon mit seinem unregelmäßigen, handgenähten Klippklapp und Tictoc des Behinderten ins Amt, bevor die Zusteller ihre Taschen mit der Post des Tages füllten. Hatte er etwas besonders Erregendes gefunden oder auch nur die Witterung eines Verdachtes aufgenommen, hörte Egbert bei seinem Dienstantritt noch sein eindeutiges, nervöses Signal hinter der verschlossenen Tür des Sicherheitsbeauftragten. Einmal im Monat rannte er in seinem Janus, die Vergangenheit dicht im Nacken und die Zukunft eng vor Augen, in geheim bleibender Mission nach Wilhelmshaven, von dort nach Oldenburg, von dort zurück nach Jever und schien Mia, wenn er endlich wieder, klippklapp und tictoc, das Gartenhaus betrat, größer und gestreckter in seiner Unnahbarkeit eines Mannes, der in einer anderen Welt gewesen war, über die er nicht sprach. Auch schien ihr, er habe im Milchstraßen-Sternendreieck von Jever-Wilhelmshaven-Oldenburg selbst seine Behinderung ein Stück hinter sich gelassen, denn sie sah ihn bereits im Flur stehen, wenn sich sein handgenähtes Klippklapp und Tictoc erst noch auf dem Plattenweg zum Eingang mühte - für die jungen Poggenpohls ein weiteres Alarmzeichen dafür, daß sie immer noch viel zuviel Tabletten schluckte.

Mia selbst rannte zu ihren Frauen, die mit dem Glück und der Not von Schwangerschaft und Geburt rangen sowie zu allen jenen, bei denen auch ohne Schwangerschaft und Geburt das Glück ausblieb und die Not anhielt. Zwar gab es immer noch weniger Geburten als zu der Zeit, da sie dafür prämiert worden waren, aber die Not schien nicht weniger und das Glück nicht mehr geworden zu sein. Nur Mias Beine waren schwächer geworden und die Trippelschritte noch enger, so daß sie schneller zu rennen schien als je zuvor. Sie wandte sich ab und rannte davon, sobald die Rede auf Levy kam und daß er in sein unausweichliches Verderben liefe, sie rannte dann aber doch zu ihm und seiner Frau, der Egbert die Vornamen aller Frauen gegeben hatte, sie rannte hin, da sie schwanger war und half ihr bei der Geburt eines Sohnes, der allen Prophezeiungen zum Trotz weder Hörner trug noch langgeschwänzt war, sondern gewöhnliche drei Kilo und 138 Gramm auf die Waage brachte und gewaltig schrie.

So waren alle in Bewegung und rannten nach vorn.

Selbst der Bahnhofsvorsteher mit seiner roten Mütze kam jetzt wenigstens früh und abends mit den Pendlerzügen in Bewegung. Zu seinem Glück hatte er bislang so nervenschonend gelebt, daß er sogar einen Hang zum Philosophischen entwickeln konnte. Damit bremste er seine Sehnsucht nach einer Bahnreise um die Welt immer wieder mit einem Blick auf die vielen wasserblauen Flecken seines Globus und damit, daß bereits südlich von München und westlich von Köln an den Rändern des deutschen Kernnetzes regelmäßig alle Fahrpläne zusammenbrachen, wenn sie nicht gleich vom versammelten Ungeziefer des Südens, von fliegenden Ameisen, Flugmäusen, Propellerhunden und gewaltigen Schwärmen der Wanderheuschrecke (Schistocerca peregrina) zu reiner Makulatur zerfressen wurden, und an die indischen Eisenbahnen wollte er gar nicht erst denken, die ständig ihre Lokomotiven im Kampf mit Elefantenbullen oder auf hölzernen Viadukten verlieren, woraufhin das nächste Dorf bis Sonnenuntergang den kompletten Zug in mundgerechte Einzelteile zerlegt und vor Hunger alles, Holz, Metall, Gepäck, die Reisenden aus den gemäßigten Zonen mitsamt ihrer Tropenhelme, Sonnenbrillen und Pillendosen verschlingt und mit Dieselöl und Hydraulikflüssigkeit nachspült. - Früh bewegte er sich, sichernd wie das Gesetz, mit der noch schläfrigen Pendlermasse zu den Zügen. Mit seinem Hang zum Philosophischen bedauerte er dann, daß die Pendler in den Waggons wie Schlachtvieh steckten und gereizt und sogar mit deutlicher Bösartigkeit auf ihn, das zurückbleibende Gesetz, wie auf den einzig freien Mann blickten, obwohl er doch Tag und Nacht der Gefangene seiner roten Mütze, seines armseligen Gehaltes und seiner nie zu verwirklichenden Träume blieb. Abends bewegte er sich mit der übermüdeten Pendlermasse von den Zügen ins Bahnhofsgebäude und auf den Vorplatz, wo die Masse sofort in viele einzelne zerfiel und alle es sehr eilig hatten, Fahrräder und Leichtmotorräder und neue Kleinwagen bestiegen, die Gänge wie in Buttertorte hauten und mit Vollgas verschwanden, um mit dem letzten Licht des Tages ihre Eigenheime weiterzubauen, den Flüchtlingen in der Nachbarschaft zu bedeuten, daß sie auch morgen Gäste blieben, Eltern und Schwiegereltern Baukosten abzuverlangen, Kinder und Frauen pädagogisch leicht zu mißhandeln mit dem Recht dessen, der alle Verantwortung trägt, und immer schickten ihm einige einen Blick hinterher, der ihn gerade in seinem Hang zum Philosophischen tief traf: denn abends hielten sie ihn nicht länger für den einzig freien Mann, jetzt hielten sie ihn für den einzigen Gefangenen, dessen rote Häftlingsmütze abgegriffen war und dessen Knasthose schillerte vor Mäusespeck, ein Mann, der keine andere Zukunft besaß als die, bis zum Tag seiner Pensionierung von einer Reise um die Welt zu träumen, die er nie anträte, während sie selbst mit ihrer Haltung nur tagsüber Gefangener und Geknechteter sich so viel Wohlstand erarbeiteten, daß sie abends freie Menschen waren und es sich in aller Ruhe und mit größter Schläue leisten konnten, diesen Wohlstand Demokratie zu nennen, und die machte alle gleich, nur die Gefangenen natürlich nicht.

Alle bewegten sich und rannten nach vorn.

Piet rannte zwischen der wieder gewachsenen Familie und seinen beiden Läden hin und her. Er rannte zwischen sich selbst und der Mutter Hannelore hin und her, die alle frühere Eifersucht überwunden hatte und jetzt, da sie ihren Mann im Eis des Nordmeeres abgelegt wähnte, mit der Klarheit und Schönheit des Alters einfach so tat, als seien Piet und Renates Kinder ihre eigenen und der eigene Sohn nichts als eine verjüngte Ausgabe des eigenen Mannes, dem sie so lange und so nachdrücklich immer wieder von den glücklichen Tagen ihrer Ehe erzählte, daß er bald wirklich der herbeierzählte Ehepartner wäre - und zwischen sich selbst und dem Nordmeer rannte er hin und her, in dem der Vater Hein lag und jetzt gelegentlich wieder sprach, leise und klar, ein Gespräch unter Männern, wie sie es nie zuvor geführt hatten. Er rannte hin zu seinen Kunden im Antiquariat Tiger, Panter & Co., die als einzige in dieser ganzen Hektik in sich zu ruhen und, über einen Stapel toter Bücher Toter gebeugt, sich langsam mit einer unsichtbaren Strömung einem anderen Kontinent zu nähern schienen - und er rannte her zu seinem Straußenei von Wohnwagen bei Schillig, in dem er selten genug ein paar karge Verse verfaßte, und wenn, dann waren es Leuchtkugeln, die er in Not verschoß und mit denen er signalisieren wollte: ich bin noch da, rettet mich denn keiner -

und Renate rannte, die doch vor kurzem noch stumm und damit auch bewegungsgehemmt gewesen war. Mit einem dritten Kind im Bauch rannte sie zwischen den beiden Erstgeborenen hin und her, sie eifrig fütternd und bewachend. Trotz aller Bewegung bildete sie schmerzhaft große Brüste aus und einen Körper, unter dem nachts das Bett krachte, denn ihr war doch, als müsse sie zunächst einmal alles selbst verschlingen, was die Kinder aßen. Je mehr die Kinder sich in die noch fremde Stadt Jever vorwagten und tapsend von ihr Besitz zu ergreifen suchten, um so größere Mengen der Stadt versuchte Renate vorher aufzuessen und zu verdauen und vorverdaut den Kindern zuzuführen, so daß sie sich die bislang fremde Stadt vollkommen aneignete und in ihr heimischer wurde als ihr eingesessenster Jubilar. Mit der Stadt aß sie auch die eigenen Kinder auf, die sich vorher in ihr zu verlieren gedroht hatten. Mit den Kindern aß sie die Schwiegermutter auf, die immer geschickter den Anschein erweckte, es seien ihre eigenen. Mit den Kindern und der Schwiegermutter aß sie auch Teile ihres Mannes und seines so anderen Lebens auf, das er zwischen den Schreib- und Spielwaren und dem Gemurmel der vielen alten Bücher führte, in denen sie vereinzelte Kunden sich wie Schildkröten bewegen sah, sehr langsam und prähistorisch tollpatschig, in einer ganz anderen Zeit und einer völlig anderen Welt langsam dahintreibend. Auch das an ihrem Mann aß sie auf, kein Wunder, daß sie derart große, schmerzhaft schwere Brüste ausbildete. Nur seine Aufenthalte im Staußenei bei Schillig vermochte sie nicht aufzuessen. Hier blieb ihr Mann allein, aber schoß perverserweise irgendwann eine seiner Leuchtkugeln ab, mit denen er seine Einsamkeit beklagte. Dann ärgerte sie, daß er dort so ganz ohne sie und die Kinder auskam und sich dennoch beschwerte, und sie griff wieder einmal zu einer ihrer beiden Quetschkommoden, dem Bandoneon aus Uruguay oder dem Knopfgriffakkordeon aus Köln und spielte mit schwer gewordenem Atem jene trotzigen Lieder von einst, die ihr die Heiterkeitswarte des Festkomitees verboten hatten und nahm sich wieder einmal vor, wenn erst alle Kinder erwachsen und versorgt wären, ein paar eigene Lieder zu schreiben über diese Stadt Jever und ihre Bewohner, die ihr zunächst wie Steine auf der Seele gelegen hatten, aber jetzt ging es, sie war ein Teil von ihnen, ohne Stein geworden zu sein, und ohnehin rannten alle wie sie und aßen auf, längst war doch die Stadt Jever ein einziger Haufen Rennender, die Eier wendeten und Nahrung zersägten und abtransportierten, Vorräte anlegten, Wohn- und Nisthöhlen bauten, Wachen aufstellten und Wachen ablösten, und in jedem Augenblick konnten ihre Verkehrswege kollabieren, taten es aber auf wunderliche Weise nicht, und wenn Renate gelegentlich auf Egbert stieß und der sie mit einer Bemerkung zu bremsen suchte, die er für wohlüberlegt und angemessen substantiiert hielt, dann sagte sie in ihrem Kölsch des Kölner Eigelstein: *Wat willste mir denn, willste mir wat?* - Und fügte für sich mit ihrem neuen, norddeutschen Hochdeutsch hinzu: *Das ist eben das Leben, und alles das ist mein kurzes Glück!*

Es bewegten sich alle und rannten hin und her und nach vorn.

Selbst der Schwiegervater, Vater und behutsam im Eis abgelegte Ehemann Hein ten Hoff geriet in Bewegung, auch wenn er selbstverständlich nicht rannte. Hein nämlich erhielt einen Brief, dem noch die Kälte des Nordmeeres anhaftete. Die seltenen Marken waren abgelöst, er war geöffnet und die Post hatte ihn beruhigend mit dem Vermerk BESCHÄDIGTE BRIEFSENDUNG gestempelt. Auf seinem Weg aus der Tiefe des feindlichen Lagers, ja aus der Tiefkühltruhe des sowjetischen Schreckens war er sichtbar durch viele wärmende Hände gegangen, denn nach dreizehn Jahren eines eisigen Schweigens schrieb ihm sein Freund des Wetters und der Ornithologie, der Zugvögel und des Vogelfluges Ormol vom Eisbrecher Waigatsch, der vor drei Jahren und zwei Monaten erst Opfer eines versehentlich von der anderen Seite der Beringstraße abgefeuerten US-amerikanischen Torpedos geworden und ausgebrannt war. Seitdem war Ormol Rentner. Im Sommer sammelte er Fleisch, Speck, Tee und Tabak für den Winter und brachte den Kindern das Jagen und Eisfischen bei. Und träumte noch immer, wie einst Hein, vom friedlichen Wettspucken über die Beringstraße, obwohl er doch mitgeholfen hatte, seinem eigenen Traum das Grab zu graben. Denn er schrieb u.a.:

... und muß ich Dir leider auch mitteilen, daß sich Deine Reise zu uns, die Du seit drei Jahrzehnten zu verschieben genötigt bist, noch einmal verzögern wird. Es ist wieder etwas dazwischengekommen. Inzwischen nämlich leben wir Tschuktschen mit unseren Frauen und Kindern, den Alten, unseren Ahnen, den Geistern der Luft, den Vorräten an Speck und Tee nicht mehr hinter der Welt.

Kaum war Euer Hitler tot, hat unser Vorsitzender des Ministerrates, der Genosse und Generalissimus Stalin befohlen, die im Nordosten stationierte 36. Armee, der ich angehörte, aufzulösen und die Einheiten in eine neue 14. Armee zu überführen, die hier an der Prowidenje-Bucht zu stationieren ist. Mit der "Walerij Tschkalow" habe ich Soldaten, Pioniere, Zement, Holz und Öfen und schließlich den ganzen Stab hierher gefahren, während im Osten von uns, der dort Westen heißt, also an der Westküste des verschleuderten Alaska die Amerikaner damit beschäftigt waren, Flughäfen, Straßen und Armeestützpunkte in großer Zahl zu bauen. Weißt Du, was das heißt? Das heißt: der eine Krieg ist vorbei, wir Tschuktschen aber leben schon mitten im Auge des nächsten.

Wie lange braucht ein Schlitten mit gut ausgeruhten Hunden von Jever nach Berlin? Eine Woche? Dann sitzt auch Du schon im Auge des nächsten Krieges. Der Seefunk aus Alaska trägt in mein rechtes Ohr, daß es in Berlin und im ganzen Osten Eures in die Himmelsrichtungen zerfallenen Landes am 17. Juni einen Volksaufstand gegeben hat. Unsere Wetterstation aber, die allgemein als sehr zuverlässig gilt und gerade von einem verrückten Engländer namens Pinchie oder Pinchon besucht wird, der Jever zu kennen behauptet, vermeldet an diesem Tag für Berlin eine tropische Temperatur von 25 Grad Celsius mit drückend hoher Luftfeuchtigkeit und einer Kette von gewittrigen Entladungen. Heißt das, in Wirklichkeit ist dieser Aufstand in der Schwüle der Tropen versunken, die Aufständischen haben sich untergestellt und nach nichts verlangt als nach trockenen Kleidern und kalten Getränken? Höre ich doch besser auf mein linkes Ohr mit der Langwelle aus Moskau? Die berichtet mir nämlich von amerikanischen Agenten in grauen Regenmänteln, die vergeblich einen Aufstand zu schüren versucht haben und von dem amerikanischen Sender RIAS, der noch Wind ins Feuer blies, als es längst vom Regen gelöscht war.

Schreib mir mal. Als Rentner habe ich jetzt so viel Zeit, daß mich die Zeit durcheinanderbringt. Schon lange sind die Himmelsrichtungen nicht mehr wie früher. Selbst die astronomische Navigation mit dem Sextanten hat bei meiner letzten großen Fahrt nicht mehr richtig funktioniert.

Ormol T.

Über diesen Brief geriet Hein, der als geübter Invalide immer ein Musterbeispiel an Ruhe und Umsicht gewesen war, so in innerliche und auch motorische Unruhe, daß Hannelore fürchtete, ihn im Bett fixieren zu müssen. Erstmals bedauerte er laut, alle seine Bücher an seinen Sohn verschenkt zu haben, war er doch immer in diesen Schriften gereist und hatte ihn jede seiner virtuellen Reisen beruhigt und bereichert und ihn davon überzeugt, daß das größte erreichbare Ziel selbst im Leben der Gewichtheber, der Bezwinger des Himalaja, der Erforscher des flüssigen Erdkerns, der Taucher in der Tiefsee und der Weltreisenden per Fahrrad ohne Gangschaltung nichts als ein inneres sein kann, eines von Kopf und Herz. Aber jetzt, ohne die Droge seiner Bücher, war er nicht mehr zu halten.

Er telefonierte wild in Friesland und in anderen Landesteilen der neuen Republik herum. Er zog Erkundigungen in Botschaften kürzlich erst eingedeichter Länder und in Konsulaten alter, bemooster Reiche ein. Er brachte den Vorsteher des Bahnhofes Jever zur Verzweiflung, der ihm eine Rückfahrkarte Jever-Bremen-Hamburg-Berlin-Warschau-Moskau-Gorki-Krasnokamsk-Nowosibirsk und einen Freifahrschein für sozialistische Barkassen, Flöße, motorgetriebene Eisschlitten und Kleinflugzeuge bis zur Prowidenje-Bucht ausstellen sollte, wo ihn der verrentete Kapitän Ormol mit einem Rentiergespann abholen würde. Etwas Ruhe kam erst in die ganze Angelegenheit, als Paul von der Wäscherei und Heißmangel THEO & PAUL alles in die Hand nahm.

Theo & Paul waren das einzige und somit auch älteste gleichgeschlechtliche Ehepaar der Stadt. Es war jener Theo, der sich einst in Hamburger Bars hatte demütigen lassen, um mit dem Geld in Jever eine Kneipe eröffnen zu können, mit seinem großen Herzen aber Levy für eine seiner Fluchten so viel borgte, daß es nur noch zu einer einfachen Wäscherei reichte. Die betrieb er von Anfang an mit dem aus einem Hamburger Reisebüro unehrenhaft entlassenen Paul. Niemand erfuhr je, wie die beiden als Ehepaar die Zeit des Rosa Winkel überstanden hatten: ob jemand im friesischen Himmel der Partei seine warme Hand über sie hielt, oder ob es schlicht daran lag, daß die Betreiber einer Wäscherei mit dem Intimsten Umgang haben, das eine Gemeinde zu bieten hat; schließlich verstehen sie aus der Schmutzwäsche alles zu lesen, was ihre Lüsternheit begehrt, können aber auch die Augen niederschlagen und unwissend tun wie wirkliche Herrscher.

Theo war der Arbeiter. Er lebte für die Wäscherei und ihre Kunden und für Paul, der von Arbeit freigestellt war und für Theo lebte und für Höheres. Paul wußte alles über Kursbücher und bereitete sich auf einen internationalen Wettbewerb vor, der für nächsten August in Frederiksdal an der Südspitze Grönlands vorgesehen war. Er kannte das um die Welt gesponnene Netz der Schifffahrt auf den Meeren und Ozeanen, Binnenmeeren, Seen, Baggerseen und Flüssen, den Rhythmus der Flugboote, Passagiermaschinen und Kleinflugzeuge selbst schon von künftigen Ländern Afrikas, die erst noch den Franzosen, Engländern, Belgiern und Portugiesen entgleiten mußten, denn wie ein Insektenkundler über die Engerlinge hinweg schon auf die Flugfrequenz der künftigen

Maikäfer schaut, sah er über seine Kursbücher und Timetables hinweg in die Zukunft und auf die Mobilität und Entwicklung der Völker. Und schon füllten sich die leergeräumten Bücherregale Heins wieder mit virtuellen Reisen, mit Zügen, die in Angola und Moçambique nie einen Gleiskörper gehabt hatten, aber fahren würden, sobald die Portugiesen ihr ganzes verkleinertes, kitschiges Portugal der schwarzrot glasierten Hähne, erblindeten Salonspiegel, von den Termiten zerfressenen Indienfahrer und vom Licht Afrikas gebleichten Heiligenbilder auf die Schiffe in Luanda und Maputo verladen hätten. Die beiden ergänzten sich bestens, denn Hein war wieder virtuell unterwegs, und Paul hatte endlich einen Nutzer seines umfangreichen, bislang völlig nutzlosen Wissens, das auf dem Internationalen Wettbewerb in Frederiksdal ohnehin einer gewissen Lächerlichkeit preisgegeben worden wäre. Der erste Preis sah nämlich eine winzige Spielzeug-Eisenbahn vor, die aus dem Elfenbein eines Walrosses geschnitzt war und mittels eines Teelichtes dampfen konnte.

Alle bewegten sich und rannten nach vorn, wo der aus Übersee eingelaufene Frachter DEMOKRATIE angelegt hatte und den Wohlstand ausbootete.

Nur Egbert, selbstverständlich, rannte nicht. An seinem Postschalter, in der Stadt oder im Backstein-Schneckenhaus seiner einseitigen, aber belastbaren Ehe drehte er nur schnell den Kopf von links nach rechts wie der Zuschauer eines Pingpongspieles. Er beobachtete die hin und her Rennenden und machte sich Notizen für seine spätere Wiedergeburt als Heimatschriftsteller, der einmal vom Rennen aller erzählt.

So sah er, daß sich der Oberstleutnant vom Moorhof in eine Villa mit Rheinblick, sieben Zimmern, Hundezwinger und einer neuen Geliebten zurückgezogen hatte und natürlich auch nicht rannte. Wer hat je einen Oberstleutnant rennen gesehen? Das wäre ja ein Berufsoffizier auf der Flucht. Aber beschleunigt bewegte er sich von Planungsstab zu Modeatelier zu Waffenschmiede. Selten genug nahm er sich zwischendurch ein ruhiges Stündchen. Dann saß er an einem Laufband und ließ schöne Jünglinge an sich vorbeidefilieren mit den Entwürfen für Uniformen einer neuen Wehr, die eine von wehrhaften Bürgern sein sollte und strikt auf Verteidigung statt auf Angriff programmiert wäre. Regelmäßig bedauerte er in diesen Stündchen, daß ihm beruflich so eng die Hände gebunden waren und ihn überdies die Etikette des Amtes einseitig auf die Liebe zu den Frauen festlegte. Die verlassene Geliebte vom Moorhof, die jetzt mit dem Kellner vom Schützenhof ging, verriet Egbert zusätzlich, daß er sich in solchen

Augenblicken eine kleine, feuchte Perle von der Oberlippe zu wischen pflegte. Und sie deutete an, noch Pikanteres auf Lager zu haben, denn natürlich hatte sie ihren Abstieg aus den oberen Stockwerken militärischer Hierarchie zu den schiefen Absätzen des Kellners noch nicht vollständig verarbeitet.

Auch die Schwestern der Dreieinigkeit sah Egbert nicht unablässig in ihrem Haus am Kölner Thürmchenswall hin und herrennen. Sie wurden doch bequem ausgehalten von dem neuen Reichtum, den Sigi Kieslowskys Brathähnchen auch zu ihnen spülten. Allerdings hatte sich die Stadt Köln, die ihnen nach den Nächten der tausend Bomber zwar erschreckend leer, aber auch biblisch rein erschienen war, doch wieder mit Kölnern und Flüchtlingen gefüllt, mit vierzig versteckten Juden und rastlos Umherziehenden aller Art, von denen viele ihr Kreuz auf fremde Art schlugen und füllte sich jetzt zunehmend mit niederländischen und belgischen Händlern und den in ihrem Troß mitreisenden Frauen, die noch auf dem Hauptbahnhof als gewöhnliche Reisende ausstiegen. Kaum aber hatten sie sich in die angrenzenden Straßen verteilt, drangen aus Eigelstein, Domstraße, Weidengasse, Stavenhof und Thürmchenswall ihre lauten Händel und das Gezische aus den Stundenhotels. Das machte den Schwestern viel zu schaffen und hielt sie in Bewegung.

Und Streit rührte sie auf, denn der gemeinsame Sohn Rüdiger erwies sich als Wildling. Er seilte sich von ihrer Liebe über den Hof ab, entwischte durch den Keller, wurde am Hauptbahnhof aufgegriffen, wo er gerade sein neues Fahrrad verschoben hatte und mit zwei Packtaschen wie ein Cowboy ohne Pferd den Nachtzug Warschau-Brüssel-Paris besteigen wollte. Und schon stritten sich die dreieinigen Mütter hart darüber, ob sein Vater nicht doch mehr gewesen wäre als ein Mann, der nach seiner flüchtigen Tat bloß höflich den Hut lüftete, nämlich ein Seefahrer und Weltreisender, wenn nicht sogar ein Freidenker. Natürlich widersprach Gerda hier immer, die den Wildling ausgetragen hatte. In die Enge getrieben, berief sie sich aber stets auf das Geheimnis ihres Herzens, das einzige Geheimnis, das sie ihr Leben lang bewahren sollte. Und schon gab es neuen Streit, pochten die anderen doch darauf, daß keine von ihnen mehr Mutter sei als die andere. Und alle drei rannten empört in den vielen Zimmern des Hauses umher, schlugen Türen, ließen Tassen mit Nerventees fallen, liefen ihrem Streit, der Sittenlosigkeit auf den Straßen und der Wildheit des Sohnes und seinem drohenden Untergang im Nachtzug Warschau-Brüssel-Paris davon. Wenn sie sich abends erschöpft im Wohnzimmer trafen, dem Erziehungs- und

Beratungsraum ihrer Dreieinigkeit, fielen sie sich endlich in die Arme und weinten mehrere kleine Tränen, die freilich schnell erkalteten und aushärteten wie Wachs. Sobald aber später zur tarifermäßigten Zeit das Telefon klingelte, gerieten sie erneut in Aufruhr. Dann nämlich mahnten Egbert und Emma den Moorhof an, die Stallungen für Levys Viehhandel und das Haus für alle Kinder, die sie vor dem Leben in Erziehungsheimen oder der Wildbahn von Wölfen bewahren wollten. Schnell gab die eine Schwester der anderen den Hörer. Jede fand einen anderen Grund, noch keinen Entscheid treffen zu können oder verwies auf die völlig überlastete Mutter Hiltrud oder den völlig überbeschäftigten Sigi Kieslowsky und darauf, daß auch morgen nichts zu entscheiden sei, also sollten Emma oder Egbert übermorgen noch einmal durchklingeln, was sie zunehmend verzweifelt auch taten.

Hiltrud Kieslowsky dagegen, deren einst herbe Schönheit doch vor Jahren schon im friesischen Moor aufgezehrt worden war, rannte inzwischen zu Kölner Fachärzten und in Fachgeschäfte der natürlichen Erhaltung von Haut und Form sowie in solche unnatürlichen Zubehörs zur Erhaltung, lag tagelang eng verpackt und mehrlagig gesalbt in Farmen, die ihr die Aufforstung der restlichen, freilich nur noch ahnbaren Schönheit versprachen, rannte allein oder mit Sigi Kieslowsky zu Treffs, bei denen sie wegen ihrer immer noch schlichten Umgangsformen an den Rand gedrängt wurde, was sie regelmäßig zu einem Fluch auf die Fickimicki-Schickeria Kölns veranlaßte, der einem kräftigen, aber auch verzweifelten Leibeswind ähnelte, womit sie über den äußersten Rand zu kippen drohte, rannte in ihrer knappen restlichen Zeit mit zwei schwarzen und zwei weißen Pudeln durch die Waldflecken des Bergischen Landes östlich von Köln, wo sich Sigi Kieslowskys Brathähnchen zu einem weißen Bungalow verdichtet hatten, und versuchte immer wieder, aus einem der neuen und stets aus Detroit angelieferten Automobile des Sigi einen jener blonden Schmetterlinge zu verscheuchen, die sich ihm bevorzugt auf die nackte, leicht transpirierende und somit männliche Botenstoffe aussendende Haut setzten, sich schon beim Anflug dort festbissen und auf modische Vornamen wie Sabrina oder Dorothy hörten, wenn sie denn wirklich einmal hören wollten.

Und Sigi Kieslowsky selbst?

Hatte Egbert, der alle Rennenden mit den Augen eines Zuschauers beim Pingpong verfolgte, etwa auch ihn im Blick?

Mußte nicht jemand auf der Höhe dieses Wohlstands den Überblick behalten und dazu in völliger Ruhe verharren?

Sigi war immer ein schwerer, behäbiger Mann gewesen. Sein Erfolg beruhte nicht darauf, daß er vor Ideen sprühte, deren Rückstoß ihn in schnelle Bewegung versetzt hätte. Vielmehr war er erfolgreich, weil er nur über sehr wenige Ideen verfügte, diese aber zusammenzuhalten verstand wie Pferde, die gut im Gespann gehen. Und was ihm selbst an Gewürzen für ein schmackhaftes Gericht fehlte, holte er sich von seinen Bekannten. Das war seine eigentliche Begabung: er umgab sich mit Helfern, manche davon reichlich diebisch, andere ziemlich spielsüchtig, die einen zur Trunksucht neigend, die anderen zum Betrug, Männer oftmals, die sich bereits mehrfach an einer Idee die Finger verbrannt hatten, so Bekanntschaft mit dem Amts- oder Landgericht oder wenigstens dem Gerichtsvollzieher machten, wenn nicht sogar mit den Schließern des innerstädtischen Knastes Klingelpütz. Manche von ihnen hatten eben von einer einzelnen scharfen Idee zu viel genommen und sich so die ganze Speise ruiniert. Sigis Spezialbegabung aber bestand darin, von allen diesen verwegenen Zutaten allenfalls eine Messerspitze zu nehmen und notfalls immer sagen zu können, daß er von fremder, einschlägig vorbestrafter Hand mit seinem schlichten Gemüt eines schlesischen Schlachters bloß hereingelegt worden war. So gab er der Ruinenstadt Köln das, wonach sie am dringlichsten verlangte: Fleisch. Zunächst Rinder und Schweine, die er von einer kleinen Bande nachts auf den Weiden im Kölner Umland schlachten und sofort zerlegen ließ, dann bald goldene Hähnchen aus den Königreichen der Niederlande und Belgien, die in großen Mengen unverzollt und steuerfrei über die Landesgrenzen flatterten. Der Hunger auf Rinder- und Schweinehälften war groß, und als sich die Fresserei zum Essen zu verfeinern begann, war der Appetit auf seine goldenen Hähnchen nicht minder groß. Bald liefen seine Geschäfte so gut, daß er das gesamte Ruhrgebiet, wenn er es mit einem seiner blonden Schmetterlinge zu einem Kurzurlaub an die holländische Küste durchfuhr, bereits vollständig in Planquadrate aufgeteilt sah, und in jedem von ihnen drehten sich die Brathähnchen am Spieß und brutzelte das Fett. Dann knackten ihm die Gewinne in den Ohren, als beführe er in dem eindeutig flachen Land gerade einen Paß in den Alpen. Er spürte den eigentlich faden Geschmack des Geflügels im Mund, salzte es, würzte nach mit Pfeffer und Paprika, träumte auch schon kurz von pollo arrosto al diavolo nach sizilianischer Art und vergaß völlig den kunstvoll blonden Schmetterling neben sich, bis ihn Sabrina oder Dorothy zum fünften Mal mahnte: *Sigi, du*

Penner, jetzt halt endlich an. Ich muß doch mal. Wenn du nicht gleich hältst,
piss ich mich voll!

Und doch sieht Egbert jetzt, ganz plötzlich, Sigi rennen. Nach einem
ärgerlichen Besuch bei den dreieinigen Schwestern hat er sich nachts noch
in der Gastwirtschaft Stüsser, Neusser Straße heftig mit einem
Angetrunkenen gestritten. Dieser Mann ist nicht nur ein heimlicher Trinker,
er ist auch nachtragend und außerdem Sachbearbeiter beim Finanzamt Köln-
Nord. Wieder halbwegs nüchtern, wälzt er in seinem Amt Unterlagen, spitzt
Kollegen an, und schon hat Sigi erst die Steuerprüfung am Hals, dann die
Steuerfahnder, zwischendurch die Gewerbeaufsicht und bald die Kripo, was
diesen schweren, behäbigen Mann so beweglich macht, daß Egbert ihn
gleich mehrmals in die australische Botschaft am Hohenzollernring rennen
sieht. Und Egbert sieht, daß diese Botschaft mehr ein Reisebüro und eine
Sammelstelle für Auswanderer denn eine diplomatische Vertretung ist. Der
gestern erst entdeckte Kontinent Australien sucht jene Männer zu ersetzen,
die er an die Briten ausgeliehen und im Krieg verloren hat, damit jetzt nicht
wieder die eingeborenen Traumwandler, die Känguruhs und die noch nicht
von der Myxomatose ausgerotteten Karnickel überhandnehmen, ja in einem
Anfall später Rache die einst von der englischen Barkasse Hamilton
geraubten Bewohner der Salomonen auf dem Kontinent landen und ganz
Australien für sich reklamieren.

Wenn ihm in Köln wirklich der Boden zu heiß wird, macht Sigi weg. Ein
Land, das seine Investoren nachts bis in die Gastwirtschaft Stüsser verfolgt,
verdient ihn nicht, und beweglich waren die Kieslowskys immer. Schon sein
Bruder hätte sich nach Papua-Neuguinea retten können, ein Steinwurf bloß
vom fünften Kontinent entfernt, hat sich dann aber doch mutlos ins
friesische Moor gesetzt. Auch diese Scharte seiner Familiengeschichte
könnte er damit auswetzen, denn eigentlich und an und für sich hat er viel
Sinn für Familie. Und so sieht Egbert diesen Sigi jetzt doch rennen: er läuft
seinen Verfolgern davon, pendelt zwischen Botschaft und seinen Geschäften
hin und her, stolpert nachts im Bett noch durch Langenscheidts Englisch für
Anfänger und durch die Baupläne der Schlachthöfe an der Ostküste
Australiens, denn einer wie er mit seinen Gewinnen trägt Verantwortung für
viele, sollen die jetzt verlorengehen an die Saufköppe von Sachbearbeitern,
die einen kleinen Streit am Tresen gleich vor die Behörde tragen? Andere
stellen neue Brücken ins Land, denen aber keine Straßen folgen, und neben
alten Straßen ziehen sie neue Bahnen, denen alle Brücken fehlen. Was ist
das? Das ist das neue Land, in dem es von Geld und Vorschriften wimmelt.

Aber jede Vorschrift behindert nur das Geld. Und schon rufen sie in dem Überfluß an Arbeit und Ordnung nach den Türken, die ihren Herrgott mit dem Hintern grüßen und bei ihm das Fleisch sieben Mal mit den Fingern prüfen, ehe sie es doch nicht kaufen, weil sie bestes Holsteiner Rind mit Warzenschwein aus Afrika verwechseln. Nein, lieber gibt er sich gleich mit den Kopfjägern und Menschenfressern Papua-Neuguineas ab, mit den eingeborenen Traumwandlern Australiens, den Nachkommen der englischen Sträflinge, den eingewanderten Konditormeistern aus Wien, den Viehzüchtern aus Mecklenburg, den Bierbrauern und Zimmerern aus der Pfalz und der nahezu vollständigen Steuerfreiheit eines Kontinentes, der von Goldadern anstelle von Autobahnen durchzogen ist. Und so rennt Sigi Kieslowsky jetzt mit allen anderen hin und her und magert dabei beträchtlich ab, was ihm während der ganzen Kriegsjahre nicht ein einziges Mal gelungen ist.

Alle rennen hin und her und nach vorn und stürzen und rappeln sich wieder auf und rennen weiter nach vorn, wo der Wohlstand mit seinem Nerzjäckchen der Demokratie winkt.

Und sicher müßte sich jetzt dieses ganze Gerenne, das Geschubse und Gestrauchele, die Stürze, das Wiederaufstehen und Weiterstraucheln, auch weil von hinten ständig gedrängelt wird, müßte sich das neuerliche Gerenne mit den Schreien hinterhergeschleifter, schwer verletzter Kinder und dem Wummern eisenbeschlagener Absätze sowie dem Folter-TocToc von Pfennigabsätzen doch auch auf Emma und Egbert in Jever übertragen. Gewiß leben sie in der Abgeschiedenheit des Landes grundsätzlich immer etwas verhaltener. Aber allein die dreieinigen Schwestern schicken doch abends, tarifermäßigt, jedes erfolgreich abgeschlossene Wettrennen mit dem Telefon in ihr Backsteinhaus, können sie ihnen so doch immer wieder zeigen, daß sie selbst in der großen Stadt leben und an der Zukunft teilhaben, während durch das Leben der Poppenpohls nichts als der ewige Malstrom der See zieht. Und schließlich wird auch in Jever gerannt, obwohl die Seeluft noch immer die Gesichter mit einer runden, glattgeschliffenen Kieselstein-Röte überzieht und sie den Bewohnern den Anschein von gesunder Ruhe und einer freundlichen, selbst allen Fremden sich zuneigenden Trägheit verleiht - aber nein, die Poggenpohls leben in ihrem Schneckenhaus und scheinen innerlich ganz und gar unbeteiligt an dieser Hektik von Piranhas und Raubmöwen, wie das?

Nur zu Anfang waren sie ein kleines Stück mitgelaufen, dann aber schnell außer Atem geraten. Nachdem Heribert den Anbau geräumt hatte, trieben die Nachbarhäuser plötzlich Beulen. Zimmer wurden ausgebaut, Erker angebaut und Dächer geliftet, die Windmühle im Vorgarten erhielt ein Fundament aus Naturstein und selbst der Rottweiler des bereits verrenteten Bauunternehmers Josef K., von der Staupe gelähmt und vollgestopft wie eine Blutwurst, bekam zum fünfzehnten Geburtstag noch eine Hundehütte mit Walmdach, Nachtspeicherheizung, temperiertem Freßnapf und einem Fensterchen mit Gardine. Da hatten die Poggenpohls den Stall zur Garage umbauen lassen. Sie hatten gar nicht vor, sich vierrädrig zu motorisieren. Damit aber wurden sie endlich die Erinnerung an Heriberts schwarzes Loch los, in dem er die Reliquien des bewegten Volkes und seiner im Krieg untergegangenen Helden gepflegt, sortiert und für den Verkauf bereitgestellt hatte.

- *Selbst dieser kleine Mann von der Post nimmt jetzt am Aufbau teil. Er verschönert sein Schneckenhaus und schafft sich bald einen Kleinstwagen an*, hörte Egbert die Nachbarn sagen, und Emma wurde in der Bäckerei gratuliert. Sie gehörten jetzt dazu.

- *Meistens ist es ja so: auf ihren Gesichtern ist der Ausdruck dummer Menschen nur schlecht von dem glücklicher Menschen zu unterscheiden. Was seid ihr nun? Seid ihr enthaltsam, weil ihr dumm seid? Oder seid ihr enthaltsam, weil ihr glücklich seid? Oder ist es diese Enthaltsamkeit selbst, die euch glücklich macht, aber dumm erscheinen läßt? Das wüßte ich jetzt gern. Denn ich bin nichts von alledem. Ich will alles, und noch immer habe ich nichts.*

Das sagte Levy bei einem seiner jetzt häufigen Besuche. Er sah auf Emma und Egbert, die auf ihrem Sofa mit der gebrochenen Sprungfeder wie lebendgroße Puppen saßen, Mann und Frau, und der zweite, postgelbe Kanarienvogel ihrer kinderlosen Ehe ließ eine Schwanzfeder in den Sand fallen und stürzte herab und pickte sie auf und flog wieder auf die Stange und wußte dort nicht weiter, gefangen und verheddert in seinen beschädigten Genen und in seinen wüsten Erinnerungen an Geselligkeit, Partnerschaft und Nestbau. Levy kam, weil er einen Rat wollte. Vor dem Rat aber steht die Verwunderung über Emma und Egbert. Und natürlich das Eingeständnis, daß die Ehe, die er sich in seiner Not erfunden hat, nicht einmal ein Notanker ist. Da ist er in eine Geschichte hineingeschlittert, die sich schon jetzt verselbständigt. Und schon nicken die ersten Beobachter beifällig, denn sie erwarten, daß ihnen in Kürze eine größere Schadenfreude gewährt wird.

Jedes Mal begrüßte Egbert den schwierigen Hausfreund mit feuchter Handfläche. Sein schlechtes Gewissen ihm gegenüber erregte ihn. Wer ein schlechtes Gewissen hat und sich erregt, folgerte er natürlich, der kann auch nur einen miserablen, unaufrichtigen Trost spenden. Er vermutet, daß sein Besucher ihn durchschaut, und natürlich vergiftet das seinen Trost vollständig. Daher setzte sich Egbert umständlich neben Emma auf das Sofa, fingerte nach der gebrochenen Sprungfeder und richtete sich in seiner Rolle für diesen Abend ein: der Mann als lebensgroße Puppe, der auf diesem gestellten Bild neben seiner molligen Puppe von Frau sitzt, und beide Puppen lächeln, Spruchbändern ähnlich oder rosanen Fähnchen auf Bechern von Eis, Eintracht und Glück und gefundene, vollkommene Befriedigung vor sich hin.

- *Das Beste an ihr ist noch immer der Hintern. Über so einem Hintern vergißt einer wie ich viel. Genauso gut ist natürlich, daß ich jetzt zu Hause der Kindernarr sein kann. Aber wenn dieser Paul Jaroslawski kommt, verziehe ich mich wie ein Hund. Früher hätte ich den Kerl aus dem Haus geprügelt, und die Frau noch dazu. Aber jetzt ist dieser Jaroslawski der Preis dafür, daß sie mich geheiratet hat und ich Vater bin*, sagte Levy, der sich angewöhnt hatte, immer dann zu kommen, wenn dieser naturalisierte Pole die Wohnung blockierte.

- *Daß ihr doch immer auf diesem schrecklichen Sofa mit der kaputten Sprungfeder sitzen müßt*, sagte Levy.

- *Ihr habt euch bei dem Maler das Bild eines glücklichen Paares bestellt. Aber es ist eine Fälschung, denn ihr seid kinderlos. Und Paare ohne Kinder gelten nun einmal als Fälschung und als völlig verantwortungslos*, sagte er und erzählte übergangslos eine Geschichte, wie sie Egbert gern aufgeschrieben hätte:

> *Bei einem Trödler in der Samsone Street zwei Blocks von meinem Freund entfernt habe ich mir das Portrait von Ulukulala I. und seiner Frau Afu gekauft. Dieser Ulukulala I. war Chief auf dem Archipel Vava'u in Polynesien. Er gab den Leuten Land, die Leute gaben ihm Essen. Weiter tat er nichts. Nach dem Essen suchte er sich einen schattigen Baum und*

schlief. Seine Frau Afu aber wollte hinter den Horizont sehen. Sie kletterte auf die höchste Palme, stürzte ab, und schon war es aus mit dem Kindersegen. Das war schlimm, denn ein kinderloses Paar galt auf dem Archipel als das Verächtlichste überhaupt: es aß alles auf und teilte nichts. Es brachte nichts hervor und gab nichts zurück. Es kostete nur knappes Land, aß, lag unter einem Baum und schlief. Und so fürchtete Ulukulala I., daß die Leute, denen er Land gegeben hatte, ihm kein Essen mehr brächten und ihm bald auch den Schatten streitig machten, und er litt fürchterliche innere Not. Da aber kam ihm ein englischer Schiffbrüchiger zu Hilfe. Nachdem er sich ausgeruht und sogar einen kleinen Bauch angefressen hatte, malte er zum Dank Ulukulala I. und Afu. Auf dem Bild saßen sie auf ihrer kleinen Holzbank vor der Hütte, hatten ihre besten Kokosmatten um die Hüften geschlungen und sahen über den Betrachter hinweg geradeaus aufs Meer, weit über das Korallenriff hinaus. Niemand erfuhr jemals, was die beiden dort sahen, und keiner wagte je, danach zu fragen. Vielleicht sahen sie hinter den Horizont in die Zeit, da ihrer aller Vorfahren dort mit ihren doppelrümpfigen Kanus aufgetaucht waren, um den Archipel zu besiedeln. Und schon kamen die Leute wieder und brachten Ulukulala I. und Afu reichlich zu Essen, und er suchte sich einen schattigen Baum und schlief.

Am Ende dieser Geschichte hüstelte Egbert unbequem. Der abendliche Empfänger von Trost hatte ihm gerade vorgemacht, wie sich der Empfänger mittels einer kleinen Geschichte vom Spender des Trostes befreit, ja Levy hatte ihm gezeigt, was mit einer so kleinen und in der Weite Polynesiens angesiedelten, aber vollständig erzählten Geschichte, wie Egbert sie schon seit Jahren nicht mehr aufzuschreiben verstand, möglich ist: der zu Tröstende macht sich schwuppdiwupp über den Spender her und verleibt ihn sich ein. Levy, der im Abgrund seiner Ehe als Verlierer hing, schien der Gewinner des Abends zu sein. Nur Emma wehrte sich und schien pikiert, wie sie es immer war, wenn es um Kindersegen und ausbleibende Fruchtbarkeiten ging. Und außerdem wollte sie nicht ausgerechnet Levy, der auf sie wie auf ein beim Trödler erstandenes Bild sah, auch noch gestatten, durch den Spalt ihrer Kokosmatte hindurch einen Blick auf ihr Dingelchen zu werfen.

Dann aber kletterte Levy, wie an allen diesen Abenden, da Paul Jaroslawski seine Wohnung blockierte und wahrscheinlich das Bett, wieder im Abgrund seiner Ehe herum. Aus der Tiefe förderte er Trümmer eines Flugzeugabsturzes zutage. Er untersuchte die Bruchstellen, fahndete nach Brandspuren, einem Pilotenfehler, einer Explosion in großer Höhe und versuchte vor sich auf dem Tisch mit den Händen immer wieder zusammenzusetzen, was doch längst nicht mehr hielt. Er redete wiederholt vom Überlebensmut dieser Frau, der ihr freilich immer nur als Überlebenswut über die Lippen gekommen war. Immer hatte sie leben gewollt, und je erfolgreicher sie daran gehindert wurde, um so gröber und wütender und hungriger war sie geworden.

Dreimal huschten kleine Schatten, wie von Mäusen geworfen, über Emmas Gesicht. Das war der Schnellfick in Levys Stall. Der Stehfick im Männerklo der Hotelkneipe Schwarzer Adler. Der Zeugungsfick des Sohnes an der See. Alles das zog Levy behutsam aus dem Abgrund seiner Ehe und breitete es vor Emma und Egbert aus, die auf ihrem einzigen, schadhaften Sofa in der Haltung eines jungen Königspaares saßen, das in die Ferne zu blicken versucht Richtung Horizont, aber jetzt steigt unter ihnen das Wasser, ja es reicht ihnen schon bis an die Knie.

Eine Weile ging Egbert dem Verdacht nach, daß Levy nur vor ihnen saß und Trümmer barg, weil er Mitwisser brauchte. Diese Frau mit ihrem Hunger würde ihn verzehren, wie früher seine Mutter mit ihrer Liebe einer Gottesanbeterin ihren Männern den Kopf abgerissen und die Leichen als bloße Erinnerung an Männer weitergeliebt hatte, wann immer ihr danach war.

Später am Abend saßen Emma und Egbert zwar noch immer auf dem Sofa, aber inzwischen hatte sich das Königspaar mehrfach gestreckt, Oberteile der Kleidung geöffnet und Schuhe abgestreift. Emmas Pumps waren durcheinandergepurzelt, Spielzeug von Kindern, ein Fuß rieb das Hühnerauge am kleinen Zeh des anderen. Auch fiel kein weiterer Mäuseschatten mehr über ihr Gesicht, während Levy noch immer Trümmer barg, von denen viele unappetitlich waren. Es war eben so. Sie lebten halbwegs im Licht, und Levy lebte im Schatten. Seine Ehe war die Nacht der eigenen Ehe. So war diese Nacht nicht länger unheimlich, von merkwürdigen Geräuschen durchzogen und von Schatten durchhuscht, sie war vorstellbar. Es war ihre eigene Nacht. Egbert ging nicht länger dem Verdacht nach, hier suche einer bloß Mitwisser für seinen Untergang. Je länger er verfolgte, wie Levy immer wieder ein neues Trümmerstück barg, es sich laut zu erklären und den bereits gehobenen Teilen anzupassen suchte, ein schwieriges, schier aussichtsloses Unterfangen bei den vielen Einzelteilen, in die alles zerborsten war, um so sicherer schien ihm:

dieser Mann setzt sich aus den Trümmern seiner Ehe, aus der andauernden Wut seiner Frau, ihrer Schamlosigkeit und Verletzungsbereitschaft die Möglichkeit zusammen, seinen eigenen Untergang zu überleben. Wenn er ein Trümmerteil gefunden hat, das zu einem zweiten und dritten bereits geborgenen paßt, dann ist er wieder ein kleines Stück gewachsen, ja ist vielleicht sogar die Mitte aller Teile. Je mehr Teile er birgt, um so mehr wächst er. Wenn er alles geborgen, gesäubert und zusammengesetzt hat und bis auf wenige sehr kleine und fast pulverisierte Stücke alles zueinander paßt, dann hat er aus sich selbst einen Schiffbrüchigen gemacht, der mit untergeschlagenen Beinen auf einem Floß hockt, sich mit der Ruderpinne gegen die angreifenden Haie wehrt und davontreibt. So muß er auch die Gottesanbeterin von Mutter überlebt haben. Seine Familie der toten Männer. Und jene Bewohner Jevers, die eine Meute gebildet und zur Jagd geblasen hatten.

- Du hättest mir ruhig sagen können, daß der ganze Moorhof an die Torfräuber verkauft ist. Meine Stallungen sind weg. Weiß Emma schon, daß auch aus ihrem Traum vom Kinderheim nichts wird? fragte Levy im Flur.

- Nein. Noch nicht, sagte Egbert.

- Ihr seid wirklich ein klassisches Paar. Einer fälscht den anderen auf eurer Insel der Glücklichen, sagte Levy und ging.

Seit Tagen wußte Egbert, daß die dreieinigen Schwestern sie hintergangen hatten. Am Telefon säuselten sie weiter entscheidungslos, aber auf dem Moorhof arbeiteten bereits schwere, gelbe Maschinen. Sie hoben die dünne Ackerkrume ab, die für den Bauern Kieslowsky karges Leben bedeutet hatte, um an den toten Torfboden darunter zu gelangen, der jetzt, in Säcke verpackt und in die Vorgärten und Blumenrabatten und Baumscheiben japanischen Zwergenwuchses verkauft, dem Düngemittelkonzern gute Gewinne brächte. Egbert hatte beobachtet, wie die gelben Maschinen die Nebengebäude als Plunder zusammenschoben, das Wohnhaus halbierten und dabei kleine, fette Dieselwolken ihrer 300 PS und mehr ins Moor schickten, in dem nicht mehr ein einziger Fußabtritt des Bauern Kieslowsky zurückbliebe, und er hatte das Kreischen einer Kettensäge gehört, mit dem sein Kirschbaum fiel. Er hatte Emma nicht zu sagen gewagt, daß es diesen Ersatz für die eigene Kinderlosigkeit nicht mehr gäbe. Es gäbe weiterhin nur sie beide, eingeschlossen im Backstein-Schneckenhaus und in dem, was gemeinhin eheliches Glück heißt.

Im Halbschlaf stöhnte Egbert mehrmals tief. Er lag zwischen Ulukulala I. und seiner Frau Afu, beides ungewöhnlich fette und ziemlich häßliche Menschen, die streng nach Fisch, Palmwein und toten Muscheln rochen. In Köln saß er am Tisch mit den dreieinigen Schwestern, die trotz ihres Geizes große Mengen an Kleie gekocht und zu Würsten geformt hatten. Damit nudelten sie ihn wie einen Gänserich, bis er die Augen verdrehte, denn sie wollten von ihm eine große und ganz weiße Leber gewinnen. Er sah Emma mit rotem Hütchen in einen Speisewagen mit silbernem Seitenstreifen und dem springenden Pferd Niedersachsens steigen, dem Bahnhofsvorsteher zuwinken, aber nicht ihm, der doch auch zum Abschied erschienen war, und von unsichtbarer Kraft angetrieben blitzartig um die Ecke verschwinden.

Noch einmal stieg er zusammen mit Levy in den Trümmern seiner Ehe herum und sah, wie er verrottete Teile barg und mit ihnen sein Herz erweiterte. Mit den Trümmern baute er es aus rundum, ein Herz aus Sperrmüll und Schrott, kaputten Kinderwagen und durchlöcherten Töpfen. Er baute wie einer auf der Parzelle seines Schrebergartens eine schiefe, aber geräumige Laube aus Schutt errichtet, und schon erntet er hier im nächsten Sommer Überlebensmut und Widerstand gegen ein Leben, ohne daß dieser Widerstand die nötige Zärtlichkeit für das Leben überwuchert und tötet. Da dachte Egbert wieder einmal im Halbschlaf ganz unbescheiden und eigennützig daran, daß nur dieser Mann eine Lösung für sein eigenes, seit über zwei Jahrzehnten stockendes Leben wäre, dann nämlich, wenn er durch ihn endlich die Kraft fände, das alles aufzuzeichnen: wie sein eigenes Leben verlorengegangen war und daß es durch nichts als durch diese Beschreibung wiederzugewinnen wäre; und das früher von Gottesanbeterinnen und Jagdmeuten, dem Handel mit minderwertigem Fleisch und dem Rosengarten einer Minderjährigen verfolgte Leben Levys, das heute mit der Keule eines Hasses geschlagen wurde, der nachträglich aus der Abwesenheit von Scham und der als unerträglich empfundenen Aufforderung zu Reue geboren war; und die selbstlose, kaufmännisch unvertretbare Liebe Emmas, die immer mehr gibt als sie nimmt; und die Zuneigung eines Freundes, der an der See mit Leuchtspurmunition um sich schießt; und alles andere, was es sonst noch so in Afrika, Lateinamerika, Asien und Australien gibt.

Was hatte Levy am 3. November 1922 getan, dem Tag der mutwillig um sieben Wochen verzögerten Geburt des Egbert Poggenpohl?

Spätestens an diesem Tag müßte er mit der Geschichte Levys beginnen. Und aufhören dürfte er erst an einem Tag in der Zukunft, an dem er sagen könnte: es ist geschafft. Was wird Levy an diesem letzten Tag in der Zukunft denken, da Egbert von sich sagt: ich habe nicht nur das mir selbst gegebene Versprechen eingelöst, von meiner Stadt und ihren Menschen zu schreiben - ich habe mir auch die eigene, unter Wasser vergeudete und durch volle Dröhnung taub gewordene Lebenszeit zurückgeschrieben. Ich habe mir einen großen Teil meiner Angst vor fremder Zeit und eigenem Leben weggeschrieben. Ich habe die Angst in Wörter gegossen. Jetzt kann ich sie versenken. In die See oder in eine beliebige Kloake. Ich kann frei sein. Die Beschreibung der Niederfahrt des Fritz Levy in die Finsternis der Zeit, der Stadt und des Reiches, des als minderwertig gestempelten und als vollwertig verkauften Fleisches, des Taschentuches einer Minderjährigen, der Jagdhörner der Meute, der Keule des nachträglichen Hasses und dem Abgrund einer Ehe wird zu meiner Auffahrt ins Leben. Levy wird zum Helfer bei der Wiedergeburt des Egbert Poggenpohl. Und jetzt mag es diese Frau mit den Vornamen aller Frauen sein, die Egbert mit sieben Litern Scheidenflüssigkeit und unter dem Getöse eines Wasserfalles ins Leben entläßt, so daß er auf einer Flutwelle von Körpersaft reitet und über die Stadt Jever kommt.

Und natürlich stöhnte Egbert an dieser Stelle noch einmal tief im Halbschlaf.

- Sei still, mein kleines Scheißerchen, sagte Emma da. *Ich weiß doch auch, daß der Moorhof gerade umgepflügt wird und daß Torf jetzt so kostbar ist wie früher Gold.*

323

19

Die beiden Herren, die Hein ten Hoff aufsuchten, waren die klassischen Zwei: ein Kleiner und ein Großer. Der Kleine schien die Aufgabe zu haben, den Größeren jeweils aus seiner Schläfrigkeit zu wecken und auf eine Spur zu setzen, und der Große, aufgeweckt, sie aufzunehmen und dann zuzubeißen.

Als sie sich über die Sprechanlage meldeten und amtlichen Einlaß verlangten, suchte Hein an einem seiner leeren Bücherregale Halt, wie er früher Schutz vor dem Leben in seinen Büchern gesucht hatte. Als die ersten Fragen auf ihn niedergingen, fiel er vor Verständnislosigkeit und Schreck aus dem Regal wie ein verstaubter kleiner Vogel.

Seine ersten Antworten bestärkten die Herren zunächst im Verdacht, auf einer wichtigen Fährte zu sein. Dieser Mann, der behauptete, seit Ende des Ersten Weltkrieges die Stadt Jever nicht mehr verlassen zu haben und seit Jahren nicht einmal mehr seine Wohnung, wußte alles über die Halbinsel der Tschuktschen im Nordosten Sibiriens und über die Prowidenje-Bucht. Er kannte Flora und Fauna, das Klima, die Menschen, und selbst die bevorzugten Arten ihrer Tode und ihre Riten der Liebe waren ihm so vertraut, als habe er gestern noch dort gelebt und jenes Schreiben mit den Temperaturangaben im Osten des geteilten Berlin, der Kette gewittriger Entladungen am 17. Juni, den amerikanischen Agenten in grauen Regenmänteln, die einen Aufstand zu schüren suchten, von dort an sich selbst in Jever geschickt als eine Zeitbombe, die immer noch irgendwo hier in der Wohnung tickte.

Hein war bald klar, daß der kleine und der große Herr alle seine Bücher, die Leben doch nur ungefähr abgebildet hatten, als wahres Leben mißverstanden. Aber auch das beruhigte ihn nicht. Denn außerdem mißverstanden sie doch noch Bücher, die plötzlich und vollständig so aus ihren Regalen fortgeräumt werden, daß ihr Besitzer als verstaubter kleiner Vogel herausfällt, als Bestätigung ihrer geschärften Wahrnehmung. So lernte selbst Hein (nach Egbert), daß nicht nur das erfolgreiche Verfassen eines Buches ein Mißverständnis ist. Er (und nach ihm Egbert) lernte jetzt auch, daß selbst das Lesen eines Buches ein Mißverständnis ist bei dem, der nicht liest: er beargwöhnt den Leser und setzt ein Fragezeichen hinter ihn. Und selbst die Veräußerung eines Buches als aufgebrauchter Ersatz für

Leben ist noch Anlaß zu einem letzten Mißverständnis, denn zwingend logisch erscheint nun, daß dieser Veräußerer, der vor Schreck wie ein verstaubter kleiner Vogel aus seinen leergeräumten Regalen fällt, mit dieser Veräußerung etwas verheimlichen, ja mit der Liquidierung seiner ganzen Bibliothek nur der Aufdeckung seines gesamten Daseins eines Agenten zuvorkommen will.

Der kleine und der zunächst schläfrige, dann aber bissige große Herr verhörten ihn fünf Stunden lang. Dann erst verabschiedeten sie sich, wobei sich jetzt in ihren Köpfen und in ihren enttäuschten Herzen festgesetzt zu haben schien: das viele Lesen hat diesen Mann zu einem lebensfernen Trottel gemacht, und seine Bibliothek hat uns die nutzlose Anreise aus Hannover sowie einen Haufen völlig idiotischer Arbeit beschert.

Hein aber, der einschlägig vorgeschädigt war, erholte sich von diesem Einbruch der Holzfäller in sein friedliches Leben nicht mehr. Immer öfter hörte er die Türklingel, die Hannelore vorsorglich abgeklemmt hatte, und jetzt schnitt sie ihm tiefer ins Hirn als je zuvor. Selbst die Katalogsendung von Neckermann und die Briefpost der Gemeinde, mit der sie die Gebühren für Müll und Kanal erhöhte, untersuchte er auf Vorkoster, und immer fand er eindeutige Spuren ihrer Bisse. Besucher fragte er mit ungewohnter, abwehrender Kälte aus. Er flüchtete in der Küche vor einem Schatten, den eine Maus warf, vor einem anderen Schatten im Wohnzimmer, der von seinem eigenen Ellbogen stammte. Er verdächtigte Egbert, im Zusammenwirken mit seinem fernen Bekannten, dem inzwischen in der Presseabteilung des Flugzeugkonzerns Boeing in Seattle/USA arbeitenden Lieutenant Pinchon alle Störungen seines Lebens zu inszenieren. Er beschuldigte Renate, ihre frühere Stummheit nur gespielt zu haben, damit er ihr immer wieder mit der Geduld des liebenden Schwiegervaters mit den Lippen alles über die Tschukotka vorformte und sie so Wort für Wort memorieren und in die Landeshauptstadt zu den Schlapphüten weiterleiten konnte. Dann schien er sich wiederum im klaren darüber zu sein, daß er Wahnvorstellungen verfiel. Er ahnte, daß er die vorgekostete Briefpost und die Schatten der Mäuse, Egberts zutrauliche Besuche bei einem alten Freund der Bücher und die anfängliche Stummheit Renates nur gegen seine Angst einsetzte, die neuerliche Unruhe in seinem Leben könnte den Splitter am Hirn wandern lassen und ihn von einer Sekunde zur anderen fällen - denn sobald er seinen Verdacht auf die Briefpost, die Schatten der Mäuse, auf Egbert und seinen geheimnisvollen, jetzt angeblich im Flugzeugbau beschäftigten Lieutenant und auf die rätselhafte Stummheit Renates lenkte, stärkte es ihn doch wie eine letzte Überzeugung. Und Überzeugtsein hatte für ihn immer bedeutet, mit klarem Kopf weiterleben zu können. Am Tag darauf aber verdächtigte er auch alle seine Überzeugungen als etwas, das ihn verfolgte, und darüber brach er regelmäßig zusammen; denn jetzt sah er ein, daß er das einzige zerstörte, das er in seinem bescheidenen Leben erreicht hatte: den Frieden der Seinen.

Da führte er mit Hannelore ein langes Nachtgespräch. Es war ihr längstes und bestes, seitdem er sie in einer Winternacht des Jahres 1915 davon überzeugt hatte, den Einzelhändler Hein ten Hoff zu heiraten. Und sie kamen überein, daß er sich ins Bett legte, wie manche alten Sibiriaken weder Nahrung noch Flüssigkeit zu sich nähme und still an Auszehrung dahinschiede.

So lange er konnte, dachte er über sein Leben nach und hielt die Gedanken in fliehender Schrift fest. Der deutsche Kaiser hatte ihm, als er sich in Wilhelmshaven auch von seinem größten Steckenpferd, der Kriegsmarine verabschieden mußte, wütend das Zepter in den Schädel gerammt und es einfach dort steckengelassen. Auf den einhundertunddrei Quadratmetern der Wohnung am Kirchplatz hatte er immerhin noch fast vier Jahrzehnte versucht, aus seinen Büchern und von den wenigen Menschen um sich herum etwas von der Welt und über den Frieden zu lernen, der doch als Möglichkeit in allem und jedem stecken mußte. Er war also nicht durchweg faul gewesen. Er hatte seine Fähigkeiten nicht verraten und immer einen Traum gehabt. Das würde zählen und eine Weile in Erinnerung bleiben, notierte er.

Hannelore nahm die Witwenschaft mit Trauer, aber auch mit schöner Gelassenheit an. Schließlich hatten sie ja noch kurz vor seinem Tod eines der besten Gespräche ihres Lebens geführt. Sie geriet erst ins Wanken, als das Ergebnis der gerichtsmedizinischen Leichenöffnung vorlag. Hein hatte in der Morgenstunde der letzten Nacht eine Zyankalikapsel zerbissen, deren Existenz ihr stets verborgen worden war. Und die Öffnung des Schädels ergab, daß seinem Hirn weder das abgebrochene Zepter des letzten deutschen Kaisers noch ein ordinärer Granatsplitter anlag. Das Hirn war unversehrt und durch nichts jemals bedroht gewesen als durch das Leben selbst. Am letzten Tag des Krieges, nach Erhalt einer äußerlichen Kopfverletzung, hatte sich Hein einen Granatsplitter erfunden und damit für sich die Möglichkeit zu einem dauerhaften Frieden. Streng genommen hatte er damit fast vier Jahrzehnte lang alle hintergangen und verraten; aber nicht seinen Wunsch nach Frieden, und auch nicht den Frieden selbst.

Als Levy hörte, daß der Tote fast vier Jahrzehnte lang das Zepter des letzten deutschen Kaisers in seinem Schädel erfunden hatte, lachte er schallend. Diese Erfindung hätte von ihm stammen können, wenn er jemals für würdig befunden worden wäre, dem Krieg eines Kaisers zu dienen. Er kaufte Konfekt und einen großen Strauß blutroter Rosen, um der Witwe zu der lebenslangen List des Toten zu gratulieren.

Paul widmete ihr und dem Toten das gesamte Vorsatzblatt des ersten alternativen Kursbuches, das er im Selbstverlag von Theo & Paul herausgab. Es war der erste Führer durch die Szene der gleichgeschlechtlichen Liebe Ostfrieslands, die er vollständig und einschließlich der vorgelagerten Inseln von Borkum im Westen bis Wangerooge im Osten und dem Vogelwärterhaus auf Mellum in der Jademündung abdeckte. Sein Kursbuch erschien in sieben jeweils verbesserten Auflagen und war über Jahre hinweg das bestverkaufte Buch der Region und der Besitz ein wohlgehütetes Geheimnis der meisten Käufer. Auf dem Vorsatzblatt hatte er Hein ein kleines Denkmal gesetzt als einem Mann, der seinen Sehnsüchten nachgegangen war und auch seiner Witwe, die längst die postmortale Wende ihres Mannes gern und mit dem Stolz einer Frau akzeptierte, die sich noch im Alter einer ganz neuen Offenheit verschreibt.

20

In seinem noch immer nicht abgeschlossenen, aber doch fast fertigen Buch beschrieb Egbert zwar ausführlich, wie Levy schallend lachte und Hannelore mit einem Strauß blutroter Rosen aufmunterte. Egbert weigerte sich aber, Levy auf der nächsten Station seiner Niederauffahrt zu schildern. Hier entschied er sich, ein großes Loch zu lassen und nur die Ränder zu beschreiben.

Mia war müde geworden über ihrer Arbeit und den alten Träumen und jetzt zusätzlich geschädigt von den Tabletten, mit denen sie sich künstlich neue Träume schaffte. Der letzte Säugling, den sie mit drei Kilo und 138 Gramm ins Leben holte und der gewaltig schrie, sollte evangelisch-lutherisch auf den Namen Paul-Joseph Levy getauft werden. Sie hatte für ihn ein Schafsfell mit einer Tasche genäht. Aus ihr begann der kleine Paul-Joseph nach Art der Känguruhs eine Welt zu mustern, die sich ihn keineswegs einmütig gewünscht hatte. Sie legte das Fellbündel als erstem nicht der Mutter, sondern dem Vater in die Arme. Der herzte es und schwang es vorsichtig hin und her. Er weinte vor Freude und Erleichterung, war unbeholfen wie nur je ein erster Vater, bis sie ihm das Bündel mit einem Kuß wieder abnahm. Das war ihre Art der Versöhnung mit einem Mann, der sie nicht bedrängt und nicht verraten hatte: sie hatten sich bloß gegenseitig versäumt. Und wollten von jetzt ab vorsichtige Freunde sein.

Über dem Hin und Her zwischen versäumter Liebe und neugeborenem Paul-Joseph hatten sie vorübergehend ganz die Mutter vergessen. Als sie das merkte, schrie sie aus Leibeskräften, wie sie immer geschrien hatte, wenn sie zu kurz zu kommen drohte. Sie schrie nach Paul Jaroslawski, und das so laut und so lange, daß die Nachbarn in der Schlosserstraße glaubten, sie gebäre erst jetzt und unter allergrößten Schwierigkeiten, und natürlich das Kind von einem Paul Jaroslawski, obwohl ihnen doch seit Monaten ein Levy damit in den Ohren gelegen hatte. Und in vorgreifender Sorge riefen sie beim Jugendamt an.

Die Sachbearbeiterin blickte befremdet auf ein Bündel Schafsfell, aus dem, nach Art der Känguruhs, ein noch kahlköpfiges Menschenkind hervorlugte. Der Kleine seinerseits schien äußerst befremdet über eine Welt, von der von Woche zu Woche klarer wurde, daß sie sich ihn nicht einmütig gewünscht hatte. Da wähnte sich die Sachbearbeiterin, die leidenschaftlich gern

Kreuzworträtsel löste und Naturfilme sah, in einem fernen Land und tippte als erstes auf eine Rundhütte der Bambara am Oberlauf des Niger. Als aber das nackte Huhn durchs Zimmer lief, das der Oberst vom Moorhof dort zurückgelassen und Levy vor Fuchs, Marder, Habicht und Bussard gerettet hatte, wähnte sie sich in einem Erdloch auf einer von der Zeit und der Schiffahrt vergessenen Insel Südostasiens und schaute sich nach gefährlichen Mitbewohnern um wie Speikobras (Naja nigricollis) und Vogelspinnen (Avicularia avicularia oder Selenocosmia javanensis) und verfertigte eine Aktennotiz, die mit einer äußerst düsteren Prognose endete.

Paul Jaroslawski rächte sich für alle erlittene Niedertracht damit, daß er beim Wohnungsamt einen Wohnberechtigungsschein für die Schlosserstraße beantragte und auch erhielt. Er zog ein. Plötzlich waren dem Jugendamt, das schon länger mit dem Wohnungsamt überquer lag, zwei Männer zu viel. Es verklagte Levy aufgrund des Kuppeleiparagraphen. Da warf Levy den Jaroslawski auf die Straße. Da verklagte das Wohnungsamt den Levy wegen Verweigerung von Wohnraum gegenüber einem Wohnraumberechtigten. Da ging Levy zu dem letzten ihm verbliebenen Anwalt, dem trockengelegten Trinker, reichte die Scheidung ein, verklagte das Wohnungsamt, weil es ihn in eine Abseitsfalle gelockt hatte und das Jugendamt, weil es ihn mit einer ungerechtfertigten Klage überzog und überdies den Familienfrieden störte. Und da endlich schlossen die bisher verfeindeten Ämter einen taktischen Frieden untereinander und sorgten dafür, daß der kleine Paul-Joseph mitsamt seinem Schafsfell und seiner Höhle eines Känguruhs in das Kinderheim "Tante Olga" in Dangast verbracht wurde, wo die Schwestern die Hände über dem Kopf zusammenschlugen, nach allen ihnen je bekannt gewordenen Würmern Afrikas und Insektenstichen Asiens suchten und ihn endlich in ein ordentliches Bett nötigten.

Soweit die Ränder des Abgrunds, die Egbert beschrieb. Für alles weitere begnügte er sich mit knappen Hinweisen. So wurde Paul-Joseph zwei Tage nach seinem ersten Geburtstag frühmorgens um 7.30 Uhr tot in seinem Bett aufgefunden, erstickt unter einem Kissen. Der Standesbeamte Taddiken vermerkte auf der Sterbeurkunde, daß der Verstorbene am Vorabend um 22.00 Uhr noch am Leben gewesen war. Als einzige Reaktion Levys notierte Egbert eine etwas nebulöse Bemerkung, die den Tod seines Sohnes in eine Reihe mit den Toden der vielen Levys stellte und von diesem Tod als einer weiteren, tödlichen Variante der von den Nazis praktizierten Sippenhaft sprach. Aber weder wiederholte Levy diese Bemerkung, noch ging ihr Egbert weiter nach. Auch sie fiel in das Loch seiner Beschreibung. Und als die Ehe geschieden wurde, fiel auch die Frau, der Egbert einst die Vornamen aller Frauen gegeben hatte und die in der Sterbeurkunde und im Scheidungsurteil als Erna Mariechen Levy geborene Steenker aufgeführt war, in dieses Beschreibungsloch. Zusammen mit ihren Anwälten des Armenrechtes und Egberts nie geäußerten Urteilen, die sie mißbräuchlich zum Konstrukt „Verletzung des Persönlichkeitsrechtes" hätten nutzen können, verschwand sie hier mit dem ihr zukommenden Verständnis und den ihr gebührenden Ehren.

Nur Levy selbst schickte ihr einen kleinen Nachruf hinterher. Er nahm sich vor und hielt sich daran: nie ein böses Wort über sie zu sagen. Schließlich hatte er sie benutzt und sie ihn, und sie waren quitt. Und der absichtsvoll-absichtslose Tod des Paul-Joseph blieb unbegreiflich wie der jeden Kindes, ein Loch im Leben und ein weiteres in jeder möglichen Beschreibung.

21

- Gestern hast du neun Pillen von den Roten genommen, zwei von den Lilanen und vier von den Weißen, sagt Heribert.

- Wenigstens hast du immer rechnen gekonnt. Erst in deiner Kladde auf dem Küchentisch, dann in deinem Sparbuch, jetzt mit deinen ersten kleinen Aktien, sagt Mia.

- Vorgestern waren es zehn von den Roten, drei von den Lilanen und eine von den Weißen.

- Ohne dich und dein scharfes Auge hätte uns die Ostzone schon längst unterwandert. Der Moorhof wäre ein Ferienheim der Kommunisten. Im Schloß würde pausenlos das Zentralkomitee tagen, und Erika Drüke müßte nicht länger bei Theo & Paul waschen. Jetzt würde sie im Rathaus sitzen und entscheiden, wer ein Arbeiter ist und wer keiner, sagt Mia.

- Heute waren es erst drei Rote. Willst du wirklich weniger schlucken? Es wäre mir sehr zu wünschen, sagt Heribert im Gartenhaus von Mia Geerdes.

- Natürlich ist mir ein Viehhändler mit zweifachem Hausbesitz auf meiner Tochter willkommen. Nur zu. Aber das kostet dich was. Ich bin vom Dach gefallen, und meine Frau trinkt. Sie hält nichts zusammen. Alles trinkt sie, Bier, Wein, Schnaps, und selbst das Lavendelwasser läßt sie nicht aus, sagt der Vater der 18jährigen Doris Gehrke aus Schortens zu Levy im Haus Schlosserstraße. Zu dem Mädchen hat sich herumgesprochen, daß sich die 17jährige Focke Beckmann, einem geschwächten Zugvogel gleich, der hinter seinen Schwarm zurückfällt, eine Weile bei Levy ausgeruht hat und daß es ihr gutgegangen ist bei dem Mann.

Schon galt das Haus in der Schlosserstraße als ein Ort, an dem vom Schiffbruch bedrohte Jugendliche eine Weile Kräfte sammeln können. Denn die Schwesternschülerin Focke Beckmann hatte so ruhig, aber auch so witzig erzählt, wie Levy ruhig und witzig redete: wie sie einem älteren, immer leicht von Verwahrlosung bedrohten Mann beibringt, einmal in der Woche zu baden; alle zwei Wochen die Bettwäsche zu wechseln, die er anfänglich überhaupt nicht gewechselt haben will, weil sie nach ihrem Nachtschweiß und ihrer Seife riecht; seine Flechte am Bein nicht nach Art der Moorbauern mit Rindertalg, sondern mit cortisonhaltiger Crème zu bestreichen; und wie er nicht zu oft, aber oft genug für ihre nachhaltige Erinnerung von den pfeifenden Abstürzen in seinem schon langen, für sie bereits großväterlichen Leben berichtet und daß er die Abstürze zur eigenen Verwunderung alle überlebt hat.

Er hat erzählt, als sei das ganze Leben erzählbar. Nie zuvor hat sie erfahren, daß sich Geschichte erzählen läßt. Und daß sich Erzähler durch das Erzählen ändern, und ihre Zuhörer auch. Daß sie zum Beispiel am Ende eines erzählten Lebens lachen, obwohl sie doch gerade noch weinen wollten. Da hat sie sich auch nicht mehr geschämt, wenn die Nachbarn, voran die in ihren Häusern und Hautfalten eingeschlossenen Mütter ihr bedeuteten, ein frühreifes Flittchen zu sein, während gleichzeitig ihre Männer sie begierig mit den Augen auszogen. Jetzt war sie nicht mehr so verletzbar. Wenigstens wußte sie jetzt, wie sie nicht werden wollte. Und da war sie gegangen. Mit dem selben kleinen Koffer, mit dem sie gekommen war.

Egbert beobachtete, wie sich mit Focke Beckmann und Doris Gehrke herumsprach, daß es in Jever erstmals ein Haus für junge Gäste gab. Auf diese neue Beweglichkeit einer Jugend, die er nicht gelebt hatte, sah er mit Neid, aber auch mit erster Sorge. Emma wurde unruhig. Und er fürchtete wieder einmal, sie nähme sich frühmorgens mit ihrem burgunderroten Hütchen ein Leben, das er ihr nicht bot. Wenn er sie dann nachts neben sich schnarchen hörte, schämte er sich seiner Kleinmut. Aber wie sollte er wissen, was die fremde Schöne, die nachts neben ihm schnarchte, tagsüber dachte?

Bei Levy dagegen konnten die Gäste kommen und gehen. Und zwischen Kommen und Gehen machten sie noch die Erfahrung, daß mit dem Leben eines einzelnen Emigranten und gastfreundlichen Rückkehrers endlich auch jene Geschichte der ordentlichen Barbaren zu erzählen ging, die ihnen die Mütter und Väter so beharrlich verschwiegen. Immer lagen diese Eltern mit der letzten unbeantworteten Frage der Kinder beleidigt in den Betten, zwei Ehekörper aus Holz, und gestanden sich nicht ein, daß sie sich gerade in diesen Betten zu jenem Schweigen verabredet hatten, das ihnen über eben diese Frage hätte hinweghelfen sollen. Immer hatten sie dabei vorgegeben, für die Kinder zu schweigen. Jetzt aber denunzierten diese Kinder gleich ihr ganzes Leben von Eltern als Schweigen. Außerdem würden sie ihr Schweigen zum Nachbarn tragen, der doch auf seine Art schwieg. Und so verloren sie die Kinder an das Haus der Gäste. Und haßten seinen ständigen

Bewohner dafür, daß er dort so einfach und gastfreundlich und so nackt lebte, nämlich ganz ohne Schweigen. Und die mit ihren Hausgefängnissen und Feuchtigkeitscrèmes kämpfenden Mütter neideten ihren Töchtern die Jugend der Körper und die Lust, die sie versprach. Und die schwergewichtig und kurzatmig gewordenen Väter neideten dem nackten Bewohner die Lust, die er sich doch zweifellos mit seinem Beherbergungsgewerbe und mit der Jugend der Gäste verschaffte.

Levy wollte von seinem Alter geben und von der Jugend der Gäste nehmen. Erst ein Stück Leben, das ein Stück den Jugendlichen verborgener Geschichte der Eltern war, und dann ein Nümmerchen. So hielt er es zumeist.

Als die "Verlobte" Doris Gehrke von der "Verlobten" Erika Schmitz abgelöst wurde und die wiederum von einer anderen; als der vom Dach gestürzte und mit einer Trinkerin verheiratete Vater Gehrke erst nachträglich Schweigegeld verlangte und dann auch noch ein Quartier für seine Trinkerin; als er nachts lautstark in der Straße randalierte und seinen Goldesel von Tochter zurückverlangte, der freilich längst in Oldenburg war, da schien es Egbert nur noch eine Frage von Tagen, bis Levy wieder einmal in die Gewitterwolke der Justiz eintauchen und den letzten ihm verbliebenen Anwalt brauchen würde:

endlich ständen, wie von Heribert längst gefordert, die Ämter vor dem Haus der Gäste Schlange. Wieder würde Egbert zusammen mit dem Beklagten einen Aktenordner mit Schriftsätzen und Beweisanträgen füllen. Und endlich würde nachts doch die Frontscheibe splittern, eine benzingefüllte Bierflasche im Wohnzimmer explodieren und das Haus mitsamt dem Kommen und Gehen abbrennen, dem nackten, vom Moorhof geretteten Huhn und allen Möbeln vom Sperrmüll, mit denen Levy es eingerichtet hatte und die er im Innenhof stapelte als Zeugnisse eines Überflusses an Reichtum und als Teile eines Gedächtnisses, das zerfiel. Im Flur würden die Eimer der Binderfarben aufzischen, mit denen Levy & Gäste begonnen hatten, das gesamte Haus und selbst die Pflastersteine der Straße davor in den Tönen einer freudigen Alternative zu streichen. Und schon gegen Morgen wäre es das Ende des Hauses von Levy & Gästen und das Ende dieser ganzen so vielfarbig schillernden Geschichte.

- *Noch eine Verlobte mehr hält die Stadt nicht aus. Dann stehen die Ämter in der Schlosserstraße wirklich Schlange*, sagte Egbert.

- Nicht einmal Mia hält das aus. So viele Tabletten hat sie noch nie geschluckt. Das Merkwürdige ist: von jedem der Mädchen weiß sie so viel, als sei sie selbst das Mädchen. Je länger ein Mädchen in der Schlosserstraße ist, um so mehr schluckt sie. Und umso mehr weiß sie von dem Mädchen, sagte Emma.

- Reine Parallelitäten. Sie ist eben süchtig.

- Parallali- und was? Ach, du mein kluges Scheißerchen. Immer weißt du alles. Aber jetzt weißt du nicht mal, daß Mia schon seit vier Tagen in Oldenburg auf Entzug ist.

Am neunten Tag nach ihrer Einlieferung wegen Vergiftungserscheinungen erlitt Mia in der Klinik den Krampfanfall einer auf Entzug gesetzten Abhängigen. Auf dem Weg zur Toilette schleuderte sie der Krampf auf die Fliesen. Sie stürzte eine Steintreppe herunter und blieb bewußtlos liegen. Das war das Ende ihres Tablettenmißbrauchs, aber auch das ihres Berufslebens. Und es war das Ende ihrer gewohnten, trippelnden Beweglichkeit: Sucht, Entzugskrampf und Sturz hatten sie neurologisch so geschädigt, daß sie sich fortan im Gartenhaus nur gestützt bewegen konnte und außerhalb auf einen Rollstuhl angewiesen war.

Im Haus Schlosserstraße gab es keine weiteren Mitbewohnerinnen. Das Wort "Verlobte", das Levy mit seiner Anhänglichkeit an alte Zeiten entschuldet hatte, obwohl es sicher immer beides zugleich gewesen war: der Versuch, die jungen Mädchen durch das Standesamt zu schützen und das unzeitgemäße Bemühen eines alt gewordenen Gescheiterten, einmal so verliebt und glücklich getraut zu werden wie ein noch maulwurfblinder Zwanzigjähriger, der das Aufgebot bestellt - dieses Wort verschwand. Ein vergilbtes Blatt in einem Album. Eine Sammeltasse in einer Anrichte, und hinter der Rückwand sammeln sich Spinnweben, unbezahlte Rechnungen, nicht beantwortete Briefe, und wenn die Katze bockig ist, kriecht sie dahinter und setzt ihren Urin ab als Protest gegen den wieder vereinsamten Mann.

Levy zog sich zurück. Jene, die ihn ohnehin lieber mieden, waren ihm dankbar dafür. Seine Unterstützer, der dünne Haarkranz seiner Freunde respektierte das und nahm sich vor, ihn in Ruhe zu lassen, solange nicht irgendein Alarmzeichen zu ihnen drang oder vielleicht mitten an einem warmen Sommertag weißer Rauch aus seinem Schornstein stiege - das wollten sie als Zeichen dafür nehmen, daß er auf sie wartete, um in einer neuen Verkleidung mit ihnen durch die engen Gassen der Altstadt zu ziehen.

Auch seinem späteren Biographen gegenüber kommentierte Levy nie dieses plötzliche Ende der Besucherinnen im Haus der Gäste. Egbert dagegen unternahm nie den Versuch einer Interpretation. In seinem Buch ließ er hier eine geplante Leerstelle. Nur in einer flüchtigen, etwas unklaren Fußnote verwies er darauf, daß sein Buch einzig und gerade an dieser Stelle bereits abgeschlossen sei, ja nur hier wäre es rund, ausgewogen und natürlich letztlich unerklärbar wie ein Hühnerei.

22

Die Kraftfahrzeug-Zulassungstelle, der technische Überwachungsverein, das Straßenverkehrsamt, das Amt für öffentliche Ordnung, die Kreispolizeibehörde, vier verschiedene Haftpflichtversicherungen, die Krankenkasse und der Rentenversicherungsträger, aber auch das Sozial- und Gesundheitsamt, das Diakonische Werk, die Arbeiterwohlfahrt, ein Brandschutzexperte der Feuerwehr, Brandmeister Tobias L., zwei Sachbearbeiter des Hoch- und Tiefbauamtes sowie die Büros von Bürgermeister und Stadtdirektor gerieten in Aufruhr, denn sie verhedderten sich bis an die Grenze der Strangulation in der Fülle von Vorschriften, bedingten und völligen Versagungen, Erlaubnissen, ausnahmslosen Verboten und ihnen wiederum entgegenstehenden Sonderregelungen, die sie jeder für sich und nicht wenige gegeneinander erlassen hatten oder aus uneindeutigen Erlassen glaubten zwingend herauslesen zu müssen, und so schlugen sie alle mehrmals der Länge nach hin und standen voller Empörung wieder auf, um sich gegen die bisherige Sozialheilige der Stadt Mia Geerdes zu wenden, die aber als Behinderte wiederum den Schutz allgemeiner, überhaupt nicht codifizierter Menschlichkeit genoß, was in den Augen aller Beteiligten dazu führte, daß diese Frau schlicht die Sau rauslassen konnte wie sie wollte und aus Amerika einen MX 50 importierte.

Sie hatten wohl unter MX 50 eine Art weitreichender Rakete oder schwerem Panzer verstanden. Daher nahmen sie neuerliche Bedenkzeit für sich in Anspruch, als sie feststellten, daß dieses Gefährt von einem Elektromotor angetrieben wurde, luftbereift war, über Scheinwerfer und Blinker, Rückleuchten und Einkaufskorb, Hupe und Feststellbremse verfügte. Aber erst, als Egbert ihnen schriftlich versicherte: das ist ein zivil und irdisch gewendetes Nebenprodukt künftig bemannter Raumfahrt aus der Versuchsabteilung des Flugzeugbauers Boeing in Seattle/USA, das mir der frühere Lieutenant Pinchon aus der Presseabteilung dieses Konzerns zwecks erster Probeläufe in Europa besorgt hat - erst da erkannten sie, daß mit ihm hier das erste, quasi vollautomatische Behindertengefährt im ganzen Norden des Landes durch die Straßen rollen würde, ein Stück Zukunft aus Übersee, und jetzt sagten sie, einer nach dem anderen, begeistert Ja.

Selbst Heribert war in den ersten Tagen sehr angetan davon. Er schritt hinter dem Gefährt einher, dirigierte es, räumte Überwege durch vorauseilende Zurufe frei und mochte das Gefühl haben, Mia gehöre ihm endlich vollständig und ganz allein. Er schritt daher wie ein durch besondere Partnerschaft belasteter und für sie verantwortlicher, dennoch aber freier und wichtiger Mann. Als Egbert ihn wenige Tage später ein weiteres Mal sah, meinte er bereits an ihm einen Anflug von echter und nicht einmal strenger, sondern einfach schöner Würde zu erkennen. Das freilich hörte abrupt auf, als Mia gelernt hatte, mit ihrem MX 50 allein umzugehen und ihm einfach mit aufgeblendeten Scheinwerfern zum Altenheim davonfuhr. Hier lockte sie mit dem etwas quäkenden, aber eindringlichen Signalhorn ihres Gefährts schon zeitig in diesem Sommer ihre beiden Freunde aus dem Frühstücksraum.

Der größere von beiden hatte einst Gotthelf Goloschek geheißen, aber selbst der Heimleitung fiel dieser Name nur noch ein, wenn einer der seltenen Blicke in seine Akten nötig wurde. GOGO war ein bedrohlich kräftig gebauter, zumeist aber sehr sanftmütiger Mann von einfachem Gemüt, dessen Frau bei der Explosion eines Kessels auf dem Fliegerhorst Upjever getötet worden war. Dieser Verlust und alles weitere, was er darauf als einfacher Soldat erlebte, der mit seinem gewaltigen Körper kaum jemals Deckung fand, hatten ihn tief verstört. Täglich fuhr er die Stadt mit dem Fahrrad ab und bettelte sanft und nachhaltig. Seine Sanftmütigkeit konnte nur dann in Gewalt umschlagen, wenn er seinen Freund bedroht oder mißachtet wähnte: das war DIDI, der stets Wert darauf legte, außer von seinen engsten Freunden als Herr Dieter Dyckerhoff angesprochen zu werden. Das tat er nicht aus einer gewissen Umständlichkeit seiner Seele heraus, sondern weil er davon überzeugt war, als von Jugend an Behinderter nie eine andere Vergünstigung erhalten zu haben als die eines Namens, der amtlich registriert und unbescholten war.

Wenn sie früh in diesem Sommer, der schön und langanhaltend zu werden versprach, vom Heim losfuhren, war Gogo der Schrittmacher. Klingelnd räumte er die Straße und verfiel zusätzlich noch vor jeder Kreuzung in lautes Geschimpfe auf die vorhandenen Verkehrsteilnehmer und im voraus auf alle, die später am Tag noch diese Kreuzung zu nutzen gedachten, denn in seinem Windschatten ruderte sich Didi im Rollstuhl vorwärts. Erst dann kam Mia, deren MX 50 wie eine Katze schnurrte und jede Unebenheit mit kleinen, federnden Buckeln ausglich. Gogo hieß erst Gogo und Didi wurde erst Didi genannt, seitdem die Schüler des Mariengymnasiums, die sich ab Mittag zu den Drei auf dem Markt gesellten, im Zuge der von zwei alten Staatsmännern wieder angestoßenen deutsch-französischen Freundschaft die Sprache des Nachbarlandes lernten und sich begeistert durch das absurde

Theater von Ionesco, Beckett & Co. lasen. Das hatte ihnen erst den tieferen Sinn dieser neuen Freundschaft gezeigt, hielten sie doch seitdem die Zustände in Jever und überhaupt friesische Zustände in vielen ihrer Erscheinungsformen für pures absurdes Theater aus Frankreich.

Vormittags fuhren sie die Stadt ab, wobei Gogo sanft und unnachgiebig für sich und seinen Freund bettelte. Hatte er genug für Tabak und Pils, bettelte er auch für die anderen Bewohner des Heims, für die Waisenkinder im Königreich Lesotho, die Leprakranken Perus, die Ureinwohner im glühenden Inneren Australiens, die überzähligen Mädchen Südindiens, für das Müttergenesungswerk der deutschen Caritas und für alle Verletzten und Krüppel des letzten Krieges in allen seinen nicht einzeln aufzählbaren Ländern. Gegen Mittag in diesem ausnehmend schönen Sommer fuhren sie auf dem Markt zu einem Kreis auf: klingelnd der Schrittmacher als erster, dann der schmächtige Didi mit seiner mechanischen Hilfe, schließlich Mia mit ihrem MX 50, den Heribert inzwischen für ein weiteres, gegen ihn erfundenes Konstrukt der Niedertracht hielt. Mit ihrem Kreis besetzten sie den Markt zwischen Concerthaus und Schwarzer Adler. Jeder Bewohner, der ab jetzt den Markt querte, und es waren täglich viele und noch mehr in diesem langen Sommer, fand sich vor einer Bühne wieder, auf der ausgestellt waren: die Verstörung und die nur gelegentlich, dann aber unvorhersehbar in Gewalt umschlagende Sanftheit des Riesen Gogo, dem ein Fliegerhorst die Frau zerfetzt und ein folgender Feldzug den ganzen Rest genommen hatte. Daneben: die Schäden einer nicht behandelten Kinderseuche, der später eine Reihe von quälenden Operationen gefolgt war, deren Erfolg sich einzig im Lernerfolg der Operateure bemaß, so daß Didi seit seiner Kindheit die Geschichte und all ihre Nebengeschichten in Jever immer nur im Sitzen verfolgt hatte, dies aber sehr genau und mit einem Gedächtnis, das weder mit übergroßem Erlebnisreichtum noch mit Bildern aus den Weiten der Welt belastet war. Immer hatte er in Kassengefährten unterschiedlich dürftiger Bauart gesessen und beobachtet, wie ein Schauspiel von Leben vor ihm ablief, das sich freundlich und verschlagen und, wenn als Schauspiel aufgedeckt, rüde und gewaltsam als das Leben selbst ausgab. Und um wenigstens Schemen und Trümmer und Neuanfänge von wahrhaftem Leben zu erkennen, war er einer der genauesten Beobachter der Stadt geworden mit einem unerbittlichen Blick, der jeden Schauspieler sich verkrampfen ließ und an den Rand des Stotterns brachte. - Und die den Markt querenden Bewohner sahen hier Mia Geerdes ausgestellt, diese Frau, die nahezu jeden von ihnen kannte, und wenn sie ihn nicht umsichtig selbst in die Welt hatte plumpsen lassen, dann hatte sie eines ihrer fehlgeborenen

Kinder mild in ihren Armen erstickt. Mia war die stillste der drei Besetzer; jene, die am häufigsten lächelte und wegen der das meiste Geld in dem Korb landete, der abends, mit bescheidenem Bestechlichkeitsschwund für Tabak und Pils, in die Gemeinschaftskasse des Heimes geleert wurde. Gogo pflegte hier auf dem Markt laut auf alle Nöte aufmerksam zu machen. Didi saß mit stechendem Blick in seinem Kassenstuhl, redete wenig von sich und nie mehr etwas neues, da alles längst gesagt war, aber forderte alles. Mia lächelte nur auf ihrem MX 50, und schon begriff jeder, der hier nicht laut und öffentlich an vergangenes Unheil und eigene Beteiligung daran erinnert werden wollte, welche Gefahr von dieser Frau drohte, sobald sie plötzlich nicht mehr lächeln, sondern sprechen würde und wenn sie auch Intimes und zu Ahnendes aus dem Erfahrungsschatz einer Amme und Hebamme auszuplaudern begänne. Und schon hörten die Bewohner den zerschossenen Riesen Gogo von einem Angriffskrieg erzählen, in den er zwecks Ablieferung von Heldentaten und Auslöschung von Leben geschickt worden war, wobei ihm sein eigenes Leben halb ausgelöscht und mit dem letzten Kopfschuß sein ohnehin einfaches Gemüt noch weiter vereinfacht worden war, einer, der jetzt gewiß das klinische Kriterium eines geistig Behinderten erfüllte, und dennoch redete er klar, mit zunehmendem Eifer und Lautstärke von diesem Krieg, den er nicht gewollt hatte. Das war das eigentlich Fürchterliche an Gogo: auch aus seinem Mund eines geistig Behinderten kam nichts als Klarheit. Und kaum machte er eine Pause, setzte Didi ein, dem in seiner angestammten Krümmhaltung eines Gelähmten immer schon alles in der Gemeinde, was sich aufrecht bewegte, exotisch erschienen sein mußte wie den Aufrechten das paradiesische Leben in Baumhäusern und Erdhöhlen in anderen Teilen dieser Welt, der es aber denunzieren konnte als ein immer falsch gelebtes, schreckliches, verratenes und liebloses Leben, als eines der Gewalt jeder gegen jeden und alle gegen ihn, den Gelähmten, weil es unabweisbar war, daß es sich immer gegen ihn gerichtet hatte, da gab es doch kein Vertun.

Und sie bückten sich rasch über den Korb und spendeten schnell für alle körperlich und geistig Behinderten, alle Kriegs- und Verkehrsopfer und die Opfer von Seuchen, Naturkatastrophen und unheilbarer Armut sowie für jene, die hier vom Altersverfall, dem Parkinsonismus, der Sklerose, dem Alzheimer, der Diabetes, der Niereninsuffizienz, den nicht mehr heilenden Knochenbrüchen geschüttelt im Heim vor sich hin lebten, damit sie auch künftig nicht ganz so frontal von ihrer Rede getroffen würden -

und wenn Egbert in der Mittagspause seinen Postschalter, der sein Leben und sein Gedächtnis, sein Schreib- und Geschichtenersatz war, verließ und in diesem wunderschönen, langanhaltenden Sommer die wenigen hundert Meter auf den Markt ging, sah er bald die Schüler des Mariengymnasiums Gogo, Didi und Mia umlagern. Sie hatten zu ihren Füßen Platz genommen, rauchten und tranken, schmusten auf bisher unanständige Weise in der Sonne, zogen auch gelegentlich Gogo mit seinem doch sehr einfachen Gemüt auf, hatten für Didi, der naschsüchtig war, etwas Süßes mitgebracht und für Mia eine vereinzelte Blume aus einem der Vorgärten, und bevor Egbert sich einen entscheidenden Ruck geben und sich mit seinem Beamtentum und dem Hintern seiner Diensthose als ein weiterer Schüler auf das Pflaster setzen konnte, hatten sie schon begonnen, alle drei mit sehr unterschiedlichen Fragen zu löchern, aggressiv vor Hunger und dem Verlangen nach seiner Stillung. Sicher war längst in ihren Lehrplänen eine Behandlung jener Zeit vorgesehen, die ihnen die Eltern in ihren beleidigten Betten verweigerten, aber es war die Rede der Lehrer, die sie hörten, es waren die Zahlen und Namen, die Ränge und Abteilungen, war wieder dieser Lehrer, dem auch vorige Woche schon die verhungerten Russen die Scheiße vom Hintern gefressen hatten, es waren weitere Ränge und andere Abteilungen und nie die Antwort auf das Warum.

Wenn Egbert aufstand und sich von den drei abwechselnd Antwortenden verabschiedete und von der fragenden Monika Ursula ten Hoff und dem nachgeborenen Iko ten Hoff und von einem Eckart, einer Trautlinde, einem Rüdiger und einem Rudi Carsten Jessica Kai Jens Frauke Nicole Wiebke Mirko, da stand er an diesen schönen Sommer-Mittags-Tagen von einem ersten Einbruch des Lichtes in die Gemeinde Jever auf. Und wenn er zurückging, um seinen Schalter mit der Pünktlichkeit jedes Vorwärtsstrebenden zu öffnen, folgten ihm regelmäßig die Blicke von Bewohnern, die ihn doch in der Post als Vertrauensperson für ihre verletzlichen Ferngespräche kannten, für ihre niedergelegten Schriftstücke, die nicht bezahlten Alimente, die gepfändeten Landmaschinen, die geleisteten Offenbarungseide und die ihn jetzt als einen zu erkennen meinten, der sie gerade an die Jugend verraten hatte. Und die ersten unter ihnen nahmen sich vor, ihn künftig schärfer im Auge zu behalten.

23

Erst am Ende dieses langen Sommers, da Ernteausfälle beklagt wurden, Brunnen versiegten, Grünfutter fehlte, der Norden nach Futterstroh im Süden verlangte, das auch dort knapp war, Kiefernwälder wie Zunder aufleuchteten und mageres Vieh zum Notverkauf auf zertretenen Weiden stand, tauchte Levy aus seiner langen Auszeit wieder auf. Jetzt fehlte ihm das rechte Auge, das ihm bei einem Überfall vor seinem Haus ausgeschlagen worden war.

Rein optisch sah er mit seinem linken Auge die Welt nur noch eindimensional. Tatsächlich aber hatte er es während der langen Abstinenz von der Öffentlichkeit geschafft, sich auf wundersame Weise zu vervielfältigen und jeden einzelnen Levy noch einmal auf mehrere Levys aufzuspalten, die alle zusammen jene Welt, die Jever nun einmal war, mit dem Facettenreichtum einer Fliege und der Multiperspektivität eines Phantasten betrachteten, der immer gleichzeitig Räuber und Gendarm, Jäger und Gejagter, Freibeuter und Gekaperter und außerdem noch lachender Dritter ist.

Endlich einmal war Levy nicht von der Einsamkeit in einen weiteren Blackout mit seinen bettlägerigen Phasen der Verwahrlosung und schließlich der Selbstaufgabe getrieben worden. Dieses Mal, stellte Egbert bei ihrer ersten Wiederbegegnung überrascht fest, hatte er sich als einsamer, gealterter, fast schon alter Mann ausgehalten und akzeptiert. Er hatte die Einsamkeit genutzt, ja sie schließlich als Möglichkeit zu mehr Leben genossen, und je mehr Levys sich in Levy versammelten wie Spatzen, Stare oder Dohlen auf einem bestimmten, für den Laien völlig unauffälligen und bestürzend unerklärlichen Baum, um so weniger Ängste hatte er auch vor der Einsamkeit der Nächte und vor ihren Geräuschen gehabt, deren bedrohlichste immer das Schlagen seines eigenen Herzens und das Pfeifen seiner Bronchien eines unbeugsamen Zigarrenrauchers waren.

Jetzt hatte er in sich und um sich herum Ordnung geschaffen. Zunächst hatte er das Chaos in Haus und Hof gelichtet, wo sich der Sperrmüll türmte und ineinanderzustürzen drohte. Je mehr weggeworfen wurde, um so mehr sammelte sich bei ihm, das war in jeder Hinsicht zwingend. Er war doch nicht nur die Verneinung jener, die durch die Möbelhäuser stürmten und sich immer wieder neue Nistkästen aus noch edleren Hölzern Amazoniens zulegten. Einer wie er saß besonders bequem in den alten, gerade von ihnen verschmähten Dingen und sah lieber zu, wie die begnadeten Produzenten von Sperrmüll sich selbst davonliefen. So waren ihm täglich neue Ordnungen in der Maserung des Holzes und der Webstruktur von Textilien aufgegangen und Berufe von Nutzung und Erhalt, die noch gar nicht gedacht, geschweige denn zum Wohle aller beschrieben worden waren. Das alles hatte den bislang besten Skatspieler der Stadt zu ihrem ersten Ökologen gemacht.

Und er hatte eine zunächst bittere, dann aber auch hellere Ordnung in sich selbst geschaffen. Zunächst beerdigte er seinen zeternden Freund aus San Francisco, den einzigen, den er dort besessen hatte. Bis jetzt hatte er ihn immer noch zetern gehört wie jeden Abend, wenn er ihn kurz vor Sonnenuntergang aus der Luke seines Zeitungskioskes in der Market Street erlöste. Hier hat er den ganzen Tag in der Papierflut und dem Zeitungsschutt gesessen und schweigsam den Erzählungen seiner täglichen Kunden zugehört vom Alkoholiker, Stricher und schnellfüßigen Taschenräuber über den Spastiker zur hellblau getönten, das Russisch einer Zarentochter wispernden Dame und zurück über die ausladende Hawaianerin, die alle ihre Sätze zu den Eiern von Seeschildkröten rundet, zu dem kirgisischen Taxifahrer und dem Privatdozenten aus Königsberg, der ihm täglich versichert, sich mit einem Immanuel Kant ein möbliertes Zimmer geteilt zu haben, was dem Mann in der engen Luke nicht mehr und nicht weniger Achtung abnötigt als alles andere Gemurmel dieser reichen Regenbogenwelt. Es ist wirklich eine schöne Welt.

Kurz vor Sonnenuntergang steigt er aus seinem Kiosk. Er ist klein und trägt die Andeutung eines Buckels von der Größe eines Vogelnestes zwischen den Schultern. Um den Kiosk gegen die Strolche aus allen Kontinenten der Welt zu sichern, unter denen er längst Nachkommen hessischer und schwäbischer Goldgräber, handamputierte jemenitische Diebe, verstoßene Söhne mexikanischer Hacienderos und bolivianischer Besitzer von Zinnminen, einen rettungslos dem Schnaps verfallenen italienischen Rennfahrer sowie drei Enkel des Königs Shamba Bolongongo vom oberen Kongo ausgemacht hat, bewehrt er die Front mit Stahlblechen und Schlössern. Dazu braucht er jeden Abend die Hilfe seines Freundes Levy, der pünktlich vor Sonnenuntergang einen letzten Schatten auf den Kiosk wirft.

Heftig gestikulierend und einen Stoß nicht verkaufter Zeitungen unter dem Arm redet der kleine Kioskbesitzer auf seinen großgewachsenen Freund ein, während sie drei Blocks nordwärts gehen und in die Samsone Street einbiegen.

Für jeden Abend hat er sich aus dem Zeitungsmüll des Tages einen Anlaß aufgehoben, über eine Nation, ein Volk, eine Gruppe von Menschen zu zetern, wobei sich Speichelbläschen in den Mundwinkeln bilden. Sind gegen Mitte eines Jahres die Nationen der besiedelten Welt erschöpft, fängt er wieder von vorne an oder weicht auf Völkerstämme aus, auf Clans und Sippen, Religionsgemeinschaften und Sekten. Er zetert über Muslime und Christen, Juden, Hindus, Bramahnen, Buddhisten, Mormonen, die Zeugen Jehovas und eine Reihe sehr kleiner Gemeinschaften wie „Die Jünger der zehn unerläßlichen Sünden" vom Ontario-See oder die rituellen Esser von Fledermausohren und Katzenzungen in Salvador da Bahia. Mit dem allabendlichen Wechsel will er sicherstellen, daß er seinen Drang nach Ungerechtigkeit und sein selbstverschuldetes Ungenügen an der Welt gerecht auf den ganzen Erdball verteilt, daß seine ganze, tagsüber in ihm gestaute Schlechtigkeit eine kolikartige Abfuhr erleidet und er ein völlig freier Mann ist in dem Augenblick, da er seine Wohnung betritt. Diese Wohnung, in der er bis zum nächsten Morgen allein sein wird, ist seine schärfste Herausforderung und sein größter Feind. Einzig über die Deutschen zetert er nie, in die er hineingeboren wurde und aus denen er auf einer Bahre herausgetragen worden ist. Eine gewisse sentimentale Anhänglichkeit an seine im großen und ganzen glückliche Jugend in Bayern hindert ihn daran; mehr aber noch der Umstand, daß er bei allem, was er täglich über die Deutschen und ihr Land liest, immer wieder feststellt, es nicht zu verstehen, als lebten sie unerreichbar und nicht nachvollziehbar, tiefgefroren verharrend in einem Stadium völliger Unbeweglichkeit und Zeitlosigkeit auf einem parallel zur Erde rotierenden Zwilling, der ohne Sauerstoff auskommt, ohne den Oberflächenzerfall durch Oxydation und Säurefraß und ohne jene Thermik, die für gewöhnlich auf die Anwesenheit von pupsenden, fehlerhaften Menschen schließen läßt. Er weiß, daß sie andererseits explodieren können wie Landminen, die selbst auf kleinste Erschütterungen reagieren. Auch das versteht er nicht. Und natürlich ist er anständig genug, nur über das maßlos, sehr willkürlich und mit großer Lust zu zetern, was er wirklich versteht.

Nachdem er auf der Bahre aus ihnen herausgetragen worden war, wollten ihm milde Helfer unter ihnen einreden, daß, wer durch die Hölle gegangen sei wie er, ein Heiliger und Weiser sein müsse. Es war ihre Art, die Hölle und die Zufälligkeit seines Überlebens zu verstehen. Er dagegen hat verstanden, daß für ihn das Überleben, weil zufällig, eine Verlängerung der Hölle sein wird. Und er begriff, daß sie ihn zum zweiten Mal zum Opfer machten. Jetzt nutzten sie ihn, um mit der fürchterlichen und unausweichlichen Kraft ihrer Karitas das Undenkbare zu verstehen und mit ihrem Verständnis zu mildern und verdammten ihn dazu, den Rest seiner Jahre allein auf der zwar unsinkbaren, aber auch von niemandem erreichbaren Insel der Heiligen und Weisen festzusitzen. Elende Scheiße, hat er da gesagt.

Jetzt, in seiner langen Auszeit, hat Levy noch einmal so lange auf die drei großformatigen Polizeifotos gesehen, die ihm zwecks Identifizierung vorgelegt wurden, bis sein Freund würdig bestattet war. Er hat noch einmal gesehen, wie der Freund mehr und mehr in der Papierflut und im Zeitungsschutt seiner Wohnung unterging und schließlich nur noch über einen schmalen Fußpfad zwischen Bett und Küchenspüle verfügte, wo er zusammenbrach. Als er gefunden wurde, hatten ihn die Ratten bereits angefressen, die in der Nähe der Bay die Häuser durchpflügen, und die Leichenwürmer hatten Hohlwege durch sein Gesicht gegraben.

In diesem langen Sommer hatte Levy auch die ganzen Schiffsmeldungen von erloschenen Bojen und nur schwach noch blakenden Leuchttürmen aussortiert, auf die er überall auf dem südamerikanischen Subkontinent gestoßen war bei seinem vergeblichen Versuch, doch noch ins Traumland der Rinderzüchter zu gelangen. Immer hatte er seinen kleinwüchsigen Freund gemocht. Immer aber hatte er ihn auch bespöttelt. Unterwegs auf seiner gescheiterten Reise zu den Rinderzüchtern hatte er alle jene geachtet, die in den Schiffsmeldungen als erloschen erwähnt wurden. Und Leuchtturmwärter waren von den Seevögeln zerhackt worden, und die Spiegel ihrer Feuer waren zerborsten. Er hatte sie bewundert dafür, daß sie es aus Europa bis an diese wilden, moskitoverseuchten Küsten geschafft hatten. Und er hatte sie bespöttelt dafür, daß sie zu Zeiten des Radars und der Sonartechnik auf wacklige Türme aus den Zeiten der Auslegerboote stiegen, um mit solch einem Lotsendienst ihrem Leben von Flüchtlingen einen letzten, unmöglichen Sinn zu geben.

Bei der Durchsicht entdeckte er jetzt allerdings, daß er mit seiner unvorbereiteten Rückkehr nach Jever nichts anderes gemacht hatte. Er war ähnlich kurzsichtig gewesen wie sein zeternder Freund und genauso schiffbrüchig wie jene, die zu einer bloßen Meldung des Seefunks verkümmert waren.

Wer denn stellt sein einziges Umzugsgut, einen bunt beklebten Pappkoffer, in die noch warme Asche eines gerade erloschenen Vulkans?

War es Dummheit und Lernunfähigkeit gewesen? Oder die Verblendung der früheren, jugendlichen Arroganz, da er mit seinen Hoden und den Seitenzylindern seiner Maschine gedacht hatte, weil er von der Schulbank weg Unternehmer werden und mit einer Mutter umgehen mußte, die eine vollständige bessere Mannschaft in sich wohnen ließ?

Bevor hier die ersten Steine fielen, hatte er die möglichen Werfer von Steinen mit Entschuldigungen zu besänftigen versucht, zu denen er gar nicht berechtigt war. Dann hatte er alle verfügbaren Anwälte und alle Formen der Gerichtsbarkeit bemüht, als seien Anwälte nichts als die Dolmetscher des Rechts und das Recht selbst die Gerechtigkeit und damit jener Zustand der Zeitlosigkeit und des Antiraums und der Freiheit, den sich sein Freund in Frisco so lange herbeizuzetern suchte, bis er zusammenbrach. Er hatte nach einer letzten Frau gegriffen, sie nicht festzuhalten vermocht und dabei das gemeinsame Kind verloren. Seine Ratlosigkeit des Rückkehrers war bloß die gewendete Ratlosigkeit aller, die nicht zurückkehrten. An dieser Ratlosigkeit lag es wohl auch, daß er nirgends glücklich Gestrandete gesehen hatte, die es doch auch geben mußte, sondern nur Wracks, Verwehte und Schiffbrüchige. Und die einzigen Wochen und Monate, auf die er jetzt stolz sein konnte, waren jene mit seinen unterschiedlichen „Verlobten".

In Gegenwart dieser Mädchen und jungen Frauen hatte er endlich die Erfahrung gemacht: ein Mann, der tagsüber blind gegen eine ganze Stadt kämpft und nachts noch gegen die Geister der Dunkelheit und die Dämonen seiner Einsamkeit, solch ein Blinder reift nicht. Er kämpft und ermüdet, verliert und geht genauso dumm zu Boden wie er zu kämpfen begonnen hat. Er fällt ins Koma, erwacht nicht mehr daraus und wird schnell, ja durchaus hastig vergessen als ein kleiner Betriebsunfall der Lokalgeschichte.

Diesen Mädchen und jungen Frauen aber hatte er seine Erinnerung leihen können. Er hatte erfahren, daß sie ihnen, die in kalten Betten gezeugt und zwischen ihren beleidigten Eltern aufgewachsen waren, rote Flecken auf die Wangen drückte. Und wenn sie nachts feucht wurden, geschah es weniger in Erwartung des alten, erfahrenen Satyrs, der er natürlich auch immer war, sondern sie schliefen nachts mit ihm, weil er ihnen wieder den ganzen Tag über seine Erinnerung geliehen hatte. Sie hatten gefragt, und er hatte geantwortet. Von Antwort zu Antwort hatte er sich freier gefühlt, weil sie sich keine der Erinnerungen unwillig von den Schultern schüttelten. Und sie selbst wurden von Frage zu Frage freier, so daß stets der Tag abzusehen war, an dem sie ihm wieder stiften gingen, immer noch blutjung und doch gealtert um einen wichtigen Teil seines Lebens; während aus dem gealterten, von seinen Dauerkämpfen und den Dämonen der Vereinsamung geschwächten Mann, den sie ursprünglich getroffen hatten, ein warmherziger, fast ordnungsliebender und nur noch gemäßigt von seinem ewigen Hang zur Verwahrlosung bedrohter Mensch geworden war, der ihnen zum Abschied einen milden Spott hinterherrief. Nach und nach, von Abschied zu Abschied, war aus dem Lüstling und Dauerkämpfer, dem immer Empörten, weil stets Zurückgewiesenen ein kluger Mann geworden, der einzige wirklich welterfahrene in der Stadt.

Während seiner langen Auszeit hatte er begonnen, Teile seiner Erinnerungen auf losen Blättern gemäß einer Ordnung niederzuschreiben, die mit ihm verlorenging. Auch wenn es nur Teile waren, wollte er natürlich in jedem Teil ALLES festhalten - vom Urknall, der Schmauchspuren in seiner Erinnerung hinterlassen hatte, zum grandiosen Silvesterknall, der in Carolinensiel das 20. Jahrhundert sowie die Wehen seiner Mutter eingeleitet und zur Sturzgeburt des Fritz Levy geführt hatte, über die gerade erst abgeschlossene und jetzt luftdicht beschwiegene Vernichtung der europäischen Juden zum Ausglühen der Sonne und dem Erlöschen allen Lebens auf der Erde in einer Kältewolke. Es war also ein recht ehrgeiziges Unternehmen. Als der kluge Mann, der er jetzt geworden war, stellte er bald fest, daß er für diese Art der Arbeit nicht sonderlich taugte. Immer nahm das Niedergeschriebene eine andere Ordnung als seine Erinnerung an. Auch drohte es nach und nach selbst zu seinem Gedächtnis zu werden. Und bald vermochte er nicht mehr zu unterscheiden zwischen den taktisch und strategisch notwendigen Lügen des Niedergeschriebenen, damit sie der Leser als Wahrheit annimmt, und jenen Lügen, mit denen er selbst seine Erinnerung gemildert hatte, um sich ihre Last erträglicher zu machen. Oft genug fiel beides in ein und derselben Lüge zusammen, so daß es möglicherweise doch gerade jene nackte Wahrheit war, um die er aus taktischen und strategischen Gründen und solchen natürlicher Menschlichkeit sich selbst und den Leser leicht belügen wollte. Schließlich fürchtete er, bald kein in die Zukunft mehr Lebender zu sein, sondern einer, der sich nur noch falsch erinnert und sich selbst als Vergangenen fehlerhaft liest. Heilige Wirrnis. Daher rief er schon auf den letzten Blättern um Hilfe nach einem Spezialisten für die wahre Lüge des Aufschreibens, und trug den gewaltigen Papierstoß mit seinen Teeflecken, daran festgebackener Zigarrenasche und den vielen zerquetschten Insekten in seinem Pappkoffer vom 18.10 UHR-Zug zu Egbert: *Komm mach was draus.*

So erfährt dieser erstmals Genaueres über eine der Stationen des Exils und sieht auch, überwabert vom Zigarrenrauch und durchzogen von Erläuterungen Levys, die abschweifen und zurückkehren, fotografische Aufnahmen in einem zerfallenden Ziehharmonika-Album, wie es von Städten und Landschaften gekauft wird, in denen jemand sein Herz vergessen hat oder von Familien entblättert wird, auf die aus einer hochtreibenden Wolke ein gewaltiger Tropfen Glück gefallen und an allen, vom Großvater bis zum Enkel des Enkels warm heruntergelaufen ist:

hier steht Levy an der Steuerbord-Reling des Frachtdampfers ODER und sieht auf die Kette der ostfriesischen Inseln von der Seeseite aus. Deutlich erkennt er, wie die Wellen sie im Westen wegfressen, mit dem ganzen Guthaben an ihnen vorbeiziehen und es im Osten wieder antragen. Wenn er jemals auf einem der ihm noch verbliebenen vier Kontinente ein Kind zeugt und es kommt später arglos hier an mit seinen Schilderungen als der verläßlichen Landkarte des Vaters, werden die Leuchttürme im Westen unterspült und gefallen sein. Sie sind in die Mitte der Inseln gewandert, während auf der angetragenen Landzunge im Osten bereits die Karnickel wühlen. Da öffnet er seine Hand und streicht sich alle die vorgelagerten Inseln in den Handteller, betrachtet sie eine Weile wie eine junge, noch blinde Brut und streut sie dann in die Gischt an der Bordwand: aus und vorbei. Nichts Verläßliches mehr -

dort steht der Reichtum des Handels, die pompöse, hochgestapelte, in sich einst ungemein solide und kultivierte Schauseite der englischen und französischen Kolonisatoren, der jüdischen Monopolisten von Rauschmitteln, der amerikanischen Banker und deutschen Verwalter alter Guthaben des BUND am Huangpu in Schanghai mit seinen Geschäftshäusern, Hotels und den Gesandtschaftspalästen der internationalen Konzessionen, in denen, extraterritorial und weltoffen, in einer heiligen Allianz von Straßenschiebern und Palastdealern, hohen Diplomaten, der blauen Mafia-Clique der Qingbang und der roten Clique der Hongbang die Reichtümer Asiens in die abgeschabten Kupfermünzen des chinesischen Elends getauscht und die Nebenalkaloide des Opiums ausgekocht sowie Kautschuk, Harze und Wachs ausgeschwemmt werden. Bei der Anlandung auf dem Frachtdampfer ODER drohten dem Passagier die nackten Hände an der Reling festzufrieren. Das ist der Winter am Ostchinesischen Meer. Und im tropischen Sommer verderben die Knickeier, von denen er leben wird, schneller, als er sie bei den Bauern im Umland kaufen und in der Stadt verkaufen kann -

hier ein doppelt belichtetes Bild: das ist Sir Victor Sassoon, der von den Engländern geadelte arabische Jude, den sie mit dem Opiummonopol betrauten, was ihm gestattete, zusammen mit den Familien der Kadoories, Hardoons, den Ezras, Shamoons, Baroukhs, Toegs, Abrahams, Haims und Hillalis einen Reichtum anzuhäufen, den sie in den englischen, französischen und internationalen Zonen des Molochs Schanghai Tag und Nacht als Oper aufführen, während in den chinesischen Vierteln des Molochs frühmorgens die über Nacht gestorbenen Kinder in die Abfallbehälter gelegt werden -

dort ein Bild: die Ratten sind so groß wie Kaninchen oder junge Hunde -

hier ein weiteres doppelt belichtetes Bild: Sir Victor Sassoon stiftet sein Embankment Building zum Empfang und zur Versorgung der anlandenden siebzehntausend Emigranten aus Deutschland und Österreich und richtet Suppenküchen und Wohnheime ein. So erfährt der Neuankömmling, daß Juden tatsächlich unermeßlich reich sein können und daß ein einzelner Jude vielen Juden helfen kann. Er sieht auch, wie sich sefardische und askenasische Juden um die Suppenküchen, die Wohnheime, den Straßenhandel, den Kleiderverkauf und die Gemüsestände streiten. Und erkennt, daß mehr Jude sein will, wer schon vor dem Zaren auf dem Dampfer floh als jener, der erst vor den Bolschewisten kapitulierte und mit der Bahn reiste. Und wer vor den Nazis aus Europa floh, will mehr Jude sein als alle jene zusammen, die vor dem Zaren und den Bolschewisten die Flucht ergriffen, so daß sich bald die Gesandtschaft des Deutschen Reiches in Schanghai veranlaßt sieht, auf eine einvernehmliche Lösung für alle zu drängen. Aus Tokio beordert sie Joseph Meisinger herbei, der sich gerade als "Schlächter von Warschau" einen Namen gemacht hat, und als die verbündeten japanischen Truppen endlich die Stadt einnehmen, schlägt er vor, ein Vernichtungslager für alle nach Schanghai geflohenen Juden auf einer der Inseln vor der Küste zu bauen, hilfsweise die Emigranten auf ausgediente Schiffe zu verladen und sie führerlos aufs Meer treiben zu lassen -

dort ein Bild, das steht und außerdem kreisrund ist wie eine Zielscheibe: jetzt hält die Zeit im Wartesaal Schanghai ein. Die Stadt hat sich für die Juden auf das Viertel Hongkew verengt, das die Japaner zum Ghetto erklärt haben. Vom "König der Juden", einem cholerischen und seine Willkür genießenden Japaner erhält hier nur stundenweise Ausgang, wer Arbeit außerhalb nachweisen kann. Für diese Stunden rückt die Zeit vor. Wenn Levy abends wieder ins Ghetto zurückkehrt, hält die Zeit erneut ein. Im Ghetto ist sie nur noch meßbar an der Vermehrung der Parasiten im Darm und dem Rundweg der Fäkalie. Der Darm entleert sich in einen hölzernen Kübel, der Kübel wird von Kulis entleert, das entleerte Gut wird zur Ware und an Gemüsegärtnereien verkauft, das in ihnen gezüchtete Gemüse wird ans Ghetto verkauft, zubereitet, verzehrt, die Reste des Verdauungsvorganges werden zusammen mit Darmbakterien und Darmparasiten in den Kübel entleert ... undsoweiter -

hier ein helles Bild: Levy radelt über Land, um bei den Kleinbauern Eier aufzukaufen. Die Kinder laufen ihm hinterher, umringen ihn und nötigen ihn zum Absteigen. Noch nie haben sie einen so langen Menschen gesehen. Dort, wo ein Kleinbauer zu Ende geht, setzt erst der Bauch dieses Menschen an, dann folgt noch ein zweiter Kleinbauer. Er breitet die Arme aus und sie hängen sich daran. Sie hängen jetzt an seinen Armen wie die Zapfen an einer Kiefer. Levy lacht, wie er einst auf dem Hof der Leanders gelacht hat, wenn er in der Kugel aus Stahldraht schon beim Anfahren mit dem Motorrad umfiel und die Kinder und Kindeskinder Leanders zu ihm rannten wie Krankenschwestern und Notärzte -

hier noch ein helles Bild: als die japanischen Truppen abziehen, um ihre Angehörigen auf den heimischen Inseln Kiushu und Hondo zu bestatten, über denen die Amerikaner die ersten beiden Atombomben gezündet haben, gibt es drei Monate lang keinerlei Autoritäten in dem Moloch von Stadt. Die Ordnung der Besatzer ist aufgehoben, und vor dem Abzug haben sie noch die letzten Schleusen und Wehre der internationalen Konzessionen gesprengt, die das chinesische Gewimmel, die Bestattung der toten Kinder ebenso ordneten wie den Handel und den opernhaft schäumenden Reichtum der großen Familien. Für ganz Schanghai steht jetzt die Zeit still. Der Moloch Stadt hält den Atem an. Jetzt sind das Sterben der Kinder und die Bergung der kleinen Leichname aus den Abfallbehältern; die Düngung des Gemüses mit Kübeln von Fäkalien, die Ernte, die Verteilung, die Garküche, der Verzehr und erneut die Ausscheidung in Kübel sind jetzt das Zeitmaß des Lebens und die Ordnung der Dinge. Es ist die Zeit, da das von allen Kolonisatoren verachtete chinesische Gewimmel das Leben der Stadt selbsttätig und mustergültig organisiert. Das Gewimmel ist seine eigene Autorität, mißt seine eigene Zeit und schafft sich sein Maß des Lebens und seine Ordnung der Dinge.

- *Das war gut*, sagt hier Levy laut in dieses Bild hinein. *Das war sehr gut. Da wollte ich bleiben.*

- *Warum bist du dann nicht geblieben zwischen den Scheißkübeln und dem Gemüse? Bei den Kindern, die an dir gehangen haben wie Zapfen an einer Kiefer?* sagt Egbert in seinem Backsteinhaus.

- *Weil über Nacht eine Neue Ordnung über die Stadt herfiel. Sie schloß alles ein in einen gewaltigen Traum, den du dir vorstellen kannst wie einen großen Klumpen Bernstein.*

Die Sassoons, Kadooris undsoweiter, die eben noch aus dem Abfall der alten Geschichte ein unermeßliches Vermögen gemacht hatten, und wir, die wir von Gemüse lebten, das in unserer eigenen Scheiße wuchs, wurden in dieser einen Nacht zu ein und demselben Abfall der Geschichte. Selbst die Gräber unserer Toten wurden zu Abfallgruben. Da bin ich auf die MARINE LYNX gestiegen. Während des Pazifikkrieges hatte dieser Kahn Soldaten aus der Bucht von Frisco in den offenen Sturm Asiens gefahren. Jetzt fuhr er europäische Juden aus Asien in die Bucht von San Francisco und in die Freiheit kahler Zimmer. Am Pier stand ein kleiner Zeitungsverkäufer. Wenn ich je einen Mann gesehen habe, der fehl am Platze schien, dann war es dieser Mann. Er trug ein Vogelnest zwischen den Schultern, hatte die Spucke eines ewig Empörten in den Mundwinkeln und schimpfte auf alles, was er sah. Da habe ich gedacht: an den halt dich mal, der hat Durchblick. Er fluchte, ich hörte zu. So wurden wir Freunde fürs Leben.

Als Levy am Ende dieses schönen Sommers erstmals wieder auftauchte, hatte er sich mit einem langen Stock bewaffnet. Der begleitete ihn künftig immer als ein weiteres Körperglied. Leicht schwankend fuhr er damit auch Fahrrad, ein einäugiger Bootsführer, der sich durch den Mangrovensumpf der Innenstadt stakste und mit diesem Stock das Dreigespann von Gogo, Didi und Mia auf dem Markt verstärkte. Mit ihm auch sprengte er an einem der letzten schönen Tage die erste Kundgebung der neuen Nationalen Partei, in der sich gealterte Liebhaber, mit der Bitterkeit der Moderne von ihren

Höfen vertriebene Bauern, überschuldete, im Getriebe des Wohlstands bereits zermahlene Handwerker zu sammeln begannen, Frauen, die den lippenstiftlosen, aber innerlich reich geschmückten Jahren ihrer Jugend nachtrauerten und Jugendliche, die vor sich nichts als das arbeitsame, dumpfe Leben ihrer Väter sahen. Mit einer gewaltigen Polterei, wie sie der Markt seit langem nicht mehr gehört hatte, übertönte Levy zunächst die alten Phrasen dieser neuen Partei, dann räumte er mit seinem Stock den Tapetentisch voller neualter Schriften und altneuer Handzettel ab, den Sonnenschirm, die Fahnen, leitete Gogo, Didi und Mia an, mit dem Fahrrad, dem handbetriebenen Kassengefährt und dem Nebenprodukt künftig bemannter Raumfahrt blind in die umstehenden Zuhörer zu fahren, die bereits begonnen hatten, bedächtig abzuwägen was so laut geäußert wurde und es aus alter Gewohnheit für wahr zu halten weil von der Obrigkeit genehmigt und öffentlich auf dem öffentlichsten Platz gesagt, so daß bald erster Widerspruch laut wurde von den so Gemaßregelten, der sich nicht gegen Gogo richtete, galt er doch als ein im Krieg beschädigter Mann einfachsten Gemütes, nicht gegen Didi, schließlich ging er als ein Behinderter durch, der sich sitzend vom Leben in den Tod quälte, auch nicht gegen Mia in ihrem MX 50, denn noch immer schwebte der matte Abglanz jenes Scheines über ihr, der ihr als Sozialheilige verliehen worden war, sondern gegen Levy, den einäugigen Polterer mit dem Stock. Und schon sah dieser sich direkten Anwürfen ausgesetzt durch einen Dr. Fritz Blume, der als Herausgeber der Zeitung strikt gegen jede Störung einer Ordnung war und noch dazu von einem Mann, dessen bloße Anwesenheit seiner ganz persönlichen Ordnung widersprach und den mit seinem Altmännerhaß zu verfolgen er sich vorgenommen hatte bis in beider Tod. Und vom Vizeadmiral a.D. Karl Topp, früher Kommandant des Schlachtschiffes „Tirpitz", jetzt Vorsitzender des Soldatenbundes, dem nachgesagt wurde, noch sieben Wochen nach Kriegsende mit einem Faltboot und zwei nassen Handgranaten am Gürtel im Jadebusen gekreuzt zu sein, was aber selbst Levy milde in den Bereich der Legende verwies. Und dieses Mal, sah und hörte Egbert, polterte der bedrängte Levy nicht nur, er polterte und lachte gleichzeitig. Er war Störtebeker, der über die überrumpelte, von Pocken und Wassereinbruch geplagte Mannschaft lachte, deren Kogge schon in St. Petersburg von Tausenden von Wanzen geentert worden und im Nebel des Skagerrak noch mit einem Geisterschiff zusammengestoßen war. Er bellte und spottete und lachte, schoß Blitze mit seinem verbliebenen linken Auge und zwinkerte mit dem ausgeschlagenen des Narren. So überzeugte er die Umstehenden nicht, aber schlug sie in die Flucht mit ihrer Angst, sich lächerlich zu machen vor dem Vierteldutzend Behinderter und dem halben

Dutzend Schüler des Mariengymnasiums und dem im Hintergrund stehenden Postbeamten, von dem sie argwöhnten, er behielte die ganze Szene als fotografische Aufnahme in seinem bekannt guten Gedächtnis und verscherbele sie an die Welt in Übersee, dorthin, wo dieses Nebenprodukt der künftig bemannten Raumfahrt herkam, dieser MX 50 von Mia Geerdes.

Nachdem die Besatzung des einzigen Streifenwagens abgefahren war, um auf der Wache ein Protokoll zu tippen, stellte zunächst Gogo mit seinem zugegeben einfachen Gemüt fest, daß er einen Sieg errungen hatte. Das war neu für ihn, hatte sich bei ihm doch festgesetzt, daß zu mehreren Auftretende nur kämpfen, um von ihrer Führung verraten und elend im Schlamm zwischen zwei russischen Dörfern zerschossen zu werden. Didi und Mia korrigierten ihn aber schnell und sprachen von einem gemeinsamen Sieg aller. Und die Gymnasiasten, die Levy und die Behinderten umringten, tönten etwas gebläht, was ihnen aber jeder nachsah, denn noch saugten sie Bildung in sich auf wie ein Schwamm, vom ersten Einbruch des Lichtes in die Finsternis der Stadt, wobei hier später niemand mehr zu sagen wußte, wer damit wen zitiert oder von wem abgekupfert hatte.

24

Sagt Emma zu Egbert im Backstein-Schneckenhaus auf dem endlich erneuerten Sofa, von dem aus sie auf den Kanarienvogel blicken, den kleinen UKW-Empfänger des Max Grundig mit dem unmäßigen Bandgerät aus der Urzeit der Magnetaufzeichnung daneben und jetzt noch auf den ersten Fernseher, auf dem sich gelegentlich in Schwarzweiß die Stadt Köln mit der Silhouette des Doms und der Severinsbrücke über den Rhein meldet, fern vom Ende der Welt und doch zum Greifen nah:

- *Erst lief Mias Elektrodingsbums so toll. Jetzt ist es jeden Tag kaputt.*

Sagt Egbert zu Emma auf dem Sofa der Königskinder:

- *Stimmt. Vorige Woche ist die Kupplung gerutscht. Dann haben die Batterien nicht aufgeladen. Neulich ist die Beleuchtung ausgefallen. Gestern hat die Lenkung blockiert, und die Hupe hörte nicht mehr auf zu hupen.*

Sagt Emma: *Seit heute früh weigert sie sich, überhaupt noch damit zu fahren. Sie sagt, ihr Elektrodingsbums sei ein unausgereifter Schrotthaufen dieses Flugzeugbauers, und dein Freund, dieser Leutnant, hätte lieber gleich einen Testpiloten und zwei Mechaniker mit in die Kiste gepackt.*

Und Egbert: *Der frühere Lieutenant Pinchon ist ein Mann für jede Lage. Zwar schreibt er viel unverdauliches Zeugs, aber er schickt keinen Schrott. In Mias MX 50 steckt der Wurm, das ist klar. Der Wurm heißt Heribert.*

Nachdem dieser Heribert lange genug Pole vertauscht und Batterien sich in einer Gewitterfront hatte entladen lassen, Bremstrommeln mit dem Ölkännchen gewartet und Elektroschalter mit dem Hammer geschmeidig geklopft hatte, verzweifelte auch der geduldigste Mechaniker, denn jetzt wäre er auf eine ganze Kiste an Ersatzteilen aus Übersee angewiesen, und Egbert weigerte sich, dem Freund in Seattle mitzuteilen, daß sein Wundermobil unter die Barbaren gefallen und in wenigen Wochen ruiniert worden war.

Als Heribert ohne MX 50 wieder Herr der Lage war, entwickelte er ungeahnte Aktivitäten. Endlich ließ er sich invalidisieren. Auch kämpfte er seine tiefverwurzelte Abneigung gegen alles Französische nieder. Die hatte ihm sein Vater hinterlassen, ein Mann, der jeden Abend wie andere in der Bibel im sechsten Band von Meyers Konversations-Lexikon von 1888 las und immer wieder über die französische Revolution den Kopf schüttelte, das Stangenbrot, die Froschschenkel in Knoblauchsauce und die Pariser Salons des Finanz- und Geistesadels, die ihm klar als große Freudenhäuser vor Augen standen. Folglich lehnte Heribert auch den französischen Automobilbau selbst da ab, wo er unerreicht praktisch und preiswert war. Jetzt aber kaufte er einen Renault R4, der über eine Heckklappe wie ein kleines Fahrzeug der Ambulanz verfügte. Er bestellte einen zusammenlegbaren, in seinem französischen Automobil mühelos verstaubaren, handbetriebenen Rollstuhl und konnte fortan sicher sein, daß Mia mit ihren schwächlichen Armen ganz schnell an den Pleuelstangen ermüden und sich nach ihm umsehen würde. Dann käme er ihr zu Hilfe und schöbe seine Lebensgefährtin, die ihm nicht länger elektrisch entsurren konnte, kreuz und quer durch die Stadt, so daß alle sähen, was er besaß: eine behinderte Frau, für die er alles tat, und die Größe eines Mannes, der selbstlos seinen Beruf dafür aufgegeben hatte.

So geschah es. Dieses neue Gefährt förderte aber eine Entwicklung, die lange in ihm geschlummert haben mußte; denn jetzt entdeckte er doch den verschütteten Reichtum in sich, nach dem zu fahnden sich sein Sohn als Kind einst vorgenommen und den er längst vergessen hatte.

Eine Weile noch genoß er es, Mia ausschließlich dorthin zu fahren, wo er sie hinhaben wollte. Dazu gehörte nie der Markt, wo Gogo und Didi warteten und Levy mit Fahrrad und Enterhaken drohte, die Kampfgefährten des letzten Sommers. Wenn Mia protestierte, bestrafte er sie umgehend. Dann ließ er sie an einer verkehrsreichen Ecke stehen unter dem Vorwand, einen dringenden Einkauf machen zu müssen, und verzögerte die Erledigung. Je länger er aber die Erfahrung machte, daß ihm diese Frau gewiß war in ihrer Behinderung, daß er selbst nichts mehr war als ein Invalide, angewiesen auf die beständige Zuneigung seiner Nachbarn, und daß ihm diese Zuneigung nur erhalten bliebe, wenn er sie erwiderte und nicht wieder an sein früheres Leben verriete, um so deutlicher änderte er sich.

Egbert erschien diese Wandlung zunächst als eine erstaunlich raffinierte, neue List. Emma half ihm dabei, nach und nach an seinen Vater zu glauben. Und bald sahen beide erstaunt, wie sich das Paar in der Stadt bewegte: Heribert schritt hinter Mias jetzt sachkundig gewartetem Rollstuhl einher, als sei er gleichzeitig das mechanische Herzstück dieses Gefährtes und ein organischer Ersatz von Mias beschädigtem Bewegungsapparat; während sie vor ihm saß als der körperlich zwar passive, aber aktiv mit dem Herzstück dieser Paarung beschäftigte Teil: mit dem Willen beider und mit einem bescheidenen Glück, das kein Außenstehender je begreifen würde. So bewegten sie sich auf ein Ziel in der Stadt zu, das jetzt doch der Markt sein konnte, ein Café oder sogar das Antiquariat Tiger, Panter & Co., in dem Mia seit ihrer Behinderung Kundin war - ein Ziel, das beide offensichtlich nicht hatten besprechen müssen, sondern das sich aus einem Gleichklang ergab, als sie das Gartenhaus verließen. Wenn Heribert darauf angesprochen wurde, welch umsichtige Hilfe er neuerdings leistete, winkte er nur ab. Er schob das Lob nicht zur Seite wie ein Mann, der bei einer eigentlich unwürdigen Tätigkeit überrascht wird und auch nicht wie ein Held, dem solch ein Lob zu früh auf der langen Strecke seines ohnehin heldenhaften Lebens kommt: Heribert winkte bloß milde ab als ein reicher Mann, der weiß, daß die anderen wirklich keine Ahnung haben.

Als Bittsteller hatte Egbert sechsundachtzig Antragsblätter, Formulare mit und ohne Zitate und weiterführenden Fußnoten aus seinen medizinischen Kompendien, ärztliche Stellungnahmen, Röntgenbilder, Bewegungsabläufe sowie eine vollständige, eng an die nachprüfbare Wahrheit angelehnte Biographie in das soziale Netz Frieslands geworfen.

Er hatte auf drei weiteren Blättern, macht jetzt neunundachtzig, um eine außerordentliche Beihilfe durch die Kasse der Gemeinde ersucht, denn schließlich hatte Frau Mia Geerdes einen ansehnlichen Teil der gegenwärtig steuerpflichtigen Bewohner mit einem ersten Klaps auf den Hintern überhaupt erst dazu befähigt, später einmal Steuern und Gemeindeabgaben zu entrichten. Hilfsweise hatte er auch den Nettogewinn der Gemeinde daraus berechnet, daß sie aus Frau Mia Geerdes eine immer anrufbare kleine Heilige gemacht hatte, die sich selbst bei Eis und Schnee unverzüglich zum Stöhnen einer Gebärenden in beschleunigte Bewegung setzte und allemal zuverlässiger funktionierte als ein Feuermelder und zumindest überprüfbarer als die wirklichen Heiligen auf ihrer ewigen Drift in den zeit- und raumlosen Himmeln. Aufgrund einer mahnenden Einrede seines Freundes Piet hatte er das aber wieder zurückgezogen und war gerade dabei, nun doch mit einem eng beschriebenen neunzigsten Blatt alles in Grund und Boden zu verdammen: die Kranken- und Rentenkassen, die öffentlichen und geheimen Fonds der Gemeinde, das gesamte öffentliche Gefüge Frieslands, des Landes Niedersachsens, der Bundesrepublik Deutschland ...undsoweiter, sich als Radikaler zu bekennen und dabei in seiner Empörung ebenso im Recht zu sein und in seinem weiteren Leben ebenso zu vereinsamen wie Fritz Levy, bevor der sich zurückzog und verpuppte und endlich als jener wundersame Schmetterling schlüpfte, der auf der Oberseite wehrhaft schillerte wie der Freibeuter Störtebeker und auf der weichen, verwundbaren Unterseite listig schien wie der Schelm Eulenspiegel – als er endlich auf einem kargen Vordruck die Bestätigung erhielt:

Frau Melanie Magdalene Geerdes wird bis auf Widerruf eine Behandlung in der Psychiatrie der Stadt Basel/Schweiz zuteil, wo ein Schüler der eidgenössischen Kapazität Prof.Dr. Eugen Bleuler von der Heilanstalt Burghölzli und des Sowjetrussen Lurijow (der hier zu einem Schlukujoff verunstaltet war) ihre neurologischen Schäden zu beheben versuchen wird.

Wieder saß Heribert frauenverlassen in einem Haus. Dieses Mal hatte er nichts mehr: weder die herablassende Wichtigkeit und pädagogische Verachtung, mit der er früher dem Sünder ein amtliches Schriftstück zugestellt hatte, noch auch nur das Gluckern seiner Destillieranlage; auch sie war nur noch Erinnerung an Zeiten, da seine Leber nicht so höllisch gedrückt hatte. Die neuen Beamten der Bundespost wichen ihm aus. Die Traurigkeit seiner Erscheinung zeigte ihnen nur, wie unwichtig sie selbst als Pensionäre wären und wie trügerisch doch ihr Gefühl war, etwas mehr als einen Totenschein im Leben zu hinterlassen. Frühere Postkunden hatten ihn bereits vergessen oder erinnerten sich nur mit einem müden Lächeln an ihn, und diese Müdigkeit bedeutete ganz klar, daß auch ihr Leben zu Ende ging. Bis zu Mias Abreise nach Basel war er in aller Augen bloß noch der Mann gewesen, der klaglos die Gefährtin seines Alters im Rollstuhl schiebt. Nur die jungen Poggenpohls hatten gewußt, daß der hinter Mia gehende Heribert zu ihrem eigenen, höchst verständigen Bewegungsapparat geworden war. Und daß er sie auch dann zärtlich achtete und sorgsam bewachte, wenn sie tief in einen ihrer Träume fiel. Und dabei wußte er immer sehr genau, daß alle diese Traumreste ihr allein gehörten und er nicht in ihnen vorkam.

Nachdem Heribert drei Tage lang ausgeblieben war, ging Egbert zum Gartenhaus. Er sah ihn am Küchentisch sitzen und brach die Tür auf. Neben seiner Hand auf dem Wachstuch stand ein Glas Himbeersaft, in dem eine der letzten Fliegen des vergangenen Sommers schwamm.

Oft genug war Heribert wegen seines auf- und absteigenden Adamsapfels gehänselt worden. Einer Signalboje ähnlich oder dem roten Warnpunkt in einem Heißwassergerät hatte dieser Apfel jedem die wechselnden Grade seiner Erregung angezeigt. In den letzten Jahren hatte er ihn hinter Rollkragen und Tüchern versteckt, um auch äußerlich so gelassen zu erscheinen, wie er innerlich tatsächlich geworden war. Auch hatte er sich angewöhnt, alle Bemerkungen über Kehlköpfe und Adamsäpfel, Luft- und Speiseröhren, Hals-Nasen-Ohren-Ärzte und Hälse überhaupt einschließlich jener wunderschönen von Schwänen, der dicken von Jähzornigen und der unausgebildeten von Liliputanern zu überhören, und wenn die Rede auf die vielen Arten kam, in denen der Krebs wuchert und tobt, ging er weg. So hatte er auch niemandem von seinen zunehmenden Halsschmerzen und Schluckbeschwerden erzählt, und der Krebs, der seit langem unerkannt in seinem Kehlkopf wohnte, war aufgeblüht und hatte ihn erstickt.

Unter dem Himbeersaft lag das linierte Blatt eines Schreibblockes. Hier las Egbert, und er las es wie eine Wandinschrift:

> *Im Leben hat mir das Lernen gefehlt.*
> *Es verging damit, satt zu werden und sich zu kleiden,*
> *das Dach zu richten und den Ofen zu heizen,*
> *die Schuhe zu besohlen und Krankheiten zu kurieren.*
> *Auch ist das Lernen früher sehr teuer gewesen.*
>
> *Heute hätte ich die Zeit.*
> *Mit meinem Ersparten könnte ich mir sehr wohl ein eigenes Lernen leisten.*
> *Auch ist es sehr viel preiswerter geworden.*
> *Aber jetzt fehlt es mir an Luft.*
> *Denn ich ersticke.*

Auf einem Postsparbuch hinterließ er die für ihn beträchtliche Summe von knapp einhunderttausend Mark. Das war Geld der Knickrigkeit und der Arbeit einer Ameise; Geld eines Diebes auch von Vertraulichkeiten und Stücklohn der Herren aus der Landeshauptstadt, die sich brennend für jeden Vogel interessierten, der das niedersächsische Festland auf Nordsüdkurs von der See her anflog, dessen Flügelstellung aber doch vermuten ließ, daß er eigentlich aus Osten kam. Lange hatte das Geld auf dem Postsparbuch geschlafen und war bereits von einer dünnen, verschorften Schicht von Zinsen überzogen. Jetzt nutzte Egbert es, um Mia auf Lebenszeit ein würdiges Zimmer im Altenheim zu sichern und Emma eine Anstellung als Pflegerin, denn die Behandlung in Basel durch einen Schüler des Sowjetrussen Schlukojoff oder Lurijow hatte ihren Zustand nicht verbessert.

So bereitete sie sich jetzt mit Emma darauf vor, dem Heimunterbringungsgesetz und der Heimordnung, den Vormundschaften und den Sozialämtern, den Krankenkassen und Rententrägern, den Nachbarn des Heimes und den Bewohnern der Stadt, den einliefernden Angehörigen, die den Verzehr der letzten Ersparnisse und das Aufbrauchen einer letzten Garnitur Unterwäsche überwachten, für sich und ihre neuen Freunde eine Freiheit abzutrotzen, wie sie nie zuvor von ihnen genossen worden war: frei von der Notwendigkeit, sich zu erhalten, und frei auch von dem Zwang, täglich dieselbe winzige Person zu sein, so daß sie jetzt auch frei waren, in der Erinnerung ihr vergangenes Leben neu zu gestalten. Und das taten sie so, wie es vielleicht ein Dichter oder ein Märchenerzähler getan hätte.

25

Iko war der Zweitgeborene der ten Hoffs, dem die Mutter Renate mit ihrem Bandoneon aus Uruguay und ihrem Kölner Knopfgriffakkordeon ein musikalisches Gehör und eine rhythmische Aufmüpfigkeit mitgegeben hatte, und Eckart war sein Freund, der schon als Kleinkind gnadenlos-rhythmisch zerhämmerte, was ihm in Reichweite geriet - das eigene Spielzeug, die Puppenstube der Schwester, die Nerven kinderloser Tanten und eine goldene Taschenuhr, die ihn lebenslang an seinen vor Helgoland ertrunkenen Großvater erinnern sollte, ein Geschenk seines Vaters, des Malermeisters Oswald Wilkens, der wiederum Freund Piet ten Hoffs war, denn einzig er verstand sich darauf, im Antiquariat mit feinem Pinsel zwischen die Regale zu fahren und den Wänden einen neuen Anstrich zu geben, ohne daß die vielen toten Bücher wieder in jenen heftigen Aufruhr gerieten, über dem sie sich vor langer Zeit schon geschlossen hatten, denn natürlich glaubte jedes Buch für sich selbst noch im Totenschlaf, ihn einst gültig beschrieben und für die Leser aller künftigen Generationen ein für allemal aufbewahrt zu haben, und nebenbei war dieser Oswald noch Freund des Elektrikers Ebbo Ohlmanns, der sich bei einem unglücklichen Versuch, auf dem Hooksieler Tief im Eisstockschießen zu triumphieren, ein steifes Bein geholt hatte, was ihn aber nicht daran hinderte, ein begabter Elektriker zu sein, denn er war einst bei dem Elektrobastler Adolf Hirche in die Lehre gegangen, noch bevor dieser nach Israel auswanderte, und der früh schon erlahmte Ebbo Ohlmanns, der wie sein Lehrmeister ein begeisterter Radiobastler war und bald ein notorischer Fernseher wäre und alle fremden Stimmen aller Länder liebte, hatte seinen Sohn ganz unfriesisch Roger genannt und Rogers Freundin hieß Renate wie Renate mit dem Bandoneon und der Quetschkommode, und Iko und Eckart, Roger und Renate hatten sich zur Gruppe NEUES TUN zusammengefunden, die sich in hartem Friesenrock übte, aber über keinen Probenraum verfügte, denn reihum hatten alle Väter sie bereits genervt rausgeworfen.

Die Mütter hatten sie bei diesem spektakulären Vorgang jeweils mit einem Auge um Vergebung gebeten, mit dem anderen hatten sie die rauchende Wut des Vaters abzuschätzen versucht. Denn einzig die Mütter wußten, daß sich jetzt Jugendliche vom Kirchplatz, aus der Mühlenstraße, dem Ammerländer Weg und der Raiffeisenstraße in einem ohnehin schon bunt bemalten Haus in der Schlosserstraße sammeln würden, in dem wie im

Zentrum eines Spinnennetzes, das sich über die Stadt zu erstrecken begann, Fritz Levy saß und darauf wartete, Beute machen zu können.

Trotz dieser ganz neuen akustischen Folter hätte Levy nie in der Apotheke nach einem chemischen Dämpfungsmittel gefragt; denn immer hatte er doch die Apotheken Schanghais gerühmt, die einundsiebzig verschiedene Kräuter zu einem Sud gegen Ohrensausen abwiegen, der auf natürliche Weise heilt, und das Kraut Nr. 72 heilt selbst in niederer Dosierung gleich die ganze Natur vom Menschen. Aber es war Folter. Denn manchmal hob sich, von den Schallwellen geliftet, das ganze Dach. Dann sah Levys Haus aus, als lüpfe es den Hut vor Ehrerbietung und Freude über so viel vergnügtes junges Leben. Das Dach stieß in eine niedrig treibende Wolke, drohte mit ihr ins Umland zu entwischen, und schon mußten die seit Jahren verängstigten Nachbarn befürchten, einzelne Dachziegel, die längst erneuerungsbedürftig waren, hielten diese neue Beweglichkeit nicht mehr aus, fielen herab und erschlügen sie. Aber immer kehrte das Dach zurück; sei es, weil ihm in der Höhe schwindlig geworden war und es dann doch den Schwindel der Schallwellen am Boden vorzog und natürlich immer den Schwindel aller Gespräche, die Levy in den Konzertpausen führte und den Schwindel aller Aufzeichnungen und Flugblätter, die er in der Einsamkeit seiner Nächte verfaßte - sei es, weil Eckart am Schlagzeug ermüdete und die anderen Drei sich zu einer Pause des Erbarmens entschlossen, sei es aber auch, daß dieses Dach selbst noch in seiner Höhe von einem Nachbarn gedeckt und bedroht und mit der Ankündigung von Klagen, der Geltendmachung von Schäden sowie der Feststellung allgemeiner Unzucht und allseitigen Aufruhrs zur Rückkehr auf sein Backstein-Mauerlager gezwungen wurde.

Die meisten Nachbarn waren sich einig darin, etwas gegen dieses über ihnen schwebende, sich in den Wolken verlierende, ihnen dann aber als Materialisation eines bösen Geistes auf die Köpfe fallende Dach tun zu müssen - so der Arzt Dr. Bode Junior, dessen Vater als Sturmbannarzt Dr. Bode Senior schließlich auch schon ein wehrhafter Mann gewesen war und der Hund des Dr. Bode Junior, der allen frei herumlaufenden Tieren Levys die Freiheit neidete und dem nackten Huhn vom Moorhof die nackte Haut; ein pensionierter Fleischbeschauer, der es sich zur Gewohnheit gemacht hatte, zweimal täglich die Straße vor seinem Haus zu fegen, den immer spärlichen Kehricht in einem roten Eimerchen zu sammeln, das seine Initialen trug, und ihn, geschwind wie eine Maus, vor dem Zubettgehen auf Levys Grundstück zu entleeren; ein unter vollständiger Gehörlosigkeit leidender Heizer der Bahn und dessen nur scheinbar anwesende Frau, die ihn noch in hohem Alter wegen einer Liebe auf Spiekeroog verlassen hatte. Diese Liebe war wie Hagelschlag über sie hereingebrochen, aber aus Sittsamkeit hielt sie noch am Anschein der Zweisamkeit fest. Weder räumte sie ihre vielen Kakteen noch ihre glasierten Zwerge vom Frontfenster weg, mit deren Ablichtung im Jeverschen Wochenblatt sie einst eine gewisse Bekanntheit über die Schlosserstraße hinaus erlangt hatte.

Eine Ausnahme gab es, und die freute Levy besonders. Das war Dietrich Wortusch, der am Beginn der Straße wohnte. Seit dreiundzwanzig Jahren erwartete er täglich die Rückkehr seines einzigen, auf der Krim vermißten Sohnes. Dreiundzwanzig Jahre hatte er jeden Sonntag von seiner Frau verlangt, ein drittes Gedeck aufzulegen und auf dem Teller des Sohnes das letzte Foto aufzustellen, das sie von ihm besaßen. Es zeigte ihn im Kreis dreier Kameraden, die gerade mittels Strick und Schlinge aus einem Feind einen Gehenkten gemacht hatten. Das Foto enthielt keinen Hinweis auf die Identität des Gehenkten oder den Grund des Hängens. Es mochte ein Dieb sein, ein Deserteur, ein Partisan oder einer, dessen Leben eher aus allgemein einsichtigen Gründen als verloren erkannt worden war, denn er trug nur ein Unterhemd und wohl im Zuge einer vorgezogenen Strafaktion durch Entwürdigung war ihm die Hose auf die Knöchel herabgezogen worden, so daß die vier Kameraden über die letzte Erektion des Gehenkten zu lächeln schienen, die bemerkenswert kümmerlich war. Alle drei lächelten in die Kamera, und nie hatte sich Egbert entscheiden können, ob sie verlegen lächelten, oder wie Spitzbuben, oder als junge, überforderte, aber gehorsame Mörder - es schien Lüsternheit zu sein und gleichzeitig Gehorsam. Das gewohnte Steifftier-Lächeln in einem Fotoatelier. Und das Lächeln von Menschen, die auf einem anderen Planeten ausgesetzt worden sind mit dem vagen Versprechen, sie dereinst zurückzuholen. Oft hatte Egbert gerätselt, ob nicht gerade dieses Lächeln schon die erste gültige Beschreibung aller künftigen Schwierigkeiten der Erinnerung und des Gedenkens wäre - der Schwierigkeiten von Tätern selbst, natürlich, aber auch die der Kinder, vor denen Tat und nicht ausdeutbares Lächeln versteckt werden; die von Kindern der Kinder, die sich von allen Einzelheiten der Tat und von allen lächelnden Tätern umstellt und sich gezwungen fühlen, sich an etwas zu erinnern, was versunken ist und die bald die Nase voll haben anstatt sich durch Gedenken davon zu befreien; und die Schwierigkeiten der Opfer und der Kinder von Opfern, von denen die Versammlung der Unerbittlichen verlangt, zunächst Erinnerung und Gedenken zu sein und dann noch ein wenig lebende Kinder, anstatt erst zu leben und dann aus dem Überfluß des Lebens heraus zu erinnern und zu gedenken ... undsoweiter.

Nach Jahren angemessener Trauer hatte die Mutter Wortusch ihren Sohn in sich begraben und wollte ihn für tot erklären lassen. Da hatte ihr Mann aufgehört, mit ihr zu schlafen. Da hatte sie ihren Mann für tot erklärt und lebte, da sie an ein Leben allein nicht gewöhnt war, mit zwei Toten: mit dem in sich begrabenen Sohn und mit dem toten Mann neben sich im Bett und sich gegenüber am Tisch.

Dietrich Wortusch war immer ein frommer Mann des nordischen Protestantismus gewesen, der laut die Gemeinschaft der Gläubigen bejaht und leise für sich allein die Volksgemeinschaft abgelehnt hatte. Aber schon die Rückkehr Levys hatte er als persönliche Herausforderung empfunden. Seine späteren Anklagen, Flugblätter, sein laut polterndes Gerede und schließlich jene Arche Noah, zu der er sein Haus mit Tieren, Sperrmüll und wechselnden Nestgeflüchteten umbaute, waren ihm endgültig als Versündigung an den Gefallenen erschienen und mehr noch an jenen, die morgen erst noch lebend zurückkämen. Sie würden doch nicht als gebleichte Knochen von einer Flutwelle des Schwarzen Meeres an der Krim freigespült, sondern sie kämen als Teil einer Geschichte zurück, die so lange andauerte, wie es Hoffnung für sie gäbe. Erst der letzte rückgekehrte Krieger könnte die ganze Geschichte zu Urteil und Verurteilung freigeben und auch zur Einforderung von Scham und Reue, und einzig er trüge den Schlüssel bei sich für den Neuanfang. Aber nicht einmal dann, wenn die Zeit für Urteil und Verurteilung anbräche, könnte der vorlaute Schalterbeamte, der Posthauptsekretär Poggenpohl nach nur einem einzigen Blick mit seinem bekannt schlechten Auge auf das Foto seines Sohnes öffentlich die Frage stellen, ob dieser Sohn nun wie ein Spitzbube lächele oder wie ein junger, überforderter, aber gehorsamer Mörder, denn schließlich sei doch gerade er, der letzte rückkehrende Krieger der einzige, durch den alle anderen die irdische Vergebung erlangen würden.

Immer höher war Dietrich Wortusch auf seiner fundamentalistischen Leiter gestiegen und hatte schließlich an jene Himmelstür geklopft, hinter der er seinen Sohn vermutete. Da aber gab es plötzlich Turbulenzen am Fuß der Leiter dort, wo seine Frau sie hielt und ihm schweigend das auf Erden verbliebene Leben regelte. Während eines Kuraufenthaltes in Bad Oeynhausen, den sie wegen einer lästigen Seborrhoe antrat, die ihr über die Ohren wuchs, lernte sie einen Vertreter der Damenoberbekleidung kennen und lieben. Dieses fröhliche Verkaufstalent, gleichzeitig ein Gefährte im Hautleiden, versprach ihr leichthin, sie aus ihrer Leichenstarre von dreiundzwanzig Jahren zu erlösen und sie fortan, nach erfolgreicher Kur, auf seinen dann flechtenfreien Händen durchs Leben zu tragen. So hatte sie es der Frau des Heizers in der Schlosserstraße gleichgetan und war aus dem Mausoleum ihres Hauses geflohen.

Eine Weile fluchte Dietrich Wortusch auf alle Frauen. Das tat er um so lästerlicher, als er sich mit dem Heizer wenige Häuser weiter zusammentat, der zusätzlich noch ausspuckte. Das aber war ihm doch bald zuviel. Sein immer noch frommes, wenn auch vom Sturz von der Leiter beschädigtes Gemüt wehrte sich gegen diese Art grundsätzlicher Menschenverachtung. Er zog sich zurück, ließ auch unkommentiert, wer mit welchen Waren die Karawanserei Levy anlief und wer sie, neu gekleidet und etwas angefuttert, wieder verließ. Er hielt Einkehr und Rückschau auf sein Leben. Und er stellte jetzt erst fest, daß es nahezu abgelaufen war. Dreiundzwanzig Jahre hatte er außerhalb der Zeit gelebt. Die Jahre hatte er eingeteilt gefunden durch Messe und Sonntagsmahl, aber nie hatten sich die vielen Sonntage zu dreiundzwanzig Jahren summiert, und folglich hatten diese ihn nie erschreckt als das letzte Drittel seines Lebens. Er hatte an die Himmelstür klopfen und seinen dort wohnenden Sohn warnen wollen, jemals an den Fuß der Leiter zurückzukehren, denn hier hätten Levy in der Straße und der Posthauptsekretär Poggenpohl und dieser und jener begonnen, ihn aufgrund seines letzten Fotos als hilflosen, aber gehorsamen Mörder zu diffamieren, und da er auf dem Foto lächelte, unterstellten sie ihm auch noch Lust und Lüsternheit und würden einen Schauprozeß in der Landwirtschaftshalle vorbereiten und ihm schließlich öffentlich auf dem Markt beide Hände abhacken dafür, daß er sich als Zwanzigjähriger nicht dem Befehl zum Töten widersetzt hatte.

In einem ihrer langen, immer von zögerlichen Pausen und tiefen Schluchzern unterbrochenen Gespräche schilderte er Egbert, daß er schließlich eine Entdeckung gemacht hatte, die, wie er sagte, zunächst einmal sein Herz aussetzen ließ und ihn dann erst wirklich befreite von diesen schrecklichen dreiundzwanzig Jahren: er entdeckte nämlich, daß er seinen Sohn weder jemals sonderlich geliebt, noch daß er anfänglich wirklich an seine Rückkehr geglaubt hatte. Er hatte sich auf der Kriegsleiche seines Sohnes eine Kapelle errichtet, in die einzig er selbst zur Andacht ging. Am Ende des Krieges hatte er sich für seine Feigheit und seinen, wenn überhaupt, nur geflüsterten Widerspruch geschämt. Und über den Graben beider großer Kirchen hinweg hatte er sich für die Feigheit und das Schlafgemurmel der Pastoren, Bischöfe, Kardinäle geschämt sowie für das Schweigen eines Papstes, den Gott schließlich mit einem chronischen Schluckauf außer Dienst stellte, damit er nicht noch den ersten Angeklagten Reisepässe mit dem Siegel des Vatikans in die Gerichtssäle schickte. Ohne diesen Bau seiner Kapelle, sagte Dietrich Wortusch, wäre doch für ihn sein ganzer Glaube eingestürzt, ja ein Sturm wäre durch die Dorfkapellen und Stadtkirchen und Kathedralen gefegt, und selbst der Kölner Dom wäre für ihn im Rhein versunken.

Ihre Gespräche begannen, nachdem Wortusch mehrmals vor dem Haus Schlosserstraße 25 Posten bezogen hatte. Die Bewohner fürchteten einen Anschlag und schickten Egbert vor, diesem Mann auf den Zahn zu fühlen. Wortusch aber spähte nur aus, wann Levy das Haus auf seinem Fahrrad und mit dem Enterhaken eines Seeräubers verließ. Zu lange hatte er sich mit ihm befehdet, um jetzt auf Anhieb einen lockeren Frieden schließen zu können. Dann endlich kam er ins Haus, mit einem erneuten Probelauf des Hard Rock flog gerade wieder einmal das Dach weg, stieg in den Himmel, wurde von einer Kumuluswolke zärtlich umfangen und sicher auf das Backsteinlager zurückgeleitet, und da erwies Wortusch sich als ein angenehmer, stiller Zuhörer, ungewöhnlich für einen Mann, der sein Leben bereits aufgebraucht hatte. Nein, er hörte nicht bloß zu, korrigierte sich Egbert bald, er bemühte sich sogar, noch eine Fremdsprache zu lernen, die aus harten Knack- und Schnalzlauten und rasenden Läufen bestand, ähnlich jener des Namavolkes im Süden Afrikas, während Egbert es war, der bloß zuhörte, und das unter Qualen. Zu Beginn hatte der Hard Rock so nachhaltig auf ihn gewirkt, daß Emma ihn nachts an ihrer Seite zucken spürte und sich die Konsistenz seines Stuhles so veränderte, als litte er unter den Amöben des finstersten Teils Indiens und sei bald von Austrocknung in akutem Stadium bedroht.

Egbert tat sich so besonders schwer mit dieser Fremdsprache, weil wieder einmal seine eigene, unter Wasser verbrachte Jugend in ihm quer lag und er sich fragte, wie er damit je die harte, ihn marternde Sprache einer ganz anderen Jugend verstehen sollte. Es schien aussichtslos. Diese Jugend machte ihn zu einem Rentner, ohne daß er jemals ein junger Mann gewesen war. Dann aber besann er sich darauf, was er von Anfang an hatte sein wollen: ein geduldiger Sammler von Material, der manche Zärtlichkeit des Lebens, das Leise und das Laute, viele seiner Niedrigkeiten und einige der Grausamkeiten botanisierend aushielte, sie neu sortierte und zu einem zweiten, schlimmstenfalls nur ihm allein verständlichen Leben zusammenschriebe. Es war der alte Wunsch, mit Wanderschuhen und einem Sonnenhut durch Afrika zu ziehen und reich an Kleinigkeiten zurückzukehren. Und da hatte er nach und nach Rhythmen und rhythmische Paraphrasen gehört und festgestellt, daß sie den Rhythmen seiner eigenen Sprache gar nicht unähnlich waren, wie seine eigene Sprache wiederum dem Pulsieren seiner Säfte ähnelte, dem Transport von Sauerstoff und Nahrung in seinen Adern, den Schaltungen in seinem Hirn und den Vorgängen im Trakt seiner Verdauung.

Dietrich Wortusch dagegen nahm gleich zu Anfang alles in sich auf. Äußerlich blieb er ruhig, und doch schien er rittlings auf dem First des Daches zu sitzen, wenn es sich hob, und durchnäßt war er vom Wolkenwasser, wenn es sich wieder senkte. Gänzlich ungewöhnlich für einen Mann, der so lange aus der Zeit herausgefallen war, schien er jetzt diese hämmernde Sprache so selbstverständlich in sich aufzunehmen, als sei es immer schon seine gewesen. Mit ihm hatte Neues Leben früh schon den ersten Fan unter alten Männern gewonnen. Er schien sich den Hard Rock ähnlich intravenös zu injizieren, wie er während der Sonntagsmessen das Orgelspiel in sich aufgenommen und stehend den Chorgesang als Mittel der Betäubung und Entrückung in sich hatte hinabgleiten lassen. Und dann kam Egbert darauf, daß hier noch ein weiteres Phänomen wirksam sein mußte: daß dieser Mann nämlich, der am Ende seines Lebens angelangt war und bald gastweise den Tod in seinem Bett schlafen ließe, seinen rückgekehrten Sohn hörte, der die ganzen dreiundzwanzig Jahre zeitlos überdauert hatte und folglich jetzt im Alter von Iko und Eckart, Roger und Renate war, ja daß er ihn aufgehoben wußte in Levys Karawanserei, weil er nicht länger befürchten mußte, ihm würde öffentlich in der Landwirtschaftshalle der Prozeß gemacht und anschließend würden ihm auf dem Markt die Hände abgehackt. Dieses Phänomen erklärte Egbert auch den gelegentlich sehr eigenartigen Ausdruck auf seinem Gesicht, der von einer gewissen bewußtseinsmindernden Entrückung zeugte, aber auch vom Aufgehobensein in einem Frieden, den er endlich gefunden hatte. Dagegen tat er sich mit Levy noch schwer. Zu lange hatten sich die beiden befehdet und waren darüber alt geworden. Hier reichte zu einer Verständigung nicht die neue, elektronische Sprache des Hard Rock. So schrieb Wortusch seinem Kontrahenten mit zwei Fingern einen Brief auf einer Olympiamaschine, deren Rs und Bs hakten, wie er als Geste der Versöhnung auch in frühgeschichtlicher Zeit in Stein hätte geschlagen oder auf Ton oder Papyros hätte festgehalten werden können. Wo bei den Alten der elektronische Sound noch versagte, halfen die in der Frühgeschichte entwickelten

Schriftzeichen, und so kamen alle zusammen, weil Egbert, der sich mehr und mehr als Sekretär der Karawanserei empfand, allen vorlas:

Lieber Herr Levy!

Ich habe Ihnen heute morgen Frieden angeboten und meine dies auch. Die zwischenmenschlichen Beziehungen der letzten Wochen waren nicht menschenwürdig und daher auf Dauer nicht zu ertragen. Die sogenannte Schuldfrage soll dabei gar nicht betrachtet werden. Es soll für uns beide nicht der Friede sein, der entsteht, wenn zwei Gegner sich fast k.o. geschlagen haben und einfach nicht mehr kämpfen können. Sondern der Friede der Vernunft, auf der Basis des einmaligen Juden Jesus, dessen Bedeutung für die Menschheit immer noch so oft verkannt wird.

Ich habe Sie bisher nicht gehaßt, aber auch nicht geliebt. Ich war froh, wenn ich vor Ihnen Ruhe hatte. Ihre Gefühlsausbrüche habe ich als unecht und nur als zweckmäßig betrachtet. Meine Kritik an Ihrem Verhalten habe ich klar in einem Leserbrief ans Wochenblatt zum Ausdruck gebracht. Mit meinem Frieden meine ich aber auch menschliche Hilfe, Entgegenkommen und das Angebot der Freundschaft. Eine Freundschaft des guten Rates und des klaren Abratens von allem, was in die Rolle des Narren und des Clowns deutet.

Heute morgen wollten Sie meine entgegengestreckte Hand nicht annehmen, daher diese nähere Erläuterung. Vielleicht überdenken Sie alles in Ruhe und Gelassenheit; ich halte mein Angebot aufrecht. Wenn, dann wollen wir ihn beide bedingungslos akzeptieren: Den Frieden; dazu sind wir beide alt genug!

In friedlicher Gesinnung
Ihr Dietrich Wortusch

Seit jenem Tag, an dem der Pappkoffer Levys auf dem Bahnsteig gestanden hatte, waren siebzehn Jahre vergangen. Jetzt glaubte er, seinen ersten Sieg feiern zu können: ein bislang unnachgiebiger Mensch war zu einem weichen geworden und reichte ihm die Hand. Das verlangte nach einem größeren Fest.

Mit seiner gewohnt flinken Zunge reklamierte er natürlich den größten Teil des Sieges für sich. Er schrieb ihn seiner Kraft eines Löwen zu, seiner Schlauheit eines Polarfuchses und seiner Geduld eines Maultieres, das auf schwindelerregenden Pfaden durchs friesische Hochgebirge stapft. Aber auch den Musikern dankte er am Beginn dieses Festes. Schließlich hatten sie doch der ganzen Stadt jenen luftdicht schließenden Betondeckel gelüpft, der als Himmel über ihr hing. In einem ihrer Texte riefen sie die Karawanserei sogar reichlich vorschnell als FREIE REPUBLIK LEVILAND aus, was aber weder bei den Wächtern der Verfassung in der Landeshauptstadt noch bei der Obrigkeit der Stadt Anlaß zu Besorgnis gab, denn natürlich sang Renate wie jede gute Sängerin des Rock auf Englisch, und das war immer noch ein Idiom aus Übersee. Er dankte seinen wenigen Dauergästen, die ihm die Ängste vor den einsamen Nächten nahmen und jenen von den Eltern in die Obdachlosigkeit Getriebenen, die ihn als Asyl, Herberge, Liebeslaube und Unfallambulanz in Anspruch nahmen. Es war eine seiner seltenen langen Reden, denn gewöhnlich schoß er mit seiner flinken Zunge nur einmal und treffsicher ins Schwarze. So dankte er auch seinen verschiedenen "Verlobten", die aus ihm mit ihrem Hunger nach Zukunft, der gleichzeitig immer ein Hunger nach erklärter Vergangenheit gewesen sei, erst einen reifen, nämlich vollständigen Mann gemacht hätten - einen Mann also, der aus der Vergangenheit kam und geradlinig in die Zukunft ging. Er dankte sogar seiner geschiedenen Frau Erna Mariechen Steenke und ihrer unorthodox ausgelebten Wut, denn bis dahin sei er doch immer ein gewöhnlicher, besitzergreifender Mann gewesen, und erst ihr Liebesverrat hätte aus ihm einen Mann für alle Fälle gemacht, befreit vom Wahn des Alleinbesitzes. Und als Dietrich Wortusch gerade weghörte, weil eine erste Gitarre sich warmlief und er sich auf eine weitere Infusion vorbereitete, da dankte er sogar dessen Frau und ihrer Seborrhoe in Bad Oeynhausen, denn schließlich mußte diese Frau es doch gewesen sein, die nach dreiundzwanzig Jahren der Starre ihrem Mann den entscheidenden Impuls gegeben hatte.

Egbert hätte an dieser Stelle gern noch ein paar Danksagungen gehört; wenn schon kein weiterer Dank an Einzelne, so doch vielleicht an die Landschaft, die Molche und Kaulquappen in den Prielen, die Grashüpfer und Libellen in den Sommerwiesen, die Wolken über der See, die Myriaden von Bewohnern im Watt, die still vor sich hinschmatzen, diesen ganzen Kreislauf der Natur, dessen Krieg wir nachahmen und dessen Frieden wir nicht verstehen - aber wie ein Koch die besten Rezepte und die lieblichsten seiner Gewürzinseln für sich behält, hielt Levy hier mit einem letzten Dank ein.

Bis jetzt lag die zweite Gitarre auf der ersten, hob sich das Dach, genoß Dietrich Wortusch ein Kribbeln im Bauch und die Infusion in seine bald zerstochene Vene, als die Frontscheibe splitterte und ein Meteor ins Haus jagte.

Dieses Mal hatte der Werfer nicht am Marinequai von Wilhelmshaven gestanden, wo die neuen Kriegsschiffe lagen und die alten Kameradschaften tagten. Der Stein kam auch nicht aus dem Verlagsgebäude C.L. Mettcker & Söhne, wo er mit einer Dorn-, Mulden-, Knoten- oder Gabelklemmschleuder des frühen Mittelalters beschleunigt worden war: dieses Mal kam der Stein aus den eigenen Reihen. Er war von den Zukurzgekommenen geschleudert worden, von jenen, die ein Wohnheim gebraucht hätten und eine Zapfstelle für alkoholfreie Säfte, von den Trinkern und Randalierern kam er, die sie Ratten nannten und ausgeschlossen hatten. Noch in der Nacht hielten sie eine Krisensitzung ab. Sie hatten nach schlechtem, bewährten Vorbild gehandelt: sie hatten ausgeschlossen und hatten sich damit selbst eingeschlossen. Gegen Morgen wurden sie sich einig, das geräumige Nachbarhaus herzurichten, die frühere, längst verwohnte und vom letzten Mieter gerade verlassene Villa der Levys. Sie würden sich einen Vorstand geben und eine Ordnung und wären doch immer noch eine formlose Glaubensgemeinschaft. Kein Mann würde sich den Bart aus prinzipiellen Gründen bis unter den Hodensack wachsen lassen und keiner ihn grundsätzlich jeden Morgen mit der Klinge direkt am Kinn scheren. Keine Frau würde sich bloß in Selbstgesponnenes kleiden, die Haare zum Dutt gedreht und Geschlecht und Seesternchen ausschließlich mit Regenwasser besprengt, und kein Kind würde zehn Stunden aufrecht stehend meditieren, bis es vor Einsicht tot umfiele. Sie wollten formlos sein und an sich glauben und die von Mäusen und Asseln bewohnte Villa Fritz-Levy-Haus nennen und als oberstes Gebot streng jenes der Selbstverwaltung befolgen.

Bald darauf begannen sie, jeder nach seinen Fähigkeiten, mit den Aufräumarbeiten in dem großen, vernachlässigten Haus. Dabei legten sie Pausen ein jeder nach seinen Bedürfnissen. Die letzten Mieter waren im Streit mit allen und untereinander geschieden und hatten sich in die Winde zerstreut. Daher räumten sie auf, wie sie es auf einer abgelegenen Insel getan hätten, die von ihren Bewohnern verlassen worden ist.

Zu Beginn jeder Regenzeit waren diese Bewohner von der Seuche der Streitlust heimgesucht worden. Dieses Mal hatten sie sich über alles gestritten, über die Verarbeitung der Kokosfasern, die Ruheplätze der Ahnen, den Schatten unter den Palmen und die Sonne zwischen den Palmen, und selbst die Himmelsrichtung war strittig, aus der seit Menschengedenken die Wirbelstürme kamen. In einem letzten Streit hatten sie sich gegenseitig die Auslegerboote und die Einbäume zerschlagen, dann waren sie, jeder für sich, in unterschiedliche Richtungen davongeschwommen, um zunächst den äußeren Korallengürtel zu überwinden, vor dem die Haie lauerten.

26

Seitdem ihnen das Furunkel eines selbstverwalteten Projektes im Nacken saß, wurden die Mitglieder des Gemeinderates von ihren Televisionen aufgeschreckt. Nach jeder dieser Visionen sahen sie anders in die Welt und spürten das Furunkel stärker. Und nicht nur Egbert fürchtete, daß sie bald die ganze Welt für das Furunkel in ihrem Nacken halten könnten.

Denn aus Mexico City sahen sie, daß über dreihundert Studenten vorsorglich hatten erschossen werden müssen, weil sie behaupteten, selbstverwaltet besser lernen zu können und damit drohten, dem gesamten männlichen Lehrpersonal auf althergebrachte, zugegeben sehr lateinamerikanische Art die Hoden abzuschneiden und ihre Lebern von den Hühnergeiern zerhacken zu lassen, die zu Zehntausenden im Dunst über der größten Stadt der Welt und durch die Bildschirme in Jever kreisten. Und außerdem schickten sie sich an, dem ganzen Land Mexiko, ja der gesamten Welt einschließlich den Mitgliedern des Gemeinderates Jever den Genuß des sportlichen Großereignisses Olympiade zu vermasseln.

In Berlin, der Stadt mit der größten Polizeidichte Europas, war es den vielen Beamten nicht gelungen, den Schah von Persien unbehelligt-würdig in die Zauberflöte im Opernhaus West am Kaiserdamm zu geleiten. Er hatte noch zahlreiche Landsleute bemühen und auf eigene Kosten mit langen Hölzern ausstatten müssen, die alle früheren Bilder von Staatsbesuchen und der, zugegeben, leicht nostalgischen Kaisertreue in aller Welt zerschlugen und in Jever endgültig die Vorstellung davon, daß die Kinder und Enkel jemals so der Obrigkeit ergeben wären, wie es die Eltern und Großeltern gewesen waren. Und außerdem hatte diese ganze unnötige Geschichte einen Toten hinterlassen, der schrecklich jung war.

Die Bilder aus Paris zeigten, daß sogar eine ganze Jahreszeit aus den Fugen geraten konnte, denn im Frühjahr wurden die Ämter von den Straßen belagert, die Plätze von den Fabriken, während alle Theater, die Oper, das Olympia mit seinen Liedern bärtiger Sänger und seinen singenden Frauen geschlossen blieben. Dafür aber schlugen die Besucher ihre Rhythmen auf dem Knochengerippe der Stadt, fuhr die Metro nach ihrem Fahrplan der Phantasie, die Präfektur sperrte sich selbst in den feuchten Kellern an der Seine ein und ein General, der bislang noch jedes Jahr mit seiner überlebensgroßen Gestalt und seiner Würde eines letzten Königs bei dem

Aufmarsch der Veteranen mit seiner Stirn an den Arc de Triomphe gestoßen war, entfernte sich in Windeseile mit seinem Citroën, der auf hydraulisch zuschaltbaren kugelsicheren Rädern lief, vom Schlachtplatz. Der General brach durch die Barrikaden und fuhr über die Splitter von Rotweinflaschen in seinen stillen Heimatort Colombey Les Deux Eglises, wo er auf seinen Tod wartete und auf den Untergang einer Epoche.

Wegen dieser Bilderfolgen der Television lauschten die Mitglieder des Gemeinderates bald auf alle Räum- und Baugeräusche, die aus der alten Levy-Villa drangen. Gegenseitig, mündlich und fernmündlich, machten sie sich auf jedes Fenster aufmerksam, das noch spät in der Nacht erleuchtet war. Postalisch stand die Villa gediegen unter Bismarckstraße 1a verzeichnet. In ihren Köpfen aber trugen sie das Haus schon als die Schwachstelle und das Einfallstor aller Schrecken herum, die aus Mexico City, Paris und Berlin, inzwischen auch aus Göttingen, Frankfurt, Heidelberg und Tübingen hereinbrechen könnten. Sogar die Stadt Köln, Metropole doch des einvernehmlichen Frohsinns, litt inzwischen Not. Hier hatten die als Gäste verpflichteten Türken unter Verletzung elementarster Regeln der Sitte an den Fließbändern der Ford-Werke zunächst in die Rohkarossen uriniert und defäkiert und dann, als die Bandgeschwindigkeit noch immer nicht auf den Tritt anatolischer Esel vermindert wurde, ihre Tätigkeit ganz eingestellt. Sie hatten gestreikt wie heimische Arbeiter, so daß sich zwei Mitglieder des Gemeinderates vor Egberts Schalter darüber beschwerten, jetzt schon seit vollen sieben Wochen auf ihre neuen Automobile vom Typ Ford 17M warten zu müssen, silbergrau mit schwarzem Dach der eine und rot wie ein Dompfaff der andere, ausnehmend schöne Exemplare also, die zu Klos geworden waren.

Anfänglich hatten sich auch diese beiden Räte noch sehr gelassen am Schalter abgestützt. Jever war in der Welt, aber es war doch nicht vom Schlag der großen Städte. Und wenn hier, in der gemäßigten Breite des Nordens, wirklich einer auf die sehr südliche Idee verfallen wäre, einem Professor die Hoden abschneiden zu wollen, gab es hier schlicht keine Hochschule und folglich auch kein mögliches Opfer so einer ideologischen Verstümmelung. Und betreffs Urinierens und Defäkierens: es gab auch nicht genug Arbeiter hier, nur jene der Brauerei, und die schienen schon nach jeder Wahl des Betriebsrates so kleinlaut und schuldbewußt, als hätten sie gerade die unzüchtigste Handlung ihres Lebens begangen. Je länger die beiden Räte aber warten, sich in kleinhubige Ersatzfahrzeuge in der Form von japanischen Reisschüsseln zwängen und bald sogar argwöhnen mußten, wieder zu Fußgängern reduziert zu werden, umso deutlicher wurde ihnen die Brisanz der Lage. Da entschieden auch sie sich, an den Krisensitzungen des Rates teilzunehmen. Und schon ruderten sie mit der Flut. Und bald glaubten auch sie, ums Überleben schwimmen zu müssen. Denn wenn ihnen die neuerdings weltumspannende Television eines täglich verdeutlichte, war es doch dies: daß wirklich alles mit allem zusammenhängt. Und somit auch der Aufruhr in Mexiko City und das Bestreben der dort Aufständischen, allen Professoren die Hoden abzuschneiden, mit dem selbstverwalteten Projekt in Jever und dem Haus in der Bismarckstraße 1a.

Natürlich gab es auch eine kleine, gewaltbereite Fraktion. Sie hätte am liebsten schon für die folgende Nacht einen Baggerführer gedungen, der mit seinem schweren Gerät gegen die Villa Amok gefahren wäre. Dann aber siegte doch die Vernunft. Und mehrheitlich besannen sie sich auf jene Schläue, die seit Generationen in ihren Familien gewachsen war: sie boten der aufständischen, von den Bildern der Welt erregten Jugend das Bahnhofshotel zur freien Verfügung an. Und umschifften so elegant jene Klippe, die sich aus den zivil- und verfassungsrechtlichen Privilegien eines Besitzers und Vollbürgers wie Levy ergab.

Lange schon lag das Hotel darnieder und war zu nichts mehr nutze als um eben jetzt die Jugend mit einer großzügig ausgelegten Schlinge einzufangen. Natürlich versprach der Rat vollständige Selbstverwaltung, wie auch internationale Schlichter zwischen den Schrecken der Televisionen aus Mexiko City, Paris ... undsoweiter immer wieder nahegelegt hatten. Und natürlich war sich der Rat einig, eine solch weitreichende Zusage wieder zurückzunehmen und die Falle zuzuschlagen, sobald die Mäuse erst einmal am Speck hingen.

Die Jugendlichen stimmten zu, erhielten sie doch ein prachtvolles Gebäude. Wer sich in ihm bewegte, lief durch die Geschichte der Stadt, die Viehauftriebe, den Handel, das Verladen von Rindern bis Niederösterreich, die lange Theke, Karten spielende Männer, die sich geweigert haben, ihre feststehenden Messer abzugeben. Und die Schlömer aus Langeoog ist hier, eigentlich Frau Ursula Monika, aber von den Stammgästen Titten-Molli genannt. Gerade singt sie ein Lied vom Ritt durch das Hungerbrooks-Moor zwischen Hohelucht und Schwarzem Meer und wird dabei von Klaus dem Geiger begleitet, als die Tür aufgeht. Das Gebrabbel der Betrunkenen erlischt. Das Lied bricht ab. Mit einem letzten Kratzer verstummt die Geige, denn jeder weiß, daß Heiko Sievers beidhändig schießt und eine

Stubenfliege auf siebzehn Meter fünfzig trifft. Und daß er es heute auf den Wirt abgesehen hat. Und auf die Kasse. Und auf die Geliebte des Wirtes, eben diese Molli Schlömer, deren Busen sich jetzt heftig hebt und senkt und die wohlig erschauert. Da fällt der Schuß, und Molli ist hin.

27

Den langen Winter hatten die dreieinigen Schwestern gut im milden Klima der Kölner Bucht überstanden. An seinem Ende aber, zum Frühjahr hin, in dem immer schon alte Sehnsüchte und tiefverwurzelte Triebe in ihnen aufgebrochen waren, wurden sie mit dem Schmelzwasser des Rheins weinerlich und riefen in Jever um Hilfe. Hatten sie zu Weihnachten noch ein letztes Mal behauptet, Köln sei die Welt und Jever mit dem Moor nichts als ihre fossile Vorstufe, so fühlten sie sich jetzt in Köln auf einer Sandbank ausgesetzt, und bald trüge sie das Hochwasser ins Königreich der Niederlande und spülte sie in die ewige Nacht des Atlantik. Denn seit Herbst schon waren Sigi und Hiltrud Kieslowsky flüchtig in Übersee, und der gemeinsame Sohn Rüdiger war nach dem Abitur mit einer einzigen Garnitur Unterwäsche zu den Aufständischen nach Berlin durchgebrannt, um Jura zu studieren, wie er sagte; um zu verhuren und unterzugehen, wie alle Schwestern bis auf die leibliche Mutterschwester Gerda sagten; um den nächsten Umsturz der Ordnung im Rheinland durch die Preußen voranzutreiben, wie Sigi Kieslowskys langjähriger Berater vom Kölner Großmarkt mit Bitterkeit in der Stimme sagte, anstatt die Stiefmütter und die leibliche Mutter mit einem Argument der Vernunft zu beruhigen.

Dieser Berater hatte den Kieslowskys dringend die lange Erholungsreise nahegelegt. Er selbst hatte beizeiten Barvorräte auf verschwiegenen Inseln der Karibik deponiert, die sich dort nach Art der Dollars geräuschlos mehrten, und er hatte eine Rinderfarm im einstigen Deutsch Südwest erworben, die er den Schwestern gegenüber als *Mein kleines Hobby im Süden* bezeichnete, auf der er sich aber den Hintern wundritt, wenn er sie auch nur einmal umrunden wollte. Für den größten anzunehmenden Störfall: einen Umsturz in der Kölner Bucht durch die Aufständischen der Straße, die Türken aus den Rohkarossen von Ford und die Preußen Berlins, hätte er selbst in Afrika ein eigenes Stück Heimat, und dazu noch einen adligen Nachbarn, einen der Grafen von Westfalen, mit dem er gelegentlich Canasta spielte.

Auch er spürte einen gewissen Modernisierungsdruck. Er brauchte sich bloß den Kölner Großmarkt anzusehen und seine Geschäfte und die dreieinigen Schwestern selbst mit ihrer Art von Spinnen, mit der sie bis zuletzt ihren Liebling umgarnt und an sich festgespeichelt hatten. Als Rheinländer aber sah er voraus, daß wieder einmal alles Böse von den Preußen käme, die noch stets eine überfällige Modernisierung mit einer ganz neuen Ordnung verwechselt hatten. Dieses Mal glaubte er, die Enteignung aller Besitzenden im Rheinland stünde kurz bevor, und Sigi Kieslowsky wäre ihr erstes Opfer. Die dreieinigen Schwestern, die sich allen Schutzes und ihres Lieblings beraubt sahen, fühlten sich noch hilfloser, als er ihnen erklärte, daß sein Schützling Sigi eben leider doch etwas rückständig sei - eine Vorform noch jener inzwischen gefragten Begabung, die Bildung längst auch im Geschäft des Frischfleisches und der Hähnchen nutzt. Sie wandelt hastdunichtgesehen australisches Känguruh zu Holsteiner Rind, sagt der Berater vom Kölner Großmarkt den Schwestern. In Indonesien röstet sie die köstlichen Orang-Utans direkt auf den Bäumen, macht in Spanien aus dem Altöl der Transistoren kaltgepreßtes Olivenöl, verkauft die Tauben Venedigs als gefüllte Wachteln, macht die Buchführung so sauber wie ein Geschäft mit Diamanten und für Außenstehende so unkontrollierbar wie eines mit Flöhen im Sack. Aber wenn sich einer wie Sigi noch nach Art der Großväter in der Gastwirtschaft Stüsser, Neusser Straße besäuft, und das ausgerechnet neben einem Alkoholiker der Finanzbehörde, dann ist er selbst modernisierungsbedürftig, sagt er den Schwestern.

Daher hatte er Sigi und Hiltrud zu einer langen Reise hinter die Datumsgrenze in die Wasserwelt der 100.000 Inseln geraten, wo es einfache, naturbelassene Menschen gibt, Auslieferungsverträge nicht einmal als Fremdwort vorkommen und wohin sich die Einäugigen vom Kölner Finanzamt für Steuerstrafsachen und Steuerfahndung allein der vielen Haie wegen nie wagen würden. Und ob sie jetzt nicht doch endlich einen kleinen Vierer mit ihm machen wollten, in aller Ehre und wie neuerdings auch unter reifen Menschen durchaus üblich?

Da hatten die Schwestern erstmals in Jever um Hilfe geschrien.

Sigi und Hiltrud vermieden es, offene Positionsmeldungen in Form bunter Karten zu schicken. Sie meldeten sich aber gelegentlich mit Ferngesprächen, in denen Zeitzonen mit Datumsgrenzen kämpften und die Unbeschwertheit Reisender mit der Ängstlichkeit der Schwestern. In Australien suchte Sigi eine stille Beteiligung an einer Urangrube, um sich doch endlich zu modernisieren. Mit Schiffen und Kleinflugzeugen zu verschiedenen Inseln Ozeaniens wie Salomon und Trobriand, Vanuatu, Fidschi und der Tongatapu-Gruppe suchten beide ein Leben, das sie nie gehabt hatten, aber fanden es nicht so ohne weiteres. Immer wieder stellten sie erstaunt fest und berichteten es nach Köln, daß sie das glückliche Leben dieser Menschen nicht verstanden. Und noch weniger begriffen sie, daß diese Menschen vorgaben, gar nicht besonders glücklich zu sein, sondern das eigentliche Glück eher in Köln vermuteten, was ja nun nachweislich ein kolossaler Irrtum dieser einfachen, naturbelassenen, glücklichen Menschen war.

In all dieser Telefonwirrnis zwischen Glück und Unglück wurden die Schwestern natürlich noch ängstlicher, denn aus Berlin von ihrem Augapfel, dem Zuckermündchen, dem Sinn ihres strengen Lebens und dem Höhepunkt ihrer ureigenen Schöpfung: vom Studenten der Jurisprudenz Rüdiger hörten sie überhaupt nichts; nicht einmal etwas über die einzige Garnitur Unterwäsche, in der er lebte. Daher riefen sie jeden Abend, sobald der Gebührenzähler gnädiger lief, bei den Poggenpohls an. Eben war Emma für sie noch eine ungelernte Hilfskraft gewesen, die entmündigten Greisen den Hintern wusch, und Egbert ein schlichter Verkäufer von Briefmarken, den sein Drang zum Höheren, diese unglückliche Angelegenheit mit der Heimatschriftstellerei, zeugungsunfähig gemacht hatte. Jetzt aber erflehten sie ihren Beistand, denn sie fühlten sich von allen verlassen, und ein Umsturz stand allen Besitzenden bevor. Schon drang der wiederaufgebaute, bislang friedliche Thürmchenswall in das Haus ein. In zwei Wohnungen an der Ecke Unter Kahlenhausen brannten nachts rote Laternen wie beim letzten Kaiser von China, und die Wohnung daneben hatte sich ein Türke zum Gemüseladen ausgebaut, und dieser eine Türke bestand aus vielen Türken. Und die Töchter und Schwestern und Frauen der vielen Türken kamen und gingen bis Sonnenuntergang in Staubmänteln, die alles Licht in der Stadt schluckten und mit Gesichtern, die matt von innen erleuchtet waren. Und mit ihren nie sichtbaren, aber immer gut vom Licht gefüllten Körpern trugen sie es mit aufreizender Duldsamkeit tippeltitap und sandalenschlurfend in unterirdische Wohnungen, wo sie auf kleinen Teppichen niederknieten und es, als seien sie aus der Welt gefallen, unheimlich, duldsam und selbst die alten Weiber jetzt beneidenswert schöne Frauen, ihrem ganz eigenen Herrn darbrachten, der in der Finsternis nachtkalter Wüsten und wasserloser Ebenen wohnte, während ihre Väter und Brüder und Männer nach Sonnenuntergang vor den beiden roten Laternen des letzten Kaisers von China Schlange standen und mit kleinen Wörterbüchern in der Hand um Rabatt feilschten wie auf dem heimischen Bazar vor Gurken und Zwiebeln, Pluderhosen und gebrauchten, durchgeschwitzten, kalt im Bach gewaschenen Westen.

- *Wieviel kommen denn da noch, die nehmen uns ja die ganze Stadt weg*, fragten sie da nach Jever, wie sich zwei Jahrzehnte zuvor die Jeveraner

untereinander angesichts der zugeflüchteten Ostpreußen, Schlesier ...
undsoweiter gefragt hatten:

- *Wieviel kommen denn da noch? Die nehmen uns ja das ganze Ackerland und alle Früchte des Feldes weg.*

Jeden Samstag berichteten die Schwestern aufgeregt nach Jever, daß mittags der Rhein wieder seinen Lauf geändert hatte. Unterhalb der Hohenzollernbrücke besann er sich auf einen zugeschütteten Nebenarm und sammelte sich in einer großen, kreisenden Bewegung auf dem Ebertplatz, der seit Jahrzehnten schon in bedrohlicher Nähe des Thürmchenswalles lag. Der Rhein überschwemmte ihn mit seinem trüben Wasser und zog Sträucher, Parkbänke und Papierkörbe, Enten, ein Schwanenpaar, fette Karpfen und einzelne umliegende Läden, zwei Busse der Linie 134, ein halbes Dutzend Motorräder der Kölner Polizei und ein Dutzend Kastenwagen der Bereitschaftspolizei Unna in Westfalen, mehrere heftig sich wehrende Ladenbesitzer und verschiedene spielende Kinder in sein tückisches Wasser, das stieg, bis es sich pünktlich um 11.30 Uhr in den Eigelstein Richtung Marzellenstraße und Dom ergoß und die umliegenden Querstraßen mit der Gewalt seiner Fahnen und Spruchbänder durchspülte, mit den Schalltrichtern und Brüllchören, die in Köln einen Krieg wie im Bambusdschungel Asiens verlangten. Erschrocken über den neuen Krieg zapften die Schwestern in der Küche drei Glas Wasser, um Aspirin zu lösen, aber schon hatte das Wasser die Farbe des giftigen Goldregens und ganz Asiens angenommen. Da riefen sie den Notdienst der Kölner Versorgungsbetriebe GEW an und hörten:

- *Die gelbe Gefahr? Nie von gehört. Ihr habt Sporen und Pilze in der Leitung oder einen gelben Vogel unterm Pony. An und für sich und prinzipiell ist das Wasser von Köln gut.*

Kam über den heißen Draht von Köln nach Jever die Rede auf die Reisenden zwischen den glücklichen Inseln Ozeaniens, weinten die Schwestern, als seien Sigi und Hiltrud längst Opfer von Kannibalen geworden. Versuchte Egbert ihnen nahezulegen, daß ein Loslassen zu den vornehmsten Aufgaben von Müttern gehöre und ihr Augapfel Rüdiger mit nichts weniger beschäftigt sei als mit dem Leben, und das in einer Stadt, die wie die ganze Welt in zwei Hälften geteilt wäre, wobei der ärmere Teil bei genauer Betrachtung nicht weniger reich sein mochte als der reichere, erhielt er eine scharfe Abfuhr. Da gab er es auf, die Schwestern am Telefon zu therapieren. Bald würde er sie nur noch als Karikaturen einer erfolgreichen Panikmache sehen, Vogelscheuchen im Kostüm lästerlicher Nonnen, die sich für den Karneval geschminkt hatten, und die Schwaden des Weihrauches, die sie mit jeder Erregung ausstießen, bedeuteten nur noch, daß die Welt brannte. Das wiederum würde Emma empören und ihr gemeinsames Leben beschädigen. Da versteckte er das ziemlich aus der Mode geratene Schminkköfferchen, mit dem Emma ihm einst versucht hatte zu entfliehen, kaufte zwei schwarze Koffer wie für reisende Zwillinge, und schon saßen sie aufgeregt in der Bahn nach Köln:

das Mündel und der Bräutigam vom Lande fahren auf Verwandtschaft in die Großstadt. Hier würde der flache Bauch des Mündels gemustert werden und die Strickweste des Bräutigams, seine Fingernägel und die Gummiabsätze seiner Schuhe. Noch einmal, angesichts der großen Stadt, würde das Mündel ihm ins Ohr flüstern: HEIRATE MICH, denn sie liebt diesen jungen, mittellosen Dichter so, daß sie nur das eine denken und fühlen kann: HEIRATE MICH! ICH LIEBE DICH SO!

28

- *Das Land, wie unser Friesland eines ist, reicht nur bis Dortmund,* sagte Egbert, *dann fangen die Vereinigten Staaten von Kohle & Stahl an.*

- *Hochindustrialisierung,* sagte er.

- *Steinkohle,* sagte er. *Dreischichtsystem. Knappschaftskassen. Lauter Sozialdemokraten hier,* sagte er, *traditionell. Gar nicht mit Friesland zu vergleichen. Kommt vom Großvater auf den Vater auf den Sohn wie die ganzen Taubenschläge und Schrebergärten auch.*

- *Ausland pur. Hier sind kaum KZs gewesen. Adolf Hirche hat im Arbeitslager Herne gesessen. Es stellte sich hier schlicht ein Problem der Logistik. Es fehlte nicht an Menschen, aber an der Unauffälligkeit. Stell dir ein KZ in Jever auf dem Markt vor zwischen Concerthaus und Schwarzer Adler. Oder direkt vor dem Brandenburger Tor. Oder über dem Rhein auf dem Felsen dieser Loreley.*

- *Immer wenn du so redest, mag ich dich nicht,* sagte Emma.

- *Es ist dieser Schnellzug,* sagte Egbert. *Sonst sitze ich still. Nur mein Kopf treibt langsam nach vorn. Jetzt aber rase ich dahin.*

- *Wenn ich so schnell reise, sehe ich unser Leben hinter uns zurückbleiben. Wir fahren schnell nach vorn, aber das Leben bleibt hinter uns und ich kann ihm zuwinken. Das ist schön. Eigentlich ist unser Leben schön, Egbert. Ich danke dir dafür. Nach allem, was du mir zunächst angetan hast, hätte ich nicht damit gerechnet.*

- *Jetzt wird es doch etwas eng hier,* sagte Egbert.

- *Ich bin tagsüber da, wo es mit den Alten aufhört. Wenn wir gut arbeiten, sind sie am Ende freier als am Anfang. Du bist abends in der Karawanserei, wo die Jungen anfangen. Wenn ihr alles richtig macht, werden sie nicht erst so unfrei, wie die Alten von ihrer Jugend an waren. Wo ich gegen Abend mit den Alten aufhöre, fängst du mit den Jungen an. Ist das nicht schön?*

- *Unser Leben ist eine Parabel.*

- Eine was?

- Parabel.

- Genau das mag ich nicht an dir.

- Es ist wie ein Bumerang. Fliegt von uns weg auf eine Katastrophe zu, haut sie kurz und klein, dann kommt es wieder zu uns zurück.

- Ja, sagte Emma, *ein Schwirrscheit. Wie bei den Chinesen. So ist es. Jetzt höre ich es sogar.*

- Bei den Aborigines. In Australien.

- Wie?

In der Halle des Kölner Hauptbahnhofes war Egbert schon nach wenigen Minuten geneigt, die dreieinigen Schwestern um Verzeihung zu bitten für alle Neurosen und Psychosen, die massiven Anfälle von Verfolgungswahn, die Zwangsvorstellungen und Delirien, die er seiner Sammlung medizinischer Fachliteratur entnommen und ihnen angehangen hatte, und er bat auch um Nachsicht für die lästerlich geschminkten Nonnen und den Weihrauch der verbrennenden Welt: wahrscheinlich hatten die Schwestern doch mit allem recht und waren gerade Opfer eines weiteren Krieges, dessen Ausbruch er in Friesland völlig verschlafen hatte.

Bereits am Fuße des Treppenabgangs vom Bahnsteig in die Halle stieß er auf die ersten beiden Leichen. An der Wand lehnte eine dritte Person, die gerade schwer verwundet in sich zusammensank. In der Mitte der Halle vor einem Getränkekiosk, den sie offensichtlich nicht mehr erreicht hatten, lag ein ganzer Haufen zu Tode Erschöpfter, um den eine Kehrmaschine kreiste. Andere, wahrscheinlich Deserteure, hatten sich zwischen die Schlangen vor den Fahrkartenschaltern geflüchtet und bettelten hier Unbekannte, die unbeteiligt am Kriegsgeschehen sein mußten, um Geld an für Fahrten weit hinter die Front. Ein Uniformierter mit der Trommel eines Landsknechtes an der Hüfte sammelte zu einer neuen Attacke, zu der hier aber keiner mehr fähig war. Der Krieg schien ganz nahe zu sein, aber jetzt, um 17.13 Uhr ein Sammeln letzter Kräfte nötig zu haben. Wie in allen Etappen jenes anderen Krieges, den Egbert am Fuße des italienischen Benediktinerklosters erlebt hatte, sah er auch hier überhaupt nichts von jener Aufbruchstimmung und der getragenen Heiterkeit, die allen immer wieder versprochen worden war. Er sah nur unendliche Müdigkeit und nicht einmal Verzweiflung oder letzte Abwehr, er sah nur Leere in den Gesichtern und völlige Hoffnungslosigkeit wie nach einem fürchterlichen Rausch. Da nahm er Emma an die Hand oder nahm sich an Emmas Hand und leistete sich ein Taxi. Und floh damit in den Thürmchenswall, den der Fahrer überraschenderweise mitten durch die aufgeworfenen Gräben, über gesprengte Brücken, zerschossene Panzer und verminte Felder zu finden versprach mit einem behäbigen Lachen, das freilich auch nicht nur Gutes versprach:

- *Lever Jong, heute ist Karnevalsdienstag. Gestern war Rosenmontag. Erst am Aschermittwoch werden wir wieder nüchtern und halbwegs normal.*

Im Thürmchenswall trafen sie auf Schwestern, die sich jetzt den ganzen Winter Asche aufs Haupt gestreut, nur rohe Zwiebeln und grüne Heringe und dann und wann ein paar Sprotten gegessen hatten, die sie mit Kopf und Schwanz verschlangen. Sie redeten zwei Tage lang ohne nennenswerte Unterbrechung, so voller Stau waren sie.

Emma wurde dabei rot und blaß, rot und blaß, rot und blaß, denn rücksichtslos bewegten sich die Schwestern auch durch ihr Leben. Bei Egbert schloß sich bald jedes Selbstbewußtsein kurz, und es drohte ihm Vernichtung. Die Schwestern waren stark, denn sie waren zu dritt und sprachen noch dazu ohne nennenswerte Pausen aus einem gemeinsamen Muttermund. Bis zum Einbruch der letzten Katastrophe in ihr Leben hatten sie sich vorgestellt, einst in einer wichtigen Allee des Kölner Zentralfriedhofes Melaten zu liegen, sparsam in einem Einzelgrab, aber unbesiegbar gemeinsam, also mehrstöckig übereinander neben Prälaten und Monsignores, Dombaumeistern, Bürgermeistern, Fabrikanten von Schiffsmotoren und Duftwassern, Präsidenten der Karnevalsgesellschaften, heldenhaft verunglückten Brandmeistern und jenem unbekannten Liebespaar, das, eng umschlungen, in der letzten Jahrhundertflut des Rheins ertrunken und so in den Genuß seiner herausragenden Grabstelle gelangt war. Inzwischen sahen sie alles etwas realistischer. Jetzt wollten sie gemeinsam und möglichst schnell diese Stadt verlassen, in der allen Besitzenden sogar die Enteignung ihrer Gräber drohte und ihnen selbst noch die fortlaufende Erniedrigung durch den Triebtäter vom Großmarkt. Die Poggenpohls sollten ihnen die Villa in Jevers Bismarckstraße 1a besorgen, die verwohnt auf dem freien Markt herumstand. Bis der Untergang des

Rheinlandes den hohen Norden erreichte, hätten sie daraus schon eine Festung gemacht oder würden sogar schon in Heimaterde liegen, einfach, aber gemeinsam, sicher und preiswert.

Es waren wirklich starke Frauen, hörte Egbert zwei Tage lang. Sie hatten sich kein Einkommen erarbeiten müssen und keine Wohnung, immer waren sie doch von den Mietern ihres Eigentums bezahlt und von den Fleischpaketen und golden tropfenden Hähnchen Sigis genährt worden. So hatten sie sich in einer dunklen, geräumigen Wohnhöhle eingerichtet und alle ihre Kraft darauf verwandt, hier die Zeit anzuhalten. Je mehr ihrer Lebenszeit verstrich, um so gewichtiger waren die nie erneuerten Anrichten und Vitrinen, die Sessel, Ölbilder, die Lüster und das Sofa, die Teppiche und Tapeten des Erstbesitzers geworden, eines Pelzhändlers, der sich 1920 als alter Mann in einen Backfisch aus der Balthasarstraße verliebt und mit ihm ausgewandert war, um aller bösen Nachrede zu entgehen. Die Liebe dieses alten Mannes hatte sie immer ähnlich entzündet wie das Schicksal jenes Liebespaares auf Melaten. Bald hatten sie die unterschiedlichen Jahre ihrer Geburt auf dieses Jahr 1920 verlegt und es zum einzig glücklichen Jahr des Jahrhunderts erklärt. Dahin wollten sie wieder zurück. So beteten sie lange Rosenkränze dafür, daß der Tod, der ja für gewöhnlich und weitgehend unbestritten am Ende der fortlaufenden Zeit wartet, weit hinter ihnen einschlüge: sie wollten sterben, um ins Jahr 1920 erlöst zu werden und so, als gestorbene Schwestern und verbrauchte, tote Mütter, wenigstens mit ihrem Tod einmal glückliche Kinder sein.

Streitsüchtig waren sie im Gepäck der Mutter aus dem Moor nach Köln gekommen, und lange hatte in Köln noch Streit unter ihnen geherrscht. Das war der Nachhall der vielen jähzornigen Jahre des Walter Kieslowsky. Das waren auch die Jahre der zerfallenden Schönheit Hiltrud Kieslowskys, die sich vom Schwager, von wechselnden Viehhändlern, vom Kinderarzt, dem Hufschmied und selbst vom Nachbarn Johnnie Aquavit noch Schönheit einreden ließ, aber nie willfährig gewesen sein wollte. So hatten sie zunächst in ihrer Wohnung Kleinstaaten mit Decken abgetrennt und voreinander mit den Kreidezeichen C + M + B der Heiligen Drei Könige unüberschreitbare Grenzen gezogen. Sie hatten sich über Mieteinnahmen, über Besuche des eben noch Schwagers und jetzt Liebhabers und Ernährers Sigi und über letzte Gesten der Mutter Hiltrud gestritten, denn die einen waren sicher, daß sie über ihre bald mausgrauen Haare habe streichen wollen, die dritte aber bestand auf ihren eigenen Schulterblättern, die in den Augen der beiden anderen eher wie Minen auf einem vollständig erodierten Feld aus dem Hauskittel hervorstachen.

Es waren endlich auch sehr reiche Frauen, hörte Egbert im Laufe dieser zwei Tage, denn mit einer bis dahin unvorstellbaren Großherzigkeit begannen sie doch zu teilen, als in der Flora ein Mann höflich den Hut nach vollbrachter Tat gelüftet und, kurz bevor er um die nächste Ecke herum verschwand, noch ein zweites Mal gelüftet hatte. Einvernehmlich teilten sie jetzt das Wachsen des Bäuchleins und das seines inwendigen Bewohners; die Beschwerden und launischen Begierden der Hochschwangeren; die Schmerzen und die sündhaften Flüche, die sie alle drei gleichzeitig als Gebärende ausstießen, wobei sie den tobenden Vater im Moorhof und die unter all ihren Nebenmännern stöhnende Mutter sowie den höflich in der Flora den Hut lüftenden Mann und sogar alle unterschiedlichen Erscheinungsbilder des Schöpfers, die sich die Menschen von ihm zu machen pflegen, vom Feuerball der Sonne über Tiger und Maiskorn bis zu Lehmklümpchen und bärtigem Gottvater für diese Qual verfluchten. Und dann teilten sie sich natürlich die ersten Schreie des Neugeborenen und sein erstes zahnloses Lächeln. Und da lächelten sich alle drei Schwestern zum ersten Mal seit ihrer Kindheit warm und ganz offen zu. Ihnen war nicht nur ein Knabe von sieben Pfund geschenkt worden, sie waren auch Mütter geworden, ohne je die Tobsucht und Dümmlichkeit eines Mannes aushalten zu müssen, und sie waren mit einem Sinn des Lebens beschenkt worden und jetzt reicher als alle anderen Frauen, die sie kannten. Und plötzlich waren sie sogar schön in ihrem Glück.

Was ist also das Problem mit diesen glücklichen Frauen, fragte sich Egbert schon am Ende des ersten Tages, und warum haben sie uns nach Köln genötigt?

Sie hatten doch ihren Rüdiger zum reichsten Bengel des Thürmchenswalles, wenn nicht sogar der gesamten nördlichen Innenstadt gemacht. Er verfügte über drei Mütter, die rund um die Uhr in friedlichem Wettstreit um ihn bemüht waren, und er hatte einen ganz und gar eigenständigen Kopf. Damit drehte er sich schon in den ersten Tagen zur Wand, wenn jemand mit ausgesprochen ungünstiger Erscheinungsform an sein Bettchen trat - einige Mieter des Hauses, der Pfarrer von St. Kunibert, ein Friseur aus der Domstraße, der trotz eines beachtlichen Buckels Karnevalsprinz zu werden gedachte, die Dame vom Jugendamt, die ihm natürlich den Nachweis seiner amtlichen Rechtmäßigkeit abpressen wollte, Sigi und Hiltrud Kieslowsky, die sich beide als Großeltern eines Märchenkindes aus der Flora schwertaten und noch im Kinderzimmer in heftigen Streit gerieten. Als Egbert hörte, daß dieser Rüdiger bereits als Dreijähriger ein Speditionsunternehmen gegründet und auf seinem Nachttopf sitzend die ganze große Wohnung abgefahren war, wobei er mit Spucke und Urin sorgfältig die verblaßten, aber noch gut lesbaren Zeichen C + M + B der Heiligen Drei Könige aus den Zeiten der Kleinstaaterei und des ewigen Streites vor seiner Geburt löschte und durch die amtlichen Symbole der Straßenverkehrsordnung ersetzte, um dann wiederum in eine zunächst rätselhafte Erstarrung zu verfallen und stundenlang auf die nie erneuerte Jugendstiltapete des Pelzhändlers von 1920 zu starren, da schlug in ihm das Herz. Plötzlich glaubte er, alles von dem Schlingel zu kennen. Er sah ihn und fühlte sich mit ihm verwandt. Und war bereit, ihm viel Zukunft und viel Arbeit vorherzusagen.

Schließlich erfuhr er noch gleichlautend von allen drei, daß ihr Wunder von Sohn sich bereits im Alter von vier gewissermaßen in mehreren Akten der Selbstbestäubung das Lesen beigebracht hatte und bald darauf in anspruchsvolle Lektüre versunken war. Und schon fürchtete Egbert, wieder in eine dieser Geschichten geraten zu sein, die in eine Fußangel mündeten und daß es sich bei dem Schlingel Rüdiger nur um jenen Sohn handeln konnte, den er selbst nie gezeugt, den zu zeugen er aber doch in gewissen Momenten des Leichtsinns und des unbefriedigten Wunsches und des schlechten Gewissens Emma gegenüber geträumt hatte. Heilige Wirrnis der Mutterschaften und der Zeugerei. Es schien unmöglich, geradlinig durchs Leben zu gehen oder zufrieden wie Ulukulala I. im Schatten eines Baumes zu sitzen und zu verdauen. Wenn auch dieser Rüdiger ein frühreifer Dichter war, dann war Egbert, sein Vater, ein verlorener Mann. Und vorsichtig fragte er, was der Bengel denn so gelesen habe.

Als die Schwestern eilfertig und stolz ein Rechtswörterbuch der Verlagsbuchhandlung C.H. Beck herbeitrugen, war Egbert erleichtert. Es begann ernüchternd mit Aachener Protokoll vom 21.11.1818, mit dem die Rolle der diplomatischen Gesandten geregelt wurde, und endete mit dem Zwölftafelgesetz von 450 v.Chr., das erstmals die im römischen Gewohnheitsrecht strittig gewordenen Fragen klären sollte. Gelegentlich war das Leben doch beruhigend einfach. Auch der Stolz der Schwestern war eine einfache und schöne Sache. Sie klappten das schon sehr mitgenommene Rechtswörterbuch wieder zu und trugen es zurück in den Teil ihres Lebens, in dem sie junge Mütter gewesen waren.

Redlich konnten sie von sich behaupten, in Köln das wohlgefällige Leben von Müttern geführt zu haben. Der Sohn hatte sie ausgetrunken wie rohe Eier. Er hatte ihnen alles Mark aus den Knochen gesogen, so daß die einst erdenschweren Mädchen längst leichtgewichtige alte Frauen waren, deren welkende Haut sich über Vogelknochen spannte. Er hatte ihnen weißen Zucker in den Hintern geblasen, gleichzeitig aber schon ihre Nieren, Lebern, die Herzen und die Netzhäute ihrer Augen bald Toter verkauft, um sein Taschengeld aufzubessern und bald einmal sein Glied im ersten Mädchen am Eigelstein zu versenken. Und jetzt waren die dreieinigen Schwestern nichts weiter als die leergegessenen Hüllen von Müttern, drei Luftschiffe, deren Haltetaue nur noch zu kappen waren für die Fahrt in ihre Kindheit, die sie nie wirklich verlassen hatten.

Alles hatten sie auf ihn gesetzt. Bis sie an diesem Morgen aufwachten und er mit einer einzigen Garnitur Unterwäsche zu den Aufständischen verschwunden war. Und bald darauf hoben Sigi und Hiltrud vom Flughafen Köln-Wahn ab. In einer Rauchfahne und mit weißen Blitzblinkern an den Tragflächen verloren sie sich über der Wahner Heide auf ihrem Flug zu den Inseln der Kannibalen und den vielen Haien zwischen den Inseln. Von dieser Mutter würden sie nie mehr etwas hören außer dem Rauschen der Meere im Telefon an einem bei ihr schon vergangenen Tag zu verstrichener Stunde im Sommer, während in Köln strenger Winter herrschte. Und außerdem brüllte Sigi K. von hinten, wo eine Palme in der heißen Luft zu knattern schien, ob sie dieser Scheißer vom Finanzamt Köln-Nord schon heimgesucht habe, wo es doch nicht dieser trunksüchtige, sicher tief unglückliche Sachbearbeiter war, den sie fürchteten, sondern Sigis Ratgeber vom Großmarkt. Und der klopfte nicht plump wie ein Säufer an, sondern mit ausgesuchter Höflichkeit, aber auch beleidigender Beiläufigkeit. Der fragte, wie einer fragt, der in der Küche ein Glas Wasser haben will: ob sie jetzt nicht doch endlich mit ihm diesen Vierer machen wollten, denn er sei schon lange spitz wie Fips auf sie alle drei –

– und das sagt dieser fiese Möpp ausgerechnet an dem Abend, da auf Kanal 1 der endlich gegen den erbitterten Widerstand von Julia gekauften Bildtruhe zwischen den ewigen Streifen die sie zieht und ihrem Tongeknatter von Wäsche im Seewind schräg und hilflos und völlig still und ganz schrecklich allein das Fahrrad dieses angeschossenen, aber schon abtransportierten Aufständischen auf dem Kurfürstendamm liegt und seine, also des Aufständischen Aktentasche mit dem Griff noch in der Mitte des Lenkers hängt wie die eines Nachtportiers oder Kassenwarts der

385

Laubenpieper, gut gefüllt und mit zwei Schnappschlössern gesichert wenn nicht sogar verschlossen wegen der vielen Türken und Polen und Russen und untereinander diebischen Aufständischen in Berlin und sagt Julia, eine fatale, und sagt Vera, eine ziemliche, obwohl sie natürlich überhaupt keine und wenn dann nur eine ganz leichte und völlig zufällige Ähnlichkeit mit jener Tasche hat, die wir zu dritt unter Verzicht auf die Quittung mit 6% Rabatt im Ledergeschäft Kluth Gereonswall gekauft haben, und schon bricht seit Jahren wieder erster Streit aus, was heißt hier fatal, und ziemlich, und wenn überhaupt dann nur völlig zufällig, also ist Rüdiger nun angeschossen worden in dieser ganz und gar kaputten Stadt Berlin mit ihren Türken und Polen und Russen und Aufständischen oder nicht, nein kann er nicht sein, denn auf Kanal 2 branden schon alle, die auch nur mit einer einzigen Garnitur Unterwäsche in diese ausgestorbene und von unseren Briefmarken Notopfer Berlin verwöhnte Stadt gezogen sind, gegen ein Hochhaus an der Mauer an, in dem eine Zeitung wohnt, die sie alle verleumdet und den Schützen gedungen oder zur Tat ermuntert haben soll, wenn nicht auch das derselbe Wahn ist der sie mit einer einzigen Garnitur Unterwäsche hierher getrieben hat und jetzt blüht der Streit auf wie Rost dieser uralte zänkische Streit der Kindheit und des Moores, der schon unter dem Jähzorn des Vaters gewachsen ist und dem Knetern des Bettes der Mutter mit ihren Viehhändlern und Kinderärzten und Hufschmieden und Schwagern und manchmal noch Johnnie Aquavit, weil die weitsichtige Vera glaubt eine Schuhschnalle zu erkennen und Julia, die eine Kerze im Luftzug schon für einen Orkan hält, will in einer Reihe dieser Drängenden Rüdigers Abzeichen vom Tennisclub Grün-Gold e.V. blitzen sehen, wo er seit zwei Jahren nur ihr Geld dafür einsteckt aber nicht hingeht und wo niemals ein Aufständischer sein Abzeichen des vornehmsten Tennisclubs der Stadt unter Aufständischen hat blitzen lassen für wie dämlich halten sie meinen Sohn und Vera legt natürlich nach, denn sie legt ja immer nach wenn Julia vorgelegt hat und erkennt jetzt auch den Façonschnitt des Friseurs Käse Weidengasse wo er auch schon seit einem Jahr nicht mehr hingeht und ein Aufständischer garantiert keinen Façonschnitt trägt, denn auch sie kennt nichts von ihm der zu Hause sitzen und lernen wird wie beide nie etwas von ihm gekannt haben ja Vera ihn schon mit drei Wochen vom Wickeltisch hat fallen lassen und Julia hat ihn in der Wanne verbrüht so daß mein Junge sein Leben lang in keine Badewanne steigt Vergewaltigungssyndrom sagt Dr. Genser Domstraße dazu Folterpsychose sagt er wasserscheu und verdreckt sieh dir diese Pickel an der Junge kriegt die Krätze sagt Julia dazu denn beide haben nie etwas von Kindern verstanden, aber sich gegenseitig die Bäuche abgehört als ich schwanger war und Vera hat geblutet ohne Unterlaß und Julia haben die Brüste geschmerzt als sei ihr die Milch eingeschossen in ihre trockenen Ledersäckchen die nie ein Mann gesehen geschweige denn angefaßt oder mit seiner Zunge erregt hat -

- und wir ihr ganze neun Monate lang auf der Brust saßen: wer ist es, aber Gerda war immer die Vornehme und Tütelige und Verschwiegene um nicht zu sagen Verlogene und sobald es eng wurde: huch, ich krieg meine Depression und legte nasse Tücher auf und verdunkelte das Zimmer und maß jede Stunde Puls und Blutdruck und trank sich einen Schwips mit Klosterfrau Melissengeist - so daß wir schließlich gar keine andere Wahl hatten: was für ein hübscher Junge, und schon drei dunkle Härchen, sicher ganz der Vater, und von da ab waren wir Mütter, alleinerziehend, und kein Amt hat uns auch nur den kleinen Finger gereicht, und jetzt ist er verschwunden, und wir beten zu unserem Gott und zu seinem argentinischen, daß ihm nichts geschieht, und ich schwöre dir, wir kriegen ihn wieder, der entgeht uns nicht, denn wir haben nicht vor, uns erst von einem Unbekannten zu Müttern eines Sohnes machen zu lassen und dann von einem Argentinier im Kampfanzug zu Müttern eines Verschollenen -

- immer, war immer ich, denn ich habe sie von Anfang an zusammenhalten müssen gegen den Jähzorn des Vaters und die Liebhaber der Mutter und auch gegen dein verträumtes Zuckermündchen von Frau die alles kriegte was uns blieb und das war schon weniger als nichts, denn Emma durfte bleiben und wir wurden in Jever in den Zug verladen wie zuvor die Rinder und nach den Rindern die Soldaten und nach den Soldaten die Juden und nach den Juden die verwundeten Soldaten ACHTUNG AUF GLEIS ZWEI EIN LAZARETTZUG FÄHRT DURCH und nach den Verwundeten die Flüchtlinge und nach den Flüchtlingen früh und abends die Pendler und als wir in Köln ankamen saß Vera immer noch auf dem stinkigen Lokus mit Durchfall und Gerda hing aus dem Fenster so schlecht war ihr und zog einen Streifen Erbrochenes auf dem Bahnsteig lang und spuckte den Rest noch dem Mann von der Aufsicht vor die Füße und der sagt nur: Hopla, kleine Dame, und da wußten wir, daß wir im Rheinland sind und in der großen Stadt, denn natürlich hätte in Friesland kein so wichtiger Mann wie ein Bahnhofsvorsteher je Hopla, kleine Dame zu einer Göre gesagt, die ihm vor die Füße kotzt -

- denn glaub mir, wir haben nicht vor, uns erst von einem Unbekannten zu Müttern eines Sohnes machen zu lassen und dann von einem Argentinier im Kampfanzug zu Müttern eines Verschollenen -

- immer ich, ob es darum ging alle früh um sechs durch den Schutt der
Straßen ins kalte Kirchenschiff von St. Kunibert zu treiben oder Vera davon
abzuhalten mit dem Sohn des Hausbesorgers in den Keller zu steigen oder
Rüdiger zu baden der wasserscheu und verdreckt war und Pickel zeigte und
von Krätze bedroht war immer ich oder wenn Gerda in der ersten
Hähnchenbraterei von Sigi uns allen mit Pickeln drohte und Krätze und
säuselte DIE GANZEN ARMEN HÜHNCHENKINDER AM SPIESS DIE
GANZEN ARMEN HÜHNCHENKINDER AM SPIESS denn sie wußte ja nie
was Arbeit heißt und Geldverdienen und einem Mann wie Sigi beim Aufbau
helfen, also die Mutter war immer ich die noch auf Vera aufpaßte damit sie
nicht wieder zum Sohn des Hausbesorgers in den Keller stieg wo die
Kartoffeln lagerten und die Braunkohle dann Steinkohlenbruch dann
Eierkohle und Briketts jetzt Heizöl von Raab Karcher fast eine feste halbe
Mark der Liter und wenn du am Ende des Winters eine Kartoffel aus dem
Berg zogst fiel der ganze Berg wie Staub in sich zusammen weil die Mäuse
ihn von innen leergefressen hatten -

- denn glaub mir, wir haben nicht vor, uns erst von einem Unbekannten zu
Müttern eines Sohnes machen zu lassen und dann von einem Argentinier im
Kampfanzug zu Müttern eines Verschollenen wie alle Mütter in diesem
Südamerika schon Mütter von Verschollenen sind und alle Söhne nichts als
Kampfhähne die so enden wie er, an dem bei der Autopsie neun
Schußwunden festgestellt werden: zwei in den Unterschenkeln, eine im
mittleren Drittel des rechten Beines, eine andere im mittleren Drittel des
linken Schenkels, zwei in der Schlüsselbeinregion, zwei in den Rippen und
eine im Brustbereich die als tödlich angesehen werden muß ...

Das Kleinod Rüdiger also hatten sie verloren. Und verlassen waren sie vom
Geldgeber Sigi, dessen Brathähnchen nur noch die Erinnerung eines Duftes
in den Thürmchenswall schickten. Und selbst diese Erinnerung verlor sich
von Mahlzeit zu Hungermahl im Geruch der Heringe und im kalten Fett der
Sprotten. Und verraten fühlten sie sich von der Mutter Hiltrud, die sie früher
schon gelegentlich an ein Liebesnest im Heu, an das Stöhnen des
Viehhändlers, des Hufschmiedes, des Kinderarztes oder Johnnie Aquavits
verraten hatte und schließlich mit dem Umzug nach Köln an diese ganze
Stadt, die sie haßten und auf die sie stolz waren, sobald sie mit dem Land
sprachen. Dafür waren sie jetzt von mehr und mehr Toten umstellt: von den
ganzen geopferten Söhnen Südamerikas, die nicht einmal mit einer einzigen
Garnitur Unterwäsche, sondern erbärmlich nackt und mit nichts als einer

dünnen Erdnußsuppe im Bauch in den Wahnsinn eines Aufstandes gelaufen waren, angeführt von einem argentinischen Asthmatiker im Kampfanzug, der auch den Aufständischen in Berlin als Heiliger galt. Und in der Flimmerkiste vor ihnen lag die halbe Leiche des Angeschossenen auf dem Kurfürstendamm. Und neben ihnen der Leichnam des bisher väterlichen Freundes und verläßlichen Ratgebers vom Großmarkt, der plötzlich und mit beleidigender Selbstverständlichkeit, als seien sie Schafe oder Ziegen, an alle ihre drei Dingelchen gleichzeitig wollte und den sie in ihren Herzen schon getötet hatten. Und sicher käme bald die fernmündliche Nachricht von einer deutschen Botschaft aus der anderen Hälfte der Welt, wo sie, diese Botschaft, auf einer von hunderttausend Inseln in einer Baumhöhle residierte oder sie triebe in einem Kanu von Atoll zu Atoll mit einem einzigen, stets gewissenhaft betrunkenen Konsularbeamten an Bord, der ein schmieriges Stempelkissen hütete: daß Sigi und Hiltrud vor Heimweh gestorben waren und ihre Leichen unauffindbar blieben, weil natürlich zu Suppe zerkocht, eingedampft und in einer leergegessenen Dose Corned Beef verschwunden.

In dieser aussichtslosen Lage setzten die Schwestern wieder entschieden auf die Kraft des Gebetes. Je mehr sie in ihrer Streifen ziehenden, tonknatternden Bildertruhe von der Welt sahen, um so deutlicher wurde ihnen auch, daß diese Kraft überall gleich war und sich nur, gemäß der Drehung der Erde um die Sonne und ihrer Drehung um sich selbst, gemäß den Winden und Strömungen der Meere in ihren Instrumentarien unterschied, wie sich die Küchen der Völker, ihr Fischfang und ihr Gartenbau zu unterscheiden pflegen. Und was in ihnen schon verzweifelt zerfallen war, wuchs wieder zusammen, als sie auf Kanal 3, der in Köln selbst produziert wurde und nicht auch schon in die Hände der Aufständischen Berlins gefallen sein konnte, in eine Hütte im Bergland Guatemalas blickten. Sie sahen einen schmalen, mit einer Häkeldecke verkleideten Tisch, über dem das Kreuz und ein Bildnis des Heilands hing. Aber auch das Bildnis eines weißen Generals mit Säbel. Aber auch Kolben von Mais lagen hier und ein halbes Hähnchen. Aber auch eine halbgefüllte Flasche Schnaps stand da, und neben ihr kräuselte sich der Rauch einer handgedrehten Zigarre zur Decke, denn natürlich hatte der General immer kräftige Handgedrehte geraucht, und natürlich war das Filmteam gerade zur Stunde der Abendandacht in die Familie dieser Indios eingebrochen.

Als die Schwestern endlich ihre Besucher in das Zimmer des Hausaltars führten, taten sie es mit der gebotenen Zurückhaltung, aber auch mit jener Schönheit der Gesten, die manche Überzeugungen verleihen. Da schämte sich Egbert dafür, daß er seit seiner Ankunft in Köln in einem Comic Strip zu blättern gemeint hatte. Natürlich war es das Zimmer, in dem der Schlingel Rüdiger seit seiner Geburt gewohnt und in dem er einundzwanzig Jahre lang seine Flucht geplant hatte. An einer der Längswände stand ein kleiner, von einer weißen Häkelarbeit abgedeckter Tisch mit je drei Kerzen in drei Ständern, einer Schale mit offensichtlich künstlichem Obst, einer weiteren Schale mit wahrscheinlich echten Nüssen, deren Genießbarkeit die Schwestern längerfristig hatten veranschlagen können und jenem abgegriffenen Exemplar des Rechtswörterbuches aus der Verlagsbuchhandlung C.H. Beck, mit dem einst der Vierjährige die ersten Stolperschritte auf dem weiten Feld des juristischen Denkens gemacht hatte. An der Wand über dem Tisch hingen ein schlichtes Holzkreuz sowie ein großformatiges, etwa 70 x 80 cm einnehmendes, offensichtlich noch aus dem Besitz des Flüchtlings stammendes Poster, das die Schwestern jetzt als Mittel nutzten, um ganz nahe bei ihm zu sein. Es war eines der auf dieses Format vergrößerten und dadurch sehr körnig und milchig gewordenen Leichenfotos des angeschossenen, aus seinem Mythos der Unverwundbarkeit herausgefallenen und unter die bolivianische Armee und ihre amerikanischen Helfer gestürzten Comandante Che Guevara, aufgenommen nachdem der Gefangene am 9. Oktober 1967 gegen 13.10 Uhr in der Schule von La Higuera, Bolivien hingerichtet worden ist. Der leicht angetrunkene Unteroffizier Mario Terán, dem eine Uhr und ein Lehrgang in West Point versprochen werden, feuert zwei Salven aus seiner M-2. Der Unteroffizier Carlos Péres und der Soldat Cabero, der den Tod seines Freundes Mario Morales rächen will, feuern anschließend noch auf den Leichnam, so daß bei der Autopsie neun Schußwunden festgestellt werden: zwei in den Unterschenkeln, eine im mittleren Drittel des rechten Beines, eine andere im mittleren Drittel des linken Schenkels, zwei in der Schlüsselbeinregion, zwei in den Rippen und eine im Brustbereich, die als tödlich angesehen wird: "die Verletzungen am Thorax und die daraus folgende Blutung", wobei ein Armeeoffizier vor Journalisten aber zehn Schußwunden aufzählt und die zusätzliche im Hals lokalisiert, woraus geschlossen werden kann, daß sich die Armeeführung zwar auf eine Exekution geeinigt hat, aber nicht darauf, wie sein Tod zu erklären wäre,

hat Piet ten Hoff, der unterschiedliche Poster-Motive neben alten Familienbildern anbietet, erst kürzlich ungewohnt steif in seinem Laden doziert.

Hier knieten die Schwestern nieder, sobald sie fürchteten, die neu aufgeflammte Streitsucht könnte wie ein Feuerstoß durch sie hindurchfegen. Gemeinsam beteten sie zu Jesus Christus am Kreuz und zu dem Mann in der Schule von La Higuera, der mit neun oder zehn Schüssen aus dem Mythos seiner Unverwundbarkeit und dem andauernden Erlösungswunsch der Menschen herausgefallen war und in dessen Magen sich als letzte Mahlzeit ein Teller Erdnußsuppe von der Lehrerin gefunden hatte. Je länger sie beteten, um so weniger deutlich trennten sie zwischen Jesus Christus am Kreuz und dem aus dem Mythos gefallenen Comandante. Bald lag Jesus Christus in der Schule von La Higuera, durchschlagen von neun oder zehn Kugeln. Der argentinische Mediziner, der ein mäßiger Arzt, schwerer Asthmatiker und starker Raucher gewesen war und ein brauchbarer Schriftsteller hätte werden können, hing am Kreuz des Herrn, ein Mann, der Verräter in den eigenen Reihen hatte hinrichten lassen und gegen ihn ausgeschickte Männer getötet hatte, bevor er selbst im Zuge einer militärischen Operation exekutiert worden war - jetzt, im Zimmer des flüchtigen Rüdiger setzten die drei Schwestern ihn wieder in den Mythos jener Unbesiegbarkeit ein, der ihre eigene Hoffnung auf Erlösung war. Das taten sie genauso wie die Aufständischen in aller Welt, aber auch die versprengten Anhänger des katholischen Glaubens in der Kirche von Matanzas, Kuba, wo sich Ernesto Guevara auf einem Altargemälde wiederfindet, wobei er etwas verloren wirkt inmitten der katholischen Heiligen, während er sich in einer Kirche im mexikanischen Bundesstaat Tamaulipas auf einem Wandgemälde eine Ecke mit dem Teufel teilen muß.

29

Egbert war froh, schon früh an diesem Donnerstag zum Rhein gehen und sich die Schwestern mit ihrem Geruch des Bratfisches und der Zwiebeln aus den Kleidern schütteln zu können, den Wasserfall ihres unaufhörlichen Geredes und den überall lauernden, ängstlich gemiedenen Streit. Heute würde Emma mit ihnen alles Hab und Gut, sämtliche Erinnerungen und Empfindlichkeiten sichten und gedanklich schon in die Villa Bismarckstraße 1a räumen. Die wollten sie jetzt möglichst schnell und günstig-verwohnt kaufen und beziehen. Natürlich würden sie hier das Zimmer Rüdigers mit den alten und dem neuen Heiligen nachstellen, auch wenn es ausgerechnet an die Grenze zum unheiligen Nachbarn stieße. Sie planten aber schon jetzt, eine hohe Mauer zu ziehen und mit Glasscherben zu sichern, denn Levy sollte vom ersten Tag an wissen, daß ihm alle drei erst mit dem Tod verzeihen würden, was er einer von ihnen vor über drei Jahrzehnten beinahe mit hoher Wahrscheinlichkeit, ziemlich sicher, fast angetan hätte. Und sie konnten ihre Vorfreude darauf nicht völlig verbergen, daß sie bald einen von der ganzen Stadt anerkannten Feind zum Nachbarn hätten. Kaum in Jever angekommen, wären sie schon Opfer des Nachbarn und damit Teil der Stadt.

Als er nach einem mehrstündigen Stadtbummel schließlich in den Thürmchenswall zurückkam, hatte hier bereits ein amtlicher Bote dafür gesorgt, daß sich die drei Schwestern auf den Betten wälzten. Sie stimmten Trauergesänge in lateinischem Bruchwerk und mit dem Flechtwerk ihres heimischen Niederdeutsch an, was in dieser Mischung sehr arabisch klang, noch dazu es von hellem Kreischen und tiefen Schluchzern durchsetzt war, halben Ohnmachten und dann wieder einem raschen Durchmessen ihrer vielen Zimmer, wobei sie Halstücher und Krokoschuhe, silbergerahmte Portraitaufnahmen und Fotoalben, eine Wanduhr, Schlüsselbunde und Brieftaschen aus Schlangenleder, sieben bunte Regenschirme, die von innen beleuchtete Freiheitsstatue New Yorks und jenen unförmigen, holzverstärkten Schrankkoffer im Wohnraum zusammentrugen, mit dem sie einst Hiltrud auf der Reise von Jever ins Exil nach Köln begleitet hatten. Das alles waren jetzt die Pfänder ihrer Liebe zu Hiltrud und Sigi Kieslowsky, die in der Ferne verlöscht waren.

Die Nachricht mochte in den fröhlichen Wirren des Karnevals oder in der Zeitverschiebung zwischen Köln und den Tropen hängengeblieben sein.

Oder aber das Auswärtige Amt hatte länger nach einer diplomatischen Umschreibung für das Schicksal zweier Steuerflüchtlinge auf einer Insel suchen müssen, auf die einst der Kaiser seine Hand gelegt hatte. Jedenfalls waren Hiltrud und Sigi Kieslowsky bereits vor zwei Wochen im Hochland von Papua-Neuguinea ausgeraubt und erschlagen worden. Ein Missionar der Rheinischen Mission Barmen wollte die beiden auf die letzte Etappe ihrer Reise geschickt und ihre sterblichen Überreste an der Küste beigesetzt haben, bevor der ewige Regen und die vielen Tiere ...

Tage zuvor war Sigi Kieslowsky mit seiner Begleiterin in Port Moresby gelandet. Mit einem Geländewagen war er ins Hochland gefahren, ohne die Warnungen des Vermieters vor den Eigenarten der Highlander zu beachten. Er fuhr einfach den nicht genutzten Chancen seines Bruders Walter hinterher, und wenn er im Hochland auf eine der vielen Goldgruben stieße, deren Erz von Kleinflugzeugen ausgeflogen wurde, wollte er sie auf der Stelle kaufen, anstatt sich weiter sein Geld vom Finanzamt Köln-Nord rauben zu lassen.

So fuhr er laut Protokoll der Deutschen Botschaft in Port Moresby eine Schleife auf dem Highlands Highway in Richtung Mount Hagen, um von hier aus einen Blick auf die Bismarck Ranges und Mount Wilhelm zu werfen, und kollidierte dabei mit einem Schwein. Vergeblich hatte ihm der Vermieter geraten, in solchen Fällen sofort Gas zu geben und erst vor der nächsten Polizeistation wieder zu bremsen. Sigi Kieslowsky aber war mit all seiner Herrlichkeit eines reichen Mannes und seiner Wortlosigkeit eines Schlesiers ausgestiegen und hatte auf die Straßenverkehrsordnung StVO gepocht, wie sie in Köln galt. Die herbeigeströmten Bewohner, die mit den bitteren Erfahrungen ihres Lebens die Fahrer solcher Geländewagen in Missionare, Goldsucher und flüchtige Verbrecher aus Australien sortierten, womit sie trotz einer gewissen Einfachheit des Denkens zumeist recht behielten, bestanden dagegen auf sofortiger Entschädigung. Der eine wedelte mit seiner Versicherungspolice und redete von Polizei, die anderen schwenkten ihre steinzeitlichen Waffen und bestanden in zunehmender Lautstärke in einer von 834 Sprachen Papua-Neuguineas darauf, daß ein Mann sofort an Ort und Stelle die Scheiße regelt, die er gebaut hat. Der Fall eskalierte und endete damit, daß Sigi und Hiltrud Kieslowsky, die gekommen waren, ihr sauer Verdientes ins Paradies zu retten, in einem groben Gemenge erschlagen und ihrer Sachen beraubt wurden, und am Schluß wurde der Geländewagen gründlich und schnell zerlegt wie ein Käfer, der unter die Ameisen gefallen ist.

Die drei Schwestern schrien und beteten, schlugen sich selbst und beteten wieder vor dem abgelichteten Leichnam des Comandante Guevara. Erst in den Morgenstunden, als ihre Kleider eingerissen waren und die Stimmen brachen, wurden sie ruhiger. Jetzt lagen sie getrennt, aber bei offenen Türen auf den Betten ihrer Schlafkammern und klagten laut und hart, ohne zu weinen, denn nie hatten sie viele Tränen gehabt.

Beim Frühstück endlich waren sie gefestigt. Mit all jener Entschlußkraft, zu der nur drei einige Schwestern fähig sind, beauftragten sie die Poggenpohls, sofort die Villa in Jever zu kaufen und sie in die Heimat rückzuführen. Dabei schien diese Kraft nur eine andere Wahrheit der theatralischen Gesten des Glaubens und der Trauer vom Vortag zu sein - wie doch auch der abgelichtete, zur Schau der Welt gestellte Tod des Ernesto Che Guevara, vor dessen offenen Augen sich diese Metamorphose vollzog, bloß eine andere Wahrheit seines eigenen Lebens zu sein schien, das bestimmt gewesen war von Mitleiden und zielstrebigem Freiheitsdrang, aber auch von Tötungswillen und dem Verliebtsein in sich selbst als bald Verratener und künftig Toter, des herrlichen, einen ewig alten Mythos befriedigenden Leichnams und des großartigen, einen neuen Mythos zeugenden Posters.

Die Schwestern hatten mit Bedacht die Bismarckstraße 1a gewählt, schließlich wurde ihnen diese Villa wegen der Verwerfungen der letzten tausend Jahre und wegen des Grades ihrer Verwohntheit fast geschenkt. Aber sie hatten dieses Haus unter zahlreichen anderen auch ausgesucht, weil sie so ihren vielversprechendsten Feind unmittelbar neben sich hatten. Nachts konnten sie sein Bellen eines schweren Zigarrenrauchers mit chronisch entzündeten Bronchien in ihren Schlafkammern hören. Sobald er morgens die Tür öffnete, konnten sie sich über das widerliche Schürfgeräusch eines Mannes erregen, der sein Innerstes von allem Gift des Tabaks und dem Unrat der Nacht auskehrt und eine erste Aule in den Garten spuckt. Sobald die Nächte im Herbst klamm wurden und Nebel über die Wiesen zog, folgten ihr mit Sicherheit noch eine zweite und dritte. Im Winter waren es sogar bis zu sechs, und dann urinierte er noch geräuschvoll irgendwo auf dem Grundstück. Das tat er nicht, weil er sich seit langem schon jeden Morgen seines Lebens auch körperlich vergegenwärtigte, er schlug sein Wasser erst im Freien ab, seitdem er diese Nachbarn hatte, denn er wußte, daß die Schwestern bereits mit spitzen Ohren in ihren Betten saßen. Sie hörten auf seinen plätschernden Strahl wie auf einen Wecker, um sich erstmals an diesem Morgen mit kleinen Zurufen zu entrüsten und dann erst mit ihren Augen die Grabkammern ihrer Zimmer auszumessen, wobei sie nichts weniger suchten als ein Zeichen an der Wand, ein Bildnis, einen Beweis dafür, daß sie selbst in hohem Maße liebesfähig waren und eigentlich enorm begabt zum Glück, ja daß sie ohne ihren Nachbarn an diesem Morgen vollkommen glücklich aufgewacht wären.

Ihr nächster und damit bequemster notwendiger Feind war dieser Levy. Aber die dreieinigen Schwestern, die Egbert mit ihrer letzten theatralischen Geste das Stück von den lebend Begrabenen geben sah, waren auch Levys bequemster notwendiger Feind. Er brauchte doch bloß zu urinieren, und schon funktionierten sie für ihn als überzeugendes Beispiel dafür, was es heißt, ganz ohne Liebe zu sein. Auch zeigten sie ihm täglich, wie wichtig es gewesen war, keineswegs die Menschen allgemein, aber doch immer einige handverlesene Exemplare von ihnen und das Leben insgesamt geachtet zu haben.

Inzwischen liebte er die Mädchen und die jungen Frauen nur noch keusch von fern. Mit einer etwas brüchigen, aber noch immer charmanten Haltung, einem über die Straße fliegenden Kuß oder einem Blumenstrauß rückte er sie sich gelegentlich etwas näher. Dann besah er sich ihre Pracht, die wechselnden Abtönungen ihrer Schmetterlingsflügel, den Abdruck ihrer Brustwarzen und sog immer ein letztes Mal alle Reizstoffe in sich ein, die sie so reich verströmten. Je älter er wurde, um so mehr konzentrierte er sich darauf, die Kinder zu lieben, und je mehr er sich darauf konzentrierte, um so mehr gerade gescholtene und kürzlich erst mißhandelte und auch morgen noch benachteiligte Kinder fand er. Und natürlich schätzte er unter den Jugendlichen jene, die ihn als alten Mann noch in den Vorstand des selbstverwalteten Jugendzentrums gewählt und in feiner Abstufung dem Postbeamten Poggenpohl bloß den Status einer hilfsweisen Protokollkraft zugebilligt hatten; denn eigentlich waren alle diese Jugendlichen doch seine Erfindung, und die Stadt hatte ihnen den ausgedienten, nach saurem Bier und letztem Nuttenparfum riechenden Kasten des Bahnhofshotels nur gegeben, um das Fritz-Levy-Haus zu verhindern, wäre es doch für Jever ein ähnlicher Sturm gewesen, wie er sich in Mexico City erhoben hatte, durch Paris und Berlin gefegt war, mit rücklaufenden Windhosen das Fachwerk und Lehmgeflecht der Gassen von Göttingen, Heidelberg und Tübingen bedroht hatte und selbst noch im Tower des neuen Flughafens von Tokio als eine Kraft gemessen worden war, die Starts und Landungen zeitweilig unmöglich gemacht hatte.

Egbert beobachtete, wie Levy alles das mit neuer Gelassenheit sah. Die neuen, verläßlichen Feinde nebenan hatten sein ansonsten aufbrausendes Gemüt beruhigt. Auch beschäftigten sie ihn täglich mit neuen Manövern. Sie streuten nachts Kontaktgift entlang der Grenzen gegen alle Tiere, die er auf seiner Arche Noah hielt. Sie ließen Sichtblenden an Fenstern anbringen, andere mit Efeu bewachsen (die gemeine, großblättrige Art Hederahelix) und längst, so nahm er an, gruben sie Nacht für Nacht an einem Fluchtstollen wie im Osten Berlins, um für den Fall, daß ihre Burg erstürmt oder ihnen über den Köpfen angezündet würde, in ganzheitlichen, geschlechtslosen Gummianzügen das Mühlentief zu erreichen, mit der seewärtigen Strömung ins Tettenser Tief zu gelangen, ins Sophientief, bei Zugschloot-Neu Augustengroden durch das Harlesieler Watt zu stapfen und dann endlich die offene See zu erreichen, in der sie freilich als Nichtschwimmer sofort kläglich ertränken.

So sehr sie ihn ärgerten und auf die unsinnigste Weise beschäftigten, schätzte er doch bald auch sie; schließlich hatte auch er nie zuvor einen Feind gehabt, dem alle anderen spinnefeind waren. Folgerichtig fürchtete er um sie, als Rüdiger Kieslowsky, der sich als blutjunger Anwalt in Köln niedergelassen hatte, seine drei Mütter wieder zu besuchen begann. Levy fürchtete, gleich wölbe sich das Dach und die drei stöben als ein Schwarm aufgebrachter Bienen davon. Aber nein. So sehr er auch auf Kampfgeräusche lauschte: die drei verhielten sich wie Mütter. Sie umzingelten den verlorenen Sohn mit allen sechs Armen. Sie drückten ihn an ihre längst trockenen Brüste. Sie fütterten ihn mit ihrer Zuneigung und sättigten sich gleichzeitig an ihm. Sie sahen ihm zum Abschied auf der Straße als Liebende und als Sprachlose hinterher, die so viel Glück nicht fassen konnten. Und daß sie soviel Schönheit geboren hatten. Und daß sie schon hier, auf der Straße, wieder so viel neuerliche Entbehrung mit ihrem ewigen Geschmack des Todes bis zu seinem nächsten Besuch auf sich nehmen mußten. Daher standen ihnen die sechs Mutteraugen voller Tränen. Und sie erkannten nicht, daß Rüdiger Kieslowsky, der noch immer ein ausgemachter Schlingel war, den Wagen nur einmal ums Viertel fuhr und dann zu Levy ging, um ihm als blutjunger Anwalt seine Dienste anzubieten. Levy kam dieses Angebot recht. Gerade hatte er den letzten Anwalt, der ihm noch zur Verfügung stand, wegen einer unbeglichenen Rechnung verprellt.

Und natürlich sahen selbst das die Schwestern ihrem Liebling nach, als sie davon erfuhren. Sie fürchteten, ihn neuerlich zu verlieren. Daher werteten sie schnell den zwar gerichtsnotorischen, aber inzwischen doch ziemlich abgehangenen Fall Levy zum juristisch interessantesten Problemfall der norddeutschen Tiefebene auf und ihren Sohn zum einzigen Anwalt, der ihn jemals würde lösen können. Damit rückte Levy an die Stelle des einzig würdigen Feindes aller Feinde, die sie zählten, und sie zählten doch die ganze Stadt. Ausgenommen waren nur die Schwester Emma und ihr Mann. Egbert sparten sie aus Gründen der Verwandtschaft zweiten Grades aus und weil er eine so unscheinbare, unter seinem verhinderten Künstlertum leidende Figur abgab. Inzwischen stand ihm sogar, wie sie bei jedem seiner Besuche sahen, dieses Leiden auf dem Rücken seiner linken Hand geschrieben; auch wenn er selbst über diese Flechte eines Hautkrebses lachte und forsch behauptete:

- Gemessen an allen Krankheiten, die ich schon vor meiner Geburt gehabt und in Eigenhilfe kuriert habe, ist das nichts. Wenn dieser Fleck wächst, kommt er weg. Der ist wie ein Hundeklo in einer umfangreichen Parklandschaft. Den kann ich mit meinem Denken und Fühlen wegmedikamentieren, ja mein Denken hat ihn vollständig im Griff.

Noch immer kontrollierte Levy den Sperrmüll der umliegenden Straßen und sortierte Brauchbares für sich aus. Zwischen einem gebrochenen Korbstuhl, einem angesengten Lampenschirm und einem Karton voller Weckgläser, die alle die Jahreszahl 1937 trugen und zerfallene Stachelbeeren in fruchtiger Jauche enthielten, fand er in der Bismarckstraße die Rolle eines beschädigten, offensichtlich von der Wand gerissenen Posters. Kein Zweifel, es ist jener Arzt, Asthmatiker, jung schon auf einem Motorrad das Elend und die Herrlichkeit Lateinamerikas besichtigende Reiseschriftsteller, den der argentinische Kleinunternehmer und meistens Pleitier Guevara Lynch im Jahre 1927 gezeugt und den seine Frau Celia de la Serna, das einzige blühende Unternehmen seines Lebens, am 14. Juni 1928 auf einer Geschäftsreise im Centenario-Krankenhaus von Rosario geboren hat. Es ist das Leichenfoto des Mannes, den die dreieinigen Schwestern seit der Flucht ihres Lieblings aus dem Thürmchenswall als neuerliche Materialisation des Heiligen Geistes und der Möglichkeit einer Erlösung aller als Teil ihres Hausaltars an der Wand hängen hatten.

- Sieh an, sagt Levy betont laut, und sechs Schwesternohren hören ihm in der Bismarckstraße zu, und drei Augenpaare beobachten ihn: *das war doch nicht etwa auch ein Jude? Natürlich war das ein Knallkopp, dieser Mann. Aber gleichzeitig war er so wichtig wie der Apostel Paulus und die Mona Lisa. Die Idee vom untergegangenen Atlantis. Die Erfinder des Pfluges, der*

*Dampfturbine und des Schraubenziehers. So was wirft man doch nicht
einfach weg. Den häng ich mir natürlich auf.*

Immer hat Levy gefordert, modern zu denken und handwerklich, also
ökonomisch zu leben. Von jetzt ab wird er seinen jugendlichen Besuchern
und Mitbewohnern erzählen, daß sie sich dieses Poster zwar genau ansehen
sollen als das Leichenfoto eines Mannes, der ein Knallkopp war und
schließlich von seinen Nachbarn entsorgt wurde wie ein ausgedientes
Möbelstück. Aber sie sollen versuchen modern zu denken und sich an das
Bild halten. Denn vor sich haben sie das Abbild der reinen, uneigennützigen,
allgemeinen Hoffnung der Menschen, die alle Feindschaften der Tage und
alle Niedrigkeiten der Nächte aufhebt in dem Rätsel ihrer Erfüllung.

Alles klar, Genossinnen und Genossen? wird Levy von jetzt ab gelegentlich
vor diesem Poster sagen, so eingerissen wie es an allen vier Ecken ist, so
vergilbt wie es die Jahre im Haus am Thürmchenswall und wie es die
Tränen der Schwestern und ihre Küsse von Nekrophilen gemacht haben.

Und egal, was es nun war: hier das Portrait eines Sohnes in einem
Familienalbum der Toten in Buenos Aires, dort die Ablichtung eines
kubanischen Ministers in geheimer Mission, hier ein Fahndungsfoto der
bolivianischen Armee aus den Beständen des großen Bruders im Norden,
dort das Bildnis eines neuen Mythos oder wieder hier das reine,
selbsttragende Bild der Hoffnung der Menschen - immer war es für die
Schwestern gleichzeitig auch ein aus elektronischen Impulsen
zusammengesetztes Notat auf ihrem schwarz-weiß knisternden Gerät der
Television gewesen, das jeder Experte des Brandschutzes bei einer
Begehung ihres Hauses sofort stillgelegt hätte. Wann immer dieses Gerät
ihnen aus den großen Städten des Sturmes neue Demonstrationszüge zeigte,
die in Gewalttätigkeiten endeten und von der Polizei aufgestochen wurden
wie Leberwürste; wann immer sie besetzte Häuser in Berlin-Kreuzberg
sahen und unter den harten Gesichtern der Besetzer jenes ihres Lieblings
suchten; wann immer sie sich angesichts der Gewalt Unordentlicher und der
Gewalt ordentlich Uniformierter und mit Wasserwerfern, Schlagstöcken,
Schildern und Gasgranaten Mechanisierter die Hände vor die Gesichter
schlagen wollten, sahen sie doch irgendwo zwischen diesen schwer
bewegten Bildern jenes eine unbewegte, völlig ruhige, offensichtlich in der
Ewigkeit einer Hoffnung verharrende Bild des Ernesto Che Guevara, das aus
einem der Demonstrationszüge emporgehalten wurde oder aus dem Fenster
eines besetzten Hauses in Berlin-Kreuzberg hing. Und jedes Mal hatten sie

sich dann gesagt, daß eben doch nicht alles verloren sei; ja daß sich auch ihr Schlingel und Liebling Rüdiger eher auf einer Art notwendigem Kreuzzug befände denn verwickelt sei in einen törichten und ungebührlichen Aufstand von Schmutzfinken, die in einer einzigen Garnitur Unterwäsche lebten.

Kaum aber hatte dieser Rüdiger bei seinem ersten, von den Müttern so inniglich erhofften Besuch den Hausaltar entdeckt, dessen Herzstück nicht die Ikone des argentinischen Arztes und Weltverbesserers war, aber doch immerhin ein wichtiger Bestandteil, ein Lungenflügel etwa oder eine der Nieren wenigstens, die Leber vielleicht oder der Magen sogar: da begann er, alle seine drei Mütter aufzuklären. Er agierte nicht wie ein Bilderstürmer, sondern als ein erstaunlich umsichtiger und reifer junger Mann, der doch selbst dieses Bild im Herzen trug, gleichzeitig aber alle seine drei Mütter nicht länger auf den Knien wiederfinden, sondern sie endlich irdisch-aufrecht umarmen, ihnen über die bereits gekrümmten Rücken streichen und dabei die längst trocken gefallenen Brüste spüren wollte, die ihn einst genährt hatten. So umsichtig und zärtlich er sich auch verhielt, er sagte ihnen doch seine nackte Wahrheit, und so blieb es dabei: in ihrer Angst waren sie hereingefallen auf einen Mann. So wurde für die drei Schwestern aus der Ikone, dem selbsttragenden Bild aller Hoffnungen der Menschen wieder das auf Posterformat vergrößerte Abbild eines Dschungelkämpfers, der seine Kameraden brutal verschliß, und das eines verspäteten Pfadfinders, der sein Ministeramt auf der umgestürzten Zuckerinsel in der Karibik, der Frau und Kinder in den Wind geschossen hatte für das Spiel Räuber und Gendarm, das schnell zu einem von Leben und Tod wurde. Das Abbild des Comandante Che Guevara wurde noch an diesem Abend für die Schwestern zum Leichenfoto eines gewöhnlichen Ausländers, und da hatten sie es von der Wand gerissen.

Wie jeder junge Anwalt, tat sich auch Rüdiger Kieslowsky, der eben so umsichtig eine Ikone entlarvt und seine drei Mütter ein wenig auf die Beine gestellt hatte, schwer mit ersten Mandanten. Neben säumigen Schuldnern, einem schäbigen Taschendieb, Rotlichtsündern und einer völlig verheulten Frau blieb Levy lange Zeit sein einziger ergiebiger Fall. So konnte er sich viel mit ihm beschäftigen und dieser hatte Gelegenheit, alles über Demonstranten zu erfahren, die aufgestochen werden wie Leberwürste. Unerfahren wie er war in moderner, großstädtischer Gewaltausübung, hatte er es sich schwieriger vorgestellt, Menschen aufzustechen wie Leberwürste. Und er hörte von diesem Anwalt, den er erstmals in kleiner Münze honorierte, so viel über seine unmittelbar neben ihm siedelnden Feinde, die drei Schwestern, daß er sie bald auch als Menschen zu achten, ja schließlich zu lieben begann. Das freilich änderte nichts am Leben der Schwestern. Sie verharrten in ihrer Burg, und die Brücke blieb hochgezogen. Nach wie vor legten sie Kontaktgift aus gegen das munter sich vermehrende Leben der Kleintiere auf dem Nachbargrundstück. Sie spannen feinmaschige Netze gegen die im Wind treibenden Samen des Unkrauts und den Vogelflug. Den Eingang ließen sie von Brombeeren bewachsen, so daß der Briefträger bald ihre spärliche Post davor ablegte und mit einem Stein beschwerte. Und immer noch kündigten sie dem Nachbarn Kübel heißen Pechs an, das sie von ihren Zinnen schütten wollten, sollte er ihnen jemals mit einem einäugigen Fernglas unter die Röcke sehen wollen.

Aber Levy erfuhr durch seinen Anwalt, daß dessen drei Mütter ihm mit dem schönen Lächeln von Spitzbuben zuhörten, wenn er ihnen von der Arbeit allerlei Komitees mit zungenbrecherischen Namen erzählte, und manche dieser Arbeiten liefen in Köln in einem Haus in der Sudermanstraße unweit des Thürmchenswalles zusammen, in dem rein zufällig ein Rüdiger Kieslowsky seine Kanzlei hatte. Die drei Mütter schalten ihn nicht, und es schauderte sie auch nicht. Sie genossen vielmehr, daß sie in Jever die einzigen Mitwisser waren und daß die Stadt Köln, die sie verraten und ins ländliche Exil getrieben hatte, jetzt von gut getarnten Aufständischen zerfressen und innerlich ausgehöhlt wurde wie von Termiten. Und wenn sie jetzt abends in ihrem noch immer nicht implodierten Uraltgerät der Television eine Rückschau auf die Zeit des Sturmes in den großen Städten sahen, dann erblickten sie nicht länger die Ikone von einst, von der sie sich hatten täuschen lassen. Wenn wieder ein Demonstrationszug vorne angestochen und von hinten ausgequetscht wurde wie eine Leberwurst oder im umgekehrten Fall eine Gruppe Uniformierter ausgequetscht wurde wie der Dickdarm des Berliner Polizeipräsidenten persönlich, dann erkannten sie stets in einem, in mehreren, in vielen der Teilnehmer das Abbild ihres Sohnes. Sie hatten nicht die eine Täuschung durch eine andere ersetzt; vielmehr hatten sie sich auf ihre bedingungslose, zähe, immer unbeschädigte, verrückte Liebe von Müttern besonnen und jetzt aus einem asthmatischen Comandante ihren Sohn gemacht, der sich in der Kölner Sudermanstraße unweit des Thürmchenswalles gerade eine Kanzlei aufbaute, die es in sich haben würde. Und so würde die Stadt Köln noch alles schwer bereuen.

Über dieser Art von Mutterliebe geriet Levy in tiefe Nachdenklichkeit. Er wälzte Papiere und Erinnerungen. Er überdachte wieder einmal die Person seiner toten Mutter, die zwar unbestritten am 8. Mai 1945 in Maly Trostenez zur Heiligen geworden war, vorher aber die Männer der Levys ausgesprochen gnadenlos behandelt und oft genug vor Fremden bedauert hatte, daß ausgerechnet ihr Sohn Fritz der einzige Überlebende war. Am Ende dieser Nachdenklichkeit rief Levy bei den Poggenpohls an und verlangte nach einer dringenden Intervention. Als Egbert erschrocken bei ihm anlangte, sagte er:

- Du erinnerst dich an das Tagebuch meiner Schwester Hanni von 1924, in dem sie Nanni Levy für den Tod aller ihrer Männer verantwortlich macht?

- Ja, und? sagte Egbert. *Ich hab doch Ohren und ein bekannt gutes Gedächtnis. Muß ich jetzt eigens rüberkommen, damit du mich daran erinnerst?*

- Es ist nämlich so: ich hab Nanni damals auch Scheißhaufen genannt. Aber ich hab dir nie erzählt, daß mein Vater Julius in der ersten Silvesternacht dieses Jahrhunderts den größten Kanonenschlag seines Lebens zünden wollte, denn er erwartete den Sohn Fritz. Alle an der Küste bis hin zu den Inseln sollten sagen: das kann nur der verrückte Levy sein in seiner maßlosen Freude. Er rührte neben dem Schweinekoben Schwarzpulver an und zündete es punkt Mitternacht. Die Explosion riß den ganzen Koben weg, tötete zwei Schweine und schleuderte meine Mutter durch die Luft. Sie hatte eine fürchterliche Sturzgeburt. Das war der Anfang von Fritz Levy. Und diese Geburt hörte überhaupt nicht auf. Immer noch ein Sturz, und wieder kam ein Stück Levy, bis ich auf fünf Meter achtzig zuging. Nanni durfte keine Kinder mehr kriegen, ja nicht einmal mehr einen Mann empfangen. Da begann sie, alle ihre Männer zu quälen. Sie konnte sie erst lieben, wenn sie tot waren. Und ich als letzter war auf sie angewiesen. Ich habe neben einem Foto von ihr geschlafen, während sie nachts mit allen ihren toten Männern im Stock unter mir herumwanderte, sie fütterte und streichelte und erst gegen Morgen wieder wegschloß. Also das Schlechte über sie will ich nicht gesagt haben, das mußt du streichen. Ich hab Mütter auch Jungfrauen genannt. Laß es also dabei, hörst du?

30

Alles das, was die Kinder und die Schwiegereltern, eine Fehlgeburt, die Gewohnheiten und Gewöhnlichkeiten einer jetzt schon langen Ehe übriggelassen hatten, nannte Renate ten Hoff noch immer entschieden Liebe.

Und natürlich war sie ihrem Mann weiterhin dafür dankbar, daß er ihr in monatelanger Mimikry immer wieder seine Gedichte und alle seine Gefühle vorbuchstabiert hatte in dem zunächst vergeblichen Versuch, eine Stumme wieder zum Sprechen zu bringen; und daß er sich schließlich in Giardini-Naxos splitternackt, mit restlos erschöpfter Männlichkeit, aber rasend vor Eifersucht im Fliegenfenster verfangen hatte mit dem wunderbaren Ergebnis, daß er bei ihr den größten Lachanfall ihres Lebens auslöste und sie doch die Sprache wiederfand.

Aber inzwischen belächelte sie ihren Mann auch oft. Es war ein bitteres Lächeln, und es tat ihr weh; denn sie sah deutlich, welches Maß an Kindlichkeit sich in die Güte ihres Mannes mischte, je älter und je gütiger er wurde.

Die Tochter Monika Ursula liebte ihren Vater Piet, aber auch sie lächelte nur noch, wenn sie auf ihn traf. Das freilich war ein sehr liebreiches und nur etwas verschmitztes Lächeln, denn sie übte sich noch darin, Männer damit um den Finger zu wickeln. Wenn sie ihrem Vater wieder eine größere Gunst aus der Tasche gezogen hatte, lächelte sie allerdings mit erster Verschlagenheit in sich hinein.

Der Sohn Iko liebte seinen Vater, denn er schätzte, wie er mit der Familie und den Freunden seines Antiquariates umging, auch wenn er dabei keinen wesentlichen Unterschied zu machen schien zwischen Familie, Freunden der Bücher und den Büchern der toten Dichter selbst. Iko sah, wie der geschätzte Vater sich Mühe gab, jedes einzelne Exemplar der Lebenden und der Toten zu entziffern, in seiner Zeit und Lage zu verstehen, es an den für ihn besten Ort zu rücken, wie er es pflegte, kurierte und dabei nie an eine mögliche Trennung dachte. Je älter Iko aber wurde, um so deutlicher fehlte ihm bei diesem Vater die Fähigkeit zu einem entschiedenen, gelegentlich auch messerscharfen Wort. Er vermißte einen Satz, mit dem dieser Vater einen ausgemachten Schurken hätte umhauen können. Daher hatte er sich mehr und mehr Levy zugewandt und ihn inzwischen still zu seinem zweiten

Vater gewählt; denn Levy versuchte nach wie vor, sogar zweit- und drittrangige Schurken mit einem großen Satz umzuhauen, auch wenn es oft genug Levy selbst war, der bei diesem Versuch zu Boden ging.

Mit dem Hermelinkäppchen seines weißen Haarkranzes schien Piet ten Hoff unbeschädigt durch die Zeit zu wandern. Und doch hatte er längst bemerkt, daß seine Frau bitter über ihn lächelte und daß es ihr wehtat; daß die Tochter Monika Ursula ihn schon jetzt beanspruchte wie einen alt gewordenen Liebhaber, der sie bedingungslos auszuhalten hätte, und daß sich der Sohn Iko eigentlich schon unerreichbar weit von ihm entfernt hatte. Und zu dem begrenzten Straßenkrieg, der jetzt seit Jahren immer wieder in den großen, entwickelten Städten ausbrach, in den Seminaren der Fachwerkgassen von Göttingen, Tübingen ... undsoweiter, ja selbst schon am Fuß einer einzelnen morschen Platane, die gefällt werden sollte, fand er auch jetzt nichts zu sagen. Er hatte ja kaum eine Antwort auf jenes schwache Echo, das dieser begrenzte Straßenkrieg in den großen Städten in seiner eigenen kleinen Stadt hervorrief außer jener gewiß achtbaren, aber doch auch sehr allgemeinen: daß es besser sei, alles einvernehmlich zu regeln. Seit dem Polterabend auf dem Kirchplatz wollte er keinerlei Gewalt mehr. Wenn er darüber in seinem Wohnwagen bei Schillig nachdachte, war ihm selbst schon der Wind zu gewalttätig, der in der Plastikbeschichtung sang, und die Möwen hielt er dann für reine Kriegstreiber.

Damit aber, stellte er jetzt fest, hatte er sich weit von der Zeit und von allen entfernt, die er liebte. Er war auf dem Weg, ein heiliger Sonderling zu werden, der gemeinhin als Trottel gilt. Selbst sein Freund Egbert, der belesene Hypochonder und langjährige Bewohner der Tiefsee und der innerstädtischen Abwässer, hatte neuen Anschluß gefunden und saß doch wenigstens im Jugendzentrum auf der Reservebank des Protokolls. Daher beschloß Piet ten Hoff eine Kursänderung in seinem Leben. Er wollte eingreifen und dazugehören.

Anlaß war ihm eine Reihe nationaler Fahnen, die innerhalb weniger Tage epidemieartig, pustelhaft über den Wohnwagen von Schillig schwarz-rot-gold erblühten und mit denen ihre Besitzer gegen das junge, aufständische Volk in den großen Städten demonstrierten, das seinerseits in den großen Städten gegen die Besitzer großer Wohnwagen, für die Vietnamesen auf ihren entlaubten Dschungelpfaden und in ihren Bauten von Karnickeln und gegen alle Amerikaner demonstrierten. Die Fahnen knallten im Seewind und vermehrten sich. Schon wehten auf dem Stellplatz bei Schillig zusätzlich zu den schwarz-rot-goldenen Fahnen der nur noch gescholtenen Republik auch vereinzelte schwarz-weiß-rote Fahnen des Reiches im Krieg, das Zepter Danzigs auf rotem Grund, das Blau-Gold des verlorenen Oberschlesien sowie das Schwarz-Rot-Gold des ebenfalls verlustig gegangenen Sudetenlandes: an den Zugseilen riß ein Wald aus Fahnen, knatterte und schlug geschichtsträchtig und verloren, trotzig und selbstherrlich sich behauptend, Notzeichen eines Nationalgefühls, das irrlichterte und jedem nüchternen Besucher von außen, etwa einem, der sich in einer Barkasse von See her dem Platz näherte, eine Drohung war.

Ausgerechnet in diesem sensiblen Sumpfgelände fühlte Piet ten Hoff sich aufgefordert einzugreifen. Er tat es mit dem Mittel, an dem er jetzt seit Jahren still in seinem Wohnwagen feilte: mit einem Gedicht in niederdeutscher Mundart. Er wußte, daß auch das junge Volk in den großen, entwickelten Städten neuerdings wieder diese untergegangenen oder von der televisionären Hochsprache bedrohten, einst wie Käse nach unterschiedlichen Heimaten in der Heimat geschichteten Sprachen bevorzugte; denn schließlich versuchte es, diese zunächst belasteten, dann untergegangenen, von der Gleichmäßigkeit des blauen Fernsehlichtes jetzt konturlos ausgeleuchteten Heimatlandschaften wieder für sich zu erobern wie auch die Erde unter dem Pflaster ihrer Städte.

DE FAHN

Ik hebb
mal lehrt
se weer
noch mehr
wert
as de Dood.
Se is
nich mehr
wert
als en
Sluck Genever.
Well
den hett,
de hett se,
un well
dar to veel

van krigt,
de kummt
dat hoch.

Piet fertigte eine Übersetzung für die hochdeutsche Mehrheit seines Lesevolkes an (*Ich hab mal gelernt/ sie sei noch mehr wert/ als der Tod. Sie ist nicht mehr wert/ als ein Schluck Genever. Wer den hat/ der hat sie/ und wer zuviel bekommt davon/ dem kommt es hoch*), veröffentlichte DE FAHN zusammen mit anderen kleinen Arbeiten in einem Handdruck-Verlag wie einst der Lieutenant Pinchon sein Londoner Mißverständnis mit einhundertneunundneunzig Exemplaren und freute sich, als sich ein Musikpädagoge fand, der den Text vertonte.

Konfliktlos ruhte jetzt seine Kunst. Bis zu einem öffentlichen ABEND FÜR JUNGE HÖRER genau jenes Radio in die Stadt kam, mit dem sich Egbert früher und mit einigem Erfolg gebildet hatte. Als sich der Chor des Mariengymnasiums dafür entschied, die Vertonung von DE FAHN an diesem Abend darzubieten, glaubte Piet endlich doch eine gewisse Anerkennung für sein stilles Wirken im Wohnwagen an der See zu finden, und er freute sich, daß noch etwas Abendlicht auf ihn fallen sollte. So hatte er auch keinerlei Bedenken, als das Jeversche Wochenblatt ihn um einen Vorabdruck des Textes bat.

Schon am Tag darauf war es müßig sich den Kopf darüber zu zerbrechen, ob dies wirklich eine gut gemeinte Geste kultureller Förderung gewesen war oder nicht doch ein Rückfall in die Zeiten finsterer Operativität von einst, die als altes Leiden des Wochenblattes noch immer nicht ausgeheilt sein mochte: wegen der neunzehn Zeilen von DE FAHN, die sich auf dem Papier als flüchtige Spuren eines sehr kleinen Vogels ausmachten, brach ein Sturm der Empörung los. In seiner Stärke, wenn auch nicht in seiner Richtung, reichte er vergleichsweise durchaus an einen jener Stürme heran, die zuvor die großen Städte von Mexiko City über Paris und Berlin bis Tokio durchfegt hatten. Dieser Sturm blockierte die Telefonleitung des Dichters am Kirchplatz. Er vertrieb die Kunden aus seinen Läden. Er drückte dem Antiquariat die Frontscheibe ein. Beschädigte den Wohnwagen an der See. Wehte über Wochen hinweg Briefe der Entrüstung in die Leserspalten der Zeitung, bewirkte auf die Sekunde genau dort, wo die Live-Übertragung des öffentlichen ABENDS FÜR JUNGE HÖRER mit der Vertonung von DE FAHN hätte fortgeführt werden sollen, eine technische Störung in der Schaltzentrale des Senders, so daß dieses kleine Werk nur als unangenehmes

Rauschen in die Ohren der Hörer drang, als habe die innerstädtische Empörung bereits Text und Vertonung gelöscht und für immer aus der Wahrnehmungsfähigkeit der Menschen gestrichen. Das entschuldigte der Direktor später mit einem simplen technisch-menschlichen Versagen, Egbert aber deutete es seinem sprachlosen Freund als ein weiteres Zeichen dafür, daß dieses öffentlich-rechtliche Radio, von dem er doch einst so viel gelernt hatte, jetzt längst bei Wasser und Brot im Gefängnis der Vereinnahmung saß.

Der Sturm flaute kurzfristig ab und nahm wieder zu, als der Vizeadmiral a.D. Karl Topp und der Verband Deutscher Soldaten die Backen aufbliesen und ausnahmslos alles in den Kampf schickten, was ihnen seit jenem Tag, an dem Fritz Levy mit seinem Pappkoffer neben dem 18.10 UHR-Zug gestanden hatte, an Verletzungen zugefügt worden und an Empörung in ihnen gewachsen war. Und als der Orkan endlich vorbeigezogen zu sein schien und sich zwischen Weiden und Pappeln verlor, die sich langsam wieder aufzurichten begannen, da kehrte er noch einmal zurück als weitere Empörung darüber, daß wohl die Mehrzahl der Zeitungen von der deutsch-dänischen Grenze bis zur Grenze des Freistaates Bayern mit der Republik Österreich dieses Phänomen in einer kurzen Notiz aufgegriffen hatten, daß sich die Stadt Jever also doch einmal bundesweit berücksichtigt fand, aber daß sie in keiner der Notizen wirklich ernst genommen wurde. Das empörte aufs neue, und schnell war jetzt der Einzelhändler und Antiquar, der Dichter und Mitbewohner ten Hoff ein erledigter Mann.

Und Piet verfügte über nichts, mit dem er sich zur Wehr hätte setzen können. Er war nicht feige, und er war nicht mutig. Er hatte sich nur seit jener Verbrennungsaktion der Orden, Ehrenzeichen ... undsoweiter auf dem Kirchplatz konsequent zu dieser umfassenden, waffenlosen Güte erzogen. Und stellte jetzt fest, daß derlei Waffenlosigkeit einen Mann vernichtet, wenn er mit nichts als Mitgefühl, das Sprache wird, gegen die Welt zu Felde zieht. So flüchtete sein Körper zunächst in eine Reihe von Unpäßlichkeiten. Er trieb Schwellungen in den Leisten, krebsverdächtige Knoten an den Lymphdrüsen, Geschwüre im Nacken und am Gesäß. Es blutete ihm das Zahnfleisch und es splitterten ihm die Nägel, und schließlich raste eine Gewitterwand auf ihn zu, die ihn in die Intensivstation des Krankenhauses fegte und mit einem doppelten Herzinfarkt auf Dauer invalidisierte. Da gab er die Schreib- und Spielzeugwarenhandlung auf und behielt nur das Antiquariat; denn er gedachte, für den Rest seines Lebens still zwischen den vielen Büchern zu sitzen, hin und wieder ein Knäckebrot zu essen und dazu ein stilles Wasser der Quelle Fachinger zu trinken.

Noch in der Klinik der Rehabilitation, in der morgens seine vielen Medikamente in Vertiefungen eines Brettes lagen, aufgereiht für das letzte Überlebensgefecht, benannte er das Antiquariat um. Er fürchtete nur weiteren Ärger mit dieser Namensgebung, die tatsächlich gelegentlich zu kleinen Mißverständnissen geführt hatte. Manche Kunden verwechselten den Laden mit einem Käfig voller Raubkatzen und glaubten schon, den strengen Geruch der Tiere und jenen blutiger Brocken von Pferdefleisch wahrzunehmen. Andere wiederum, die durchaus auf der richtigen Spur waren und einen verfolgten Satiriker und Pamphletisten erinnerten, machten ihn dagegen wiederholt auf dumpfe Schläge aufmerksam, die sie aus einem Verlies unter dem Laden zu hören meinten. Sie nervten ihn mit den imaginären Geräuschen kürzlich erst entwickelter Folterwerkzeuge und dem Geklirr ganz neuer Ketten, und auch diese Überängstlichen mieden bald ganz seinen Laden. Daher tauschte er jetzt das Firmenschild ein gegen

ANTIQUARIAT SCHMIDT & MÜLLER,

wobei er keinem der Besucher, die sich über sein weißes Bett beugten, jemals verriet, welcher Schmidt und welcher Müller der unzähligen Schmidts und Müllers nun gemeint waren. Und er lächelte dabei, so daß sich die Gäste schließlich mit einer weiteren unbeantworteten Frage entfernten: war es das Lächeln eines Mannes, der knapp und zufällig überlebt hatte, wie sie es von verschiedenen anderen Krankenbesuchen kannten, oder war es nicht doch jenes eines stillen Gewinners?

31

Nach sechsundzwanzig Jahren ihrer oft schwierigen, aber kaum je aussichtslosen, dieser immer ungleichgewichtigen, aber nur einmal wirklich bedrohten Ehe, in der sie sich inzwischen mit Umsicht aufeinander zubewegten, sich schmerzlos trennten, um sich mit ruhiger Freude wieder zu treffen wie in einem großen Haus, erwarteten die Poggenpohls den ersten Pensionsgast. Er würde sich bei ihnen für unbestimmte Zeit einrichten. Es war ein junger Mann, der Gitarre spielte und Lieder schrieb, womit er einen gewissen Bekanntheitsgrad erreicht hatte und der in Spanisch verfiel, wenn er müde wurde. Und schon waren beide Poggenpohls wieder aufgeregt wie am ersten Tag ihrer Ehe.

Emma machte zum dritten Mal hintereinander Hausputz. Egbert las sich in die Handakte des Anwaltes Rüdiger Kieslowsky ein. Mit den spröden Sätzen eines Juristen machte sie aus dem Leben dieses jungen Mannes eine Abfolge von erwiesenen Unglaublichkeiten, die vorerst mit einem ebenso unglaublichen Wunder geendet hatte. Diesem Wunder verdankte er sein Leben.

Der junge Anwalt bezeichnete in dieser Akte den bevorstehenden Einzug seines Mandanten ins Haus der Poggenpohls bereits als dessen dritte große Flucht innerhalb weniger Wochen, wobei die erste Flucht aus Chile nach Köln nicht weniger lebensrettend gewesen sei als die aus Köln nach Jever. Und die jetzt bevorstehende in Jever aus der Villa seiner drei Mütter in der Bismarckstraße ins Schneckenhaus und Ehenest der Poggenpohls hielt er für nicht weniger wichtig als die beiden zuvor. Da fragte sich Egbert noch einmal, was ihn wirklich erwartete, und ob er es tatsächlich wollte.

Nur der Flüchtige selbst sah alles weniger dramatisch. Auch das ging aus der Akte hervor. Seit früher Kindheit pflegte er sich ohnehin eher als Figur auf einem Spielbrett zu sehen, auf dem immer wieder alle teils aus Gründen höherer Berechnung, teils aus bloßer Launenhaftigkeit heraus verschoben worden waren. Sein Großvater war als Aladin Lipchowitz von der Weichsel, an der er Fischreusen besaß und eine Fähre betrieb, nach Bremen geflohen. Hier war er zu A. Lipmann geworden und als Besitzer eines Bremer Bockes zum Weserschiffer, der den Fluß mit allerlei Gütern aus Übersee bis zum Weserstein in Hannoversch Münden hochfuhr und sich, beladen mit Holz, Leder, Zellstoff, Schmirgel und Kies, wieder weserabwärts treiben ließ zum

Meer. Sein Vater war als Reeder Karl Ferdinand Lipmann von Bremen nach Chile geflohen und als Carlos Fernando Lipman im Hafen von Valparaiso gelandet. Hier begann er mit drei Fischkuttern und verdiente später mit dem Seetransport von Ausrüstungsgegenständen für die Streitkräfte ein Vermögen. In seinem Haushalt eines Junggesellen beschäftigte er eine Indianerin aus Patagonien. Ihr Volk der Mapuche war zunächst von den spanischen Eroberern und später von allen nachfolgenden europäischen Siedlern einschließlich der Deutschen - die Schafe züchteten, Obst anbauten und sich in den Tälern die Häuser der Schwäbischen Alb nachbauten, in denen notwendig eine Kuckucksuhr schlug - gejagt, in den Bergwerken durch Arbeit vernichtet und bis auf einen Rest ausgerottet worden, über den mehrere Völkerkundler und Museumsdirektoren Europas endlich ihre schützende Hand hielten. Als die Mapuche von ihrem Herrn schwanger wurde, heiratete er sie. Das tat er weniger aus Überzeugung denn aus Angst, bald zu sterben, ohne sein Feld ordentlich bestellt zu haben. Carlos Fernando II, wie ihn sein Vater gern nannte, war also ein Kind der Angst. Und der Sohn zweier Menschen, die sich aus unterschiedlichen Himmelsrichtungen und Kulturen und über verschiedene Meere in den Hafen von Valparaiso geflüchtet hatten.

Dieser junge Carlos Fernando verließ das väterliche Anwesen, nachdem er sich einer Gruppe von Mitschülern an der Deutschen Schule Valparaiso angeschlossen hatte, die durch das Leben und mehr noch durch den Tod des Comandante Ernesto (Che) Guevara in Bolivien früh politisiert worden waren. Unmittelbarer Anlaß aber war, daß der erschrockene Vater ihm mit seiner Gehhilfe eines alten Mannes einen Teil seiner Plattensammlung zerschlug. Zufällig hatte er in ihr das Verhör des Flüchtlings Brecht vor dem Komitee für unamerikanische Aktivitäten im Jahr 1947 in Washington entdeckt. Carlos Fernando Senior fürchtete in diesem Augenblick der Panik um seinen Sohn, um alle seine Geschäfte mit den Streitkräften, um seine Frau, die Mapuche, sein Haus mit Schwimmbad und vier Autos und um seinen Ruf eines unbeugsamen Konservativen. Mit seiner eigenen Fluchterfahrung und jener seines Vaters, mit der Erinnerung an den Landweg von der Weichsel an die Weser und den Seeweg von Bremen nach Valparaiso legte er auf diesen Ruf um so größeren Wert, seitdem der Oberbefehlshaber der Streitkräfte, der General der Infanterie Augusto José Ramón Pinochet Ugarte nicht nur über die Ausrüstung dieser Streitkräfte, sondern über das gesamte Volk entschied.

Das alles las Egbert so detailreich in der Akte, weil der junge Anwalt Rüdiger Kieslowsky aus der vorläufigen und jederzeit widerrufbaren Duldung seines Mandanten den Status eines anerkannt Verfolgten machen wollte, den das Grundgesetz und nicht nur die Nachsicht eines Tages schützen würde. Am Ende seiner Lektüre fragte Egbert sich noch einmal, ob er diesen Pensionsgast wirklich wollte. Er wollte ihn.

Laut Akte war Carlos Fernando II (Junior) erstmals kurz nach seinem Auszug aus dem väterlichen Anwesen verhaftet worden, weil ein zuvor aus der Schülergruppe Verhafteter unter der Folter seinen Namen nannte. Hier hielt die Anwaltsakte fest, daß Carlos Fernando I (Senior) verschiedene, gewiß der allgemeinen Sicherheit, wohl aber auch dem persönlichen Komfort des Generals dienende Aktivitäten über ein Konto der First National in Miami/Florida alimentierte, das sich seinerseits wieder von überhöhten Rechnungen für Seetransporte der Streitkräfte nährte. So bekam der Senior den Sohn frei; allerdings erst, nachdem er etwas gefoltert und dreimal vergewaltigt worden war. Dieses umständliche Verfahren wiederholte sich laut Akte fünfmal: ein verhafteter Mitschüler redete, Carlos Fernando II. wurde verhaftet, mäßig gefoltert, vergewaltigt und freigelassen, wenn der Buchungsvorgang bei der First National in Miami/Florida abgeschlossen war. Dann endlich gelang es einer evangelischen Kirchengemeinde in Köln, die sich aufgrund früherer Missionsarbeit für Deutschstämmige in Chile einsetzte, Carlos Fernando ausfliegen zu lassen und nach Köln zu holen.

Hier kam er als reifer, beschädigter Mann an, der in sechs Lagern durch mehrere Lebensjahre gejagt worden war. Zu seinen Eigenarten zählte jetzt, daß er jeden Körperkontakt mit Männern ablehnte, selbst einen einfachen Handschlag. Dafür entwickelte er, der in Valparaiso ein selbstgenügsam onanierender Schüler gewesen war, einen bemerkenswerten Appetit auf Frauen.

Aber es lag nicht an diesem Hunger und auch nicht an einem mangelnden Entgegenkommen der Frauen in Köln, wenn er und sein Anwalt Kieslowsky bald über die Notwendigkeit eines weiteren Ortswechsels nachdachten. In Köln lebten viele, die von den Wirbelstürmen in ihren lateinamerikanischen Heimaten über den Atlantik geschleudert worden waren. Schnell hatten sie hier wieder parteiische Gruppen gebildet. Sie befehdeten sich und führten gegeneinander jenen Krieg weiter, den sie soeben gemeinsam in ihren Heimaten verloren hatten. Sobald ein Chilene auf den anderen traf, kam es noch schlimmer: der eine kannte sowohl das eben verlassene Land als auch das ganz frische Exil bis hin zum Fischbesatz des Rheins sehr viel besser als der andere. Dieser andere dagegen hatte jenen General weitaus wirksamer bekämpft und beschuldigte bald noch den einen, nie zuvor Gesehenen, ihn verraten zu haben, woraufhin in diesem einen beim Weggehen der Verdacht zur Gewißheit wurde, daß dieser andere während seiner Lagerhaft mit seiner Frau geschlafen hatte, die schließlich seitdem nichts mehr von ihm wissen wollte.

Da somit selbst der einstige gemeinsame Feind, der General, kein gemeinsamer Nenner mehr war, siegte er weiter über seine Opfer im Exil. Und das, notierte Rüdiger Kieslowsky in seiner Akte, zerstöre jetzt in Köln das Leben seines Mandanten ähnlich wie zuvor schon der widerliche Rhythmus von Verhaftung und Befreiung, Verhaftung und Befreiung, Verhaftung und Befreiung ... Und da sich Kieslowsky ganz offensichtlich aus seiner Kindheit und Jugend bei den drei Müttern im Thürmchenswall ein gewisses, für einen Anwalt sehr untypisches Sturzflugdenken bewahrt hatte, konnte Egbert hier noch lesen: daß sein Mandant bald nur noch an die Verläßlichkeit der Schergen selbst glauben würde, ja er müsse nach Chile zurückkehren und selbst zum Schergen werden als letzter Möglichkeit einer Identität, sofern ihm nicht bald ein Ortswechsel gestattet würde und er Abstand gewinnen könne von allem in wohltuend einfacher, ländlicher Umgebung, zum Beispiel in Jever/Friesland.

Kurz darauf hatte dieser Carlos Fernando doch ein Problem mit den Kölnerinnen, aber auch mit den Kölnern. Alle wollten diesen schwarzgelockten, großgewachsenen jungen Mann mit seinen Brombeeraugen haben, weil er Gitarre spielte und sang. Sie wollten ihn hören und danach anfassen können. Er konnte sich vor öffentlichen Auftritten und vor Angefaßtwerden kaum retten und sang sich heiser. Er sang von der Flucht des Aladin Lipchowitz vom Ufer der Weichsel an die Weser und daß er sie mit einem Lastkahn befuhr und flußaufwärts bis Hannoversch Münden lange Märchen und gewundene Legenden von der Weichsel erzählte, aber flußabwärts Richtung Nordsee immer stiller wurde und schließlich ganz verstummte, denn ihm war viel zu spät aufgegangen, daß er als Flußschiffer unüberwindbare Angst vor der See hatte. Er sang von der Verwandlung eines Karl Friedrich in Bremen in einen Carlos Fernando in dem Augenblick, da er in den Hafen von Valparaiso einlief - ein Mann, der aus einer Diktatur geflohen war, wurde zu einem anderen Mann, der, fluchtmüde und vermögend, inmitten von Hibiskusblüten und Oleander im

Garten seines Anwesens am Pazifik saß, eine neue Diktatur mit seinem Konto bei der First National alimentierte und mit seinem Hochseefrachter Consolación Rüstungsgüter aus Bremerhaven in die Depots der Streitkräfte und unverzollte Kühlschränke und Fernseher aus Memphis in die Häuser ihrer Offiziere fuhr.

Natürlich sang Carlos Fernando auch von jenem Asthmatiker, an dem seit seinem Tod in La Higuera niemand mehr vorbeikam. Aber er sang von seinem geschundenen Pferd und seinem Maultier; von den Frauen, die zu verstehen er sich nicht die Mühe gegeben und nie die Zeit genommen hatte; und von seinen Kindern sang er, die keine Gelegenheit gefunden hatten, ihn im Spiel jene Bescheidenheit und Weisheit zu lehren, die ein Erzeuger braucht, um zum Vater zu werden.

Dabei wurde es immer sehr still bei den Konzerten, die er in Köln im kleinen und großen Kreis gab. Und wenn er von dem Heiligen als einem Mann sang, der seine Mitstreiter mit seiner pedantischen Gerechtigkeit zu quälen pflegte, die aber zu Standrecht wurde, wann immer er wollte, dann ertönten schrille Pfiffe und es regnete Eier und Tomaten. Ein paar besonders Aufgebrachte, die einmal als Rucksacktouristen durch Peru gereist waren und seitdem die harte chinesische Lösung vertraten, nagelten ihm nachts den Kadaver eines kleinen Hundes an die Tür, der unschwer als teurer Chihuahua zu erkennen war. Einer Rentnerin aus der Nachbarschaft war er mitsamt Tragetasche am Ebertplatz entrissen worden.

Carlos sang aber auch von seiner Mutter, der Mapuche und vom Gürteltier, das sich erst zum Klangkörper eines Musikinstrumentes der Anden versklaven läßt, dann auf seiner Wanderung zur Küste jedoch zunehmend freier wird und schon Sozialist ist, als es am Pazifik in Valparaiso ankommt. Und trotz der Einlage aus schrillen Pfiffen, Eiern und Tomaten endeten fast alle Abende damit, daß getanzt wurde, vermerkte Rüdiger Kieslowsky in seiner Akte. Denn die rheinischen und westfälischen Becken, Hüften und Hintern, die aus dem Sauerland, dem flachen Aachener Raum, dem untertunnelten und von Bergschäden heimgesuchten Ruhrgebiet, aus Eifel, Hunsrück und den kargen Böden des Westerwaldes wollten in Schwingung geraten, als seien sie wie durch eine hochwirksame Droge von der farblosen Höhenluft der Anden und von den letzten Klängen der Gitarre Victor Jaras geleichtert worden, bevor die Schergen ihm im Fußballstadion von Santiago de Chile alle Finger brachen -

und wenn sie dann aus dem Konzertsaal, der Kirchen- oder Studentengemeinde davontanzten, wollten sie Carlos Fernando zuvor wenigstens einmal berührt, wenn nicht von ihm ein kleines Pfand erhascht haben, denn er war ein leibhaftiges Opfer und ein Geretteter, der sang und sie alle auch irgendwie retten würde irgendwann.

Vorübergehend drohte er zu einer kleinen Kultfigur zu werden, die eine Weile gefüttert und verwöhnt, dann aber bald portioniert, verspeist und schnell wieder vergessen wird. Er war aus der geschundenen Welt nach Köln gekommen und machte jetzt die Stadt am Rhein zur Bühne dieser Welt. Er war ein Ersatz für den Erlöser wie der Comandante, und sie machten sich über ihn her. Dabei stellten sie fest, daß er sogar ihren Hunger nach Vergangenheit zu lindern vermochte. Denn wenn sie sich, ihm zuhörend, für eines der gerade vom Wirbelsturm durchrasten Länder einsetzten oder für alle abwechselnd moskitoverseuchten und sturmgepeitschten Küsten dieser Welt, dann holten sie gleichzeitig nach, was ihre Großeltern und Eltern immer versäumt hatten. Und so räumten sie, im Konzertsaal zuhörend, ihre toten Großeltern und ihre verstummten Eltern beiseite und bahnten sich, aus dem Saal davontanzend, eine Gasse durch den Schutt der Vergangenheit, die längst nicht mehr aufzuarbeiten und zu bewältigen, sondern immer nur noch anders zu erinnern war.

Und von Carlos Fernando, dem Flüchtling, drohte nichts mehr übrigzubleiben. Sie verzehrten ihn nach den Konzerten ebenso gründlich wie ihn sich die anderen Emigranten im Streit untereinander aufteilten.

In ihrer festungsartigen Villa verfügten die drei Schwestern wirklich über genügend Raum, und an gutem Willen mangelte es ihnen auch nicht. Selbst wenn der Sohn bei ihnen eine der Inkarnationen des Teufels hätte unterbringen wollen, das Höllenfeuer oder eine Wolke aus Schwefeldampf, für einen seiner noch seltenen Mandanten wäre auch dann die Tür offen gewesen. Aber schon vom ersten Nachtlager stand der Gast aus Übersee auf, als sei er aufs Rad geflochten gewesen. Unter der dünnen Matratze entdeckte er hartgebackene Lehmkugeln, die in magischen Fünfecken ausgelegt waren und den Duft der Weihe verströmten. Sobald er sein Zimmer verließ, öffneten die Schwestern trotz böiger Winde und heftiger Regenschauer weit die Fenster, um den Schwefelgeruch zu vertreiben, den sie an ihm wahrgenommen hatten. Nach der Benutzung von Bad und Toilette scheuerten sie alles mit einem ihm unbekannten, weiße Dämpfe absondernden Sud, damit sich nirgends der Pilz der Fremde einniste. Der

Reisende aber war einfach total erschöpft. Er hatte nicht die Kraft, alle ihre krassen Eigenarten mit jener Milde zu betrachten, mit der er sonst auf immer vergeblich Liebende geschaut hätte. Sie wurden so deutlich gleich von zwei weiteren Diktatoren beherrscht: einmal von jenem jungen Schlingel, den sie an ihren Brüsten genährt hatten und der in Köln zufällig sein Rechtsbeistand geworden war, und dann von ihrer Angst vor dem Leben. So kam es dazu, daß Egbert mit roten Ohren die Akte las, um sich auf den ersten längerfristigen Gast im Eheleben der Poggenpohls vorzubereiten. Zwar freute er sich mit Emma darüber, daß die gewohnte Ordnung in dem Schneckenhaus erstmals gewisse Änderungen erführe. Gleichzeitig fürchtete er aber doch, im Gegensatz zu Emma, daß allein mit der Verrückung von Lesesessel und Lampe, mit der vorübergehenden Aufgabe seines Schreibtisches eines Schülers in der Mansarde sein ganzes bisheriges Leben und damit die Stadt und die Welt, die sie war, in Frage gestellt würden, ja Emma selbst aus seinem Herzen verschwände.

Und beide erschraken über die Türklingel, als habe soeben jemand ihre bisherige Enge öffentlich denunziert. Dann aber gewöhnten sie sich schnell an den Gast und fürchteten bald schon den Tag des Abschieds, an dem sie wieder ärmer wären.

32

Alle sechs Male war Carlos Fernando von den Uniformierten in verwaschenen Jeans und knalligen Hemden überrascht und mit der Nachdrücklichkeit der Diktatur in ihre Lager gebeten worden. Daher trug er jetzt ausschließlich gedeckte Anzüge, weiße Hemden mit Krawatte und wurde bald von den Kindern als CARLOS PINGUIN zum Mitspielen aufgefordert. Schnell erwies er sich als ein ähnlicher Kindernarr wie Levy. Auch er wollte nicht verstehen, warum sie jeden Abend wie die Hühner behandelt und mit dem Untergang der Sonne in ihre zumeist kleinen Familien eingeschlossen wurden. Gänzlich uneingeweihte Erwachsene hielten ihn für einen ausländischen Mitarbeiter der Oldenburger Landesbank, der hier auf ihre Kosten das korrekte Zählen von Geld übte.

Noch immer ließ er sich von keinem Mann anfassen. Emma aber harkte ihn schnell unter und schlenderte so mit ihm durch die Stadt - ein schwarzgelocktes, wegen des Altersunterschiedes leicht ungehöriges Paar oder eine fremdländische Mutter mit ihrem Sohn aus der Fremde. Dann aber hörten sie hinter sich ein Wort, das die englischen Besatzer wohl hiergelassen hatten, da sie es sich in ihrem vorübergehend verarmten, von den Kolonien im Stich gelassenen britischen Inselreich zur Zeit gar nicht leisten konnten:

- Da geht sie, Emma Poggenpohl. Mit ihrem LOVER. Kein Wunder, wo ihr Mann doch so unscheinbar ist und nichts als Briefmarken verkauft.

Emma zeigte ihm die Stadt, wie sie einst Egbert als verunsicherten Spätheimkehrer in ihr herumgeführt hatte. Damals war sie bestürzt gewesen, daß ihm Jever in dem vielen Sand Ägyptens völlig abhandengekommen war. Er mußte sich erst wieder daran gewöhnen, daß hier nirgends das Pflaster unter ihm nachgab, keine Grünanlage vermint war, Kavernen ihn nicht mit einem Schmatzer verschlangen, daß er auch nicht von mehrfarbigen Feinden in die Schlenumer Leide gestoßen wurde, ins Tettenser Tief trieb, um schnell auf und davon ins Meer gespült zu werden im unaufhaltsamen Rhythmus der Pumpstation, die das Land Tag und Nacht entwässerte.

Carlos dagegen mußte wieder daran gewöhnt werden, neben sich einen Körper zu spüren, der keine Bedrohung war, sondern den er bald vorsichtig und voller Achtung begehren konnte. Noch immer war Emma eine schöne

Frau, deren körpereigener Geruch Trägheit und Hingabe signalisierte und nur sparsam von einem nicht sehr auffälligen eau de toilette überdeckt wurde. Sie zeigte jedem in der Stadt, daß es ihr gefiel, begehrt zu werden. Wenn sie es zeigte, war sie frei. Und sie war dann auch frei, die endgültige Hingabe an den jungen Gast mit allen ihr sofort folgenden Unfreiheiten sein zu lassen. Es war ein angenehmer Schwebezustand, der auch dann nicht aufhörte, wenn sie hinter sich Gröberes vernahm:

- Da geht sie wieder mit ihrem jungen Ficker. Ihr Mann soll ja taube Eier haben. Und hat jetzt noch diesen Hautkrebs auf der linken Hand.

Zum ersten Mal erfuhr Emma, daß die Zeit nicht immer geradlinig und unwiederbringlich hinter uns verschwindet. Sie kann mit der Erinnerung auch wiederkehren, im Kreis verlaufen, ja sich völlig unregelmäßig bewegen nach Richtung und Maß dessen, was ihr Mann Egbert mit der ihm eigenen Pingeligkeit und seiner Wortunterscheidungssucht als GLÜCK und ABWESENHEIT VON GLÜCK und UNGLÜCK bezeichnete, was sie selbst aber viel eindringlicher als das Schlagen ihres Herzens spürte, wenn sie mit Carlos über den Wochenmarkt ging.

Gelegentlich verlor sie ihn im Gedränge. Wenn sie dann den spitzen Schrei einer Frau hörte, war sie aufs höchste alarmiert. Noch war dann jedes Mal einer Marktgängerin die Eiertüte zu Boden gefallen, der Beutel mit Tomaten geplatzt oder, natürlich seltener, die Geldbörse aus ihrem Netz gefingert worden. Jedes Mal aber fürchtete Emma, jetzt habe sich doch diese eine Frau von Carlos unsittlich berührt gefühlt. Denn inzwischen suchte er wieder Körpernähe. Auch für ihn beschrieb die Zeit einen Kreis und kehrte die Vergangenheit in der Erinnerung wieder. Langsam wurde er in Jever heimisch. In erster Begeisterung darüber verwechselte er aber noch die Gepflogenheiten hier mit den Umgangsformen in Valparaiso, so daß er auf dem Markt, in ein Gespräch vertieft, gern Rückenpartien und Hüften streichelte, an ein Gesäß faßte, das sich ihm einladend entgegenreckte oder einen hinter ihm hängenden, etwas resignierten Busen mit der Schulter scheinbar unabsichtlich und doch spürbar galant in etwas lichtere Höhen hob - Kleinigkeiten alles, die ihm aus der Heimat selbstverständlich waren, wo viele so oft zeigten, daß sie aneinander Freude hatten, die aber hier doch zu ernsthaften Mißdeutungen führen konnten.

Bald mußte selbst Egbert schallend darüber lachen, daß der im Stadtbild auffällige Carlos Fernando, zärtlich Carlos Pinguin genannt, von mehr und mehr Frauen und natürlich auch etlichen Männern, die unter homoerotischen Phantasien litten, bedrängt wurde. Schließlich sah er sich in der Stadt sogar zu intim schmeichelnden Griffen gezwungen, wollte er den Ruf seines heimischen Subkontinentes als den eines unmittelbar zärtlich Drängenden und Heißblütigen nicht ruinieren. Diese Frauen und die wenigen verwegenen Männer nahmen Carlos jetzt als halbindianischen Wunderheiler an. Sie wollten angefaßt und für ein paar Sekunden mitten auf dem Wochenmarkt in den Himmel gehoben werden, um dann wieder mit diesem einen spitzen Schrei in die Gemeinschaft der Sittsamen und mit ihnen Empörten herabzustoßen, ein stürzender und wässernder Vogel, der mitten im Fluge befruchtet worden war. Diese kleinen Schreie des Samstag-Vormittag-Marktes klangen Egbert bis in sein Postamt hinein wie eine lange Kette zitternder Orgasmen, auf die Frauen und Männer bislang verbissen, vergeblich und natürlich schweigsam gewartet hatten, denn alles Wichtige pflegten sie nun einmal zunächst sorgfältig mit Schweigen zu ummanteln.

Carlos kam langsam auf seine Kosten, Egbert lachte endlich und Emma ging es ohnehin gut zwischen den beiden. Je besser es Emma und Egbert ging, um so mehr liebten sie sich wieder. Aus der jahrzehntelang Gewohnheit gewordenen, verbrieften und beurkundeten, steuerlich gemeinsam veranlagten Liebe brachen ganz neue Lieben auf. Schon dachten sie an ein elektromechanisch bewegtes, musikalisches Bett, das die Erinnerung an ihre Jugend beflügeln würde. Sie übten eine Reihe von Techniken und kleinen Kniffen ein, die für den eher traditionell arbeitenden Egbert ganz neu waren, in Emma aber schon lange als Möglichkeit schlummerten, denn früh schon und kichernd waren sie ihr im Kreis ihrer Schwestern zugeflüstert worden, und während ihres Aufenthaltes bei der Tante Mia hatten sie noch ein paar Verfeinerungen erfahren. Jetzt geschah es auch, daß beide nachts kurz hintereinander aufwachten und sofort merkwürdig munter waren. Dann unterhielten sie sich über wichtige Themen, zum Beispiel darüber, ob Männer nachts Schlafanzüge tragen sollten oder nicht. Und wenn, ob die Hosen einen Latz haben sollten oder nicht.

Es war ausgerechnet die siebzehnte Nacht ihres neu erwachten, erstmals fast artistischen Liebeslebens, als Egbert mitten in voller Fahrt einen Stich im Herzen und einen Blitz im Körper verspürte. Er war sich darüber klargeworden, daß er zwar mit dem Mund den Speichel Emmas trank, aber sein Außenbordmotörchen die Flut von Mia Geerdes aufrührte. Sieh an. Auch für ihn drehte sich also die Zeit im Kreis. Die ertrunkene, ermordete, invalidisierte, hilflos nach Art überforderter und dadurch böse gewordener

Kinder verschwiegene Vergangenheit kehrte in einem ihrer wenigen schönen Teile zu ihm zurück. Sie tat es etwas verlogen, gewiß, aber doch blendend. Und es wäre genau diese Schönheit, Verlogenheit und Blendung, die ihm morgen früh erstmals seit jetzt siebenundzwanzig Jahren, seit der Wüste Ägyptens die Kraft gäbe, etwas über sich selbst in der Vergangenheit aufzuschreiben, anstatt immer nur diese rosaroten, von Levy nur verlachten Gemeindeschmankerln zu notieren.

Nun war Egbert, der eingestanden schwache Mensch, gleichzeitig immer ein schlaues Kerlchen. So war ihm durchaus klar, warum er sich an die Magie der Zahlen hing; denn ganz so offen wollte er sich selbst nicht eingestehen, daß es eher die pure Lebenskraft und der Erlebnishunger und der in jeder Hinsicht gewaltige Appetit des jungen Gastes waren, des halb jüdischen und halb indianischen, halb deutschen und halb chilenischen, noch mit einem Schaumkrönchen der Mapuches dekorierten Carlos Fernando, genannt Carlos Pinguin, der ihn endlich doch ein Stück in Richtung Glück und zur Bewältigung seiner dringlichsten Nöte trieb. Diese Magie der Zahlen kam ihm noch entgegen, als wiederum ausgerechnet an einem 17. August, dem Tag, an dem Mia Geerdes einst in den Dünen bei Schillig in den Himmel geschossen worden war, mit einem an der ganzen Küste hörbaren atmosphärischen Knall ein kurzer, sehr heftiger, berauschender Spätsommer begann. Um ein wenig Distanz zu Carlos zu gewinnen und seine Schwäche zu schützen, begann Egbert jetzt vorsichtig an der Lauterkeit und Integrität seines jungen Gastes zu zweifeln; denn der kaufte sich geschwind vom Teilerlös seiner Konzerte ein VW-Cabriolet und fuhr damit lachend und seine neue Freiheit voll genießend durch den deutschen Spätsommer, während in seinem eigenen Land gerade eisiger Winternebel waberte und der General immer noch jedem, der eine falsche Note auf der Gitarre griff, die Finger brechen ließ.

Tag für Tag lasteten die Tropen auf den nassen, von Entwässerungsgräben durchzogenen Wiesen. In Explosionen von Fruchtbarkeiten knackten die Eier der Mücken, Schnaken, Fruchtfliegen, fliegenden Ameisen und Nachtfalter auf. In den Laubwäldern fraßen die Raupen so eilig, daß ihre Freßgeräusche und der Regen ihrer Ausscheidungen bis in die Stadt rauschten. Aus den nachts weit geöffneten Fenstern drang das Stöhnen der schweißgebadet Schlafenden, die sich auf ihren nassen Laken wälzten und träumten, in eine eiseskalte Gletscherspalte gerutscht zu sein, sowie die Ermahnungen jener, die sich gegenseitig liebevoll vor Kreislaufkollaps, Hirninfarkt, Wundbrand, Scheidenkrampf und Schwangerschaft warnten.

Und aus dem Pflegeheim war die etwas zittrige, aber immer noch sehr schöne Stimme einer Insassin zu hören, die sich jeweils ab 18.30 Uhr Roswitha von Gandersheim nannte und ihren gesamten Tagesablauf in Versen besang, soweit sie sich noch daran erinnern konnte.

Natürlich schossen die stadtbekannten Trinker des öfteren Salut in die Nacht mit ihren auf dem Pflaster zerschellenden Bierflaschen. Aber neigten sie im Winter eher dazu, bei der Heimkehr Frau und Kind zu traktieren, zertrümmerten sie während der Winternächte auch gelegentlich Möbelstücke mit einer Macht, die zum Töten eines Pferdes ausgereicht hätte und mit einer gleichzeitig ihr innewohnenden Ohnmacht, die Egbert nie würde in Worte fassen können, so brachen sie jetzt friedlich wie durchnäßte Engel hinter ihren Haustüren zusammen. Hier freuten sie sich mit dem letzten Rest an Bewußtsein auf einen weiteren tropischen Sonnentag, den sie morgen zusammen mit allen anderen geschenkt bekämen. Und so schienen wirklich alle gleich zu sein und gleichermaßen wertvoll.

Nachmittags drückten sich die Backfische mit ihren Zahnspangen und Zigaretten und die jungen Frauen in Kleidern, die ihnen als durchsichtige Libellenflügel anlagen, in den Schatten des Schloßparks. Hier sahen sie jeweils lange den stämmigen Müttern mit ihren Kinderwagen hinterher, die gerade unendlich langsam ihre umfangreiche Geruchswolke aus Körperschweiß, Windeln, braunfleckigen Bananen, sauer gewordenem Dosenbrei und geronnener Milch an ihnen vorbeigerollt hatten. Sie blickten ihnen begehrlich hinterher, verunsichert, bestürzt und ratlos. Voller Verlangen waren sie und schienen gleichzeitig doch voller sehr alter Verdammnis zu sein, ein Stupor wie nach der Einnahme von Drogen, und erwachten erst gegen Abend wieder, wenn die Dohlen in die Bäume einfielen, sich um ihre Schlafplätze zankten, das Gefieder ausschüttelten und so eine erste frische Brise daraus entließen. Dann auch kamen die Urlauber von der See in die Stadt. In knappen BHs, unweigerlich kurzen Hosen und sich über Männerbäuche kringelnden Unterhemden erzählten sie sich wieder und wieder Geschichten aus ihren Heimatgemeinden, als könnten sie sich nur hier an diese Geschichten erinnern und sich nur mit ihnen hier in der Fremde behaupten. Das taten sie in einer Fülle sämiger, knolliger, für Egbert zumeist unverständlicher Dialekte, die das inzwischen gängige Hochdeutsch der Friesen als eine kaum witterungsbeständige Papierblume erscheinen ließ, wiesen sich gegenseitig auf die kleinen geduckten Häuser der Altstadt hin, schienen dabei in jedem Augenblick ein Theaterstück der Niedlichkeit und der vollkommenen Friedfertigkeit zu erwarten und gingen, da die

Aufführung sich verzögerte oder schon vor ihrer Ankunft abgesagt worden war oder alle Darsteller wie hitzetrunkene Fliegen in ihren Häusern lagen, ersatzweise in die beiden Eisdielen, die sie Abend für Abend vollständig auslöffelten.

Es stimmte also, sah Egbert: mit dem an der ganzen Küste hörbaren Knall waren die atmosphärischen Ströme des Südens in den Norden eingebrochen. Das war um so angenehmer, als die Luft nicht von den unverständlichen Schnellsprachen der Südländer erfüllt war, vom Knattern ihrer Wäsche über den Gassen, dem Miauen der Katzen auf den Haufen von Fischköpfen und Kaldaunen sowie den kehligen Lockrufen der versammelten Bewohner Schwarzafrikas, die ihre Roleximitate, zauberkräftigen Leopardenklauen, Schweinsfüße und Schlangenhäute anpriesen. Und schnell fand jeder hier den anderen schön und begehrte ihn mit seinem warmen Fleisch. So waren es rundum glückliche Tage, und das nur, weil es einmal tropisch heiß war an der See. Alle tollten herum wie Kinder, und nur ein innerlich Gehemmter wie Egbert, dem noch dazu der Pilz eines kleinen Hautkrebses auf dem linken Handrücken wuchs, mochte dem unpassenden Gedanken nachhängen: erneut könnte jetzt einer kommen und mit ihnen machen, was er wollte - sie sich beispielsweise vor dem Schloß aufstellen und sie ungesund viele Kniebeugen machen lassen, bis sie, einer nach dem anderen, umfielen, tot und wie auf Befehl.

Auch Carlos Fernando genoß diese Tage in vollen Zügen. Er hatte seine Anzugkluft eines Totengräbers abgelegt und trug jetzt weiße, bestickte Guayaberas, die ihm die Luft der Karibik zufächelten und aus seinen Brustwarzen und ihren Höfen leuchtende Hibiskusblüten machten. So war er in diesen Spätsommertagen von jungen Mädchen und Frauen wie von spät geschlüpften Arbeitsbienen umsummt, die ihm fleißig alle Erinnerungen an seine homoerotischen Zwangserlebnisse nahmen. Er fuhr sie mit seinem Cabriolet in die Dünen, ins Moor, in die blühende Heide und schüttelte sich, wieder zurückgekehrt in das Schneckenhaus der Poggenpohls, die Schönheiten der friesischen Landschaften aus den Kleidern in Form von Sand und kleinen Muscheln, zog klebrige Kiefernzapfen und goldbraune und grüngoldene Käfer aus der Unterwäsche, kaute statt Wrigleys Chewing Gum das Harz von Birken, die vor Glück geweint hatten, legte sich mit Halsketten aus Feldblumen schlafen und mit Armreifen aus Moospolstern. Nur einen Tag lang wurde er außer Gefecht gesetzt in seinem Drang, alle Schönheiten dieser Tage und dieses Landes auszukosten und dafür zu sorgen, daß nie zuvor in so kurzer Zeit so viele Jungfrauen ihre Unschuld verloren, als er einen Holzbock entdeckte, der sich schmerzend in seinen Hodensack gebohrt hatte und dort seine Jahresmahlzeit einnahm.

Bald schon glaubte Egbert, dieser junge Mensch sei zu nichts begabt als zum rückhaltlosen Genuß und zur Verköstigung des Landes und seiner Jungfrauen. Und der General in Chile habe ihn nur wegen seines knackigen Hinterns sechsmal hintereinander abholen lassen, oder er habe wirklich keine andere Möglichkeit mehr gesehen, alle diese Burschen an die Arbeit zu kriegen. Kaum aber war eine breite Gewitterfront über Friesland niedergegangen und tiefe Wolken mit Seewasser trieben über der Stadt, hörte er diesen Bruder Leichtfuß etwas pampig sagen:

- *So. Jetzt kenne ich Friesland. Wo ist denn nun dein Levy, den ich die ganzen Tage nicht gesehen habe? Ist er zu Staub zerfallen und verweht? Ist er nicht einmal mehr eine Erinnerung? Oder ist er doch bloß die Wunschfigur in einem dieser Bücher, die du einmal schreiben wolltest, aber nie wirklich geschrieben hast?*

Da entschloß sich Egbert, ihn mit auf Spurensuche in die Vergangenheit zu nehmen. Ansonsten liefe dieser Bruder Leichtfuß noch Gefahr zu glauben, die ganze Vergangenheit einschließlich des Besuches eines Adolf Hitler hier in der Landwirtschaftshalle, die Vertreibung des gesamten Clans der Leanders und seine Reduzierung auf eine offensichtlich so kleine Zahl, daß nie mehr etwas von ihm in der Stadt gesehen wurde außer Josefina, die es einmal in die Gemeinde wehte und wieder davon, als sei die Flüchtigkeit zum Leben geworden, die Brandschatzung des Bethauses der Juden in der Großen Wasserpfortstraße durch die Herren Husmann, Flügel, Wilken, Förster, Janssen, Liebenow et alia, die Plünderungen und Denunziationen, die kleinlichen Bereicherungen durch einen Heribert Poggenpohl, die vorübergehenden Linderungen durch den Amtsrichter Antrisa Cropp, die Sicherungsverwahrungen in Sachsenhausen, die Vernichtung der Juden Jevers in Auschwitz, Izbica, Maly Trostenez, Sachsenhausen, Sobibór, Theresienstadt - alles das sei nichts als eine Simulation gewesen, der Versuch einer arglistigen Täuschung und nur geschuldet dem Bemühen eines Heimatschriftstellers, der wenigstens einmal im Leben etwas von überregionaler Bedeutung verfassen wollte.

Sie begannen ihre Spurensuche in der Schlosserstraße, trafen Levy aber nicht an. Sie stießen nur auf ein gerade heimentlaufenes, ziemlich verhärmtes junges Liebespaar. Es wagte sich nicht ins Jugendzentrum

Bahnhofshotel, da hier die Wände mehr und mehr die Ohren von Jugendamt, Kreispolizeibehörde und Amtsgericht hatten und die endgültige Aufkündigung der Selbstverwaltung absehbar schien. Egbert erschrak, als er im Innenhof auf ein nacktes Huhn trat. Es ähnelte sehr jenem Vogel, den Levy einst nackt vor Hühnerhabicht, Fuchs und Marder vom verlassenen Moorhof gerettet hatte. Zwar verfügte Egbert schon seit längerem über jene Erfahrung, die Emma erst in diesem Spätsommer gemacht hatte, daß nämlich die Zeit nicht einfach linear hinter uns verschwindet, sondern oft genug wiederkehrt und sich im Kreise dreht, aber dennoch: dieses Moorhof-Huhn müßte jetzt älter als ein Greisen-Huhn sein, und noch immer war es so unanständig nackt. Natürlich konnte es sich nur um ein Kind des Kindes des Kindes jenes Urhuhnes vom Moorhof handeln. Offensichtlich reichte dieses Urhuhn einen genetischen Fehler von Ei zu Ei weiter. Das erklärte ihm jetzt zwar dieses nackte Huhn hier, aber es bedrückte ihn gleichzeitig, weil er doch Eier als eigentlich vollkommen verehrte. Außerdem zeigte es ihm, daß sich die Zeit und die Geschichte nicht nur in einem, sondern in unendlich vielen, schwindelerregenden Kreisen zu drehen vermag. Und in den Kreisen drehen sich noch einmal Kreise. Und daß er überdies dabei war, ein sehr alter, krebsbedrohter Mann zu werden und die glücklichen Momente seiner Kindheit noch viel tiefer lagen als die tief versunkene, nie gehobene, zugeschüttete Zeit, deren Spuren sie jetzt in der Schlosserstraße schon vergeblich suchten, weil Levy ausgeflogen oder selbst bereits versunken war.

Mit dem VW-Cabriolet, auf dessen Rückbank ein himbeerfarbiger Slip lag, fuhren sie zum Pflegeheim. Inzwischen war Levy hier mehrmals täglich zu Gast. Er selbst betrachtete sich als Gastbewohner, der aber mit einem Dauervisum für grenzüberschreitenden Verkehr in die Stadt ausgerüstet war. In der Stadt selbst wollte er als Generalkonsul des Heimes und seiner Bewohner gelten, die er hier umsichtig und, wenn nötig, sehr lautstark und, wenn gar nicht anders möglich, mit der Drohung eines Aufstandes vertrat. Zur Zeit führte er ohnehin einen Dreifrontenkrieg. An der ersten Front stand sein Haus Schlosserstraße, das eine Arche für entlaufene und hier sich fleißig mehrende Tiere war und gelegentlich noch immer ein Heim für Jugendliche, die es aus der Bahn geschleudert hatte. Die zweite Front bildete das Jugendzentrum Bahnhofshotel, in dessen Vorstand er weiter die letzten Reste der einst zugestandenen Selbstverwaltung verteidigte. Das Pflegeheim war seit kurzem seine dritte Front. Hier fuhr er täglich Mia aus und nannte jeden Tag eine andere Bewohnerin Rosenbäckchen.

422

Auch im Heim trafen sie Levy nicht an. Sie fragten nach Mia. Die aber war seit zwei Tagen verwirrt. Mit einer Blumenvase hatte sie versucht, ihr Zimmer zu fluten, denn sie wollte ins Wasser gehen.

Am Morgen nach jener Gewitterfront, die den Spätsommer beendete, vor der Küste einen Bananenfrachter aus Port Antonio/ Jamaika kentern ließ und in Egberts schmalem Vorgarten die einzige Königskirsche umbrach, die er im Gedenken an die Kirsche vom Moorhof je gepflanzt hatte, war Mias beste Freundin im Heim tot in ihrem Bett aufgefunden worden. Es war jene Bewohnerin, die in letzter Zeit als Roswitha von Gandersheim von sich reden gemacht und jeweils ab 18.30 den Tag auf eine Art besungen hatte, die manche schön fanden, aber lange nicht alle verstanden. Ihre rechte Hand umschloß ein Medaillon aus dunklem Rinderhorn, das Emma, die für diese Station zuständig war, jetzt für die beiden Besucher aus ihrem Kittel zog. Dieser Kittel schien aus dem einer Krankenschwester und jenem anderen einer Totenwäscherin zusammengeschneidert, und sie hatte sich mehrfach vergeblich geweigert ihn zu tragen.

- Sieh an. Vor vierzig Jahren war das der Mann, den wir heute suchen, sagte Egbert zu Carlos Fernando und gab ihm das Rinderhorn mit dem eingelassenen, stark vergilbten Foto eines jungen Mannes auf einer schwarzen BMW, auf deren Tank eine kaum erkennbare Winzigkeit lag, vielleicht ein frisch geworfener Glücksbringer.

Die Sängerin Roswitha von Gandersheim hieß in ihrem früheren Leben sehr bürgerlich Ursula Dorothea Kiesewetter. Sie gebar den Sohn Theo, heute Teilhaber der Reinigung THEO & PAUL und verlor ihren Mann, der das Geschäft des Soldaten berufsmäßig betrieb, südwestlich von Tripolis in einem Sandsturm. Als Kriegerwitwe und als Mutter Theos, der einem Paul zum Opfer fiel, die erste gleichgeschlechtliche Ehe der Stadt einging und bald auch vom Jeverschen Wochenblatt, Standesamt, Amtsgericht und schließlich sogar vom Bundesverfassungsgericht den Trauschein einforderte, war sie früh schon pflegebedürftig geworden. Noch als 82jährige wurde sie im Heim von Mia Geerdes als Pflegekind adoptiert; denn Mia, die lebenslange Hebamme und Amme, die mit der Erinnerung an den Heiligenschein der ersten Sozialarbeiterin der Gemeinde im Rollstuhl saß, erkannte spät erst, daß sie eigentlich immer ein eigenes Kind hatte haben wollen. So reinigte sie, selbst im Gefährt einer Behinderten sitzend, früh Roswitha von Gandersheim von den Exkrementen der Nacht, wusch und kleidete sie an, tränkte sie aus einer Schnabeltasse und fütterte sie mit einem verbogenen Löffel, der ihre gichtgekrümmte Hand nachzeichnete. Und einzig Mias Nichte Emma Poggenpohl durfte gelegentlich, aber auch nicht immer, im Zimmer zuhören, wenn die beiden Frauen, jetzt Mutter und Tochter, sich gegenseitig aus den Tagen ihres vergangenen Lebens in Jever erzählten und davon, wo sie, jede auf ihre Art, in ihrer Liebe zu Männern versagt hatten.

Mia hatte zu einem Viehhändler nicht laut JA zu sagen gewagt, und selbst ihr leises NEIN hatte sie so lange heruntergeschluckt, bis sich in dem Schweigen beide nichts mehr zu sagen fanden und ihnen die Liebe einfach abhanden kam. Ursula Dorothea war eine Zeitlang die heimliche Geliebte eines Rückkehrers, zu der er wie über dünnes Eis ging, bis er in den Abgrund seiner Ehe fiel. Als sie schwanger war, half ihr Mia aus der Klemme, denn Ursula Dorothea hatte nicht nur Angst, als ehrlose Witwe eines gefallenen Kriegers zu gelten, sondern mit Levy an ihrer Seite auch ihren Sohn Theo zu verlieren, der doch nun einmal ein schwankendes Rohr war. Am liebsten hätte sie ihm noch als ausgewachsenem Mann, um endgültig die Zeit anzuhalten, den Hintern geputzt, ihm die Ohren gewaschen, die sündige Eichel gepudert und ihm ganz kleine rote Monogramme mit noch kleineren Buschröschen in die Wäsche genäht, bis dieser Theo endlich seinen Paul fand, der alles das zu verhindern verstand.

Alles hatte sie immer diesem Theo nachgesehen. Weil er ihr einziges Kind war. Und weil er wie ein Kater mit einem kleinen Knochen im Penis geboren war, der ihm bei jeder Erektion Schmerzen verursachte. Bei seinem ersten und einzigen Probelauf mit einer älteren Dame in Hamburg, die er sorgfältig nach dem Abbild seiner Mutter ausgesucht hatte, schwitzte er Blut und schrie wie ein halbes Dutzend Katzen, so daß ihn der Aufseher des Bordells aus Angst vor der Polizei schnell über den Hinterhof entsorgte. In der Einfahrt neben den Mülltonnen gab er ihm noch den väterlichen Rat zu einer Operation, wozu aber Theo, der zum Penis eines Katers auch noch das Herz eines Hasen besaß, freilich immer der Mut fehlte. Er suchte sich Männer und verlor sie. Alle Männer, die er traf, fürchteten schnell seine Schreie eines halben Dutzend Katzen und die Nachbarn und die Polizei. Er gab Levy fast sein ganzes, für eine eigene Gastwirtschaft in Jever Erspartes zur Flucht, weil er ihn für sich gewinnen wollte, was er der Mutter nie erzählte. Levy nahm es verwundert und verschwand. Und erzählte es später nie seiner Geliebten, wenn er sich über dünnes Eis zu ihr schlich. Er sah doch, wie sie litt. Noch immer hätte sie gern ihrem Theo den empfindlichen Penis in milden Kräutern gebadet und wiederholt zeigte sie Levy die kleinen

Monogramme mit den Buschröschen. Dann traf Theo endlich seinen Paul. Den verlangte es gerade nach den Schreien von Katzen. Je mehr Katzen, um so mehr Verlangen. Alle Nachbarn und die Polizei waren ihm dabei egal. So fand Theo die Kraft zu Undankbarkeit und Ungerechtigkeit, wie sie eine erste Selbständigkeit mit sich bringt. Er brach einen schrillen Streit mit der Mutter vom Zaun, bei dem die Nachbarn zusammenliefen. Mit dem Überschwang an erster Selbständigkeit beschuldigte er dabei Ursula Dorothea Kiesewetter der Liebe einer Affenmutter und einer ängstlichen Maus und verbot ihr gleich auf fünfundzwanzig Jahre im voraus seine neue Wohnung und die Wäscherei THEO & PAUL.

Mit Beginn des Spätsommers, gleich nach dem an der ganzen Küste hörbaren atmosphärischen Knall begann Ursula Dorothea Kiesewetter sich Roswitha von Gandersheim zu nennen, was auch Mia nie verstand, und besang jeweils pünktlich ab 18.30 Uhr, ohne auf eine Uhr sehen zu müssen, ihren lückenhaft erinnerten Tagesablauf. Erst durch wiederholtes und sehr genaues Zuhören und winzige Details, die nur sie noch kannte, war Mia darauf gekommen, daß Roswitha von Gandersheim ihre verratene Liebe zu Fritz Levy und die zu ihrem für ganze fünfundzwanzig Jahre verlorenen Sohn besang. Da erklärte Mia ihr, welche Liebe sie einst selbst in den Wind geschossen hatte und daß es der Sohn Theo gewesen war, mit dessen Geld Levy die Flucht gelang. So hatten die beiden Frauen sich gefunden und waren diesen Spätsommer noch zueinander wie Mutter und Tochter. Die Rollenverteilung konnte dabei je nach Befindlichkeit der einen und der anderen bis zu fünfmal am Tag wechseln, sie waren nicht endgültig festgelegt. Immer aber waren sie diese letzten Tage zueinander wie Schwestern, die unerfüllt und vergeblich, aber einverständig ein und denselben sehr schwierigen Mann geliebt hatten. Da beschloß Ursula Dorothea Kiesewetter still für sich allein zu sterben, denn jetzt war ja alles gesagt.

Immer noch auf der Suche nach Levy fuhren sie mit dem Cabriolet, aus dem Carlos Fernando inzwischen den himbeerfarbenen Slip geräumt hatte, in die Innenstadt. Hier endlich trafen sie in der Wangerstraße vor dem Verlagsgebäude des Jeverschen Wochenblattes auf die bereits den ganzen Vormittag gesuchte Vergangenheit.

Gerade verließ Levy die Anzeigenannahme. Als er Egbert erkannte, wedelte er heftig mit einem Papier, wandte sich dann aber gleich an Carlos. Von dem wußte er bislang nicht viel mehr, als daß er den von Levy gehaltenen, alles in allem doch eher bescheidenen Rekord der Entjungferung von Jeveranerinnen gebrochen hatte. Zum letzten Mal habe er, sagte Levy, diese Anzeigenannahme 1933 betreten, also vor sechsunddreißig Jahren. Damals sei er mit seiner letzten Geschäftsanzeige als jüdischer Viehhändler, der alle Sorten Schlachtvieh kauft und Angebote erbittet, abgewiesen worden. Jetzt sei er auf höchstpersönliche Anordnung des Dr. Fritz Blume, mit dem ihn seit langem eine tiefe Männerfeindschaft verbände, erneut vor die Tür gesetzt worden. Ein offensichtlich noch völlig unfertiger, aber bereits gründlich verdorbener junger Mann habe ihm vorgehalten: es sei eines geschiedenen und uralten Mannes wie ihm unwürdig, im Jeverschen Wochenblatt eine halbseitige Todesanzeige für eine Roswitha von Gandersheim aufgeben zu wollen und sie zu zeichnen als einer, der ihr Geliebter gewesen sei. Natürlich sei die Lage schnell eskaliert. Sie habe schließlich damit geendet, daß ihm noch laut die Schändung des Angedenkens Toter durch einen alten Wichser vorgeworfen worden wäre.

- Sie verstehen nichts mehr von der Liebe, diese jungen Bengel, sagte Levy. *Nichts von der Liebe, nichts vom Leben und schon gar nichts vom Tod. Diese Zeitung ist wirklich nur dazu da, daß sich die Zeit im Kreise dreht.*

Egbert fand auffällig, ja leicht gespenstisch, wie Levy von der Zeit redete. Er benutzte dasselbe Bild wie Emma, als sie erstmals die Erfahrung machte, daß etwas mit der gewöhnlich linear hinter uns verschwindenden Zeit nicht stimmen kann. Auch war es dasselbe Bild, das ihm den ganzen Vormittag bereits im Kopf herumging, als habe diese merkwürdige Zeit sich bereits die ganze Zeit im Kreis gedreht und auch die Bilder, die sie in der Erinnerung hinterläßt.

Schon kurz darauf aber, während der kühleren und nassen, schon leicht wehmütigen Tage des beginnenden Herbstes, erwies sich Carlos Fernando, den Egbert doch bislang als eleganten Bruder Leichtfuß und begnadeten Entjungferer erlebt hatte, als ein Mann, der zwar etwas unkonventionell, im großen und ganzen jedoch sehr diszipliniert arbeitete.

An Egberts Schreibtisch eines Schülers, in den Dünen an der See, auf morastigen Inseln im Moor zwischen Eidechsen und Blindschleichen saß er und versuchte, neue Lieder zu schreiben und ihre Melodien zu hören. Am liebsten aber arbeitete er auf den immer stark verunreinigten Rastplätzen der Bundesautobahnen.

- Da bin ich gleichzeitig in der Gegenwart und in der Zukunft, erklärte er dem verdutzten Egbert. *Bei dir, bei Levy und in Piets Bücherstube bin ich immer bloß in der Vergangenheit. Ich bewundere ja die Energie, mit der ihr ständig im Kaffeesatz der Vergangenheit nach Zukunft sucht. Aber das kann ich nicht. Mich interessiert die Gegenwart in Chile und die Gegenwart hier. Dazu muß ich aus der Zukunft zurückblicken, verstehst du? Die Phantasie schleudert mich ein Stück in die Zukunft. Ich sehe sie und blicke über die Schulter zurück, und da bist du. Und Levy mit seinem jetzt zerfallenden Gedächtnis. Und Piet mit seiner verletzten Güte. Und Emma, die Traumfrau. Und alle anderen. Da ist auch Chile, wie es jede Nacht von einem Mann mit der Physiognomie einer Ratte bestiegen wird und sich daran gewöhnt und tagsüber schon so tut, als sei nachts nichts weiter geschehen als der Vollzug einer ganz gewöhnlichen Ehe. Verstehst du? Wahrscheinlich verstehst du mich nicht.*

Immer fand Carlos auf diesen Rastplätzen, von denen er an einem Nachmittag ein Dutzend ansteuerte, Spuren grob verworfenen Lebens. Er entdeckte nicht gleich vollständige, achtlos weggeworfene Kleinkinder, das nicht; aber doch ihre handtellergroßen Schuhe und die Ringelsöckchen. Angeleinte Hunde fand er und löste sie. Orientierungslose Käfigvögel, die amazonasgrün und kanariengelb auf den obersten Zweigen der Büsche saßen und sich nicht mehr zu rühren wagten. Motorräder mit durchwühlten, vollgeregneten Packtaschen und offene Fahrzeuge, in denen als letzte die nachtaktiven Tiere gestöbert hatten. Er stieß auf eine junge Frau mit zugeschwollenem Auge und zerrissenem Wollkleid, die im Gebüsch zwischen Kothaufen und Fliegenschwärmen vergewaltigt worden war, nachdem sie vor Bremen drei Stunden im Stau gestanden hatte und hier befreit pinkeln wollte. Am späten Nachmittag entdeckte er auf einer Betonbank eine Großmutter, die er beim Einparken noch für das aus Metall gegossene oder aus Granit geschlagene Abbild einer alten Dame gehalten hatte - die auch künstlerisch halbwegs gelungene Mahnung einer karitativen Organisation, gerade hier, wo die ansonsten schneckenhafte Fortbewegungsart der Zweibeiner (homo sapiens) die Geschwindigkeit von Himmelskörpern nachzuahmen suchte, doch einmal einzuhalten und sich an die gebrechliche Würde des Alters erinnern zu lassen. Aber auch diese Frau hatte eine Geschichte zwischen Gegenwart und Zukunft wie wohl alles auf diesen Rastplätzen. Verwirrt von dem langen Spätsommer, hatte sie sich im Frühling gewähnt und am Abend zuvor ihre sämtlichen Ersparnisse und den Plunder ihres ganzen Schmuckes, in ein verwaschenes Leibchen eingenäht, einer von insgesamt vier Schwiegertöchtern übergeben. Sie fühlte das Ende nahen und wollte einmal im Leben die Frühlings-Tulpenblüte in Holland sehen und die Königin Juliane, mit der sie in früheren Jahren oft verwechselt worden war. Ausgerechnet diese Schwiegertochter aber, eine von insgesamt Vieren, war das schwarze Schaf in der Familie, vorbestraft wegen Ladendiebstahl und Transporterschleichung. Und diese Schwiegertochter hatte auf der vorgetäuschten Fahrt von Wilhelmshaven nach Holland zur Tulpenblüte nichts Eiligeres zu tun, als die alte Frau kurz nach Sonnenaufgang bei einem ihrer zahlreichen und dringenden Bedürfnisse, denn sie litt unter Blasenschwäche, auf diesem Rastplatz sitzenzulassen und mit dem verwaschenen Leibchen auf und davonzufahren.

Alles das fragte Carlos ab, fütterte und tränkte er mit Biskuits und Kakao, umsorgte er mit Notrufen, dann schoß er selbst wieder auf die Himmelskörperbahn: der Fahrer eines VW-Cabriolets, mit dem der Wind spielte, wie vor Jahren mit ihm gespielt hatte, als er auf einer selbst zusammengebauten Harley Davidson die Panamericana befuhr von Patagonien im eisigen Schatten des Südpols bis zu einer Straßensperre vor Panama City, das sich am karibischen Meer wärmt und gut von den Schmugglern, Hehlern und Agenten aller Kontinente nährt. Prompt nahm ihm der Uniformierte an dieser Sperre alles ab: die selbst zusammengebaute Maschine, das Geld, den Rest Marihuana, seine Hoffnung, jemals die Tempelanlagen von Tikal in Guatemala zu sehen, zu denen ihn sein damaliger Bildungshunger und das Verlangen trieb, untergegangene Vergangenheit in sich aufzuhäufen, sie zu berühren, in ihr herumzusteigen und zu verstehen, was für großartig Verrückte dieser Teil seiner Vorfahren gewesen waren. Zu Fuß war er schließlich in einer Absteige gelandet, die von Kakerlaken durchpflügt wurde und in der die Freier die Türen schmetterten. Er hatte nichts mehr außer der Aussicht, zuhause anzurufen und auf einen Scheck zu warten, der von seinem Vater mit blankem Hohn statt mit Tinte gezeichnet wäre. Schließlich hatte ihm dieser Vater immer eingeschärft: traue niemandem hier auf diesem Kontinent. Keiner hier taugt etwas außer uns Eingewanderten.

In dieser Absteige hatte er sein erstes Lied geschrieben. Es war das Lied eines jungen Mannes, der auf einer ziemlich schrottreifen, aber selbst zusammengebauten Harley Davidson durch die am Pazifik aufgereihte Kette seiner Heimatländer fährt. Er reist durch die Vergangenheit der spanischen Sklavenwirtschaft, durch die eingestürzten Kupferminen, vorbei an Gräberfeldern und verrosteten Fischmehlfabriken, weil auch in diesem Jahr im Humboldtstrom die Schwärme der Anchovis ausbleiben, vorbei an den

Feldern des Zuckerrohres und der Baumwolle, die vom urzeitlichen Regen des wiedergekehrten El Niño zu gewaltigen Seen geworden sind. In ihnen werden die Eier der Moskitos so groß wie die von Hühnern, und die Hütten der Bauern schwimmen in ihnen wie Körbe voller Findelkinder. Aber auch diese Schiffbrüchigen des urzeitlichen Regens wollen in die Zukunft gehen und morgen den Bauch voll haben mit zwei Kochbananen, einer Handvoll Reis und der Suppe eines ausgekochten Schafskopfes, auf der wenige Fettaugen schwimmen, als hätten die Spanier endlich alle Reichtümer rücküberwiesen, die einst von ihren Lastenseglern nach Europa entführt worden sind.

Hier im Norden Europas bummelte jetzt Carlos Fernando in seinem VW dahin und fand in vereinzelten, sorgfältig begrünten, wenn auch vollurinierten und volldefäkierten Ruhezonen nur noch abgelegtes, verworfenes Leben vor. Er entdeckte die blutigen Reste kleiner Verbrechen. Noch verschnürte, also gewaltsam abgestreifte Schuhe. Hörte die zuschlagenden Türen hinter hastig umgeladener Hehlerware von Kastenwagen. Und er blickte in die erschöpften Gesichter kindlicher Astronauten, die perfekte Teilnahmslosigkeit mimten, während sie sich neben ihren Raumsonden mit Kaffee und Snacks für die weitere Reise durch die Milchstraße rüsteten in eine noch fernere Zukunft, die noch reiner und teilnahmsloser und kindlicher wäre als die augenblickliche und in der die Vergangenheit ihres Lebens erdenschwerer Erwachsener nicht bloß versunken, sondern immer schon eine ungehörige Herausforderung, ja eine bloße und blanke Simulation von Verfehlungen gewesen wäre. Da hörte Carlos im Weiterfahren ein neues Lied.

Zunächst handelte es von der Kette seiner am Pazifik aufgereihten Heimatländer. Und davon, daß die abwechselnd im urzeitlichen Regen Ertrinkenden und in einer biblischen Dürre Verdurstenden trotz des kurzbeinigen Generals eine Zukunft hatten. Weil sie Stein für Stein ihrer erbärmlichen Hütten, ihre Hängematten und Schlafsäcke, ihre Feuerstellen und dickbäuchigen, schwarzgekohlten Töpfe für die gemeinsame Suppe des Schafshirnes und der Fischköpfe, ihre Großmütter mit den leeren Augenhöhlen und ihre verwurmten Kinder, ihren einen Kugelschreiber (Banco Wiese Sociedad Anonyma) und das Merkheft der Alphabetisierung, ihr eines Notizbuch, in dem sie genau auflisten, was sie seit der Ankunft der Spanier schon alles ertragen haben und wie hoch inzwischen das Konto ihrer eigenen Sünden ist - weil sie alles das aus der Vergangenheit mitnahmen und gegen Abend, zu Tode erschöpft, fallen ließen, denn erst abends kamen sie in der Gegenwart an und suchten sich einen Schlafplatz, und die Zukunft blieb den Träumen der Nacht vorbehalten. Und das war es auch, was der kurzbeinige General mehr fürchtete als ein Messer im Rücken. Die vergiftete Languste. Den Sprengsatz unter dem Rücksitz seines Mercedes: er fürchtete ihre gewaltigen Träume, in denen sie mit aller Last der Vergangenheit, aber auch mit all ihrer Herrlichkeit ohne ihn in die Zukunft gingen. Es war eine Zukunft, die sie allein deswegen immer nur nachts hatten, und verlieren konnten sie dieses kostbare Gut nur im Wirbelsturm, beim Erdbeben, durch das Feuer, das steigende Meer, nur dadurch, daß sie sich an einem Hühnerknochen verschluckten und erstickten oder daß sie ein gewaltiger, zwanzig Zentimeter langer Skorpion in den Hintern piekste und vergiftete, aber nicht durch den Oberbefehlshaber des Heeres, den Putschisten Augusto José Ramón Pinochet Ugarte.

Als Carlos so weit war, setzte auf der Autobahn Oldenburg-Wilhelmshaven der Regen ein und schlug hart in sein offenes Cabriolet. Da begriff er, daß auch dieses neue Lied wieder nur eines seiner vielen alten Lieder war. Es war eines der Sehnsucht und der Verlassenheit, des Trotzes und der exilierten Liebe, mit dem er auf der sonnenbeschienenen Panamericana vor Valparaiso herumfuhr. In der letzten Strophe bestieg der General einen kahlen Vogelfelsen, der seewärts vom Kot geweißt war wie ein Greisenhaupt, und stürzte sich ins Meer; denn er war der Einsamkeit seiner traumlosen Nächte überdrüssig und der Unbesiegbarkeit der Träume aller anderen. Auch mit diesem Lied würde geschehen, was bereits mit allen seinen Liedern im Exil passiert war: auch die Jugendlichen im Bahnhofshotel würden es hören und genießen und, damit davontanzend, es unterwegs aufessen wie Katzenzungen und After Eight. Danach wären sie wieder, wie sie vorher gewesen waren: unzufrieden und unbeweglich; ratlos und ohne Arbeit; Gefangene der Gegenwart, die keine Zukunft sahen und wenn sie zurückblickten, nicht einmal eine Vergangenheit; abgeschnitten von der See, in der letzte Fischer sich die Netze an Wracks und Treibgut zerrissen und weiter draußen nur noch Philippinos navigierten und getrennt von den großen Städten, nach denen sie sich sehnten, die sie aber mehr noch verachteten; denn Verachtung schien die einzige Möglichkeit, undeutlich noch einen Streifen an Vergangenheit zu sehen. Und sich hell abhebend vom Schatten, den ihre Verachtung auf alles warf, vermochten sie in sich noch einen Rest an Liebe zum Land zu erkennen und zu spüren, daß auch sie das eigentlich brauchten: so eine Liebe zum Land.

Der vergangene Spätsommer hatte Carlos den Blick auf sein Gastland geschärft. Aber es war ein Blick ganz ohne Zärtlichkeit. Und er erschrak.

Der Wagen füllte sich jetzt mehr und mehr mit Wasser. Carlos genoß es, nach dem heißen Spätsommer in einer Badewanne zu sitzen und schlug in langsamer Fahrt mit beiden Händen den Takt eines neuen Liedes aufs Lenkrad. Der Lastwagen hinter ihm (IGLO Tiefkühlkost) lichthupte angesichts so viel mangelnder Ernsthaftigkeit und müßiger Langsamfahrt, und jene, die ihn mit Lichtgeschwindigkeit überholten, zeigten ihm mit ihren immer wieder angedippten, aber schnell verschwindenden Bremslichtern einen Vogel. Da fuhr er so langsam, wie seine Landsleute in Chile mit ihren Eseln und Handkarren, beladen mit den erbärmlichen, ihnen aber sehr wertvollen Gerätschaften der Vergangenheit, jeden langen Tag in die Gegenwart stolpern, wo sie immer erst am Ende dieses Tages mit Einbruch der Dunkelheit ankommen. Er ließ die Feuerstuhlinhaber und Raumfahrer an sich vorbei, die auf dem Rastplatz vor Oldenburg noch letzte Urinreste ihres irdischen Lebens und die restliche Erdenschwere ihres Kotes in den Gebüschen entsorgt hatten. Er ließ sie kopflos fahren wie jene seiner Brüder im Norden beider Amerikas, die keine andere Vergangenheit kennen als die ihrer Landnahmen. Jetzt bedauerte er für sie nur, daß sie bei diesem prächtigen Regen nicht einmal einen flüchtigen Kondensstreifen hinterlassen würden, wenn sie sich am Ende der Autobahn bei Wilhelmshaven mit einem elegant angesetzten Steilflug in die Stratosphäre kippten, aus der Zeit und der Gemeinschaft aller ihrer Lieben verschwänden und nichts von ihnen je zurückkehrte außer etwas Sternenstaub, der freilich von niemandem, der sie je geliebt hatte, vom Abrieb der Reifen zu unterscheiden wäre und vom Blütenstaub der im nächsten April wieder chromoxydgelb blühenden Rapsfelder und von den ganzjährig störenden Rußpartikeln aus den Dieselaggregaten jener Schiffe, die Wilhelmshaven anliefen oder es verließen. Und Carlos machte nur laut und bedauernd mit der Zunge tsss tsss tsss, als sei er selbst schon ein sehr bedächtiger Friese, alt und abgeklärt, und die Jugend, in der er wild gewesen war wie eine Hornisse, sei lange schon vorbei.

Das Hindi ist eine Sprache von Schlitzohren: es bewahrt die Vergangenheit in der Gegenwart. Es kennt nur ein Wort für beide. Wer Gegenwart sagen will, muß Vergangenheit sagen können.

Hier begann Carlos die Melodie eines neuen Liedes zu pfeifen. Er schlug die Worte eines neuen Textes aufs Lenkrad wie jemand eine Schrift in Stein haut. Er pfiff und sang und schlug in Stein das Lied von einem Mann, der mit dem Herzen eines sehnsuchtsvollen Kindes nach Jever zurückkehrt und der jetzt, da die Stadt für ihn unbewohnbar geblieben ist, mit seiner Stimme eines Greises noch immer den Vollmond anbellt. In dieser Nacht heben die Hunde der Stadt das Bein an ihm. Die dreieinigen Schwestern in der Bismarckstraße schieben in so einer Vollmondnacht mit vereinten Kräften ein schweres Eichenmöbel von innen vor die dreimal gesicherte Haustür. Die Mütter sichern die Schlafkammern ihrer Töchter. Die Väter tasten vorsorglich nach dem Fahrtenmesser aus der Zeit, da sie Pfadfinder waren und in den Wäldern Zeltlager und Latrinen bauten. Die Jungfern bekreuzigen sich und hören ihr Herz in sich schlagen wie in Stroh. Die Großeltern machen sich in ihren hochbeinigen Betten so klein, daß einer den anderen nicht mehr sieht, und im Schneckenhaus der Poggenpohls geht in dieser Vollmondnacht ein einzelnes Licht an: hier sitzt Egbert an seinem Schreibtisch eines Schülers und untersucht mit einer Leselupe den Rücken seiner linken Hand. Er prüft auch den Unter- und Oberarm mit der altersbedingt veränderten Pigmentierung. Er untersucht an Brust und Bauch die Leberflecken, Pusteln und veraltgten Insektenstiche, die bis in die Jahre der ägyptischen Wüste zurückreichen, ja bis zu den Tagen, da er angeschirrt am Kirschbaum auf dem Moorhof saß und sich von so viel bösartiger Natur widerstandslos stechen ließ, weil er endlich ein harter Mann werden wollte.

In dieser Nacht, da in Carlos Fernando Lipmans neuestem Lied der Mond sich rötet und bald als ungeheurer Pfirsich über der Stadt hängt, auch in dieser Vollmondnacht wie in allen zuvor schon versucht Egbert sich davon zu überzeugen, daß er schließlich sein Leben lang ein Hypochonder war und daß folglich die sich vergrößernden Flecken auf seinem Handrücken nichts anderes sein können als ein auf die Hand verirrter Fußpilz. Allenfalls handelt es sich um die flüchtige Tuberkulose einer Haut, wie sie jeder Postbeamte einmal in seinem Leben erleidet; schließlich geht er täglich mit so vielen Briefen Kranker um und schüttelt so viele Hände Infizierter, daß es kein Wunder ist, wenn sein eigenes Greiforgan mal schlapp macht und sich mit ein paar harmlosen Flecken gegen den versammelten Unrat wehrt. Egbert nutzt jetzt listig sein Hypochondertum, mit dem er sich selbst und Emma immer alle Krankheiten der Welt eingeredet hat, um sich nahezu völlige, ja blendende Gesundheit zu bescheinigen.

In Carlos Fernando Lipmans neuestem Lied haben die Flecken, die kein Facharzt zu sehen bekommt, genügend Zeit zu jubilieren. Sie röten sich und beginnen zu nässen. Denn weder ist das ganze Malheur ein verirrter Fußpilz, noch der Anflug einer unangenehmen, aber leicht kurierbaren Tuberkulose der Haut, es ist bereits dieser verdammte Killer.

In dem Lied sind es die eiternden Spitzen aller Geschichten, die dieser Mann in seinem Leben nicht gewagt und nicht verstanden hat aufzuschreiben. Es sind die Geschichten eines Posthauptsekretärs und Heimatschriftstellers, der sich immer von der liebenswertesten Heldenlosigkeit leiten ließ, die der junge Liedermacher bislang erlebt hat. Es sind die Leiden eines Freundes, der die wichtigsten Jahre seines Lebens unter Wasser, am Fuße eines Benediktinerklosters unter Beschuß und zwischen sauren Eselskaldaunen im Sand Ägyptens verbracht hat und der später selbst die schönsten Blüten seiner Frau Emma kaum je zu brechen wagte. Auch sind es alle Geschichten, die er sich vorgenommen hatte von dem Mann zu erzählen, der jetzt den Vollmond anbellt, weil er dessen Leben nachschreiben und mit dessen Lebensgeschichte sein eigenes, versäumtes Leben nachholen wollte. Und auch das hat er nicht getan. Weil er zwar noch immer ein unerbittliches Gedächtnis hat, aber das Herz eines Karnickels; ja weil er vielleicht mit seinem Gedächtnis alle Schrecknisse und alle seine eigenen Feigheiten (und die Echos der Schrecknisse und Feigheiten und die Echos der Echos) so überdeutlich registriert, daß die Welt nur aus Schrecknissen und er selbst nur aus Feigheiten und versagter Liebe besteht. Daher ist es in Carlos' Lied jetzt überhaupt kein Wunder, wenn alles Versagen in Form eines häßlichen, sich rötenden und nässenden Krebses aus ihm herauswächst und so lange wachsen wird, wie er alleingelassen bleibt mit seiner Aufgabe, alle Schuld, aber auch alle Herrlichkeit seiner Heimatstadt Jever, seines Lebens und das jenes Greises aufzuschreiben, dem selbst schon die Erinnerung zu Staub zerfällt.

Doch, sie zerfällt, auch wenn der Greis diese Nacht noch den Vollmond anbellt, der reif und schwer wie ein Pfirsich über ihm hängt. Und wenn er gegen Morgen nicht vergißt, seiner einstigen Geliebten, die zum Schluß als Roswitha von Gandersheim von ihrer verheimlichten Liebe zu ihm sang, verschlüsselt in den Ablauf des Tages und kenntlich nur ihrer einstigen Konkurrentin Mia Geerdes, diesen Nachruf im Jeverschen Wochenblatt hinterherzuschicken:

FÜR U.D.K.

DAS GEHEIMNIS UNSERER LIEBE WIRD EWIG WEITERLEBEN IN ALLEN DIE SICH HEIMLICH LIEBEN

DEIN F.L.

Und dieses Mal, singt Carlos Fernando in seinem ganz neuen Lied, weigert sich die Anzeigenannahme nicht, sondern nimmt den Auftrag zum Abdruck an.

33

Selbst ein offensichtlich so zähes Halbblut wie Carlos, der in Chile die Nachstellungen des Generals, in Köln den neuen Krieg der Exilanten untereinander sowie den Appetit der Besucher seiner Konzerte und in Jever den Andrang der Jungfrauen überlebt hatte, die ihn entweder als Goldkäfer zerpflückten oder als Meteoriten erkundeten - selbst er war nicht gegen eine beidseitige, lebensbedrohende Lungenentzündung gefeit. Zu lange hatte er in seinem vollgeregneten Cabrio gesessen und die Rhythmen eines neuen Liedes geklopft.

Das Fieber sprang ihn schlagartig an und hielt sich auf beängstigender Höhe. Neben den schulmäßigen Rezepturen des behandelnden Arztes brachte Emma täglich aus dem Pflegeheim handschriftliche Notate Mias über Kräutersude, Schlammpackungen, Badetees, dickflüssige Säfte und leicht auszubackende Pastillen mit, stärkende Brühen und Pasteten, Essenzen zum Inhalieren und Träufeln. Manche davon waren scharf wie Katzenpisse, andere ätzend wie Hühnerkacke, wieder andere aber mild und süß und süchtig machend wie himmlisches Manna. Alle zusammen waren sie ähnlich heilsam, wie es einst das Gemurmel, die kleinen heiseren Schreie und jenes vertrocknete Embryo eines Lamas gewesen waren, mit denen eine Großmutter der Mapuches den kleinen Carlos Fernando umsorgt hatte, wann immer er verschnupft gewesen war. So füllte sich das Schneckenhaus der Poggenpohls mit allem, was die friesische Naturheilkunde einst besessen hatte, und es war viel gewesen. Der behandelnde Arzt, ein junger, bislang Ungläubiger, versprach schließlich, im Pflegeheim noch einmal bei Mia zur Schule zu gehen und fortan botanisierend zu wandern.

Als Carlos endlich zum ersten Mal wieder zur Gitarre griff, stellte er fest, daß jedes leichtläufige, absichtslos unternommene Spiel immer nur in die Melodien seiner neuen, auf der A 29 entstandenen Lieder mündete. Da packte ihn heiliges Staunen. Beim Spielen nämlich entdeckte er, daß der Druck seiner lebensbedrohenden Krankheit, sein auf die Höhe der Anden gestiegenes Fieber, daß jene Essenzen, die scharf wie Katzenpisse, ätzend wie Hühnerkacke und lieblich wie himmlisches Manna gewesen waren, daß seine Ängste, hier im Norden an einer Lungenentzündung zu sterben wie Du und ich, nachdem er doch sowohl die Attacken des Generals als auch die Frontverläufe in der rheinischen Metropole Köln als auch die Angriffe aller

Schwärme der geflügelten Jungfrauen Jevers überlebt hatte - daß alles das seine neuen Lieder in ihm zu einem großen Diamanten gepreßt hatte.

Plötzlich war er ein reicher Mann. Fertig geschliffen lag in ihm ein vollständiges Pandämonium-Oratorium. In Teilen war es furchterregend-umfassend wie die finsterste Oper, in der sich schwerhörige Erwachsene die größten Leidenschaften entgegenschreien. In anderen Teilen aber war es heiter wie eine Operette mit ihrem bukolisch sprudelnden Quellwasser. Und alles klang mit einer ungemein lichten Folge von Melodien aus, wie er sie nie zuvor auf der Gitarre zu greifen vermocht hatte. Mia stellte bald fest, daß diese Melodien eine unverkennbare Ähnlichkeit mit jenen hatten, die am Tag vor dem Tod Roswitha von Gandersheims aus dem Garten des Pflegeheims gedrungen waren.

Auf sein anfängliches Staunen und die sich anschließende Freude folgte jetzt ein eisiger Schreck. Carlos wußte, daß er einen einzigartigen Diamanten besaß. Er war unter dem Druck allen Unglücks, aber auch allen Glücks entstanden, die er je erfahren hatte. Eingeschlossen in ihm fanden sich die Gesichter und Gerüche, die Güte und die Hinterlist, die offenen und geheimen Gedanken aller Menschen, die er je getroffen hatte. Er fand darin alle Großmütter, die ihm je die Hosen geleert und je das vertrocknete Embryo eines Lamas auf die Brust gelegt hatten. Alle im Schatten des Südpols lebenden Mütter der Mapuches fand er. Und alle Väter, die er sich je gewünscht sowie alle Frauen, die er bislang viel zu flüchtig geliebt hatte. Da wußte er, daß er mit diesem einzigartigen Diamanten völlig ausgeschöpft war. Jeder weitere Anlauf zu einem neuen Zyklus von Liedern müßte allein schon an seiner Angst scheitern, nichts mehr als die kleinen, traurigen Köddel eines Ziegenbockes von sich zu geben.

Daher beschloß er, sein Pandämonium-Oratorium dem Publikum nur ein einziges Mal zu Gehör zu bringen und damit seine Laufbahn eines Liedermachers zu beenden. Der Abend sollte furchterregend werden wie die finsterste der Opern und doch gleichzeitig heiter wie die lieblichste der Operetten. Und so licht sollte er enden, wie es der Gesang Roswitha von Gandersheims am Tag vor ihrem Tod gewesen war.

Dafür wählte er die Aula des Mariengymnasiums, die schon lange vor Beginn des Konzertes gut gefüllt war. Hier saßen die gebildeten Damen und Herren der Stadt. Ihnen war schon länger daran gelegen, einmal zum Ausdruck zu bringen, daß auch sie nicht mit allen Verhaltensweisen des

Generals in Chile konform gingen. Außerdem war ihnen dieses Chile, das doch schon rein geographisch am Ausgang der südamerikanischen Finsternis liegt und in die Unbarmherzigkeit, aber auch Klarheit und auf den kürzlich erst entdeckten Reichtum der Antarktis blickt, oftmals wie der größere Bruder Frieslands erschienen, das auch aufs Wasser und zum Pol sieht. Und endlich ist dieses Chile, mit Verlaub gesagt, doch unsere letzte Kolonie mit seinen schnatternden Pinguinen, den Kuckucksuhren in den fruchtbaren Seitentälern der Anden, dem Spalierobst, den immer noch ergiebigen Kupfer- und Salpeterminen und seiner mustergültigen Ordnung unter den Menschen, die freilich zur Zeit etwas übertrieben wird.

Hier saßen Schüler, die vorsichtigen oder gar keinen Umgang mehr mit den Damen und Herren hatten, auch wenn es ihre Eltern waren. Es saßen Jugendliche aus dem Bahnhofshotel hier und Vaganten aus der Schlosserstraße, die wenig oder gar keinen Umgang mit den Schülern hatten. Ein Schlosserlehrling hatte die Verriegelung einer Seitentür erkundet und sie gratis eingelassen, denn Levy pflegte seinen Gästen immer gleich zu Beginn abzugewöhnen, für Kunstgenuß und Bildung zu bezahlen. Es waren viele jener gekommen, von denen Egberts Buch ganze Kapitel hindurch handelt. Sogar die dreieinigen Schwestern hatten sich nacheinander durch die Tür geschoben, nachdem sie alle Schlösser ihrer Haustür entriegelt und wieder verriegelt hatten, denn sie hofften, an diesem Abend hinter die Mechanismen einer allgemeinen Verschwörung zu kommen. Die gipfelte darin, daß ihr gemeinsamer Sohn Rüdiger neuerdings nicht mehr bei ihnen erschien. Natürlich war Levy anwesend, der mit seiner Lanze eines Kreuzfahrers und dem Enterhaken eines Piraten wie Störtebeker aber an der Wand stehenblieb. Das tat er, um den Überblick zu behalten und auch, weil er sich nicht sicher war, ob ihn seine Beine nach längerem Sitzen noch trügen. Etwas verspätet kamen Emma und Mia im Rollstuhl, die ihren wieder gesundeten Fernpatienten hören wollte und noch einmal die letzten Melodien Roswitha von Gandersheims. Als vorletzter kam Egbert, der wußte, an diesem Abend in einem Lied ausgestellt zu werden in seiner Heldenlosigkeit und der deswegen alle seine Zweifel und sein kleines Elend unter einem Handschuh an der linken Hand verborgen trug. Endlich schloß als letzter Piet ten Hoff die Tür der Aula, der davor einen kleinen Bücherstand mit Nachdenklichem über die neueste Blüte der Diktaturen in der Welt aufgebaut, aber nichts davon verkauft hatte. Er schloß die Tür mit jener nicht traurigen und nicht verzweifelten, einfach nur stillen Erfolglosigkeit, die er längst schon für den eigentlichen Reichtum des Antiquars hielt.

- Da scheiße ich den einzigen Diamanten meines Lebens, der mir den Darm einreißt und eine Hämorrhoide zum Platzen bringt, sagte Carlos tags darauf im Antiquariat Schmidt & Müller, das mangels Kundschaft der ungestörteste Ort für Krisensitzungen aller Art war.

- Da springt unser General, Sohn Hitlers und einer homophilen Hündin, endlich von einem kargen Felsen in die See und landet direkt im Rachen eines Seelöwen, der ihn mitsamt seinen Stiefeln, seiner Uniform, der Pistolentasche und allen sich selbst verliehenen Orden verschlingt.

Da läuten in meinem nächsten Lied alle Glocken Jevers so lange, bis Roswitha von Gandersheim wieder von den Toten erwacht und mit dem Ehrenbürger Levy in einer von zwölf Apfelschimmeln gezogenen Kutsche ins Schloß einzieht, wo sie schon die Amme Mia Geerdes mit dem ersten Sohn in den Armen erwartet.

Da feiert im folgenden Lied die Stadt Jever sieben volle Tage lang auf dem Markt die Wiedererlangung ihres Gedächtnisses, ihre Einsetzung in den Stand der Aufrechten, öffnet sich dem Gedenken aller Toten, die sie mitverschuldet hat und gewährt kostenloses Wohnrecht allen verstreut auf der Erde Lebenden, die sie mit vertrieben hat, und ihren Kindern auch bis ins neunzehnte Glied der Zukunft.

Da befördert sie im nächsten Lied Egbert Poggenpohl zum Stadtschreiber und überreicht ihm den goldenen Schlüssel zu allen Archiven, auch den geheimsten, und Emma Poggenpohl ernennt sie zur Bewahrerin der Herzen aller, die in der Liebe und im Leben schüchtern sind.

Und da wirft Egbert im letzten Lied seinen linken Handschuh in die Menge, streut die letzten Schorfränder seines über Nacht abgeheilten Leidens auf den Boden und weint vor Glück ganze weitere sieben Tage lang.

Alles das habe ich gesungen, versteht ihr. Und nichts rührt sich. Während des ganzen Konzertes sitzen sie auf ihren Händen. Reihe um Reihe sitzen sie da, als wären sie Steine.

- Einige vom gehobenen Stand sind vor der Zeit gegangen, das ist doch auch schon etwas, sagte Piet mit gewohnter Bescheidenheit.

- Zwei, die seit langem schon scharf auf meinen Stuhl am wichtigsten Schalter des Postamtes sind, haben mich zur Invalidisierung gedrängt. Wo ich doch Krebs haben soll. Dabei ist es wirklich nichts als ein verirrter Pilz, sagte Egbert.

- Egal, ich reise ab. Packe die Koffer. Tüte meine Lieder ein und verschwinde von hier, sagte Carlos Fernando.

- Warte doch noch ein wenig, sagte Piet ihm hinterher. *Du bist nur vom schnellen Beifall der Rheinländer verwöhnt. Die leben so dicht aufeinander, daß, wenn einer in Köln klatscht, gleich das ganze Ruhrgebiet tobt. Bleib hier und warte ein wenig ab,* rief Piet ihm noch hinterher, aber Carlos war nicht mehr zu halten. Er schenkte Egbert sein Cabriolet, das noch immer durchnäßt war und in dem der Rost blühte. Mit der Empörung eines verletzten Künstlers und der wiedererwachten Ungeduld eines Aufständischen packte er seine Koffer und zog nach Paris. Hier aber ging es ihm noch schlechter. Regelmäßig entsorgten alle Länder, die gerade von Diktatoren befallen waren, ihre Musiker nach Paris. Folglich wimmelte die Stadt von Musikern und ihren Liedern. Wieder wurde Carlos in Kriege der Exilierten untereinander gezogen, und immer wieder entzündeten sie sich neu an der Frage, welcher Diktator der schäbigste von allen war. Natürlich reklamierte jeder den schäbigsten für sich. Auch gab es Bandenkriege unter den Musikern und zwischen den Musikern und den musizierenden Franzosen, die gelegentlich auch mal ein Lied singen und damit ein paar Francs verdienen wollten. Und seine neuen Lieder aus Jever, die er immer noch für den einzigen Diamanten seines Lebens hielt, wollte hier ohnehin niemand hören. Es war ein Diamant, der nur in der Dunkelheit Jevers gegleißt und gefunkelt hatte und nirgends sonst.

In seiner Verzweiflung ließ Carlos sich auf ein weiteres Konzert in Köln ein, dieses Mal im Schauspielhaus. Es war ein Feiertag, und er war spielfrei. Carlos zählte ganze sechsundzwanzig Besucher, davon einundzwanzig Bekannte von einst. Die aber wollten jetzt Lieder über Argentinien hören, dessen Diktatur ihnen frischer in Erinnerung war, und Jever war ihnen fremder als der Süden beider Amerikas. Da schrieb Carlos sein allerletztes Lied.

Er schickte es Egbert. Der trug es fortan in seiner Brieftasche mit sich herum. Es war das Lied eines Liedermachers, der sein letztes Lied schreibt. Weil er erkannt hat, daß er für ein wirklich gutes Lied nur ein einziges Mal gut genug war, aber nicht auf Dauer gut genug sein wird. Und daß sein Leben zu wertvoll ist, um es für einen Haufen mittelmäßiger Lieder zu opfern. Und für einen General. Und für ein Publikum, das dazu tendiert, sich immer wieder auf den gerade neuesten General zu stürzen und auf einen stets neuen Sänger als sein Opfer.

34

Ermuntert durch die letzten Lieder des neuerlichen Flüchtlings Carlos fanden sich am Mariengymasium Schüler zusammen, zu denen auch der Jüngste aus dem Hause der ten Hoffs gehörte. Drei von jenen stießen dazu, die in Schlosserstraße und Bahnhofshotel gelernt hatten, daß ihnen der Zugang zur höheren Bildung verwehrt bliebe. Dafür aber hatten sie eine Reihe praktischer Kenntnisse erworben und erfuhren jetzt, daß sich Türen zunächst Gesprächsunwilliger leichter mit dem Nachschlüssel ihrer einfachen Sätze öffnen ließen. Und daß zu reden bereit ist, wer mit einer einfachen Frage erkennt, daß er doch etwas Wichtiges zu sagen hat. Und schon beim Artikulieren weiß der Befragte, daß dieser eine Satz, der so einfach sein mag wie ein Löffel, der wichtigste Satz meines ganzen Lebens werden wird.

Zu dem wachsenden, noch unentschlossenen Haufen stieß eine Frau, die als verbeamtete Lehrerin einen gewissen Respekt bei ihnen genoß. Außerdem lächelte sie herb und auf eine merkwürdig entfernte, nie von ihnen genau benennbare Art von Wahlplakaten einer Partei, die sich aus dem vermauerten Osten alimentierte. Das veranlaßte die Ministerialen in der Landeshauptstadt, ihre Beamtin täglich neu zu wiegen und zu vermessen, um sie doch endlich als Verfassungsrisiko einstufen und ihre Suspendierung, wenn nicht endgültige Entfernung aus dem Schuldienst betreiben zu können. Da redete der Jüngste der ten Hoffs davon, daß dies wohl der Grund sei, warum ihnen diese Frau auf eine so entfernte, nicht genau benennbare Art anziehend auf den Plakaten erschien und warum nicht einmal der größte Rüpel unter ihnen je sagte, daß er auf der Stelle gern mit ihr schlafen würde: sie suchten eine Johanna von Orléans in der Stadt und hatten eine von Arbeitslosigkeit Bedrohte gefunden. Und so lieh sie dem Haufen so viel Disziplin, daß er sich bald als Arbeitsgruppe verstand und sich über die nirgends aufgeschriebene Geschichte beugte.

Bald stieß ein Mann dazu, der ihnen bislang nur als Saxophonist einer gelegentlich auftretenden Combo aufgefallen war. Ähnlich wie Carlos Fernando kürzlich als Liedermacher in Paris, hatte dieser Mann als Student zwischen den Fachwerkhäusern Göttingens die Erfahrung gemacht, daß er als Aufständischer nie so große Klasse würde, als daß es sich lohnte, dafür sein Leben auf der Straße zu lassen. Daher war er gern und aus Überzeugung Lehrer geworden. Oft konnten ihn Piet und Egbert im Antiquariat dabei beobachten, wie er die Regale nach etwas einfach Erheiterndem durchsuchte, um seinen Schülern etwas zu ersetzen, das sie, noch ohne es zu wissen, bereits verloren hatten.

Dann aber stieß dieser Mann auf eine ganz neue Seite seiner Begabung. Er entdeckte nämlich in den Büchern Toter, im Archiv seiner Schule und jenem der Stadt, in den Papierbergen Levys, die gerade erst die Heimat ihres Pappkoffers vom 18.10 UHR-Zug gefunden hatten und selbst in der zögerlichen Art, mit der sich alte, fast verwehte Mitglieder der Gemeinde in ihrer Stadt bewegten: in all dem fand er ein ähnliches Phänomen wie zuvor in seinem Saxophon. Auch hier schlummerten bislang nie gehörte Töne und Tonfolgen, drohten in Vergessenheit zu geraten und zu verstummen. Schon glaubte er die Bücher der Toten im Schlaf murmeln zu hören, und einzelne Teile der Archive und Blätter aus den ungeordneten Papierbergen Levys schickten sich bald an, ihm wie dem Rattenfänger von Hameln nach Hause zu folgen, wobei sie ihn schnell duzten und ihn mit seiner häuslichen Ordnung neckten, die pures Chaos war.

So begann er, aus den unterschiedlichen Spuren, die Menschen vor langer oder auch kürzerer, in jedem Fall vergangener und scheinbar nicht mehr aufrufbarer Zeit hinterlassen hatten, einzelne Physiognomien von Personen zu zeichnen. Er legte Teile von Gesichtern frei, die das Feuer, der Explosivkörper, die Würmer, das willentliche Vergessen oder ihr eigenes wüstes Leben bis zur Unkenntlichkeit zerstört hatten. Wie es ihm früher bei seinem Saxophon, in dem inzwischen die Mäuse nisteten, immer darauf angekommen war, darin enthaltene, aber noch nie gehörte Töne aufzurufen, so forschte er jetzt in diesen für tot erklärten Materialien nach Gesichtern des Lebens von einst. Er war besessen von Gesichtern. Und je mehr er davon restaurierte, so unvollkommen und zerstört die meisten von ihnen auch blieben, um so deutlicher sahen die Mitglieder der Arbeitsgruppe, denen er sie als erste zeigte, daß alles doch tatsächlich Menschen gewesen waren. Dieser spät berufene Restaurator und Historiker zeigte ihnen, was sie länger schon geahnt hatten: daß die Geschichte nicht eine Ansammlung von Totenschädeln ist, sondern eine Versammlung lebend Begrabener. Und daß viele der Totengräber jenen zum Verwechseln ähnlich schienen, von denen sie selbst gezeugt worden waren.

Aus der Geschichte des versunkenen Jever bauten sie die unter Aufsicht des Polizeihauptwachtmeisters Freudenthal spontan gebrandschatzte, architektonisch einst bedeutsamste Synagoge Frieslands wieder auf, an die in der Großen Wasserpfortstraße auch nicht mehr die geringste Brandspur erinnerte. Sie dichteten die Märchen des Fiddi Husmann nach, des Flügel, des Wilken, des Förster, des Janssen und des Liebenow, die, zunächst verurteilt zu Kerker mit Wasser und Brot, bald von Fest zu Fest wieder ausgelassener als jene Lämmer durch die Gemeinde gehüpft waren, die sie immer gewesen sein wollten.

Et alia, sagte da Levy, *et alia*, sagte er in seinem Latein des Mariengymnasiums vom Ende des zweiten Jahrzehnts des Jahrhunderts.

Sie unternahmen es schließlich, eine nahezu vollständige Geschichte der Juden Jevers aus Dokumenten zu montieren, die am 25. Juli 1698 einsetzte mit dem Schutzbrief des Durchlauchtigsten Fürsten und Herrn, Herrn Carl Wilhelm, Fürst zu Anhalt, Herzog in Sachsen, Engern und Westphalen, Graf zu Ascanien, Herr zu Zerbst, Bernburg, Jever und Kniphausen für den Juden Meyer-Levie, mit dem dieser in der Herrschaft Jever geduldet wird, „ohne sich und die Seinigen würklich anzukauffen und sich in eigen erhandelten Häusern und Gütern niederzulassen" -

- eine bald geheftete, vervielfältigte und in Piets Antiquariat ausliegende Montage wurde es, die vorläufig mit allen Weinsteins endete:

> *ANNA WEINSTEIN geb. Neufeld, 3.5.1881 Harburg, Bahnhofsstr. 35, Vorsitzende des Israelitischen Frauenvereins, am 25.10.1941 von Hamburg nach Lodz deportiert*

> *MARTHA WEINSTEIN geb. Goldschmidt, 30.6.1874 Kirchweyhe, Elisabethstr. 12, am 4.12.1941 von Hamburg nach Riga deportiert*

> *HUGO WEINSTEIN, 31.8.1875, Viehhändler, St. Annenstr. 9, am 4.12.1941 von Hamburg nach Riga deportiert*

> *ROSA WEINSTEIN, 8.1.1880, Frau von Hugo Weinstein, 1941 mit ihrem Mann nach Riga deportiert.*

Das endgültige Ende ihrer Geschichte der Juden Jevers ließen die Autoren offen. Mit der Sorglosigkeit Jugendlicher gingen sie davon aus, daß Egbert Poggenpohl sie doch eines Tages mit dem einzig je Rückgekehrten zu Ende schriebe, sofern es nicht doch noch eine Geschichte ganz ohne Ende würde.

Auf diesen letzten Träger einer vielleicht unendlichen Geschichte traf Egbert erst wieder, als der Raps schon einen gelben Belagerungsring um die Stadt gelegt hatte. Die Baumwolle der Pappeln trieb durch die Straßen. Sie schien alles Gemauerte und Asphaltierte zu sprengen und erneut in jenen Zustand rückführen zu wollen, den die ersten Siedler hier angetroffen hatten, als das Land noch einen Zugang zum Meer besaß und das spätere Jever einen kleinen, aber guten Gewinn abwerfenden Hafen.

Mit nacktem Oberkörper und in kurzer Hose lag Levy in einem Liegestuhl, den er aus dem Sperrmüll gezogen hatte. Er versuchte, nässende Flechten an den Beinen von der Sonne austrocknen zu lassen. Das ganze Anwesen zeigte Spuren starker Verwahrlosung. Für seinen Besitzer waren das freilich immer Anzeichen dafür, daß er sich einem Stadium zweiter Natürlichkeit näherte. Mehrere Verlobte, verschiedene Heimentlaufene, flüchtige Pärchen, einige Vaganten, auch etliche bereits ausgewachsene oder erst noch nachwachsende, längst aber untergegangene Alkoholiker hatten Farbe auf dem Mauer- und Holzwerk verstrichen. Inzwischen wurden Wände, Türen und Fenster nicht mehr vom Baumaterial, den Gesetzen der Physik und den Regeln des Handwerks zusammengehalten. Nicht einmal die pure Stofflichkeit und Konsistenz der Farbe war es, ihre Fähigkeit etwa, eine haltbare, Wasser und Wind abweisende, Fäulnis sowie den Fraß von Insekten und Nagern behindernde Schicht zu bilden. Es mußte die pure Farbigkeit der Farbe selbst, die Wirkung ihrer Lichtwellen in Jever sein, von der das ganze Anwesen noch zusammengehalten wurde.

- *Ein schöner Tag heute,* sagte Levy.

- *Ja,* sagte Egbert, *ein selten schöner Tag. Und so früh im Jahr. Alle werden abends wieder sagen, daß wir in einem wirklich schönen Land leben. Und nur du hast es bislang nicht gemerkt.*

- *Ich genieße es in vollen Zügen. Aber ich will auch so einen Sonnenfleck an der linken Hand haben wie du. Überhaupt stört mich nur noch eines. Habe ich nicht sechsundzwanzig Jahre lang in dieser Stadt gepredigt, daß die Vergangenheit ausgegraben werden soll bis auf die letzte, unter einem Pflaumenbaum vergrabene und versteinerte Vorhaut?*

- *Klar.*

- Siehst du. Aber jetzt, wo die Jugendlichen graben wie die Altertumsforscher, stelle ich fest: alles Ausgegrabene ist doch kaum noch von den Knochen verwilderter Hunde zu unterscheiden. Und die ähneln wiederum sehr den Knochen aller Schafe, die wir je im Moor verloren haben. Auch weiß ich nicht mehr, ob ich wirklich einer bin, der sechsundzwanzig Jahre lang versucht hat in Jever anzukommen. Oder nicht doch dieser andere, der sich damals gleich von dem 18.10 UHR-Zug, der längst nicht mehr fährt, weggedreht und sich dann ganze sechsundzwanzig Jahre lang von Jever entfernt hat. Meiner Rechnung nach müßte ich dann schon auf dem Eisschelf vor der Antarktischen Halbinsel sein, genauer gesagt zwischen James Ross und Jason Island und nicht weit entfernt von dem Inlett, das sich die Piraten von Mobiloil dort gesichert haben.

- Wirklich ein selten schöner Tag heute, sagte Egbert.

- Ja, ein sehr schöner Tag heute, sagte Levy. *Was ist eigentlich mit deinem Krebs an der linken Hand?*

- Alles falsch, sagte Egbert. *Der Fleck ist lästig, aber anerkannt harmlos.*

- Siehst du, sagte Levy, *du bist eben ein glücklicher Mensch. Du hast diesen Fleck, ich nicht. Du bist gesund, hast diese immer noch schöne, mit dir unbegreiflich langmütige Frau, und ich schrumpfe hier in der Sonne zu einer Anekdote, die du nicht einmal aufschreiben mußt.*

35

Rund fünf Jahrzehnte lang hatten jetzt die drei Kieslowsky-Schwestern Julia, Gerda und Vera an ihrer Dreieinigkeit gewebt und geschmiedet. Aber damit war es neuerdings in der Bismarckstraße 1a wieder einmal vorbei. Nach außen hin lebten sie noch immer in dieser geräumigen Villa, die sie zum Nachbarn hin mit einer Mauer abgeschirmt und mit einem Fries von Flaschenscherben gesichert hatten, einträchtig und wie in einer Festung. Das betonten sie um so deutlicher, nachdem die Stadt Jever durch vielfache Einrede aus der Landeshauptstadt gezwungen worden war, das gegenüberliegende Haus mit einer libanesischen Großfamilie zu belegen. Die versicherte, im brennenden Beirut von vollständiger Auslöschung bedroht gewesen zu sein. Die Schwestern meldeten bald Zweifel daran an, jede auf ihre Weise; denn hier in Jever sahen sie die Libanesen sich so unerhört fruchtbar mehren, täglich standen mehr Kinder auf der Bismarckstraße und übten sich in unbekannten Spielen, unterhielten sich auf der Straße immer mehr Männer und beobachteten dabei mit schwarzen Augen die Villa, daß Libanesen ganz offensichtlich überhaupt nicht auszulöschen waren, vielmehr die Verbreitungsart der Pilze für sich entdeckt zu haben schienen und sich gleichzeitig noch den Wind zwecks Vermehrung nutzbar machten. Seitdem ließen die Schwestern die Rolläden zur Straße Tag und Nacht geschlossen und nahmen nur dann und wann noch eine Volkszählung durch die Ritzen vor, deren Ergebnis immer aufs neue erschreckend war.

Innerhalb ihrer Festung aber lebten sie jetzt wieder in drei kleinen Festungen. Die bestanden aus den Zimmern von Julia, der Ältesten und Oberschwester, von Gerda, die erneut alleinige Mutterschaft für sich reklamierte, und von Vera, die als Jüngste zu bevormunden und Schnucki zu nennen die beiden Älteren sich streitig machten. Nachts schloß sich jede in ihr Zimmer ein. Wenn sie vor dem Einschlafen noch ihre Papiere daraufhin überprüften, ob sie tagsüber nicht von einer der anderen Schwestern durchsucht worden waren, und dabei in ihnen eine Erinnerung an die vergangene Harmonie hochstieg, verstanden sie schon bald nicht mehr, welches Leben ahnungsloser Engel sie einst geführt hatten und wie schön es gewesen war.

Als Grund für dieses tiefe, möglicherweise endgültige Zerwürfnis vermuteten beide Poggenpohls bald, daß die Schwestern wohl eigentlich immer darauf hingelebt hatten. Die eine hatte wohl die andere und diese andere die dritte immer ähnlich abgelehnt, wie sie alle zusammen die vierte Schwester, die jetzige Emma Poggenpohl, stets ablehnten. Zum Leben aber hatten sie sich vorübergehend alle Drei gebraucht.

Der Auslöser für ihr Zerwürfnis war dagegen eindeutig der an allen ihren sechs Brüsten gesäugte Schlingel Rüdiger. Inzwischen war die Kölner Anwaltssozietät Kieslowsky & Kollegen, die sich ausgesprochen modisch und ziemlich hochstaplerisch sozialistisches Anwaltskollektiv nannte, im Rheinland und in Westfalen eine der ersten Adressen für gekündigte Mieter und von der Abschiebung bedrohte Asylanten geworden. Mit stillem Schaudern hatten die Schwestern diese Entwicklung zur Kenntnis genommen. Sie fürchteten den Augenblick, da ihr Sohn nicht nur Rechtsbeistand des feindlichen (wenn auch als notwendiger Feind geliebten und in ihrem Alter und ihrer Einsamkeit still begehrten) Nachbarn Levy wäre, sondern mit dem Werkzeug seiner juristischen Begabung aus den sich unaufhaltsam mehrenden Libanesen auf der anderen Straßenseite auch noch erste Bürger der Stadt Jever machte, so daß ein künftiger Gemeinderat aus nachtschwarzen Augen auf die Stadt blicken würde.

Diese ganzen Ängste verstellten den Schwestern den Blick dafür, daß die Sozietät Kieslowsky & Kollegen bald nicht nur Mieter und Flüchtige aus den Bürgerkriegen, den Dürrezonen und überschwemmten Ländern des Südens vertrat. An verschiedenen Orten der Republik, die über besonders isolationsfähige Haftanstalten verfügten, zählte sie zu ihren Mandanten auch solche, die wegen politisch motivierter Gewalttaten wie bewaffnetem Bankraub, Bombenanschlag, Geiselnahme, zufälligem Totschlag von Lohnabhängigen und geplantem Mord an Entscheidungsträgern einsaßen. Der für gewöhnlich vielstimmige Staat hatte sich auf eine Stimme geeinigt, und mit der sprach er allen Häftlingen jegliche politische Motivation strikt ab.

- *Folglich gedenkt die vom Staat strikt unabhängige Justiz sie strikt als gewöhnliche Schwerverbrecher zu prozessieren: ein weites Feld für einen Juristen wie mich,* erklärte Rüdiger Kieslowsky dem in Aussicht genommenen Biographen seines Mandanten Levy mit einem leicht belehrenden Unterton. Als gewissenhafter Anwalt hielt er sich für verpflichtet, sich auch angemessen um das Nachleben seines Mandanten zu kümmern und selbst den Biographen ein wenig zu fördern. An anderen Tagen versuchte er seinem Mandanten selbst dieses weite Feld abzustecken.

Später ruderte Levy weit mit den Armen, wenn er Egbert davon sprach, daß sich inzwischen nationale Befreiungsbewegungen des Südens zunehmend verwirrt fragten, wo denn eigentlich das konkrete nationale Ziel dieser Preußen aus dem Norden und dieser frisch in konspirativen Wohnungen selig Gesprochenen läge.

Das Fernziel, mit der Knarre in der Hand aus der angemieteten Wohnung eines Hochhauses mit ungeputzten Fenstern die ganze Welt liebenswert zu machen, hat ihnen das Denken, die Sprache und jegliche Liebe zerstört: sagte Kieslowsky zu Levy. Erläuterte Levy seinem in Aussicht genommenen Biographen. Hörte Egbert und verstand es und führte es rück in die Zeit, da sich die Rede des Heribert Poggenpohl verändert hatte und er selbst mit allen seinen Wörtern abgesunken war in die Abwässer der Stadt und später zu den Eselskaldaunen und Ziegenköddeln der ägyptischen Wüste.

Auf dem Weg zu seinen Mandanten wurde Kieslowsky in so intime Schleusen geschickt, daß er im Betonhall und dem Schlüsselrasseln des Weitergehens sich selbst als einen anderen vor sich sah, einen Mann, der keinerlei Ähnlichkeit hatte mit dem, als der er heute morgen aufgestanden war, und er verlor sich. Endlich bei seinen Mandanten angekommen, vertrat er die Parteilichkeit seines eigenen Gewissens gegen die Parteilichkeit und das Pathos und den Kitsch jener, die mit fremdem und eigenem Leben pokerten, und er verlor sich auch hier. Das Telefon der Kanzlei sprach mit fremden Stimmen. Der Posteingang war von Nagern durchpflügt. Die Freundin brauchte plötzlich ganzjährig die Wärme der Kanarischen Inseln. Das Anwaltskollektiv gab zu, sich voreilig und hochstaplerisch gegründet zu haben und zerfiel in Fraktionen, die voreinander Akten versteckten. Sein bester Freund, der bislang sein Brot als Lehrer verdient hatte, ein gewisser Fred Kowalski, löste seine Konten und Freundschaften in der Stadt auf und verließ das Land, das begann, auf eine für ihn unheimliche Art Gesetze zu verschärfen und ganz neue scharfe Gesetze zu erlassen, um in der regenlosen Bucht von Lima/ Peru zur Ruhe zu kommen und in der Illusion, das Leben in einer verfallenen Stadt des Südens und im Elend seiner wasser- und schattenlosen Strohhütten je zu verstehen.

Wenn Rüdiger Kieslowsky abends die Wohnung im früheren Haus seiner drei Mütter betrat, erkannte er an der gelöschten Schreibtischlampe, daß ungebetene Gäste dagewesen waren, denn er ließ die Lampe bei Abwesenheit immer brennen, und sein Kugelschreiber auf der geöffneten Akte wies oben und unten auf andere Wörter als frühmorgens beim

Verlassen der Wohnung. Wenn sich Dr.jur. Kieslowsky früh auf den Weg in seine Kanzlei machte, spürte er einen bitteren Geschmack im Mund. Es war der Geschmack des Hochmutes, der ihn auch durch diesenTag führen würde. Und er wußte und meldete es nach Jever zu Levy und der, auf einem weiten Feld mit den Armen rudernd, gab es an Egbert weiter: daß es der Hochmut des Gerechten war. Und mit dem müßte er unter den gegebenen Umständen nach und nach alles, was er tat, zwangsläufig falsch machen.

Auch konnte er jetzt weder die gewohnten Erfolgsmeldungen in die Bismarckstraße telefonieren, noch war er in der Lage, seine drei Mütter mit der üblichen Ration an Zuneigung zu verwöhnen, an die er seit Jahren die Zugabe eines guten Sohnes hing, was die Schwestern seit ebenso vielen Jahren mit dem Extraapplaus guter Mütter bedachten. Er schmückte nur in langen Monologen immer weiter einen Traum aus, den er von seiner Zukunft hatte. Er wollte für wenigstens fünf Jahre aus seiner Kanzlei aussteigen, seinen Freund Fred Kowalski in Lima/ Peru wie einen Waschbären unter den Arm nehmen und mit ihm aus dieser berüchtigten Bucht des Elends nach Westen in die Weite des Pazifiks fliegen, segeln und mit einem zweisitzigen Kajak endlich durch die Inselwelt Polynesiens und Melanesiens paddeln, dort, wo die Inseln aufsteigen und wieder versinken wie Ebbe und Flut und die Schuld jeden Täters allenfalls einmal die Insel umrundet, denn hier folgt die Sühne immer der Schuld bereits in ihrem Schatten. Zwischen den tanzenden Inseln wäre er nichts als ein Fremder; ein Beobachter bloß aller Gewohnheiten der Menschen, ihrer Riten und ihres Zaubers; ein Verstörter anfänglich gewiß durch den Kannibalismus ihrer Geschichte und ihrer vom Wind verwirbelten Sprachen; ein Bewunderer aber schnell ihrer Künste des Bootsbaues und der Nautik einstiger Seefahrer, die im Schatten von Palmen seßhaft geworden sind; ein Verächter sicher des fetten Dosenfleisches, das sie aufgrund propagandistischer Nachhilfe durch amerikanische Schweinezüchter und Rinderfarmer nach den Erfindungen der Liebe, des Feuers und des Rades für die viertgrößte Erfindung der Menschen halten. Hier endlich wollte er, Kavawurzel kauend und mit vergorenem Fruchtsaft nachspülend, diesen bitteren Geschmack im Mund loswerden, der von seiner Enttäuschung darüber herrührte, daß sein kleines Leben unter Freunden in Köln zerbrochen war und der noch verstärkt wurde vom Hochmut des Gerechten, der längst alle seine Mandanten für die neuen Kannibalen hielt und die Gerichtsbarkeit für einen einzigen Schweinekoben. Und natürlich wußte er, daß er nach dem ersten großen politischen Prozeß, der immer als gewöhnlicher Strafprozeß in den Annalen der Justiz geführt würde, als Anwalt auf Jahre hinaus verbrannt wäre. Kein Mandant, an dem etwas zu verdienen wäre, und kein Richter, der gegen Mittag zu schläfrigen Fehlurteilen neigte, würde einen Anwalt aushalten, der den Gestank des Gerechten verströmte.

Als Fremder zwischen diesen glücklichen Inseln wäre er völlig auf diesen Fred Kowalski angewiesen. Genau das wollte er: auf einen letzten Freund angewiesen sein. Sie wären zwei Reisende, die das Leben in Köln gleichermaßen kopflos gemacht hatte und empfänglich für einen Traum von der Südsee, wie ihn selbst die Hauer im oberschlesischen Kohlenrevier schon geträumt hatten. Wenn auch diese Freundschaft zerbräche wie alle anderen jetzt in Köln, dann würde es sie schon zwischen den Inseln Kiribatis, Tuvalus oder Fidschis zerreißen. Einer triebe ins Gestern zurück, der andere ins Morgen davon, und beide würden sie schnell Opfer der lauernden Haie. Oder ihm würde spätestens auf Namonuito die linke Armvene zerbissen von einem Mädchen, dem er leichthin die Ehe versprochen hatte und das er vor Schreck heimlich verlassen wollte, und er würde hier sterben an seinem schwarzen Blut. Das sollte dann so sein, wenn auch diese letzte Freundschaft zerbräche.

Als die dreieinigen Schwestern ihren geliebten Schlingel so reden hörten, schrien sie laut Ach und Weh. Erstmals wurde Levy Ohrenzeuge, wie im Nachbarhaus an die drei Dutzend Möwen kreischten. Er hörte, wie sich die Schwestern in der Kölner Telefonauskunft verhedderten auf der Suche nach einem dortigen, wie sie es zu nennen beliebten, Irrenarzt mit der Befugnis, ihren Sohn sofort fluchtunfähig zu spritzen und im Bett zu fixieren. Sie landeten beim Notruf des Polizeipräsidiums und ließen sich mit einer Strafanzeige wegen fortgesetzter Blockierung der Leitung drohen. Schließlich weckten sie den neuen Pfarrer von St. Kunibert aus einem schweren Schlaf. Dieser Mann warnte sie ehrlicherweise vorab, daß er mitten in der Nacht alles etwas schwarz sähe und außerdem mit seinem Bischof zerfallen sei. Dann erklärte er ihnen freiweg aus seiner Sicht jenes Phänomen, das sie so beunruhigte: er nämlich erwarte einen nahezu vollständigen Exodus der Jugend aus der westdeutschen Republik. Alle, behauptete er, würden in Kürze das Land verlassen wie ein sinkendes Schiff, sofern sie nicht bereits in Haftanstalten einsäßen, zu Schließern solcher Anstalten bestellt wären oder gefangen in den Uniformen von Sicherheitskräften steckten, die in einem äußeren Ring die Schließer von Haftanstalten zu überwachen hätten. Die dreieinigen Schwestern merkten in ihrer Angst weder, daß Levy sie erstmals ausgiebig belauschte, noch daß dieser im Schlaf gestörte und von seinem Bischof verlassene Pastor ein notorischer Schwarzseher war. Sie stellten unter viel Möwengekreisch nur fest, daß sie wieder einmal in einem beklagenswerten Land lebten und daß ihr Sohn sie verriet. Und daß zudem alle ihre Hoffnungen und ihr mögliches Glück mit ihm im warmen Wasser der Südsee verrinnen würden.

In der Nacht darauf ging es ihnen auf andere Art schlecht. Jetzt nämlich hörte Levy den Schlingel Rüdiger ihnen erklären, daß er am Ende seiner Odyssee durch die glücklichen Inseln Ozeaniens im Nordosten Australiens landen wolle. Er stellte sich vor, dort mit den Eingeborenen ein weiteres Jahr auf jenen Traumpfaden zu wandeln, auf denen ihre Tante Mia Geerdes auf den Höhepunkten ihres Traumlebens einst glücklich gewesen sei. Zunächst waren die Schwestern etwas erleichtert. Jetzt wußten sie, daß ihr Sohn doch nicht rettungslos verrückt, sondern bloß das Opfer einer weiteren Intrige geworden war, gesponnen natürlich vom Nachbarn Levy. Und vom Schwager Poggenpohl. Und von diesem ihnen unbekannten Herrn Fred Kowalski aus Köln. Und schon hörte der Ohrenzeuge, wie sie Levy mit neuer Kraft verwünschten und lästerlich verfluchten und sich bis zum Sonnenaufgang wieder einmal gegenseitig versicherten, ihrem Nachbarn sofort die Polizei und alle nachgeordneten Behörden auf den Hals zu schicken, ja ihm notfalls mit einer Nagelschere die Zunge aus dem Maul zu schneiden.

In der dritten Nacht ging es ihnen noch schlechter. Ihr Streit untereinander begann. Er wurde zu jenem tiefen Zerwürfnis, von dem Egbert in seinem Buch annimmt, daß es bis übers Grab hinaus anhalten wird. In dieser Nacht nämlich kündigte Rüdiger Kieslowsky ihnen an, daß er vom Nordosten Australiens schließlich noch nach Papua Neuguinea segeln wolle; denn immer habe ihn intensiv die Frage beschäftigt, warum die Kumpels im oberschlesischen Kohlenrevier ausgerechnet diese wildeste der Inseln dem Bruder seines Vaters, dem Totschläger aus Notwehr und höherer Gerechtigkeit Rudolf Walter Kieseritzky, später Walter Rudolf Kieslowsky als irdisches Paradies empfohlen und dafür sogar schon die dürftigen Schmuckstücke ihrer Frauen versetzt hatten. Und warum dieser kniff und sich ohnmächtig mit seinem Jähzorn im Moor Frieslands verkroch. Und wissen wolle er natürlich auch, was seinen leiblichen Vater Sigi Kieslowsky auf der Flucht vor den deutschen Steuerbehörden auf dieses Eiland trieb. Und was genau schließlich zu jenem Zusammenprall der Kulturen auf dem Highlands Highway mit Sicht auf Bismarck Ranges und Mount Wilhelm führte, der mit dem Tod seines Vaters Sigi und dem seiner Tante Hiltrud endete?

Den Rest der Nacht hörte Levy die Schwestern herzzerreißend weinen, denn jetzt fühlten sie sich selbst von Gott verraten. Gegen Morgen aber setzte jener ohrenbetäubende Streit ein, der auf stillere und verstocktere Art bis heute anhält. Eine der libanesischen Frauen, Sheila Al-Hariri, sollte später erklären, sie habe sich in dieser Nacht Wachs in die Ohren geträufelt, denn auf der anderen Straßenseite hätte Krieg geherrscht wie einst in Beirut.

Erst beschuldigten die Dienstälteste Julia und das Schnucki Vera die Mutter Gerda, ihrer aller Geheimnis dem Sohn verraten zu haben: daß Gerda nämlich im Kartoffelkeller des Hauses Thürmchenswall von Sigi Kieslowsky geschwängert worden war und daß jener höfliche, gleich nachher und später noch einmal den Hut lüftende Mann in der Flora nichts war als die einzige schöne Legende, die sie jemals erfunden hatten. Reihum beschuldigten dann eine die andere des Verrates. Als nächstes gingen sie im Streit alle Personen und Persönlichkeiten durch, die je eine ungehörige Vermutung hätten äußern können, von Renate der Stummen und dem Pastor von St. Kunibert in Köln bis zu Fiddi Husmann und seinem verstorbenen Boten des Unheils Heribert Poggenpohl in Jever. Nachdem sie derart alle Personen und Persönlichkeiten durchgenommen und verdammt hatten, verfielen sie noch auf die Spur des Blutes. Letztendlich mußte sie das Heiligtum ihres Lebens, ihrer aller Sohn Rüdiger darauf gebracht haben, daß sein Vater kein anderer als Sigi Kieslowsky war, der nun einmal, wer wußte es denn nicht, seinen Stengel in jeden Blumentopf steckte. Jetzt stritten sie auch laut mit der Natur. Dabei zerfielen sie mit der ganzen Welt und mit Gott. Sie fühlten ihr gesamtes Leben hinter sich und gleichzeitig vor sich zusammenbrechen und in einem schallenden Gelächter enden, das von Köln bis Jever reichte. Und da sie fürchten mußten, daß selbst Emma und Egbert Poggenpohl in dieses Gelächter einstimmen würden und sie somit überhaupt niemanden mehr hätten, der ein wenig lieb zu ihnen wäre, wurde daraus jener grobschlächtige und gehässige Streit, der bis heute anhält.

Wortführerin bei allen Auseinandersetzungen war immer, wie Levy hörte, die älteste Schwester Julia. Nur knapp entging Gerda der Strafe, auf Lebenszeit in ihrem Zimmer eingeschlossen zu bleiben und die beiden anderen ganzjährig mit Strickwaren wärmen, den Laden von Silke Behrends mit Gehäkeltem versorgen zu müssen sowie den einen oder anderen Basar der Wohltätigkeit, bei dem selbst für einen Libanesen gelegentlich ein Pulswärmer abfallen mochte. Vera hatte jeden zweiten Tag auf Knien das gesamte Haus zu wischen. Die Dienstälteste schaffte drei sehr stabile

Schlösser an, mit denen sie Bares, Reisedokumente und den einzigen Schrankkoffer aus der Zeit der Pferdedroschken, der Dampfschiffahrt und dem schienengebundenen Personenverkehr in Holzklasse sicherte; denn allein mit diesem unförmigen Koffer, vermutete sie, könnte Gerda oder das Schnucki Vera oder könnten beide zusammen in unheiliger Gemeinschaft das Haus verlassen und sich den Aussteigern zugesellen wollen. Mit dem dritten Schloß sicherte sie das Telefon. Sie nahm an, dies sei das Werkzeug für den Sündenfall gewesen. Julia hatte entschieden, daß nur noch in ihrer Gegenwart telefoniert wird.

Von den einzelnen Stationen seiner Reise, die ihn in Flugzeugen unterschiedlich lustiger Farbgebung, auf hochseetüchtigen, wenn auch gefährlich verrosteten Schiffen, in einem raffiniert klappbaren Kajak, in stotternden Bussen und edlen Wanderschuhen entlang des Äquators von West nach Ost fast einmal um die Welt führen sollte, schickte Rüdiger Kieslowsky nicht eine einzige Ansichtskarte. Dafür aber flatterten zahlreiche Fotos einer Sofortbildkamera in die Bismarckstraße 1a nach Jever, Friesland, Germany - Alemania, und sofort nach Erhalt kamen die Schwestern damit ins Haus der Poggenpohls gewedelt.

Das erste Foto zeigte ihren wieder einmal unumstritten gemeinsamen Sohn und diesen Fred Kowalski auf der Plaza San Martin in der Elendsbucht von Lima/Peru. Die Schwestern rügten laut den Bart eines eindeutig falschen Propheten namens Kowalski und verwiesen mehrfach auf seine spiegelnde Glatze als auf die eines älteren, gewieften Schurken, der ihren Sohn verführt habe. Egbert berief sich auf seine doch sehr angenehme Begegnung mit ihm in Köln, aber die Schwestern ließen keinen Kowalski gelten, ja behaupteten jetzt sogar, daß alle so zahlreichen Kowalskis in Köln und im gesamten Ruhrgebiet immer schon polnischer Ausschuß gewesen seien, zusammengehalten nur von krimineller Energie, Trunksucht, Familienbanden und leider auch von der unbegreiflichen Güte der Schwarzen Madonna von Tschenstochau. Egbert blätterte in einer der Landeskunden Lateinamerikas, die ihm Carlos Fernando zurückgelassen hatte. Er stieß auf den argentinischen General Juan de San Martin, nach dessen Einzug in Lima die Unabhängigkeit Perus ausgerufen worden war. Aber auch das konnte die Schwestern nicht für die Plaza San Martin oder die Stadt Lima oder das Land Peru oder den Subkontinent America Latina insgesamt einnehmen, denn schließlich hatten sie schon einmal schlechte Erfahrungen mit einem Uniformierten aus Argentinien gemacht. Außerdem rügte Julia die Älteste sofort scharfsichtig, daß diese sogenannte

Unabhängigkeit doch ohnehin nur eine Abhängigkeit von der Armut geworden war, und daß auch sie, die drei Schwestern, dafür zahlten Tag für Tag.

Nach vielen Fotos aus der Inselwelt Ozeaniens, die zumeist mit Strafporto belegt waren, kam endlich ein Foto, auf dem Rüdiger Kieslowsky allein neben einer Tankstelle auf Westsamoa posierte, die aus zwei Ölfässern und einer Schöpfkelle bestand. Wie sein Text erläuterte, war Fred Kowalski auf amerikanisch Samoa geblieben und ließ sich dort von der Liebe einer erheblich älteren Mutter von fünf unehelichen Kindern verwöhnen. Da hellten sich die Gesichter der drei Schwestern auf. Sie begannen, diesen Kowalski für einen ganz vernünftigen Mann zu halten, für den einzigen unter den vielen Kowalskis in Köln und im Ruhrgebiet, einen Mann eben, der nach verständlichen Irrfahrten endlich seinen Hafen gefunden hatte. Und schon waren sie sicher, daß der weitere Verlauf der Reise für ihren Sohn nur Wertvolles bringen könnte. Im Nordosten Australiens würde er auf alle jene Träume stoßen und sie ratzeputz sich einverleiben, die ihre altersschwache Tante Mia je geträumt hatte. Sie sahen doch bei jedem Besuch im Pflegeheim, was für gewaltige Träume dieser Nordosten bereithalten mußte. Noch immer plusterte sich Mia auf wie einst ihre siebzehn Wellensittiche bei einem frischen Luftzug, wenn sie nach ihrer Jugend gefragt wurde und nach einem Tag, an dem sie glücklich gewesen war, und konnte dann gleichzeitig die Stimme eines jungen Mädchens haben und das Lächeln einer vollständig erfüllten Frau. Und auf Papua-Neuguinea würde Rüdiger jene Familienschande tilgen, die der elend im Moor gestrandete Vater Walter dort durch seine schlichte Feigheit und seine Angst vor der Welt hinterlassen hatte. Er würde klären, unter welchen Umständen Sigi und Hiltrud als ganz und gar Unschuldige zu Opfern von Menschenfressern geworden waren und wie sie dieser Bruder der Rheinischen Mission Barmen milde mit der Beisetzung sterblicher Überreste belogen hatte, denn nie war die versprochene Erde von ihrem Grab eingetroffen. Als Anwalt und Gerechter würde ihr Sohn Rüdiger die Schuldigen finden, eine sehr angenehme Entschädigung in Form eines kleinen Koffers voller Dollars eintreiben und nebenbei noch ein paar dieser Kerle zu Vegetariern bekehren, ja er würde dann endlich, erschöpft und zerzaust natürlich, sonnenverbrannt und gegerbt vom Salzwasser, von Ungeziefer zerstochen und von Würmern bewohnt, in ihren drei Schößen landen, in der Zuckerwatte ihrer Liebe und der süßen Sahne ihrer Mutterschaft, ein Liebling und ein Sohn, der in der Welt ein großer Mann geworden war und ab jetzt mit seinem eigenen Land überlegen spielen könnte wie mit einem Ball.

Und schon waren die Schwestern wieder friedlich und einig. Egbert sah, wie sie sich zupften und stießen. Mit fröhlich hohen Stimmen stritten sie sich um das jeweils letzte, mit einer phantastisch bunten Briefmarke beklebte Foto. Denn jetzt waren sie es, die einen Traum junger Mädchen hatten, und bald auch hätten sie das Lächeln von vollständig erfüllten Frauen.

Das Telefon ließ Julia aber weiterhin abgeschlossen. Und gerade dieses Telefon war es, wegen dem der Feind und Nachbar, die Hassliebe Levy in einer kalten Februarnacht bei ihnen erschien. Bekleidet war er bei diesem ersten Besuch zu ungewöhnlicher Stunde nur mit einer langen Unterhose.

Die Flammen des Zimmerbrandes in seinem mit Sperrmüll zugestellten, in den Farben des Regenbogens gestrichenen Haus hatten gleich mit Ausbruch des Feuers sein Telefon zerstört. Bevor die Schwestern ihren Schreck über den fast nackten Feind vor ihrer Tür überwanden und Julia den Schlüssel für ihr Telefon fand, hatte sich schon ein kleiner Auflauf auf der unteren Schlosserstraße gebildet. Die Feuerwehr kam mit zwei Fahrzeugen, setzte Atemschutzgeräte und zwei Rohre ein. Eine zufällige Mitbewohnerin half, brandgeschädigten Sperrmüll auf die Straße zu tragen, der längst schon unbrauchbar schien, für Levy aber die Form von Erinnerungen an all die Jahre angenommen hatte, in denen er immer wieder aufs neue mit dem 18.10 UHR-Zug nach Jever rückgekehrt und doch nie angekommen war. Der Reporter des Jeverschen Wochenblattes, ein junger, auf sein Fortkommen bedachter Mann, schoß das Foto eines alten, fast nackten Mannes, der in einer kalten Nacht nur mit einer Unterhose bekleidet ist und sichtbar terrorisiert auf alles und jeden schimpft. Er hielt es für das Foto seines jungen Lebens und veröffentlichte es am nächsten Tag.

So gewann Levy erstmals über Jever hinaus eine gewisse Bedeutung als ein fast nackter alter Mann, dem das in den Farben des Regenbogens gestrichene, mit Sperrmüll und Erinnerungsgerümpel angefüllte und von einer fremden weiblichen Person mitbewohnte Haus abzubrennen droht und der alle in Unterhosen beschimpft: den Fotografen, die Feuerwehr, die Schwestern Kieslowsky, alle Bewohner der Schlosserstraße, ganz Jever und die Welt.

Der nur um ein Jahr jüngere Herausgeber Dr. Fritz Blume fütterte in der mittleren Schublade seines Schreibtisches noch immer mit diktierten Aktennotizen, handschriftlichen Vermerken, Dokumenten und Aussagen unterschiedlichster Personen seines Vertrauens jenes Dossier über Levy, in das Egbert kurz nach seinem Tode Einblick nehmen konnte.

In diesem Dossier, das sorgfältig die Geschichte eines Altmännerhasses aufzeichnete, fand er keinerlei Hinweis darauf, daß der Verfasser bei seinem Kreuzzug jemals eine empfindliche Niederlage erlitten hatte. Und doch erreichte in der Woche nach dem Zimmerbrand und der Veröffentlichung des Unterhosen-Fotos eine Flut von Leserbriefen die Zeitung. Ihre Menge war durchaus jener vergleichbar, die auf das Gedicht DE FAHN eingegangen war und den völlig unvorbereiteten Piet ten Hoff nahezu aus dem Leben geweht hatte. Aber dieses Mal waren es nicht Briefe einer allgemein vaterländischen, nebelhaft nationalen Empörung, sondern solche einer Entrüstung, die sich sehr deutlich an einer Person festmachte und Briefe der Enttäuschung darüber, in welcher Notlage ein Greis in seiner erbärmlichen Nacktheit abgelichtet, den Abonnenten früh in die Häuser getragen und über die Stadt hinaus verbreitet wird.

Viele der Briefe kamen aus dem Pflegeheim. Wer noch schreiben konnte, griff zum Stift und wählte die Zeitung ab. Dabei mußte eine gewisse Einheitlichkeit der Briefe nicht unbedingt darauf zurückzuführen sein, daß Mia Geerdes oder ihre Nichte Emma ihr Motor waren. Es mochte auch daran liegen, daß ähnliche, ja im Heim nahezu identische Lebensumstände zu verwandten Schreibweisen führten und natürlich auch schlicht daran, daß gelegentlich einer vom anderen abschrieb. Andere Briefe aber kamen aus Vierteln der Stadt und von Einzelgehöften aus ihrer Umgebung, die nie zuvor auffällig geworden waren. Egbert selbst nahm in einfacher, gleichsam robuster Form seine frühere Briefkunst wieder auf. Unter Namen wie Fred Kowalski, P. Pinchon, J.u.G.u.V. Kieslowsky, Peter Faecke, D. Wortusch ... undsoweiter schrieb er dieses Mal Briefe einer radikalen Forderung nach Achtung und Menschlichkeit und zeichnete die radikalsten von ihnen mit seinem Namen und der Anschrift seines Schneckenhauses. Hier auch arbeitete er mit Schere und Federmesser, großformatigen Kartons und Leim. Bald hatte er die Mansarde mit allen abgedruckten Leserbriefen volltapeziert, und in die Leerräume las er jene Briefe hinein, die vorsorglich nicht veröffentlicht worden waren. Dabei stellte er überrascht fest, daß ihm Wesentliches in seiner eigenen Stadt, die er doch längst wieder zu kennen glaubte wie die Flechte auf seinem linken Handrücken, unbekannt geblieben war. Auch waren ihm bislang die meisten der Schreiber nicht als Bewohner aufgefallen, die sich zu äußern pflegten. Und sie traten nicht nach Art einer Sekte verstärkt in einem bestimmten Viertel auf, sondern überall in der

Stadt. Sie hätten Kerzen im Fenster aufstellen können, und in einer mondlosen Nacht wären ihre Wohngebiete gut ausgeleuchtet gewesen.

Wenn Egbert sehr lange auf den Leserbrief-Fries an der Wand und das Unterhosen-Foto in seiner Mitte sieht, wenn die Briefe zu tanzen beginnen und sich die Düne in sein fehlerhaftes Auge schiebt, meint er die blassen Konturen sehr kleinformatiger, am Rand gezackter, amateurhafter fotografischer Aufnahmen zu sehen, bei denen der Fotograf, um das Ergebnis seiner Bemühungen später in einem Familienalbum verwerten zu können, nach Art eines gelehrigen Schülers immer bestrebt war, das zentrale Motiv: das einer Gewalteinwirkung, mit Gesichtern zu umrahmen, die einem operettenhaften Schwank beizuwohnen scheinen. So macht die Kamera aus dem sehr kurzfristigen Theater: dem einer spektakulären Gewalteinwirkung, der die Gesichter beiwohnen, stets ein Leben, das in dem späteren Familienalbum andauern kann.

In dem Fries vorbeiziehender Bilder sieht Egbert einen Angehörigen des Polizeibataillons 101, der dem Fotografen für die Aufnahme in einem Familienalbum vorführt, wie alten, langbärtigen Männern mittels eines Dolches Hals und Kinn von Barthaaren freizulegen sind. Der Ausführende selbst lächelt nicht. Er wendet dem Betrachter sein ernstes Gesicht in der Bildmitte zu und zeigt ihm an, daß und wie er auszuführen bereit ist. Die Umstehenden und alle alten Männer dagegen lächeln. Sie lächeln für das Foto im Album, das Dauer verspricht. Die alten Männer bemühen sich, wie die Umstehenden zu lächeln, denn so lange sie diese Gemeinschaft Lächelnder sind, ist der eine zwar bärtig und der andere glattrasiert, aber erst in einer späteren, vielleicht sogar noch aufschiebbaren Bilderfolge werden sie zerfallen sein in Schütze und Erschossener. Für alle also auf dem Foto, später auch für den Besitzer des Familienalbums und seinen Betrachter und jetzt für die Schreiber der Leserbrief-Zeilen, die durch Egberts fehlerhaftes Auge wandern, geht es stets um Dauer: um ein Andauern des Lebens, das erst mit einem Lächeln und dann mit böser Heiterkeit behauptet wird.

Da aber beförderte sich der Herausgeber Dr. Fritz Blume eigenhändig mit dem Schuß eines steinzeitlichen Vorderladers aus dem ewigen Rennen Blume - Levy. Er war die noch immer anhaltende Flut von Leserbriefen endgültig leid, wobei er mit der Freiheit und Verantwortlichkeit des Herausgebers ohnehin die überdeutlichen immer nur seinem persönlichen Dossier einverleibt hatte. Aber auch der Rest begann dem Wochenblatt und seinen Besitzern spürbar zu schaden. Daher begründete er kurzatmig im

Blatt, warum ab sofort keine weiteren Zuschriften einer in sich selbst kreisenden Debatte abgedruckt würden, und kühn schloß er mit dem Diktum, daß „Die Frage der Juden in Jever hiermit ein für allemal erledigt ist".

So gelangte Levy, verletzt durch den Schuß eines steinzeitlichen Vorderladers, aber gestützt durch viele neue Zuschriften einer Achtung und Fürsorge, die er so nie erfahren hatte, zum zweiten Mal in seinem Leben und binnen kurzer Zeit zu überregionaler Bedeutung. Und erstmals begann ihm zu schaudern vor so viel Aufmerksamkeit.

Als ersten traf es Egbert. Kaum war die Flut der Leserbriefe so abrupt unterbunden, wurde er ins Büro des Amtsvorstehers zitiert. Mit einem milden, aber unbequemen Lachen und dem Hinweis auf allerlei Pflichten der Fürsorge und der Rücksichtnahme auf die Empfindlichkeiten der Postkunden wurde er am 19. Arbeitstag des 4. Monats im 30. Jahr seines Lebens eines Postbeamten zum Dienst in die dunklen Eingeweide des Amtes versetzt, dorthin, wo 25-Watt-Lampen im Kellergewölbe hingen, Mäuse huschten, Asseln lebten, Spinnen sich für den langen Winter verkrochen und die unzähligen Stöße an Formularen einer Behörde immer wieder gezählt werden mußten, damit sie nicht ein vollständiges Eigenleben zu führen begannen. Ersatzweise bekam Egbert die Möglichkeit, sich wegen seines leicht verunstalteten, jeden Postkunden an die Unbarmherzigkeit des Krebses gemahnenden und alle Krebstoten seiner Familie anrufenden Handrückens ab sofort als einen Mann zu betrachten, der in Ehren und mit dem ewigen Dank seiner Behörde frühinvalidisiert würde.

Kurze Zeit darauf stand Egbert auf dem Marktplatz von Jever, so kennen wir ihn bereits vom Anfang seines eigenen Buches. Er ließ die Arme hängen und weinte. Bis er feststellte, daß er auch hier als alt gewordener, verstoßener Mann, dem die Arme herunterhängen, auf diesem von Einkäufern gequerten Platz genauso allein bliebe, wie er es bei den 25-Watt-Lampen in den Eingeweiden der Post gewesen wäre. Das war der Augenblick, in dem er sich endgültig radikalisierte. Und er beschloß, die Geschichte der Bewohner Jevers als die einer Geschichte der Steine zu schreiben und seine eigene Geschichte und die Levys als eine Geschichte zum Steinerweichen.

Im Schwarzen Adler trank er mehrere Morgenpils. Dann tapste er unsicher, ein so frühes Labsal ungewohnt, zum Antiquariat. Sein Freund saß in einem Korbstuhl vor der Wand der Bücher Toter und las in Adrian Balbi's zweibändiger "Allgemeinen Erdbeschreibung für die Bedürfnisse der Gebildeten jedes Standes", bearbeitet von Dr. Carl Arendts, Professor der Geographie an den Königlich Bayerischen Militär-Bildungsanstalten, Ritter des Königlich Preußischen Roten Adler-Ordens, Offizier des Kaiserlich Türkischen Medjidié-Ordens, Gründer der Geographischen Gesellschaft zu München, Ehrenmitglied und Meister des Freien Deutschen Hochstifts zu Frankfurt a.M.

Vor sich hatte Piet ten Hoff sieben weiße und kardinalsrote Pillen aufgereiht, die er bis Ladenschluß in regelmäßigen Abständen nähme, um seinem Herzen jene Ruhe zu sichern, die es nach dem doppelten Infarkt benötigte.

Das so ungemein Wohltuende an diesem Freund war, daß er nicht die geringste Erklärung für das Vorgefallene brauchte. Mit einem Blick schien er zu wissen, daß Egbert die 25-Watt-Lampen in den Eingeweiden der Post als würdelos abgelehnt, ein vorbereitetes Papier unterschrieben und das Büro verlassen hatte, um in der Tür noch mehrere erleichterte Seufzer zu hören. Piet schien mit diesem einen Blick zu wissen, daß sein Freund jetzt außer dem Tod nur noch einen Vorgesetzten hatte und nur noch ein Maß, an dem er sich messen lassen wollte: nämlich seine Geschichte der Bewohner Jevers als eine Geschichte der Steine zu schreiben, und daß sie nur dann gelänge, wenn es auch gleichzeitig eine Geschichte der Menschlichkeit würde, ihres zeitweiligen Verlustes und ihrer temporären und teilweisen Wiedererlangung. Daher sagte er nicht ein einziges Wort. Die beiden Freunde schwiegen sich nicht an, sie brauchten bloß nichts zu sagen. Auch achtete Piet nicht darauf, welches Gesamtwerk der toten Bücher Toter Egbert aus dem Regal nahm und durchzublättern begann, denn er schien im vorhinein zu wissen, daß er in allen diesen Büchern ein und dasselbe finden würde: Geschichten Toter, die sich gegen Ende ihres Lebens radikalisiert hatten. Und so ging Egbert schließlich wieder.

Im Schwarzen Adler trank er mehrere Pils des frühen Nachmittags. Danach fühlte er sich so, wie sich um diese Zeit immer der Flaschen stapelnde, sein Haus zum Gefängnis mauernde Johnnie Aquavit fühlen mochte. Vorsichtig ging er auf einem gewundenen Weg, den er später nicht mehr memorierte, in sein Schneckenhaus. Hier begrüßte er Emma im Eingang nicht mit dem üblichen laxen Kuß auf die Wange, sondern steckte ihr tief die Zunge in den Mund. Es war klar, daß er beabsichtigte, ganz andere Seiten mit sich selbst aufzuziehen.

36

Das Gesicht des Mannes, der abends oft in das Backsteinhaus der Poggenpohls gesendet wurde als Präsident einer Vereinigung bedeutender Partikularinteressen und dort erschien, wo unter dem Käfig des Kanarienvogels noch immer ein sehr kleinformatiger Fernseher flackerte, widersprach allen Normen der Telegenität. Es war weder erinnerungsfähig elegant, noch von jener Glätte, die es austauschbar und wie jenes eines zufällig Vorbeischauenden schnell vergessen gemacht hätte. Für einen flüchtigen Betrachter aus einem anderen Land hätte es das Gesicht eines Boxers des Schwergewichtes sein können, der früher erfolgreich im New Yorker Madison Square Garden stand, jetzt aber nur noch Verbandspolitik betrieb und Börsen, Lizenzen und die ewige Bestechlichkeit von Punktrichtern aushandelte. Es war also nicht schön. Niemand aber traf es, der es einfach häßlich nannte. Es war das Gesicht eines Mannes, der im Zuge eines bemerkenswerten Reifungsprozesses und eines sich schärfenden Intellekts alle Verletzungen der Jugend, da Mitbewerber um die Gunst eines Mädchens oder eines der beworbenen Mädchen selbst ihn verletzten, lange schon verwunden hatte, und selbst seine spätere Mitgliedschaft in der SS, die ihn in Prag bis zum SS-Führer und Leiter des Präsidialbüros im „Zentralverband der Industrie für Böhmen und Mähren" beförderte, schien längst in jener Selbstverständlichkeit und Unbeirrbarkeit aufgehoben, die ihm Abend für Abend einen hohen Anschein von Verläßlichkeit verliehen, von Charakterstärke, einer gewissen Faszination und dann doch fast Schönheit.

Oft, im Zuge von Tarifauseinandersetzungen täglich, drang das Gesicht des Präsidenten der Bundesvereinigung der Deutschen Arbeitgeberverbände und der Deutschen Industrie ins Haus der Poggenpohls ein. Er kam immer abends und stets ohne anzuklopfen. Er vertrat Ansichten zwischen einer Feuersbrunst nordwestlich von Sydney und einem Hurrikan, der ein bislang namentlich bekanntes Eiland der Kleinen Antillen in die Namenlosigkeit seiner Vorgeschichte stürzte. Er widersprach allen anderen Ansichten so unbeirrbar und geradlinig wie jemand, der den einzigen Sinn der Fortbewegung darin sieht, mit großer Geschwindigkeit geradeaus zu fahren. Und er verschwand wieder, lange bevor die letzte Brandleiche eines gasexplodierten Wohnhauses in Bochum geborgen worden war, grußlos, ohne die Störung zu entschuldigen oder auch nur seinen nächsten Besuch anzukündigen, der ein erneuter Einbruch in das Haus der Poggenpohls wäre.

Seit 17.32 Uhr war Hanns-Martin Schleyer das Opfer einer Geiselnahme. Sie war in der Adolf-Schmidt-Straße in Köln-Ehrenfeld mittels eines in die Fahrbahn gestoßenen Kinderwagens inszeniert worden, wobei alle vier Begleiter den Tod gefunden hatten. Die Täter gehörten zum Kreis jener, die bereits in Haft isoliert gehalten wurden und von dort aus auch an die Tür der Kanzlei Kieslowsky & Kollegen klopfen ließen, herrisch und versuchend, berechtigt, wahnhaft und verzweifelt, wobei sie in der einen Hand die Bauanleitung für die Weltrevolution hielten, in der anderen die Haager Landkriegsordnung, die Genfer Konvention über die Behandlung Kriegsgefangener und alle Präambeln und Folgeabsätze aller Menschenrechte, die je ratifiziert worden waren. Und immer brach in der Kanzlei Kieslowsky & Kollegen Streit aus, und Rüdiger Kieslowsky verströmte seinen bitteren Geruch; denn er glaubte, nur die Wahl zu haben, entweder als Anwalt im Feuer des Gerechten und in der Glut einer unmöglich gewordenen Gerechtigkeit zu verbrennen, oder aber als Mensch, der sich allem verweigert, zu fliehen und spurlos im warmen Wasser der Südsee zu verrinnen.

Jetzt drang mehrmals pro Tag und pro Abend in das Haus der Poggenpohls das Gesicht eines Mannes ein, der nicht länger der Führer von Verhandlungen, sondern günstigstenfalls ihr Gegenstand war. Und wenn der Staat nicht verhandelte, sondern nur zu verhandeln vorgäbe mit der Absicht, die Tötung der Geisel zu verzögern und sie unverhandelt zu befreien; wenn ergebnislos verhandelt würde; wenn nicht einmal eine Einigung auf die Autorität eines Schlichters von Verhandlungen zustande käme, dann wäre dieses jetzt mehrmals täglich und mehrmals abendlich eindringende Gesicht, das bereits vom bewegten Bild eines Lebenden auf das unbewegte Standfoto einer Geisel reduziert war, das letzte Zeichen eines Mannes, der gewohnt gewesen war, mit hoher Geschwindigkeit geradeaus zu fahren.

Selbst noch mit diesem Gesicht war doch bislang die Politik in das Haus der Poggenpohls immer als eine unaufhörliche Folge von Verhandlungen eingedrungen, als verhandelbare oder als nicht verhandelbar verhandelte Posten von Lagern, von Räumungsverkäufen, Ausverkäufen, Sonderangeboten, Transportschäden, kommissarisch Hereingenommenem, unerlaubt hier Deponiertem und wieder Ausgesondertem, war hier nachts eine Maus aufgetaucht zwischen den Säcken voller Mehl und den Kartons voller Würfelzucker, war dort ein Kind verlorengegangen zwischen den Miniaturen von Baukränen und Caterpillars im sechsten Stock und hier ein desorientierter Rentner entdeckt worden, vor Wochen schon zerquetscht und vertrocknet zwischen den Federkernmatratzen der Bettenabteilung mit einer Haut aus gelbem Pergament und der Zunge einer ausgedörrten Schnecke.

Jetzt aber, mit dem unbewegten Standfoto der Geisel, drang Politik als Krise ein. Die Angst vor ihr war ebenso groß wie die Angst vor den Mitteln, die zu ihrer Lösung bereitstanden. Politik drang jetzt als die Angst vor ihren Mitteln in das Haus der Poggenpohls ein.

Die Krise verschärfte sich und mit ihr im Hause Poggenpohl die Angst vor den Mitteln ihrer Lösung, als eine Mitteilung der Geisel an die Öffentlichkeit drang. Unterlegt vom Standfoto eines Mannes an noch immer unbekanntem Ort ließ der Entführte erklären: als Lebender sei er oft genug, aus freien Stücken und für einen von ihm so verstandenen höheren Sinn bereit gewesen, geradlinig und mit hoher Geschwindigkeit geradeaus zu fahren. Jetzt aber weigere er sich, als bereits Toter behandelt und als Dummy eingesetzt zu werden, der mit fraglichem Nutzen für die Unfallforschung geradeaus gegen die Wand des ehernen Prinzips gefahren wird, daß mit seinen Geiselnehmern nicht zu verhandeln sei.

Aus Köln meldete daraufhin Rüdiger Kieslowsky ins Haus der Poggenpohls, in welch schneller Abfolge jetzt welche Gesetze, die ebenfalls als ehern gegolten hatten, so gebogen wurden, daß sie brachen und welche neuen Gesetze über Nacht auf die Bruchstellen aufgeschweißt wurden, damit sie hielten. Auch meldete Kieslowsky, daß die Gerechtigkeit auf das Recht zurückfiel und das Zusammenleben auf die Ordnung.

Aus Jever meldete Egbert ins Haus am Thürmchenswall in Köln, daß er seit dem Biegen der Gesetze bis zum Brechen in der Stadt eine nie dagewesene Flut registrierte, die aus Hinweisen auf Personen und Fahrzeuge bestand; aus Verdächtigungen unter Nachbarn; aus Bäumen, die zu Gruppen zusammenrückten und aus Schlehengebüschen und Haselnußsträuchern, die sich selbst bei völliger Windstille heftig bewegten, während die ostfriesischen Inseln wie Wale erst buckelten, dann tauchten und, beladen mit den Geheimnissen der Tiefsee, an anderer Stelle wieder an die Oberfläche kamen. Egbert meldete, daß ihm diese Flut alle in drei Jahrzehnten vertrauensvoll zugewachsenen Geschichten über die Stadt und ihre Menschen zu zerstören drohte und daß er annahm, selbst sein Vater Heribert selig wäre dieser Flut bald mit nüchterner Professionalität entgegengetreten, ja zuweilen hörte er ihn schon spät in der Nacht von innen gegen den Eichensarg auf dem Friedhof der Reformierten klopfen.

Erstmals begriff Egbert, wieso es seinem Vater so leicht gefallen war, in seinem Nebenberuf Fuß zu fassen und so erfolgreich zu sein. Er verstand, daß eine alte Gewohnheit wieder aufbrach. Die Aufforderung, wachsam zu sein wie nachtaktive Schleicher, schuf eine Gemeinsamkeit, die auch in Jever lange vermißt worden war. Nie zuvor war den Anwohnern der Schlosserstraße das in den Farben des Regenbogens gestrichene Haus Levys so bunt erschienen wie gerade jetzt. Und jetzt, da es neben dem Gerümpel des Sperrmülls nur noch einen einzigen Bewohner barg, schien es ihnen von so vielen Gestalten der Finsternis bewohnt wie nie zuvor. So bemühten sie sich, scharfsichtig zu sein. Die Scharfsichtigkeit minderte ihre Angst vor allem Unvorhersehbaren. Sie steigerte ihre Freude am Gehorsam. Sie stärkte das Gefühl für eine seit langem vermißte Gemeinsamkeit, die seit den Tagen der Husmann, Flügel, Wilken, Förster, Janssen, Liebenow und natürlich des Adolf Hitler nicht mehr galt, denn verschwunden war sie zusammen mit der eingeforderten und verweigerten Reue und allen öffentlich ausstellbaren Erinnerungen im schwarzen Loch der Scham und des Trotzes, das beschönigend Normalität genannt wird.

Da meldete Egbert nach Köln, daß jetzt zusätzlich zum Standfoto der Geisel mit dem Logo der Weltrevolution, zusätzlich zur Krise der Politik und der Angst vor den Mitteln ihrer Lösung in das Schneckenhaus in Jever noch die Befürchtung eingebrochen sei, der Vater Heribert selig könne mit dieser ganzen Flut aus seiner Gruft gespült werden. Er treibt in seinem Eichensarg mit den Lilienbeschlägen quer durch die Stadt, grüßt hier und da bereits mit aufgeklapptem Deckel, grüßt immer öfter, wobei ihm bei jedem Ausatmer Wasser aus dem durchlöcherten Kehlkopf strömt, durchstößt schließlich die Tür seines einstigen Eigentums, das er einem unwürdigen Sohn vermacht hat und feiert gleich darauf in seiner alten Küche mit einem gewaltigen Glas Obstler seine fröhliche Wiederauferstehung. Und dabei verdunkelte sich auch Egbert der Blick. Er meldete nach Köln, daß er in dieser einsetzenden Finsternis den Mandanten der Kanzlei Kieslowsky & Kollegen nur noch mit Mühe zwischen seinem Sperrmüll der vergangenen Jahrzehnte fände. Immer müsse er befürchten, Levy sei festgeklemmt zwischen einer umgestürzten Vitrine, einer Musiktruhe mit Zehn-Platten-Wechsler und einer Anrichte aus Nußbaum. Er könne bereits unterschiedsloser Teil des Gerümpels der Zeit geworden sein; das Gerümpel sei durch ihn hindurchgewachsen wie der Pilz durch eine feuchte Wand, habe ihn überwuchert und verschlungen, wie das unablässige Geschimpfe seines kleinen Freundes in San Francisco diesen einst verschlang.

Mit der Gründlichkeit eines Akademikers, der Schonungslosigkeit der Jugend und der Empörung des Gerechten antwortete aus Köln Rüdiger Kieslowsky umgehend, daß sich die Krise fortlaufend verschärfe; denn inzwischen fordere eine Minderheit im Krisenstab, die sich freilich auf eine einzige Person beschränke, die in isolierter Haft gehaltenen, namentlich von den Geiselnehmern bezeichneten Tauschsubjekte einfach selbst als Geiseln zu betrachten und so lange jede Stunde eine von ihnen in der Zelle zu erschießen, bis die wirkliche, noch immer an unbekanntem Ort festgehaltene Geisel frei sei.

Da meldete Egbert umgehend nach Köln, daß er jetzt überhaupt nichts mehr verstehe von dem, was in sein und Emmas Haus einbräche und daß er voller nackter Angst sei; noch dazu ihrer beider langjährige Gefährte, der inzwischen dritte Kanarienvogel der Poggenpohls, nach einem längeren Schaltmanöver am Fernseher, in dem Egbert nach weiteren nackten und wahren Nachrichten suchte, erst wie ein Blitz im Käfig hin und hergezuckt, dann auf den Rücken gefallen und tot liegengeblieben sei.

Jetzt erkannte selbst der junge Kieslowsky, daß er zu weit gegangen war und meldete mit neuer Versöhnlichkeit eine staatsmännische Aussage des Kanzlers nach Jever: daß sich nämlich alle Entscheidungsträger unausweichlich und unlösbar nur zwischen zwei tragischen Fehlentscheidungen hin und herbewegen könnten und daß sich unweigerlich alle schuldig machten, so oder so. Und tatsächlich schaffte das eine gewisse Entlastung, denn es schien ein Wort der Ehre zu sein.

Egbert war dankbar für alle diese Wörter. Über der Entlastung, die sie bedeuteten, überhörte er fast die anwaltliche Mahnung Rüdiger Kieslowskys. Der nämlich befürchtete, das bewaffnete Brüderpaar Recht & Ordnung könnte demnächst nicht bloß als televisionäre Forderung in Egberts Haus einbrechen. Es könnte auch durchaus in Gestalt des Veterinär- und Ordnungsamtes, des Gesundheitsamtes, einem amtlichen Verlangen nach medizinisch-psychiatrischer Untersuchung seines Mandanten Fritz Levy mit der Absicht seiner Entfernung aus Haus und Stadt und seiner zwangsweisen Vorführung zu ebenderselben an seine Tür klopfen; Levy könnte abgeholt und zu eben jener Behörde außerhalb gefahren werden, in der einst der Doppeldoktor Godelke beschäftigt gewesen war. Alles das aber hörte Egbert nur undeutlich und vergaß es fast; denn soeben brach der Fernseher unter dem noch immer tot auf dem Rücken liegenden

Kanarienvogel in unterschiedliche Schauplätze und in zwei Kontinente auseinander und versuchte, den Höhepunkt der Krise, ihre Explosion und ihr vermeintliches Ende nachzuzeichnen. Der Fernseher gab die Namen der Erschossenen und Verwundeten wieder. Er zeigte die Passagiere einer irrgeflogenen, entführten Maschine der LUFTHANSA. Er wies auf namentlich bezeichnete Tauschsubjekte, die sich in der Haft selbst gerichtet hatten unter Hinterlassung mehrdeutiger Spuren, die den Verdacht auf Fremdeinwirkung nähren sollten. Er führte die geöffnete Kofferraumklappe eines AUDI 100 wieder und wieder vor, in dem, mit durchschnittener Kehle, die Leiche des Mannes abgelegt war, dessen Standfoto Egbert Abend für Abend gesehen hatte und dem der Tod vom ersten Tag an unausweichlich erschienen war. Und es zeigte sehr kurz die Gesichter seiner nächsten Angehörigen, die auf eine Verständigung gehofft hatten und deren Ausdruck jetzt eisig war, abgewandt vom Inneren der Macht, der sie vorher durchaus zugeneigt gewesen waren.

Als sich Rüdiger Kieslowsky ein weiteres Mal meldete, geschah es nur, um Abschied zu nehmen. Wieder war in seine Kanzlei eingebrochen worden, in der er ohnehin nur noch Unterlagen über Mietstreitigkeiten, Rotlichtsünder und das Ächzen in verschiedenen Ehen aufbewahrte. Und noch eine Freundin hatte sich mit Schüttelfrost von ihm zurückgezogen. Jetzt wollte er beschleunigt alle seine Mandanten verleihen und sich jenen anschließen, die das Land verließen, das ihnen auf eine sehr schweigsame Art zu laut geworden war. Wenn auch lange nicht alle von ihnen wirklich abreisten, so verabschiedeten sie sich doch. Sie hatten vor zu nehmen, was geboten würde und zu geben, was unter Strafandrohung verlangt wurde, aber ansonsten in einem bequemen Nirgendwo zu leben, das auch unter einer der Polkappen liegen könnte.

ES WIRD HIERGEBLIEBEN donnerte da Levy von seinem Vorstandsschemel im Bahnhofshotel allen Jugendlichen in die Ohren, die doch längst gemerkt hatten, daß sich das Land um vieles ruhiger lebt als die Städte und die sahen, daß solch ein Donner eigentlich die Stellplätze der Autohändler in diesen Städten hätte erreichen sollen, auf denen sich die zur Abreise Entschlossenen gerade mit gebrauchter Ware eindeckten, das Getümmel der Bahnhöfe und Flughäfen und das Fieber jener, die es jetzt besonders eilig hatten, ES WIRD HIERGEBLIEBEN donnerte der tägliche Besucher seine Freunde im Altenheim an, die angesichts ihrer dürftigen Fluchtmöglichkeiten allerdings nur mit mildem Staunen reagierten, ES WIRD HIERGEBLIEBEN donnerte in der Schlosserstraße vor seinen

Hunden und Katzen und dem nackten Huhn der Bewohner in seinem vollgerümpelten Haus, das in den Farben einer bunten Alternative gestrichen war und schon hatten sich die Farben tippeltitap und in stockfinsterer Nacht bis auf die historischen Pflastersteine vorgearbeitet, die von einer neuen Asphaltdecke bedroht waren, ES WIRD HIERGEBLIEBEN hörten die Ratsfraktionen und die Vorsteher der Ämter diesen einen und ewigen Querulanten in der Schlosserstraße donnern, der gleichzeitig im ungeliebten Bahnhofshotel im Vorstandssessel saß und eindeutig war sein Sessel ein ehemaliger Barhocker, ein Mann, der jetzt im siebenundzwanzigsten Jahr, seit seiner Ankunft mit dem 18.10 UHR-Zug, da er sich gleich die Krone des Bürgermeisters hatte aufsetzen wollen, ihre ganze Geduld verschliß und alle Anwälte der Stadt aufgebraucht und sämtliche Verhandlungstermine aller Gerichtsbarkeiten blockiert hatte und jetzt endlich bei einem Advokaten in Köln gelandet war, der ihn noch zusätzlich aufhetzte, und sie empörten sich darüber, daß ausgerechnet dieser Mann, der sich schon als Störtebeker und Eulenspiegel verkleidet hatte, die lauteste Fehlzündung der Gemeinde überhaupt, sich jetzt anschickte, die junge Pflanze Demokratie zu verteidigen, die er gestern noch geschmäht hatte als ein bloßes Samentütchen zwischen Maismehl, roter Grütze, Kakao, Erdnüssen und den Sprechblasen von Goofy, wie sie die amerikanischen Quäker in die Ruinen Europas verschickt hatten.

Zu solch einer Donnerstimme war Egbert ohnehin nicht fähig. Er schickte dem flüchtigen Anwalt Rüdiger Kieslowsky daher nur den Wunsch hinterher, er möge eine gute Zeit haben und dereinst wieder unbeschadet hier landen; anders wußte er einem solcherart privilegierten Emigranten nicht zu helfen.

- *Hol ihn sofort zurück. Dieses Lima in Peru ist ein einziger Scheißhaufen, und dieser Kowalski dort auch. Mit dem geht er verloren*, kreischte Vera Kieslowsky im Haus der Poggenpohls.

- *Ich habe ihn empfangen, unter Schmerzen geboren, in Nöten gestillt, er ist mein ein und alles, ich will ihn zurück, und zwar für mich allein*, schrie Gerda Kieslowsky im Wohnzimmer.

- *Er ist unser aller Sohn. Wir brauchen ihn für das Alter. Also fahr gefälligst nach Köln und red ihm dieses fürchterliche Lima aus und die Südsee auch*, kreischte Vera.

- Wenn es sein muß, mit Gewalt. Und wenn es gar nicht anders geht, mit einem Scheck von mir, flüsterte Julia Kieslowsky im Flur, die gerade dabei war, eine neue Dreieinigkeit unter den zerstrittenen Raben zu stiften. Und sie bot Egbert als Erfolgsprämie noch eine monatliche Aufstockung seiner Rente an aus jenem wohl noch immer beträchtlichen Vermögen, das Sigi Kieslowsky einst dem Finanzamt Köln-Nord entzogen hatte.

Aber es war alles zu spät. Da sahen die Schwestern ihren Rüdiger bereits im Kajak zusammen mit diesem Scheißhaufen von Kowalski zwischen zwei völlig von Vögeln, urtümlichen Echsen und Eingeborenen zugekoteten Inseln der Südsee untergehen. Und schon sahen sie, wie seine Leiche in einen schlecht gespülten Marmeladeneimer eingekocht, dieser zugelötet, auf ein Floß gehievt und von Insel zu Insel gefahren wurde, um den Kannibalen als eingedostes Schweinefleisch verkauft zu werden. Unter Verwünschungen auf Emma und Egbert und mit einem sehr groben Fluch auf ihren Feind Levy flatterten sie aus dem Haus, hinterließen einen strengen Geruch nach Mottenkugeln und nach Kernseife, mit der sie einzig ihre schwarzen Federkleider wuschen, umkreisten mehrmals den Kirchplatz auf seiner Warf, drangen in das Rathaus ein, flogen die Treppe hoch ins geräumige Büro des Gemeindedirektors, setzten sich dem Mann auf die Schultern und versetzten ihm mit ihren Schnäbeln bald blutende Kopfnüsse, ohne daß er noch groß in der Lage war sich zu wehren, denn die ganze Nacht zuvor schon hatte ihn das angereiste Geschwisterpaar Recht & Ordnung so weichgeklopft mit Leberhaken und Püffen in die Nieren, mit Geraden ans Kinn und Schlägen in die Hoden, daß er endlich entschlossen war, Entscheidendes zu tun.

Eilig rief er die Leiter aller seiner Behörden zusammen. Im sehr Kleinen bildeten sie ab Mittag schon an seinem Amtssitz jenen Großen Krisenstab nach, der bis eben noch am Regierungssitz in Permanenz getagt hatte. Seine Aufgabe war es jetzt, möglichst zügig auch auf dem Land Anwendungsbereiche für alle jene großstädtischen Gesetze zu erschließen, die gerade gebrochen und an ihren Bruchstellen frisch mit neuen Gesetzen überschweißt worden waren. Natürlich galt es auch, die zugegeben ziemlich hysterischen Kieslowsky-Schwestern zu befrieden, Damen nicht gänzlich ohne Einfluß, deren Unruhe neue Bewegung in der Gemeinde auslösen könnte. Es galt, das Jugendzentrum im Bahnhofshotel in amtliche Sorgfalt rückzuführen; denn längst roch es nicht mehr nach dem bereits nostalgischen Ruß der Dampfloks, den kuhwarmen Kleidern der Viehhändler, die auf ihre phänomenale Art immer gleichzeitig Schnaps wie eine Brennerei und Ammoniak wie die Pferde in alle Ecken gepißt hatten, und nach den Duftresten stämmiger Damen wie Molli Schlömer, sondern nach der unerhörten Süße des indischen Hanfs (Cannabis sativa ssp. indica). Und schließlich und vordringlich galt es, amtliche Fürsorge einem hier nie wirklich angekommenen Bürger angedeihen zu lassen, der jetzt lange genug die ganze Stadt mit seinem Haus eines Regenbogens genarrt hatte.

37

Daß ein über achtzigjähriger, zur Verwahrlosung neigender, in seiner Jugend
zweimal abgestrafter, zwar auf eigenem, eigensinnig bewirtschafteten
Grund, aber von mäßiger Rente und gänzlich ohne Barguthaben lebender
Mann das System der demokratischen Gemeindewahl dadurch lächerlich zu
machen versucht, daß er sich als parteiunabhängiger Außenseiter zur Wahl
stellt, war von den ernsthaften Gegenkandidaten der niedersächsischen
Kommunalwahlen des Jahres neunzehnhunderteinundachtzig noch als
schlechter, in der demokratischen Ordnung aber nicht zu ahndender Scherz
hingenommen worden; daß dieser Mann auch noch Fritz Levy hieß, hatte für
sie nur bedeutet, daß er genau das tat, was er seit der Ankunft jenes 18.10
UHR-Zuges vor jetzt dreißig Jahren immer getan hatte: die Gemeinschaft
der Bürgerinnen und Bürger schlicht zu narren.

Als Levy aber mit Schließung der Wahllokale so viele Stimmen auf sich
vereinigte, daß zwei als völlig sicher gegoltene Kandidaten nicht in den
Gemeinderat einzogen, sondern verbittert zu Hause bleiben mußten,
behaupteten sogar die dreieinigen Schwestern, ihn aus Überzeugung und zur
Festigung der Demokratie gewählt zu haben.

Da forschte Egbert überrascht auf ihren Gesichtern nach den roten Flecken
einer ganz neuen Erkenntnis. Er fand nichts. Aber sie lächelten dabei fein
und maliziös wie Damen. Auch das war ein neuer Zug an ihnen. Da begriff
er endlich, daß sie bei der Rückkehr ihres Lieblings von den Inseln
Ozeaniens vorweisen wollten, zwischendurch etwas für seinen lange von
ihm vernachlässigten Mandanten Levy getan zu haben. Und mit anderen
schienen sie sicher, daß Levy sich im Gemeinderat schnell bis auf die
Knochen blamieren und sich als das erweisen würde, was er schon die
ganzen Jahre war: ein unwürdiger Greis, der gerade während eines
Hustenanfalles seine letzten Zähne in den Klokübel hat fallen lassen und nur
noch undicht zischt, wenn er ein weiteres Mal, ganz wie früher, einer Frau
hinterherpfeifen will.

Zur Kandidatur regelrecht gedrängt und dann nahezu einstimmig gewählt
hatten ihn seine jungen Freunde vom Bahnhofshotel. Eine Weile hatte er
ihnen einsichtig widerstanden, still auf dem Schemel des Ehrenvorsitzenden
seinen Tee geschlürft und dabei über seine eigene versunkene Jugend und
das abgelebte Mannesalter nachgedacht. Aber da hatten sie heftiger

gedrängt. Sie wußten, daß ihnen das Geschwisterpaar Recht & Ordnung im Nacken saß und ihnen morgen schon die einst gewährte Selbstverwaltung nähme. Dann würde der Geruch der Hanfschwaden nicht wieder ersetzt werden durch den alten, noch in Holzwerk und Gemäuer nistenden Duft einer Molli Schlömer und jenen der kuhwarmen Kleider der Viehhändler, die auf phänomenale Art immer gleichzeitig Schnaps wie aus der Brennerei und Ammoniak wie in einer Deckstation von Hengsten in die Ecken gepißt hatten, sondern schlimmer: in gemeinen Schwaden zöge jetzt der Geruch behördlich genormten Bohnerwachses ein, der scharfe Pfefferminzatem des Jugendamtes, der dumpfe Moschus katholischer Pfadfinder und die Waschmittel und die Bügelstärke des Vereins christlicher junger Männer. Und selbst im Bahnhofshotel würden sie dann hören, wie die ganzen neuen Gesetze auf den Bruchstellen der alten Gesetze knackten und quietschten. Und als sie sahen, daß Levy immer noch müde und überfordert zögerte, überfuhren sie ihn einfach mit seinem eigenen Argument aus jener Zeit Anfang der 50er Jahre, da er vergeblich als Bürgermeister kandidiert und behauptet hatte, Jever müsse jetzt endlich mit dem Mann gestraft werden, den es schon lange verdient habe. Damals war am Wahlabend seine Kandidatur untergegangen in einem befreiten Gelächter.

Natürlich hatten ihn jetzt die Bewohner des Pflegeheimes gewählt. Sie besuchte er doch täglich. Die Frauen kniff er gelegentlich, mit den Männern drosch er einen zurückhaltenden Skat, und allen berichtete er handwarm, mittels Mundbeatmung und Herzmassage, wie die Amtsvorsteher Jevers, die neuen Gesetze im Rücken, jetzt verstärkt in sein Leben eingriffen, so daß auch hier bald jeder davon überzeugt war, morgen schon sistiert, vernichtend begutachtet, entführt und ausbruchssicher in einem der alten Flak-Bunker auf einer der vorgelagerten Inseln versenkt zu werden. Tatsächlich hatte der Polizist Meyer unangemeldet und während Levys Abwesenheit alle seine Räume begangen. Er machte sich eifrig Notizen, stocherte im Abfall, öffnete rigoros klemmende Türen von Möbeln des Sperrmülls und gab sich nicht erst die Mühe, sie wieder zu schließen, sondern rief gleich den Brandsachverständigen. Ein Veterinär begutachtete die Haltung aller Tiere vom Floh über die Maus bis zum nackten Huhn und dem letzten jungen Hund. Er fand bei dem zu begutachtenden Subjekt nichts zu beanstanden außer generell und prinzipiell seine Form der Tierhaltung, die, weil natürlich, ein blanker Hohn war für alle Eigner von Vogelvolièren und Hamsterkäfigen, Tiefställen, Verschlägen, angeleinten Katzen, überfütterten Igeln, geschorenen Pudeln, coupierten Cockern, angeschirrten Kleinkindern und im lichtlosen Hühnerstall eingeschlossenen Altbauern, die dort wegen der ganzen Milben und dem Gefiederstaub nur mühsam noch krächzten und sich eher mit Klopfzeichen bemerkbar zu machen suchten. Und mehrfach war jetzt tatsächlich an Levy die Aufforderung ergangen, sich dort amtsärztlich untersuchen zu lassen, wo einst der unfallgetötete Doppeldoktor Godelke seine Karriere betrieben hatte, und immer hatte Levy es abgelehnt. Und einmal war ein amtliches Fahrzeug vorgefahren und hatte ihn mit so großer Höflichkeit entführt, daß selbst Levy nicht direkt von Deportation sprechen wollte, aber doch auch mit solcher Nachdrücklichkeit, daß er im Behandlungszimmer des Amtsarztes in Wilhelmshaven landete, wo er sich freilich wiederum allem verweigerte.

Daraufhin ließ er sich von Egbert mit vielen Pausen und Umwegen, die dessen unsicherer Fahrweise geschuldet waren, im VW-Cabriolet in die Universitätsklinik Hannover fahren. Deren Psychiatrie traute er ein gewisses Maß an Objektivität zu, niemand wußte warum. Und tatsächlich bescheinigte ihm hier der Leiter der Psychiatrischen Poliklinik, Prof.Dr.med. Helmut Krüger zwar schriftlich einen gewissen Grad an Verwahrlosung, stellte aber nicht die allergeringsten Anzeichen von Desorientierung fest. Und Levy schwenkte dieses Schreiben bei der Rückfahrt als den ersten und einzigen Freispruch Erster Klasse, den er bei seinen Dutzenden von Prozessen je erreicht hatte.

Und wieder tagte ein Krisenstab im Rathaus. Denn für einen Donnerstag im Oktober war in der Hauptschule Am Dannhalm die konstituierende öffentliche Ratssitzung angesetzt. Da ausgerechnet und zwingend Levy der Ältestenvorsitzende war und die Wahl des Bürgermeisters sowie alle Formalitäten zu leiten hatte, waren nicht nur die Vertreter der Illustrierten Blätter erschienen, der regionalen und überregionalen Tagespresse, des Radios und des Fernsehens, sondern auch Korrespondenten der HAAGSE POST aus den Niederlanden und selbst ein Vertreter der ehrwürdigen Dame THE NEW YORK TIMES.

Seitdem Levy den Anschein erweckte, in solch feiner Gesellschaft Tee zu trinken und sich in den perlmuttgeränderten, mit kleinen Brillanten gefaßten Brillengläsern seiner Gesprächspartnerin aus Übersee zu spiegeln, war er ganz oben. So weit oben, war er ganz allein.

Der ausschließlich aus Herren bestehende Krisenstab tagte jetzt in Permanenz. Wenn er übernächtigt einmal ruhte, träumte er Alb. Je näher der Donnerstag rückte, um so heftiger peinigte ihn die Angst, Levys Auftritt könnte die Stadt vor aller Welt in Schimpf und Schande stürzen, und ein bitteres Gelächter würde von den Weidegründen der Samen im Nordischen Lappland bis zu den Feuerstellen der letzten Mapuches im Süden Chiles schallen. Daher arbeitete er für Levy ein schriftliches Konzept zur Eröffnung der Sitzung aus. In einem Vorwort sollte er aller Politclownerei, wie die Verfasser sein Leben nannten, für heute und für alle Zeiten abschwören und zusätzlich ÖFFENTLICH BEDAUERN, DASS ER MANCHMAL EIN AUSSENSEITER GEWESEN WAR.

Alles das nahm Levy kommentarlos zur Kenntnis. Er war jetzt ganz oben. Und er verstand, daß er da oben ganz allein war.

Am Abend vor der Sitzung wurde er von Unbekannt vor seinem Haus zusammengeschlagen und brach sich den Arm. Bei der Sitzung am Tag darauf übernahm er weder das Amt des Ältestenvorsitzenden, noch polterte er wie befürchtet und gewohnt. Er enttäuschte niemanden, aber gab allen ein Rätsel auf.

So lange kein Schnee lag, radelte er zu den Sitzungen ins Rathaus, wobei er sich nach wie vor mit seinem Enterhaken eines Seeräubers und seinem Kerzenanzünder eines Mannes, der das Licht bringt, auf dem Pflaster abstützte. Jetzt, als Mitglied des Gemeinderates, hatte er viel zu tun. Er tat, was zu tun war. Dabei war er, so weit oben, ganz allein.

Nie war ihm das Alleinsein bekommen. Als er sich daran erinnerte, begann er sich zu fürchten. Und entdeckte erst jetzt, daß ihn auch die meisten der Nutzer des Bahnhofshotels verlassen hatten. Sie hatten ihn nach oben gezwungen, weil sie durch ihn etwas erreichen wollten, was längst verloren war. Jetzt traten sie mit Gesichtern, die äußerste Lässigkeit behaupteten, in die Pedale ihrer Mopeds, bis die Zweitakter kreischten. Und die Älteren traten, bereits nach Süden gewandt, auf die Kickstarter ihrer ersten Geländemaschinen, schwangen sich mit einer bitteren, aber äußerst gelassenen Drehung in die Sättel, Viehtreibern ähnlich, die nichts mehr zu tun finden, und verschwanden aus der Stadt. Sie waren seit längerem schon der Ansicht, daß zu einer richtigen Geschichte auch ein guter Schluß gehört, und jetzt glaubten sie, ihn gefunden zu haben.

38

Mit der Befriedigung, sein lange aufgeschobenes Buch endlich doch fast fertig geschrieben zu haben und dafür sogar jetzt schon mit dieser Reise belohnt zu werden, verstaute Egbert auf dem Frankfurter Flughafen am Schalter der Aerolineas Argentinas die Bordkarten für den Nachtflug Frankfurt - San Salvador da Bahia - Rio de Janeiro - Sao Paulo - Buenos Aires nach Santiago de Chile in einem nie zuvor besessenen Herrentäschchen mit Armschlaufe. Wieder vergnügte er sich an den vielen gelbgrünen Sittichen (Melopsittacus undulatus), die überall in der Abflughalle herumsaßen. Sie hockten auf Simsen, Galerien, Mauervorsprüngen und Beleuchtungskörpern. Sie neckten sich, spreizten ihr Gefieder, nahmen scheinbar gelangweilt einen Passagier ins Auge oder trafen sogar Anstalten, wurden aber jeweils im letzten Augenblick von einer unsichtbar bleibenden Hand daran gehindert: schrill einer der braun- oder mehlhäutigen, der ganz schwarzen oder gelbhäutigen Stewardessen hinterherzupfeifen, die Egbert in ihrer luftigen, ja überirdischen Schönheit weder als Jungfrauen noch als junge Männer identifizieren mochte, so schön erschienen sie ihm und so spitz hatte ihn das Reisefieber gemacht und die Gewißheit, jetzt doch noch einmal vor seinem Tode der engen Heimat zu entfliehen - aber bald käme er mit einer nie zuvor gekannten Sehnsucht zu ihr zurück und zurück auch zu seinem jetzt fast fertigen Buch, zu seinem Freund und zu Emma in das kleine Schneckenhaus, das auch das Mausoleum ihres Todes würde. Da aber machten plötzlich zwei dieser gelbgrünen oder grüngelben Sittiche ernst und nahmen ihn energisch in die Mitte.

Mit der Höflichkeit junger Beamter, aber auch mit der Unerbittlichkeit jener, die einen amtlichen Eid geleistet haben, erklärten sie ihm und Emma, daß ihre Reise nach Chile hier bereits zu Ende sei. In das kleine Backsteinhaus in Jever war eingebrochen worden. Vandalen hatten Teile der Einrichtung zerstört.

Emma, deren Kreislauf wegen ihrer Pillen ohnehin nur auf Sparflamme lief, zog es an dieser Stelle vor, in eine kleine, taktische Ohnmacht zu fallen.

Die Täter hatten in der Nacht zuvor bis zum Morgengrauen eine breite Spur beschädigter öffentlicher Fernsprecher, angebrannter Papierkörbe und zerbrochener Flaschen durch die Stadt gezogen. Einzig Frau Tansu E.

Yurdakal, eine türkische Putzkraft, waren auf dem Weg zu ihrer Arbeitsstelle mehrere Personen vor dem Haus der Poggenpohls aufgefallen. In der Annahme, die Familie P. sei bereits auf ihrer lange angekündigten Weltreise und es handele sich um die nachtschwärmenden Hüter des Hauses, war sie weitergegangen. Näheres zu erkennen verhinderten ohnehin ihre anerzogene Scheu, das Kopftuch sowie ein seit drei Tagen wachsendes Gerstenkorn am linken Augenlid. So wurde einzig ein Jugendlicher ermittelt, der aber aufgrund der genossenen Alkoholika vollständigen Gedächtnisverlust geltend machte. Es war der Sohn jenes Bäckers, bei dem Emma einst gearbeitet und dessen Laden sie zusätzlich zum Duft der Backwaren mit dem ihres Körpers und mit den Gesten ihrer Freundlichkeit gefüllt hatte. Auch dieser Bäcker war schon der Sohn eines Bäckers, der ebenfalls Sohn eines Bäckers gewesen war. Und dieser letzte Sohn gab an, daß er, zurückblickend, nichts als backende Frühaufsteher sah. Wenn er nach vorne lauschte, in die gemeinhin vielversprechende Zukunft hinein, hörte er seinen eigenen Wecker eines Bäckers um 2.30 Uhr in der Frühe klingeln, sah sich später einen blaßgesichtigen Bäcker zeugen, eine Filiale im Nachbarstädtchen gründen, einem Herzinfarkt erliegen, der ihn in ein Familiengrab wehte, in dem in unendlicher Reihe nichts als die Skelette fleißiger Bäcker und ihrer Frauen lagen ... und so vermochten die Ermittler seinen Zechkumpanen weder Gesichter noch Namen, kein Woher und kein Wohin, einzig ein ähnlich leicht verführbares Alter wie ihm selbst zuzuordnen.

Im Wohnzimmer des Hauses hatten sie den Fernseher umgestürzt. Das war das Ende des vierten und letzten Kanarienvogels, den Emma und Egbert je in ein goldfarbenes Gefängnis sperren würden. Sie hatten überall nach Alkohol gesucht und keinen gefunden. Daher spritzten sie Tomatensaft und Currysauce auf die Betten, die wie nach einer Schlacht zwischen Katzen und Katern aussahen. Gründlich hatten sie sich Egberts Mansarde vorgenommen. Hier blieben von seinem fast fertigen, umfangreichen, sauber in drei Aktenordner gehefteten Buch nur noch jene unzusammenhängenden Notizen übrig, die er in Stunden des Nägelbeißens angefertigt hatte. In der Garage schlugen sie dem rostgeschädigten Cabriolet, das Egbert wie ein Turnierpferd pflegte und fast nie fuhr, die Scheiben ein und raubten den hier lagernden Pappkoffer des Zauberkünstlers oder Vertreters in Kurzwaren des 18.10 UHR-Zuges von 1951, in dem der schriftliche Nachlaß des Fritz Levy ruhte. Der Koffer fand sich später, leer, angebrannt und durchnäßt, aber bereits Winterquartier eines Marders geworden, an der Straße nach Schornum wieder.

Es war also nicht mehr viel, was von Egberts Arbeit dieser ganzen Jahre zeugte. Eigentlich war ihm nur die Gewißheit geblieben, daß er es doch einmal bis zu einem fast fertigen Buch geschafft hatte.

Anfänglich verfiel er mehrmals an seinem Schreibtisch eines Schülers aus einer beiläufigen und scheinbar harmlosen Nachdenklichkeit heraus in eine tiefe Depression und weinte. Dann warf er sich vor, schon während der Vorarbeiten zu seinem Buch, das wohl doch nicht viel mehr als der Versuch einer Selbsttherapie gewesen war, sich aber mit der Wichtigkeit der Zeitgeschichte, der Tragik anderer und den beispielhaften Notausstiegen und dem gelegentlichen Glück Vereinzelter getarnt hatte, Levy allein gelassen zu haben. Selbst die Vorarbeiten waren schon so gefräßig gewesen, daß er ihn bereits damals verraten hatte.

Diese Tiefs dauerten jeweils an, bis Emma hinter ihm erschien und ihm eine der Zärtlichkeiten aus ihrer beider Jugendzeit ins Ohr flüsterte. Dieses Kitzeln im Ohr schärfte alle seine Sinne und überzeugte ihn jedes Mal wieder davon, daß nichts zu Ende war, weder die Geschichte, noch die Notwendigkeit und die Möglichkeit auch, sie auf immer wieder andere Art zu erinnern, noch die Hoffnung auf das eine oder andere kleine Glück mit dieser Frau im Alter.

An anderen Tagen beschäftigte ihn, daß die verlorene Fassung des fast fertigen Buches zu einem Mißverständnis unter nachtschwarzen Alkoholikern geführt hatte. Dann verzweifelte er darüber, daß sein Freund, der einstige Lieutenant Pinchon doch recht damit gehabt hatte, daß jeder Erfolg, auch der noch so kleine, nichts als ein Mißverständnis ist. Und wieder war er von einer Depression bedroht. Auch hier half ihm wiederum Emma. Dieses Mal nicht mit zärtlichem Geflüster, sondern mit einem energischen Stoß des Zeigefingers in die Rippen. Sie dachte dann gleich praktisch an eine Chronik oder eine Fabel und erinnerte vor allem daran, daß es das Wichtigste sei, nicht aufzuhören.

An wieder anderen Tagen verzweifelte er, wenn er sich die zwar etwas bitteren, aber ungemein lässigen Drehungen der Jugendlichen vergegenwärtigte, mit denen sie sich auf ihre Mopeds und ihre ersten geländegängigen Maschinen geschwungen hatten und einfach aus der ganzen Geschichte davongefahren waren. Von seinem Buch schien nichts geblieben zu sein außer Trümmern und die eigene Bitterkeit. Vom ganzen

Leben des Fritz Levy war nicht viel mehr geblieben als die dünnen, bläulichen Fahnen von Zweirädern, mit denen ihre Halter verdufteten. Da mußte Emma ihn mehrmals daran erinnern, was nach Levys Begräbnis in der kantigen Schrift einer Spraydose am Tor der Schlosserstraße gestanden hatte: FRITZ LEBT. Und Egbert gestand ein, daß irgendwo wenigstens einer stecken mußte, der weiterdachte und der auch zurückgedacht hatte, und daß allein wegen dieses einen nichts wirklich hoffnungslos war.

39

Als ich Egbert Poggenpohl kennenlernte, weil ich im arbeitsamen
Müßiggang nach einem Buch und auf der Suche nach dem nächsten Jever
besuchte und im Schwarzen Adler abstieg, hatte er die Mühsal der Chronik
und das Reich der Fabeln längst hinter sich gelassen. Seine linke Hand
steckte in einem Handschuh, denn der Krebs machte ihm erneut zu schaffen.
Mit der Rechten tippte er auf einer Maschine des inzwischen liquidierten
OLYMPIA-Werkes Wilhelmshaven jeweils von Montag bis Freitag. Den
Samstag nahm er sich frei und fuhr mit Emma in seinem bedenklich alt
gewordenen VW-Cabriolet nach Schillig an die See, wo sie den
Wohnwagen des verstorbenen Piet ten Hoff bewohnten, dessen
Plastikbeschichtung nach wie vor im Wind sang. Den Sonntag nutzte
Egbert, um Zeile für Zeile alles zu vernichten, was er von Montag bis
Freitag getippt hatte. Das tat er jeweils bis auf eine einzige Zeile, den
Nukleus, das Ei, aus dem am Montag der Neuanfang steigen würde. Er
stellte sich vor, nach und nach die Geschichte des Fritz Levy und mit ihr die
seines eigenen Versagens, Teile der Gewalt und der Niedertracht, der
verratenen, versagten und der gewonnenen Liebe vom weggesprengten
Schweinekoben der Silvesternacht in Carolinensiel zu Beginn des
Jahrhunderts bis zum bislang größten Feuerwerk in der Geschichte der
Menschen in der Silvesternacht zum Jahr 2000 aufzuschreiben und bis zu
dieser Nacht soweit zu sein, daß er die ganze Geschichte auf einen Absatz,
ja auf einen einzigen Satz, auf ein vollkommenes Ei der Geschichte von
Menschen in diesem Jahrhundert reduziert hätte. Und den, gab er
verschmitzt an, wollte er mit einer Silvesterrakete am Strand von Schillig
aus seinem friesischen Guckkasten, in den ich kurz hineingeblickt hatte, in
den Nachthimmel feuern.

Erst nachdem ich ihn näher kennengelernt und meinen Aufenthalt in der
Stadt ein ums andere Mal verlängert hatte, begriff ich, was er mit dieser
Rakete meinte. Er, der einst so furchtsame Mann schrieb mit dem kühnsten
Schwung, den ich je erlebt habe, an seinem Buch der Bücher:

auf den schwarzen Seiten unternahm er es, Tag für Tag an der Geschichte
des Krieges zu schreiben, dessen Geburt er ins fünfte Jahrtausend vor
Christi an die Ufer von Euphrat und Tigris verlegte, als die Menschen die
Viehzucht erfanden, ihre Herden weideten und bald feststellten, daß sie gut
und gerne auch die Weiden der benachbarten Menschen nutzen könnten, die

ebenfalls gerade die Viehzucht erfunden hatten - und auf den hellen Seiten des Buches schrieb er nachts an der Geschichte der Zärtlichkeit, die sich in den knappen Intervallen zwischen den Kriegen entwickelt und dann wieder stirbt. Die Geschichte der Zärtlichkeit, die unvorstellbar viel länger zurückreicht als jene der Kriege, ließ er zwischen zwei Schleimklümpchen in einer Pfütze unweit dessen beginnen, was heute das Binnendelta des Niger in der Republik Mali ist, fünf Tagesmärsche entfernt vom jetzigen, sandumwehten Städtchen Bandiagara, das er so großklein wie seine Heimatgemeinde Jever schätzte.

Je länger ich mich mit diesem Stoff beschäftigte, umso mehr Helfer gab es. Es wurden schließlich so viele, daß ich sie hier nicht namentlich aufführen kann. Es gab auch unfreiwillige Helfer, die auf eine Nennung ohnehin keinen Wert legen dürften. Ich danke allen, freilich den einen mehr als den anderen, und will von allen wenigstens den Saxophonisten und Lehrer, den Archivar und Historiker Hartmut Peters hervorheben, der mir immer wieder zur Seite stand.

Das Gedicht DE FAHN stammt von dem verstorbenen Jeveraner Lyriker und Heimatforscher Oswald Andrae, und einige Angaben zu dem unverwüstlichen Comandante habe ich bei dem mexikanischen Schriftsteller Paco IgnacioTaibo II gefunden.

Die Arbeit wurde gefördert vom Deutschen Literaturfonds e.V. Darmstadt.